머피의 이 책은 기독교 성립의 핵심 배경이 되는 초기 유대교에 관한 최근의 학문적 논의를 공정하고 쉬운 문체로 소개한다. 더구나 매끄럽고 정확한 번역으로 거듭난 이 책은 이 주제에 관한 최고의 교과서 중 하나가 될 것이다. 이 책은 초기 유대교 역사를 요약하는 데에 그치지 않고 중요한 일차자료들에 대한 문학적 설명을 충실히 첨가한다. 이를 통해 독자들에게 초기 유대교를 독립적으로 그리고 편견 없이 이해할 수 있는 실마리를 제공할 뿐만 아니라 그것이 기독교와 신약성경에 대한 이해에 미치는 함의까지도 고민하게 만든다. 목회자와 신학생뿐 아니라 평신도들에게도 일독을 권한다.

김구원 | 개신대학원대학교 구약학 교수

성경의 전반부에 있는 39권의 책을 "구"약이라고 부르는 이들은 누구나 후반부 27권의 "신"약을 전제한다. 그렇다면 "구"약을 다루는 이야기는 "신"약과 어떤 식으로든 연관되어야 하는 것이 맞다. 이런 관점에서 이 책은 신구약 성경을 이어주는 가교 구실을 톡톡히 한다. 그래서 독자들은 구약의 세계부터 중간기를 거쳐서 신약 시대에 이르기까지 구약과 신약의 성경 본문 자체와 쿰란 문헌이나 외경 등 고대 문헌의 일차자료들을 차근차근 설명하는 이 책을 통해 자연스럽게 신구약의 연속성을 경험하게 될 것이다. 무엇보다 이 책은 전형적인 교과서로 개념이나 내용을 아주 일목요연하게 정리해준다. 그래서 성경을 연속성이 있는 한 권의 책으로 읽고자 하는 이에게는 이상적인 길잡이라 하겠다.

김정훈 | 부산장신대학교 구약학 교수

이 책은 예수 그리스도의 하나님 나라 복음이 아브라함부터 예수 시대까지 1500년 이상 숙성되고 발효된 극상품 포도주임을 잘 드러낸다. 예수는 하나님 나라 복음을 낡은 가죽 부대를 터뜨리는 새 포도주에 비유하여 선포하셨다. 그런데 이때 낡은 가죽 부대는 유대교 전체를 가리키는 말이 아니다. 『초기 유대교와 예수 운동』은 예수와 바울이 특별히 행한 몇몇 바리새인에 대한 공격적 언사와 언동을 집중적으로 주목함으로써 구약과 유대교 전체를 폄하하려는 그리스도인들을 결정적으로 깨우쳐주는 책이다. 이 책은 전형적인 교과서 패턴으로 편집되어 아주 쉽게 읽을 수 있고, 심화 학습자들을 위해 후속 연구를 위한 도서들도 소개하며, 제2성전기 유대교를 이해하는 데 긴요한 용어나 개념에 대한 해설도 친절하게 제공해준다. 저자는 예수 그리스도와 그의 하나님 나라 복음의 구약적 뿌리와 유대교적 토대를 파헤치기 위해 기원전 520년부터 기원후 70년까지, 즉 제2성전기 시대에 산출된 중요한 문헌들을 두루 섭렵하며 예수 그리스도의 하나님 나라 복음의 성장 과정을 훌륭하게 추적해낸다. 구약성경, 외경, 위경, 사해사본을 비롯하여 기원후 1세기의 유대교 역사가인 요세푸스의 저작들을 총망라하여 제시하는 저자는 이를 통해 제2성전기 유대교와 구약의 연속성 그리고 제2성전기 유대교와 신약의 연속성을 동시에 주목함으로써 예수가 얼마나 철저하게 유대인적이며 구약에 토대를 둔 하나님의 아들인가를 설득력 있게 논증한다. 이 책의 중요한 함의는 신약의 예수께서 오심으로써 이스라엘과 맺은 하나님의 언약은 폐기되었고 이제 아브라함의 혈통적 후손인 이스라엘은 더 이상 하나님의 언약 백성이 아니라고 주장하는 대체신학(replacement theology)의 편협성을 교정해주고 있다는 데 있다. 이 책은 한국의 모든 목회자와 신학자는 물론 평신도 성경연구자들에게도 더없이 유용한 책이 될 것이다.

김회권 | 숭실대학교 기독교학과 구약학 교수

개신교에서 보통 신구약 중간기라고 부르는 기간과 겹치는 시기를 유대교에서는 제2성전기라고 부른다(기원전 520년-기원후 70년). 이 기간에 관한 연구는 유대학 입장에서 그 자체로 매우 소중한 가치가 있겠지만 기독교인의 관점에서는 더더욱 그렇다. 우리에게 익숙한 바리새파, 사두개파, 에세네파, 열심당이 이 시기에 형성되었다. 물론 초기 교회 역시 마찬가지다. 이처럼 기독교는 진공상태에서 태어나지 않았다. 따라서 신약성경의 예수를 제대로 이해하려면 제2성전기의 유대교에 대한 이해가 필수적일 수밖에 없다. 저자는 유대교의 발흥과 핵심 사상들을 역사적 흐름에 따라 정밀하게 살핀다. 솔로몬 성전의 파괴와 바빌로니아 유배를 거쳐 헬레니즘과 로마 제국의 지배하에서의 경험을 통해 드러난 유대인들의 신학적 성찰과 생존 그리고 대응 태도 등을 탁월하게 기술한다. 특히 그들이 남긴 문헌적 전통, 즉 구약 위경과 외경, 사해사본, 랍비 문헌, 요세푸스에 이르기까지 유대교에 관한 모든 문헌을 사용하여 유대교의 사상사적 전개를 역사적으로 설득력 있게 보여준다. 읽는 즐거움에 시간 가는 줄 모른다. 유려한 번역은 독자를 미소 짓게 한다. 신구약 성경을 깊이 알고자 하는 목회자, 설교자, 신학생들에게 필독서로 삼기를 추천한다.

류호준 | 백석대학교 신학대학원 은퇴교수

이 책은 유대교에 대한 이해가 상식과 오해에 근거할 때 얼마나 왜곡될 수 있는지 직설하여, '기독교의 모판'임에도 불구하고 편파적인 해석으로 '유대교'의 모양새가 옹색해졌다고 일갈한다. 예수와 기독교의 세계를 정확히 파악하려면 유대교의 본래 모습을 세심하게 탐색하라고 역설하는 저자는, 제2성전기 유대교의 궤적을 꼼꼼히 챙겨 신약성서의 세계를 환하게 관찰하도록 이끈다. 방대한 일차자료를 제시하여 독자의 수용성을 높이는 세심한 배려는 다층적이고 복잡한 유대교의 환경을 쉽게 이해시킨다. 본서는 '신약배경사의 교과서'로 가장 적합하며, 모든 성서 연구자가 '가까이 둘 명저'임에 분명하다.

윤철원 | 서울신학대학교 신학대학원 신약학 교수

머피의 『초기 유대교와 예수 운동』은 주로 제2성전기의 역사를 다루고 있다. 저자는 이 시대의 유대교를 탐구하고자 신구약 성경뿐만 아니라 외경, 위경, 사해사본, 요세푸스의 저작 등 고대 문헌을 면밀하게 검토한다. 독자는 저자가 제시해주는 여러 가지 일차자료를 통해 이 시대를 살았던 유대인과 기독교인의 다양한 모습을 좀 더 깊이 이해하게 될 것이다. 특히 이 책은 신약 시대의 예수를 초기 유대교의 관점에서 제시한다는 점에서 한국의 기독교인들에게 새로운 통찰력을 제공해준다. 무엇보다도 이 책은 일차자료에 충실하면서도 독자들의 이해를 돕기 위해 다양한 지도와 도표 및 용어 해설 등을 제시해주고 있어서 제2성전기에 관한 연구에 익숙하거나 처음 접하거나 상관없이 독자 모두에게 유익한 자료가 될 것이다.

이윤경 | 이화여자대학교 기독교학과 구약학 교수

일반적인 기독교인의 눈에 비치는 유대교는 어떤 모습일까? 신약성경이 비춰주는 유대교는 상당히 부정적이다. 유대인은 메시아이신 예수를 십자가에 처형한 민족이었다. 따라서 기독교 학자들의 기존 유대교 연구는 유대교를 기독교의 배경으로만 간주하면서, 유대교를 부정적으로 묘사하며 비하하기도 했다. 그러나 유대교는 기독교의 뿌리이며, 예수의 자아 정체성도 유대인이었다. 초기 기독교는 유대교의 한 분파이기도 했다. 저자는 고대 유대교를 기독교적인 편견의 안경을 벗고 그 자체의 논리와 목적에 충실한 방식으로 연구한다. 그리고 이를 통해 예수와 초기 그리스도인들을 더 잘 이해하도록 이끈다. 저자는 역사적 방법론, 문학비평, 인류학, 사회과학 그리고 언어학을 동원하여 초기 유대교의 실체를 객관적으로 밝혀준다. 이 책은 분명히 학술서인데 손에서 뗄 수 없는 소설처럼 흥미롭게 읽히는 신비한 책이다.

차준희 | 한세대학교 구약학 교수, 한국구약학연구소장

신약성경은 1세기에 그리스어로 기록된 '신앙적 문서'이자 '역사적 문서'다. 성경을 사랑하는 독자가 이 두 가지 필연적 속성의 균형을 잃어버리는 것은 마치 자녀가 어머니와 아버지 두 분의 이중 유전자 중 하나만 지니고 있다고 고집하는 것과 다를 바 없다. 프레더릭 머피의 『초기 유대교와 예수 운동』은 나사렛 예수와 초기 교회의 신앙-역사적 뼈대를 이해하는 데 결정적 토대인 제2성전기의 '여러 얼굴의 다양한 민낯'을 원자료들에 기초하여 보여준 역작이다. 한편 예수회 소속 가톨릭 대학의 종교학 교수로 28년간(1983년-2011년) 재직했던 저자란 점에서 독자는 마지막까지 '비판의 끈'도 놓치지 말고 읽어야 한다. 이런 '단단한 음식'을 기꺼이 음미하는 목회자와 성도가 늘어날 때 교회는 '상식(역사) 있는 신앙(신학)의 노래'를 더 힘 있게 부르지 않겠는가. 한국의 신학생들이 자신들의 교정을 떠나기 전 읽게 된다면 참 좋겠다.

허주 | 아세아연합신학대학교 신약학 교수

저자 머피는 탁월한 학자이자 수상경력에 빛나는 명교수다. 신뢰할 만한 참고서적인 동시에 제2성전기 유대교 과목에 최적의 교과서인 이 책은 독자들이 예수와 초기 기독교인들이 활동했던 유대 세계가 지녔던 풍부한 다양성에 흠뻑 취하게 해준다. 고대 문헌 자체를 객관적이고 명쾌하게 설명하는 저자의 접근법은 기독교인에게나 유대인에게나 환영받을 것이다.

대니얼 J. 해링튼(Daniel J. Harrington)

웨스턴 예수회 신학교 신약학 교수

멋진 구성, 대가다운 해설, 믿음직한 사실 확인, 공감에 근거한 이해를 두루 갖춘 이 책은 제2성전기 유대교를 가르치기에 이상적인 교과서다. 머피는 에두르지 않고 학생들에게 곧바로 다가가 설득력 있게 메시지를 전한다. 기원후 70년 이전의 유대교라는 복잡다단한 주제를 절도 있고 명징하게, 그리고 뚜렷한 목표의식을 갖고 서술해낸 점에서 이 책보다 더 나은 소개서는 없다.

제이콥 노이스너(Jacob Neusner)

바아드 대학교 신학 고등연구소, 종교와 신학 연구교수 겸 고등연구원

사료의 존중과 문학적 이해를 겸비했다는 점에서 제2성전기 유대교를 다룬 수많은 책 가운데 단연 돋보이는 이 책은 제2성전기 유대인의 역사뿐만 아니라 동시대의 중대한 종교 현상들을 천착한 종교사이기도 하다. 저자는 신약성경을 기원후 1세기 유대교에 대한 증언으로 채택하여 유대적 맥락 안에서 다룸으로써 나사렛 예수를 동시대 유대교의 맥락에서 충실히 설명해낸다. 일반 대학교와 신학교에서 두루 사용할 수 있는 훌륭한 교과서다.

존 J. 콜린스(John J. Collins)

예일 대학교 구약비평과 해석학 홈스 석좌교수

Early Judaism

The Exile to the Time of Jesus

Frederick J. Murphy

초기 유대교와 예수 운동

Early Judaism: The Exile to the Time of Jesus

제2성전기 유대교와 역사적 예수의 상관관계

프레더릭 J. 머피 지음

유선명 옮김

새물결플러스

나의 부모님 헤이즐 L. 머피(Hazel L. Murphy)와

제임스 F. 머피(James F. Murphy)를 기억하며,

"네가 세상에 태어난 것은 네 부모의 덕택임을 잊지 말아라.

그들의 은덕을 네가 어떻게 갚을 수 있겠느냐?"(Sir 7:28)

또 한 사람, 진정한 영웅이자 참된 벗이었던

우스터(Worcester) 소방서 토마스 E. 스펜서(Thomas E. Spencer)

상사에게 이 책을 헌정합니다.

목차

서문

나는 제2성전기 유대교에 관한 과목을 오랫동안 강의하면서도 적절한 교과서를 찾지 못하던 중, 1991년에 *The Religious World of Jesus: An Introduction to Second Temple Palestinian Judaism*(Nashville: Abingdon)을 출간했다. 본서는 *The Religious World of Jesus*의 전면개정판이다.

기독교의 유대교 배경이라는 주제는 오랫동안 나를 매료시켰다. 내가 히브리 성경을 처음 접한 이래로 고대 이스라엘과 유대교에 대해 배운 모든 지식은 예수와 초기 기독교를 이해하는 데 큰 도움을 주었다. 물론 이 사실을 처음부터 알았던 것은 아니지만, 신약성경과 기독교의 기원에 관한 최근의 연구들이 축적되면서 고대 유대교, 예수의 유대인 됨(Jewishness), 그리고 고대 기독교와 유대교의 다양한 형태와 상호관련성에 관한 과거의 오해들이 불식되고 있음을 깨닫게 되었다. 과거의 기독교 학자들은 유대교를 단지 기독교의 "배경"으로만 취급함으로써 유대교를 비하했다. 과거 학계는 종종 기독교가 유대교를 뛰어넘은 것으로 제시했다. 유대인의 메시아인 예수가 오셨지만 유대인들은 그를 알아보지 못했기에, 이제는 이방 기독교가 참이스라엘이자 예레미야가 예언한 "새 언약"의 실현체이며 구약 곧 옛 언약이라고 불리게 된 과거 약속의 상속자가 되었다는 것이다. 이런 기독교 신학은 기독교가 유대교를 대체했다고 믿는다는 점에서 대체주의(supersessionism)라고 명명할 수 있다.

나는 히브리 성경과 제2성전기 후기에 기록된 유대교 문헌들을 연구하면서, 근래의 새로운 연구들이 학문적으로 탄탄하다는 것을 알게 되었다. 또 이 분야의 학자들은 대부분 명백한 것으로 생각하지만 전문적인 성경학자들이 아닌 다른 많은 사람들에게는 전혀 명백하지 않은 내용들도 있음을 깨닫게 되었다. 후기 제2성전기 유대교는 내가 신약성경과 기독교 신학을 공부한 후 오해했듯이 빈 껍데기가 아니라, 시내산에서부터 그 기원을 찾을 수 있는 놀랍도록 부요한 전승들의 집합체였다. 고대 유대교는 율법주의와 제의주의 세계관에 얽매여 삶의 중요한 요소들에 눈을 감은 단순무식한 종교가 아니다. 오히려 기독교가 지닌 보화의 상당부분은 유대교에 빚지고 있으며, 무수한 유대인들은 자신들의 하나님을 충성스럽게 붙들고 고단한 삶을 견뎌왔다. 고대 유대교는 다양성과 생기를 지녔다. 나는 초기 기독교가 유대교의 한 분파였다가 결국 제 갈 길을 갔다는 이해에 도달했다.

마지막이자 아마도 가장 중요한 것으로서, 나는 예수가 유대인이었다는 사실을 깨달았다. 개인적으로 내게 가장 혁명적인 깨달음이 바로 이것이었는데, 사실 맨정신으로 예수가 유대인이었다는 사실을 부인할 사람은 아무도 없을 테니 이 말이 참 의아하게 들릴지도 모르겠다. 하지만 많은 사람이 예수가 유대인이라고 말해도 그 뜻은 각인각색인 법이다. 기독교 신학의 오랜 전통은 예수가 비록 유대인이었지만 유례없이 독특한 유대인이었다고 상정한다. 오직 그만이 이스라엘의 하나님을 진정으로 이해했으며, 그분의 뜻을 제대로 깨달았다는 것이다. 예수는 자신이 직접 접촉할 수 있는 사람의 수가 제한적임을 깨닫고 하나의 운동을 시작했는데, 결국 그것이 새로운 종교가 되었고 이방인들에게까지 그 문이 열리게 되었다. 예수를 그리스도로 인정함으로써 이스라엘의 존재감은 더 희미해졌다. 일부 그리스도인들은 자신들이 유대교는 깊이 존중하지만, 예수 당대의 유대인들을 좋게 보지 않을 뿐이라고 항변한다. 하지만 이 시점에서 내 견해는 예수가 시종일관 그 자신을 언약 안에 있으며 토라에 순종하는 유대인으로 이해했다는 것이다. 이런 이해는 나를 포함한 여러 학자에게 수많은 관련 논제들—예수의 인격과 사역, 고대 기독교와 유대교의 본질 및 양자 간의 관계, 메시아직, 제사장 종교 및 성전의 성격, 고대 "유대 국가주의"(Jewish nationalism)로 흔히 불리던 사고체계의 의미, 랍비 유대교의 출현 등—을 전반적으로 재검토하도록 요구한다.

내가 처음 유대교에 관심을 갖게 된 것은 내가 그리스도인이기 때문이다. 나는 기독교의 기원을 조사하다가 그 근본이 유대교라는 것을 알게 되었다. 하지만 유대교를 단지 기독교의 눈을 통해서만 보는 것은 왜곡을 초래하게 될 것이라는 점이 분명해지면서, 나는 기독교의 유대교 뿌리를 제대로 알기 위해서는 기독교를 잠시 "잊어버리는" 것이 필요함을 차츰 깨닫게 되었다. 즉 유대교를 그 자체의 가치와 기준으로 살펴보지 않으면 우리는 예수의 종교를 이해하지 못할 뿐만 아니라 초기 기독교도 오해하게 될 것이다.

무엇이 되었든 새로운 것을 배운다는 것은 항상 비교의 작업이다. 우리가 자신과 타자 간의 비교를 멈출 때, 모든 것이 자명해 보이는 폐쇄된 시스템 안에서 움직일 때, 우리와 다른 사고 및 생활방식에 자신을 개방하지 않거나 최소한 그것을 이해해보려고 노력조차 하지 않을 때, 우리는 곧바로 무지의 심연으로 떨어질 것이다. 아울러 비교의 대상들을 바라보는 우리의 마음 자체를 바꾸기를 꺼릴 때 우리는 건전하고 통찰력 있는 비교작업을 수행하기가 어려울 것이다. 기독교와 유대교 혹은 다른 종교 간의 비교가 열매를 맺으려면 비교하는 사항들을 모두 새로운 관점에서 볼 수 있어야 한다. 하지만 대학원에서 내 스승이었던 크리스터 스텐달(Krister Stendahl) 교수가 종종 말했듯이, 우리는 사과와 오렌지를 비교하는 어리석음을 범하지 말아야 한다. 기독교의 지고한 이상을 유대교의 일상 및 현실과 비교하는 식의 행동이 종종 일어난다. 그런 비교는 결과가 뻔한 일종의 조작이며, 이해보다는 기독교의 선전에나 유익한 짓일 뿐이다.

앞서 말한 것과 같은 배움(learning) 및 비움(unlearning)의 과정은 내게 성경학자로서 느낄 수 있는 매우 뜻깊고 즐거운 경험을 선사해주었다. 그것은 내게 유대교, 기독교, 그리고 하나님에 대해 많은 것을 가르쳐주었다. 대면으로 혹은 저술을 통해 내게 가르침을 준 수많은 학자들에게 깊이 감사드린다. 이 책은 하버드 대학교에서의 석박사 과정과 홀리크로스(Holy Cross) 대학에서 보낸 십칠 년의 강단 생활에서 얻은 내 경험을 다른 이들에게 전수해주기 위한 교과서로 집필되었다. 나는 해를 거듭하면서 내가 얻은 통찰이 학생들의 이해를 어떻게 심화시키는지를 계속 확인해왔다.

나는 이 책에서 유대교를 그 자체로 이해하려는 노력과 그것을 통해 예수와 초기 그리스도인들을 더 잘 이해하려는 노력 간에 균형을 유지하려고 애썼다. 이런 균형은 학생들에게 유익하다. 특히 홀리크로스에서 내게 배운 학생들은 지성적이고 헌신적이며, 친숙한 것을 새롭게 바라보는 일에 활짝 열려 있는 놀라운 청년들이었다. 무엇보다도 그들이 내 강의를 늘 긍정적으로 평가하고 격려해주었기에 내가 이 분야의 강의를 계속할 수 있었다. 지금 내게 가장 뜻깊은 것은 이 교과서의 신판을 출간함으로써 그 강의를 다시금 새롭게 열 수 있다는 사실이다. 이 책이 홀리크로스를 넘어 다른 교수들과 학생들에게도 도움이 되기를 희망한다.

내 초간본을 개정하고 다시 빛을 볼 수 있게 기회를 준 헨드릭슨 출판사(Hendrickson Publishers)에 감사를 표한다. 성서학에 종사하는 이들이라면 헨드릭슨 출판사가 이 분야의 양서를 출판하는 일에 대단한 급성장을 이룬 것을 잘 알고 있으리라. 수년 동안 내 수고를 격려해준 헨드릭슨 출판사의 전 편집장 패트릭 알렉산더(Patrick Alexander)에게 특히 감사한다. 이 개정본 작업을 다시 그와 함께 할 수 있어 기쁘다. 그는 본서의 내용을 어떻게 독자들에게 전달할지를 재구성하도록 도왔고, 안목과 재치 가득한 촌평으로 이 책(과 훗날의 책들)을 훨씬 낫게 만들어주었다. 이 작업을 맡아 완성하기까지 이끌어준 헨드릭슨 출판사의 부편집장 존 쿠츠코(John Kutsko)의 전문적이며 너그러운 도움에도 감사드린다. 그와 함께 일하는 것은 즐거운 경험이었다.

홀리크로스 대학은 여러모로 나를 도와주었다. 대학의 기관과 직원들은 교수들의 학술 활동을 위해 최선을 다했고, 이사회는 교수들이 수업과 연구를 균형 있게 수행하는 것이 교육의 질을 위해 중요하다는 것을 이해하고 지원해주었다. 홀리크로스의 종교학부는 여전히 최고의 직장 중 하나다. 우리 교수진이 가진 공통점과 차이점이 빚어내는 상호작용은 저마다 최선을 다할 수 있는 전문적이고 지지적이며 창의적인 환경을 마련해주었다. 조엘 빌라(Joel Villa), 켄 스콧(Ken Scott)은 무한한 인내심으로 컴퓨터 작업을 도와주었다. 내 연구와 강의를 위해 홀리크로스의 도서관장 짐 호건(Jim Hogan) 박사와 동료 직원들이 베푼 도움은 그야말로 모범적이었다. 내 좋은 벗인 짐 마쪼네(Jim Mazzone) 신부에게 즐겁고 유익한 점심시간 겸 성경 토론에 대해 특별한 감사를 표한다. 개인적인 일이나 전문적인 일에서도 한결같은 우정과 지원을 아끼지 않았던 레이 딜라일(Ray Delisle)에게도 감사한다. 무엇보다도 내 사랑하는 가족인 레슬리(Leslie), 레베카(Rebecca), 제레미(Jeremy)를 언급하지 않을 수 없다. 내 삶의 토대인 그들이 없다면, 내게는 무엇을 쌓아 올릴 바탕이란 아예 존재하지 않을 것이다.

이 책을 세 분께 헌정하고자 한다. 1991년 초간본과 마찬가지로 제일 먼저 내 어머니께 이 책을 바친다. 나는 쉽지 않았을 삶을 견디며 보여주신 어머니의 본을 잊을 수 없다. 이번 개정본 헌사에는 1997년 6월에 돌아가신 아버지를 더한다. 훌륭한 삶을 사신 두 분이 새삼 그리워진다.

초간본에서 나는 톰 스펜서(Tom Spencer)에게 "음악에 대해" 감사한다고 썼었다. 오랫동안(그래도 충분하진 않았지만) 나와 내 가족에게 소중한 친구였던 톰은 소방관이자 모범 가장이요 뛰어난 운동선수였으며, 게다가 오페라 열성 팬이기도 했다. 그 덕분에 나도 오페라를 사랑하게 되었고 우리는 종종 (그가 테니스 게임으로 나를 두들겨 패고 있지 않다면) 오페라를 함께 감상하곤 했다. 1999년 12월 3일, 톰은 우스터 소방서의 동료 소방관 다섯 명과 함께 진화작업 중 순직했다. 버려진 창고에서 화재가 발생했고, 그 안에 노숙인들이 갇혀 있을까 염려한 소방관들은 불붙은 건물에 진입했다. 소방관 여섯 명이 귀환하지 못했는데, 톰이 그들 중 하나였다.

톰이 이 헌사를 본다면 싱긋 웃고는 재치 어린 농담으로 우리를 웃게 했으리라. 그의 유머와 우정이 그립다. 톰은 이제까지 내가 만나본 가장 훌륭한 사람 중 하나다. 그는 씩씩한 아내 캐시(Kathy)와 재능 있고 탁월한 세 자녀인 패트릭(Patrick), 케이시(Casey), 댄(Dan)의 인생 속에서 지금도 살고 있다.

약어

외경 및 70인역

Bar	Baruch
1-2 Esd	1-2 Esdras
1-2 Macc	1-2 Maccabees
Sir/Ecclus	Sirach/Ecclesiasticus
Tob	Tobit
Wis	Wisdom of Solomon

구약 위경

Apoc. Ab.	*Apocalypse of Abraham*
2 Bar.	*2 Baruch(Syriac Apocalypse)*
1 En.	*1 Enoch(Ethiopic Apocalypse)*
Jub.	*Jubilees*
T. Levi	*Testament of Levi*
T. Mos.	*Testament of Moses*

사해사본 및 관련 문헌

1QH	*Thanksgiving Hymns*
1QpHab	*Commentary on Habakkuk*
1QM and 4QM	*War Rule*
1QS	*Community Rule*
1QSa	*Messianic Rule*
4Q171	*Commentary on Psalms*
4QpNah	(4Q169) *Commentary on Nahum*
4QFlor	(4Q174) *Midrash on the Last Days*

4QTest	(4Q175) *Messianic Anthology or Testimonia*
4QMessAp	(4Q521) *Messianic Apocalypse*
CD	*Damascus Document*

필론

Embassy	*On the Embassy to Gaius*
Moses 1, 2	*On the Life of Moses* 1, 2

요세푸스

Ag. Ap.	*Against Apion*
Ant.	*Jewish Antiquities*
J.W.	*Jewish War*
Life	*The Life*

미쉬나, 탈무드 및 관련 문헌

m.	Mishnah
Meg.	*Megillah*

그 외 문헌

AB	Anchor Bible
ABD	*Anchor Bible Dictionary.* Edited by D. N. Freedman. 6 vols. New York: Doubleday, 1992
AI	*The Apocalyptic Imagination: An Introduction to Jewish Apocalyptic Literature.* J. J. Collins. 2d ed. Grand Rapids: Eerdmans, 1998
AMWNE	*Apocalypticism in the Mediterranean World and the Near East.* Proceedings of the International Colloquium on Apocalypticism, Uppsala, August 12-17, 1979. Edited by D. Hellholm. Tübingen: Mohr (Siebeck), 1983
ANRW	*Aufstieg und Niedergang der römischen Welt: Geschichte und Kultur Roms im Spiegel des neueren Forschung.* Edited by W. Haase and H. Temporini. Berlin: de Gruyter, 1972-
APOT	*The Apocrypha and Pseudepigrapha of the Old Testament.* Edited by R. H. Charles. 2 vols. Oxford: Clarendon, 1913
BA	*Biblical Archaeologist*
BASOR	*Bulletin of the American Schools of Oriental Research*
B.C.E.	before the Common Era
BJRL	*Bulletin of the John Rylands University Library of Manchester*
BTB	*Biblical Theology Bulletin*
CBQ	*Catholic Biblical Quarterly*
CBQMS	Catholic Biblical Quarterly Monograph Series
CDSSE	*The Complete Dead Sea Scrolls in English.* Translated and edited by G. Vermes. New York: Penguin, 1997
C.E.	Common Era
CRINT	Compendia rerum iudaicarum ad Novum Testamentum
CurBS	*Currents in Research: Biblical Studies*
E	The Elohist source of the Pentateuch
EJMI	*Early Judaism and Its Modern Interpreters.* Edited by R. A. Kraft and G. W. E. Nickelsburg. Atlanta: Scholars Press, 1986
HBD	*Harper's Bible Dictionary*
HeyJ	*Heythrop Journal*
HR	*History of Religions*

HSM	Harvard Semitic Monographs
HTR	*Harvard Theological Review*
HUCA	*Hebrew Union College Annual*
IDB	*The Interpreter's Dictionary of the Bible.* Edited by G. A. Buttrick. 4 vols. Nashville: Abingdon, 1962
IDBSup	*Interpreter's Dictionary of the Bible: Supplementary Volume.* Edited by K. Crim. Nashville: Abingdon, 1976
IFAJ	*Ideal Figures in Ancient Judaism.* Edited by G. W. E. Nickelsburg and J. J. Collins. Chico, Calif.: Scholars Press, 1980
J	The Yahwist source of the Pentateuch
JBL	*Journal of Biblical Literature*
JJS	*Journal of Jewish Studies*
JSJ	*Journal for the Study of Judaism in the Persian, Hellenistic, and Roman Periods*
JTS	*Journal of Theological Studies*
NIB	*The New Interpreter's Bible*
NJBC	*The New Jerome Biblical Commentary.* Edited by R. E. Brown, J. A. Fitzmyer, and R. E. Murphy. Englewood Cliffs, N.J.: Prentice-Hall, 1990
NRSV	New Revised Standard Version [translation of the Bible]
NTS	*New Testament Studies*
OTP	*Old Testament Pseudepigrapha.* Edited by J. H. Charlesworth. 2 vols. Garden City: Doubleday, 1983-1985
OTT	*Old Testament Theology.* G. von Rad. London: SCM, 1965
P	The Priestly source of the Pentateuch
RB	*Revue biblique*
RelSRev	*Religious Studies Review*
RevQ	*Revue de Qumran*
SBLDS	Society of Biblical Literature Dissertation Series
SBT	Studies in Biblical Theology
SNTSMS	Society for New Testament Studies Monograph Series
SSV	*Scriptures, Sects, and Visions: A Profile of Judaism from Ezra to the Jewish Revolts.* M. E. Stone. Philadelphia: Fortress, 1980
VT	*Vetus Testamentum*

서론

나는 기독교의 배경을 연구하다가 고대 유대교 연구에 발을 들이게 되었으며, 현재 로마 가톨릭 계통의 대학에서 교수로 재직하고 있다. 나는 고대 유대교를 그 자체의 논리와 목적에 충실한 방식으로 연구해야 한다고 확신하지만, 동시에 그것이 예수와 초기 그리스도인들에 관해 알려주는 것에 대해서도 큰 관심이 있다. 하지만 나는 기독교적 관심이 고대 유대교의 연구를 왜곡하지 않도록 조심해왔다. 그렇지 않으면 고대 유대교 자체를 제대로 이해하지 못하게 되고, 따라서 기독교적 관심사를 구체적으로 조명하는 일 자체가 어려워질 것이다.

정경을 넘어서

고대 이스라엘, 예수 그리스도, 기독교의 기원, 혹은 성경을 공부하고 싶어 하는 학생이라면 아마도 "구약개론"이나 "신약개론" 같은 제목의 강의를 택할 가능성이 크다. 이는 이런 강의들이 기독교와 유대교의 초석이 되는 문서들을 다룬다는 점에서 당연한 선택이다. 초석이라는 의미는 히브리 성경과 신약성경이 두 종교의 바탕이 된다는 뜻이다. ("옛 언약"으로 잘 번역되는 "구약"은 "신약"이 있다는 전제하에 만들어진 용어로 이미 기독교적 전제를 상정한다. 여기서는 고대 유대교를 그 자체의 가치로서 다루려고 하므로 좀 더 중립적인 용어인 "히브리 성경"을 사용하려고 한다.) 신약과 히브리 성경에 포함된 본문은 정경(canon)에 속한다. 이 단어는 측정을 위해 사용되는 고정된 길이의 갈대, 즉 자를 가리키는 그리스어 *kanōn*에서 유래했다. 유대교나 기독교에서 정경은 권위 있고 규범적인 문서로 인정받는 글들의 집합체를 의미하며, 이 정경이 곧 그들의 신조와 행동을 판단하는 기준이 된다. 각각의 종교는 어떤 문서를 정경에 포함하고 제외할지를 결정함으로써 그 종교의 윤곽을 결정한다. 정경에 포함된 문서들은 **영감을 받은**(inspired) 것으로, 즉 하나님이 모종의 방식으로 그 배후에 있는 것으로 이해된다. 영감을 정의하는 방식은 다양한데, 해당 문서를 쓴 저자가 마치 시인처럼 영감을 받았다고 이해하는 것에서부터 하나님이 일일이 단어와 문자를 불러주었다고 이해하는 문자주의적 신념에 이르기까지 폭넓게 존재한다. 그러나 영감을 믿는다고 하여 성경이 저술되는 과정에서 실질적인 인간의 역할을 꼭 부인하는 것은 아니다.

본서의 연구 범위는 정경을 넘어서는데, 이는 연구해야 할 문헌들이 속했던 세계의 문화적·사회적 측면을 두루 품는 역사적 정황이 우리의 관심사이기 때문이다. 고대인들의 행동과 생각 및 감정이 어떠했는지를 추론할 근거로서 간주되는 모든 것뿐만 아니라 그들의 문화적·사회적·정치적·경제적 제도 등을 이해하는 데 도움이 되는 증거들 모두를 고려하는 것이 우리의 목표다. 다행히 정경 외에도 기원후 1세기로부터 이후 수 세기 동안 저술된 방대한 유대교 문헌이 우리의 연구에 도움을 준다.

본서는 예수 그리스도가 살았던 세계인 기원후 1세기 갈릴리와 유대에 대해 가르치고자 하는 동기에서 비롯되었다. 하지만 그 세계는 무작정 그리로 뛰어든다고 해서 제대로 이해될 수 있는 것이 아니다. 특히 기원후 1세기 이스라엘 본토의 유대인 사회를 구성하는 사람들과 사회 집단들에 대한 공감적 이해가 목표인 이상, 그 이전 시대의 사건과 인물들을 모른 채로 1세기만 들여다보아서는 사실을 왜곡하게 될 것이 분명하다. 제2성전기(기원전 520년—기원후 70년)는 그 시작과 끝이 분명하며, 시간에 따른 변화를 고려하더라도 그 성격 역시 모종의 일관성을 유지한 시대다. 제2성전의 건립은 이스라엘 역사와 사회 그리고 종교에서 새로운 시작이었다. 제2성전기의 시작과 더불어 이스라엘은 바로 직전의 기간과 확연히 다른 모습을 지니게 되었다. 마찬가지로 로마인들이 기원후 70년에 제2성전을 파괴했을 때, 이스라엘은 다시 한번 극적인 변화를 겪었다. 이는 단순히 물리적 성전의 상실만이 아닌, 유대인의 삶과 사회의 모든 영역에 심오한 변화를 가져오는 사건이었다.

이 책의 도입부인 1장과 종결부인 10, 11장은 제2성전기 유대교를 살펴보는 뼈대를 제공한다. 제2성전기 이전의 이스라엘을 다룬 1장은 이 책의 나머지 부분을 전개할 기초를 놓는다. 1장에서는 제2성전기 유대교를 이해하는 데 있어 핵심이 되는 포로기 이전 및 포로기 이스라엘과 관련된 인물, 집단, 사건 및 논점들이 소개된다. 10장은 로마와의 전쟁과 예루살렘의 멸망 그리고 이후 유대교가 걸어간 노정에 관해 설명한 다음 전쟁 이후에 저술된 두 가지 유대교 문헌을 분석한다. 11장은 예루살렘의 멸망 후에 그리스도인의 관점에서 예수를 해석한 몇몇 문헌을 살펴본다.

역사의 연구

어떤 독자들에게는 성경의 책들을 역사적 관점에서 조사한다는 것 자체가 이상하게 보일지도 모른다. 하지만 고대 문헌들은 현대 독자들이 생각하는 것과는 판이한 사회적·역사적 맥락에서 저술되었기 때문에 해석을 위해서는 그 문헌들이 본래의 맥락에서 어떤 의미를 만들어냈는지를 이해할 필요가 있다. **역사비평**(historical criticism)은 역사적 방법론, 즉 문헌과 물적 자료의 비평적 조사를 통해 사료의 저자들이 의미한 것이 무엇이었는지와 본래의 독자들이 그 문헌을 어떻게 해석했을지를 밝히는 분석 방법이다. 이런 연구는 조사하고자 하는 문헌들이 저술된 고대 세계에 관한 지식과 대화하는 가운데 이루어진다. 이 방법에는 다음과 같은 문제들이 잠재한다. (1) 이 방법론은 때때로 우리가 상황에 대한 해석을 배제한 채 순수한 "사실"에 도달할 수 있다고 가정한다. (2) 이 방법론은 때때로 문헌의 본래 뜻을 진리와 동일시한다. 그래서 본문을 해석하는 다른 가능성을 배제한 채 역사적 지식만을 중시할 수 있다. (3) 이 방법론은 우리 자신이 지닌 편견들, 즉 우리의 철학적·사회적·정치적 입장들을 충분히 비평적으로 검토하지 못할 수 있다. 역사비평에 관여하는 사람이라면 누구나 이런 문제점들을 염두에 두어야 한다. 그러나 이런 문제들이 있다고 해서 역사적 지식에 대한 추구를 거부하는 것 역시 큰 실수일 것이다. 그 이유는 아래와 같다.

우리는 역사에 그다지 밝지 않으면서도 그것에 중요성을 부여한다. 어떤 일이 역사 속에서 일어났거나 일어나지 않았다고 말하는 것은 오늘날 매우 강력한 힘을 갖는다. 이 점을 예수 그리스도에게 적용해보면, 그리스도인들은 그들이 지닌 "예수상"이 역사적 예수 즉 2천 년 전에 살았던 팔레스타인 유대인과 동일하다고 종종 생각한다. 그들은 예수에 관한 자신의 해석을 확신하는데, 그 이유는 그것이 자신들이 이해한 복음서의 기록과 일치하고 그들에게 복음서는 순수한 역사이기 때문이다. 게다가 그들은 1세기 팔레스타인 유대 사회가 복음서에 기록된 그대로일 것이라고 가정한다. 역사적 연구를 무시하면 이런 가정들이 도전받지 않고 성행하게 된다.

역사적 질문을 제기하지 않으면 우리가 어떻게 오늘 여기까지 오게 되었는지에 대한 잠정적인 대답조차도 할 수 없게 된다. 사회와 종교의 현재 모습은 과거에 우리가 내린 결정, 우리가 했던 생각, 우리가 설립한 제도들의 결과물이다. 우리가 그들의 결정과 생각 그리고 제도들을 무시해버린다면, 우리의 현재를 이해하는 데 핵심적인 열쇠를 던져버리는 결과가 될 것이다.

유대인과 그리스도인을 막론하고 역사를 진지하게 생각해야 할 신학적 이유가 있다. 양자가 공히 하나님은 역사 속에서 즉 평범한 세상에서 일상을 사는 사람들의 부대낌 속에서 만날 수 있는 분이라고 가르친다. 주제가 대제국과 씨름하는 고대 이스라엘이든지 제사장 계급 및 로마 권력자들과의 갈등 속에 있는 예수 그리스도든지 관계없이, 두 전통은 모두 역사로부터의 도피보다는 역사의 이해를 추구한다. 거룩한 이야기와 역사의 전승들을 거듭하여 읽고 다시 서술하는 작업은 성경 자체 안에 명백히 드러나 있으며, 기독교와 유대교가 공히 과거 사건들의 의미를 모색하는 근원적 염원을 가진 종교임을 재확인해준다.

역사의 서술은 절대 쉽지 않다. 특히 우리가 검토하려는 시대에 관해서는 우리가 원하는 만큼 풍부하고 다양한 사료가 존재하지 않는다. 게다가 우리의 선입관이 그 자료들을 읽는 자세에 영향을 끼친다. 일례로 지난 수 세기에 걸쳐 기독교 학자들 사이에서 벌어진 기적 관련 논쟁을 들 수 있다. 하나님이 기적을 통해 일하신다고 믿는 측에서는 성경에 기록된 기적들이 실제로 일어났다고 믿는다. 합리주의자인 비평가들은 "기적"을 비과학적 세계관의 산물로, 혹은 인간이 겪는 심신상의 현상으로, 혹은 설명 가능한 자연현상으로 만들어 쉽게 설명하곤 한다. 역사적 연구는 그런 어려움을 해결하지 않는다. 같은 증거를 놓고 다양한 해석이 나타나는 이유는 바로 세계관의 근본적인 차이 때문이다.

역사를 서술하는 것은 단순히 사건의 연대기를 쓰는 것과 다르다. 설령 역사가들이 일련의 사건을 실제로 일어난 것으로 동의할 수 있다고 할지라도 우리가 얻을 수 있는 결과는 단지 연표나 사건목록에 불과할 것이다. 역사적 분석은 사실들의 나열을 넘어 그것들을 연결하고 분석하여 인과관계를 밝히고 그 사건들의 역사적·경제적·정치적·문화적·사회적 맥락 안에서 그 의미를 탐구하려고 한다. 그러나 개별적인 사실들을 의미의 유기체로 어떻게 엮어내는가는 단지 과학적 탐구의 문제만은 아니다. 우리가 사건들을 설명하는 방식은 사건들의 인과관계, 사람과 사회의 본질, 그리고 세상의 작동방식에 대한 우리의 믿음에 의해 결정된다.

개인적 의견과 편견의 영향을 받지 않고도 과거사 서술이 가능하다는 견해가 지니는 문제는 과거에 관해 이야기하는 일상의 사례를 통해 알 수 있다. 예를 들어 학생 삼십 명이 같은 과목을 수강하고 일 년이 지난 후 만나 그 경험에 관해 이야기를 나눈다고 상상해보자. 그들은 모두 목격자이지만 그들 각자의 경험은 저마다 다를 것이다. 교수님은 조직적이었을까? 허둥지둥했을까? 명쾌했을까? 혼란스러웠을까? 흥미로웠을까? 지루했을까? 과제에 대한 교수님의 논평은 유익했을까? 아닐까? 학생들의 대답이 천차만별이 아니라면 그것이 더 이상한 일일 것이다. 한 학생의 수업 경험은 그의 흥미, 배경, 학습량, 사람됨, 그리고 교실에서 전개되는 상황들에 좌우된다. 다행스럽게도 일 년이 지난 상황에서 교과명,

지정도서, 교수의 이름 등 기본적인 사실들에 대해서는 모든 학생의 의견이 일치할 수 있을 것이다. 하지만 수업이 얼마나 공정했는지, 얼마나 유익했는지와 같은 좀 더 중요한 문제로 대화가 옮겨가면 의견이 갈라질 여지가 훨씬 더 많아지기 마련이다.

오래되지 않은 공통의 경험을 놓고도 목격자들이 증언이 달라진다면, 오래된 과거의 사건들에 대해서는 더더욱 이견이 많을 수밖에 없다. 미국사를 공부한 사람이라면 조지 워싱턴을 모를 리 없다. 그의 출생일, 사망일, 거주지, 그가 수행한 직책 등은 잘 알려져 있다. 하지만 그가 중요한 전투를 앞두고 아침 식사로 무엇을 먹었는지는 아마 모를 것이다. 역사가들은 그런 내용을 그리 중요하게 생각하지 않는다. 하지만 사람의 식습관이 행동에 미치는 영향을 중시하는 사람이라면 워싱턴의 식습관을 매우 중요하게 생각할 것이다. 이것은 극단적인 경우일 수 있다. 하지만 예를 들어 보수적 자본주의 입장에 선 역사가의 분석과 마르크스주의 역사가의 것을 비교해보면 갈등은 심각해진다. 우리가 세상을 바라보는 방식, 사물의 이치에 관해 생각하는 방식은 우리가 무엇을 선택하고 그것을 어떻게 이야기하는지에 깊이 영향을 미친다.

결국 해석되지 않은 역사로서의 순수한 역사라는 것은 존재하지 않는다. 역사는 곧 해석이다. 해석은 해석자가 인정하든지 그렇지 않든지 간에 그의 세계관, 개념적 프레임, 철학적 입장을 반영하는 법이다. 역사가가 자신과 비슷한 전제들을 공유하는 독자들을 염두에 두고 역사를 서술하는 경우는 그런 전제들이 자명해 보이므로 검증할 필요가 없다고 여겨진다. 그러나 다원화된 사회에서 그런 역사기술은 문제점을 드러낸다. 특히 종교사의 경우 그런 문제가 더 첨예해지는데, 저자의 종교관이 그가 던지는 질문과 그가 찾는 대답에 중대한 영향을 주기 때문이다. 종교가 근본적으로 심리 현상이라고 믿는 사람은 심리학으로 종교를 설명하려고 하겠지만, 종교를 정치 현상으로 여기는 사람은 정치적 분석으로 설명하려고 할 것이다.

해석으로서의 역사라는 명제는 이 책에서 각기 다른 두 차원으로 작동한다. 그중 한 차원은 현대의 학문적 업적이다. 동일한 증거를 놓고 학자들은 제각기 다른 방식으로 해석한다. 때로 증거가 부족하거나 애매하면 학자들의 의견이 갈리게 마련이다. 다른 경우에는 전제와 확신, 심지어는 기질의 차이도 서로 다른 결론을 도출하게 만든다. 또 다른 차원은 일차자료 역시 그것을 낳은 시대에 대한 해석을 제공한다는 것이다. 역사가들이 해야 할 과제 중 일부는 그들이 역사를 서술할 때 일차자료들이 지닌 세계관과 편견들이 고려될 수 있도록 그 자료들의 관점을 분석하는 것이다.

이 책의 접근법

이 책은 다양한 방법론을 사용한다. 역사적 방법론을 기본 틀로 삼아 모든 질문이 제기될 것이다. 이 책은 문헌을 다루기 때문에, 여기서는 문학비평을 사용하여 조사 대상인 문헌들의 문학 장르를 고려하고 그 문헌들을 문학으로 음미하고자 한다. 문학적 연구는 성경과 관련 문헌들이 고대세계의 장르, 언어, 사고 유형을 사용하기 때문에 역사적 차원을 가진다. 사회적 맥락의 중요성을 고려해서 이 책에서는 인류학과 사회학적인 질문도 제기될 것이다. 이 두 분야는 사회집단에 관한 연구에 특별히 유용하다. 특히 인류학은 외국 문화의 연구에 익숙한 학문이라는 점에서 고대 이스라엘과 기독교에 관한 연구에 기여가 클 것으로 기대된다. 사회과학은 사회구조, 상징체계, 문화, 그리고 정치, 경제, 친족, 종교의 상호관계 등의 논제를 제시하는 학문이므로, 우리의 역사적 연구에 살을 붙여 고대 세계를 좀 더 풍성하고 정확하게 이해하도록 도와준다. 언어에 관한 연구도 적실성이 큰데, 이는 우리가 여기서 조사하려는 문헌들이 본래 히브리어, 아람어, 그리스어 등의 고대 언어로 작성되었고, 그보다도 더 많은 수의 언어들을 통해 전수되었기 때문이다. 고대 문헌의 역본은 그 자체가 이미 그 문헌에 대한 해석이다. 어떤 글이든 그것을 해석하지 않고 번역할 수는 없으니까 말이다.

이 책은 이스라엘 역사에서 대단히 긴 기간을 다루고 있으므로 상세히 다룰 내용과 간략히 요약할 사항, 제기할 논제 등을 선별해야 했다. 자료를 선별하는 구체적인 방식은 특정한 독법을 낳는데, 이런 독법은 다른 독법의 도전을 받아 보충되어야 한다. 하지만 우리는 어디에선가 시작해야 한다. 이 책의 목적은 제2성전기 유대교에 관한 연구 중 최근에 이루어진 최선의 결과물들을 알기 쉬운 형태로 제시하는 것이다. 여기서의 재구성은 학계의 주류 입장을 반영한 것으로, 학설과 더불어 쟁의가 얽힌 논점들을 함께 제시하며 나아갈 것이다.

일차자료

일차자료란 연구 대상인 그 시대에 기록된 자료를 말한다. 이 책의 각 장 서두에 기재되고 본문에서 언급되는 일차자료를 읽는 것은 매우 중요하다. 이 책은 독자가 일차적 증거와 친숙해지도록 하는 것을 목표로 하는데, 일차적 증거는 대부분 문헌 자료로 이루어진다. 일차자료에서 상당한 분량을 본문에 인용한 것은 독자들이 저자가 분석하고 정리한 큰 그림에 만족하지 말고 스스로 일차자료를 조사해보도록 하기 위함이다. 그러나 일차자료를 읽는 것만으로는 충분치 않다. 논의되는 자료들은 전체로서 이해되어야 한다. 일차적인 문헌들은 총체적으로 이해되어야 하는데, 이는 그 문헌들과 친숙해지고, 논의되는 본문을 좀 더 넓은 문맥 속에 위치시키며, 심지어 다른 본문을 주목하거나 같은 본문이더라도 다른 방식으로 읽어냄으로써 이 책의 주장에 도전할 수 있도록 하기 위함이다. 일차자료가 너무 길어 전체를 읽기 어려울 때는 이 책을 사용하는 교수들이 교수법과 교과과정에 맞추어 적당한 양을 지정하면 될 것이다.

일차자료의 중요성 때문에 이 문서들의 서술과 묘사가 이 책의 상당 분량을 차지한다. 때로는 자료의 분석을 통해 역사가 드러나기도 한다. 이런 접근법은 독자로 하여금 자료에 익숙하게 만들어줄 뿐 아니라, 자료를 비평적으로 다루는 법 즉 자료의 장르와 세계관 및 편견들을 고려하는 법을 직접 경험하게 해준다. 아울러 이런 방법론은 연구 대상인 역사의 일부분으로서의 사료에 최대한의 무게를 실어준다. 일례로 복음서는 역사적 예수에 관해 무엇인가를 말해주지만, 그와 더불어 그 복음서를 기록한 초기 그리스도인들에 관해서도 말해준다는 점에서 역사적 중요성을 지닌다.

유대교에 대한 고정 관념(stereotype)

우리가 유대교 연구에 대한 자료를 히브리 성경이나 신약성경으로 제한하면 특정한 관점이나 편견이 강화되기 마련이다. 이는 애초에 정경을 형성하도록 이끌었던 선택의 원리가 지지하는 내용이 선호되기 때문이다. 이 점은 신약성경과 관련하여 특별히 심하다. 신약성경이 유대교를 다루는 방식은 한마디로 편파적이다. 만일 신약성경 본문만을 자세히 연구한다면, 유대인과 유대교에 대한 인상은 부정적일 수밖에 없는데, 이런 견해가 그리스도인들의 관점에 여전히 영향을 주고 있는 것이 현실이다. 예를 들어 우리가 사도 바울이나 마가복음을 분석하면서 그 안에 담긴 내용이 일방적이라는 것을 동시에 주지시키지 않는다면, 필연적으로 기존의 고정 관념을 강화하는 결과를 초래할 것이다. 심지어 그런 노력을 기울인다고 해도 구성의 원리가 그리스도인의 책인 한, 유대교는 어느 정도 왜곡될 것이다.

다행스럽게도 단지 정경 본문만이 아니라 제2성전기 유대교를 가르치는 과목이라면 유대 사회와 종파들, 예컨대 제사장, 사두개파, 바리새파, 로마 총독, 도시 군중, 유대인 반군 등에 대해 좀 더 공정하고 균형 잡힌 그림을 제시할 수 있을 것이다. 그렇게 해서 1세기 유대교를 더 넓고 깊게 이해한 학생들은 신약성경 본문을 읽을 준비를 더 잘 하게 된다. 유대교를 신약의 배경이 되는 정보로 취급해서 신약 과목의 중간 혹은 신약 개론의 서두에서 짧은 장을 통해 공부하는 정도로는 이런 결과를 가져올 수 없다. 전술한 방식의 수업을 받은 학생들은 예수와 초기 그리스도인들의 유대인 됨을 좀 더 진지하게 생각할 것이고, 제2성전기 유대교에 대한 이해가 예수의 언행 심지어 그의 생각을 이해하는 데 얼마나 도움이 되는지를 경험하게 될 것이다. 유대교 **안의** 예수를 보는 것은 그를 역사적 인물로 이해하는 일에 필수적 요소다.

일반적으로 이 책은 유대교에 관한 고정 관념들을 조직적으로 혹은 직접 비판하지 않는다. 대신 예수 당시 유대교의 실상을 역사적 프레임 안에서 공정하게 제시하고자 한다. 자신이 속하지 않은 다른 집단을 공감적으로 이해하게 되면, 설사 그들의 세계관에 동의하지 않는다고 해도 고정 관념에 기초해서 그들을 편파적으로 대하기가 좀 더 어려워진다. 유대교 문헌을 읽고 유대인들의 행동을 관찰해본 사람이라면 유대인들이 모두 율법주의자라고 생각하지는 못할 것이다. 요한복음에서 "우리에게는 가이사 외에 왕이 없다"라고 외쳤던 유대인들이 몇 년이 안 되어서 로마의 불의에 항거하느라 자기 목숨을 내놓았다는 사실을 안다면 그 외침을 평정심을 갖고 들을 수는 없을 것이다. 예수가 제2성전기 유대교의 일부라는 사실을 인지한다면, 예수와 유대교를 대척점에 놓거나, 유대인들이 예수를 죽게 했다고 혹은 메시아이신 그를 거부했다고 맹목적으로 비난하기는 훨씬 더 어려워질 것이다.

이 책의 중요한 목적 중 하나는 유대교를 단순명료한 하나의 체계로 보는 견해를 반박하는 것이다. 따라서 이 책은 제2성전기에 유대인들이 유대인답게 사는 방식이 다양했음을 강조하고 논증한다. 그런 점에서 이 책의 주제는 "제2성전기의 유대교들"이라고 명명할 수도 있을 것이다.

참고문헌

Gager, John G. *The Origins of Anti-Semitism: Attitudes toward Judaism in Pagan and Christian Antiquity.* New York: Oxford University Press, 1983.

Iggers, Georg G. *Historiography in the Twentieth Century: From Scientific Objectivity to the Postmodern Challenge.* Hanover, N.H.: Wesleyan University Press, 1997.

Ruether, Rosemary. *Faith and Fratricide: The Theological Roots of Anti-Semitism.* New York: Seabury, 1974.

Saldarini, Anthony J. "Judaism and the New Testament." Pages 27-53 in *The New Testament and Its Modern Interpreters.* Edited by Eldon J. Epp and George

MacRae. Atlanta: Scholars Press, 1989.

Stone, Michael E. "The Sources and Our View of Reality" and "Hidden Streams in Judaism: Essene Scrolls and Pseudepigrapha." *SSV*, 49-70.

제1장

제2성전기 이전의 이스라엘

◆ 일차자료: 창세기, 출애굽기, 레위기, 민수기, 신명기

우리는 이제 이스라엘 역사에서 핵심이 되는 기간으로의 매력적인 여행을 막 시작하려는 참이다. 제2성전기는 예루살렘의 제2성전이 건축된 기원전 520-515년부터 그 성전이 로마에 의해 파괴된 기원후 70년까지의 약 6백 년간을 가리킨다. 이 시기를 살펴보면 제사장, 예언자, 왕, 황제, 서기관, 메시아 등등의 흥미로운 인물들을 폭넓게 마주치게 되며, 랍비 유대교와 기독교의 기원에 관해서도 알게 된다. 랍비 유대교와 기독교라는 위대한 두 종교는 사실상 제2성전기 유대교라는 같은 부모에게서 나온 두 형제와도 같다. 따라서 둘 중 어느 편이든 제대로 이해하기 위해서는 제2성전기 유대교의 다양성과 풍성함을 충분히 음미할 필요가 있다.

그러나 우리는 제2성전기로 바로 뛰어들 수 없다. 당시 이스라엘은 오랜 역사, 발전된 제도들, 복잡한 법적·역사적·신학적 전승들과 다양한 사회구조를 이미 가지고 있었기 때문이다. 따라서 이 장에서는 이런 요소들을 개관할 것이다.

이스라엘의 이야기

히브리 성경의 첫 책에서는 이스라엘의 자의식을 형성한 이야기들이 나온다. 이 이야기들에 그려진 일들이 기술된 그대로 일어났는지는 우리의 현재 관심사가 아니다. 제2성전기 유대인들은 현대적 의미에서 비평적 역사기록을 하지 않았다. 그들은 그들에게 전수된 신성한 이야기들이 그들의 역사와 하나님께서 그들에게 행하신 일들에 대한 정확한 기록이라고 믿었다. 따라서 우리는 이 이야기들과 친숙해질 필요가 있다.

아브라함 이전 시기

창세기 1-11장은 창조부터 아브라함 시대까지의 기간을 다룬다. 이스라엘인들은 고대 근동의 여러 문화권에 흔히 나타나는 홍수 이야기와 같은 신화들을 자신들의 목적에 맞게 변용했다. 창세기의 주제 중 하나는 아브라함 이전의 인류가 하나님께 거듭 불순종했다는 것이다. 두 번째 주제는 하나님께서 인류에게 늘 재기의 기회를 주신다는 것이다. 세 번째 주제는 세계를 향한 하나님의 계획은 특히 인간의 완고함 같은 장애물을 종종 만나지만 그럼에도 하나님은 모든 장애물을 극복하신다는 것이다.

성경에 의하면 이스라엘의 하나님은 온 세상의 창조주시다. 창조 작업의 정점은 최초의 인간들 곧 아담과 하와를 만드신 것이다. 하나님은 그들을 에덴동산에 두셨고 그들에게 선과 악을 알게 하는 나무의 열매를 금하셨다(창 3장). 그들은 뱀의 꼬임에 넘어가 자신들이 하나님과 동등한 존재가 되리라고 기대하며 금단의 열매를 먹는다. (창세기에서 뱀이 사탄이라고 불리지 않는 것을 주목할 필요가 있다. 사탄과 뱀을 동일시하게 된 것은 훨씬 후대의 일이다.) 하나님은 그들을 에덴에서 추방하셔서 그들이 생명나무의 열매를 따먹고 영생하지 못하도록 조치하신다. 이것을 **타락**(fall)이라고 부른다. 하나님은 땅을 저주하여 경작을 힘들게 만드신다. 그리고 뱀을 저주하여 모든 피조물 중에서 가장 혐오스러운 존재가 되게 하신다. 하나님은 하와에게 그녀의 출산이 고통스러울 것이고 그녀가 자기 남편에게 복종해야 한다고 말씀하신다. 아담은 자신이 결국 죽게 되리라는 것을 알아차린다. 따라서 창세기는 하나님께서 조화로운 창조세계를 설계하시고 인간을 그 정점에 두셨으나 인간이 불순종해서 그 계획을 망쳤다고 주장한다. 인간의 문제는 불순종에서 비롯된 것으로 죽음조차 예외가 아니다. 인간의 타락 이후로 모든 것은 이전과 완전히 달라지고 말았다.

기원전(B.C.E.)과 기원후(C.E.)

연도를 나타내는 A.D.는 *Anno Domini*("우리 주님의 해"를 뜻하는 라틴어)의 약자이고, B.C.는 Before Christ의 약자로 "그리스도 이전"이라는 뜻이다. 이런 명명은 예수 그리스도를 기준으로 역사의 연대를 표기하는 기독교적 관점을 반영한다. 하지만 유대교 연구에서는 그들 고유의 관점을 존중해 C.E.(Common Era, "공통 시기")와 B.C.E.(Before the Common Era, "공통 시기 이전")로 시대를 구분한다. 공통 시기란 유대인들과 그리스도인들이 공유한 시대라는 뜻을 담고 있다.

타락에서 비롯된 악은 점점 심해져 하나님께서 홍수를 일으켜 인류를 멸망시키겠다고 결정하기에 이른다(창 6:7). 오직 노아만이 의로웠기에 하나님은 그와 그의 가족을 구원하신다. 하나님의 명령으로 노아는 거대한 배 곧 방주를 만들어 자기 가족과 온갖 종류의 동물들을 태운다. 홍수가 방주 밖의 모든 동물과 사람들을 휩쓴 후 물이 잦아들고 방주의 선객들이 하나님의 창조 사역을 이어간다. 하나님은 노아에게 다시는 물로 세상을 심판하지 않겠다고 약속하시고, 이 약속의 증표로서 "언약"이라고 불리는 무지개를 하늘에 거신다(창 9:13-17).

노아를 통해 인류는 재기의 기회를 얻지만, 오래지 않아 옛 습관으로 돌아간다. 창세기 11장에 의하면 그들은 하늘에 닿는 거대한 탑을 쌓아 하나님께 도전하려는 계획을 세운다. 바벨탑이라고 불리는 이 구조물은 시날 평원에 건설된다. 히브리어로 바벨은 바빌론(Babylon)을 가리키며 시날 역시 바빌론 땅과 관련이 있다. 바벨탑 사건은 하나님과 같아지기를 원했던 아담과 하와의 욕망을 상기시킨다. 이 사건 전에 온 인류는 단일한 언어로 말했지만, 이제 하나님은 그들이 수많은 언어를 사용하게 만드시고, 그 결과 바벨탑 건설은 좌절되고 만다. 이 신화는 이런 방식으로 수많은 나라와 다양한 언어의 기원을 설명해준다.

이스라엘의 조상(기원전 1800-1600년경)

창세기 12-50장은 이스라엘의 족장들(아브라함, 이삭, 야곱, 야곱의 열두 아들)과 여족장들(사라, 리브가, 라헬, 레아)의 이야기를 담고 있다. 이 이야기들을 묶는 한 가지 주제는 아브라함에게 주어진 약속이 성취되기까지 하나님께서 여러 장애물을 이기신다는 것이다. 이 주제에 대해 공통으로 표현되는 것은 이 약속을 이을 여인들이 불임이라는 것이다. 사라(창 11:30), 리브가(창 25:21), 라헬(창 29:31; 30:1-2) 그리고 아마 레아(창 29:31, 35; 30:9)도 불임을 경험하지만, 하나님께서는 그들의 불임을 고치신다.

이스라엘의 조상

아브라함과 사라	아브라함과 하갈
↓	↓
이삭과 리브가	이스마엘(아랍 족속의 조상)
↓	↓
야곱(이스라엘로 개명)과 라헬, 레아, 빌하, 실바	에서(에돔 족속의 조상)
↓	
야곱의 열두 아들(이스라엘 열두 지파의 조상): 르우벤, 시므온, 레위, 유다, 스불론, 잇사갈, 단, 갓, 아셀, 납달리, 요셉, 베냐민	

인류는 하나님의 요구에 부응하지 못하지만, 하나님은 아브라함에게 이렇게 말씀하신다.

> 너는 너의 고향과 친척과 아버지의 집을 떠나 내가 네게 보여 줄 땅으로 가라. 내가 너로 큰 민족을 이루고 네게 복을 주어 네 이름을 창대하게 하리니 너는 복이 될지라. 너를 축복하는 자에게는 내가 복을 내리고 너를 저주하는 자에게는 내가 저주하리니 땅의 모든 족속이 너로 말미암아 복을 얻을 것이라(창 12:1-3).

하나님의 약속은 다음과 같은 삼중 구조를 갖는다. (1) 땅, (2) 수많은 자손과 그들을 통해 구성될 큰 민족, (3) 아브라함에게 그리고 그를 통해 온 민족에게 주어질 하나님의 축복. 하나님과 아브라함의 관계는 창세기 15장과 17장에서 언약이라고 불린다. 창세기 17장은 할례(남성의 생식기에서 포피 끝을 잘라내는 것)를 하나님과 아브라함의 자손 간에 맺은 언약의 표로 제시한다. 아브라함은 고향 메소포타미아를 떠나 가나안(성경이 당시의 이스라엘에 붙여준 호칭)을 향한 노정에 오른다. 아브라함과 그의 아들 이삭, 이삭의 아들 야곱, 그리고 야곱의 아들들은 그 땅에서 "나그네" 즉 외국인 거주자로 머문다.

팔레스타인

성서학계에서는 대체로 지중해 동쪽 해안 지역을 가리켜 "팔레스타인"(Palestine)이라고 부르는데, 이 지역은 성경 내러티브의 중요한 무대가 된다. 팔레스타인이라는 이름은 "블레셋"(Philistines)에서 유래하는데, 블레셋은 예루살렘 서쪽과 남서쪽의 지중해 연안에 살면서 이스라엘을 대적했다. 그리스 역사가 헤로도토스(Herodotus, 기원전 5세기)가 팔레스타인이란 단어를 더 넓은 지역을 지칭하는 것으로 처음 사용했다. 성경 시대 이스라엘이 정착하기 이전에 이 지역은 "가나안"이라고 불렸고, 그 후에는 이스라엘 땅으로 알려졌다. 바빌로니아 유배 이후에 페르시아 제국은 유프라테스강을 기준으로 이 지역을 "강 저편 주"(Province Beyond the River)라고 불렀지만, 유대인 포로들의 귀환과 예루살렘 재건 이후에 이 도시의 주변 지역이 "유다"(Judah)라고 불리게 된다. 로마 치하에서 "유대"(Judea)는 예루살렘의 인접 지역은 물론 좀 더 넓은 지역, 이를테면 헤롯 대왕의 영토 전역을 가리키는 말로 쓰이기도 했다. 기원후 132-135년의 유대인 저항운동이 실패로 돌아간 후 로마 황제 하드리아누스는 "속주 유대"(*Provincia Judea*)라는 공식명칭을 버리고 "시리아 팔레스티나 속주"(*Provincia Syria Palaestina*) 혹은 그냥 "팔레스티나"(*Palaestina*)로 호칭했다. 20세기 전반기 대영제국이 관할하던 시대에 이 지역은 팔레스타인으로 불렸다. 이스라엘이라는 나라가 건국된 것은 1947년의 일이다. 오늘날 이스라엘은 이 지역을 팔레스타인 사람들(Palestinians)과 공유하는데, 그들은 이스라엘 영토는 물론 이스라엘 통제하에 있는 인접 지역, 그리고 아랍 영토에 거주하고 있다.

창세기 32:24-28에서 야곱은 천사와 밤새 씨름한 끝에 축복을 받아내는데, 그 천사는 야곱의 이름을 이스라엘로 바꾼다. 이는 다음과 같은 천사의 선언에 근거한다. "그가 이르되 '네 이름을 다시는 야곱이라 부를 것이 아니요 이스라엘이라 부를 것이니, 이는 네가 하나님과 및 사람들과 겨루어 이겼음이니라'"(창 32:28). 천사는 "이스라엘"을 "하나님과 겨룬 자"를 뜻하는 것으로 해석한다. 야곱의 후손들은 집합적으로 이 새로운 이름을 물려받았다. 그들은 브네이 이스라엘(*bene Yisrael*)이라고 불리는데, 이는 문자적으로 "이스라엘의 아들들" 혹은 "이스라엘의 자손들"이라는 뜻이다. 그들은 단 하나의 확대된 가족이다.

창세기 37장과 39-50장은 야곱의 열두 아들 중 열한 번째인 요셉의 이야기를 다룬다. 아버지 야곱은 요셉을 편애해 그에게 채색옷을 입혔고, 이를 질투한 형들은 그를 노예로 팔아넘긴다. 이집트에 팔려간 요셉은 거짓 고소로 인해 감옥에 갇히는데 거기서 만난 동료 죄수들의 꿈을 풀이해준 일로 파라오의 관심을 얻게 된다. 요셉은 파라오의 꿈을 해석하여 이집트가 칠 년간 계속되는 대기근을 대비하도록 돕고, 그로 인해 이집트의 최고위 관직에 오른다. 훗날 기근이 가나안을 덮치면서 야곱의 아들들은 식량을 찾아 이집트로 오게 되고 요셉을 만나 화해를 이룬다. 마침내 야곱과 그의 아들들은 이집트에 정착하는데, 이것이 훗날 출애굽의 무대를 마련하게 된다.

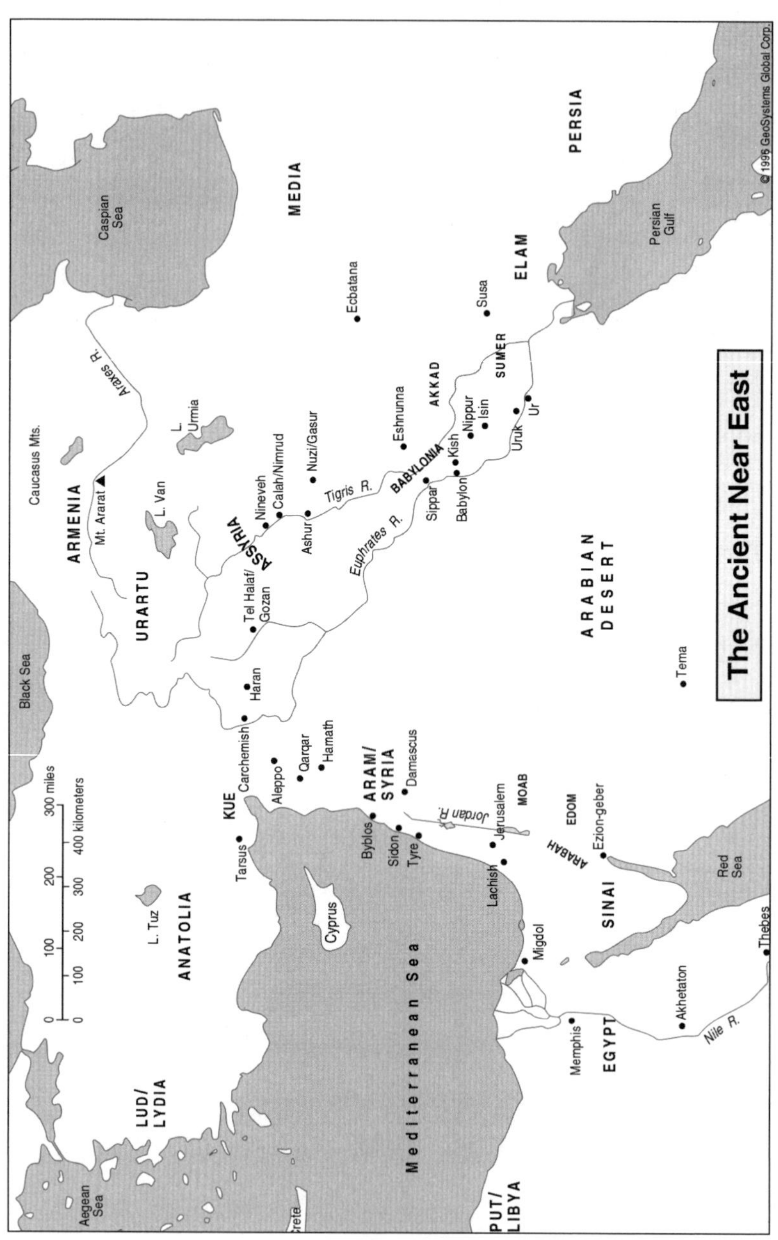

The Ancient Near East
© 1996 GeoSystems Global Corp.
0 100 200 300 miles
0 100 200 300 400 kilometers
Black Sea
Caspian Sea
Caucasus Mts.
ARMENIA
Mt. Ararat
Araxes R.
L. Van
L. Urmia
URARTU
MEDIA
PERSIA
ASSYRIA
Nineveh
Calah/Nimrud
Nuzi/Gasur
Ashur
Tigris R.
Euphrates R.
Tel Halaf/ Gozan
Haran
Carchemish
Ecbatana
Eshnunna
AKKAD
BABYLONIA
Sippar
Babylon
Kish
Nippur
Isin
Uruk
Ur
SUMER
Susa
ELAM
Persian Gulf
ARABIAN DESERT
Tema
Aegean Sea
LUD/ LYDIA
ANATOLIA
L. Tuz
Tarsus
KUE
Aleppo
Qarqar
Hamath
ARAM/ SYRIA
Damascus
Byblos
Sidon
Tyre
Jordan R.
Jerusalem
Lachish
MOAB
EDOM
ARABAH
Ezion-geber
Cyprus
Crete
Mediterranean Sea
Migdol
SINAI
Red Sea
Memphis
EGYPT
Akhetaton
Thebes
Nile R.
PUT/ LIBYA

고대 근동 지도

이집트로부터의 탈출(기원전 1280년경)

수백 년이 지나 야곱의 열두 아들은 열두 지파로 자라났다. 이스라엘의 확장에 경계심을 품은 새 파라오는 이스라엘의 신생아 중 남아를 살해하라는 명령을 내린다. 그 와중에 모세가 태어난다. 아이를 죽게 할 수 없었던 그의 어머니가 석 달 동안 아기를 숨겼다가 바구니에 담아 나일강에 띄운다. 파라오의 딸이 그 바구니를 발견해 자기 아들로 키우게 되면서 아기는 아마도 이집트어로 "탄생"을 뜻하는 모세라는 이름을 얻는다. 같은 이름이 유명한 왕인 투트모세(Thutmose)의 이름에도 쓰였다. 모세는 성년이 되어 이스라엘인을 학대하는 이집트인을 살해하게 되는데(출 2:11-12), 아마 그는 자신이 이스라엘 혈통임을 알고 있었을 것이다. 이로 인해 도주한 모세는 시내 반도의 사막으로 들어가 미디안 부족들 가운데 정착하고, 미디안 제사장의 딸을 아내로 맞는다(출 2:15-22). 어느 날 장인의 양 떼를 돌보던 모세는 시내산에서 덤불이 불타지만 스러지지 않는 놀라운 광경 가운데 나타나신 하나님을 만나게 된다(출 3:1-4). 하나님은 파라오에게 가서 이스라엘인들의 해방을 요구할 사명을 모세에게 부여하신다.

모세의 간청에도 파라오는 이스라엘을 놓아주기를 거절한다. 그래서 하나님은 열 가지 재앙을 하나씩 이집트 땅에 내리신다. 아홉 가지 재앙에도 불구하고 파라오의 마음이 움직이지 않자 하나님은 마지막 열 번째 재앙으로 이집트인들과 그들의 가축에게서 처음 태어난 것을 앗아가신다. 하나님은 이스라엘인들에게 양을 잡고 그 피를 문설주에 바르라는 명령을 내리신다. 죽음의 천사가 다니며 이집트의 처음 난 것을 죽일 때 피를 발라둔 집들은 피해 지나갔다고 해서 후일 이것을 유월절로 기념하게 된다. 이번에는 파라오도 어쩔 수 없이 이스라엘인들이 나가도록 허락한다. 그들이 이집트를 벗어날 무렵 파라오는 변심해 추격령을 내리고, 이스라엘은 뒤로는 이집트 군대, 앞으로는 갈대바다(*Yam Suf*)에 끼이게 된다. (히브리어 *Yam Suf*는 홍해보다는 "갈대바다"로 번역하는 것이 더 정확하다. 모세가 이스라엘인들을 인도하여 홍해를 건넜다는 근거는 히브리어 본문에 나타나지 않지만, 후대에 유대교와 기독교의 전통은 그것을 홍해로 해석했고, 이런 해석은 헐리우드가 제작한 영화 "십계"에서 생생히 묘사되기도 했다.) 하나님은 바다를 갈라 그들을 구출하고 그들이 물을 건너게 하신다. 그들을 뒤쫓던 이집트인들은 원래 상태로 돌아온 바닷물에 수장되고 만다.

이스라엘인들은 광야를 건너 하나님의 산으로 향한다. 그들은 낮에는 구름기둥, 밤에는 불기둥의 안내를 받는데, 이 기둥들은 하나님의 인도와 보호하시는 임재를 상징한다. 이스라엘인들은 자주 불평을 늘어놓지만, 하나님은 광야에서 그들의 필요를 채워주신다. 그들이 굶주릴 때는 기적의 양식인 만나와 메추라기를 보내 먹이시고(출 16장; 민 11장), 목말라할 때는 바위에서 물이 솟아나게 하신다(출 17장; 민 20:2-13). 그러나 하나님은 불신과 불순종으로 점철된 그들의 행로에서 때때로 벌을 내리신다. 이스라엘은 하나님의 결정적 진노를 모세의 중재 역할을 통해 겨우 벗어난다(예. 출 32:7-14; 민 14:13-24).

시내산

이스라엘 사람들은 시내산에 도착해(출 19:1) 열한 달 동안 머물렀다. 시내산 전승은 주로 율법과 관련된 내용으로 출애굽기의 나머지 분량과 레위기 전체 그리고 민수기에서 약 열 장 분량을 차지한다. 이 엄청난 분량은 시내산 전승의 중요성을 나타낸다. 하나님은 모세에게 이렇게 명하신다.

> 너는 이같이 야곱의 집에 말하고 이스라엘 자손들에게 말하라. 내가 애굽 사람에게 어떻게 행하였음과 내가 어떻게 독수리 날개로 너희를 업어 내게로 인도하였음을 너희가 보았느니라. 세계가 다 내게 속하였나니 너희가 내 말을 잘 듣고 내 언약을 지키면 너희는 모든 민족 중에서 내 소유가 되겠고 너희가 내게 대하여 제사장 나라가 되며 거룩한 백성이 되리라(출 19:3-6).

하나님은 온 이스라엘 백성과 언약을 맺으시고 그들을 위해 당신께서 이미 행하신 일들을 상기시키신다. 만일 그들이 하나님의 율법에 순종하면, 그들은 하나님의 소유가 되고 그분의 도우심을 계속해서 받게 될 것이다.

시내산 현현(즉 하나님이 나타나심)은 하나님의 거룩, 능력, 위엄을 생생히 그려낸다. 그분의 신적 임재는 연기와 불 및 산의 진동을 동반한다(출 19:18). 하나님의 이질성과 권능은 그분께 접근할 때 조심스러워야 함을 알려주는데, 하나님의 허락을 받지 않은 자들은 산에 접근하는 것조차 허용되지 않았다(출 19:10-13, 23-25). 백성과 제사장들은 하나님을 뵙기 전에 자신을 정결하게 해야 했다(출 19:10-15, 22). 모세는 시내산에 홀로 올라가 사십 일간 밤낮을 지내며 하나님의 율법을 받는데, 이 율법은 십계명으로 시작된다(출 20:2-17; 신 5:6-21도 보라).

출애굽기 24장은 언약 체결식을 기록한다. 짐승의 희생제물이 드려지고 모세는 그 피를 자신이 쌓은 제단에 바른다. 모세가 언약의 책을 들어 백성의 귀에 읽어주자 그들은 이렇게 다짐한다. "여호와의 모든 말씀을 우리가 준행하리이다"(출 24:7). 모세는 나머지 피를 백성에게 뿌리고 "이는 여호와께서 이 모든 말씀에 대하여 너희와 세우신 언약의 피니라"라고 외친다(출 24:8). 이 제의의 정확한 의미가 무엇이든지 간에 그것은 하나님과 그의 백성 간에 밀접한 관계 즉 "피"의 관계가 맺어졌음을 확인해주며, 이를 통해 백성은 하나님의 토라(하나님의 율법을 뜻하는 히브리어; 아래를 보라)에 순종하겠다고 약속한다.

그 후 하나님은 이스라엘에게 법궤를 만들라고 말씀하신다. 이 나무 상자에는 언약을 새긴 돌판을 넣었다. 법궤는 본래 하나님의 보좌 혹은 발등상을 상징하며 하나님께서 자기 백성 가운데 임재하심을 나타낸다. 법궤 위에는 스랍 둘이 있는데, 천사의 부류인 스랍들은 날개를 펴고 법궤를 감싸서 보호하는 모습을 하고 있다. 또 하나님은 이스라엘에게 하나님이 모세에게 나타나시는 성소 곧 회막을 세우라고 말씀하신다. 법궤와 회막은 이스라엘 백성이 시내산을 떠나 광야를 건널 때 그들과 함께한다(민 10장). 하나님은 레위 지파에게 성소의 일을 담당하도록 지시하신다. 레위 지파에 소속된 자들은 법궤와 회막을 비롯한 성물들을 옮기는 일을 맡는다. 모세의 형 아론은 레위 지파 가운데 최초의 제사장이 되고, 그의 후손들은 엄격히 규정된 제사를 하나님께 드리는 특별한 역할을 부여받는다. 레위 지파의 나머지 인원들은 레위인(Levites)으로 명명되며, 아론의 후손인 제사장들의 조력자로서 제의를 담당하는 성직자로 종종 묘사된다.

레위기 8장은 아론과 그의 아들들의 안수식을 묘사한다. 이 예식에서는 모세가 그들에게 기름을 바르는 제의가 부각된다. 누군가의 머리에 기름을 붓는 것(anointing)은 그 사람이 특별한 과업을 위해 구별됨을 상징한다. 이렇게 "기름 부음을 받은 자"를 히브리어로 메시아(*mashiah*)라고 부르는데, 이는 그리스어로 크리스토스(*christos*)로 번역되며, 이 단어에서 "그리스도"(Christ)가 파생되었다. 앞으로 살펴보겠지만, 기름 부음은 왕과 그 밖의 다른 사람들을 위해서도 시행되었다.

약속의 땅으로의 입성(기원전 1250-1200년경)

민수기 13-14장에는 이스라엘 백성이 가나안으로 들어가라는 하나님의 지시를 거부하는 내용이 나오는데, 이는 그들이 그 땅의 주민을 두려워했기 때문이었다. 하나님은 이스라엘 백성의 불순종에 진노하시고 한 세대에 해당하는 사십 년간 그들이 광야를 헤매도록 하신다. (성경에서 사십이라는 숫자는 상징성이 강하다. 모세는 시내산에서 사십 주야를 보내고, 이스라엘은 사십 년간 광야를 헤매며, 여러 왕이 사십 년간 왕위에 머문다.) 이스라엘은 반역의 세대가 다 죽은 뒤에야 약속의 땅에 들어갈 수 있었다. 신명기 34장에서 죽음이 임박한 모세는 이스라엘 백성을 약속의 땅으로 이끌도록 자신의 권위를 여호수아에게 이양한다. 신명기는 모세가 유일무이한 사람이었음을 다음과 같이 강조한다. "그 후에는 이스라엘에 모세와 같은 선지자가 일어나지 못하였나니, 모세는 여호와께서 대면하여 아시던 자요."(신 34:10).

이스라엘의 가나안 정복은 세 번의 정벌을 통해 이루어졌다. 여호수아서의 끝에 기록된 고별사에서 여호수아는 이스라엘 백성에게 하나님만을 섬기라고 호소하고(수 23장), 이스라엘은 그에 응답해 헌신을 약속하고 언약을 갱신하는 예식을 치른다(수 24장). 여호수아는 연설에서 하나님이 그들을 위해 행하신 일들을 상기시킨 뒤, 만약 그들이 하나님께 불순종하면 그들에게 약속된 땅을 잃어버릴 것이라고 경고한다. 이스라엘은 가나안 사람들과의 교류, 특히 혼인을 통해 그들과 관계를 맺는 일을 피해야 했는데, 이 일이 우상숭배로의 유혹을 초래할 것이기 때문이었다.

사사들(기원전 1200-1020년경)

약속의 땅에 들어간 이스라엘을 이끈 지도자들은 사사라고 불렸다. 사사 제도는 왕정이 시작될 때까지 지속되었다(기원전 1020년경). 그들의 명칭과 달리(히브리 성경의 *šōpēṭ*는 영어로 judge로 번역되지만 의미는 같지 않다—역자 주) 그들의 주된 기능은 재판이 아니었다. 그들은 하나님께서 세우신 카리스마적(영으로 충만한) 지도자로서 특정한 국가적 위기에 대응해 주로 군사적 임무를 수행했다. 그들의 지도를 따라 지파들은 연합해 움직였다. 사사의 권위는 세습되지 않았다. 고대 이스라엘의 족장문화를 고려할 때, 유력한 사사 중 하나인 드보라가 여성이었다는 사실은 주목할 만하다(삿 4-5장).

왕정(기원전 1020-587년경)

사무엘상은 사무엘의 기적적인 출생을 기록한다. 사사, 예언자, 제사장의 역할을 두루 수행한 사무엘은 느슨한 부족 연합체였던 이스라엘이 왕정 체제로 이행하는 과정을 이끈 전환기의 지도자였다. 사무엘의 생애 동안 이스라엘은 블레셋을 상대해야 했는데, 이 블레셋은 해안 지역에 새로 등장해 성읍들을 세우고 고원지대의 이스라엘 영토를 위협했다. 이스라엘은 결국 왕정 아래 지파 간 연합을 통해 블레셋의 위협을 종결시키려고 했다. 사무엘의 임종이 가까울 무렵 이스라엘은 그에게 와서 왕을 세워 달라고 요구한다. 하나님은 사무엘에게 사울을 왕으로 세우도록 지시하신다(기원전 1020년경). 사울은 베냐민 지파의 후손으로, 훗날 하나님께 불순종한 이유 때문에 왕조의 수립을 허락받지 못한다. 하나님은 이스라엘의 새로운 왕으로 다윗을 선택하시고, 사무엘은 그에게 기름을 부어 즉위시킨다(삼상 16장). 그러나 사울의 지배는 한동안 계속된다.

다윗은 본래 사울의 군대에 속했다. 하지만 사울이 다윗의 군사적 성취에 시기심을 품게 되면서 그들은 결별하게 된다. 사울을 피해 도망자들의 두목이 된 다윗은(삼상 22장) 사울이 전투에서 죽은 후에야(기원전 1000년경) 유다 지파의 왕이 되어 남쪽 지역의 지배권을 장악한다. 다윗이 그의 왕권을 거부한 사울의 집안과 추종자들의 저항을 잠재우고 북쪽 지파들을 자신의 왕권 아래에 두기까지는 칠 년이 걸린다(삼하 5:1-5). 마침내 이스라엘을 단일한 왕정으로 연합한 다윗은 기세를 몰아 블레셋을 정복하고, 유다 지파와 베냐민 지파의 경계선에 있는 거점 예루살렘을 지배하던 여부스족을 몰아내고 그곳을 수도로 삼는다. 이런 행보 끝에 다윗은 오래도록 방치되었던 법궤를 예루살렘으로 이송해 안치함으로써 자신은 물론 자신의 왕조와 예루살렘을 지키시는 하나님의 임재라는 상징성을 확보할 수 있었다.

사무엘하 7장에서 다윗은 하나님을 위한 성전을 건축하길 원했지만, 하나님은 예언자 나단을 통해 다윗의 아들 솔로몬이 그의 왕위를 이은 뒤에 성전을 지을 것이라고 말씀하신다. 다윗의 통치 말년은 그의 아들들 사이에 일어난 왕자의 난으로 어지러웠다. 그 상황에 대해 성경이 제공하는 신학적 해석은 이렇다. 즉 헷 족속 우리야의 아내 밧세바에게 끌린 다윗이 그녀를 범한 후 우리야의 살해를 교사하고 그녀를 아내로 취하자, 예언자 나단이 다윗의 죄를 꾸짖고 그 결과로 다윗 가문에 재난이 있으리라고 선포한 것이다.

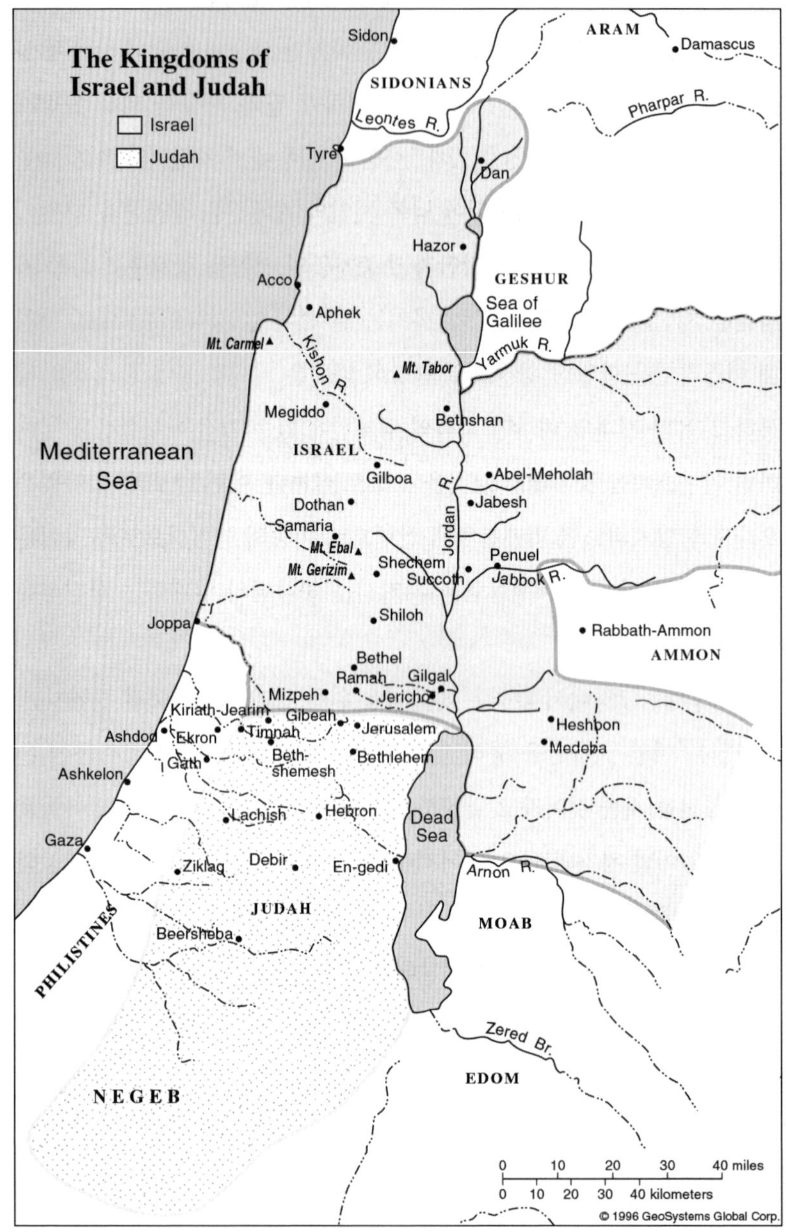

북왕국 이스라엘과 남왕국 유다

밧세바는 훗날 솔로몬을 낳는다. 열왕기상하는 솔로몬의 통치(기원전 961-922년경)로부터 기원전 6세기 바빌로니아 유배에 이르는 기간의 이스라엘 역사를 전해준다. 이 책들은 솔로몬의 야심 찬 건축사업들, 특히 성전의 건축으로 시작한다. 솔로몬은 노동력을 징발하는 과정에서 북쪽 지파들의 반감을 사고 지지를 잃게 된다. 그가 죽자 북쪽 지파들은 여로보암을 앞세워 반란에 성공하고 독자적인 왕국을 세운다(기원전 922년). 성경은 외국 여인들과의 정략결혼을 통해 외래종교를 들여온 솔로몬의 실정에 이 사태의 책임을 돌린다. 본래 이스라엘은 야웨를 섬기는 자들의 통칭이었지만, 이제부터 한 하나님 야웨를 섬기는 두 나라 즉 북왕국 이스라엘과 남왕국 유다가 공존하게 되면서 이스라엘이라는 이름에 모호성이 생기게 된다. 여로보암은 남쪽에는 벧엘에, 북쪽에는 단에 각각 성소를 세운다.

다윗 이야기에서 나단의 비중은 하나님의 말씀이 왕과 백성에게 전달되는 과정에서 예언자가 수행하는 핵심적 역할을 잘 보여준다. 기원전 9세기의 예언자 엘리야는 북왕국의 아합 왕(기원전 869-850년 통치)과 그의 이방인 아내이자 바알 숭배의 전파자였던 이세벨을 향한 하나님의 진노를 전하는 일에 자신의 사역 대부분을 바쳤다.

기원전 722년에 북이스라엘은 팽창을 거듭하던 아시리아 제국에 의해 멸망한다. 아시리아는 이스라엘의 유력자들을 포로로 데려가고 이스라엘에 외국인들을 이주하게 하여 정착시킨다. 남왕국에서는 히스기야가 즉위하여(기원전 715-687년 통치) 예루살렘 밖에 산재했던 예배처들을 제거함으로써 제의 활동을 예루살렘 제사장들의 통제하에 두는 개혁을 단행한다. 이를 통해 히스기야는 이방 신에 대한 숭배를 없애는 작업에 추진력을 얻었는데, 그의 종교개혁은 이방 세력에 저항하는 좀 더 광범위한 정책의 일환이었다.

히스기야의 아들 므낫세(기원전 687-642년 통치)가 예루살렘 밖에 예배처들을 다시 세워 선왕의 업적을 지웠지만(왕하 21:1-18), 그 후 요시야(기원전 640-609년 통치)가 즉위하면서 히스기야의 정치적·종교적 정책으로 되돌아갔다.

유다 왕국의 종말

바빌로니아는 기원전 605년에 유다를 점령한다. 유다는 바빌로니아 밑에서 요동치고 있었다. 기원전 597년에 바빌로니아 왕 느부갓네살은 유대의 유력한 인사들을 유배시킴으로써 유다 지역을 잠잠하게 만들려고 했지만, 그 여파는 불과 십 년밖에 가지 못했다. 유다가 다시 반란을 준비하려고 하자 바빌로니아는 군대를 파견한다. 기원전 587년에 마침내 예루살렘이 함락되고 유다 왕은 바빌로니아로 끌려간다. 성경은 그 후에 일어난 상황을 이렇게 묘사한다.

> 여호와의 성전과 왕궁을 불사르고 예루살렘의 모든 집을 귀인의 집까지 불살랐으며, 시위대장에게 속한 갈대아 온 군대가 예루살렘 주위의 성벽을 헐었으며, 성 중에 남아 있는 백성과 바벨론 왕에게 항복한 자들과 무리 중 남은 자는 시위대장 느부사라단이 모두 사로잡아 가고 시위대장이 그 땅의 비천한 자를 남겨 두어 포도원을 다스리는 자와 농부가 되게 하였더라(왕하 25:9-12).

오 년이 지난 기원전 582년에 또 한 번의 유배가 실행된다. 이처럼 기원전 597년, 587년, 582년 세 번에 걸쳐 유다의 지도자들, 궁중 관료들, 장인들, 군인들이 바빌로니아로 끌려가면서 유다는 재원과 상층 구성원들,

전문가들을 포함한 상당수의 인구를 잃어버리게 된다.

유배

바빌로니아 유배는 이스라엘의 물적 토대를 파괴했을 뿐 아니라 그들의 세계관 전체를 뒤흔들었다. 바빌로니아의 신들이 이스라엘의 주 하나님보다 강해 보였고, 하나님은 이제 지상의 신전조차도 갖지 못한 상황이었다. 하나님의 영토는 황무지가 되었고, 하나님의 백성은 흩어졌으며, 왕조도 종말을 고했다. 유배는 이스라엘에 성전이 존재했던 한 시대의 종말이면서 이스라엘 역사의 분수령이 되었다. 히브리 성경은 포로기 이전의 역사는 기록했지만, 포로기 당시의 역사에 대해서는 침묵한다. 그나마 다행인 것은 이 시기를 살았던 예언자 세 사람의 메시지가 보존되어 그 당시 상황을 짐작할 수 있게 해준다는 사실이다.

예레미야는 기원전 627년부터 582년까지 예언 활동을 했다. 사회정의에 관한 그의 선포는 이스라엘의 언약 전통에 깊이 뿌리를 내리고 있으며 신명기의 메시지와 매우 유사하다. 예레미야는 요시야 왕의 개혁을 지지했고, 요시야를 이은 왕들이 개혁의 취지를 흐린 것에 크게 실망했다. 유명한 "성전 설교"를 보면 예레미야가 하나님을 찾아 성전에 온 자들을 꾸짖는 대목이 있다(렘 7장). 예레미야는 그들이 공의를 좇고 우상을 멀리하여 하나님의 뜻을 따르지 않는다면 성전이 그들을 보호해주지 않을 것이며 하나님이 그들 가운데 거하시지 않을 것이라고 신랄하게 지적한다.

> 만군의 여호와 이스라엘의 하나님께서 이와 같이 말씀하시되 "너희 길과 행위를 바르게 하라. 그리하면 내가 너희로 이곳에 살게 하리라. 너희는 '이

것이 여호와의 성전이라, 여호와의 성전이라, 여호와의 성전이라' 하는 거짓말을 믿지 말라. 너희가 만일 길과 행위를 참으로 바르게 하여 이웃들 사이에 정의를 행하며, 이방인과 고아와 과부를 압제하지 아니하며, 무죄한 자의 피를 이곳에서 흘리지 아니하며, 다른 신들 뒤를 따라 화를 자초하지 아니하면, 내가 너희를 이곳에 살게 하리니. 곧 너희 조상에게 영원무궁토록 준 땅에니라.…내 이름으로 일컬음을 받는 이 집이 너희 눈에는 도둑의 소굴로 보이느냐?"(렘 7:3-7, 11)

예레미야 26장은 예레미야의 성전 설교를 담고 있다. 성전을 겨누어 외친 예레미야의 설교를 들은 이들 중 일부는 그가 성전을 힐난한 죄로 죽어 마땅하다고 생각했다. 예레미야가 도주할 수 있었던 것은 아마도 고위층 가운데 그에게 우호적인 이들이 있었기 때문일 것이다. 비슷한 시기에 같은 메시지를 전했던 다른 예언자 우리야는 그런 행운을 누리지 못하고 처형되었다(렘 26:20-24).

두 번의 추방(기원전 597년과 587년) 사이에 전해진 신탁(예언자를 통해 전달된 하나님의 말씀)에서 예레미야는 유다 땅에 남아 있는 이스라엘 백성의 삶을 마뜩잖게 여기면서 바빌로니아에 유배된 이들에게 이스라엘의 미래가 있다고 말한다(렘 24:5-7). 그는 유배가 칠십 년간 지속될 것이라고 말하면서 유배된 이들에게 바빌로니아에서 평화롭게 정착하라고 권면하고(렘 29장), 하나님께서 이스라엘과 "새 언약"을 맺으실 것이고, 이를 통해 하나님의 율법(Torah)이 그들의 마음에 기록될 것이라고 예언한다(렘 31:31-34).

포로기 초기(기원전 593-571년)에 활동한 또 한 사람의 예언자는 에스겔이다. 예언자로서 그의 첫 임무는 천상의 수레에 올라타 천군을 대동해 이동하시는 하나님의 환상과 함께 주어졌는데(겔 1-3장), 이 환상은 훗날 묵시문학가들의 상상력을 사로잡는다. 제사장 출신이었던 에스겔은 자신의 예언에 제사장의 언어와 개념들을 풍부히 사용한다. 이스라엘의 유배는 이방 종교에 문을 열어준 결과로 예루살렘과 하나님의 성전이 오염되었기 때문이라는 그의 설명이 한 가지 예다. 하나님은 에스겔 9-11장에서 성전을 떠나시고 성전이 파괴되는 것을 허락하신다. 에스겔은 40-48장에서 예루살렘과 성전의 회복을 예언하는데, 43장에서는 하나님이 불꽃 같은 영광 속에서 성전으로 복귀하시는 광경을 묘사하고, 44장에서는 사독 계열의 제사장들만이 제단의 일을 수행할 수 있다고 주장한다. 제2성전기 내내 사독 계열 제사장의 위치가 두드러지긴 했지만, 사실 에스겔이 주장한 것과 같은 제한은 실행되지 않았다.

포로기의 뛰어난 세 번째 예언자는 이사야 40-55장을 남긴 제2이사야다. 페르시아의 장군 고레스가 일어나 바빌로니아 제국을 정복했을 때, 제2이사야는 고레스가 이스라엘 포로들의 귀환과 국가 재건을 허락할 것을 정확히 예언했다. 그는 심지어 고레스가 메시아라고 말하기까지 하는데, 고레스가 하나님의 일을 행했다는 것이 그 이유였다(사 44:24-45:7). 제2이사야가 기대한 것은 이스라엘의 구원을 넘어서는 보편적 구원이었는데, 그는 하나님께서 이스라엘을 구원하시는 것을 본 이방 나라들이 이스라엘의 하나님이야말로 참된 하나님, 유일하신 하나님, 만물을 창조하신 하나님임을 깨닫게 될 것이라고 믿었다. 이런 관념은 제2이사야를 관통하는 또 하나의 주제인 유일신론과 맞닿아 있다. 제2이사야의 유일신론은 명쾌하고 강력하다. 그것은 제2성전기와 그 이후의 신학을 지배하는 명제 즉 세상에는 단 한 분 하나님, 창조주이자 이스라엘의 하나님이신 그분만이 계신다는 사상을 강조한다.

선별된 주제들

히브리 성경의 자료들

히브리 성경은 여러 권을 모은 책인데, 이 책들은 이전의 다양한 자료로부터 구성되었다. 그 자료들은 이제 남아 있지 않지만, 주의 깊은 연구를 통해 그 성격들을 찾아낼 수 있다. 각각의 자료는 독특한 관점을 갖고 있다. 히브리 성경에 포함된 책들과 자료들의 숫자를 고려할 때 이 성경 안에 다양한 목소리와 관점이 존재하는 것은 당연한 일이다.

창세기, 출애굽기, 레위기, 민수기는 J, E, P로 흔히 약칭되는 세 개의 주요 자료 혹은 문서로부터 구성되었다. "J"는 야웨 문서로, 이스라엘의 하나님을 야웨라고 부른다("J"는 독일어 *Jahwist*에서 유래했는데, 독일학자들이 이 문서를 식별하는 작업에서 선구적 역할을 했다). J는 남왕국 유다에서 유래한 것으로 보인다. "E"는 모세 시대 이전을 기술할 때 하나님을 엘로힘(*Elohim*, 히브리어로 "신"혹은 "신들"을 뜻함)으로 호칭해서 엘로힘 문서(Elohist)라고 불린다. E는 북왕국 지파들로부터 나온 것으로 추정된다. "P"는 오경의 최종 편집에 관여한 제사장 그룹을 지칭해 제사장 문서로 불린다. 이 제사장 그룹이 J와 E 문서들이 제공하는 내러티브 외에 따로 연속적인 내러티브를 구성했는지는 분명하지 않다. 이 제사장 그룹은 이스라엘이 오랜 세월에 걸쳐 전수한 내러티브 및 법률 관련 내용을 재배열과 재서술을 통해 더 방대한 내러티브로 엮는 편집(redaction)을 수행한 것으로 보인다. 그들은 이런 저술 작업을 통해 기원전 587년의 유배 경험이 갖는 의미를 규명하고자 했다.

신명기 12-26장은 하나님의 율법에 대한 해설서로서 그 관점이 독특하다. 이는 하나님과 이스라엘의 관계를 쌍방 간 의무를 갖는 언약 관계로 파악하고, 왕정을 비판적으로 수용하며, 사회정의에 관심을 두고, 외래종교의 영향에 저항하며, 제의의 중앙집중을 요구하고, 하나님에 대한 순종 여부가 성공과 실패를 가른다는 믿음을 피력한다는 점에서 그렇다. 이런 설명은 여러 단계에 걸쳐 확장되었다. 바빌로니아 유배를 거치며 새로운 역사적 정황에 맞추어 여러 장이 신명기의 앞부분과 뒷부분에 더해졌다. 신명기 12-26장의 관점을 모세 시대로부터 유배까지의 시대에도 적용함으로써 신명기에서 열왕기하에 이르는 신명기 역사(Deuteronomistic History)가 서술되었다. 모세 전승의 신명기적 해석이 이스라엘 역사를 평가하는 기준이 된 결과, 언약에 충실한 자는 축복을 받고 언약을 어기는 자는 저주를 받는다는 역사기술이 이루어졌다.

히스기야와 요시야는 유다의 종교를 신명기 12-26장의 원칙에 따라 개혁하려고 했다. 므낫세는 자기 아버지인 선왕 히스기야가 편 개혁조치를 되돌려놓으려고 했다. 신명기 역사는 바빌로니아 유배의 책임이 므낫세에게 있다고 서술한다(왕하 21:11-15; 23:26-27; 24:3-4). 요시야 개혁에 관한 흥미로운 일화가 열왕기하 22장에 나오는데, 성전을 수리하는 와중에 한동안 잃어버렸거나 방치되었던 "율법서"를 제사장들이 발견한다는 내용이다. 여예언자 훌다는 요시야에게 그 책이 하나님의 말씀의 진본이라고 확인해주고, 요시야는 그 책의 내용에 근거해 종교개혁을 시행하게 된다. 학자들은 그 책이 오늘날 신명기의 핵심을 이루는 문서였다고 믿는다. 이 책이야말로 이스라엘 역사에 처음 등장하는 규범서, 즉 스스로 독점적 권위를 주장하는 책이다. 이 책의 등장은 히브리 성경의 형성으로 나아가는 매우 중요한 단계를 의미한다.

신명기 역사에서 예언자들은 하나님의 대변인으로서 중요한 역할을 담당한다. 하나님은 종종 그들을 통해 사건들을 예언하시는데, 성경 내러티브는 그들의 예언이 항상 들어맞는다고 서술한다. 예언자들은 늘 역사적 상황의 중심에 있다. 신명기 34:10은 모세를 이스라엘에서 가장 위대한 예언자라고 부른다(신 18:15-22; 34:10-12; 민 12:6-8을 보라). 사무엘 역시 사무엘상 9:6-9에서 예언자로 간주된다. 예언자들은 왕권의 남용에 도전한다.

언약

언약은 두 당사자 간의 공적 합의를 말한다. 언약은 동등한 관계에서도, 상하 간의 비대칭적 관계에서도 성립할 수 있다. 시내산 언약은 조건부 언약으로서 속국이 종주국을 섬기는 계약과도 같다. 종주국 황제는 자기 밑에 왕들을 두어 속국을 다스리게 하고 얼마간의 주권을 허용한다. 이런 종주국 언약의 기본 형태는 아래와 같이 다섯 가지 요소를 포함한다.

(1) 지배자를 밝힘(이스라엘 언약에서는 하나님)
(2) 역사적 서문에서 주군이 속국을 도왔던 과거를 서술함(예. 이스라엘의 출애굽 경험 서술)
(3) 속국이 지켜야 할 조건을 예시함(이스라엘은 하나님의 모든 계명을 지켜야 함)
(4) 증인 목록
(5) 축복과 저주

토라는 이런 종주국 언약 패턴의 특징을 드러낸다. 출애굽기 20:2에서 하나님은 "나는 네 하나님 야웨니라"라고 선언하는데, "야웨"는 하나님의 이름이다(아래를 참조하라). 이것은 언약 패턴의 첫 요소 곧 주군이 자신을 드러내는 것과 일치한다. 연이어 나오는 "(내가) 너를 애굽 땅, 종 되었던 집에서 벗어나게 했다"라는 내용은 언약에서 주군이 속국을 도와준 내용을 적는 역사적 서문에 해당한다. (성경에서 비슷한 어구가 자주 사용된 것은 아마도 이런 언약 패턴과 관계가 있을 것이다. 이스라엘은 하나님과의 관계를 언약의 틀로 늘 설명했기 때문이다.) 그 뒤에 나오는 일련의 법규들은 언약의 조건들을 밝혀준다. 신명기에서 증인은 하늘과 땅이며(신 30:19), 율법의 순종 여부에 따른 결과인 축복과 저주는 신명기 27-28장에서 명확히 드러난다.

언약 관계에서 하나님의 역할과 관련하여 헤세드(*hesed*)와 에메트(*emet*)라는 두 단어가 자주 등장하는데, 헤세드는 하나님이 이스라엘을 위해 행하신 일을 말한다. "한결같은 사랑"이나 "친절한 인애" 등으로 번역할 수 있는 이 개념은 이스라엘이 언약을 통해 하나님으로부터 얻는 유익을 나타낸다. 에메트는 "신실함"을 말하며, 하나님께서 자신이 약속한 것을 이루시는 분임을 표현한다. 따라서 언약 관계 속에서 이스라엘은 하나님의 축복을 믿고 의지할 수 있다. 하나님은 끝까지 신실하고 믿음직한 분이시다. "여호와의 모든 길은 그의 언약과 증거를 지키는 자에게 인자와 진리로다"(시 25:10). 언약 패턴이 잘 드러난 또 다른 예에서 하나님은 이스라엘을 향해 "너희를 내 백성으로 삼고 나는 너희의 하나님이 되리라"(출 6:7)라고 말씀하신다.

토라

히브리어 토라는 보통 "율법"으로 번역되지만, 그 의미 범위가 넓다. 포로기 말과 그 이후 얼마간 토라는 제의나 법령에 관한 하나님의 가르침을 뜻했는데, 신명기에 와서 율법이 기록된 책을 가리키는 제한된 의미로 굳어졌다. 사실 이것은 신명기가 자신을 가리키는 말이라고 할 수 있다.

심지어 왕조차도 이 책의 권위에 복종해야 했다. "그가 왕위에 오르거든 이 율법책(토라)의 사본을 레위 사람 제사장 앞에서 책에 기록하여"(신 17:18). 신명기는 절대적 권위를 지닌다. "내가 너희에게 명령하는 이 모든 말을 너희는 지켜 행하고 그것에 가감하지 말지니라"(신 12:32).

토라

히브리어 토라(*torah*)는 본래 법률과 종교적 사안에 관한 "가르침"을 뜻한다. 포로기 이후 토라는 시내산 언약을 정점으로 하는 히브리 성경의 처음 다섯 권을 의미하게 된다. 다른 책들이 처음 다섯 권과 함께 취합되어 거룩한 책으로 만들어질 때 여타 책들은 토라에 대한 주석으로 간주되었다. 랍비 문헌에 훗날 등장하는 구전 토라(Oral Torah)는 본래 구두로 가르쳤던 내용이 (법전과 비법전을 망라하여) 거룩한 전승으로 굳어진 것으로 이해되었다. 넓은 뜻에서 보면 토라는 유대인 공동체와 시내산에서 나타나신 하나님의 관계로 특징지어지는 유대인의 삶 전체를 가리킬 수 있다.

히브리 성경에서 토라는 시내산에서 모세에게 주어진 명령을 종종 가리킨다. 포로기 이후 오경이 취합되면서 신명기가 오경이라는 큰 단위 안으로 들어왔고, 창세기부터 신명기까지의 다섯 권이 "토라"라고 불리게 되었다. 오경은 많은 법률조항을 포함하고 있으나 단순히 율법 선집에 머물지는 않는다. 토라는 창조, 족장들, 이스라엘의 선택, 출애굽, 광야 방황 등의 방대한 주제를 엮은 이야기로, 하나님과 이스라엘의 관계를 기술하며 근원적 패러다임으로 작동한다.

조상들의 신(들)

출애굽기 3장은 시내산 떨기나무에서 모세가 하나님을 만나는 장면을 그린다. 하나님은 모세에게 이집트로 가서 파라오에게 이스라엘인들을 이집트의 노예생활에서 풀어달라고 말하도록 지시하신다. 그 후 모세와 하나님의 대화는 아래와 같다.

> 모세가 하나님께 아뢰되 "내가 이스라엘 자손에게 가서 이르기를 '너희의 조상의 하나님이 나를 너희에게 보내셨다' 하면 그들이 내게 묻기를 '그의 이름이 무엇이냐?' 하리니 내가 무엇이라고 그들에게 말하리이까?" 하나님이 모세에게 이르시되 "나는 스스로 있는 자이니라." 또 이르시되 "너는 이스라엘 자손에게 이같이 이르기를 '스스로 있는 자가 나를 너희에게 보내셨다' 하라." 하나님이 또 모세에게 이르시되 "너는 이스라엘 자손에게 이같이 이르기를 '너희 조상의 하나님 여호와 곧 아브라함의 하나님, 이삭의 하나님, 야곱의 하나님께서 나를 너희에게 보내셨다' 하라. 이는 나의 영원한 이름이요, 대대로 기억할 나의 칭호니라. 너는 가서 이스라엘의 장로들을 모으고 그들에게 이르기를 '여호와 너희 조상의 하나님 곧 아브라함과 이삭과 야곱의 하나님이 내게 나타나 이르시되 내가 너희를 돌보아 너희가 애굽에서 당한 일을 확실히 보았노라'"(출 3:13-16).

이 구절의 내용은 반복적이다. 하나님의 반응이 "하나님이 이르시되", "또 이르시되", "하나님이 또 이르시되"로 세 번 기록된 것만 보아도 이 구절이 모종의 확대과정을 거친 것을 짐작할 수 있다. 이는 하나님의 신비한 이름인 야웨에 대한 설명이 필요했기 때문이지만 그 설명조차 그리 분명하지는 않다. 이 구절에 대해 가장 주목할 점은 다음과 같다. 즉 모세가 이스라엘에게 "너희 조상의 하나님이 나를 너희에게 보내셨다"라고 말할 때 그들은 그가 어느 신을 말하는지 모를 것이라는 점을 이 구절이 논리적으로 함의한다는 것이다. 족장들이 만난 하나님은 "엘 샤다이"(*El Shaddai*)나 "엘 엘욘"(*El Elyon*)과 같은 다양한 이름으로 알려졌다(예. 창 14:20; 17:1; 35:11). 이것은 그들이 각 족장의 시대마다 부족의 신을 섬기다가 족장들의 시대가 다 흘러간 후에야 그 신들이 한 하나님 야웨의 현현이었음을 이해하게 되었다는 뜻일 수 있다. 이런 관점에서 보면 족장들의 이야기는 본래 독립된 전승들이었다가 후대에 유일하신 하나님을 중심으로 하는 한 가문의 세대들을 연결하는 내러티브로 합쳐진 것으로 이해된다. 다시 말해 이스라엘의 자기 이해 및 하나님에 대한 이해는 오랜 시간에 걸쳐 진보했다.

출애굽기의 구절은 이런 제안을 지지한다. "하나님이 모세에게 말씀하여 이르시되 '나는 여호와니라. 내가 아브라함과 이삭과 야곱에게 전능의 하나님(히브리어: *El Shaddai*)으로 나타났으나 나의 이름을 여호와(야웨)로는 그들에게 알리지 아니하였고'"(출 6:2-3). 이 구절은 P 문서에 속한 것으로, 모세의 시대에 와서야 이스라엘이 야웨라는 이름을 알게 되었다는 사실을 설명한다. P와 대조적으로 J 문서는 야웨라는 이름이 아담의 손자인 에노스의 시대에도 이미 알려져 숭배되었다고 서술한다(창 4:26). J에 따르면 족장들은 이미 야웨라는 이름을 알고 있었다(창 12:1을 보라). 논리적으로 P의 기술이 역사적 사실에 좀 더 가까울 것이다. 왜냐하면 P가 족장들이 하나님의 이름인 야웨를 몰랐다는 이야기를 지어낼 필요는 없을 것이기 때문이다. 이스라엘의 신관은 자신의 경험에 비추어 오랜 기간 진화했다. 야웨를 섬기는 공동체로서 이스라엘의 역사는 실제로 시내산에서 시작되었다. 그들은 시간이 흐르면서 자신들의 상고사를 새롭게 읽기 시작했다. 이스라엘의 자의식이 성장하고 변함에 따라 자신에 대한 역사서술도 그 변화를 반영한다. 전승을 다시 쓰는 이 과정은 성경 전체에 보편적으로 나타나는 현상으로서, 성경 이후의 시대를 지나 기독교로 일관되게 계승된다.

고대 세계의 여러 민족 중 이스라엘이 유일신을 믿었던 것은(최소한 포로기 이후에는 그렇다) 매우 특이한 현상이다. 포로기 이전의 수많은 문서는 이스라엘이 항상 엄격하게 유일신을 섬기지는 않았음을 입증해준다. 굳이 말하자면 그들은 존재론적으로 유일신을 믿은 것이 아니라 다른 신들의 존재를 인정하면서도 한 하나님을 섬기는 일신숭배(monolatry)를 실천한 셈이다. 실제로 이스라엘 역사에서 예언자들이 계속 다신주의와 우상숭배에 맞서 싸운 것을 보면 이스라엘인들의 다수는 포로기 이전 기간 내내 다른 종교들을 수용하고 있었음을 알게 된다. 십계명 중 첫 계명이 "내 앞에 다른 신을 두지 말라"(출 20:3)인 것은 이스라엘이 야웨가 아닌 다른 신들을 섬길 가능성을 전제하고 있다. 이어지는 계명은 형상의 제작을 금지한다. "너를 위하여 새긴 우상을 만들지 말고 또 위로 하늘에 있는 것이나 아래로 땅에 있는 것이나 땅 아래 물속에 있는 것의 어떤 형상도 만들지 말며 그것들에게 절하지 말며 그것들을 섬기지 말라. 나 네 하나님 여호와는 질투하는 하나님인즉 나를 미워하는 자의 죄를 갚되 아버지로부터 아들에게로 삼사 대까지 이르게 하리라"(출 20:4-5). 사람이나 동물 혹은 천상의 존재들을 형상화하지 말라는 이 금기조항은 이스라엘 종교의 근원적 사상으로서 이스라엘의 하나님의 형상을 만드는 것에도 적용되었다. 이스라엘 종교의 이와 같은 반형상주의(aniconism)는 이스라엘 외부 종교들의 관점에서는 놀라운 것이다.

거룩한 전쟁

고대 세계에서 전쟁은 어느 정도 종교적 성격을 가졌다. 사람들은 자신이 믿는 신들을 의지하고 그들의 도움을 청했는데, 이스라엘 역시 예외가 아니어서 하나님을 위대한 전사로 곧 자신의 백성을 위해 싸우시는 분으로 믿었다(신 20장). 이스라엘의 출애굽을 송축하는 노래(출 15장)에는 이집트를 상대로 거둔 하나님의 승리가 이렇게 기록된다. "여호와는 용사시니 여호와는 그의 이름이시로다"(출 15:3). 백성이 전쟁에 나서면 하나님이 그들 가운데 계시기에 군인들은 마치 제의에 임하듯 정결함을 유지해야 한다(수 3:5; 민 5:3; 제의적 정결에 대한 설명은 아래 "제사장의 종교" 단락을 보라). 승리를 거두시는 분이 하나님이시므로 전리품도 하나님의 것이었다(히브리어로 *herem*이라고 표현함). 하나님의 지시 없이 전리품에 손을 대는 것은 금기로, 이를 어겼을 경우에는 하나님의 진노를 촉발했다(수 7장). 하나님은 종종 전리품을 모두 없애버리라고 지시하셨다.

왕정

이스라엘 초기의 왕들인 사울, 다윗, 솔로몬에 관해서는 앞서 서술했다. 다윗이 즉위할 때 이스라엘 지파들은 아직 예루살렘을 정복하지 못했었다. 예루살렘은 북쪽 지파들과 남쪽 지파들의 경계선에 가까운 중부 산악지대에 있었는데, 영민한 정치가였던 다윗은 남북의 지파 중 어느 편의 영토에도 속하지 않고 경계선에 있는 이 성을 수도로 삼는 것이 좋겠다고 판단했다. 이는 미국사에서 수도 워싱턴이 북부 주들과 남부 주들의 경계선에 있으면서 어느 주에도 속하지 않는 독립성을 보장받은 것과 같은 패턴이다. 다윗은 예루살렘을 점령해 자신의 수도로 삼고 언약궤를 그곳으로 옮겨 안치했다.

다윗은 블레셋의 위협을 성공적으로 물리쳤고, 이스라엘의 지배력은 해안과 고원지대로, 다시 요단강 건너편(암몬, 모압, 에돔)과 북방으로 유프라테스강까지 뻗어 나갔다. 이런 확장은 본래의 부족연합에 속하지 않은 인구를 다스려야 함을 의미했다. 결국 이스라엘은 타민족을 부족화해서 병력을 늘리고 부족들의 세금 대신 피정복민에게 부과한 조공을 통해 재정을 조달하게 되었다. 다윗의 왕권이 부족 간 연합체라는 이상을 파괴하지는 않았지만, 왕정의 유지는 이스라엘의 내부구조에 근원적 변화를 초래했다. 왕정은 본질상 위계적이다. 다윗이 자신의 권력으로 밧세바를 차지하고 그녀의 남편을 죽인 사건은 왕권의 남용이 어떤 위험을 내포하는지를 보여주는 일례다(삼하 11장).

솔로몬은 이스라엘을 고대 근동의 여느 왕국과 다르지 않게 변화시켰다. 그는 예루살렘을 비롯하여 이스라엘 왕국 전역에서 대규모 건축사업을 벌였다. 성전 건축이 가장 오래가는 프로젝트 중 하나였지만, 그의 왕궁은 성전을 능가하는 규모였다. 솔로몬은 전 국토를 망라하는 요새들을 세워 군부대를 주둔시키고 막강한 마차부대를 배치했다. 그는 화려하고 값비싼 궁전을 유지하기 위해 수입을 증대시켜야 했는데, 농업을 바탕으로 한 경제에서 세수 증대는 농민들의 "잉여분"을 착취하는 결과로 이어졌다. 그의 지출이 늘수록 세율은 높아졌고, 외국인에게 통행세를 매기고 무역을 통해 수익을 증대시켜야 했다. 거대한 건축사업에 필요한 노동력을 효율적으로 조달하기 위해 왕국은 열두 행정구역으로 분할되었다. 이 새로운 행정구역의 경계선은 오랜 역사를 가진 열두 지파의 경계와 갈등을 일으켰다. 이런 마찰은 부족 간의 동맹과 교류는 물론 부족 자치를 바탕으로 하는 좀 더 평등한 사회구조를 잠식하게 되었다.

이스라엘은 이집트와 여타 강대국 간의 경계를 이루는 좁은 통로에 위치했는데, 이스라엘 역사의 상당 부분은 이 지정학적 요소를 고려해야 이해할 수 있다. 주위 강대국들이 쇠퇴기에 들어가면 이스라엘은 그 전략적 위치로 인해 반사이익을 얻었다. 다윗과 솔로몬이 기원전 10세기에 강력한 왕국을 유지할 수 있었던 것은 팔레스타인에 지배력을 행사하던 세력들(이집트, 아시리아, 바빌로니아)이 쇠퇴하고 있었기 때문이다. 반대로 강대국들이 세력을 확장하던 시기에 이스라엘은 그 전략적 가치로 인해 속국의 처지로 떨어지곤 했다. 이 작은 나라를 아시리아, 이집트, 바빌로니아, 페르시아, 그리스, 로마가 줄지어 점령한 이유가 바로 이 때문이다.

이스라엘의 부족동맹이 처음부터 강력하지는 않았고 다윗 왕조가 유다의 남쪽 부족들에 기반을 두었다는 사실을 고려할 때, 이 새로운 왕정체제에 대한 저항이 북쪽 지파들 가운데서 시작된 것은 놀랍지 않다. 여로보암이 반란을 일으켜 북왕국을 세웠다. 애초의 저항이 솔로몬의 왕정체제에 대한 반발로 인해 시작되었음에도, 북왕국 역시 국제정치에 낄 수 있는 세력을 꿈꾸며 왕궁과 상비군, 별도의 신전, 착취적 노역으로 점철된 솔로몬의 길을 뒤따르게 되었다. 오므리 왕이 사마리아에 수도를 세우고 외국과 동맹을 맺으면서 외래종교와 사회풍습은 더 광범위하게 퍼졌다.

4세기 반에 걸친 왕정은 이스라엘을 돌이킬 수 없도록 탈바꿈시켰다. 노만 갓월드(Norman Gottwald)는 이스라엘 왕정이 남긴 네 가지의 "영속하는 구조적 영향"을 다음과 같이 서술한다(323-25). 첫째, 정치적 중앙화가 이루어졌다. 남왕국과 북왕국은 세금을 부과하고 자유를 제한하며 상비군과 비대한 행정조직을 요구하는 거대조직이 되었다. 둘째, 사회계층화와 그에 따른 불평등이 고착되었다. 셋째, 가족과 친족 및 부족의 명의였던 토지 소유가 국가권력을 통해 상류층에게로 이전되었다. 넷째, 국가권력이 국제교역과 외교 및 전쟁을 수행하면서 그에 따른 막대한 비용이 발생했고, 농업경제하에서 그 비용은 농민들에게 전가되어 착취로 이어졌다.

왕권의 남용을 제한하려는 시도는 신명기 17:16-20에서 볼 수 있다.

> 그는 병마를 많이 두지 말 것이요, 병마를 많이 얻으려고 그 백성을 애굽으로 돌아가게 하지 말 것이니, 이는 여호와께서 너희에게 이르시기를 "너희가 이후에는 그 길로 다시 돌아가지 말 것이라" 하셨음이며, 그에게 아내를 많이 두어 그의 마음이 미혹되게 하지 말 것이며, 자기를 위하여 은금을 많이 쌓지 말 것이니라. 그가 왕위에 오르거든 이 율법서의 등사본을 레위 사람 제사장 앞에서 책에 기록하여 평생에 자기 옆에 두고 읽어 그의 하나님 여호와 경외하기를 배우며 이 율법의 모든 말과 이 규례를 지켜 행할 것이라. 그리하면 그의 마음이 그의 형제 위에 교만하지 아니하고 이 명령에서 떠나 좌로나 우로나 치우치지 아니하리니, 이스라엘 중에서 그와 그의 자손이 왕위에 있는 날이 장구하리라(신 17:16-20).

왕에게도 많은 제약이 가해진다. 우선 그는 외국인이 아닌 이스라엘인이어야 했다(신 17:15). 왕은 "자기 자신을 백성들보다" 더 높이거나 부를 축적해서도 안 되고, 아내를 여럿 두거나 지나친 군사력을 키우거나 이방과의 동맹을 추구해서도 안 되었다. 이런 내용을 요약하면 왕은 특정한 책에 기록된(위의 인용문에서 "이 율법[토라]"과 "이 규례"라는 표현에 유의하라) 하나님의 율법의 지배를 받아야 한다는 것이다. 만일 왕이 사회정의가 뚜렷하게 드러나는 하나님의 율법을 지킨다면, 하나님은 그가 계속 통치하도록 허락하실 것이다.

성경에 기록된 친왕정의 본문들은 이스라엘 왕의 기능이 백성에게 야웨 신앙을 지키고 하나님이 제시하신 이상인 정의에 충실하도록 요구하는 것이라고 묘사한다. 시편 72편이 이에 대한 좋은 예를 제공해준다. 이 시편은 왕의 번영과 성공 및 승전을 비는 가운데 그가 가난한 자에게 각별한 관심을 두고 공의를 펼치기를 기원한다.

> 하나님이여, 주의 판단력을 왕에게 주시고
> 주의 공의를 왕의 아들에게 주소서.
> 그가 주의 백성을 공의로 재판하며
> 주의 가난한 자를 정의로 재판하리니…
> 그가 가난한 백성의 억울함을 풀어 주며
> 궁핍한 자의 자손을 구원하며 압박하는 자를 꺾으리로다.…
> 그는 궁핍한 자가 부르짖을 때에 건지며,
> 도움이 없는 가난한 자도 건지며,
> 그는 가난한 자와 궁핍한 자를 불쌍히 여기며,
> 궁핍한 자의 생명을 구원하며,
> 그들의 생명을 압박과 강포에서 구원하리니
> 그들의 피가 그의 눈앞에서 존귀히 여김을 받으리로다(시 72:1-2, 4, 12-14).

다윗의 이상적 제왕상에 관한 핵심 구절은 사무엘하 7장으로, 제2성전기에 들어 메시아 대망의 기초가 되기도 했다. 다윗이 하나님께 집(성전)을 지어 드리겠다고 아뢰자, 예언자 나단은 다윗 왕조를 의미하는 같은 단어 "집"을 사용하여 응답한다. 이 응답은 다윗이 하나님의 집 즉 성전을 짓지는 못하겠지만, 하나님은 다윗의 집 즉 왕조를 세우시리라는 말씀이었다. 하나님은 땅에서 하나님을 대신해 다스리는 왕과 특별한 관계를 맺으신다. 이 특별한 관계는 아래 구절에 "아들 됨"(sonship)이란 개념을 통해 잘 표현되어 있다.

> 여호와가 또 네게 이르노니 "여호와가 너를 위하여 집을 짓고 네 수한이 차서 네 조상들과 함께 누울 때에 내가 네 몸에서 날 네 씨를 네 뒤에 세워 그의 나라를 견고하게 하리라. 그는 내 이름을 위하여 집을 건축할 것이요, 나는 그의 나라 왕위를 영원히 견고하게 하리라. 나는 그에게 아버지가 되고 그는 내게 아들이 되리니, 그가 만일 죄를 범하면 내가 사람의 매와 인생의 채찍으로 징계하려니와, 내가 네 앞에서 물러나게 한 사울에게서 내 은총을 빼앗은 것처럼 그에게서 빼앗지는 아니하리라. 네 집과 네 나라가 내 앞에서 영원히 보전되고 네 왕위가 영원히 견고하리라 하셨다" 하라(삼하 7:11-16).

시편 2편은 이스라엘의 새 왕이 즉위할 때 성전에서 낭송된 것으로 추정된다. 속국의 민족이 종주국에 반란을 일으킬 최적의 기회는 아마도 제왕의 죽음에 따르는 왕권의 변화기였을 것이다. 바로 시편 2편의 배경이 이스라엘의 속국들이 이스라엘의 지배에서 벗어나려고 시도하는 그런 상황이었을 것이다. 그들이 목적을 이루기 전에 하나님께서는 새 왕에게 기름을 부으시고 그를 시온산에 두신다.

> 세상의 군왕들이 나서며 관원들이 서로 꾀하여
> 여호와와 그의 기름 부음 받은 자를 대적하며
> "우리가 그들의 맨 것을 끊고 그의 결박을 벗어 버리자" 하는도다.
> 하늘에 계신 이가 웃으심이여, 주께서 그들을 비웃으시리로다.
> 그때에 분을 발하며 진노하사 그들을 놀라게 하여 이르시기를
> "내가 나의 왕을 내 거룩한 산 시온에 세웠다" 하시리로다(시 2:2-6).

그에 화답해 새 왕은 다음의 시편 구절을 낭송한다.

> 내가 여호와의 명령을 전하노라.
>
> 여호와께서 내게 이르시되 "너는 내 아들이라. 오늘 내가 너를 낳았도다.
>
> 내게 구하라. 내가 이방 나라를 네 유업으로 주리니
>
> 네 소유가 땅끝까지 이르리로다.
>
> 네가 철장으로 그들을 깨뜨림이여, 질그릇 같이 부수리라" 하시도다(시 2:7-9).

"너는 내 아들이라. 오늘 내가 너를 낳았도다"라는 표현은 흔히 입양 공식(adoption formula)이라고 불린다. 고대 근동의 다른 국가들에서 왕은 문자 그대로 신의 아들이라고 여겨졌다. 이스라엘은 왕을 신으로 여기지는 않았지만, 그럼에도 그를 하나님의 아들이라고 호칭했다.

갓월드는 다윗 왕조의 왕들이 지녀야 할 특징들을 후대의 메시아적 기대와 연결지어 아래와 같이 설명한다.

> 유다의 왕들은 (1) 야웨 하나님께 아들과 같은 존재, (2) 야웨와 그의 백성 사이에서의 매개자, (3) 야웨를 향한 경건과 순종의 본보기, (4) 야웨의 공의를 나라 안팎으로 펼치는 실행자의 역할을 행한다고 여겨졌다. 이런 뿌리에서 나온 것이 다윗 왕조와 연관된 후대의 "메시아주의"(messianism)였다(336).

예언

고대 이스라엘에서 예언 활동은 다채로웠다. 예언은 왕정 시대에 두드러진 현상이었으나 왕정 이전에도 있었고 제2성전기에도 이어졌다. 일부 예언자들은 왕궁이나 성전 제의를 위해 일했고 다른 예언자들은 그 밖에서 활동했다. 예언을 전업으로 하는 이들도 있었지만, 다른 이들은 제사장이나 목자 혹은 농부와 같은 다른 직업을 갖기도 했다. 어떤 예언자들은 제자들을 두었고 다른 사람들은 홀로 활동했다. 자신의 예언을 기록한 사람이 있었는가 하면, 추종자들이 예언자들의 말을 기록하기도 했고, 어떤 예언자들은 기록을 전혀 남기지 않았다. 참된 예언자가 있었던 반면 거짓 예언자 역시 존재했다. 결국 이 모든 예언자를 한데 묶는 공통점은 그들이 저마다 하나님의 대변인을 자처했다는 사실이다. 하나님과 사람 간의 중재자인 그들의 특징은 "주께서 말씀하신다"로 대표되는 대언 공식(messenger formula)으로 요약된다.

예언자들은 사람들이 하나님과의 관계에서 그들의 의무를 빈번히 저버린다는 것을 잘 알고 있었다. 그들은 백성이든 왕이든 하나님과의 언약을 배신하는 사람들을 비판했다. 심판 예언(oracles of judgment)은 범죄에는 처벌이 따른다고 경고하고, 구원 예언(oracles of salvation)은 하나님께 복종하는 자들에게 혹은 형벌을 경험한 백성 모두를 향해 하나님의 축복을 약속한다. 예언자들은 동시대인들을 향해 외쳤기에, 예언자들을 이해하려면 그들이 활동한 시대의 역사적 상황과 그들이 다뤄야 했던 특정한 문제들을 이해해야 한다.

가장 잘 알려진 예언자들은 그들이 예언한 내용이 수집되어 책으로 남은 이들이다. 기록된 예언의 내용은 후대로 전승되면서 새로운 상황에 적용되었고, 후대의 예언들이 덧붙여져 보충되기도 했으며, 개작과 편집을 거쳐 긴 분량으로 정리되었다. 이런 복잡한 과정을 잘 보여주는 책이 바로 이사야서다. 이사야 1-39장은 기원전 8세기 예루살렘에 살았던 예언자에게서 나온 예언을 포함하지만, 이사야 40-55장은 기원전 538년경 바빌로니아 포로기에 살았던 예언자의 작품이다. 이사야 56-66장은 포로기가 막 지난 시점에서 행해진 예언들을 담고 있다. 이렇게 수집된 66장은 결국 이사야의 이름으로 한 권의 책으로 묶였다. 이런 설명조차도 이사야서를 지나치게 단순화한 것인데, 왜냐하면 학자들은 각 부분 안에서도 추가로 첨가된 내용들을 식별해냈기 때문이다. 예언을 수집, 전승한 고대의 편집자들은 예언자들이 하나님의 말씀을 전했으므로 그 내용을 모든 세대를 위한 말씀으로 보존해서 새로운 상황들에도 다시 적용할 수 있어야 한다고 믿었다.

예언자들은 경제적·정치적·종교적 영역을 넘나들며 이스라엘의 삶에 깊숙이 간여했다. 사무엘은 부족 연합체에서 왕정으로 가는 이스라엘의 전환기에 처음의 두 왕 즉 사울과 다윗에게 기름 부어 왕으로 세웠다. 두 예언자 곧 엘리야와 엘리사는 아합 왕에게 예리한 비판을 가했고, 엘리사는 예후를 왕으로 세워 아합 가문을 제거하고 북왕국에서 새 왕조를 수립하도록 인도했다. 예언자들은 정치, 경제, 문화, 종교 사이를 구별하지 않았다. 아모스는 북왕국의 사회적 불평등을 꾸짖었고, 호세아는 가나안의 신 바알에게 기우는 이스라엘을 경책했는가 하면, 예루살렘의 이사야는 아하스와 히스기야에게 외국과 동맹을 맺지 말라고 경고했다. 예레미야는 종교 및 사회 개혁에 착수하지 못하고 주저하는 유다를 질책했다.

예언자들 사이에 의견이 일치하지 않을 여지가 많았다. 예언자 자신이 하나님을 대변하고 있다고 주장한다고 해서 그에 대한 충분한 보증이 되는 것은 아니었다. 예언자들이 서로의 메시지를 공격하기도 했고,

이스라엘 사회가 특정 예언자를 광인이나 사기꾼으로 몰아 배척하기도 했다. 예언자들 간의 갈등 중 유명한 경우는 예레미야 28장에 나오는 예레미야와 하나냐 간의 충돌과, 열왕기상 22장에서 이믈라의 아들 미가야가 다른 예언자 사백 명과 맞선 사건이 있다.

지혜 전승

"지혜"는 고대 세계에서 중요한 단어로서 다양한 대상을 가리켜 사용되었다. 이스라엘의 지혜 운동에서 지혜는 인간의 이성을 삶의 경험에 적용해 얻은 결과물이었다. 지혜는 어떻게 삶을 살아야 하는지를 가르쳐주는 처방전이었으며, 한 부족이 여러 대를 이어가며 전수하고 축적한 내용을 의미했다. 이것을 민간 지혜(folk wisdom)라고 말한다. 특정한 집안이나 부족이 다른 이들보다 뛰어난 지혜로 명성을 누리기도 했다.

지혜

지혜는 히브리 성경에서 장인의 기술(출 36:8)로부터 통치술(왕상 3:12, 28)에 이르는 다양한 내용을 지칭한다. 어떤 경우 지혜는 단지 영민함(삼하 14:2), 특히 삶에 대처하는 실천적 기술(잠 1:5; 11장; 14장)을 뜻하는가 하면, 윤리적으로 반듯한 삶의 추구를 지혜라고 부르기도 한다(잠 2:9-11 등). 제대로 된 지혜는 하나님께 속한 것이고(욥 28장), 창조와 관련되며(잠 8:22-31), 심지어 토라나 율법과 동일시되기도(Ecclus 24:23) 한다(Murphy, "Wisdom," 1135).

이스라엘의 지혜는 왕정이 도래하면서 새 국면을 맞게 된다. 솔로몬 왕국이 만들어낸 관료체계는 글을 읽고 쓸 줄 아는 서기관 그룹이 필요했지만, 고대 세계에서 글을 이해하고 쓸 줄 아는 사람은 소수였다. 서기관들은 공무 기록관, 참모, 외교관, 지배 계급의 교사로 일하거나 다른 직책을 맡은 교육받은 사람들이었다. 왕국의 유지를 위해서는 기록을 보존하고 서신들을 낭독하며 칙령과 법률을 기록하는 등의 과제를 수행하는 서기관 그룹이 필요했다. 서기관들은 이스라엘 정부와 사회의 중요한 구성원이 되었고 그 가운데 "현인"이나 "지혜자"로 불리는 특출난 지성인들이 나타났다. 현인들의 활동과 업적에 적용되는 형용사 "지혜롭다"(*sapiential*)는 "지혜"를 가리키는 라틴어 *sapientia*에서 유래했다. 글의 해독은 대체로 왕족과 도시 엘리트의 전유물이었으므로 현인들이 상류층에 속한 것은 당연했다. 솔로몬 시대 들어 다른 왕국이나 제국들과의 접촉이 활발해지면서 현인들은 외래문화의 영향에 노출되었다. 고대 근동에서는 국제적인 지혜 전승이 나름의 문예적 장르와 주제 및 논법 등을 형성했다.

히브리 성경은 솔로몬을 놀라운 현인으로 묘사한다. 그의 명성은 왕권이 뒷받침하는 서기관 집단을 만들어 발전시킨 데서 유래했다. 정경과 제2정경(로마 가톨릭은 정경으로 여기지만 유대교와 개신교는 정경으로 인정하지 않는 책들)에 속한 것으로서 잠언, 코헬레트(전도서), 「솔로몬의 지혜」 이렇게 세 권이 솔로몬이 쓴 것으로 여겨진다. 하지만 학자들은 대부분 이 책들을 솔로몬이 직접 썼다고는 보지 않는다. 열왕기상 3장에 기록된 솔로몬의 재판은 이스라엘 지혜의 단면을 보여준다. 솔로몬의 지혜는 무엇보다도 통치자로서의 지혜다. 게다가 그는 슬기로운 재판관이기도 했다. 열왕기상 4:32-33은 솔로몬의 지혜에 대해 추가 정보를 제공한다. "그가 잠언 삼천 가지를 말하였고, 그의 노래는 천 다섯 편이며, 그가 또 초목에 대하여 말하되 레바논의 백향목으로부터 담에 나는 우슬초까지 하고, 그가 또 짐승과 새와 기어다니는 것과 물고기에 대하여 말한지라." 여기서 잠언은 지혜 전승을 대표하는 표현양식이다. 삶에 관한 일반적인 사색을 간략하게 표현한 잠언은 일상의 경험으로부터 세상사의 이치를 분별해내는 인간 이성의 산물이다. "제때 꿰맨 한 바늘이 아홉 바늘을 아껴준다", "모든 걸 다 가질 수는 없다", "일찍 일어난 새가 벌레를 잡는다" 등의 격언이 그런 예다. 이런 잠언들에는 상식에 기초한 확신이 스며들어 있는데, 이는 이 잠언들이 단지 한 개인이 아니라 그 잠언을 낳은 집단의 축적된 경험에 기원을 두고 있음을 증명한다. 현대인의 귀에는 이런 잠언들이 단순무식하게 들릴 수 있지만, 잠언 하나하나에는 진리의 한 조각이 들어 있기 마련이다. 이는 그 잠언들이 오래도록 살아남아 되풀이되는 까닭을 설명해준다. 우리도 일상의 대화에서 잠언을 인용함으로써 상식의 무게가 주는 설득력을 얻곤 한다.

고대 현인들은 자연, 가족, 궁정, 정치 등이 작동하는 원리들에 매혹되었다. 솔로몬이 동식물과 물고기에 관해 깊은 지식을 가졌다는 것은 우주를 하나의 유기체로 이해하고 모든 영역의 지식을 존중했던 고대인들의 지혜를 반영한다. 지식의 파편화는 현대적 현상일 뿐, 고대 이스라엘의 현인들은 자연에 관한 지식이 인간에게 영향을 준다고 믿었다. 잠언은 사물의 배후에 존재하는 원리를 발견하는 것을 목표로 한다. 세계의 작동원리를 이해하면 그 속에서 어떻게 적응해야 하는지와 어떻게 행동해야 하는지를 알게 된다. 따라서 지혜 전승의 궁극적 목표는 실제적이고 성공적인 삶을 영위하는 것이었다.

지혜 전승은 우주에는 모종의 질서가 있고 우리가 그것을 발견할 수 있다고 전제한다. 그런 질서의 일차적 증거는 거룩한 글이나 이스라엘의 언약 전승이기보다는 세상에서 얻는 인간의 경험이다. 하지만 제2성전기가 흘러가면서 지혜는 점점 이스라엘의 성스러운 전승 쪽으로 관심을 돌리게 된다. 결국 지혜는 토라와 동일시되고(예. Sir 24장) 토라는 우주를 다스리는 질서의 완벽한 구현으로 이해된다. 인간의 경험을 통해 이런 질서에 어느 정도 접근 가능하다고 믿었다는 것은 토라에 대한 보편주의적 주장을 함의한다. 더 후대의 랍비들은 하나님이 천지를 창조하실 때 토라를 참조하셨다는 주장을 펼친다. 지혜는 히브리어(*hokmah*)와 그리스어(*sophia*) 둘 다에서 여성명사이므로 여성으로 의인화되는데, 그녀는 하나님과 각별하게 친밀하며 창조현장에서 모종의 역할을 하기도 한다(예. 잠 8장, Sir 24장, Bar 3장, Wis 7장). 여성으로 의인화된 지혜라는 개념은 어쩌면 하나님의 여성성을 보고 싶어 하는 인간 내면의 욕구를 채워주었는지도 모른다. 다른 종교 체계 안에는 여신들이 있었음을 기억해야 한다.

지혜 전승에 속한 책은 잠언, 욥기, 그리고 히브리어로 코헬레트("설교자")라고 불리는 전도서다. 외경에서는 「집회서」(Sirach, Wisdom of Jesus ben Sirach, 혹은 Ecclesiasticus라고도 불린다) 및 「솔로몬의 지혜」가 지혜 전승을 잇는 책이다. 지혜 전승의 영향은 정경(특별히 시편)과 외경(Baruch 등)을 넘어 다른 유대교 문헌에서도 발견된다. 그중 제2성전기에 저술된 욥기와 전도서는 특기할 만한 책이다. 욥기는 사람의 행동이 세속적 기준의 상벌로 연결된다는 통념에 관해 비판적이어서 악한 자만이 고통을 겪는다는 관념에 반기를 든다. 전도서는 인생을 꿰뚫어보는 순진한 "지혜"에 도전장을 내민다. 이 책은 인간의 한계를 강조하면서 인생은 근본적으로 이해 불가능하다는 생각을 피력한다. 전도서에 의하면 해 아래 모든 것은 다 "헛된" 것이다. 이 두 책은 인생의 신비와 모순 앞에서 손쉬운 대답을 거절한다는 점에서 현대 독자를 매료시키는 힘을 가졌다.

제사장 종교

제사장 종교란 성전과 그 근무자들(제사장과 조력자들) 및 성전의 활동에 관심을 집중하는 유대 종교를 뜻한다. 제사장 종교는 각 부분이 유기적으로 작동하며 통일성 있는 시스템을 구성했는데, 이 시스템이 암묵적으로 채택한 세계관은 외적인 제의와 제도의 모습으로 발현되었다. 따라서 제사장 종교는 **상징**의 시스템이라고 부를 수 있다. 이 시스템의 영향력은 성전에 머물지 않고 고대 이스라엘의 정치적·경제적·사회적·문화적 현실에 스며들었다. 따라서 제사장 종교라는 시스템을 알면 이스라엘 종교의 초자연적 측면만이 아닌 이스라엘 사회 전반을 이해할 수 있다. 사실 이스라엘의 제사장 종교야말로 그 사회에 통일성과 의미를 부여했다.

우리 자신의 종교적 신념과 습관들은 보통 우리 자신에게는 자명하므로, 우리는 그것들을 비평적으로 혹은 "객관적으로" 살펴보지 않는다. 다른 종교들은 흔히 우리 눈에 이상해 보인다. 이는 우리가 그 문화와 종교의 전제들을 공유하지 않기 때문이다. 다른 종교를 공감적으로 이해하기 위해서는 그 종교를 우리에게 좀 더 친숙한 대상과 비교하여 이해하거나, 삶을 이해하기 위해 인간이 행하는 (때로 종교의 영역을 벗어나는) 보편적인 노력의 특수한 경우로서 분석해보려는 노력이 필요하다. 이런 비교를 촉진하기 위해 아래에서 의미를 생성하는 몇 가지 활동을 탐구하고자 한다.

범주, 경계, 감정, 제의

인간이 살아가는 세계는 단지 물리적인 영역만 있는 것이 아니라 지성과 감성의 내용을 담고 있다. 인간은 세상의 의미를 파악해야 하는 존재이기 때문이다. 이런 의미 구성의 과정에서 필수적인 것은 사물과 사람이 어디에 속하는지를 결정하는 것이다. 사물이 속한 자리를 밝히는 것은 곧 그것들을 분류하고 범주화하는 작업이다. 범주란 곧 개체들의 특성을 구별하는 것이고 구별은 경계를 긋는 일이다. 경계는 한 장소와 또 다른 장소, 특정한 시간과 다른 시간, 특정한 사람과 다른 사람들 사이에 그어진다. 이런 경계를 파악한다는 것은 곧 내가 어디에 속하는지, 나에게 속한 것은 무엇인지, 내 집단에 속하거나 속하지 않은 이들은 누구인지를 아는 것이다. 경계가 명확할수록 범주도 명확해진다.

범주들에는 감정이 스며들어 있다. 우리는 어느 범주에 대해 어떤 감정을 느끼는지를 배우고, 한 범주가 다른 범주들과 어떻게 엮여 있는지를 배워나간다. 이런 분류가 합쳐져 상징의 시스템을 이루면, 그것을 받아들인 사람에게 그 시스템은 실재를 파악하는 "지도"가 된다. 우리가 의도하든 않든 이런 상징의 체계는 사회화 과정을 통해 후대로 전수되어 "세상은 본래 그런 거야"라고 말하는 인식체계가 된다(Berger의 책과 Berger와 Luckman의 공저를 참조하라). 이 시스템이 정합성을 갖추면 사회 전반에 퍼지게 되고 그런 복제과정이 시스템을 다시 공고하게 하는 순환으로써 반복되어 결국 신이 부여한 질서로 기정사실화된다.

그럼에도 사람이든 사물이든 이런 경계를 넘나드는 경우가 생기기 마련이다. 그럴 때면 경계선의 침범을 정당화하기 위한 일종의 의식(ritual)이 요구되는데, 이런 의식은 흔히 전문가들이 담당한다. 하지만 경계선을 넘어선 대상을 원위치시키는 의식이 있는가 하면, 전체적인 시스템에 마땅히 집어넣을 수 없는 사람이나 사물, 경험도 존재한다.

장소. 장소들 간의 경계는 강이나 바다처럼 물리적인 경우도 있지만, 국경선처럼 임의적일 수도 있다. 캐나다와의 국경선에 선 미국 시민이 불과 일 미터만 북쪽으로 가면 전통과 법, 제도와 지도자가 다른 외국으로 들어서게 된다. 인간의 머릿속에서 그은 경계선 역시 엄연한 실재라서, 합법적으로 국경을 넘을 때 거쳐야 하는 의식이 있다. 곧 여권 제시, 서류와 짐 검사, 여권에 도장 찍기 같은 일련의 의식들이 그 제도의 전문가인 관리를 통해 치러진 후에야 경계선을 넘는 입국이 이루어진다.

시간. 시간적 경계 중 일부는 자연에 의해, 즉 계절과 밤낮 그리고 달이 차고 기우는 주기에 따라 형성되지만, 인간의 복잡한 삶은 자연적인 시간 경계로는 충분히 제어될 수 없다. 예를 들어 "회사 시간"과 "개인 시간"의 경계를 생각해보자. 개인 시간에 회사 일을 하고 싶을 사람이 없듯이 회사 시간에 개인 일을 하는 직원을 좋아할 회사도 없는 법이다. 사람들이 토요일과 월요일을 대하는 태도에는 큰 차이가 있다.

한 시간에서 다른 시간으로의 전이를 표시하는 의식들도 존재한다. 이는 한 사람의 인생의 단계에서 분명하게 나타난다. 세례나 할례는 종교적인 공동체로 들어가는 통과의례다. 생일파티는 한 해에서 다음 해로 넘어가는 통과의례다. 교회의 입교 혹은 견진, 바르미츠바와 바트미츠바 예식(유대인 남녀의 성인식—역자주)들은 모두 소년기에서 청년기로의 입문을 표시한다. 대학 졸업식은 흔히 온전한 성인기의 시작을 나타낸다.

사물. 동일한 사물이 서로 다른 범주에 속할 수 있다. 사람들은 자신의 물건과 남의 물건에 대해 다르게 느낀다. 공장에서 똑같이 만들어진 청바지들이 가게에 쌓여 있지만, 그중 하나를 자신의 소유로 삼기 위해서는 구매라고 불리는 의식이 필요하다. 판매원에게 청바지를 가져가서 지폐 혹은 카드를 건네는 행위, 이 과정의 증빙자료 즉 영수증을 받는 단계들이 모두 구매 의식의 일부다. 이 의식이 청바지를 물리적으로 변화시키지는 않지만, 그 의미는 구매자에게나 사회 전체에게 근본적으로 다르기 마련이다.

사람들. 국경은 결국 장소와 사람들 사이의 경계선이다. 미국 시민과 캐나다 시민은 다르다. "우리"와 "그들"이라는 단어가 그 경계를 실감하게 해준다. 한 그룹이 다른 그룹으로 소속을 바꾸기 위해서는 국적의 변경을 위한 복잡한 의식이 필요하다. 한 종교에 귀속하는 것은 다른 종교에 속하는 것과 다르다. 한 종교에서 다른 종교로 바꾸기 위해서는 그 이동을 표시하는 진지한 의식이 필요하다. 결혼, 졸업, 취업, 주택 구매, 첫 아이의 출산 등과 같이 인생의 경험에서 사회적 경계를 건너는 일도 있는데, 이는 모두 저마다의 의식을 동반한다.

가치와 감정. 사람들이 설정한 경계선과 그에 수반되는 감정들에는 사회적·개인적 가치가 새겨져 있다. 문화의 다양성은 그런 경계선과 가치의 다양성을 의미한다. 미국의 경우는 사유재산이 매우 중요한 문화적 가치이기에 각자의 토지 경계를 표시하는 담장이나 해자가 존재하며, 그런 경계를 침해하면 적대감을 유발하게 된다.

미국 문화에서는 개인주의가 강하다 보니, 각 개인의 영역을 표시하는 경계선 역시 명확히 그려진다. 미국인들이 체취에 부정적인 것은 한 사람의 체취가 다른 사람의 영역에 침투함으로써 개인 간의 경계를 무너뜨리는 것에 대한 반발로 해석된다. 마찬가지로 사람들은 대부분 가까운 친구나 가족 사이가 아니라면(때로는 그들이라도) 누군가 자기 몸에 손을 대는 것을 좋아하지 않는다.

범주들이 섞일 때 반감이 이는 현상은 우리의 일상생활에서도 쉽게 찾아볼 수 있다. 종류가 다른 음식이 섞이는 것은 고사하고 서로 닿기만 해도 싫어하거나, 누군가가 자신의 컵으로 물을 마시기만 해도 혐오감을 드러내는 어린이들이 그런 예다. 반려견을 위한 음식이 아무리 영양이 풍부하더라도 그것을 먹으려는 사람은 없다. "개밥은 개가 먹는 것"이기 때문이다. 세균에 과민하게 반응하는 문화는 이런 혐오감을 건강상 해로운 것을 피하려는 욕구의 산물로 합리화하지만, 이는 사실 그런 "규칙들"을 지지하는 과학적 근거가 없다는 사실을 무시할 뿐만 아니라 그런 규칙들이 함의하는 상징체계도 놓치는 것이다.

한 사회의 범주들은 시간이 흐르며 변하기도 한다. 20세기 후반 미국에서 인권 관련 법령들이 시행된 것이 그 극적인 예다. 이전에는 피부색에 따른 차별이 법제화되어 있었지만, 이제 그런 경계선은 불법이 되었다. 이런 변화를 지극히 못마땅해한 사람들도 있었다. 사회적 범주가 변할 때는 자신이 이해하는 세상이 사라지는 것에 대한 불안감에 떠는 사람들이 있는 법이다.

제사장 종교의 범주들. 다음에 제시한 표는 제사장 종교에서 신성시되는 요소들을 정리한 것이다.

장소	성전, 시온산, 예루살렘, 이스라엘 영토
사람	대제사장, 제사장, 레위인, 이스라엘 남성, 이스라엘 여성 (신성함에 따른 내림차순)

시간	안식일, 절기들(특히 유월절, 오순절, 장막절, 대속죄일)
사물	성전 부속 용품들, 하나님께 드려진 제물, 거룩한 전쟁의 전리품

제사장의 용어들: 정결, 순전, 거룩

정결함. "정결"과 "부정"은 제사장 종교의 핵심에 맞닿아 있는 용어들이다. 그 의미를 이해하기 위해 "흙"을 생각해보자. 흙은 제자리를 잃은 물질이다(Douglas를 보라). 막 손질한 정원을 보고 우리는 "정말 더러운 곳이군!"이라고 말하지 않는다. 정원에는 이미 흙이 가득하지만, 제자리에 얌전히 있는 흙은 더럽지 않다. 우리가 정원에서 종일 일하고 나서 좋은 소파에 철퍼덕 앉지 않는 이유는, 흙이 묻은 우리가 더럽혀진 존재이기 때문이다(이 설명은 일차적으로 흙을 뜻하는 영어 dirt와 더럽다는 dirty의 유사성에 근거한 언어유희이지만, 흙이 묻으면 더럽다는 개념적 연관성과 dirt에서 dirty로의 파생관계 사이에는 분명한 평행이 있다. 땅에 있는 토양과 소파에 묻은 흙은 물리적으로는 같지만 더는 같은 존재일 수 없다—역자주). 소파에 앉기 전에 몸을 씻고 옷을 갈아입는 것은 정원의 흙이 정원에 머물러야지 그것이 속하지 않은 소파로 옮겨져서는 안 되기 때문이다. 정원의 흙이 집안으로 들어오면 우리는 그것을 제거한다. 이처럼 흙을 닦아 없애는 일이 곧 정화(purification)다. 토양과 제자리를 떠난 물질로서의 흙이 같을 수 없다는 관념은 바로 모든 사물은 제자리가 있다는, 다른 말로 하면 사물의 존재에는 시스템이 있다는 신념을 의미한다. 이 시스템 안에서 범주들은 경계선을 전제한다. 따라서 정결함/부정함과 순전함/불순함은 시스템과 시스템의 위반을 이야기하는 적절한 은유들이다.

거룩함과 순전함. 오늘날 거룩함은 흔히 도덕성과 동일한 것으로 여겨지지만, 고대 제사장 종교에 관한 한 이런 동일시는 잘못된 것이다. 거룩함은 하나님께 속하기 때문에 사람이나 세속적인 영역에는 속하지 않는다. 하나님은 당연히 거룩한 존재이므로, 그에게 속한 것은 모두 거룩한 것으로 간주된다. 거룩함에는 등급이 있다. 즉 하나님과 가까이 다가갈수록 더 거룩해야 한다. "성소"(sanctuary)는 하나님을 찾을 수 있는 장소를 뜻하며, "거룩함"을 의미하는 라틴어 *sanctus*에서 유래했다.

순전함은 거룩함과 관련된다. 순전한(혹은 정결한) 사람은 하나님의 눈에 거슬리는 요소들이 제거되어 자신의 사회적 지위가 허용하는 한 최대한 하나님께 가까이 나아갈 수 있는 사람이다. 순전하지 못한 사람이 순전해지려면 변화를 위한 의식(ritual)을 통과해야 한다. 이 과정은 종종 정화 혹은 "씻음"으로 개념화된다. 비슷하게 물체들도 하나님 가까이에 있으려면 정화의 과정을 거쳐야 하며, 거룩한 물체들은 더럽혀지면 안 된다.

성소에서 하나님 앞에 나아갈 수 있는 자격에 관한 규례는 하나님이 주신 것으로 간주된다. 그런 규정들은 하나님의 거룩함을 보호하는 동시에 사람들도 보호하는데, 부적절한 방식으로 하나님께 접근하는 것은 위험하기 때문이다. 하나님은 부정한 인간의 접근에 대해 강력한 방식으로 대응하실 수도 있다. 순전함의 규례들은 범주들을 제도화하고 경계선들을 명확하게 해준다. 적절한 자격 없이 혹은 합당한 제의를 치르지 않은 채 경계를 침범한 사람은 거룩함의 시스템을 벗어나 재앙을 초래할 수 있다. 실제로 그런 상황을 초래한 사건이 다윗 왕이 예루살렘으로 법궤를 옮겨오는 중에 발생했다.

그들이 나곤의 타작마당에 이르러서는 소들이 뛰므로 웃사가 손을 들어 하

> 나님의 궤를 붙들었더니, 여호와 하나님이 웃사가 잘못함으로 말미암아 진노하사 그를 그곳에서 치시니 그가 거기 하나님의 궤 곁에서 죽으니라(삼하 6:6-7).

웃사는 그저 법궤가 땅에 떨어지는 것을 막으려고 했지만, 그것을 만질 권한을 갖지 못한 사람이었기에 그 행동의 대가를 치러야 했다.

기본 정의

거룩함(holy): 하나님과 밀접한 관계에 있음

성스러움(sacred): 거룩함과 동의

속됨(profane): 일상적인, 하나님의 영역에 특별한 방식으로 속하지 않은 상태

흙(dirt): 시스템에서 제자리에 있지 않은 것

가증함(abomination): 하나님이 지극히 미워하셔서 시스템 안에 있어서는 안 되는 것

정결함(clean): 하나님을 불쾌하게 하는 요소가 없는 상태

부정함(unclean): 하나님의 정결 규례에 맞지 않아 그분의 임재 안으로 갈 수 없는 상태

순전함(pure): 정결함과 동의

불순함(impure): 부정함과 동의

정결 규례(purity rules): 순전함과 불순함의 경계를 정하고 유지하기 위한 규정들

성전: 이스라엘의 신성한 장소

성전 건물. 성전의 구조는 하나님의 임재를 상징하면서 하나님과 인간의 교류가 가능하도록 설계되었다. 동시에 성전은 거룩한 영역과 자연계를 확고히 구별하는 경계선도 유지했다. 성전 건물은 동서 방향의 축을 따라 배치되었고, 정면 출입구는 동편을 향했으며, 입구에서부터 세 개의 방이 잇닿아 배치되었다. 가장 안쪽의 방인 내실은 히브리어로 데비르(*debir*)라고 부르는 지성소로, 하나님의 임재를 상징하는 언약궤가 안치되어 있었다. 지성소는 각 변이 20규빗(한 규빗은 53cm)인 정육면체 구조로 창문이나 등불이 없었다. 궤 위에 배치된 그룹들(cherubim)은 날개가 달리고 두려운 형상을 한 조상으로서 궤와 하나님의 임재를 수호하는 존재였다. 오직 대제사장만이 일 년에 하루 속죄일에만 지성소에 들어갈 수 있을 뿐, 그 외의 사람에게 지성소로의 접근은 철저히 금지되었다.

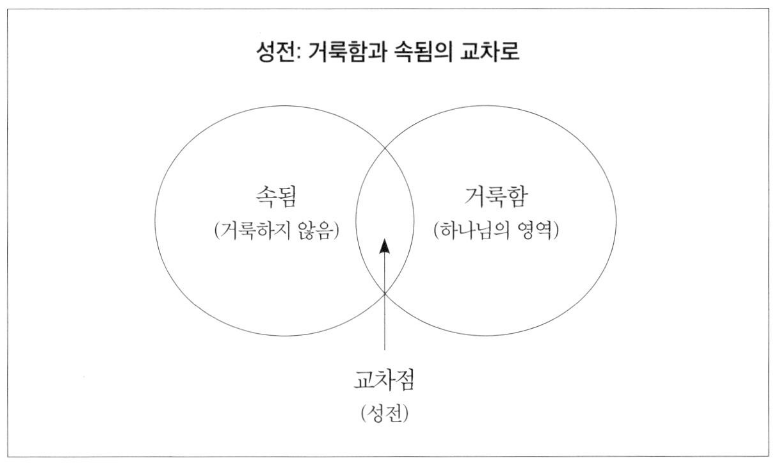

성전 건물의 가운데에 있는 방이 가장 컸는데, 길이가 40규빗, 너비가 20규빗, 높이가 30규빗이었다. 이 방의 히브리어 이름인 헤칼(*hekal*)은

"큰 집" 혹은 "궁전"을 뜻하며 보통 "성소"(holy place)로 번역되는데, 성전 내부의 제의적 활동이 주로 일어나는 장소였다. 성소 내부에는 향을 올리는 작은 제단이 있었고, 금으로 된 촛대 열 개가 다섯 개씩 좌우 두 줄로 정렬되어 있었다. 금으로 만든 상 위에서는 하나님의 임재를 기리는 떡인 진설병이 항상 하나님 앞에 드려졌다. 제사장들은 이 성소에 매일 출입했다. 성소는 지성소만큼 금지된 장소는 아니었지만, 제사장이 아닌 일반인이 드나드는 출입구역보다는 제한된, 즉 지성소보다는 덜하고 바깥보다는 더 높은 거룩함을 나타내는 장소였다.

성소로 들어갈 때 지나야 하는 셋째 방은 히브리어로 울람(*ulam*)이라고 불렸는데, 길이가 10규빗, 너비가 20규빗, 높이가 30규빗으로 성소로의 진입을 완충시키는 전실(antechamber) 기능을 수행했다.

성전 내부에서 전면 공간을 향한 길에 계단이 있었고 그 계단을 내려다보면 번제를 드리는 대형 제단이 좌측(북향)에 있어서 바닥에서 다시 계단으로 오르게 설계되었으며, 우측(남향)으로는 "청동 바다"라고 불리는, 제의적 세척을 위한 물을 담는 탱크가 있었다. 성전을 둘러싼 뜰에서 보면 사방에 벽이 세워졌는데 이 벽이 제사장들만이 들어갈 수 있는 구역을 표시해주었다.

성전과 왕조. 다윗은 열두 지파를 단결시키는 도구로 언약궤를 사용했는데, 이 언약궤는 하나님과 이스라엘의 언약 관계를 상징했다. 하나님의 임재가 예루살렘에 머문다는 것은 다윗 왕조가 하나님의 승인을 얻었음을 의미했다. 더불어 예루살렘은 하나님의 임재와 보호가 있는 거룩한 도시로 인정받았다. 솔로몬이 즉위한 후 행한 첫 과제는 하나님을 위한 성전을 건축하는 일이었다. 고대 근동의 왕조들은 저마다 신들이 자기 왕조를 지켜주고 있음을 과시하려고 했다. 왕궁 곁에 신전을 세우는 것은 자신들의 신이 왕과 함께한다는 메시지를 전하는 데 가장 효과적인 방법이었다. 따라서 새로운 왕조의 수립은 신전의 건축을 동반했다. 솔로몬은 예루살렘의 고지대인 시온산에 성전을 세웠다. 시온이란 이름은 성전이 세워진 언덕을 가리키기도 하고, 하나님이 거하시는 도시로서 예루살렘 전체를 가리키는 이름으로도 쓰였다.

신적 임재로서의 성전. 솔로몬 성전의 완공을 기념하여 십사 일간의 잔치가 열렸는데, 그 시작은 법궤를 성전으로 들이는 예식이었다.

> 제사장들이 여호와의 언약궤를 자기의 처소로 메어 들였으니, 곧 성전의 내소인 지성소 그룹들의 날개 아래라.…제사장이 성소에서 나올 때에 구름이 여호와의 성전에 가득하매 제사장이 그 구름으로 말미암아 능히 서서 섬기지 못하였으니, 이는 여호와의 영광이 여호와의 성전에 가득함이었더라(왕상 8:6, 10-11).

제사장들은 법궤를 성전의 지성소 공간으로 모셨다. 하나님의 임재는 인간이 감당하기에는 너무 버거웠기에, 제사장들은 구름이 가득한 성전에 더 이상 머무를 수 없었다. 이스라엘인들은 하나님께서 한 장소에 매이실 수 없다는 것을 알았지만, 그들 가운데 오신 하나님의 임재는 느낄 수 있고 변하지 않는 것임이 분명했다. 이런 긴장을 전달하는 표현이 열왕기상 8장에 나온다. 하나님의 "영광"은 성전에 머물렀고 거룩한 "이름"이 거기 거했다(왕상 8:16). 영광과 이름은 둘 다 하나님을 지칭하는 완곡어법으로, 하나님이 실재하시지만 갇히실 수는 없다는 것을 표현한다. **영광**은 제사장 문서의 특징적인 어휘이고, "이름"은 신명기 자료에서 하나님의 임재를 우회적으로 가리키는 단어다.

사실 거룩함의 역동은 시내산 현현 당시에 생생히 드러났다.

> 여호와께서 모세에게 이르시되 "너는 백성에게로 가서 오늘과 내일 그들을 성결하게 하며 그들에게 옷을 빨게 하고 준비하게 하여 셋째 날을 기다리게 하라. 이는 셋째 날에 나 여호와가 온 백성의 목전에서 시내산에 강림할 것임이니, 너는 백성을 위하여 주위에 경계를 정하고 이르기를 '너희는 삼가 산에 오르거나 그 경계를 침범하지 말지니 산을 침범하는 자는 반드시 죽임을 당할 것이라'…또 여호와에게 가까이하는 제사장들에게 그 몸을 성결히 하게 하라. 나 여호와가 그들을 칠까 하노라"(출 19:10-12, 22).

이 구절에서 성결하게 한다는 히브리어 키데쉬(*qiddesh*)는 "거룩하게 만든다"는 뜻으로 몸을 씻는 행동을 수반했다. 제의적 목욕으로 준비를 마친 제사장들만이 하나님께 접근할 수 있었다. 하나님을 모실 자격을 부여받았던 제사장들조차도 정결의 예식을 행하지 않고는 하나님께 나아갈 수 없었다.

하나님은 생명, 자손, 번영, 그리고 능력의 원천이었다. 성전에 계신 하나님의 임재는 이런 복의 실현을 위해 필요했고, 성전이 세워진 시온산과 예루살렘도 그로 인해 거룩한 산과 거룩한 도시가 되었다. 이런 기본 전제들이 성전의 찬송가집인 시편에 분명히 나타난다. 이스라엘의 제의에 참여한 이들은 시편 본문을 듣고 그로부터 가르침을 받았다. 예루살렘을 찾는 순례자들을 위해 기록된 것으로 추측되는 시편 48편을 보라.

> 여호와는 위대하시니, 우리 하나님의 성, 거룩한 산에서
> 극진히 찬양받으시리로다.
> 터가 높고 아름다워 온 세계가 즐거워함이여,

큰 왕의 성 곧 북방에 있는 시온산이 그러하도다.
하나님이 그 여러 궁중에서 자기를 요새로 알리셨도다.
왕들이 모여서 함께 지나갔음이여,
그들이 보고 놀라고 두려워 빨리 지나갔도다.
거기서 떨림이 그들을 사로잡으니 고통이 해산하는 여인의 고통 같도다.
주께서 동풍으로 다시스의 배를 깨뜨리시도다.
우리가 들은 대로 만군의 여호와의 성, 우리 하나님의 성에서 보았나니
하나님이 이를 영원히 견고하게 하시리로다(셀라).
하나님이여, 우리가 주의 전 가운데에서 주의 인자하심을 생각하였나이다.
하나님이여, 주의 이름과 같이 찬송도 땅끝까지 미쳤으며
주의 오른손에는 정의가 충만하였나이다.
주의 심판으로 말미암아 시온산은 기뻐하고
유다의 딸들은 즐거워할지어다.
너희는 시온을 돌면서 그곳을 둘러보고 그 망대들을 세어 보라.
그의 성벽을 자세히 보고 그의 궁전을 살펴서 후대에 전하라.
이 하나님은 영원히 우리 하나님이시니
그가 우리를 죽을 때까지 인도하시리로다(시 48:1-14).

이 시편은 하나님의 능력을 칭송한다. 하나님의 임재로 인해 시온은 침략당하지 않고 이방 왕들은 그 광경만 보아도 몸을 떤다. 예루살렘의 든든함은 곧 하나님의 능력을 떠올리게 한다. "우리 하나님의 성"은 "영원히" 서 있을 것이다. 시편 저자는 순례자들이 도성을 돌면서 그 축성과 망루를 보고 자손들에게 "이분이 우리 하나님이시다"라고 외치는 광경을 그린다. 하나님의 "변함없는 사랑"을 가리키는 헤세드(*hesed*)는 하나님께서 자기 백성을 위해 은혜로 베푸시는 행동을 말한다. 사람들은 하나님이 계

신 성전에서 그분의 이런 은혜로운 행동들을 기억하고 감사할 것이다. 시온은 드높이 솟은 아름다운 도성으로, 온 세상 사람들이 그것을 보고 즐거워한다. 그곳은 하나님이 말씀하시고 신적 심판을 베푸는 장소다. 시온에 관한 이런 믿음의 체계를 "시온 이념"(Zion ideology)이라고 부를 수 있다. 여기서 이념은 나쁜 뜻이 아니며, 이런 사상이 이스라엘 사회에 중요하고 실질적인 영향을 끼친 점을 강조하기 위해 쓰였다.

제2성전기 예루살렘 성전의 모형. 헤롯 대왕은 성전과 주변 시설들을 대규모로 증축했다. 이 모형은 예루살렘에 설치되어 있다.

성전 근무자들: 이스라엘의 신성한 인물들

제사장과 레위인. 이스라엘의 제사장직은 세습직이었다. 하나님은 성전의 직무를 위해 레위 지파를 선택하셨고, 레위 지파 중에서도 아론과 그 후손들에게 희생제사를 다루고 성전 내부에서 하나님을 섬기는 더 높은 직책을 부여하셨다. 제사장 족속인 레위 지파의 나머지 사람들, 즉 레위인들은 제사장보다 낮은 직책을 맡았다. 레위인의 직무는 시기마다 달랐는데, 성전에서 문지기나 심부름꾼의 역할을 하기도 했고, 포로기 이후에는 예배에서 음악을 맡거나 토라를 가르치는 교사로 섬기기도 했다.

민수기 16장을 보면 전문적인 제사장직이 세워지는 과정이 순탄치만은 않았음을 알 수 있다. 레위 자손인 고라가 모세와 아론에게 저항하는 반란을 이끌었는데, 고라의 추종자들은 "너희가 분수에 지나도다! 회중이 다 각각 거룩하고 여호와께서도 그들 중에 계시거늘 너희가 어찌하여 여호와의 총회 위에 스스로 높이느냐?"(민 16:3)라고 외쳤다. 하나님의 언약이 이스라엘 전체와 맺어진 이상, 거룩함은 모든 이스라엘 백성의 특징이어야 했다. 출애굽기 19:6이 바로 이것을 뜻한다. "너희가 내게 대하여 제사장 나라가 되며 거룩한 백성이 되리라. 너는 이 말을 이스라엘 자손에게 전할지니라." 그렇다면 하나님께 더 가까이 다가갈 수 있는 "더 거룩한" 특별한 사람들의 존재를 어떻게 정당화할 수 있었을까? 고라를 향해 모세는 이렇게 대답한다.

> "여호와께서 택하신 자는 거룩하게 되리라. 레위 자손들아, 너희가 너무 분수에 지나치느니라." 모세가 또 고라에게 이르되 "너희 레위 자손들아, 들으라! 이스라엘의 하나님이 이스라엘 회중에서 너희를 구별하여 자기에게 가까이 하게 하사 여호와의 성막에서 봉사하게 하시며 회중 앞에 서서 그들을 대신하여 섬기게 하심이 너희에게 작은 일이겠느냐? 하나님이 너와 네 모든 형제 레위 자손으로 너와 함께 가까이 오게 하셨거늘 너희가 오히려 제사장의 직분을 구하느냐?"(민 16:7-10)

"하나님께 가까이 간다"는 것은 성전에서의 제의적 의무를 뜻한다. 성직자 계급에는 다양한 부류가 있어서 하나님께 다가가는 접근 권한 역시 등급이 다르게 매겨져야 했다. 그런 차이를 결정하는 것은 하나님의 몫이었다. 아론은 하나님께 가까이 나아갈 수 있는 "거룩한 자"였다. 레위인 역시 "이스라엘 회중에서 구별되어" 하나님께 나아갈 수 있었으나 제사장만큼은 아니었다. 이런 위계질서는 하나님이 결정하신 것이었으므로 이 질서에 도전하는 것은 곧 하나님을 향한 도전이었다. 성전에서 각 영역에 부여된 거룩함의 등급이 공동체 구성원들 간의 등급으로 재현된 셈이었다.

임직. 아론과 그 아들들을 제사장으로 세우는 임직식은(레 8-9장) 제사장직에 대해 많은 것을 알려준다. 우선 제사장이 몸을 씻는 것은 부정함을 제거하고 속된 세상으로부터 구별되는 것을 상징했다(레 8:6). 다음으로 그는 제사장의 옷을 입었다(레 8:7-9). 평상복을 벗고 특별한 옷을 입는 것은 종교뿐 아니라 다른 예식에서도 흔하게 볼 수 있는 행위다. 여기서 제사장이 입는 옷은 하나님과 인간 사이의 중재자로서의 특별한 역할을 표현한다. 그 후 하나님이 특별히 선택하신 제사장의 신분을 나타내기 위해 그에게 기름이 부어진다(레 8:10-12). 마지막으로 아론과 그 아들들은 손에 제물을 들고 그것을 하나님께 바치는 제사장의 의무를 실행한다.

율법. 이스라엘과 하나님 간의 제의적 중재자로서 제사장은 하나님의 대변인이기도 했다. 모세는 제사장들을 가리켜 "주의 법도를 야곱에게, 주의 율법을 이스라엘에게 가르치며"(신 33:10)라고 표현했다. 제사장들은 사람과 물건의 정결함과 부정함을 판단하는 위치에 있었다. 하나님께서는 아론에게 다음과 같이 지시하셨다. "너희는 거룩하고 속된 것을 분별하며 부정하고 정한 것을 분별하라"(레 10:10-11). 이스라엘은 제의를 따라 하나님께 나아갈 때만 안녕을 보장받았고, 그런 접근은 제사장의 통제 아래 있었다.

제의와 사회. 제의와 관련하여 한 사람의 위치는 사회에서 그가 갖는 위치에 상응했다. 제의의 접근성은 대제사장, 여타 제사장들, 레위인, 그리고 일반인의 순서로 주어졌다. 여성은 제사장이나 레위인의 신분을 가질 수 없었고, 남성과 비교하면 성전에서의 활동에 참여하는 것이 제한되었다. 이방인들은 제의 자체에 접근이 금지되었으므로 언약 공동체에 속할 수 없었다. 이방인과 정결한 이스라엘인 사이의 중간에는 이스라엘인이면서도 제의에 참여하지 못하는 이들이 있었는데, 거세된 자(신 23:1; 신체적 "불완전함" 혹은 자손을 갖지 못하여 언약의 대물림을 할 수 없다는 이유에서)와 사생아(신 23:2; 언약을 잇는 혈통의 불확실성 때문에)가 그 예다. 악성피부병(현대의학이 말하는 한센병은 아니지만 심각한 피부질환)을 앓거나 밤사이 몽정한 남성, 시신과 접촉한 자 등은 제의에의 참여가 일정 기간 허락되지 않았다. 여기서 확인할 수 있는 것은 정결에 관한 규례가 단지 도덕성의 문제만은 아니었다는 사실이다. 일시적 부정의 경우 원상태를 회복할 수 있는 정결 예식이 마련되었다.

성전은 사회구조를 반영하기 마련인데, 헤롯 대왕이 중건한 성전은 특히 그러해서 제사장의 영역 밖에 이스라엘 남성을 위한 뜰, 그 바깥쪽으로 이스라엘 여성들을 위한 뜰, 그보다 더 바깥에 이방인을 위한 뜰이 있었다. 이것은 제사장, 유대인 남성, 유대인 여성, 이방인이라는 신분의 층이 성전 구조에 그대로 반영되었음을 보여준다. 아래 도식을 보라.

경제적 뒷받침. 각 지파는 이스라엘 땅의 일부를 속지로 받았지만 레위 지파는 그렇지 않았다. 대신 제사장과 레위인들은 제의 시스템을 통해 생계를 유지했다. 제물로 드려진 가축과 곡식의 상당 부분은 제사장의 몫이었다. 농사를 지어 얻은 수확의 십 분의 일은 제사장을 위한 십일조로 드려졌다. 십일조와 제물 외에 농사의 첫 열매와 가축의 첫 새끼 역시 제사장에게 드려졌다(이론상으로는 이스라엘 사람의 첫아이도 하나님의 몫으로 드려져야 했지만, 가축의 제물로 대신했다). 이스라엘 사람도 토지도 모두 하나님의 것이기에 그 산물 역시 하나님의 소유였다. 물론 첫 열매를 하나님께 바치면 나머지는 이스라엘이 사용할 수 있었다. 제사장들은 하나님의 전적 소유였으므로 제사장에게 드리는 것이 곧 하나님께 드리는 것으로 간주되었다. 제2성전기에 들어 유대인들은 제사장에게 가는 헌물 외에 성전세를 별도로 내야 했다. 그렇게 수납된 액수 중 일부는 일종의 예금 형태로 신탁되었기에 사실상 성전이 은행의 역할을 하는 셈이었다. 그 결과로 성전에는 막대한 부가 축적되었고 때때로 그것을 노린 이방 지배자들의 손을 타기도 했다.

제사: 거룩하게 만드는 일

선물로서의 제사. 제사에 해당하는 영어 단어 "sacrifice"는 "만들다"라는 의미의 라틴어 *facere*와 "거룩하다"를 뜻하는 *sacer*에서 유래했다. 제사는 대상을 거룩하게 하고 하나님께 드리는 일을 뜻했다. 제사를 통해 제물은 속된 영역에서 거룩한 영역으로 옮겨졌다. 그런 이동에는 제의가 필요했는데, 하나님께서 지정한 제사가 바로 그 제의였다. 짐승의 번제는 제물을 죽여 피를 제단 밑에 부은 뒤(그 생명을 하나님께 드리는 행위) 나머지 부분을 제단 위에서 불태우는 과정을 포함했다.

정결한 짐승, 용납할 만한 제물. 하나님께는 제물로 적합한 것만을 드려야 했다. 무엇이 제물로 적합한지에 대한 이스라엘인들의 판단 기준은 하나님의 기준과 동일해야 했다. 하지만 이스라엘 역시 다른 이방인들처럼 자신들의 호불호와 금기를 비롯한 범주들을 갖고 있었고 그것이 자명하고 하나님의 뜻에 의한 것이라고 믿었기에 그들의 사회적 특징이 제사에서도 반복되는 결과를 초래했다. 제물은 자신의 소유에서 드려야 했으므로 기본적으로 가축이 그 대상이었다. 정결 규례에 따라 이스라엘은 하나님께 제물로 바칠 수 있는 종류만을 식용으로 섭취할 수 있었으며, 제물로 드리는 짐승은 흠이 없어야 했다.

동물과 관련된 이스라엘의 금기에 관해서는 방대한 연구가 이루어졌다. 가장 유명한 금기는 돼지고기다. 기원전 2세기까지 이스라엘 문헌에는 돼지에 관해 이렇다 할 언급이 없다가, 안티오코스 4세를 정점으로 이스라엘의 대적들이 제물로 돼지를 썼던 사실이 등장한다(유대인들에게 강제로 돼지고기를 먹이려고 했던 안티오코스 4세의 박해에 관해서는 아래 3장의 내용을 참조하라). 그때까지 돼지는 단지 먹지 말아야 할 많은 짐승 중 하나에 불과했다.

이런 금기조항의 의미에 대한 설명 중 위생이론이 있다. 즉 정결 규례들은 근본적으로 이스라엘 사람들이 먹었을 때 감염의 위험이 있는 동물들을 금지했다는 것이다. 하지만 이것은 단지 매우 적은 수의 경우만을 설명해줄 뿐이다. 레위기 11장을 일별해보면 그곳에 제시된 동물의 분류체계를 위생이론으로는 충분히 설명할 수 없음을 알게 된다. 또 다른 이론은 역사잔재설인데, 이는 정결 규례들이 이스라엘 종교가 더 원시적이었던 과거의 잔재라고 설명한다. 이 이론은 이스라엘 종교가 좀 더 영적이고 윤리적인 예언자들의 종교로 계속 진화했다고 가정한다. 역사잔재설과 같은 이론에는 몇 가지 허점이 있다. 첫째, 이 이론은 정결 규례의 세부조항을 설명할 수 있는 정교함을 갖추지 못했다. 둘째, 이 이론은 종교를 지나치게 좁은 견지에서 보고 있어 "참된" 종교를 영적인 것으로만 이해할 뿐 종교의 물질적·사회적 표현들에 관심을 기울이지 않는다. 셋째, 이 이론은 이스라엘 종교와 관련하여 불필요하게 진화론적 이해를 강요한다. 넷째, 예언자들은 윤리적 행위가 동반되지 않는 제사를 힐난하긴 했으나, 결코 제도로서의 제의나 제사 자체를 공격하지는 않았다. 우리는 음식에 관한 규정들이 하나님의 요구사항으로서 토라 내에 자리를 잡고 있다는 사실을 잊지 말아야 한다.

동물과 관련하여 정결 규례에 대한 최상의 설명은 인류학자 메리 더글러스(Mary Douglas)가 제시한 이론이다. 더글러스는 정결 규례를 하나의 상징체계로 이해한다. 그에 따르면 정결 규례는 사물, 사람, 시간의 범주를 정하고, 그들 간에 확고한 경계선을 그어주며, 범주 간의 상관관계를 통합적인 시스템으로 설명해낸다. 레위기 11장은 동물의 세계를 대기, 물, 땅이라는 세 개의 활동영역에 따라 분류한다. 이스라엘이 먹어도 되는 동물은 단 한 가지 범주에 확고하게 속한 동물들이다. 땅에 속한 동물은 "굽이 갈라져 쪽발이 되고 새김질하는"(레 11:3) 종류여야 했다. 물에 속한 동물은 지느러미와 비늘을 가졌다. 공중에 속한 동물은 피 또는 죽은 동물을 먹지 않으며, 하늘을 날 수 있어야 하고, 땅 위에서 두 다리로 뛸 수 있어야 한다(마지막 조항 때문에 곤충은 부정한 존재로 간주된다). 땅에서 "떼를 지어 다니는" 짐승들은 이 범주들에 들어맞지 않는다. 떼를 짓는 것은 해상동물의 행동 패턴이기 때문이다(물고기 떼가 한 예다). 이스라엘인들이 보기에 어떤 동물은 "괜찮고" 다른 동물들은 그렇지 않았다. 기존의 범주에 들어맞지 않는 동물은 혐오의 대상이었고 "가증하다"는 수식어가 붙었다. 오늘날 우리가 박쥐를 불편해하는 이유를 하나 들자면 "쥐"는 날지 않아야 정상이기 때문일 것이다. 또 뱀이 불쾌감을 주는 까닭은 부분적으로 그것이 발도 다리도 없이 배로 기어 다니는 모습이 여타 육상동물들과 판이하기 때문일 것이다.

음식으로서의 제사. 제사가 하나님께 무엇을 드리는 행위로 이해되고 그 "무엇"이 대체로 음식이라는 점을 생각할 때, 이스라엘인들은 하나님께 음식을 드려야 한다고 생각하지 않았을까? 제사에 대한 그런 관념의 실마리가 레위기 3:11에서 발견된다. "제사장은 그것을 제단 위에서 불사를지니, 이는 화제로 여호와께 드리는 음식이니라." 이런 개념은 아마도 "달콤한 냄새"라는 표현과 관계있을 것이다. 그럼에도 불구하고 히브리 성경은 제물을 음식으로 표현하는 경우가 극히 드물다. 시편 50:12-13을 보라. "내가 가령 굶주려도 네게 이르지 아니할 것은 세계와 거기 충만한 것이 내 것임이로다. 내가 수소의 고기를 먹으며 염소의 피를 마시겠느냐?" 이 시편은 제사제도에 대한 흔한 오해를 비판하고 있는지도 모른다. 제사로 드려지는 진수성찬을 하나님과 신비로운 연합을 이루려는 시도 혹은 동물의 생명력에 동화하려는 노력으로 이해하는 것에 대한 증거는 거의 없다. 이스라엘 제사제도의 바탕을 이루는 근본적인 개념은 하나님께서 베푸시는 호의에 대한 감사 혹은 하나님의 호의를 바라는 소망에 있었던 것으로 보인다.

피. 제물을 제단에서 완전히 불살라 드리는 번제는 상대적으로 드문 편이었다. 대개는 제물의 일부분을 불사르고 나머지를 제사장들의 음식으로 주었다. 속죄제의 경우는 태우지 않은 고기 전부가 제사장의 몫이었고 화목제의 경우는 제사장과 제사를 드린 예배자가 나누어 먹었다. 제물의 피는 언제나 제단 아래 부어 하나님께 드려졌다. 짐승의 생명은 그 피에 있었고 생명은 하나님께 속한 것이었기에, 사람이 피를 먹는 것은 철저히 금지되었다.

> 이스라엘 집 사람이나 그들 중에 거류하는 거류민 중에 무슨 피든지 먹는 자가 있으면 내가 그 피를 먹는 그 사람에게는 내 얼굴을 대하여 그를 백성 중에서 끊으리니 육체의 생명은 피에 있음이라. 내가 이 피를 너희에게 주어 제단에 뿌려 너희의 생명을 위하여 속죄하게 하였나니 생명이 피에 있으므로 피가 죄를 속하느니라(레 17:10-11).

속죄. 속죄를 가리키는 영어 단어 "atonement"는 "at one" 즉 누군가와 하나가 된다는 의미를 내포한다. 무슨 이유에서든 사람이 하나님과 분리되었다면 어떻게 해서라도 하나님과 다시 하나가 되어야 했다. 속죄의 개념은 히브리어 키페르(*kipper*)에서 도출되는데, 그 어근의 의미는 "덮는다"는 뜻이다. 제사와 관련된 용례를 볼 때, 그 뜻은 "닦아내다", "씻어내다" 혹은 "정결하게 하다"로 수렴된다. 문법상 이 동사의 목적어는 사람이 아니라 성전과 같은 사물이다. 이 용례는 보통 속죄제로 번역되는 하타트(*hatta'th*) 제사의 경우 특히 명확하다. 따라서 속죄는 진노하신 하나님을 달래기 위한 선물이 아니라 더러워진 성전을 정결하게 하는 수단이다. 그런 의미에서 하타트 제사는 "정결제사"로 옮길 수 있을 것이다.

여기서 근본적인 사실은 죄가 성전을 더럽힌다는 것이다. 마치 쇳가루가 자석에 달라붙듯이 인간의 죄로 인해 "흙"이 성전에 달라붙었다. 저질러진 죄가 얼마나 심각한지에 따라 성전의 오염도가 달라졌다. 죄가 가벼울 때는 속죄제물의 피를 제단에 바르는 것으로써 성전의 정화가 이루어졌다. 일 년에 한 번은 대제사장이 백성의 죄로 인해 오염된 지성소를 정결하게 만들어야 했다. 대속죄일 곧 히브리어로 욤 키푸르(*Yom Kippur*)에 행해지는 이 속죄는 백성의 죄가 누적되면 성전의 오염이 심해져서 하나님이 그곳에 머물지 못하게 된다는 생각에 기인한다.

그렇다고 해서 이스라엘이 속죄를 인간 내면의 성정과 무관한 어떤 기계적 작용으로 이해한 것은 아니다. 죄에 대한 애통과 고백이 히브리 성경에 가득한 것이 그 반증인데, 이런 표현의 정점이 바로 제사제도인 셈이다(레 5:5; 16:21). 게다가 속죄의 절차를 밟아 처리해야 할 목록은 도덕적 죄와 제의적 죄를 모두 포함했다. 오늘날 관념으로는 도덕적 범죄와 제의적 잘못은 본질상 크게 다르다. 그러나 고대 이스라엘은 둘 다를 하나님의 섭리가 요구하는 규정으로 받아들였다. 속죄의 시스템을 깊이 다루려면 그것을 상징적 체계로 보는 것이 좋다. 하나님의 임재는 꼭 필요하지만 보장되지 않은 상황이었으므로, 하나님의 현존 앞에서 부적절한 인간의 행동들은 마치 씻어 없애야 할 흙먼지를 일으키는 것과 같다고 여겨졌다. 진실한 의도에서 하나님이 지정하신 방법을 따라 드려지는 희생제물은 그런 세정작용을 일으켰다.

대속죄일의 제의는(레 16장) 그날에 일어나는 정결의 과정을 묘사해준다. 언약궤는 지성소에 안치되어 있었다. 그 위에는 언약궤에서 가장 거룩한 부분인 "은혜의 좌소"(히브리어 카포레트[*kapporeth*]는 키페르[*kipper*]와 같은 어근에서 도출된 단어다) 즉 덮개가 놓여 있었다. 속죄일의 "세정작업"은 바로 이 덮개를 정결하게 만드는 것이었다. 레위기 16장에 따르면 대제사장은 황소의 피로 자신을 위한 속죄를 시행한 뒤 백성의 속죄를 위해 염소의 피를 사용했다. 그때 백성의 죄는 상징적으로 다른 염소(scapegoat, 희생의 염소로 번역된다)에게 옮겨졌고, 그 염소는 광야로 추방되었다.

이스라엘의 거룩한 절기들

안식일. 매주 제7일은 안식일이어서 일을 쉬어야 했으며, 특별한 제물이 드려졌다. 이처럼 이스라엘이 한 주간 중 하루를 하나님을 위해 구별하는 것이 "안식일을 기억하여 거룩히 지키라"(출 20:8)는 명령에 순종하는 방식이었다.

대속죄일. 대속죄일은 매년 가을에 하루를 정해 지켰다. 죄에 대해 애통하기 위해 모든 절기 가운데 이날에만 유일하게 금식이 시행되었다. 위에서 살펴보았듯이 이날에 대제사장은 지성소에 들어가 언약궤 위의 덮개를 정결하게 했다.

순례의 절기들. 여러 절기 가운데 모든 유대인 남성이 예루살렘에 와서 지켜야 하는 세 가지 절기, 즉 유월절(무교절), 칠칠절, 장막절은 특별한 위치에 있었다. 이 절기들은 농경 일정에서 유래했다. 이스라엘인들은 유목생활에서 농경생활로 전환한 후 가나안에서 행해지던 농업문화의 절기들을 채택해 자신들의 역사와 접합시켰다.

유월절-무교절. 유월절-무교절은 두 개의 절기를 합성한 결과물이다. 무교병 절기는 봄철 농사주기에 보리 수확을 축하하며 칠 일간 지속하는 축제였다. 이때 효모를 쓰지 않는 보리떡을 만드는 것이 풍습이었다. 농민들은 갓 거둬들인 보리를 성전에 가져가 하나님께 드렸다. 어느 시점에 무교병 절기가 유월절과 합쳐졌다. 오늘날 유월절은 팔 일간의 축제 전부를 가리킨다.

유월절의 유래와 역사는 복잡하다. 유월절을 가리키는 히브리어 페사흐(*pesach*)는 히브리 동사 *p-s-ch* 즉 "절다"라는 단어와 관련된다. 이것은 유월절 역사의 이른 시기에 다리를 저는 듯한 춤을 즐긴 데서 유래했을 수 있다. 이스라엘의 유월절 축제는 아마도 고대의 봄철 양치기 축제에서 새해를 맞아 악령을 쫓아내는 예식을 드렸던 것과 무관하지 않을 것이다. 히브리 성경은 그 단어를 취해 "넘어가다"라는 뜻으로 재해석했다.

제2성전기 동안 유월절-무교절 제의는 두 부분으로 구성되었다. 첫 부분은 성전 및 제사장과 관련되었고, 두 번째 부분은 가정과 관련되었다. 할 수만 있으면 멀리 있던 이스라엘인들도 예루살렘으로 와서 방을 구하고 양을 사서 유월절을 지켰다. 유월절 전날 오후 세 시가 되면(유대인의 하루는 해가 질 때부터 다음날 해가 질 때까지 지속된다), 레위인들은 성전에서 양을 잡았다. 그 피와 고기 일부는 하나님께 드려졌고, 나머지는 제사를 드린 이의 몫으로 반환되었다. 제의 후반부에는 양이 다시 방으로 반환되어 예배자들의 음식이 되었다.

출애굽기 12-13장은 유월절에 관한 가장 긴 서술이다. 여기서는 유월절 제의와 무교병 제의를 이스라엘인들이 이집트에서 탈출했던 경험과 관련짓는다. 효모를 넣지 않은 빵의 유래는 이스라엘인들이 이집트를 급히 떠나기 위해 반죽을 부풀릴 겨를도 없이 떡을 구워야 했다는 사실로 설명된다. 피의 제의는 죽음의 천사가 이집트인들의 처음 난 것을 쳤을 때 문설주에 양의 피를 발라둔 이스라엘인들의 거주지는 피해 넘어간 사실을 기념하는 의식이다.

칠칠절. 칠칠절(맥추절, 오순절, 초실절로도 알려짐)은 밀 수확철을 기념하는 축제다. 무교병 축제 후 오십 일이 지나 열렸기 때문에, 그리스어를 쓰는 유대인들은 오십이라는 숫자를 따 이 축제를 오순절(Pentecost, 그리스어로 *pentékostos*는 "50번째"란 뜻이다)이라고 불렀다.

초막절. 초막절 혹은 장막절(히브리어로 수코트[*Sukkoth*])은 올리브와 과일을 거두는 가을 추수를 기념하는 칠 일간의 축제다. 이 축제에서는 다양한 일이 일어난다. 사람들은 물을 부어 축성(아마도 겨울 강우기에 비가 충분히 내리기를 기원하는 기우제의 성격이 있었을 것이다)을 하고 성전 주위에 촛불(메노라)을 켜고 밤을 밝혀 춤을 추었으며, 룰라브(lulab, 야자나무 가지에 도금양과 버드나무, 감귤류 가지를 덧붙인 것)를 들고 행진하는가 하면, 이 축제의 이름대로 장막을 세워 그 안에서 잠을 잤다. 장막절의 유래는 농부들이 수확기에 올리브나무를 지키기 위해 나무 곁에 임시로 장막을 치고 머물렀던 풍습과 관련이 있을 것으로 추정된다. 레위기는 이 장막절에 출애굽 사건의 기념이라는 역사성을 부여한다. "이는 내가 이스라엘 자손을 애굽 땅에서 인도하여 내던 때에 초막에 거주하게 한 줄을 너희 대대로 알게 함이니라"(레 23:43).

고대 유대 사회

사회학과 인류학의 문제의식을 빌려 고대 이스라엘을 연구하는 것이 최근의 추세다. 본 연구에 적용된 몇 가지 개념과 접근법을 아래에 소개한다.

사회

이 책에서 **사회**라는 단어는 제시된 집단의 공동생활 전반을 가리키는 넓은 의미로 사용되었다. 이는 집단 구성원들 사이의 상호작용과 외부인들과의 상호작용의 규범화된 패턴을 통해 작동하는 그 집단의 문화 시스템의 방식들에 의해 특징지어진다. **문화**는 한 집단이 공유하는 것으로 서로 연결된 상징, 가치, 역사적 정보, 풍습, 그리고 제도들의 총체를 가리킨다. 문화는 한 사회와 민족을 지탱하고, 한 세대로부터 다음 세대로 전수되고 변용된다. 문화야말로 한 집단을 외부 환경과 기술의 격변 속에서 생존하고 적응할 수 있도록 해 주는 힘이다. 핸슨(Hanson)과 오크만(Oakman)은 문화와 사회의 연관방식을 이렇게 서술한다. "문화 시스템은 사회 시스템을 '둘러싸며', 사회 시스템은 그 문화 시스템이 가진 가치, 규범, 규정, 역할들이 작동하도록 해준다"(195). 고대 문화에서 정치, 친족, 종교, 경제 등은 서로 긴밀히 연결되어 있어서 쉽게 분리될 수 없다.

친족은 가족관계를 가리키지만, 오늘날과는 그 실체가 다르다. **정치**는 권력의 분배와 행사에 관여하는 공식적이거나 비공식적인 기제와 상호작용을 가리킨다. **경제**는 재화와 서비스의 생산, 분배, 소비 과정을 결정짓는 요소들의 총체다. **종교**는 사람들이 신성한 존재를 이해하고 그와 상호작용을 할 수 있게 해주는 신념체계와 실천양식들의 복합체를 가리킨다. 이데올로기는 특정한 사회정치적 외양을 지탱하는 신념체계로서 넓은 범주의 종교 안에 위치한다.

핸슨과 오크만은 사회영역을 "제도의 시스템 혹은 사회제도의 그물망"이라고 표현한다(196). 우리는 친족, 정치, 경제, 종교라는 네 가지 기본적 사회영역에서 고대 사회의 작동방식이 오늘날과 달랐다는 것을 관찰하게 된다. 일례로 현대 미국 사회에서는 경제가 다른 세 영역을 좌지우지하는 근간으로 보이지만 고대 사회는 그렇지 않았다. 실상 고대 사회는 독립적 개체로서의 경제라는 개념을 갖지 않았던 것으로 보인다. 고대에는 우리가 오늘날 경제 곧 생산, 소비, 교환 등의 활동과 연관시키는 것들이 종교와 마찬가지로 친족과 정치의 두 영역 안에 "내재"되어 있었다. 아래 표는 핸슨과 오크만의 분석에 따라(15) 사회 시스템의 상관성을 보여준다.

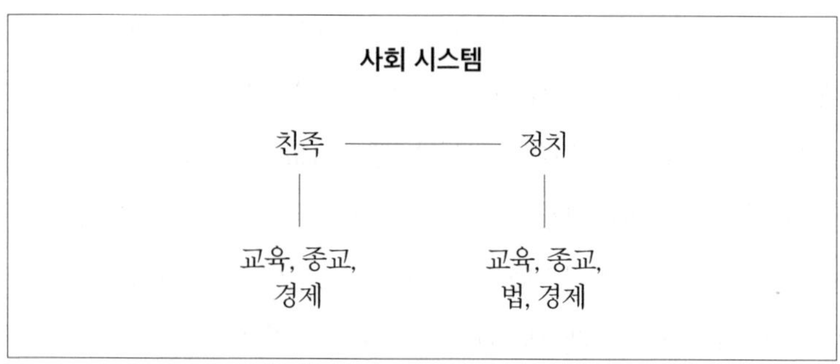

친족

친족(kinship)은 한 사회 내에서 가족과 관련된 여러 측면을 가리킨다. 친족은 고대 이스라엘에서 가장 근원적인 사회영역이었다. 가족(family)은 단순히 핵가족을 의미하는 것이 아니라 대가족이라고 불리는 것을 포괄하는 좀 더 넓은 용어다. 고대 이스라엘은 자신들이 한 조상 아브라함의 직계 후손이고, 열두 지파는 이스라엘로 이름이 바뀐 야곱의 열두 아들로부터 내려왔다고 믿었다. 이는 이스라엘이 자신들을 "브네이 이스라엘"(*bene Yisrael*), 즉 이스라엘의 자손들(문자적으로는 "이스라엘의 아들들") 이라고 부른 이유다. 이스라엘의 친족 시스템에서는 남성이 우위를 차지했고 족보의 계승 역시 남성을 통해 이어졌다. 이런 부계사회에서 결혼은 동질 집단 내에서 주선되었고, 새로 꾸민 신혼 가정은 남편의 친족들과 함께 혹은 그들 가까이에서 생활하는 것이 상례였다. 물론 이스라엘 남자가 이방 여인과 결혼하고 아내가 이스라엘의 일원이 되는 일이 종종 있었다. 신명기적 개혁이나 에스라와 느헤미야가 주도한 개혁 운동이 있을 때 그런 결혼은 이스라엘에 위협을 가져오는 행위로 몰렸고, 이스라엘의 문화적·종교적 규율들을 반포한 하나님께 불순종하는 행동으로 여겨져 정죄를 받곤 했다.

이스라엘은 친족에 대한 강조로 인해 족보를 중요시했다. 족보는 개인과 집단이 사회에서 자리하는 저마다의 위치를 확인하게 도와준다는 점에서 인간의 지형도나 지도와 같았다. 이스라엘은 자신들을 매우 특별한 친족집단으로 여겼으며, 그중에서도 족보를 특별히 중시하는 집단들은 족보가 자신들의 사회적 위치와 명예를 보장하는 증거물이라고 생각했다. 그런 집단은 제사장 가문을 포함했는데, 그들의 사회적 위치는 혈통에 의해 세습되었다.

정치

정치 역시 고대 세계의 근본적 사회영역이었다. 정치는 권력과 권위의 공적 행사를 다룬다. 물론 고대 이스라엘에서의 정치는 대표 민주주의나 인권 등과는 거리가 있지만, 그 당시 정치 상황을 오늘날 기준으로 판단할 수는 없다. 고대 세계에서 이스라엘을 비롯한 나라들의 공적 삶에서 좀 더 근원적인 것은 후견인-피후견인 시스템(patron-client system)으로, 이 시스템은 수직적 사회구조와 관계가 있었다. 계급구조상 더 상위에 있는 후견인이 하위에 있는 피후견인이 필요로 하는 직장, 음식, 명예와 지위, 토지, 법률적 도움, 정치적 후원, 정보 등을 제공한다. 개인의 공로 위주로 세워진 현대 서구 사회에서 후견인-피후견인 모델은 부패한 제도로 간주되지만, 고대 사회는 그 기본구조가 달랐다. 물론 현대 사회가 후견인-피후견인 모델을 훌륭하다고 생각하진 않지만, 그 실체는 인정할 수밖에 없다. 예를 들어 흔히 인용되는 격언인 "무엇을 아느냐가 아니라 누구를 아느냐가 중요하다"를 생각해보라.

이스라엘은 왕정 기간에 사실 단일한 왕국에 이어 두 개의 (유사) 독립 국가로만 존재했다. 이스라엘 역사의 상당 부분은 이 두 왕국이 고대 근동의 정치판에서 제 갈 길을 가느라 어떻게 애썼는지에 대한 이야기를 다룬다. 반면 제2성전기 이스라엘은 왕조를 빼앗기고 대제국의 일부로 기능하다가, 기원전 2세기에서 1세기로 넘어가는 기간에 잠시 하스몬 제사장 가문이 이끄는 독립상태를 맛보았다.

종교

고대 유대 사회에서 종교는 다른 사회영역들과 독립된 개체가 아니었다. 종교는 신으로부터 유래한 것으로 알려진 상징, 신념, 관습, 사회구조들이 얽혀 정치와 친족구조에 깊이 각인된 총체였다. 고대 유대인들은 교회와 국가 사이의 구분을 전혀 알지 못했다. 하나님의 뜻은 예언자와 제사장들의 신탁을 통해 신성한 가르침으로 전달되었고, 이스라엘과 유대의 삶의 방식을 지배했다("이스라엘"은 포로기 이전, "유대"는 포로기 이후를 가리킨다. 자세한 설명은 2장을 참조하라). 이스라엘의 성스러운 법은 단지 제의와 도덕률만이 아니라 민법과 형법을 포함했으며, 정치구조와 군사훈련 및 군의 작전에도 영향을 주었다. 정치제도들도 예외 없이 하나님의 뜻이 개입되어 작동했다. 이 모든 상황은 사실 이스라엘과 동시대의 주변 상황과 그리 다르지 않았다.

> 한 사람의 종교적 신념과 관습은 모두 그가 태어난 가족 즉 인종과 지역으로 묶인 공동체의 일부였다. 사람들은 아무도 자신의 종교를 선택하지 않았고 사회의 구성단위 간에 종교가 다른 경우도 없었다. 종교는 인생의 모든 부분의 핵심에 맞닿아 있었고 그것들로부터 분리될 수도 없었다. 그들이 이미 믿던 종교를 지닌 채로 또 다른 신들을 경배하거나 별도의 제의적 행동을 취하는 경우가 있었지만, 문화적·사회적인 관점에서 자신의 정체성은 유지하기 마련이었다. 자신이 물려받은 신념들과 행동을 버리고 다른 종교로 옮겨가는 근본적 개종행위는 흔히 가족은 물론 자신이 속한 사회집단으로부터의 분리와 소외를 의미했다(많은 경우 지금도 그렇다). 따라서 종교를 갖는다는 것은 그 자체로 넓은 의미의 정치적·사회적 참여를 의미한다 (Saldarini, 5).

경제

제2성전기 동안 이스라엘은 농업사회였다. 이 기간 내내 이스라엘을 지배한 이웃 제국들 역시 근본적으로 농업국가였으므로, 이스라엘 땅을 경작하는 농민들이 인구의 90퍼센트를 차지했다. 쟁기를 비롯한 농기계의 도입으로 농민들은 곡물 소비량 이상의 수확을 거두어들였다. 하지만 고대 농업사회는 자유시장경제가 아니었기 때문에, 농민의 잉여 생산분은 부유한 지주나 제사장 계급 그리고 중앙정부가 징발해가곤 했다. 과세는 버거운 짐이었고, 농민들은 근근이 먹고살기 바쁜 형편이었으며, 그들의 잉여 생산분은 귀족층과 군대를 지원하는 데 쓰였다.

사회계층

농경에 기초한 제국의 사회구조는 엄격한 계층구조를 유지하고 계층 간 이동을 쉬이 허락하지 않았다. 사람들은 자신이 속한 계층에 따라 약간의 부를 누렸지만, 특정 계층 내의 자리가 보장되지는 않았다. 아래에 나오는 **사회계층**의 정의는 고대 사회의 복합성을 잘 보여준다.

> 사회계층은 사회의 계층구조 내에서 객관적 기준에 따른 유사성으로 인해 특정한 위치를 차지하는 다수의 사람을 뜻한다. 그 기준은 친족 관계에 의한 연합, 권력과 권위, 성취, 소유, 개인적 특징 등으로 다양하다. 성취는 직업과 학습 영역, 소유는 부의 물질적 증거에 의해 측정된다. 도덕적 특징은 종교적·윤리적 신념과 행위를, 개인적 특징은 연설, 복장, 태도 등을 포함한다(Sjoberg, 109, Saldarini, 25에 인용됨).

위의 정의는 계층을 정의하는 과정에 다양한 변수를 도입하고 있다. 결과적으로 사회집단과 계층 간에는 상당한 중복이 존재한다.

고대 유대 사회는 계층화가 조밀하게 이루어져 있었다. 아래 도표에 있는 아홉 계층의 도식은 고대 유대 사회를 상당히 잘 해석하고 있다(Lenski, 214-96에 근거해 Saldarini, 39-45에 수록). 여기서 계층은 크게 나누어 상류층과 하류층으로 묶을 수 있다. 현대적 의미의 중산층은 존재하지 않는데, 이는 현대의 중산층에 상당하는 고대 사회의 집단들이 그 생존을 상류층에게 전적으로 의존하고 있었으므로 그들에게 독자적 지위를 부여할 수 없기 때문이다. 이 부류를 우리는 가신(retainers)이라고 명명한다.

고대 사회의 계층(Lenski를 따름)

상류층	하류층
통치자	농민
지배층	장인
가신	불가촉
상인	소모품
제사장	

압도적 권력과 부를 독점한 통치자는 별도의 계층으로 간주된다. 대략 인구의 2퍼센트 정도를 차지하는 지배층은 그 사회를 움직이는 이들로서 부를 소유하고 있었다. 고대 사회에서 부는 사회적 위치로부터 흘러나갔다. 현대 서구 사회에서는 반대로 부를 따라 사회적 위치가 정해진다.

가신들은 지배층의 필요를 채워주는 자들이었다. 인구의 5퍼센트 정도가 가신 계층으로 파악되는데, 이들은 군사, 관료, 서기관, 교육, 재무, 종교와 관련한 업무를 수행했다. 일부 가신들은 지배층과 가까웠고, 다른 이들은 사회계층의 사다리에서 좀 더 아래에 위치했다. 어떤 경우는 지배층과 가신 계층이 겹치기도 했는데, 예를 들어 서기관 중 최상층 그룹은 지배층에 속했다. 네 번째 위치인 상인계층의 경우는 더 높은 층과 낮은 층의 접점 구간에서 양측을 잇기도 했다.

제사장들은 다섯 번째 계층을 이루었는데, 간혹 지배층과 제사장층의 경계선이 불분명해지는 중첩이 일어나곤 했다. 이따금 대제사장이 지주들과 유력한 제사장들과 연합해 유다를 다스리기도 했지만, 대체로 제사장들은 기원전 1세기부터 기원후 1세기까지 통치했던 헤롯 왕조와 같은 지배자들에게 복종했다. 이스라엘에서 핵심적인 제도였던 성전과 토라의 업무를 맡았기에 제사장들은 공적으로 지배층 밑에 있으면서도 나름의 사회적 영향력과 권력을 행사했다. 제사장직은 세습되었지만, 제사장 계보에 속한 사람이 모두 신분이 높은 핵심적 가문에 들지는 않았으므로, 일부 제사장들은 가난과 싸우며 장인이나 농민으로 생활했고, 서기관 같은 직종을 겸하여 가신 계층 가운데 있는 이들도 있었다.

고대 유대 사회가 농업을 기반으로 하고 있었기에, 하류층으로 분류되는 네 집단 중 대다수를 차지한 것은 농민이었다. 장인은 대략 인구의 3-7퍼센트였는데, 이들 역시 겨우 먹고사는 형편이었지만 이따금 솜씨가 뛰어난 장인이라면 임금을 더 받을 수 있었다. 불가촉 계층은 일반 백성들이 꺼리는 채굴이나 염색 같은 험한 일에 종사했다. 소모품 집단은 5-10퍼센트에 달했는데, 농민들이 흉년이나 불황기에 내몰려 이 위치로 몰락하는 경우가 많았다. 이들 중 일부는 무리를 지어 마을을 습격하거나 떠돌이 장사치가 되기도 했다.

고대 도시

고대 도시는 현대 도시와 판이했다. 이 도시들이 존재하는 목적은 지배층의 필요를 채우는 데 있었다. 도시는 지배층이 가신들과 함께 사는 공간이었다. 사회를 통제하기 위한 행동들 즉 정치, 경제, 종교, 교육, 군사 등의 기능이 도시에서 진행되었다. 대부분의 도시 거주자들은 토지와 관련이 없었고, 농민들은 대부분 주요 도시 바깥에서 살았다. 하층민이 도시에 사는 경우는 대체로 상류층을 위해 일하기 위해서였다. 예를 들어 예루살렘 성전은 헤롯 당시 재건과 유지를 위해 많은 장인과 노동자들을 필요로 했다.

쌍방인격(dyadic personality)

현대 서구 사회의 문화 시스템은 개인주의가 고착되어 있다. 현대 영어에는 "self-"로 시작하는 어휘가 범람한다. 사람들은 자기충족, 자기결정, 자기만족, 자기격려에 삶의 목표를 두며, 건강한 자기 이미지를 찾고 자가 개척자(self-starter)가 되려고 애쓴다. 모두가 자신의 두 발로 서려고 하는 것이다. 타인에게 의존하는 것은 부정적으로 평가된다. 고대 세계는 달랐다. 사람들은 집단을 염두에 두고 살았다. 우리와 달리 그들은 자기들이 속한 집단에 충성하는 것을 중시했다. 이런 존재 방식을 설명하는 용어가 **쌍방인격**이다. 이는 한 사람이 자신을 정의할 때 자신이 소속된 한 집단 혹은 여러 집단과의 관련성을 중심으로 한다는 뜻이다.

명예와 수치

명예와 수치는 이스라엘의 사회 가치 중에서도 중요한 자리를 차지했다. 물론 모든 사회가 명예와 수치를 인지하며 현대 서구 민주주의 역시 그것을 인정한다(우리는 공인이 칭찬과 비난을 받을 때 그것을 확인한다). 하지만 고대 사회에서 대부분의 인간관계는 얼굴을 맞대는 방식이었고, 사람들은 거주지를 떠나 이동하는 일이 드물었으며 물적 자원과 사회적 지위에도 접근할 기회가 적었다. 이런 환경에서 명예와 수치는 특히 중요한 가치였다. 가족의 명예를 지키고 높이기 위한 수단으로 결혼이 거래되었고, 여성들은 가족에게 수치를 불러오지 않도록 감시당했다. 피후견인들은 유력한 후견인들의 명예와 특권을 위해 일했다. 통치자들 역시 온갖 수단을 동원해 자신들의 명예를 유지하고 상승시켜야만 자신의 통치를 공고히 할 수 있었다. 한 사람의 명예는 남들에게 인정받아야 했다. 한 사람의 명예의 등급은 사회에서의 그의 위치에 상응하기 마련이었다.

가부장제도

페미니즘 관점의 성경 연구는 고대 이스라엘의 성 역할에 대한 활발한 논의를 촉발했다. 성(gender)은 단지 남성과 여성의 생물학적 구분을 넘어서 각 성에게 부여된 역할의 사회적 구성을 강조한다.

페미니즘비평을 몇 줄로 요약할 수는 없지만, 두 가지 특징은 주목할 가치가 있다. 첫째, 페미니즘비평은 그 연구 대상인 사회 및 본문의 가부장적 성격을 기술하고 비평한다. 가부장제도는 사회의 위계질서를 구성할 때 여성을 남성의 지배하에 둔다. 가부장제를 가리키는 단어 patriarchy는 그리스어에서 "아버지"를 뜻하는 *patēr*와 "주권" 혹은 "통치"를 뜻하는 *archē*의 합성어에서 유래했다. 문자적으로 아버지의 주권 아래 가족이 그에게 복종하는 제도를 뜻하는 이 단어는 고대로부터 현대까지 대다수 사회구조에 유비적으로 적용된다. 페미니즘 연구는 이런 지배구조를 폭로함으로써 그 구조 아래서 억압받고 소외되어온 여성들과 소수자들을 해방하려는 시도다.

페미니즘 성경비평의 두 번째 주요 특징은 이스라엘 역사에서 여성의 역할을 되찾는 것이다. 이스라엘 사회에서 여성은 기본적으로 출산, 육아, 가사, 남편을 돕는 일 등 주로 성에 의해 결정되는 역할을 담당했다. 그러나 그런 역할의 중요성이 간과되어왔다고 페미니즘 학자들은 지적한다. 게다가 이스라엘 역사에서 전통적 여성의 역할을 넘어서는 방식으로 공헌한 여성들을 조명한 것도 페미니즘의 공이 크다. 이스라엘을 외적으로부터 건져낸 여성 사사 드보라가 그 대표적인 예다(삿 4-5장). 요시야 왕이 재위할 때 성전에서 발견된 율법책의 권위를 확증하고 공표한 것도 여예언자 훌다였다(왕하 22장). 그 밖에도 성적 매력으로써 남편의 마음을 움직여 목표를 이룬 여성들의 이야기들도 재발견되었다.

결론

이 장은 본서에서 이후에 전개될 논의의 기초와 틀을 제시했다. 제2성전기의 이스라엘은 포로기 이전 시대에 이스라엘에서 유래하고 발전된 이야기, 상징, 개념, 풍습, 제도들을 물려받았다. 앞으로 이어지는 논의들은 이스라엘이 역사를 통해 어떻게 변화하면서 변함없이 살아남았는지를 규명하게 될 것이다.

참고문헌

Alt, Albrecht. "The God(s) of the Fathers." Pages 1-77 in *Essays on Old Testament History and Religion.* Garden City, N.Y.: Doubleday, 1968.

Anderson, Bernhard. *Understanding the Old Testament.* 4th ed. Englewood Cliffs, N.J.: Prentice-Hall, 1986.

Baltzer, Klaus. *The Covenant Formulary in Old Testament, Jewish, and Early Christian Writings.* Philadelphia: Fortress, 1971.

Batto, Bernard. *Slaying the Dragon: Mythmaking in the Biblical Tradition.* Louisville: Westminster/John Knox, 1992.

Berger, Peter L. *The Sacred Canopy: Elements of a Sociological Theory of Religion.* New York: Doubleday, 1967.

Berger, Peter L., and Thomas Luckman. *The Social Construction of Reality: A Treatise in the Sociology of Knowledge.* New York: Doubleday, 1966.

Bright, John. *A History of Israel.* 3d ed. Philadelphia: Westminster, 1981. 『이스라엘 역사』(CH북스 역간).

Clements, R. E. *God and Temple*. Philadelphia: Fortress, 1965.

Cody, Aelred. *A History of Old Testament Priesthood.* Rome: Pontifical Biblical Institute, 1969.

Crenshaw, James L. *Old Testament Wisdom: An Introduction.* Atlanta: John Knox, 1981.

Douglas, Mary. *Purity and Danger: An Analysis of the Concepts of Pollution and Taboo.* London: Routledge & Kegan Paul, 1966.

Durkheim, Emile. *The Elementary Forms of Religious Life.* New York: Macmillan, 1915.

Edersheim, Alfred. *The Temple: Its Ministry and Services.* Updated ed. Peabody, Mass.: Hendrickson, 1994.

Finley, Moses. *The Ancient Economy.* 2nd ed. Berkeley: University of California, 1985.

Gammie, John G. *Holiness in Israel.* Minneapolis: Fortress, 1989.

Geertz, Clifford. *The Interpretation of Cultures: Selected Essays.* New York: Basic Books, 1973.

Gottwald, Norman K. *The Hebrew Bible: A Socio-Literary Introduction.* Philadelphia: Fortress, 1985. 『히브리성서 1·2』(한국신학연구소 역간).

Grabbe, Lester L. *Judaism from Cyrus to Hadrian.* 2 vols. Minneapolis: Fortress, 1992.

Hanson, K. C., and Douglas Oakman. *Palestine in the Time of Jesus: Social Structures and Social Conflicts.* Minneapolis: Fortress, 1998.

Hayes, John H., and J. Maxwell Miller. *Israelite and Judaean History.* Philadelphia: Westminster, 1977.

Hiebert, Theodore. "Warrior, Divine." *ABD* 6:876-80.

Hillers, D. R. *Covenant: The History of a Biblical Idea.* Baltimore: Johns Hopkins University Press, 1969.

Knight, Douglas A., and Gene M. Tucker, eds. *The Hebrew Bible and Its Modern Interpreters.* Chico, Calif.: Scholars Press, 1985.

Laffey, Alice. *An Introduction to the Old Testament: A Feminist Perspective.* Philadelphia: Fortress, 1988.

Leach, Edmund. *Culture and Communication: The Logic by Which Symbols Are Connected.* Cambridge: Cambridge University Press, 1976.

Lemche, Niels Peter. *Ancient Israel: A New History of Israelite Society.* Sheffield: JSOT, 1988.

Lenski, Gerhard E. *Power and Privilege: A Theory of Social Stratification.* New York: McGraw, 1966.

Levenson, Jon D. *Sinai and Zion: An Entry into the Jewish Bible.* Minneapolis: Winston, 1985. 『시내산과 시온』(대한기독교서회 역간).

Malina, Bruce. *Christian Origins and Cultural Anthropology: Practical Models for Biblical Interpretation.* Atlanta: John Knox, 1986.

______. *The New Testament World: Insights from Cultural Anthropology.* Atlanta: John Knox, 1981. 『신약의 세계』(솔로몬 역간).

Matthews, Victor H. *Manners and Customs in the Bible.* Rev. ed. Peabody, Mass.: Hendrickson, 1991.

Matthews, Victor H., and Don C. Benjamin. *Social World of Ancient Israel* 1250-587 BCE. Peabody, Mass: Hendrickson, 1993.

Matthews, Victor H., and James C. Moyer. *The Old Testament: Text and Context.* Peabody, Mass.: Hendrickson, 1997.

Meyers, Carol L. "Temple, Jerusalem." *ABD* 6:350-69.

Milgrom, Jacob. "Atonement in the OT." *IDBSup* 78-82.

______. *Studies in Cultic Theology and Terminology.* Leiden: Brill, 1983.

Murphy, Roland E. "Wisdom." *HBD* 1135-36.

______. *Wisdom Literature.* Grand Rapids: Eerdmans, 1981.

Neusner, Jacob. *The Idea of Purity in Ancient Judaism.* Leiden: Brill, 1973.

______. *Torah: From Scroll to Symbol in Formative Judaism.* Philadelphia: Fortress, 1985.

Niditch, Susan. *War in the Hebrew Bible: A Study in the Ethics of Violence.* New York: Oxford, 1993.

Noth, Martin. *The History of Israel.* Rev. ed. New York: Harper & Brothers, 1960.

Patai, Raphael. *Man and Temple in Ancient Jewish Myth and Ritual.* New York: Ktav, 1967.

Rad, Gerhard von. *Wisdom in Israel.* Nashville: Abingdon, 1972.

Rylaarsdam, J. C. "Passover and Feast of Unleavened Bread." *IDB* 3:663-68.

Saldarini, Anthony J. *Pharisees, Scribes, and Sadducees in Palestinian Society: A Sociological Approach.* Wilmington: Michael Glazier, 1988.

Schüssler Fiorenza, Elizabeth. "Feminist Hermeneutics." *ABD* 2:783-91.

Sjoberg, Gideon. *The Preindustrial City: Past and Present.* New York: Free Press, 1960.

Smith, Jonathan Z. *To Take Place: Toward Theory in Ritual.* Chicago: University of Chicago Press, 1987.

Sweeney, Marvin A. "Tithe." *HDB* 1078-79.

Turner, Victor. *The Ritual Process: Structure and Anti-structure.* Chicago: Aldine, 1969.

Vaux, Roland de. *Ancient Israel: Its Life and Institutions.* New York: McGraw-Hill, 1965.

Wilson, Robert R. *Prophecy and Society in Ancient Israel.* Philadelphia: Fortress, 1980.

제2장

회복

◆**일차자료**: 학개, 스가랴 1-8장, 이사야 56-66장, 말라기, 에스라, 느헤미야

신명기 역사는 이스라엘이 본토에서 멀리 떨어진 외국에 유배된 모습으로 마친다. 유배의 쓴잔은 이스라엘의 세계관을 근본적으로 뒤흔들었다. 이스라엘의 하나님은 정말로 창조주 하나님이실까? 하나님이 이스라엘을 버리셨을까? 하나님이 이스라엘에 주신 수많은 약속은 이제 어떻게 될까? 하나님의 언약은 돌이킬 수 없이 폐기되었을까? 바빌로니아 유배는 이스라엘을 송두리째 바꿔놓는 충격적 경험이었다. 그러나 이스라엘은 자신의 정체성을 버리지 않았다. 오히려 그들은 여전히 남아 있는 전통과 풍습 그리고 제도들에 눈을 돌려 그들에게 닥친 일들의 의미를 모색해나갔다. 마침내 이스라엘이 고국으로 돌아가 나라를 재건할 기회가 왔을 때 그들은 준비되어 있었다. 고토에 복귀한 그들은 낡은 폐허 위에 새로운 사회의 기초를 놓았는데, 이 과정을 우리는 **회복** 혹은 **재건**이라고 부른다.

이 장에서부터 본격적인 제2성전기에 대한 논의가 시작된다. 이번 장은 성전 재건(기원전 520-515년)부터 알렉산드로스 대왕이 기원전 332년 유다를 정복하기 직전까지의 시기를 다룬다. 히브리 성경은 포로기 이전에 대해서는 일정한 내러티브를 제공하지만, 바빌로니아 유배와 관련된 사건들에 대해서는 침묵하며 우리의 상상력을 자극한다. 포로기 이후 이스라엘 역사의 재구성은 형편이 그나마 나아서, 에스라서와 느

헤미야서가 이 시대에 대한 주요 자료가 되며, 네 권의 예언서 곧 학개, 스가랴 1-8장, 이사야 56-66장, 말라기가 동시대를 지켜본 증언들을 전한다.

유다로의 귀환

유다 주민 중 유력한 이들은 기원전 587년에 바빌로니아에 포로로 끌려갔다. 바빌로니아를 정복한 페르시아의 왕 고레스는 기원전 539년에 포로들의 귀국을 허용하는 칙령을 내린다. 이는 전례 없이 광대한 제국을 다스리기 위해서는 지역마다 제국에 충성하는 자치 정부를 세우는 것이 효과적이라는 판단에서였다. 유다는 페르시아와 이집트 사이에 자리한 그 전략적 중요성 때문에 특히 중요했다.

그때부터 한 세기 반 이상 유대인은 몇 번에 걸쳐 고국으로의 귀환길에 올랐는데, 때로는 페르시아 정부에서 출세한 유대인이 주도적 역할을 맡는 경우가 있었다. 그중 첫 번째가 왕궁의 관료 세스바살이 이끈 기원전 538년의 귀국이다(스 1:5-11; 5:13-16). 에스라서는 고레스가 세스바살에게 과거에 바빌로니아가 탈취했던 성전 그릇들을 예루살렘으로 반환하고 새 성전의 기초를 놓으라고 지시했다고 기록한다. 세스바살이 그 지시 중 얼마만큼을 실행했는지는 알기 어렵지만, 기원전 520년 성전을 재건할 당시 이렇다 할 성과가 별로 없었음은 분명해 보인다. 기원전 538년의 귀환은 매우 소규모였거나 최소한 목적을 이루지 못했다.

주요 연대(기원전)

539년	페르시아 왕 고레스가 바빌로니아를 정복함
538년	고레스 칙령으로 유대인들의 귀환이 허용됨(첫 귀환)
520년	두 번째 귀환, 성전 재건이 재개됨
515년	성전 완공
445년	느헤미야가 유대 총독 자격으로 귀환함
추정 연대: 458, 428, 혹은 398년	에스라가 토라 필사본을 지니고 유다로 귀환함

기원전 520년 스룹바벨과 여호수아가 다수의 포로와 함께 유다로 떠났다. 페르시아는 스룹바벨을 유다의 총독으로, 여호수아를 대제사장으로 임명했다. 에스라 3-6장은 그들이 주도한 성전 재건을 서술하는데(기원전 520-515년), 이 기록 중간에 후대의 사건이 섞여 기록된 부분도 있다(스 4:7-23을 보라). 지역 거주민들이 모두 성전 건축을 반긴 것은 아니었다. 느부갓네살이 예루살렘을 파괴했을 당시 기회를 틈타 유다 영토로 파고들었던 인접국 사람들은 당연히 유다인들의 귀환을 원하지 않았다. 게다가 북이스라엘에 자리를 잡았던 사마리아인들과 요단 동편의 강성한 세력들 역시 성전 재건을 원하지 않았다. 이들은 저마다 예루살렘 재건이 그 지역에서의 힘의 균형을 뒤흔들 것에 대해 우려했다. 심지어 포로로 끌려가지 않고 본토에 남아 있던 유대인 농민들조차도, 대다수가 바빌로니아 태생인 유대 귀환자들의 권위를 인정하지 않으려고 했다.

귀환하는 유대인들과 유다 땅에 남아 야웨 신앙을 지켰던 이들 간의 갈등은 단순한 세력투쟁이 아니었다. 그것은 본질상 이스라엘의 정체성에 관한 갈등이었다. 유배자들은 고토로부터 멀리 떨어진 이방 땅에서 자신들의 전통을 재고하고 다듬어 새로운 상황에 맞는 유대교를 빚어냈다.

이는 곧 모세 율법을 바라보는 새로운 해석의 등장을 의미했다. 다시 말해 이 시기의 야웨 신자들은 모세 율법을 천편일률적으로 똑같이 해석하지 않았다. 본토에 잔류한 이들은 귀환하는 포로들이 가져온 풍습과 법률 및 태도가 자신들에게 강요되는 것을 반대했을 가능성이 크다.

용어 해설: "유대인들"(Jews)과 "이스라엘인들"(Israelites)

히브리 성경에서 이스라엘을 가리켜 가장 많이 쓰인 호칭은 "이스라엘 자손들"이다. 특히 분열 왕국 시기에 "이스라엘"이라는 단어의 사용은 북왕국만을 지칭할 때도, 남북 전체를 가리킬 때도 있어서 혼동을 일으키기 쉽다. 기원전 8세기 북왕국이 멸망한 후로도 남왕국은 여전히 자신을 이스라엘이라고 불렀다. 제2성전기에는 과거의 남왕국 유다 지역이 유다(Judah)로, 이후에는 유대(Judea)로 불리면서 "유대인"(Jew)이라는 단어가 자리를 잡게 된다. 그리스어 *Ioudaios*가 정확히 언제 "유대인"(Jew)으로 번역되고 또 언제 "유대 거주인"(Judean)으로 이해되어야 하는지는 여전히 논쟁의 여지가 있다.

그 땅의 일부 주민들은 성전 재건에 참여하기를 원했다.

> 사로잡혔던 자들의 자손이 이스라엘의 하나님 여호와의 성전을 건축한다 함을 유다와 베냐민의 대적이 듣고 스룹바벨과 족장들에게 나아와 이르되 "우리도 너희와 함께 건축하게 하라. 우리도 너희 같이 너희 하나님을 찾노라. 앗수르 왕 에살핫돈이 우리를 이리로 오게 한 날부터 우리가 하나님께 제사를 드리노라" 하니, 스룹바벨과 예수아와 기타 이스라엘 족장들이 이르되 "우리 하나님의 성전을 건축하는 데 너희는 우리와 상관이 없느니라. 바사 왕 고레스가 우리에게 명령하신 대로 우리가 이스라엘의 하나님

여호와를 위하여 홀로 건축하리라" 하였더니(스 4:1-3).

이 기록에 따르면 귀환한 포로들을 맞은 것은 아시리아가 북왕국을 식민지화한 데서 유래한 무리, 즉 사마리아인들이었다. 귀환한 사람들은 사마리아인들을 자신들과 같은 야웨 숭배자들로 인정하지 않았으므로 그들이 성전 건축에 참여하는 것을 거부했다. 사실 사마리아인들이 도움을 제공하려고 하는 동기 역시 복합적이었을지 모른다. 페르시아인들은 사마리아인 총독을 세워 그 지역을 다스리고 있었는데, 그 총독은 당연히 새로 형성되는 유대 공동체의 주도권을 갖기 원했을 것이다. 귀환한 사람들에게 거절당한 사마리아인들은 페르시아 황제인 다리우스 1세(기원전 522-486년 통치)에게 경고를 보내 성전 재건 공사를 중단시키려고 했다. 이는 예루살렘에 재정착한 유대인들이 황제에게 반역하리라는 경고였지만, 다리우스는 받아들이지 않았다.

일꾼들은 건축 작업을 마쳤고 이스라엘은 성전을 봉헌해 "모세의 책에 기록된 대로" 성전에서의 제사를 재개했다(스 6:18). 이는 새로 시작된 제의를 모세 율법에 부합하는 것으로 생각했다는 뜻이다. 아래 구절은 귀환민들이 어떻게 첫 유월절을 경축했는지를 묘사해준다.

사로잡혔던 자의 자손이 첫째 달 십사일에 유월절을 지키되 제사장들과 레위 사람들이 일제히 몸을 정결하게 하여 다 정결하매 사로잡혔던 자들의 모든 자손과 자기 형제 제사장들과 자기를 위하여 유월절 양을 잡으니 사로잡혔다가 돌아온 이스라엘 자손과 자기 땅에 사는 이방 사람의 더러운 것으로부터 스스로를 구별한 모든 이스라엘 사람들에게 속하여 이스라엘의 하나님 여호와를 찾는 자들이 다 먹고(스 6:19-21).

여기서 주목할 것은 "사로잡혔던 자의 자손"이라는 표현이다. 이들이 유월절을 경축한 주체다. 그 외에는 오직 "자기 땅에 사는 이방 사람의 더러운 것으로부터 스스로를 구별한" 이들, 즉 귀환민의 토라 해석을 받아들인 자들만이 축제에 참여했다. 다른 견해와 관습을 가진 사람들로부터의 분리는 귀환 공동체의 신앙이자 제2성전기를 특징짓는 순수한 유일신 신앙을 희석하는 것들에 대한 거부를 포함했다. 하지만 동시에 이 분리는 귀환민들이 보기에 모세가 준 토라와 일치하지 않는다면 그 어떤 것도 피하는 것을 의미하기도 했다.

귀환민들과 더불어 그들에게 합류한 무리가 구별되었다는 것은 공동체의 경계선을 강조했다. 그런 경계선은 누가 유월절을 경축할 자격이 있는지를 따지는 방식의 제의적 순수성으로 표현되었다. 공동체를 적절히 규정하는 것은 생존 여부를 결정하는 일이었다. 자신들의 고유한 경계선을 분명히 갖지 못한 집단은 주변의 더 큰 문화세력 안으로 흡수되어 자기 정체성을 상실하곤 했다. 하나님은 순수한 예배를 요구하셨고 그것을 더럽히는 자를 처벌하셨다.

학개

스룹바벨의 영도 아래 유다로 귀환한 이도 많았지만, 대다수 유대인은 여전히 바빌로니아에 남아 있었다. 예레미야는 그들에게 바빌로니아에 정착하여 번성하라고 명했고 백성들은 그 말을 따랐다(렘 29장). 그와 대조적으로 예루살렘은 폐허가 되었고 토지는 방치되거나 포로들에게 적개심을 가진 이들에 의해 경작되었다. 게다가 바빌로니아의 대다수 유대인은 한 번도 유다 땅을 본 적이 없었다. 따라서 그들 다수에게 유다로의 귀환은 매력적인 선택지일 수가 없었을 것이다.

유다에 도착한 귀환민들은 성전 건축보다도 더 긴급한 과제를 발견하게 된다. 그들은 거주할 집을 짓고 땅을 갈고 자신들을 지키는 일이 더 급했다. 그러나 두 예언자 곧 학개와 스가랴는 새 공동체에 성전 건축을 즉시 시작하라고 강하게 촉구했다(스 5:1-2). 학개서는 연도가 명시된 네 편의 신탁을 보존했는데, 첫 번째 신탁(학 1:1-15)은 기원전 520년에 기록되었으며, 스룹바벨과 여호수아를 호출한다.

> 만군의 여호와가 이같이 말하여 이르노라. 이 백성이 말하기를 "여호와의 전을 건축할 시기가 이르지 아니하였다" 하느니라. 여호와의 말씀이 선지자 학개에게 임하여 이르시되 "이 성전이 황폐하였거늘 너희가 이때에 판벽한 집에 거주하는 것이 옳으냐? 그러므로 이제 만군의 여호와가 이같이 말하노니 너희는 너희의 행위를 살필지니라. 너희가 많이 뿌릴지라도 수확이 적으며 먹을지라도 배부르지 못하며 마실지라도 흡족하지 못하며 입어도 따뜻하지 못하며 일꾼이 삯을 받아도 그것을 구멍 뚫어진 전대에 넣음이 되느니라"(학 1:2-6).

귀환한 이주민들은 자신들을 지키느라 너무 바빠서 성전을 지을 수 없다고 생각했다. 농사 역시 시원치 않았고 먹고 마실 음식과 의복, 몸을 누일 집도 구하기 어려웠다. 그러나 학개의 예언은 성전 건축을 나 몰라라 하던 백성들의 슬픈 현실을 비춰준다.

> 너희가 많은 것을 바랐으나 도리어 적었고 너희가 그것을 집으로 가져갔으나 내가 불어 버렸느니라. 나 만군의 여호와가 말하노라. 이것이 무슨 까닭

이냐? 내 집은 황폐하였으되 너희는 각각 자기의 집을 짓기 위하여 빨랐음이라. 그러므로 너희로 말미암아 하늘은 이슬을 그쳤고 땅은 산물을 그쳤으며 내가 이 땅과 산과 곡물과 새 포도주와 기름과 땅의 모든 소산과 사람과 가축과 손으로 수고하는 모든 일에 한재를 들게 하였느니라(학 1:9-11).

종교 및 성전에 대한 학개의 관점은 본질상 제사장 성향을 지녔으며, 물질적 필요를 채우는 것이 제의를 바르게 지키는 것보다 중요하다고 믿는 "실용주의" 관점을 강력히 정죄했다. 그러나 참으로 실용적인 세계관을 가진 종교라면 하나님이 강우와 수확을 주관하신다는 것을 믿는다. 사람들이 하나님을 기쁘시게 하지 못하면 그분이 기근과 가뭄을 보내실 것이기에, 성전을 짓고 제대로 된 예배를 드리는 일만이 돌아온 정착민의 안녕을 보장하는 것이었다. 학개 1장의 내러티브를 보면(학 1:12-15) 스룹바벨과 여호수아 그리고 백성들이 하나님의 말씀을 듣고 공사에 착수하는 장면이 나온다. 결국 하나님께서는 자신이 정착민들과 함께하신다고 안심시키신다(학 1:13).

첫 신탁 후 두어 달이 지나 둘째 신탁이 주어진다(학 2:1-9). 성전 재건에 나선 이스라엘 사람들은 볼품없는 건물의 모습에 맥이 빠진다. 하나님께서는 그들을 격려하시면서 이번 성전이 솔로몬의 것보다 더 나을 것이라고 말씀하신다. "만군의 여호와가 이같이 말하노라. 조금 있으면 내가 하늘과 땅과 바다와 육지를 진동시킬 것이요. 또한 모든 나라를 진동시킬 것이며, 모든 나라의 보배가 이르리니 내가 이 성전에 영광이 충만하게 하리라. 만군의 여호와의 말이니라"(학 2:6-7). 예언자는 모든 나라가 예루살렘에 계신 하나님께 조공을 바칠 것이라고 예언한다. 지금 보이는 시작은 미미하지만, 하나님께서 세상을 뒤흔드는 결과를 일으키실 것이다. 학개의 크나큰 기대는 하나님께서 이스라엘을 위해 하신 행동을 보고 온 세상이 이스라엘의 하나님이야말로 진정으로 유일하신 하나님이라고 인정하게 되리라는 제2이사야의 예언을 떠올리게 한다.

다시 두 달이 지난 뒤 셋째 신탁이 주어진다(학 2:10-19). 사람들에게 성전이 지어지기 전과 후를 비교해보라는 하나님의 초대가 그 내용이다. 그들이 더 풍성한 추수를 이룬 것은 이전보다 더 성전에 마음을 둔 결과였다.

셋째 신탁이 주어진 같은 날에 하나님은 학개를 보내 넷째 메시지를 전하신다.

> "너는 유다 총독 스룹바벨에게 말하여 이르라. 내가 하늘과 땅을 진동시킬 것이요, 여러 왕국들의 보좌를 엎을 것이요, 여러 나라의 세력을 멸할 것이요, 그 병거들과 그 탄 자를 엎드러뜨리리니 말과 그 탄 자가 각각 그의 동료의 칼에 엎드러지리라. 만군의 여호와가 말하노라. 스알디엘의 아들 내 종 스룹바벨아, 여호와가 말하노라. 그날에 내가 너를 세우고 너를 인장으로 삼으리니, 이는 내가 너를 택하였음이니라. 만군의 여호와의 말이니라" 하시니라(학 2:21-23).

하늘의 전사이신 하나님께서 열국을 상대로 싸우신다. "만군의 주"라는 호칭은 예하 부대들을 거느린 사령관을 뜻한다. 하나님께서 이방 나라들을 쳐서 뒤집어엎으신다. 이런 언어는 거룩한 전쟁에서 홍해를 건넌 이스라엘의 경험을 묘사하는 출애굽기 15장과 동일하다. "그가 말과 그 탄 자를 바다에 던지셨도다.…바로의 병거와 그의 군대를 바다에 던지시니"(출 15:1, 4). 이 신탁은 하나님께서 출애굽 때와 마찬가지로 이스라엘을 위해 싸우시리라는 기대를 표현하고 있다.

하나님은 다윗의 자손인 스룹바벨을 "선택"하셔서 하나님의 "인장

반지"로 삼으셨다. 인장반지는 왕의 서명을 담은 반지로 신하들이 칙령에 왕의 서명을 넣기 위해 사용했다. 하나님께서 스룹바벨을 인장반지로 쓰신다는 것은 스룹바벨이 온 땅에서 하나님을 대변하는 인물이라는 의미였다. 스룹바벨의 통치가 이제 곧 하나님이 패퇴시키실 왕조들을 대체할 것이다. 이런 비전의 정치적 함의는 명백했다. 페르시아의 입장에서 이런 예언은 반역의 전조를 뜻했다. 스룹바벨 치하에서 반란이 있었는지는 알려지지 않지만, 다리우스 1세는 왕좌에 오르기 전 힘든 일들을 겪어야 했다. 고대 세계에서 피지배국이 독립을 목표로 전쟁을 일으키는 일은 특히 지배국의 군주가 바뀌는 권력 이양의 힘겨운 시기에 많이 발생했다. 학개는 이스라엘이 그런 권력 이양을 성사시키기를 원했던 것 같다. 학개에게 새 성전은 독립된 국가 수립을 포함하여 이스라엘의 완전한 회복을 대망하게 해주는 촉매가 되었다.

스가랴 1-8장

스가랴 1-8장은 유배를 마친 직후를 배경으로 한다. 그보다 더 후대에 추가된 9-14장은 여기서 다루지 않는다. 스가랴는 학개와 동일한 상황을 염두에 두고 회복된 이스라엘 곧 하나님의 보살핌을 받는 이상적인 모습을 자주 언급한다. "여호와의 말씀에 내가 불로 둘러싼 성곽이 되며 그 가운데에서 영광이 되리라"(슥 2:5). 유대인 포로 전원이 유다로 귀환하리라는 스가랴의 기대는 영광스러운 미래에 대한 포로기 이후의 국가적 기대를 나타내는 특징적 표현이 된다.

학개나 제2이사야와 마찬가지로 스가랴 1-8장 역시 시온의 회복이 온 세계에 영향을 미치리라는 기대를 표명한다. 이스라엘을 억압하던 외세는 하나님의 도구로 쓰임을 받았을 뿐인데도 분수를 모르고 경계선을 넘어 이스라엘을 공격하는 행태를 보여줌으로써 하나님의 진노를 촉발한다. 그 결과는 하나님께서 그들을 벌주시는 것이다(슥 1:15).

> 내가 손을 그들 위에 움직인즉 그들이 자기를 섬기던 자들에게 노략거리가 되리라 하셨나니, 너희가 만군의 여호와께서 나를 보내신 줄 알리라. 여호와의 말씀에 시온의 딸아! 노래하고 기뻐하라. 이는 내가 와서 네 가운데에 머물 것임이라. 그날에 많은 나라가 여호와께 속하여 내 백성이 될 것이요, 나는 네 가운데에 머물리라. 네가 만군의 여호와께서 나를 네게 보내신 줄 알리라. 여호와께서 장차 유다를 거룩한 땅에서 자기 소유를 삼으시고 다시 예루살렘을 택하시리니(슥 2:9-12).

하나님께서 예루살렘을 온전히 회복시키시는 그날에는 모든 나라가 예루살렘을 유일하신 참하나님의 성읍으로 인정하고, 온 세상 사람이 모두 하나님의 백성이 될 것이다. 이런 보편주의 사상은 제2이사야에서도 찾아볼 수 있다.

스가랴서에는 환상이 많이 나온다. 예언자 스가랴는 종종 환상을 보고 그 의미를 물어 해석을 받곤 한다. 이런 패턴은 더 후대의 문헌인 묵시문학의 특징이기도 하다(아래 4장을 보라). 스가랴의 넷째 환상은 이렇게 시작된다. "대제사장 여호수아는 여호와의 천사 앞에 섰고 사탄은 그의 오른쪽에 서서 그를 대적하는 것을 여호와께서 내게 보이시니라"(슥 3:1). 여기서 "대제사장"은 포로기 이전에는 사용되지 않았던 단어다. 물론 대제사장은 포로기 이전에도 있었지만, 여기서 새로운 단어가 사용된 것은 포로기 이후에 왕의 부재와 맞물려 대제사장의 권력과 영향력이 현저히 증가한 상황을 반영한다.

스가랴 3장은 사탄이 대제사장 여호수아를 고소하는 하늘 법정을 묘사한다. 이것은 히브리 성경에서 사탄이 처음 등장하는 장면이다. 이 히브리어 본문에서 사탄은 "하사탄"(*hasatan*)인데, 그 뜻은 "고발자, 고소자"로 하나님의 법정에서 검사에 해당한다. 그는 욥기 1-2장에 나오는 사탄과 유사한 역할을 한다. 히브리 전승에서 이 시기까지 사탄은 하나님의 적수가 아니라 천사와 유사한 존재로 이해되었다. 앞서 1장에서 우리는 창세기 3장에 나오는 에덴동산의 뱀이 사탄과 동일시되지 않았음을 지적했다. 그런 동일화는 사탄이 귀신들의 우두머리라는 관념이 정착된 훨씬 후대에 와서야 이루어진다(아래 4장을 보라).

스가랴 3장에서 사탄이 여호수아를 고소하자 하나님이 반론을 펼치신다. "여호와께서 사탄에게 이르시되 '사탄아! 여호와께서 너를 책망하노라. 예루살렘을 택한 여호와께서 너를 책망하노라. 이는 불에서 꺼낸 그슬린 나무가 아니냐?'"(슥 3:2) 하나님은 여호수아가 잘못이 없다고 변호하시지 않는다. 실제로 여호수아의 더러운 옷은 그(또는 그가 대표하는 이스라엘 백성)에게 잘못이 있다는 것을 암시한다. 하지만 하나님은 이 대제사장을 불길에서 살아남은 생존자에 비유하신다. 여호수아는 하나님의 백성 가운데 바빌로니아 유배를 견디고 살아남은 자들을 대표한다. 그들이 겪어낸 기막힌 상황을 생각할 때 여호수아를 책망할 수는 없었을 것이다. 하나님은 여호수아의 더러운 옷을 벗기고 순전하고 깨끗한 제사장복을 입히라고 명령하신다. 그는 다시금 하나님의 대제사장이라는 지위에 적합한 상태로 회복된다. 옷을 벗기고 새 옷을 입히는 행위는 레위기 8장에서 아론과 그의 아들들이 제사장으로 임직되는 장면을 연상시킨다. 차이가 있다면 레위기 8장에서는 아론과 그의 아들들이 세속의 옷을 벗고 제사장복을 입었다는 것, 즉 일반인에서 제사장으로, 평범한 이스라엘인에서 하나님과 사람 사이의 중재자로 신분이 바뀌었다는 사실이다. 그에 반해 여호수아는 이스라엘의 죄로 더럽혀진 제사장복을 벗고 정결한 새 제복을 입는다. 즉 여호수아의 경우는 제사장직이 시작된 것이 아니라 갱신의 예식이 치러진 것이다. 이는 오래전에 확립된 제사장 제도가 이제는 신적 권위로 축복을 받은 새 제사장직으로 출범하게 되었음을 의미한다.

이어서 여호수아는 제사장적 이념으로 표현된 약속을 받는다. "만군의 여호와의 말씀에 '네가 만일 내 도를 행하며 내 규례를 지키면 네가 내 집을 다스릴 것이요, 내 뜰을 지킬 것이며 내가 또 너로 여기 섰는 자들 가운데서 왕래하게 하리라'"(슥 3:7). 하나님의 약속에 언급된 "여기"는 하늘 궁정을 뜻한다. 만일 여호수아가 하나님의 율법을 지킨다면, 그는 성전의 책임을 맡을 뿐만 아니라 천상의 하나님께 다가갈 자격을 얻게 될 것이다. 예루살렘 성전과 천국 사이에는 밀접한 관계가 있다. 제사장 신앙에 따르면 하나님이 계신 곳, 다시 말해 하나님께 다가갈 수 있는 곳이 성전이기 때문이다.

스가랴 3장의 말미에 다시 한번 하나님의 약속이 주어진다. "내가 내 종 싹을 나게 하리라"(슥 3:8b). "싹" 혹은 "가지"는 구약의 다른 곳에도 나타난다(사 4:2; 11:1; 렘 23:5; 33:15). 이사야 11:1의 구원 신탁에서 이사야는 다윗 계보의 왕이 하나님의 뜻을 이루어 그 땅에 의를 펼치리라고 예언한다. 평화가 땅을 지배하고 예루살렘은 하나님이 뜻하신 이상향으로 복원된 세계의 중심으로 우뚝 설 것이다. 예레미야에 두 번 나오는 "가지" 역시 다윗 후손의 온전한 왕을 가리킨다. 스가랴 3장은 학개 2:20-23이 가리키는 것과 동일한 희망을 기대하게 만드는데, 특히 스가랴 3:8-10에서는 그 가지의 통치와 관련해 하나님께서 그 땅에서 죄악을 제거하고 풍요한 소산을 주시리라는 약속이 주어진다.

스가랴 4장은 하나님의 능력을 입은 스룹바벨이 제2성전을 건축하리라는 환상을 담고 있다. 순금 등잔대에 놓인 일곱 등잔은 솔로몬 성전에 있는, 가지가 일곱인 촛대를 떠올리게 한다(출 25:31-40). 등잔대 곁의 감람나무 두 그루는 등불을 켤 감람유를 공급한다. 스가랴는 묻는다. "등잔대 좌우의 두 감람나무는 무슨 뜻이니이까?" 곧바로 둘째 질문이 이어진다. "금 기름을 흘리는 두 금관 옆에 있는 이 감람나무 두 가지는 무슨 뜻이니이까?"(슥 4:11-12) 천사는 이렇게 대답한다. "이는 기름 부음 받은 자들이니 온 세상의 주 앞에 서 있는 자니라"(슥 4:14). 메시아는 기름 부음을 받은 자이므로 그 기름의 원천인 감람나무는 메시아의 상징으로서 적절해 보인다. 스가랴는 기름 부음을 받은 두 사람이 등잔대에 기름을 공급하여 제의를 지탱하고 있는 환상을 본 것이다. 이 환상은 포로기 이후 유다 공동체가 두 갈래의 지도력에 의해 지탱된 것을 그림으로 보여준다. 아론은 시내산에서 임직되어 하나님의 성소에서 섬겼고(레 8:12), 사울과 다윗은 왕으로 세워져 이스라엘을 다스렸다(삼상 10:1; 16:12-13). 스가랴의 환상은 이 두 가지 지도력 즉 제사장과 왕의 지도력을 하나로 묶고 균형을 잡는다. 이것은 포로기 이후 특히 페르시아 치하에서 자리잡은 유대 사회의 정치종교적 구조를 신학화한 표현이다. 총독 스룹바벨과 대제사장 여호수아가 스가랴의 시대에 이 두 갈래의 지도력을 행사한 인물들이었다.

여덟째 환상에서 스가랴는 하나님의 지시를 받는다.

> 사로잡힌 자 가운데 바벨론에서부터 돌아온 헬대와 도비야와 여다야가 스바냐의 아들 요시아의 집에 들어갔나니, 너는 이날에 그 집에 들어가서 그들에게서 받되 은과 금을 받아 면류관을 만들어 여호사닥의 아들 대제사장 여호수아의 머리에 씌우고 말하여 이르기를 "만군의 여호와께서 이같이 말

씀하시되 '보라, 싹이라 이름하는 사람이 자기 곳에서 돋아나서 여호와의 전을 건축하리라. 그가 여호와의 전을 건축하고 영광도 얻고 그 자리에 앉아서 다스릴 것이요, 또 제사장이 자기 자리에 있으리니 이 둘 사이에 평화의 의논이 있으리라' 하셨다 하고"(슥 6:10-13).

이 구절은 혼란스러운데, 얼핏 읽으면 대제사장 여호수아가 왕관을 쓰고 "가지(혹은 싹)"라고 불리며 성전을 짓고 왕권을 취하며 보좌에 앉아 제사장을 곁에 두는 것으로 보인다. 그런데 이 모든 내용은 왕에게 좀 더 적합하게 들린다. 하지만 여호수아는 왕과 제사장을 겸직할 수 없는데, 왜냐하면 제사장은 레위 지파에서, 왕은 다윗으로부터 곧 유다 지파에서 나와야 하기 때문이다. 게다가 스가랴 3장은 스룹바벨이 성전을 세운다고 기록하는데, 여기서는 여호수아에게 공을 돌린다. 게다가 스가랴 6장에서 왕이 보좌 곁에 제사장을 두었다고 하는 것으로 보아 왕 자신이 제사장일 리는 없다.

이런 상황을 고려할 때, 원래 스룹바벨을 언급한 구절이 후에 여호수아에게 맞추어 변용되었을 가능성이 있다. 어쩌면 인장반지에 관한 예언(학 2:23)과 가지에 관한 예언(슥 3:8)이 묘사하는 것은 다리우스 1세 때 유다가 페르시아 제국의 내부 사정을 틈타 독자적으로 독립을 시도했던 상황을 반영하는 것일지도 모른다. 이런 해석에 따르면 독립 시도가 실패하면서 스룹바벨에 관한 전대의 예언이 여호수아에게 적용되도록 수정이 가해졌다. 이처럼 예언자의 과거 예언을 다른 상황에 맞춰 재적용한 사례는 많다. 오늘날 보존된 형태에서 스가랴 6장의 예언에는 제사장적 요소와 왕권적 요소가 섞여 있다. 따라서 대제사장이 현실 정치의 지도자가 된 셈이다. 물론 이와 같은 재구성은 입증하기 어려운 추측이다. 그러나 여호수아에게 두 갈래 지도력이 집중되어 보이는 스가랴 6장의 기록은 격변하는 정치 상황 가운데 유다의 정치적 지형도가 실제로 대제사장 편으로 기울어지던 시기를 반영하고 있는지도 모른다. 수 세기 후 이스라엘이 잠시 독립을 이루었을 때 그런 패턴은 현실이 되어 제사장 가문에 의한 통치가 행해졌다(아래 3장을 보라).

제3이사야(사 56-66장)

포로기 중에 기록된 제2이사야(사 40-55장)는 유배를 이미 일어난 일로, 해방을 곧 일어날 일로 서술한다. 제3이사야(사 56-66장)에 수록된 신탁들에서는 상황의 변화가 감지된다. 이제 예언자(혹은 예언자들)는 유다에 있다. 사실 제3이사야로 통칭되는 이 신탁들은 포로기 이후 이스라엘의 다양한 상황 혹은 다수의 예언자가 내는 목소리를 반영한다. 이들은 제2이사야의 언어와 표상 및 소망을 공유하고 그가 꿈꿨던 회복의 이상을 기대하면서도 그런 회복이 아직 실현되지 않은 사실에 실망감을 표한다. 이 신탁들의 연대를 정확히 결정하기는 어렵지만, 추정은 가능하다. 이 예언자 집단은 기원전 538년 혹은 기원전 520년에 유다로 귀환했으며 제2이사야의 예언이 실현되리라고 낙관하고 있었다. 그러나 그 낙관은 곧 시들었다. 귀환 공동체 내에서 그들의 힘과 영향력은 미미했으며, 그들은 힘을 가진 제사장들과 유대인 전체가 언약의 의무를 저버리고 있다고 판단했다.

시온의 영광스러운 회복을 선포하는 신탁들은 이사야 60-62장을 비롯해 이사야 57:14-21, 63:1, 65:17-25, 66:10-14 등에 기록되었다. 이사야 60-62장은 제2이사야와 유사한 방식으로 시온을 직접 부르는 호명으로 시작한다(참조. 사 40장). 모든 나라는 암흑 가운데 있지만, 하나님께서 시온에 빛을 비추시면 예루살렘을 억누르던 나라들이 그 빛으로 나아와 예루살렘에 계신 하나님을 찬양하고 그분 앞에 보화를 바칠 것이다. 헌물을 손에 든 이방인들이 끝없이 나아오기에 예루살렘 성문은 활짝 열릴 것이다(사 60:11; 참조. 학 2:7).

> 너를 괴롭히던 자의 자손이 몸을 굽혀 네게 나아오며 너를 멸시하던 모든 자가 네 발아래에 엎드려 너를 일컬어 "여호와의 성읍이라, 이스라엘의 거룩한 이의 시온이라" 하리라. 전에는 네가 버림을 당하며 미움을 당하였으므로 네게로 가는 자가 없었으나, 이제는 내가 너를 영원한 아름다움과 대대의 기쁨이 되게 하리니, 네가 이방 나라들의 젖을 빨며 뭇 왕의 젖을 빨고 나 여호와는 네 구원자, 네 구속자, 야곱의 전능자인 줄 알리라(사 60:14-16).

하나님이 그 백성을 유배에서 건져내시기에, 그는 구원자시며 이스라엘의 구속자시다. 구속자는 종으로 팔린 사람을 되사온다.

이사야 61장은 영광스러운 회복을 묘사한다. 예언자는 이렇게 말한다.

> 주 여호와의 영이 내게 내리셨으니, 이는 여호와께서 내게 기름을 부으사 가난한 자에게 아름다운 소식을 전하게 하려 하심이라. 나를 보내사 마음이 상한 자를 고치며, 포로된 자에게 자유를 갇힌 자에게 놓임을 선포하며, 여호와의 은혜의 해와 우리 하나님의 보복의 날을 선포하여 모든 슬픈 자를 위로하되, 무릇 시온에서 슬퍼하는 자에게 화관을 주어 그 재를 대신하며, 기쁨의 기름으로 그 슬픔을 대신하며, 찬송의 옷으로 그 근심을 대신하시

고, 그들이 의의 나무 곧 여호와께서 심으신 그 영광을 나타낼 자라 일컬음을 받게 하려 하심이라. 그들은 오래 황폐하였던 곳을 다시 쌓을 것이며, 옛부터 무너진 곳을 다시 일으킬 것이며, 황폐한 성읍 곧 대대로 무너져 있던 것들을 중수할 것이며(사 61:1-4).

히브리 성경에서 하나님의 영은 하나님과 분리되는 개체가 아니다. 하나님의 영을 이야기하는 것은 하나님의 활동을 묘사하는 방법이다. 여기서 예언자는 자신이 곧 하나님의 대리인이라고 주장하는데, 그 증거로 자신이 하나님의 영을 가졌으며 하나님의 기름 부음을 받아 메시아로 임명받았다는 주장을 편다. 기름 부음은 보통 왕이나 제사장에게 더 자주 행해졌지만, 이 구절의 문맥에서 예언자가 기름 부음을 받는 것은 특정한 과제를 수행하기 위해 비유적으로(영으로 기름 부음을 받음) 이루어진다. 제3이사야는 시온에서 불행감에 빠진 자들을 향해 기쁜 소식을 선포한다. 즉 예루살렘은 회복되고 주님의 새로워진 공동체가 그곳에 "심길" 것이다. 해묵은 폐허가 새로 지어질 것이다.

이사야 61:6은 전혀 새로운 요소를 담고 있다. "그러나 너희는 여호와의 제사장이라 일컬음을 받을 것이라. 사람들이 너희를 우리 하나님의 봉사자라 하리라." 제3이사야는 여기서 단지 제사장들만이 아니라 이스라엘 전부를 대상으로 말한다. 제사장직이 이제 온 백성에게 적용되는데, 그 이유는 이스라엘 백성이 너나없이 주께 구별된 자로 예루살렘에 거주하면서 하나님을 섬길 것이기 때문이다(참조. 출 19:6, 전문적인 제사장직에 대한 고라의 반대는 민 16장에 기록되어 있다). 하나님의 눈으로 볼 때 이스라엘이 맡은 특별한 중보자의 역할을 열방이 인정하면서, 이제 온 이스라엘이 열국 앞에서 제사장이 된 것이다.

제3이사야는 제의의 회복을 보편주의 시각에서 그려낸다. 이런 태도는 제2이사야가 피력했던 보편주의의 연장이다. 다음 구절은 하나님의 언약 특히 안식일을 지키는 이방인은 모두 하나님의 백성으로 편입되리라는 대담한 선언을 담고 있다(참조. 슥 2:9-12).

> 또 여호와와 연합하여 그를 섬기며 여호와의 이름을 사랑하며 그의 종이 되며 안식일을 지켜 더럽히지 아니하며 나의 언약을 굳게 지키는 이방인마다 내가 곧 그들을 나의 성산으로 인도하여 기도하는 내 집에서 그들을 기쁘게 할 것이며 그들의 번제와 희생을 나의 제단에서 기꺼이 받게 되리니 이는 내 집은 만민이 기도하는 집이라 일컬음이 될 것임이라(사 56:6-7).

이스라엘 백성이 모두 제사장이 되고 모든 이방인이 언약 안으로 들어온다는 이런 "민주화된" 공동체의 비전으로 인해 제3이사야의 정신을 공유하는 집단과 페르시아 정부가 임명한 제사장들 간에 충돌이 일어났는지도 모른다. 제3이사야와 비교할 때 에스라서와 느헤미야서는 조금 더 폐쇄적이고 배타적인 공동체를 그리는 것으로 보인다.

이사야 62장은 예루살렘이 아직 재건되지 않은 상황을 전제하지만, 예언자는 아직 희망을 놓지 않았음을 보여준다. 그는 구원을 위해 하나님께 간구하기를 멈추지 않겠노라고 다짐한다. "나는 시온의 의가 빛 같이, 예루살렘의 구원이 횃불 같이 나타나도록 시온을 위하여 잠잠하지 아니하며 예루살렘을 위하여 쉬지 아니할 것인즉…예루살렘이여, 내가 너의 성벽 위에 파수꾼을 세우고 그들로 하여금 주야로 계속 잠잠하지 않게 하였느니라. 너희 여호와로 기억하시게 하는 자들아, 너희는 쉬지 말며 또 여호와께서 예루살렘을 세워 세상에서 찬송을 받게 하시기까지 그로 쉬지 못하시게 하라"(사 62:1, 6-7). 제3이사야의 중심인 이 단락은 예루살렘이 회복되고 구원이 백성에게 임하리라는 기대와 함께 마무리된다(사

62:11-12).

이 초기의 낙관적 분위기에서 나온 또 하나의 신탁은 하나님께서 이제 행하실 일들은 과거의 어느 것보다도 크리라는 제2이사야의 주장을 상기시킨다(사 43:18-19). "보라, 내가 새 하늘과 새 땅을 창조하나니, 이전 것은 기억되거나 마음에 생각나지 아니할 것이라. 너희는 내가 창조하는 것으로 말미암아 영원히 기뻐하며 즐거워할지니라. 보라, 내가 예루살렘을 즐거운 성으로 창조하며 그 백성을 기쁨으로 삼으리라"(사 65:17-18).

다른 신탁들을 살펴보면 제3이사야의 소망은 실현되지 않았다. 페르시아의 지원을 받은 집단은 제의, 권력, 사회적 신분을 배타적으로 지켰고, 원대한 비전을 품은 이들은 배제되었다. 그들의 심정은 "주는 우리 아버지시라. 아브라함은 우리를 모르고 이스라엘은 우리를 인정하지 아니할지라도 주는 주의 이름을 우리의 구속자라 하셨거늘"(사 63:16)이라는 탄식에서 짐작할 수 있다. 재건의 시작은 그들에게 꿈을 주었지만, 결과는 실망스러웠다. "주의 거룩한 백성이 땅을 차지한 지 오래지 아니하여서 우리의 원수가 주의 성소를 유린하였사오니"(사 63:18).

제3이사야에게 하나님이 받으시는 이들과 거부하시는 자들을 나누는 경계선은 이스라엘 내부에 있었다. 제3이사야는 이스라엘인 중 신실한 자들을 구별해 "종"이라고 지칭한다. 종이라는 단어는 제2이사야에서도 여러 번 나오는데, 때로는 예언자 자신을, 때로는 이스라엘 전부를 가리켜 사용된다. 그에 반해 제3이사야는 종이라는 단어를 이스라엘 중 일부 사람들에게만 적용한다. 제3이사야는 해묵은 공동체의 실패와 새로운 공동체의 설립을 강조하기 위해 이스라엘이라는 호칭조차도 바뀌어야 함을 암시하고 있다.

이러므로 주 여호와께서 이와 같이 말씀하시니라.

"보라, 나의 종들은 먹을 것이로되, 너희는 주릴 것이니라.

보라, 나의 종들은 마실 것이로되, 너희는 갈할 것이니라.

보라, 나의 종들은 기뻐할 것이로되, 너희는 수치를 당할 것이니라.

보라, 나의 종들은 마음이 즐거우므로 노래할 것이로되,

너희는 마음이 슬프므로 울며 심령이 상하므로 통곡할 것이며,

또 너희가 남겨 놓은 이름은 내가 택한 자의 저줏거리가 될 것이니라.

주 여호와 내가 너를 죽이고 내 종들은 다른 이름으로 부르리라"(사 65:13-15).

이사야 58장은 학개와 비슷하게 성전의 제의가 정상화되면 이스라엘이 형통하리라고 생각한 이들을 향해 하나님의 마음을 이렇게 전한다.

그들이 날마다 나를 찾아 나의 길 알기를 즐거워함이 마치 공의를 행하여 그의 하나님의 규례를 저버리지 아니하는 나라 같아서 의로운 판단을 내게 구하며 하나님과 가까이하기를 즐거워하는도다. 우리가 금식하되 어찌하여 주께서 보지 아니하시오며 우리가 마음을 괴롭게 하되 어찌하여 주께서 알아주지 아니하시나이까? 보라, 너희가 금식하는 날에 오락을 구하며 온갖 일을 시키는도다. 보라, 너희가 금식하면서 논쟁하며 다투며 악한 주먹으로 치는도다. 너희가 오늘 금식하는 것은 너희의 목소리를 상달하게 하려는 것이 아니니라. 이것이 어찌 내가 기뻐하는 금식이 되겠으며, 이것이 어찌 사람이 자기의 마음을 괴롭게 하는 날이 되겠느냐? 그의 머리를 갈대 같이 숙이고 굵은 베와 재를 펴는 것을 어찌 금식이라 하겠으며 여호와께 열납될 날이라 하겠느냐? 내가 기뻐하는 금식은 흉악의 결박을 풀어 주며 멍에의 줄을 끌러 주며 압제 당하는 자를 자유하게 하며 모든 멍에를 꺾는 것이 아

니겠느냐? 또 주린 자에게 네 양식을 나누어 주며 유리하는 빈민을 집에 들이며 헐벗은 자를 보면 입히며 또 네 골육을 피하여 스스로 숨지 아니하는 것이 아니겠느냐?(사 58:2-7)

"하나님을 가까이하는 즐거움"은 성전에 계신 하나님께 다가가는 일, 즉 성전 제의를 가리킨다. 하나님께 "의로운 판단을 구하는" 일은 아마도 성전에 나아가 제사장들이 베푸는 토라, 즉 훈계를 받는 행동이었으리라. 결국 제3이사야는 사회정의가 없는 성전 제의는 무의미하다고 선포하고 있다. 이웃의 필요를 무시하면서 성전에 와서 하나님을 섬기는 일은 헛수고에 불과하다. 학개와 달리 제3이사야는 하나님이 축복의 대가로 성전 제의를 요구하신다고 말하지 않는다. 오히려 하나님께서는 가난하고 배고픈 이들, 억압받는 자와 유랑하는 이들을 돌보는 일을 더 기뻐하신다. 예루살렘의 재건은 하나님께서 사회정의를 위한 이스라엘의 노력을 흡족해하실 때 가능한 것이다(사 58:12). 이런 주장은 앞서 예레미야가 전한 메시지, 특히 그의 성전 설교와 잘 들어맞는다(렘 7, 26장).

말라기(기원전 500-450년경)

말라기는 성전이 재건되고 제의가 정상적으로 이루어진 이후에 예언 활동을 했다. 그는 이방인과의 혼인에 반대했고 주로 제사장들에게 저항해 예언했다. 이는 그가 제사장들이 율법을 실천하고 가르치는 임무에 소홀했다고 판단했기 때문이다.

> 제사장의 입술은 지식을 지켜야 하겠고, 사람들은 그의 입에서 율법을 구하게 되어야 할 것이니, 제사장은 만군의 여호와의 사자가 됨이거늘, 너희는 옳은 길에서 떠나 많은 사람을 율법에 거스르게 하는도다. 나 만군의 여호와가 이르노니 너희가 레위의 언약을 깨뜨렸느니라. 너희가 내 길을 지키지 아니하고 율법을 행할 때에 사람에게 치우치게 하였으므로 나도 너희로 하여금 모든 백성 앞에서 멸시와 천대를 당하게 하였느니라 하시니라(말 2:7-9).

여기서 말하는 정죄의 뜻은 온 세상이 이스라엘의 하나님을 참된 하나님으로 인정하고 있다는 말라기의 인식을 바탕으로 할 때 드러난다. "만군의 여호와가 이르노라. 해 뜨는 곳에서부터 해 지는 곳까지의 이방 민족 중에서 내 이름이 크게 될 것이라. 각처에서 내 이름을 위하여 분향하며 깨끗한 제물을 드리리니, 이는 내 이름이 이방 민족 중에서 크게 될 것임이니라"(말 1:11). "나는 큰 임금이요, 내 이름은 이방 민족 중에서 두려워하는 것이 됨이니라"(말 1:14).

회복의 주요 인물들

여호수아: 제2성전을 섬긴 첫 대제사장이다.

스룹바벨: 페르시아 치하의 유다 총독이다. 여호수아가 대제사장이었음에도 일부 유대인들은 스룹바벨에게 메시아적 역할을 기대했던 것으로 보인다.

학개: 귀환한 유대 공동체의 최우선 과제를 성전 재건이라고 주장한 예언자다.

스가랴: 학개와 동시대인으로, 성전 재건을 촉구하는 동시에 예루살렘의 영광스러운 재건과 제사장직의 갱신에 관한 비전을 품었던 예언자다.

말라기: 온전한 회복을 외친 예언자로, 활동 연대는 불명확하다. 제사장들을 신랄하게 비판했다.

제3이사야: 자신들을 제2이사야의 후계자로 인식한 예언자들의 집합체일 가능성이 크다. 귀환 및 재건의 상황이 제2이사야의 비전과 비교해 미흡하다고 여기고 이스라엘의 지배층 특히 제의를 비판했다.

느헤미야: 페르시아 왕의 측근("술 맡은 관원")으로 있다가 유다 총독으로 파견되었다. 예루살렘 성벽을 재건하고 토지개혁을 단행했으며 제의를 지원해 개선했다. 이방인과의 혼합결혼에 반대하고 안식일을 엄격히 지키도록 조치했다.

에스라: 바빌로니아에 유배되었던 유대인으로, 기록된 토라에 맞추어 이스라엘을 개혁하기 위해 페르시아 왕의 명령을 받아 파견되었다. 혼합결혼을 반대했다.

말라기는 엉터리로 드려지는 제사(흠 있는 제물), 이방인과의 혼합결혼, 이혼, 그리고 십일조 문제에 대해 특히 분노한다. 이스라엘이 저지른 잘못에 대한 좀 더 일반적인 목록은 다음과 같이 사회정의를 포함한다.

> 내가 심판하러 너희에게 임할 것이라. 점치는 자에게와 간음하는 자에게와 거짓 맹세하는 자에게와 품꾼의 삯에 대하여 억울하게 하며 과부와 고아를 압제하며 나그네를 억울하게 하며 나를 경외하지 아니하는 자들에게 속히 증언하리라. 만군의 여호와가 말하였느니라(말 3:5).

말라기는 하나님의 심판이 임박했다고 예언하면서 심판 전에 하나님이 보내실 선구자가 있다고 말한다.

만군의 여호와가 이르노라. 보라, 내가 내 사자를 보내리니 그가 내 앞에서 길을 준비할 것이요. 또 너희가 찾는(구하는) 바 주가 갑자기 그의 성전에 임하시리니 곧 너희가 사모하는 바 언약의 사자가 임하실 것이라. 그가 임하시는 날을 누가 능히 당하며 그가 나타나는 때에 누가 능히 서리요? 그는 금을 연단하는 자의 불과 표백하는 자의 잿물과 같을 것이라. 그가 은을 연단하여 깨끗하게 하는 자 같이 앉아서 레위 자손을 깨끗하게 하되 금, 은 같이 그들을 연단하리니 그들이 공의로운 제물을 나 여호와께 바칠 것이라. 그때에 유다와 예루살렘의 봉헌물이 옛날과 고대와 같이 나 여호와께 기쁨이 되려니와(말 3:1-4).

성전 예배는 이제 하나님을 "찾는" 행위로 해석된다. 그러나 말라기는 그들이 찾던 그분이 갑자기 성전에 들이닥치시고 그들의 제의와 제사장직을 불로 정화하심으로써 그들을 경악으로 몰아넣을 것이라고 말한다.

말라기 4:5은 그들에게 장차 도래할 메신저가 엘리야라고 알려준다. "보라, 여호와의 크고 두려운 날이 이르기 전에 내가 선지자 엘리야를 너희에게 보내리니, 그가 아버지의 마음을 자녀에게로 돌이키게 하고 자녀들의 마음을 그들의 아버지에게로 돌이키게 하리라. 돌이키지 아니하면 두렵건대 내가 와서 저주로 그 땅을 칠까 하노라 하시니라"(말 4:5-6). 기원전 9세기에 활동했던 예언자 엘리야는 죽음을 맞지 않고 불병거를 타고 하늘로 승천했다고 알려진다(왕하 2:11-12). 불병거에 탄 엘리야 전승은 그의 재림에 관한 추측들을 낳았는데, 말라기 4장은 심판 직전에 엘리야가 돌아와 이스라엘을 새롭게 한다는 전승을 보여준다. 훗날 기원후 1세기에 저술된 복음서들은 예수를 재림한 엘리야로 믿는 사람들이 있었음을 증언한다. 마태복음과 마가복음에서 세례 요한은 예수의 길을 준비하기 위해 돌아온 엘리야로 묘사된다.

제3이사야와 마찬가지로 말라기 역시 제사장 제도나 언약 자체에 의문을 품지는 않는다. 양자가 다 언약과 제의를 믿는다. 말라기는 단지 유대인 공동체가 하나님의 요구에 맞게 살지 않는 것이 문제라고 지적할 뿐이다. 그 근거에서는 차이를 보이지만 말라기와 제3이사야는 모두 기성 권력을 비판한다. 그들의 메시지가 일치하는 내용은 바로 다음과 같다. 즉 하나님은 백성의 죄를 벌하시지만, 그것이 끝은 아니다. 하나님은 이전에 그러하셨듯이 이스라엘을 정련하실 것이다.

에스라와 느헤미야의 연대 추정

바빌로니아 유배 공동체의 유대인들이었던 에스라와 느헤미야는 각기 다른 시점에 페르시아의 권한으로 위임된 책임을 수행하기 위해 유다로 복귀했다. 에스라서와 느헤미야서의 내러티브는 에스라가 페르시아의 왕 아닥사스다 즉위 7년에(기원전 458년), 느헤미야는 그의 즉위 20년(기원전 445년)에 유다로 돌아왔다고 전한다. 하지만 학자들은 이 책들이 말하는 개요에 의문을 품는다. 저자는 에스라가 기록된 율법을 반포하기 위해 왔다고 주장하지만, 13년 후 느헤미야가 도착하고 나서야 그 율법을 반포했다고 말하기 때문이다(느 8장). 게다가 두 책의 기록에 따르면 두 사람은 다 페르시아의 공식적인 파견을 받아 동시대에 예루살렘에 체류했고 부여받은 일이 서로 밀접히 관련되어 있었음에도 서로의 일에 거의 간여하지 않는다. 이것은 결국 에스라-느헤미야서에서 에스라와 느헤미야를 다룬 이야기는 서로 잘 섞이지 않은 독립적 단위라는 의미가 된다.

역사를 재구성해보면 아마도 느헤미야가 먼저 예루살렘에 온 것으로 보이는데, 그 근거는 아래와 같다. 느헤미야는 유다로 돌아온 귀환자들을 거명하지만, 에스라 시대의 귀환자들을 언급하지 않는다. 느헤미야는 성벽도 없이 거의 다 버려진 도시에 왔지만, 에스라가 도착했을 때는 도시가 재건되고 성벽도 있었다. 느헤미야는 엘리아십이 대제사장일 때 유다의 관직에 올랐지만, 에스라는 엘리아십의 손자인 여호하난과 동시대인으로 보인다. 우리는 에스라의 귀국을 허락했다는 아닥사스다를 아닥사스다 2세(기원전 404-358년 통치)로 봄으로써 이 재구성을 본문과 조화시킬 수 있다. 이 재구성이 사실에 부합한다면 에스라는 기원전 398년경에 유다로 귀환했을 것이다. 그러나 에스라-느헤미야서의 저자가 기록한 것처럼 에스라가 느헤미야보다 시기상 앞선다는 견해를 취하더라도 아래에서 정리한 내용과 크게 충돌할 일은 없을 것이다.

느헤미야의 파송

느헤미야서에는 느헤미야의 비망록(memoir)이 수록되어 있다(느 1-7장; 11:1-2; 12:31-43; 13:4-31). 이 비망록들은 페르시아의 아닥사스다 1세(기원전 465-424년경 통치)의 궁정에서 왕의 측근인 "술관원"으로 있었던 느헤미야의 실제 기록일 가능성이 있다. 느헤미야서의 기록에 따르면 느헤미야는 기원전 445년에 유다에 있던 유대인 공동체가 곤경에 처해 있으며 예루살렘이 방어벽도 없이 방치되어 있다는 소식을 듣는다. 그는 유다로 가서 예루살렘 성벽을 재건할 수 있도록 왕의 재가를 요청한다. 왕은 인근 주의 총독들에게 재건사업을 방해하지 말라는 전갈을 주고 느헤미야를 유다로 파송한다.

느헤미야의 파송 소식은 사마리아와 암몬(요단 건너편)의 지배자들에게 달가운 소식이 아니었다. 자기를 방어할 능력을 갖춘 유다는 그들에게 위협요소가 될 터였기 때문이다. 예루살렘에 도착한 느헤미야는 적대적인 이웃의 도발을 염려해 밤에 성벽을 점검한 뒤(느 2:11-16), 작업장에 보초들을 세우고 복구작업에 착수했으며, 작업하는 인부들에게도 무기를 소지하도록 명했다(느 4:15-20). 적들의 방해에도 불구하고 작업은 완결되었지만, 예루살렘은 살 만한 곳이 못 되었기에 느헤미야는 추첨을 통해 인구의 10퍼센트를 뽑아 성 내에 정착시켰다(느 11:1-2).

느헤미야가 직면한 문제는 부서진 성벽만이 아니었다. 당시 이스라엘 사회는 모세 율법과는 동떨어진 방식으로 살았는데, 무엇보다도 토지가 문제여서 백성들의 호소는 절박했다.

> 어떤 사람은 말하기를 "우리와 우리 자녀가 많으니 양식을 얻어먹고 살아야 하겠다" 하고, 어떤 사람은 말하기를 "우리가 밭과 포도원과 집이라도 저당 잡히고 이 흉년에 곡식을 얻자" 하고, 어떤 사람은 말하기를 "우리는 밭과 포도원으로 돈을 빚내서 왕에게 세금을 바쳤도다. 우리 육체도 우리 형제의 육체와 같고 우리 자녀도 그들의 자녀와 같거늘, 이제 우리 자녀를 종으로 파는도다. 우리 딸 중에 벌써 종 된 자가 있고 우리의 밭과 포도원이 이미 남의 것이 되었으나 우리에게는 아무런 힘이 없도다" 하더라(느 5:2-5).

유대인 농노들은 기근과 세금으로 기진맥진했다. 욕심 사나운 부자들은 가난한 자들에게 빚더미를 지워서 그들의 토지를 압류하고 심지어 그들을 노예로 삼기도 했다.

느헤미야는 신속하게 이렇게 대답한다.

> 내가 백성의 부르짖음과 이런 말을 듣고 크게 노하였으나 깊이 생각하고 귀족들과 민장들을 꾸짖어 그들에게 이르기를 "너희가 각기 형제에게 높은 이자를 취하는도다" 하고 대회를 열고 그들을 쳐서 그들에게 이르기를 "우리는 이방인의 손에 팔린 우리 형제 유다 사람들을 우리의 힘을 다하여 도로 찾았거늘, 너희는 너희 형제를 팔고자 하느냐? 더구나 우리의 손에 팔리게 하겠느냐?" 하매 그들이 잠잠하여 말이 없기로(느 5:6-8).

사회정의를 외치는 느헤미야의 목소리에서 우리는 고대 언약의 법전을 감지한다. 신명기는 이스라엘 자손은 모두 형제자매이므로 서로를 형제자매로서 대해야 한다는 원리를 동력으로 움직인다. 이스라엘 백성은 서로에게 이자를 받아서는 안 되며, 가난한 형제를 돕는 것을 거부할 수 없다. 빚을 진 이웃이 갚지 못할 형편이 되었을 때 앙갚음을 해서도 안 된다. 느헤미야는 당시 부자들이 정반대의 태도를 지닌 것을 보고 분개했다. "너희 소행이 좋지 못하도다. 우리의 대적 이방 사람의 비방을 생각하고 우리 하나님을 경외하는 가운데 행할 것이 아니냐?"(느 5:9) 귀족들은 마음에 찔려 압류했던 토지를 돌려주고 이자를 반환했다. 느헤미야는 형제들의 어깨에 놓인 무거운 짐을 생각해 자신이 받을 수 있었던 총독의 녹을 사양했다(느 5:18).

느헤미야 8-10장은 느헤미야가 에스라와 함께 예루살렘에 체류할 당시 있었던 언약 예식을 기록한다. 이를 상세히 분석해보면 그중 느헤미야 10장만이 느헤미야서에 걸맞아 보이고, 8-9장은 에스라서에 속하는 것으로 보인다(느 8-9장에 관해서는 나중에 나올 에스라의 파송에 관한 글을 참조하라).

느헤미야 10장은 백성들이 다수의 약속을 맺는 장면을 보여준다. 첫째로, 그들은 언약 백성이 아닌 사람들과 혼인을 하지 않겠다고 다짐한다(느 10:30). 어느 사회에서나 가족구조, 결혼전략, 종교적 확신 등은 같은 길을 가기 마련이다. 유대인들의 방어적 결혼전략은 강력한 자기 정체성을 창조하고 경계선을 명확히 하려는 의지를 반영한다. 유배에서 돌아온 귀환자 명단(스 2:1-70; 느 7:6-73), 성전 건축에 조력한 이들의 명단(느 3장), 언약에 서명한 이들의 명단(느 10:1-27)과 느헤미야와 함께 예루살렘 거주를 감행한 이들의 명단(느 11:3-26)이 책에 수록된 것도 마찬가지 이유에서다. 이 명단들은 누가 공동체의 일원인지를 정의해준다. 느헤미야 7장에 따르면 유다 공동체의 정체성은 유배에서 귀환한 이들과 연결되어 있었다. "내 하나님이 내 마음을 감동하사 귀족들과 민장들과 백성을 모아 그 계보대로 등록하게 하시므로 내가 처음으로 돌아온 자의 계보를 얻었는데"(느 7:5). 최초의 귀환 후 여러 세대가 지난 시점에 느헤미야는 첫 귀환 세대가 공동체의 기초를 놓았다고 평가한다.

둘째로, 백성들은 안식일을 준수하겠다고 약속한다(느 10:31). 안식일은 포로기 당시 유대인들을 주변 민족들로부터 구별하는 결정적 표지였다. 성전이 없어져 절기들을 율법대로 지킬 수 없게 된 상황에서 고국을 떠나서도 지킬 수 있는 절기들, 특히 안식일 준수가 중요해진 것이다. 마찬가지 이유에서 하나님의 백성이라는 신분을 나타내는 "이동 가능한" 표지인 할례가 좀 더 중요해진 것으로 추정된다.

그 외에도 백성들은 제의를 지키기로 언약을 맺었고(느 10:32-39), 3분의 1세겔을 약정했다(세월이 더 흘러 이 약정은 제도화되었고 액수도 반 세겔로 증액되었다). 그 밖에 번제를 위한 땔나무, 과일 농사의 첫 열매, 레위인을 위한 십일조를 바치는 것도 약속의 내용이었다. 지도자들은 예루살렘에 살고 나머지 인구 중의 10분의 1을 뽑아 성내에 거주하기로 정했는데, 그 선발을 위해 제비를 뽑았다(히브리 성경 시대에 제비뽑기는 하나님께서 뜻을 알려주시는 방법으로 이해되었다). 마침내 율법이 공식적으로 낭독되자

(느 13:1) 그 결과는 극적이었다. "백성이 이 율법을 듣고 곧 섞인 무리를 이스라엘 가운데에서 모두 분리하였느니라"(느 13:3).

느헤미야는 십이 년간 총독으로 봉직한 후 페르시아 궁정의 직무로 돌아갔다. 얼마간의 시간이 지난 후 그는 다시 유다로 복귀했는데, 느헤미야서의 나머지 부분이 그의 귀환을 다룬다. 이제 느헤미야는 요단 동편의 암몬 출신인 도비야와 씨름해야 했다. 도비야라는 이름은 그가 야웨를 섬기는 유대인이었음을 나타낸다(도비야[토브+야]에서 토브[*tob*]는 히브리어로 좋다, 선하다는 뜻이며, "야"[*iah*]는 야웨의 약자로 보인다. 즉 도비야는 "야웨는 선하시다"라는 뜻이다). 도비야는 느헤미야의 첫 파송 당시 유다 상류층과의 혼맥을 동원해 총독의 업무를 방해했던 사람이다(느 6:17-19). 아마도 느헤미야의 토지개혁과 재정정책이 도비야의 사업을 방해했을 것으로 추정된다.

느헤미야는 그의 두 번째 유다 체류 중에 제사장 엘리아십이 도비야에게 성전의 방을 내어준 것을 적발한다. 이 방은 과거에 제의 물품을 보관하던 장소였는데, 엘리아십은 도비야와의 인연 때문에(느 13:4) 그런 일을 저지른다. 방어시설이 갖춰진 성전의 방이 도비야의 재산을 위한 저장고로 쓰였다는 것을 알게 된 느헤미야는 성소를 더럽힌 죄를 물어 도비야를 쫓아내고 문제의 방을 정결하게 하는 예식을 치른 다음 본래 그 방에 있던 제의 용품을 원위치시킨다(느 13:4-9).

느헤미야가 찾아낸 위반사항은 또 있었다. 백성들은 레위인을 위해 약정된 십일조를 드리지 않았고, 그 결과 레위인들은 성전 직무를 위해 지정된 구역을 이탈하고 밭일을 하고 있었다. 느헤미야는 이 사태의 시정을 명하고 레위인들을 성전으로 복귀시킨다. 게다가 백성들은 안식일 규정도 무시했으므로 안식일에도 상거래가 공공연히 이루어지는 형편이었다. 느헤미야는 이 역시 금지하고 안식일에 예루살렘을 찾은 상인들이

들어오지 못하도록 아예 성문을 닫아버린다. 이로써 안식일 위반의 악습은 중단되었다(느 13:10-22).

느헤미야의 마지막 개혁과제는 이방인과의 빈번한 혼인이었다. 율법의 명령을 무시한 혼합결혼의 상황은 매우 심각해서, 유대인 자녀들이 이방 언어들을 배우고 유다 방언을 잊어버릴 지경이었다(느 13:23-24).

> 내가 그들을 책망하고 저주하며 그들 중 몇 사람을 때리고 그들의 머리털을 뽑고 이르되 "너희는 너희 딸들을 그들의 아들들에게 주지 말고 너희 아들들이나 너희를 위하여 그들의 딸을 데려오지 아니하겠다고 하나님을 가리켜 맹세하라" 하고 또 이르기를 "옛적에 이스라엘 왕 솔로몬이 이 일로 범죄하지 아니하였느냐? 그는 많은 나라 중에 비길 왕이 없이 하나님의 사랑을 입은 자라. 하나님이 그를 왕으로 삼아 온 이스라엘을 다스리게 하셨으나, 이방 여인이 그를 범죄하게 하였나니, 너희가 이방 여인을 아내로 맞아 이 모든 큰 악을 행하여 우리 하나님께 범죄하는 것을 우리가 어찌 용납하겠느냐?"(느 13:25-27)

특히 다른 사람도 아닌 대제사장의 아들이 사마리아 총독 산발랏과 사돈이 된 사태에 느헤미야는 경악한다.

> 대제사장 엘리아십의 손자 요야다의 아들 하나가 호론 사람 산발랏의 사위가 되었으므로 내가 쫓아내어 나를 떠나게 하였느니라. 내 하나님이여, 그들이 제사장의 직분을 더럽히고 제사장의 직분과 레위 사람에 대한 언약을 어겼사오니 그들을 기억하옵소서(느 13:28-29).

제사장이 사마리아 여인과 결혼함으로써 이방 여인을 하나님의 성전과 접촉하게 만드는 것은 거룩한 성전을 부정하게 만드는 악행이었다.

예복을 입은 페르시아 궁수를 묘사한 부조 세부장면. 페르시아 왕 다리우스 1세(기원전 522-486년 통치)의 수사 왕궁에 설치하기 위해 발주된 작품.

느헤미야의 행적

예루살렘 성벽 재건(느 2:11-4:23)

예루살렘에 주민을 이주시킴(느 11:1-2)

토지개혁 시행(느 5장)

성전 제의를 지원할 제도 개혁(느 10:32-39; 13:10-14):

성전세, 목재 헌물, 초실 예물, 장자 헌신, 레위인을 위한 십일조

성전 직무 재편(느 12:44-47)

도비야 축출과 성전 정화(느 13:4-9)

상행위 금지를 통한 안식일 규정 엄수(느 10:31; 13:15-22)

이방인과의 혼합결혼 금지조치(느 10:30; 13:23-29)

에스라의 파송(연대 불명: 기원전 458, 428, 혹은 398년)

에스라는 에스라 7장에 처음 등장하며, 에스라 7-10장과 느헤미야 8-9장에 그의 이야기가 기록되어 있다. 사독을 거쳐 "대제사장 아론"에게 연결되는 족보의 후계자인 에스라는 제사장으로서 흠잡을 데 없는 조건을 갖춘 사람이었다. 더구나 그는 "이스라엘의 하나님 여호와께서 주신 모세의 율법에 익숙한 학자로서 그의 하나님 여호와의 도우심을 입음으로 왕에게 구하는 것은 다 받는 자"였다(스 7:6). 이 구절을 보면 서기관은 단지 읽고 쓰는 것만이 아니라 모세의 율법에 대해 정통하고 그것의 적용에도 식견을 갖춘 사람이었음을 알 수 있다. 게다가 에스라는 페르시아 왕의 명으로 파송되었기에 제사장, 서기관, 그리고 페르시아 정부 요

원의 위치를 모두 겸한 사람이었다.

에스라는 평신도, 제사장, 레위인을 아우르는 포로 집단의 일원으로 귀국했다(스 7:7-9). 에스라가 하나님의 은총을 입은 이유는 그가 토라에 헌신한 사람이었기 때문이다. "하나님의 선한 손의 도우심을 입어 다섯째 달 초하루에 예루살렘에 이르니라. 에스라가 여호와의 율법을 연구하여 준행하며 율례와 규례를 이스라엘에게 가르치기로 결심하였었더라"(스 7:9-10). 페르시아 왕은 성전의 재건을 위해 왕실 경비를 에스라의 손에 맡기는 것은 물론 성전과 성전 근무자들에게 면세를 약속하고 그를 유다로 파송했다. 아래는 페르시아 왕의 파송 명령(스 7:12-26) 중 일부다.

> 너는 네 손에 있는 네 하나님의 율법을 따라 유다와 예루살렘의 형편을 살피기 위하여 왕과 일곱 자문관의 보냄을 받았으니…에스라여, 너는 네 손에 있는 네 하나님의 지혜를 따라 네 하나님의 율법을 아는 자를 법관과 재판관을 삼아 강 건너편 모든 백성을 재판하게 하고 그중 알지 못하는 자는 너희가 가르치라. 무릇 네 하나님의 명령과 왕의 명령을 준행하지 아니하는 자는 속히 그 죄를 정하여 혹 죽이거나 귀양 보내거나 가산을 몰수하거나 옥에 가둘지니라 하였더라(스 7:14, 25-26).

온 유다는 에스라의 손에 들린 하나님의 율법, 즉 그가 바빌로니아에서 가져온 법전에 의해 다스려져야 했다. 여기서 에스라가 바빌로니아의 유대인 공동체에서 돌아온 사람이라는 것과 그가 율법을 필사한 사본을 그곳으로부터 가져왔다는 것에 주목할 필요가 있다. 유다의 법이 될 토라는 페르시아 정부의 힘을 등에 업고 있었다. 에스라가 이 성문화된 토라를 바빌로니아에서 가져왔고 유다 백성들이 그것을 새로운 것으로 받아들였으며 그런 수용 과정에 페르시아의 힘이 뒷받침되었다는 것은 그들이 받은 토라가 모종의 변화를 거쳐서 들어왔으리라는 추측을 가능하게 한다. 종이에 기록된 규범적인 책으로서의 토라는 유대인들에게 생경한 개념으로, 거룩한 문서가 정경이 되어가는 노정의 한 발걸음을 의미한다. 또 토라가 성문화되고 권위를 수반했다는 것은 그것을 읽는 자의 해석 활동이 가능해졌고, 그로 인해 이스라엘이 하나님의 뜻을 풀어주는 자로서 의존해야 했던 제사장의 존재감이 더 낮아졌음을 의미한다. 이제 토라 해석은 제2성전기 유대 공동체의 상호작용에 있어서 전략적인 역할을 담당하기 시작한다.

아마도 에스라는 오늘날 우리에게 알려진 모세 오경과 유사한 문서를 가져왔을 것으로 추정된다. 그의 토라가 이스라엘의 과거에 깊이 뿌리내리고 있었으리라는 것은 의심할 여지가 없지만, 그가 가져온 문서는 바빌로니아 유대인 공동체가 오래도록 수행했던 수집과 편집 그리고 해석으로 다듬어진 최종 결과물이었다. 어쨌든 토라가 이제 기록물로 존재한다는 것은 매우 의미심장한 일이었다. 세계 종교사를 살펴보면 한 종교의 개혁조치나 새로운 전기라고 불리는 내용이 실은 초창기부터 존재했던 것을 단순히 다시 제도화한 것이었을 때가 빈번했다. 에스라의 계획은 유다 주민들에게 율법을 가르치면서 율법을 이해하고 적용할 수 있는 재판관들을 세우고 율법을 어긴 자들을 엄하게 처벌하는 동시에 국왕의 법도 함께 가르치는 것이었다. 어쨌든 그는 페르시아 정부의 관료였고, 그의 권위는 페르시아의 힘을 근간으로 한 것이었다.

이스라엘은 4세기 반 동안 완전한 독립 또는 준독립 상태에서 자신들의 왕조를 섬기며 살아왔으므로 나름의 왕정 이데올로기를 형성하고 있었다. 이에 따르면 이스라엘 왕은 모세 율법과 언약을 보위하는 책임을 지는 대가로 영속적인 왕조를 약속받았다. 최소한 다윗 왕조의 경우에는 그렇다. 그러나 이제 전혀 다른 왕조가 모세 율법을 뒷받침해주는 역사의 아이러니가 펼쳐졌다. 유다는 이제 바빌로니아에 유배되었던 공동체의 해석에 따라 페르시아 정부의 명령에 순종하면서 율법을 지켜야 했다. 재건된 유다는 포로기 이전의 유다와 두 가지 점에서 본질적으로 달랐다. 첫째, 유다의 토착적 왕조는 이제 존재하지 않았다. 둘째, 유다는 이제 문서로 만들어져서 외국 권력의 지원을 받는 율법의 다스림을 받아야 했다.

느헤미야가 주도하는 개혁에서 중차대한 과제는 이방인과의 혼합결혼을 폐지해 귀환 공동체의 순수성을 지키는 일이었다. 에스라는 그런 개혁이 아직 뿌리를 내리지 못했음을 파악했다.

> 이 일 후에 방백들이 내게 나아와 이르되 "이스라엘 백성과 제사장들과 레위 사람들이 이 땅 백성들에게서 떠나지 아니하고 가나안 사람들과 헷 사람들과 브리스 사람들과 여부스 사람들과 암몬 사람들과 모압 사람들과 애굽 사람들과 아모리 사람들의 가증한 일을 행하여 그들의 딸을 맞이하여 아내와 며느리로 삼아 거룩한 자손이 그 지방 사람들과 서로 섞이게 하는데 방백들과 고관들이 이 죄에 더욱 으뜸이 되었다" 하는지라. 내가 이 일을 듣고 속옷과 겉옷을 찢고 머리털과 수염을 뜯으며 기가 막혀 앉으니(스 9:1-3).

이 글로 보아 성경 저자(와 아마도 에스라)가 제사장적 관점을 지닌 것은 명백해 보인다. 이스라엘은 선민이기에 다른 나라들과 "구별"되어야 하고 그들과 섞이지 않아야 했다.

에스라가 취한 다음 행동은 그의 강력한 실행력을 보여준다.

> 유다와 예루살렘에 사로잡혔던 자들의 자손들에게 공포하기를 "너희는 예

> 루살렘으로 모이라. 누구든지 방백들과 장로들의 훈시를 따라 삼 일 내에 오지 아니하면 그의 재산을 적몰하고 사로잡혔던 자의 모임에서 쫓아내리라" 하매(스 10:7-8).

에스라서에 따르면 귀환한 포로들이야말로 참이스라엘이었다. 그들이 예루살렘에 도착하면서 모든 유대인은 이방인 아내들과 이혼하라는 명령이 내려졌다. 연이어 본문에는 그 명령에 순종한 이들의 명단이 나오는데, 상당수의 제사장 및 레위인과 더불어 평신도들의 이름이 나열된다.

느헤미야 8-9장은 유다 백성이 에스라가 가져온 율법을 준수하겠다고 맹세하는 언약 예식을 기술한다. 예식은 여러 날 동안 진행되었는데 첫째 날을 요약하자면 아래와 같다.

> 모든 백성이 일제히 수문 앞 광장에 모여 학사 에스라에게 여호와께서 이스라엘에게 명령하신 모세의 율법책을 가져오기를 청하매 일곱째 달 초하루에 제사장 에스라가 율법책을 가지고 회중 앞 곧 남자나 여자나 알아들을 만한 모든 사람 앞에 이르러 수문 앞 광장에서 새벽부터 정오까지 남자나 여자나 알아들을 만한 모든 사람 앞에서 읽으매 뭇 백성이 그 율법책에 귀를 기울였는데, 그때에 학사 에스라가 특별히 지은 나무 강단에 서고…에스라가 모든 백성 위에 서서 그들 목전에 책을 펴니 책을 펼 때에 모든 백성이 일어서니라.…레위 사람들은 백성이 제자리에 서 있는 동안 그들에게 율법을 깨닫게 하였는데, 하나님의 율법책을 낭독하고 그 뜻을 해석하여 백성에게 그 낭독하는 것을 다 깨닫게 하니(느 8:1-4a, 5, 7b-8).

이는 유다 공동체 전체가 모여 낭독되는 율법을 듣고 이해했다는 설명이다. 연이은 묘사는 서기관과 제사장으로서 에스라의 적합성을 강조한다. 율법은 이제 한 권의 책이 되었고, 에스라는 온 백성이 우러러보는 자리에 서서 율법책을 낭독한다. 사람들은 그가 율법을 읽는 모습을 보며 자신들이 에스라의 말이 아닌 율법책의 내용을 듣고 있음을 확인한다. 그들은 하나님의 말씀에 경의를 표하며 서 있다. 이 공동체를 움직일 말씀의 힘이 느껴지는 장면이다. 우리는 여기서 이제 이 책이 제사장이나 성전제도의 권위와 비견되는 종교적 권위의 원천이 되리라는 것을 감지할 수 있다.

이 구절에서 레위인의 역할은 분명치 않다. 에스라가 율법을 낭송하고, 그들도 낭송한다. 하지만 에스라의 역할이 낭송이라면 레위인들은 백성들에게 그 뜻을 이해시킨다. 그들이 구체적으로 어떻게 이 역할을 해냈는지는 알기 어렵다. 본문에 "해석"이라고 옮긴 단어의 의미를 두고도 논쟁이 많다. 어떤 학자들은 레위인들이 히브리어로 기록된 율법을 당시 페르시아 제국의 공용어였던 아람어로 해석했다고 주장한다. 다른 학자들은 레위인들이 백성들을 위해 율법의 내용을 해설해주었다고 본다. 즉 율법의 실행을 둘러싼 모호성을 제거하고 백성들에게 참뜻을 알려줄 교사들이 필요했다는 것이다.

둘째 날 에스라와 온 백성이 율법을 공부하기 위해 한자리에 모인다. 그들은 장막절의 준수절차를 찾아내지만(느 8:13-18), 그 내용은 백성들에게 낯설었던 것 같다. 그 절기를 제대로 지키기 위해 선포된 내용은 사뭇 놀랍다. "사로잡혔다가 돌아온 회중이 다 초막을 짓고 그 안에서 거하니 눈의 아들 여호수아 때로부터 그날까지 이스라엘 자손이 이같이 행한 일이 없었으므로 이에 크게 기뻐하며"(느 8:17). 역사적으로 이 말이 어떤 상황을 가리키는지는 논란의 대상이다. 이스라엘이 여호수아 시대 이래로 장막절을 지키지 않았다고 보기는 힘들다. 이것은 어쩌면 온 백성이 한곳에 모여 장막절을 지키지는 않았다는 말일 수 있다. 그 외에 이스라엘이 그동안 에스라의 토라와 다른 방식으로 장막절을 지켰을 것이라는 추론도 있다. 어찌 됐든 성경 저자가 에스라의 율법(토라)을 이전과 구별되는 새로운 것이라고 간주하는 것은 분명하다. 그 새로움에도 불구하고 에스라의 율법은 모세로부터 직접 유래한 것임을 주장한다.

에스라는 포로기 이전 시대에서 이후 시대로 넘어가는 전환기를 대표하는 인물이다. 그는 아론의 직계 후손 제사장으로서 하나님의 율법에 대해 능숙하게 훈련받은 서기관이자 페르시아 정부의 파견을 받은 관료이기도 했다. 포로기 이전에 왕정 말기인 요시야 왕 때까지 형태가 고정된 율법서는 존재하지 않았다(왕하 22장). 이스라엘 왕들은 백성을 다스렸고 제사장들은 율법을 해석한 교훈(*torah*)을 베풀었다. 포로기가 지나면서 제사장들의 가르침과 페르시아 법령이 왕정의 권위를 대치했고, 이제 율법은 성전으로부터 독립된 책의 형태를 갖추게 되었다. 이제 서기관들은 최소한 이론상으로는 율법책을 펴들고 낭송한 후 제사장들이 싫어할 방식으로 해석을 내릴 수 있게 되었으니, 이스라엘 왕정의 부재로 인해 성전의 내부적 힘이 증가할 바로 그 시기에 다른 편에서는 토라의 해석에 바탕을 둔 새로운 권력의 중심이 만들어지고 있었다. 이런 새로운 상황은 후대에 바리새파 운동과 예수 운동을 위한 길을 터주었다. 이런 운동들은 그들 자신의 정체성을 이해하기 위해 또 남들에게 호소하기 위해 문서화된 토라의 권위가 필요했다. 이와 더불어 이스라엘은 외국의 통치하에서 사는 법도 배워야 했다. 문서화된 토라는 페르시아 왕의 승인을 얻어 반포되었기에 이스라엘에게 내재화된 정체성과 더불어 새로운 상황에 적응할 수 있는 방편을 찾는 데 도움을 주었다.

에스라-느헤미야서에 기록된 에스라의 모습을 수용하지 않는 학자들의 생각도 일리는 있다. 어느 나라에서든 후대의 기록은 과거의 중요한 인물을 미화하는 경향이 있다. 에스라가 유대인 사회를 개혁할 수 있는 전권을 부여받았다는 생각이 많은 이들에게 비현실적으로 들릴 수 있다. 어쩌면 에스라라는 인물의 모습은 이 책을 쓴 저자들의 이상을 반영하고 있을 것이다. 물론 이 말은 에스라-느헤미야서의 내용 중 에스라에 관한 정보가 포로기 이후 유다 역사를 재구성하는 데 무익하다는 말은 아니다. 다수의 학자는 토라와 신명기 역사서가 바빌로니아의 디아스포라 안에서 편집되고 유통되다가 페르시아 제국의 비호하에 유대인들에 의해 유다로 반입된 것으로 본다. 기록된 토라는 포로기 이전의 이스라엘에 근원을 두었지만, 바빌로니아 유대인 공동체에 의해 세상에 존재하게 되었다. 이 과정에서 에스라가 정확히 어떤 일을 했는지에 대해서는 논쟁이 많지만, 그에 관한 풍부한 전승을 고려할 때 그의 역할이 상당했을 것으로 보인다.

에스라의 활동 중 중요한 요소들(에스라-느헤미야서에 따름)

기록된 토라를 유다로 반입함

토라와 페르시아 왕의 칙령을 근간으로 사법제도를 세움

이방인들과의 혼합결혼을 폐지하고 금지함

기록된 토라와 정경

에스라가 성문화된 토라를 유다에 소개한 것은 성경의 형성 과정에서 기념비적인 사건이므로 이 장에서 그 과정을 좀 더 상술하고자 한다. 오늘날 우리는 기록된 성경을 당연한 것으로 받아들인다. 권위 있는 책들의 집합체라는 뜻으로 쓰이는 정경(canon)은 "갈대" 혹은 "측정용 자"를 뜻하는 그리스어 *kanōn*에서 유래한다. 유대교와 기독교는 각자가 사용하는 성경에 의해 "측정"될 수 있다. 로마 가톨릭이 사용하는 성경은 유대교와 개신교의 성경에 없는 일곱 권의 책을 더 포함하는데, 이 책들은 외경(Apocrypha, 이는 "감추어진" 혹은 공적 낭독에 사용되지 않는다는 뜻을 함의한다) 혹은 제2정경(deuterocanonical books)으로 불린다. 가톨릭 성경은 외경을 구약에 포함하지만, 개신교나 에큐메니컬 진영에서 발간한 성경은 외경을 별도로 다룬다.

기독교의 구약성경은 유대교 성경과 내용상 대체로 일치하지만, 책들의 배열순서가 다르다. 기독교의 구약성경은 모세 오경(Pentateuch: 창세기, 출애굽기, 레위기, 민수기, 신명기)으로 시작해 신명기 역사서(신명기부터 열왕기하까지로, 이 책들은 신명기로 대표되는 문학적·주제적 연속성을 보여준다. 신명기는 이 신명기 역사서의 일부인 동시에 모세 오경의 일부이기도 하다), 그리고 역대기와 에스라-느헤미야서를 거쳐 에스더, 욥기, 시편, 잠언, 전도서, 아가로 이어진 뒤 (이 점이 중요한데) 예언서들로 마무리된다. 구약성경의 마지막 책인 말라기는 하나님의 심판의 날이 임하기 전 예언자 엘리야가 다시 돌아와 사람들에게 경고하고 사회를 개혁하리라고 예측한다. 신약성경을 시작하는 마태와 마가의 복음서들은 세례 요한을 돌아온 엘리야로 간주하면서 세례 요한 안에서 엘리야가 예수의 길을(말라기에서는 하나님의 길) 예비하기 위해 재림했다고 해석한다. 이렇게 볼 때 기독교 구약성경은 그 배열순서만으로도 이스라엘 역사 전체가 예수 그리스도의 오심을 가리키고 있다는 메시지를 담고 있다. 엘리야와 세례 요한을 동일시함으로써 구약과 신약이 매끄러운 하나의 언약으로 융합된다.

유대교 성경은 흔히 타나크(Tanak) 혹은 미크라(Mikra)라고 불린다. "미크라"는 "책" 혹은 "경전"이란 뜻이고, "타나크"는 성경의 세 부분 토라(*torah*), 네비임(*nebi'im*), 케투빔(*ketubim*)의 첫 글자를 따 만든 약어다. 토라는 모세의 책이라고도 불리며, 성경의 첫 다섯 권을 지칭한다. 토라는 유대교 성경 중에서도 가장 성스러운 부분으로, 성경의 나머지 부분은 물론 이후의 모든 유대교 문헌이 토라에 대한 주석이라고 볼 수도 있다. 네비임은 "예언자들"(Prophets)이란 의미인데, 그리스도인들이 예언서라 부르는 책들 외에도 역사서에 해당하는 여호수아, 사사기, 사무엘상하, 열왕기상하가 전예언서(former prophets)로 분류되어 여기 포함된다. 이런 분류는 역사서들 역시 영감으로 저술되었으므로 예언의 성격을 갖는다는 생각에서 비롯된 것으로 보인다. 마지막으로 케투빔은 "문서들"(Writings)이란 뜻인데 정경의 나머지 책들을 가리키는 통칭이다. 이 유대교 성경은 에스라-느헤미야서(한 권으로 되어 있음)와 역대기로 마무리된다. 이런 정경 배열은 예루살렘 성전 건축과 거기서 드려지는 신성한 제의의 중요성을 강조하는 것으로 보인다. 역대기상하는 신명기 역사서를 재진술한 것으로, 다윗과 솔로몬의 통치를 예루살렘 제의의 기초라는 입장에서 부각시킨다. 우리는 이 장에서 에스라-느헤미야서가 어떻게 그런 관심을 진전시켰는지를 살펴보았다.

성경의 형성과정을 조목조목 밝히기는 쉽지 않다. 사실 유대교나 기독교가 개별 책들을 선정해 정경의 형태에 도달한 것은 제2성전기 이후에 일어난 일이며, 낱장을 묶은 책(codex)이 등장한 것은 기원후 첫 몇 세기 동안의 일이었다. 따라서 이 시기 전에 정경이란 문자적으로 말해 여러 두루마리를 모아놓은 것이었다. 그러나 우리는 개별 책들의 선집이 정경으로 발전해가는 과정을 보여주는 중요한 기점들을 식별할 수 있다.

시내산에서 모세에게 문서화된 토라가 주어졌다는 기원설화는 유대교와 기독교 양측에게 신학적으로 의미 있는 논점을 제공한다. 이런 이야기를 문자 그대로 받아들일 학자는 없겠지만, 후대에 완성된 토라가 본질상 포로기 이전 이스라엘의 법률, 풍습, 신앙과 설화들에 기원을 두고 있다는 것은 유의미한 사실이다. 기원전 7세기 말 요시야 왕의 재위 당시 성전에서 율법책이 발견된 것은 이후 세대에게 요시야가 행한 종교개혁의 기초로서 기억되었다(왕하 22장). 대다수 학자들은 그 율법책이 오늘날 신명기의 중심에 해당한다고 생각한다. 이윽고 기원전 6세기 전반기에 유다의 지배 엘리트가 바빌로니아로 끌려가는 유배길에 이 신명기의 초기본을 가져갔고, 그곳에서 유배라는 현실을 반영하는 신명기로 다시 다듬어냈다. 같은 유배 기간에 일군의 제사장 학자들은 야웨 문서 J와 엘로힘 문서 E(이 문서들에 대해서는 앞서 1장에서 설명했다)를 중심으로 자신들의 자료를 추가해 오늘날 창세기에서 민수기에 해당하는 네 권의 책을 만들어냈다. 이 사경이 신명기와 결합하여 만들어진 결과물이 토라 혹은 모세오경이다. 많은 학자는 이렇게 만들어진 모세 오경이 어떤 형태로든 에스라의 손에 들려 유다로 반입되었다고 생각한다.

바빌로니아에 있던 유대인 공동체는 모세 오경 외에도 다른 문서들을 생성해냈다. 모세 오경의 다섯 번째 책인 신명기는 시작 부분과 끝부분이 더해진 확장본으로 재편되었고, 신명기가 대표하는 사상으로 해석된 이스라엘 역사가 만들어졌다. 우리는 이것을 신명기 역사서라고 부른다. 이 역사가 예언자들의 글과 합쳐져서 유대교 성경구조에서 둘째 부분인 네비임 곧 예언서를 구성하게 된다. 여타 책들은 케투빔 즉 성문서로 편집된다. 성경의 형성사를 연구하는 다수의 학자는 기원전 2세기 이전에 토라와 예언서는 거의 고정되었지만 성문서의 경우는 기원후 1세기까지도 유동적인 상태에 있었다고 본다. 「집회서」의 서문은 히브리 성경이 세 부분으로 구성된 사실을 명시하지만, 그 셋째 부분에 대한 자세한 설명은 없다. "율법과 예언서들과 그 이후의 다른 책들", "율법과 예언서들과 우리 조상들이 남긴 다른 책들" 혹은 "율법, 예언서들, 그리고 나머지 책들"이라는 호칭들은 기원전 2세기 후반부의 상황을 가늠하게 해준다. 율법과 예언서라는 범주는 신약성경에도 자주 등장한다(마 5:17; 7:12; 22:40; 눅 16:16; 요 13:15; 24:14; 롬 3:21). 누가복음 역시 모세와 예언자들(눅 16:29, 31)이라는 표현을 사용하여 같은 구분을 나타낸다.

사해사본(아래 5장을 보라)은 기원전 2세기 중엽부터 기원후 68년까지 존속했던 한 유대교 종파에 의해 보존되었다(아래 5장을 보라). 이 두루마리들은 현재 (구약)성경에 수록된 책들이 대부분 거룩한 경전의 지위를 누렸다는 증거를 제공하지만, 그 외에 다른 문서들도 그 종파에 거룩한 문서였음을 논증해준다. 그 문서들이 그 종파 고유의 문서들로 다루어진 방식을 고려할 때 토라와 예언서가 특권을 가진 모음집으로 여겨진 것은 분명하지만, 그 종파가 오늘날의 성경처럼 명백하고 배타적인 정경 목록을 갖고 있었다는 증거는 나오지 않았다.

성문화된 성경의 등장은 제2성전기와 그 이후 유대교에서 결정적 중요성을 지니는 사건이다. 유대인이든 그리스도인이든 성경을 읽을 때는 자신이 제2성전기 유대인들의 수고에 빚지고 있음을 기억해야 할 것이다.

결론

이 장에서 우리는 바빌로니아 유배 이후 유다에서 이스라엘이 재건된 과정을 살펴보았다. 성전과 국토의 상실로 인해 유배 공동체에서 신앙의 강조점은 할례와 안식일 준수로 옮겨졌다. 유배 공동체는 자신들이 신성한 것으로 여겼던 내러티브들과 율법 규정들을 수집하고 재정리해서 새로운 형태로 엮어냈고, 이 기록물은 종국에 기록된 토라로 정착되었다.

페르시아 황제 고레스가 유대인 포로들의 본국 귀환과 성전 재건을 허락했지만, 왕조는 복귀되지 않았다. 귀환한 포로들은 처음에 다윗 후손으로 추정되는 스룹바벨과 대제사장 여호수아의 공동 지도체제를 꾸렸지만, 오래 지나지 않아 대제사장이 총괄적인 지도자로 부상했다.

복구된 공동체가 모든 이들을 만족시킬 수는 없었다. 제3이사야 배후의 집단은 자신들이 권력에서 배제되었다고 느꼈고 제사장 집단과 충돌을 일으켰다. 말라기는 제사장 집단의 관습과 가르침을 비판했다. 느헤미야는 유다 공동체 안팎에서 일어난 반대와 맞닥뜨렸고, 에스라가 개혁자의 자격으로 파송되었다. 제사장 집단에 의해 최종 형태로 완성된 성문 토라는 유다 공동체에서 제사장들의 지배력을 굳히는 역할도 했지만, 동시에 신분적 권위 대신 토라에 대한 지식과 해석 능력에 근거한 새로운 권위체계를 태동시키는 실마리를 제공했다. 따라서 토라는 공동체를 통일시키거나 공동체 내에서 의견이 일치하지 않도록 만드는 역할을 모두 담당했다.

참고문헌

Ackroyd, Peter R. *Exile and Restoration: A Study of Hebrew Thought of the Sixth Century B.C.* Philadelphia: Westminster, 1986.

______. *1 and 2 Chronicles, Ezra, Nehemiah.* London: SCM, 1973.

______. *Israel under Babylon and Persia.* Oxford: Oxford University Press, 1970.

Ackroyd, Peter R., and C. F. Evans, eds. *The Cambridge History of the Bible: From the Beginnings to Jerome.* New York: Cambridge University Press, 1970.

Anderson, Bernhard. Chapter 15 in *Understanding the Old Testament.* 4th ed.

Englewood Cliffs, N.J.: Prentice-Hall, 1986.

Bickermann, Elias. *From Ezra to the Last of the Maccabees: Foundations of Post-biblical Judaism.* New York: Schocken, 1962.

Blenkinsopp, Joseph. *Ezra-Nehemiah: A Commentary.* Philadelphia: Westminster, 1989.

______. "Interpretation and the Tendency to Sectarianism: An Aspect of Second Temple History." Pages 1-26 in *Aspects of Judaism in the Graeco-Roman Period.* Vol. 2 of *Jewish and Christian Self-Definition.* Edited by E. P. Sanders, A. I. Baumgarten, and Alan Mendelson. Philadelphia: Fortress, 1981.

Bright, John. *A History of Israel.* 3rd ed. Philadelphia: Westminster, 1981.

Fishbane, Michael. *Biblical Interpretation in Ancient Israel.* New York: Oxford University Press, 1985.

Friedman, Richard Elliott. "Torah (Pentateuch)." *ABD* 6:605-22.

Gottwald, Norman K. Chapters 9, 10, and 12 in *The Hebrew Bible: A Socioliterary Introduction.* Philadelphia: Fortress, 1985.

Hanson, Paul. *The Dawn of Apocalyptic: The Historical and Sociological Roots of Jewish Apocalyptic Eschatology.* Rev. ed. Philadelphia: Fortress, 1979. 『묵시 문학의 기원』(CH북스 역간).

Leiman, Sid. *The Canonization of Hebrew Scripture: The Talmudic and Midrashic Evidence.* Hamden, Conn.: Archon Books, 1976.

Peterson, David L. *Haggai and Zechariah 1-8.* Philadelphia: Westminster, 1984.

Sanders, James A. "Canon." *ABD* 1:837-52.

______. *From Sacred Story to Sacred Text.* Philadelphia: Fortress, 1987.

Smith, Morton. *Palestinian Parties and Politics That Shaped the Old Testament.* New York: Columbia, 1971.

Stone, Michael. "Exile, Restoration, and the Bible." *SSV* 19-25.

제3장

헬레니즘, 유대교, 마카비 가문

◆ 일차자료: 「마카베오1·2서」, 「집회서」

역사적 개관

알렉산드로스가 세계를 정복하다

알렉산드로스 대왕은 삶이 곧 전설을 낳는 그런 사람으로, 그리스 북쪽에 위치한 마케도니아의 왕자로 태어났으며 유명한 그리스 철학자 아리스토텔레스에게 사사했다. 남부 이웃 나라들의 언어와 풍습이 알렉산드로스의 고향에 영향을 미쳤는데, 아리스토텔레스는 그리스 문화의 탁월함을 그에게 깊이 각인시켰다. 야만인을 뜻하는 "barbarian"이라는 말 자체가 그리스어를 하지 못하는 사람을 지칭하는 그리스어 단어에서 유래했다.

그리스인들은 오랫동안 유능한 군인들이었고 외국인들의 용병을 자처해왔다. 하지만 그들은 외국과의 전쟁만큼이나 자신들끼리의 내전에도 열심이었다. 그리스의 기본적인 정치 단위는 도시국가들의 연합체로 구성되었는데, 그중 가장 유명한 도시국가가 아테네와 스파르타였다. 도시국가들은 때때로 연합세력을 이뤄 외적과 싸우기도 했지만, 기본적인 정치구조와 각 도시국가를 갈라놓은 산악지형으로 인해 대체로 조각난 상태를 유지해오고 있었다. 알렉산드로스의 부왕인 필리포스 5세는 자신의 주도하에 이 그리스의 도시국가들을 단합시킬 수 있다면 누구도 건드릴 수 없는 강력한 힘을 갖게 되리라는 염원을 품었다. 그렇게 만들어진 강력한 그리스는 동방의 페르시아 제국과 맞서게 되었는데, 필리포스는 페르시아 제국을 집어삼킬 기회가 무르익었다고 판단했다.

필리포스는 자신의 꿈이 이루어지는 것을 보지 못한 채 기원전 336년에 암살당하고 만다. 하지만 그의 아들 알렉산드로스는 불과 스무 살 약관의 나이에 아버지의 유지를 받들어 무서운 기세로 그리스 본토를 삼키고 동편으로 향했다. 그리스와 페르시아는 오랜 원한 관계였다. 과거 페르시아는 계속 그리스를 침공했으나 그리스의 군사력과 함께 바다와 산이라는 자연적 방패로 인해 여러 번 좌절했었다. 그러나 페르시아는 소아시아(아나톨리아라고도 불림; 오늘날 아시아의 터키)에 있는 그리스 식민지들을 집어삼켰다. 페르시아인들은 알렉산드로스의 기세에 대비를 갖추지 못했다. 페르시아 황제 다리우스 3세는 알렉산드로스와 세 번의 대전투를 벌여 세 번 모두 패배한 뒤, 기원전 330년에 자기 부하들의 손에 목숨을 잃었다. 알렉산드로스는 페르시아의 수도 페르세폴리스를 불태워 버림으로써 기원전 480년에 페르시아인들이 아테네의 아크로폴리스를 불태웠던 일을 되갚아주었다.

그로부터 십 년이 지나지 않아 알렉산드로스는 오늘날의 터키, 시리아, 레바논, 이스라엘, 요르단, 이집트, 이라크, 이란, 아프가니스탄, 그리고 파키스탄을 아우르는 광대한 영토를 손에 넣었다. 이것은 경이로운 성취였다. 기원전 326년에 그는 인도로 진격을 계속하려고 했지만, 부하들의 거부에 부딪혀 회군한다. 너무 오래 고국을 떠나 전쟁터에서 뒹군 그들은 알렉산드로스의 야망을 더는 따를 수 없을 만큼 지쳐 있었다. 어쩔 수 없이 발걸음을 돌린 알렉산드로스는 기원전 323년에 짧은 생을 마감하고 만다.

알렉산드로스가 손에 넣은 영토의 크기는 그의 에너지와 군사적 천재성 그리고 선견지명이 있는 야심을 짐작하게 해준다. 그의 왕국은 지중해 동쪽과 고대 근동의 역사에 새로운 장을 열었는데, 알렉산드로스의 원정으로부터 로마의 유대 정복이 있었던 기원전 63년에 이르는 헬레니즘 시대가 바로 그것이다. (이때부터 예루살렘 인근 지역은 로마인이 명명한 유대라는 이름으로 불리게 된다.) "헬레니즘"이란 용어는 그리스인들이 자신을 가리켜 사용한 헬라스(*Hellas*)에서 유래한 것인데, 헬레니즘 시기 내내 그리스 문화와 정치형태 및 언어가 지중해 동쪽과 고대 근동 전역으로 퍼져 나가게 된다.

주요 연대(기원전)

333년	알렉산드로스가 페르시아를 상대로 중요한 전쟁에서 첫 승리를 거둠
3세기	프톨레마이오스 왕조가 유다를 지배함
200년	셀레우코스 왕조의 안티오코스 3세가 유다를 프톨레마이오스의 지배에서 탈취함
175년	안티오코스 4세가 셀레우코스 왕위에 올라 예루살렘에서 헬레니즘 개혁을 실행함
167년	안티오코스 4세가 유대인에 대한 박해를 시작함. 마카비 반란이 시작됨
164년	안티오코스 4세가 사망함. 마카비가 예루살렘과 성전을 탈환해 재봉헌함. 하누카 절기를 제정함
161년	유다 마카비가 사망함
152년	유다 마카비의 동생 요나단이 대제사장에 오름
150년	쿰란 공동체의 설립(추정 연대)
142년	요나단이 피살됨. 그의 동생 시몬이 대제사장직을 승계함
63년	로마가 유대 왕국을 복속시킴

유대인의 고토는 서쪽으로 지중해와 동쪽으로 광야 사이에 띠처럼 자리 잡은, 경작이 가능한 지역이다. 이곳은 한편으로 이집트와 다른 한편으로 페르시아를 비롯한 동북방의 전통적 강국들 사이에서 자연스럽게 교량 역할을 했다. 알렉산드로스는 이집트에 욕심이 있어서 유대를 정복했다. 그가 유대인들이 누구인지를 정확히 알기나 했는지 궁금하다. 하지만 그의 눈에 유대는 진군을 방해하는 장애물이었으므로 그곳은 위험천만한 자리였던 셈이다. 알렉산드로스의 대군이 지중해 동쪽을 휩쓸었기에 유대인들은 그 기세에 떠밀려갈 뿐이었다. 그들은 알렉산드로스에게 군사적으로 맞서지 않았다. 아마도 일각에서는 알렉산드로스의 진군을 페르시아의 지배에서 벗어날 기회로 여기고 환영하기도 했을 것이다. 그러나 유대인의 세계는 팽창일로였던 알렉산드로스의 제국에 병합됨으로써 결정적 변화를 맞게 된다. 알렉산드로스가 유대를 정복한 시대는 이스라엘 역사에서 바빌로니아 유배 및 재건의 경험에나 비교할 만한 사회적 격변과 지성의 자극을 가져온 격랑의 시간이었다.

알렉산드로스의 후계자들

알렉산드로스가 죽자 그가 남긴 새 제국은 그의 휘하에 있던 세 장군의 손에 넘어갔다. 흔히 "후계자들"(그리스어: *diadochoi*)로 불리는 이 세 사람은 제국을 셋으로 나누어 독립된 나라를 만들고 서로의 영토를 확장하려는 투쟁에 나섰다. 파괴적인 전쟁이 이십 년을 끈 뒤에야 세 나라는 불안한 평형을 이루었다. 우리의 관심사는 이집트를 중심으로 한 프톨레마이오스 왕국과 시리아 및 메소포타미아에 자리 잡은 셀레우코스 왕국이다.

하지만 이 세계는 그렇게 쉽게 분할되지 않았는데, 특히 유대인들이 살던 유대 지방은 셀레우코스와 프톨레마이오스 양자 간의 다툼으로 인해 더더욱 불안한 상태에 있었다. 기원전 301년의 조약으로 유대는 셀레우코스에 넘어갔지만 이미 그 지역을 차지했던 프톨레마이오스는 쉬이 포기하지 않았다. 두 왕조가 기원전 3세기 대부분을 끊임없는 전쟁으로 보냈다. 유대는 프톨레마이오스의 지배하에 남아 있다가 기원전 200년에 안티오코스 3세에 의해 마침내 셀레우코스로 넘겨진다. 프톨레마이오스에서 셀레우코스로의 패권 이동은 훗날 유대인들에게 재난을 초래하게 된다.

기원전 175년에 셀레우코스의 왕좌에 오른 안티오코스 4세 에피파네스가 그리스 문화를 유대에 강제하고 유대인의 종교를 금하는 치명적 실책을 저지른다. 유대인들은 이미 수백 년간 외세의 지배를 견뎌냈지만, 이것만큼은 너무 지나친 일이었다. 토라를 불법화하는 것은 한 민족으로서 이스라엘의 정체성을 짓밟고 그들이 하나님과 맺은 관계를 박탈하는 행위였다. 유대인들은 훗날 마카비로 불리게 되는 한 제사장 가문을 중심으로 반란을 일으킨다. 이후 수십 년간 계속된 전쟁에서 유대인들은 먼저 종교적 자유를 얻은 다음 정치적 독립을 이루고 마침내 국가를 되찾게 된다. 그러나 그 이후에 들이닥친 정복자는 너무나 강했다. 기원전 63년에 로마가 예루살렘을 정복함으로써 유대인의 독립은 종국을 맞게 된다.

두 제국의 비교

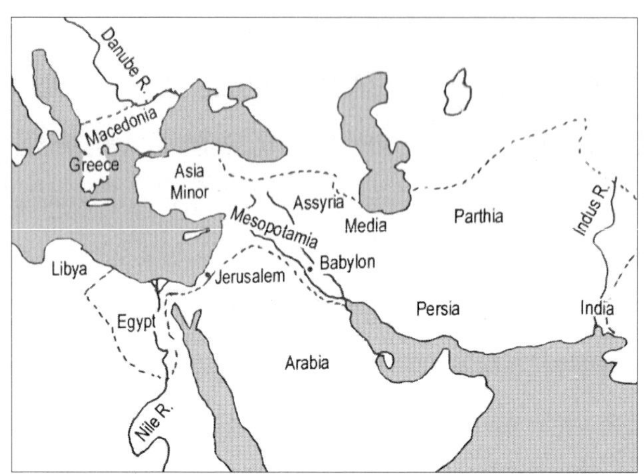

알렉산드로스 대왕의 제국

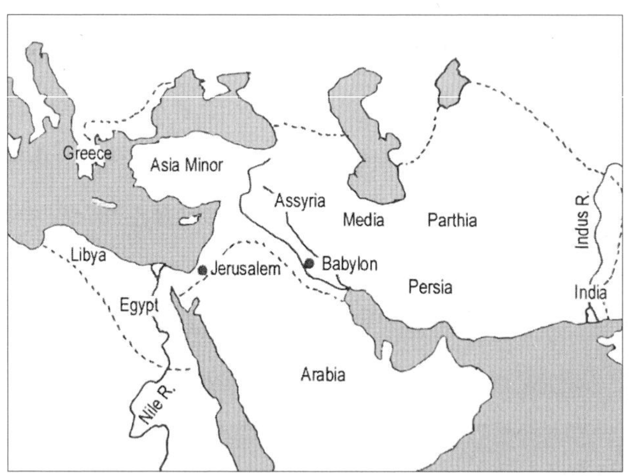

페르시아 제국

헬레니즘

그리스 도시

그리스 문화는 폴리스(polis) 즉 도시국가에 기반을 두었다. 알렉산드로스 이전부터 그리스인들은 소아시아 서부 등에 다수의 식민지를 구축하고 자신들의 도시국가를 닮은 도시들을 세웠다. 이론상으로 이렇게 세워진 그리스 도시들은 그 위치를 막론하고 자율적인 정치단위여야 했지만, 현실에서는 제국의 일부로서 그 독립성을 제한당했다. 각 도시는 시민들 즉 토지를 소유한 남성들이 지배했다. 때때로 시민들은 에클레시아(*ekklēsia*, 이 단어는 나중에 그리스도인들에 의해 차용되어 "교회"를 가리키게 된다)를 소집했다. 다수의 시민이 도시의 일상적 운영에 개입하는 것은 실질적이지 못했기에 그런 기능은 시의회에 위임되었다.

오늘날 낯선 도시를 찾는 사람은 어느 도시에나 응당 있을 법한 몇 가지를 알고 있다. 시내 중심가, 시청, 법원, 유흥가나 영화관, 쇼핑몰, 호텔, 버스 터미널, 공항 등이 그것이다. 대부분의 도시에 비슷한 구조물이 많이 있으니 사람들은 다른 도시를 찾아도 그리 불편을 느끼지 않는다. 그리스 도시들도 마찬가지여서 그리스 전통과 문화를 구현하는 제도와 기관들을 갖추고 있었는데, 그 일례로 아고라 즉 시장을 들 수 있다. 아고라는 널찍한 공터를 주랑 현관(portico)이 둘러싼 형태였는데, 각 주랑 현관은 열을 지은 기둥으로 지붕을 받치고 벽이 없이 열려 있는 공간이었다. 시민들은 적어도 가끔은 아고라에 가기 마련이었는데, 아마도 오늘날 쇼핑몰이 그와 비슷할 것이다. 헬레니즘 시대의 아고라는 다수의 시민이 모여드는 곳이었기에 물건만이 아니라 사상을 교환하는 시장이기도 했다. 철학자들이 그곳에서 청중을 만났고 여러 종교를 설파하는 선교사들도 마찬가지였다.

극장과 김나지움들 역시 그리스 도시의 중요한 시설이었다. 극장에서는 그리스 신화는 물론 사회 풍자를 담은 극들이 공연되었다. 김나지움은 단순한 체육시설이 아니었다. 건강한 몸에 건강한 마음이 깃든다는 신념을 가진 그들에게 운동은 물론 중요했지만, 김나지움은 젊은이들이 고전을 공부하고 군사훈련을 받기도 하는 일종의 고등학교이기도 했고 정치적 회합이 일어나는 장소이기도 했다. 여러모로 김나지움은 그리스 문화의 보존과 전수 및 확산의 구심점이자 새로운 세대인 시민들의 훈련장이기도 했다. 그리스 도시들 안에는 그들이 섬기는 신들을 모신 신전들도 있었다. 그 도시의 신들을 예배하는 것은 시민의 의무였는데, 이는 도시의 안위가 신들의 호의에 달려 있다고 믿었기 때문이다. 시민의 삶과 종교적 삶은 분리하기가 어려웠기에 신들을 모신 신전이 김나지움과 극장을 비롯한 곳곳에 있었다.

헬레니즘의 확산을 위해 알렉산드로스와 그 후계자들은 신도시들을 건설하고 오랜 도시들을 뜯어고쳐 그리스식으로 개조하는가 하면, 작은 마을들을 결집하여 작은 도시로 정비했다. 겸손과는 거리가 있었던 그들은 종종 도시에 자신들의 이름을 붙이곤 했다. 알렉산드로스 역시 수많은 도시에 자신의 이름을 붙였는데, 그가 건설한 도시 중 가장 장수하고(오늘날까지 남아 있다) 영향력 있는 도시를 꼽으라면 이집트의 알렉산드리아를 거론하지 않을 수 없다. 프톨레마이오스 왕국도 알렉산드리아를 헬레니즘 문화와 교육을 자랑하는 무대로 삼았다. 헬레니즘 시대의 알렉산드리아는 세계 최고로 손꼽히는 지성의 중심지였고, 초기 로마 시대에는 로마, 안디옥과 더불어 로마 제국의 3대 도시로 각광을 받았다.

헬레니즘

헬레니즘 시대는 알렉산드로스 대왕의 정복 전쟁으로 시작해 로마 제국의 지중해 동쪽 정복으로 마친다. "헬레니즘"이라는 용어는 그 시대에 그리스어와 그리스의 문화 및 정치제도가 지중해 동편과 근동으로 확산된 현상을 가리킨다. 그 결과 그리스 문화와 지역 문화의 교류를 통해 발현된 새로운 문화체제가 나타났다.

혼합주의—문화의 융합

헬레니즘과 그 결과로 생겨난 문화 복합체는 대영제국의 인도 지배와 유사한 면이 있다. 식민지 통치는 인도에 심오한 변화를 가져왔고 영어를 국가의 공식 언어로 사용하도록 만들었다. 하지만 아무리 과장을 한다 해도 인도가 영국이 된 것은 아니었다. 마찬가지로 헬레니즘 시대에 정치적 통제를 받은 지역들이 중대한 변화를 겪긴 했으나 그리스가 될 수는 없었다.

페르시아 치하에서 그리스와 다른 지역의 교류가 실개울이었다면, 알렉산드로스 이후로는 봇물이 되었다. 알렉산드로스는 그리스 문화의 우월함을 굳게 믿었지만, 다른 문화에 대해서도 열려 있었다. 사실 그리스인들은 이전부터 교역과 용병 생활을 통해 접한 외국 문물에 호기심을 지니고 있었고, 그들의 철학 역시 타문화에 대한 개방성을 지지했다. 일례로 스토아 학파는 세계도시(cosmopolis, 그리스어 *kosmos* 즉 "세계"와 *polis* 즉 "도시"의 합성어다)의 이상을 천명했는데, 이는 온 세계를 하나의 도시와 그곳에 거주하는 시민으로 이해하는 사상이었다. 물론 현실적으로 이런 이상은 그리스 문화와 그리스 제도의 절대적 우월성에 대한 확신을 기초로 했기에, 알렉산드로스에게 세계 통일은 세계를 그리스로 만드는 것이었다. 이로 인해 헬레니즘 제국은 각 지역 문화에 이전 제국보다도 더 위협적인 존재임이 드러나게 되었는데, 유대인들은 오래지 않아 그 실상을 깨닫게 된다.

그러나 문화적 영향이란 일방적으로만 흐르지는 않는 법이어서 그리스 문화 역시 외래문화들의 영향을 받게 된다. 알렉산드로스 자신이 여러 문화 간의 교류는 물론, 그리스 주둔군 군인들과 피정복민 간의 접촉을 권장했다. 사실 알렉산드로스는 외국 공주와 결혼했는데, 자신의 휘하 군인들에게도 외국 여인과의 결혼을 장려했다. 알렉산드로스 군대의 지휘관과 경호대는 물론 궁중 관료 중에도 알렉산드로스에게 정복당한 페르시아인들이 섞여 있었다. 심지어 알렉산드로스는 페르시아 황제의 장신구를 몸에 지녀서 부하들의 빈축을 사기도 했다. 지역의 사람들이 그리스의 방식을 받아들인 후에도 현지 문화와의 교섭은 계속 진행될 수밖에 없었다. 결론적으로 이집트의 헬레니즘은 유대의 헬레니즘과 달랐고, 유대의 헬레니즘은 소아시아의 그것과 다른 모습을 지녔다.

학자들은 문화들이 섞이는 현상을 혼합(syncretism)이라고 부른다. 혼합은 문화들과 사상들이 새로운 것을 만들어내는 일련의 상호작용을 가리킨다. 예를 들어 유대교와 기독교의 신관은 이스라엘과 그리스의 신관 사이의 상호작용을 반영한다. 하나님이 특정한 집단의 삶에 밀접히 간여하고 그들의 역사가 "구원의 역사"를 구성한다는 것은 성경의 신관이다. 변함없고 흔들림이 없는 존재로서의 하나님, 만물의 작용을 초래하는 궁극적 작용으로서의 신관은 그리스 철학의 산물이다. 이렇게 그리스와 성경의 개념이 섞여서 헬레니즘 시대의 유대교를 형성하게 되었다.

그리스 문화의 영향은 도시에서 가장 강했지만, 도시 내에서도 정도의 차이가 존재했다. 헬레니즘은 하류층보다는 상류층이 더 많은 영향을 받았으나 상류층 안에서도 태도의 다양성이 발견된다. 지역적으로는 교역을 비롯한 소통이 활발한 지역일수록 헬레니즘화가 심했고, 유대의 고지대나 소아시아의 산악 성읍들에서는 헬레니즘의 존재감이 미약했다. 그래서 팔레스타인의 촌부가 그리스어를 약간 할 수 있더라도 플라톤이나 아리스토텔레스를 읽고 김나지움에서 훈련을 받았을 가능성은 거의 없다. 그에 비하면 예루살렘의 상류층은 그리스어를 쓰고 그리스식 생활 방식을 누렸을 가능성이 크다.

인간은 상호 소통을 위해 공용어가 필요하다. 일단 공용어가 준비되면 모든 수준에서 상호작용이 일어나게 마련이다. 다언어 환경에서 한 언어가 지배적 위치를 갖게 되면 더 넓은 세상과 연결되기를 원하는 사람들은 모두 그 언어를 배우고 싶어 한다. 그 시대에는 마케도니아인과 그리스인이 지배하던 광대한 영토의 공용어가 그리스어였으므로 지역을 막론하고 그리스어를 배워야 할 강력한 동기가 부여되었다. 특히나 교육을 통해 계층의 상승을 원하는 이들은 더더욱 동기가 분명했다. 헬레니즘 세계에 태어났다고 해서 경제적·정치적·사회적 신분 상승이 쉽지는 않았다. 고대 사회는 안정과 계층 질서를 중시했고 사회적 이동성은 현대 사회와 비교하면 현저히 낮았다. 그러나 헬레니즘 사회에서 신분 상승의 가능성은 이전과 비교할 때 분명히 더 높았다. 헬레니즘의 국가들은 특히 대도시 지역에서 문화적 유사성이 매우 높아서 국제문화라는 이름이 어색하지 않았다. 이제 "그리스식"이라는 개념은 국적이 아닌 문화의 문제가 되었고, "그리스인"은 그리스어를 사용하고 헬레니즘 문화에 깊이 들어간 사람을 가리키는 용어가 되었다. 이런 사람들에게 지리적·사회적 이동성은 더 높아졌는데, 이는 그리스어로 소통하고 그리스 문화를 이해하는 지역이 많았기 때문이다.

소외

우리는 문화 충격이라는 개념에 친숙하다. 문화 충격은 누군가가 한 문화권을 떠나 다른 문화권으로 가거나 자신의 문화와 동떨어진 사상이나 가치 혹은 제도에 점령당할 때 발생한다. 한 나라에서 다른 나라로 갓 이민 온 사람, 미국 촌마을에서 대도시로 이주한 미국인, 혹은 출생지를 떠나 타향으로 이사를 간 사람들이 문화 충격을 경험한다. 그런 변화를 잘 수용하는 이들도 있지만, 개중에는 그런 환경을 위협으로 받아들이는 사람들도 있다. 오늘날에도 문화 충격에 대해 부정적인 사람들은 자신의 견해를 종교적 방식으로 표현하곤 하는데, 헬레니즘 사회는 더더욱 그러했다.

이전에 자기 나라의 왕의 통치를 경험한 사람들은 말할 것도 없고, 문화적 패권에 별 관심이 없이 페르시아의 통치에 익숙한 사람들에게도 헬레니즘의 열렬한 문화 제국주의는 이전과는 판이한 세상을 뜻했다. 지중해 동편과 근동 곳곳에 그리스식 도시가 세워졌고, 사방에서 그리스어가 들려왔다. 그동안 당연시해왔던 자신의 종교와 세계관을 이제는 타종교와 이질적 세계관에 비추어 재고해야 하는 형편이 되었다. 많은 유대인이 이런 국제문화의 출현을 달가워하지 않았고 심지어 적대감을 품기도 했다. 그러나 헬레니즘에 반대하는 이들조차도 시간이 흐르면서 자신들이 그 영향을 받고 있음을 깨닫게 되었다.

삶은 더욱 복잡해졌고, 정치는 자기들끼리 종종 전쟁을 벌이는 거대 제국들에 의해 좌우되고 있었다. 그런 상황에서 개인과 국가의 운명을 결정하는 것은 이제 지역의 권력에 달린 문제가 아니었다. 헬레니즘 시대에 작은 국가들은 조공을 바쳐 제국 간에 벌어지는 전쟁의 비용을 감당해야 했다. 경제활동은 주기적으로 전쟁의 방해를 받았다. 그리스와 로마 신화에서 여신의 지위를 누리는 "운명"이 일반 백성의 삶에서도 중요하게 받아들여졌다. 점성술이 인기를 끌었다. 자신의 운명을 바꿀 수 없다면 그 운명을 이해라도 해야 했으니 말이다. 자신들이 믿는 신이 지도자들을 지켜준다는 세계관에 익숙했던 사람들은 그 신념과 세상 속 현실 간의 불일치로 인한 **인지 부조화**(cognitive dissonance)를 경험하고 있었다. 예를 들어 유대인들은 왜 자신들에게 이제 왕이 없는지를, 또 다윗의 자손들이 영구히 이스라엘의 왕좌에 앉으리라던 하나님의 약속은(삼하 7:16) 어떻게 된 것인지를 질문했을 것이다. 그런 문제와 씨름하기 위해 어떤 종교들은 초자연적 악의 세력이 역사의 무대에서 활동하고 있다는 신화 체계를 만들어냈다. 묵시문학이나 메시아 신앙에서 희망을 찾는 이들도 늘어났다. 철학과 종교는 변용되어 새로운 도전과 마주했으며 익숙했던 세상이 뒤엎어지는 상황에서 살아남는 방법을 제시하고 있었다.

기원전 5세기에 아테네의 아크로폴리스에 세워진 파르테논 신전이다. 파르테논은 여신 아테나의 신전으로 그리스 문화의 주요 상징이었다.

헬레니즘 철학

고대 세계에서 위대한 철학자들이 등장하면 그의 가르침을 추종하는 학파가 형성되곤 했다. 플라톤(플라톤 학파), 아리스토텔레스(아리스토텔레스 학파 혹은 소요학파), 제논(스토아 학파), 디오게네스(견유학파) 등이 대표적인데, 이 학파들은 헬레니즘 정신에 걸맞게 서로 영향을 주고받았다. 이들이 헬레니즘 문화에 미친 영향 중에서 가장 돋보이는 것은 사변적 형이상학뿐만 아니라 삶을 어떻게 영위할 것인가, 즉 윤리의 영역에 관해서도 탐구했다는 것이다. 이들에게서 유래한 개념들이 종교집단에도 영향을 주었는데, 헬레니즘을 받아들인 유대인들과 후대의 그리스도인들에게서 스토아 학파와 플라톤 학파의 흔적을 읽을 수 있다. 따라서 플라톤 학파와 스토아 학파에 대해 간단히 살펴보는 것이 유익할 것이다.

플라톤(기원전 427-347년)과 그에게서 유래한 플라톤 학파는 인간이 육체와 영혼으로 구성되어 있으며 영혼은 육체의 감옥에 갇혀 있다고 이해했다. 따라서 영혼이 육체의 감옥을 벗어나게 하는 것이 인생의 목표인데, 살아 있는 동안 이 해방을 얻는 것은 변화무쌍한 외양에 불과한 현실 너머에 있는 진, 선, 미의 가치를 명상할 때 가능하다. 죽음에 임한 영혼은 육체를 탈출해 천상계의 순수한 이상의 세계로 올라간다. 플라톤은 귀신(demon)이라는 영적 존재에 대해서도 말했다. 플라톤이 헬레니즘 세계관에 이바지한 것은 매우 크지만, 최소한도로 말한다면 세계의 이원성(인간의 오감이 닿을 수 있는 변화하는 물질계와 지성으로만 접근할 수 있는 불변하는 이상계로 구분함), 육체와 영혼의 이원론, 신비주의적 명상, 영적 존재에 관한 믿음 등이 그의 공헌이다.

스토아 철학의 한 가지 공헌은 모든 인간이 형제자매라는 코스모폴리스, 즉 일종의 "지구촌"(global village) 관념을 발전시킨 것이다. 헬레니즘 문화는 이런 이상의 불완전한 실현이었다고 말할 수 있다. 스토아주의자들은 우주를 인간에 비교했고, 영혼-육체의 이원론을 취하면서도 영혼을 육체보다 더 나은 유형으로 설명했다. 다른 철학들이 신이라고 부른 존재를 그들은 영혼 혹은 로고스(그리스어 *Logos*는 "말", "생각", "이성" 등을 뜻한다)라고 칭했다. 우주 내의 이성적 측면이야말로 만물을 붙들어 유지하는 힘이었다. 이런 점에서 스토아주의자들은 우주의 신성과 일체성을 믿는 범신론자들이었다. 그들은 전통적 종교란 인간과 로고스 간의 교섭을 알레고리로 표현한 것이라고 믿었고, 신화와 종교적 관습을 중시하면서도 그것들을 오직 알레고리로만 해석했다. 인간의 마음은 세계의 지성이 의식으로 들어와 발현된 것이며 인간이 죽을 때 그 영혼은 다시금 세계의 영혼으로 복귀한다는 것이 그들의 설명이었다. 인간은 모두 이런 방식으로 연결되어 있으므로 만민은 평등한 형제자매이며 따라서 서로 사랑하는 것이 마땅했다. 스토아주의자들에게 행복은 자신의 본질에 합치하는 삶을 의미하며, 이루지 못한 욕구에 행복 여부를 의존하는 것은 옳지 않았다. 따라서 그들은 소유할 수 없는 것들을 소망하지 않는 것을 목표로 삼았다.

헬레니즘 종교

루터 H. 마틴(Luther H. Martin)은 세 가지 "생존 전략"의 관점에서 헬레니즘 종교를 분석했다. 첫째는 경건이다. "경건은 가정과 가족 그리고 신들의 지배하에 사는 세상에서 자신이 제자리에 있다는 안도감을 제공하는 제반 요소들과 관련된 전통적 관행과 습관의 시스템을 가리킨다"(11). 공공적이고 모두에게 접근 가능한 이 생존 전략이 사회제도를 지탱해준다. 이런 기술은 이를테면 에스라와 느헤미야의 종교 혹은 그리스 도시들의 시민종교에 대한 공정한 설명이 될 것이다. 둘째 전략은 신비다. 세계의 질서는 명백히 보이지 않기에 자신을 보호하기 위해서는 특정한 신 혹은 여신과 친밀한 관계를 유지해야 한다. 셋째 전략은 지식(그노시스, *gnosis*)이다. 악한 세상에서 구원받기 위해서는 특수한 비의적(esoteric) 지식이 필요하다. 이런 지식은 특별계시 혹은 깨달음을 얻은 스승을 통해 주어진다. 유대교와 같은 종교들은 저마다 이 세 가지 전략의 측면을 다양한 방식으로 표현한다. 헬레니즘 시대의 종교에서 중요한 이슈는 종교가 어떻게 변화하는지와, 그렇게 변화하면서도 어떻게 동일성을 유지하는지에 대한 문제다. 헬레니즘 시대의 유대교는 과거 유대교와 분명 달랐으며 헬레니즘 세계의 영향으로 천천히 변화하고 있었다. 그렇지만 유대교는 과거 유대교의 모습과 많은 공통점이 있었다.

헬레니즘 종교들은 그 발원지와 외국에서 모두 번성하고 있었다. 바빌로니아, 이집트, 소아시아와 그리스는 물론 로마에도 유대인들의 공동체가 있었는데, 알렉산드리아의 유대인 공동체가 특히 번성했다. 자신들의 고토를 떠나 외지에서 생활하는 유대인들은 디아스포라라고 불린다. 자기 발원지에서 활동하는 고유종교들의 공통적인 특징은 저마다의 민족주의 혹은 메시아 운동의 명목으로 헬레니즘에 저항했다는 점이다(Eddy의 글을 보라). 현지의 고유문화들은 조상들의 과거를 강조하고 오래된 형태와 언어, 문헌 및 관습들을 고수함으로써 헬레니즘에 맞서 자신의 정체성을 유지하려고 애썼다. 이 시기에 묵시사상(아래 4장을 보라)이 발흥한 것도 헬레니즘이 초래한 새로운 상황들에 대응하려던 노력에 일정 부분의 원인이 있다. 그러나 헬레니즘에 대한 반응이 거부 일색이지는 않았다. 후에 살펴보겠지만 유대 본국에서도 헬레니즘을 환영하는 유대인이 많이 있었고, 저항세력 역시 헬레니즘의 영향을 받았다. 더구나 발원지 밖에서는 헬레니즘화가 때때로 그 종교들의 추종자들 속에 깊숙이 침투해 있었다. 연원이 오래된 종교들은 헬레니즘 사회의 시민들에게 자신을 알리기 위해 유구한 전통을 그리스식으로 변용시켰고, 성스러운 텍스트들을 헬레니즘 사상과 사고방식에 맞도록 알레고리적 방법을 사용하여 재해석했다.

헬레니즘 시대 이전 고대 세계의 여러 종교는 우주적 질서 안에서 제 위치를 찾는 것을 인간의 과업이라고 이해했고, 그런 노력은 마틴이 말한 대로 "경건"이 주도하고 있었다. 그러나 헬레니즘 시대에 와서 전통적 세계관은 흔들렸고, 우주적 질서도 더는 명백하지 않았으며, "신비"와 "지식"의 중요성이 더욱 강조되었다. 많은 이들이 거대한 변화를 겪는 세계를 위협으로 받아들였고, 개인의 구원을 설파하는 종교가 더 관심을 끌었으며, 악한 세상에서 자신을 건져줄 신과 여신을 찾는 노력이 더 커졌다. 신들은 종종 너무 멀리 느껴졌고 신들과의 접촉은 신비로운 수단을 통해서만 가능했다. 자발적인 종교 회합들을 결성해 특정한 신을 경배하는 일이 잦아졌다. 이런 회합의 구성원들은 회비를 갹출하고 행동수칙을 준수했으며 내부의 권위에 복종했다. 이 종교 회합들은 참여자들에게 불확실한 세상 안에서 안도감을 주었으며, 구성원들은 공동체 의식의 함양을 위해 자주 모여 공동식사를 나눴다.

이런 종교 회합의 특별한 유형 중 하나가 밀교였다. 비밀을 추구하는 성격상 그들에 관한 정보는 제한적이지만, 그들은 개인에게 집중하고 특정한 장소에서 창시되었으나 그곳에 묶이지는 않았다. 그들은 신입자들에게 입회식을 요구했는데, 이를 통해 자신들이 섬기는 신이나 여신과의 친밀한 관계에 들어가게 된다고 믿었다. 이런 과정을 거쳐 신성에의 접근은 물론 이생과 내생에서의 보호가 약속되었다.

헬레니즘 세계의 정서는 유일신 신앙과는 거리가 있었다. 물론 스토아 학파가 수많은 신의 존재를 단일한 로고스의 다양한 표현이라고 설명했고, 여러 철학자가 다신론에 반론을 제기하기도 했지만 말이다. 다른 신들을 하나로 동일시하는 경우, 예를 들면 시리아의 신들이 그리스 신들의 다른 현현이라고 설명되는 경우도 종종 있었다. 그렇지만 절대다수의 사람들은 세상에는 수많은 신이 존재하며, 그렇기에 자신의 안녕을 도모하기 위해서는 최대한 많은 신과 우호적 관계를 맺어야 한다고 생각했다. 따라서 오직 야웨만을 믿어야 한다는 유대교의 유일신 신앙이 종종 괴상하고 반사회적인 것으로 받아들여진 것도 무리가 아니다. 신들을 경배하는 것은 시민의 의무였으며, 디아스포라 세계에서 유대인들이 그 도시의 신들을 예배하는 자리에 참석하지 않는 것은 정치 질서에 적대감을 표하는 것으로 이해되곤 했다. 물론 유대인들이 늘 그렇게 취급되지는 않았지만, 유대인과 비유대인 간에 갈등이 고조될 때면 그들의 유일신 신앙에 대한 경계심이 수면 위로 올라오곤 했다.

디아스포라 유대교

한때 디아스포라 유대교와 팔레스타인 유대교를 엄격히 구분하는 것이 학계의 대세였다. 이 도식에 따르면 디아스포라 유대인들은 완전히 헬레니즘화되었지만, 팔레스타인 유대인들은 헬레니즘화에 저항했다. 하지만 이런 날카로운 구분은 팔레스타인의 유대인들 역시 헬레니즘에 노출되었고 그 영향으로 변화를 겪었음을 보여주는 근래의 연구들로 인해 폐기되었다. 그들이 남긴 문헌들과 비문, 제도 등이 그것을 입증해준다. 그러나 팔레스타인 유대 공동체들과 디아스포라 공동체들 간의 차이점 역시 인정해야 한다. 아래에 디아스포라 유대교의 특징을 간단히 서술함으로써 팔레스타인 유대인들에 대한 논의의 배경을 제공하려고 한다.

디아스포라에서 유대인은 소수였고, 유대 지역에서 유대인은 다수였다. 디아스포라 유대인은 그리스어를 모국어로 삼았고, 유대의 유대인들은 아람어를 주 언어로 하면서 몇몇 경우에는 히브리어와 그리스어를 구사했다. 농노와 장인들도 교역과 약간의 소통에 필요한 그리스어를 익혔을 것이다. 굳이 비교하자면 유대인들은 어디에서든 헬레니즘의 세례를 받았지만, 일부 예외를 인정하더라도 디아스포라 거주자들이 유대 거주자보다는 더 광범위하고 깊이 헬레니즘화 된 것이 사실이다. 헬레니즘의 문학 양식과 철학 개념을 차용한 유대교 문헌들은 디아스포라 공동체의 산물이었다.

알렉산드리아에 상당한 규모의 중요한 유대인 공동체가 있었다는 것을 앞서 언급했다. 그 가운데 유명한 인물로 알렉산드리아의 필론(Philo)을 꼽을 수 있다. 필론은 기원전 1세기 말부터 기원후 1세기 중엽까지 살면서 방대한 저술을 남겼는데, 그중에는 (그리스) 철학에 기초한 성경 해석이 많이 있다. 그리스식 희곡과 서사시의 형태를 빌려 성경의 이야기를 재서술한 단편들도 있다(*OTP*; Collins; Barclay를 보라). 그러나 유대교가 헬레니즘 환경과 교섭하며 생산해낸 지적·예술적·문화적 업적은 디아스포라 문헌에만 한정되지 않았다. 예루살렘에 거주했던 제사장 출신 작가 요세푸스의 저술들은 기원후 1세기의 중요한 자료를 제공한다. 요세푸스는 자신을 동료 유대인들과 더 광범위한 헬레니즘 세계 사이의 중개자로 이해했다.

디아스포라 유대인들이 남긴 결정적 공헌은 히브리어와 아람어로 쓰인 그들의 경전을 그리스어로 번역한 것이다. 필론과 요세푸스 그리고 「아리스테아스의 편지」(*Letter of Aristeas*)라는 문서에 수록된 유대 전설에 따르면, 필라델푸스로 불렸던 프톨레마이오스 2세(기원전 282-246년 통치)가 알렉산드리아 도서관을 세계 최고의 도서관으로 만들고 싶어 했고 그 작업의 일부로 유대인 경전의 그리스어 번역을 계획했다. 그중 한 판본에 의하면 프톨레마이오스는 유대에 있던 72명의 토라 학자들을 소환해 히브리 성경을 그리스어로 번역하도록 맡겼고, 그들은 정확히 72일 만에 작업을 완료했다. 그렇게 세상에 나온 그리스어 역본은 "칠십"을 뜻하는 라틴어 표현인 Septuagint(70인역)라고 불렀다. 한술 더 떠 필론은 72명의 번역자가 각자 별도로 번역한 결과물이 기적적으로 한 글자도 틀리지 않고 일치했다는 전설을 덧붙인다. 이는 70인역의 신적 기원을 주장함으로써 그리스어 성경이 원래의 히브리 성경과 마찬가지로 영감을 받았음을 나타내려는 시도였다. 이것은 그리스어를 모국어로 구사하는 디아스포라 유대인들에게 중대한 문제였고, 그들도 하나님의 신성한 말씀에 직접 다가갈 수 있다는 안도감을 주었다.

70인역을 둘러싼 전설들은 기적적인 요소를 이야기하지만, 학자들은 대부분 그리스어 번역 작업이 기원전 3세기에 디아스포라 공동체 중 아마도 이집트에서 시작되었을 것이라는 점을 받아들인다. 최초의 번역은 아마도 모세 오경에 한정되었을 것이고, 나머지는 그 후 두 세기에 걸쳐 점진적으로 완료되었을 것이다.

헬레니즘 시대에 고국에 거주한 유대인들

자료

역사의 구체적인 사건들은 지도층의 눈에 비치는 것보다 "작은 자"들의 기억 속에서 더 큰 비중을 차지하는 경우가 많다. 알렉산드로스가 유대를 정복한 사건은 그가 동방으로 진출하는 과정에서 비교적 작은 한 단계였지만, 유대 주민들에게는 지각 변동과 같은 사건이었다. 여기서 이 시기의 역사적 자료는 알렉산드로스 측에서가 아니라 유대인들의 기록, 즉 「마카베오1서」와 「마카베오2서」에 의존한다. 다행히도 이 두 책은 역사서의 형태로 서술되어 인명, 연대, 사건에 관한 언급이 (사실 자료가 너무 많아 읽기가 부담스러울 지경으로) 풍부하다. 애국심이 투철한 유대인들이 저술한 이 두 책은 많은 면에서 일치하지만, 매우 중대한 차이점도 있다.

기원전 2세기의 유대의 상황을 알려주는 다른 문헌은 다니엘서와 「동물 묵시록」(*Animal Apocalypse*)으로, 둘 다 기원전 165년경의 작품이다 (이 책들에 대한 논의는 다음 장을 참조하라). 기원후 1세기에 활동한 유대인 역사가 요세푸스도 이 시기를 다루지만, 그의 서술은 대체로 「마카베오 1·2서」에 의존하고 있어 독자적 사료로서의 가치는 적다. 앞으로 5장에서 살펴보겠지만 기원전 2세기의 유대인 저술들, 특히 사해사본이 이 기간을 살필 수 있는 자료를 제공해준다.

그리스 지배하의 이스라엘

기원전 3세기 내내 유대는 프톨레마이오스 왕국의 일부였다. 프톨레마이오스 왕조는 고대 이집트의 중앙집권정치 즉 파라오에게 모든 것이 귀속되고 전국이 수도의 지배를 받는 시스템을 물려받은 뒤, 파라오의 시대보다 더 강화된 관료 통제를 시행하고 세금을 증액시켰다.

셀레우코스 왕조의 안티오코스 3세는 기원전 200년에 마침내 프톨레마이오스 왕조로부터 유대를 쟁취했다. 자신의 선왕들이 빼앗겼던 영토 대부분을 되찾은 공로로 그의 호칭에는 "위대한"이란 수식어가 붙었다. 셀레우코스 왕조의 지배가 유대인들에게 가져온 변화는 경천동지라고 부를 만했다. 그러나 상승일로에 있던 로마의 등장으로 안티오코스의 성공은 오래가지 못했다. 로마는 기원전 190년에 안티오코스 3세를 격퇴하고 소아시아 지역에 발을 붙이지 못하게 했다.

안티오코스 3세가 예루살렘을 점령했을 때, 그는 주민들이 토라에 집약된 조상의 법도를 따라 살 수 있도록 허용했다. 이것은 이전 프톨레마이오스 왕조가 편 정책이 계속된 것이었는데, 즉 유대인들은 외교 정책과 조세 문제에 방해가 되지 않는 한 토라의 규정대로 생활하는 것이 허락되었다. 그러나 기원전 175년에 즉위한 안티오코스 4세는 "신의 현현"을 가리키는 "에피파네스"란 호칭을 가진 인물이었다. 당시 예루살렘을 헬레니즘화하려고 했던 유대인 세력은 일부 제사장과 상류층이었는데, 이들과 유대 및 예루살렘의 보수세력 간의 갈등이 점차 고조되고 있었다. 안티오코스 4세는 고조되는 갈등을 해소할 방법으로 유대교의 전면적 불법화를 택했다. 결과는 참담했다. 마타티아스와 그의 다섯 아들이 이끄는 제사장 가문과 그들을 따르는 세력이 반란을 일으켰다. 충돌 초기에 마타티아스가 죽자 탁월한 군사적 재능으로 "망치"라는 뜻의 "마카비"라고 불리는 아들 유다가 뒤를 이었다. 이어 수십 년간 벌어진 전투에서 마카비 가문의 주도하에 유대는 셀레우코스 왕조로부터 종교적 독립을 얻었고, 이어서 정치적 독립을 실현한 뒤 독자적인 유대인 왕조를 수립했다. 이제 유대의 패권을 쥔 마카비 일가는 그들의 조상의 이름을 따서 하스몬 왕조라고 불리게 된다.

중요한 용어들

디아스포라: 이스라엘 본토 밖에 거주하는 유대인들

하스몬: 마카비 일가가 권력을 잡은 후 명명된 왕조의 이름

헬레니즘 개혁: 예루살렘의 유대인 제사장들이 헬레니즘을 수용해 예루살렘을 헬레니즘 도시로 만들려던 시도

마카비 일가: 셀레우코스의 통치에 맞서 일어난 제사장 가문의 다섯 형제

프톨레마이오스: 이집트의 알렉산드리아에서 통치한 헬레니즘 왕조

셀레우코스: 시리아 안디옥에서 통치한 헬레니즘 왕조

「마카베오2서」의 기록에 따른 사건 전개

하나님은 자신의 성전을 보호하신다. 성전을 공격하려는 자는 위험을 감수해야 할 것이다. 무슨 이유에서든지 하나님께서 시키신 일이 아니라면 말이다. 이것이 「마카베오2서」의 주제다. 하나님은 초자연적 방법을 동원하고 마카비 가문을 사용하여 성전을 지키신다.

「마카베오2서」는 오니아스 3세가 대제사장으로 있을 때부터(기원전 190년경) 유대인들이 시리아 장군 니카노르를 격퇴한 때까지(기원전 161년) 일어난 일들을 다룬다. 근본적으로 이 책은 북아프리카 키레네의 디아스포라 유대인 야손이 쓴 다섯 권으로 된 역사서의 요약본인데, 원서와 요약본은 둘 다 그리스어로 저술되었다. 야손은 기원전 2세기 말에 저술 작업을 했으므로, 「마카베오2서」는 기원전 1세기에 속하는 작품으로 추정된다. 이 책은 신학적 역사 해설서로서, 저자는 천사가 나타나 하나님의 대적들과 싸운다는 식의 초자연적 사건들을 말해준다. 안티오코스 4세에 항거해 일어난 유대인 반란으로 이어지는 사건들과 관련하여 「마카베오2서」가 「마카베오1서」보다 더 상세하고 더 정확한 것으로 판단된다.

사회 갈등과 성전 이데올로기

「마카베오2서」 3:1은 안티오코스로 인한 혼란 이전의 목가적 평화를 그려 보여준다. "대사제 오니아스가 하느님을 잘 공경하고 악을 멀리한 덕으로 거룩한 예루살렘 성에서는 사람들이 완전한 평화를 누리고 율법을 잘 지키며 살았다"(공동번역, 이 책에서 마카베오서의 구절은 모두 공동번역을 인용함). 이것은 이상을 그린 것이다. 대제사장은 토라에 헌신하고 그 결과로 평화가 그 땅을 채운다. 그러다가 난항이 시작된다. "그런데 빌가 가문 출신으로서 성전의 경리 책임을 맡았던 시몬이란 자가 있었는데 그와 대사제 사이에 예루살렘의 시장 관리권에 대해서 의견 충돌이 생겼다"(2 Macc 3:4). 성전의 경리가 어떤 직무를 담당했는지는 명확하지 않지만, 그리스어 단어로 짐작하건대 어떤 방식으로든 성전 활동을 감독하는 직책이었을 것이다. 시몬과 오니아스 3세의 충돌은 재정 문제에 관한 것이었다.

경쟁에서 승리를 거두지 못한 시몬은 오니아스를 곤경에 빠뜨릴 기회를 찾는다. 셀레우코스 왕가를 찾아가 성전 안에 거금이 감춰져 있다는 이야기를 흘린 것이다. 당시 성전은 금융기관의 역할도 수행하고 있었다. 십일조, 기부금, 성전세로 받은 돈이 꽤 많았기에 성전의 재산은 상당한 수준이었다. 이 기금은 상류층의 신탁 금고와도 같은 기능을 했다. 언제나 자금이 부족했던 셀레우코스 왕조는 제국 전체에서 주기적으로 신전세(성전세)를 걷었다. 시몬은 자신의 보고가 셀레우코스 왕조의 호감을 살 것으로 기대했지만, 왕은 부하 헬리오도로스를 보내 자금을 압수했다. 헬리오도로스가 도착했을 때 온 동네는 폭발 일보 직전이었다. 오니아스는 헬리오도로스에게 자금을 압수하지 말라고 간청한다. "그뿐 아니라 신성한 그 성소와 온 세상 사람들이 존중히 여기는 신성불가침의 이 성전을 믿고 사는 사람들에게 해악을 끼치는 일은 절대로 있을 수 없다고 강조하였다"(2 Macc 3:12).

헬리오도로스가 돈을 가져가기 위해 성전에 오자 천사가 나타나 그의 생명이 위태할 정도로 매질을 한다. 교훈은 명쾌하다. "많은 수행원들과 호위병을 데리고 성전 금고에 들어갔던 그는 이제는 자기 몸도 가눌 수 없게 되어 하느님의 주권을 밝히 깨닫는 사람들에 의해서 운반되었다"(2 Macc 3:28). 예루살렘은 기뻐 열광하지만, 오니아스는 휩쓸리지 않는다. 오니아스는 안티오코스를 자극하고 싶지 않았으므로, 생명이 위태로운 헬리오도로스를 위한 속죄제물을 바쳤고 헬리오도로스는 회생한다. 그러자 헬리오도로스는 하나님의 능력을 외친다. 이런 종류의 이야기에는 적수 곧 이스라엘이나 하나님 혹은 성전을 공격한 자들이 결국에는 하나님의 권능과 주권을 증언하게 된다는 이야기가 늘 동반된다.

> 헬리오도로스는 희생제물을 바치고 자기 목숨을 구해 주신 주님께 온갖 맹세를 다 한 다음 오니아스와 고별인사를 나누고 자기 군대를 인솔하여 왕에게로 돌아갔다. 지극히 높으신 하느님의 기적을 직접 자기 눈으로 본 헬리오도로스는 모든 사람에게 그 사실을 증언하였다(2 Macc 3:35-36).

복귀하여 왕을 찾은 그에게 왕은 다시 한번 동일한 과업을 수행할 필요가 있을지를 묻는다. 헬리오도로스의 대답에는 아이러니가 살짝 비친다.

> 왕이 "다시 한번 사람을 예루살렘으로 보내려면 어떤 사람이 좋겠느냐"고 물었을 때에 그는 이렇게 대답하였다. "폐하의 원수가 있다든가 폐하의 왕권을 노리는 자가 있으면 그자를 그리로 보내십시오. 그러면 그자는 그곳에

> 서 호되게 매를 맞아 시체로 돌아오거나 아니면 반쯤 죽어서 돌아오게 될 것입니다. 그곳 성전은 분명히 하느님의 특별한 힘이 보호하고 있습니다. 그곳은 하늘에 사시는 분이 지키고 보호하고 있기 때문에, 나쁜 생각을 품고 그곳에 가는 사람은 누구나 그분이 내리쳐서 없애 버립니다"(2 Macc 3:37-39).

헬레니즘 개혁

기원전 175년에 안티오코스 4세 에피파네스가 왕좌에 오른다. 그의 즉위는 유대 지역에 있는 유대인들에게 파국적 재앙을 가져온다. 「마카베오2서」에 따르면 오니아스의 동생 야손은 유대에서 좀 더 적극적인 헬레니즘화를 추진하기 위해 안티오코스 왕에게 거절하기 어려운 제안을 함으로써 자기 형의 위치를 찬탈한다.

> 셀류코스가 죽고 에피파네스라고 불리는 안티오쿠스가 그 왕위를 계승했을 때에 오니아스의 동생 야손이 부정한 수단으로 대사제직을 손에 넣었다. 야손은 왕을 알현하고 은 삼백육십 달란트와 또 다른 수입원에서 팔십 달란트를 바치겠다고 약속했다. 그리고 왕이 자기에게 경기장을 건축할 권한과 청년훈련소를 세울 권한과 예루살렘에 안티오쿠스 청년단을 결성할 권한을 준다면 백오십 달란트를 더 바치겠다고 약속하였다. 왕은 이것을 승낙하였다. 야손은 왕의 승낙을 받아 직권을 쥐자마자 자기 동족들의 생활을 그리스식으로 바꾸어 놓았다.
>
> 그는 유다인들이 유폴레모스의 아버지 요한의 주선으로 다른 왕들에게서 받았던 특혜를 폐기시켰다. 유폴레모스는 전에 로마 사람과 우호동맹조약

을 맺기 위해 로마에 사신으로 갔던 사람이다. 야손은 유다 율법에 의한 여러 제도를 없애버리고 율법에 반대되는 새로운 생활양식을 도입하였다. 그는 요새 도시의 성 바로 밑에 경기장을 재빨리 건축하고 가장 우수한 청년들에게 그리스식 모자를 쓰게 했다. 이렇게 불경건한 사이비 대사제 야손의 극심한 모독적인 행위로 그리스화 운동은 극도에 달하였고 이국의 풍습이 물밀듯 쏟아져 들어왔다. 그래서 사제들은 제단을 돌보는 일에는 열성이 없어져 성전을 우습게 생각하고 희생제물을 바치는 일은 할 생각도 안 했으며 원반던지기를 신호로 경기가 시작되기가 바쁘게 경기장으로 달려가서 율법에 어긋나는 레슬링 경기에 다른 사람들과 함께 휩쓸렸다. 이렇게 선조 때부터 내려오는 명예로운 전통을 짓밟고 그리스 문화를 가장 영광스럽게 생각했다. 바로 이 때문에 유다인들은 심각한 재난에 빠지게 되었다. 그들이 그리스식의 생활양식을 추구하여 그것을 모두 모방하려고 하였지만 그리스인들은 그들을 적대시하고 압박을 가하였던 것이다. 하느님의 법을 어기고 벌을 받지 않을 수는 없는 일이다. 이것은 다음 시대가 증명해 줄 것이다(2 Macc 4:7-17).

이스라엘의 대제사장은 종신직이었다. 야손의 임명은 이런 관행을 깨는 행위였다. 야손(그의 그리스식 이름은 동정심과 관련된 듯하다)은 안티오코스에게 뇌물을 바쳐 자기 형을 내몰았다. 헬레니즘이 지배한 다른 지역의 경우 제사장들은 주기적으로 바뀌었다. 이는 제사장직이 주는 명예를 탐낸 부유층들이 돈으로 자리를 사는 경우가 많았기 때문이다. 안티오코스는 다른 지역에서 흔한 관행을 따랐을 뿐이지만, 유대인들은 상황이 달랐다. 어쨌든 안티오코스가 뇌물을 받긴 했지만 그는 최소한 유대인을, 그것도 대제사장 가문에 속한 이를 임명했다.

야손과 그의 우호세력은 예루살렘을 그리스 도시로 만들려고 했다.

이는 다른 그리스 도시에서와 마찬가지로 토지를 소유한 남성만을 시민으로 인정하고 청년들을 김나지움에 보내 시민으로서 훈련하는 방식이었다. 결국 야손은 "경기장을 건축할 권한과 청년훈련소를 세울 권한과 예루살렘에 안티오쿠스 청년단을 결성할 권한"(2 Macc 4:9)을 상부에 요청한다. 예루살렘을 온전한 그리스 도시로 만들기 위해서는 이름을 바꾸어야 했다. 안티오코스가 공식적 설립자였으므로 예루살렘을 안티오코스의 이름을 따 개명하고 새로 명부에 올리는 시민들을 "안티오키아 시민"으로 등록하려는 것이 야손의 계획이었다. 예루살렘에는 이미 "장로들"의 협의체가 있었는데, 이는 지도자 가문들의 수장들로 이루어졌다. 아마도 바로 이 사람들이 시의회를 이루었을 것이다.

야손에 의해 촌사람들을 "그리스식 생활"로 전환시키기 위한 무대가 마련되었다. 그는 과거 안티오코스 3세가 허가해준 유보조항, 즉 유대인들은 조상들의 법 즉 토라에 따라 생활해도 된다는 칙령을 백지화하고, 헬레니즘적 요소 즉 본문의 표현을 빌리자면 "율법에 반대되는 새로운 생활양식"을 수용할 수 있도록 토라를 변조하려고 계획했다. 이에 보수적 유대인들은 당연히 반발할 수밖에 없었다.

야손은 즉시 예루살렘을 개조하는 사업에 나섰다. 설상가상으로 그가 지정한 김나지움의 위치는 성전 코앞이었다. 그리스 종교의 제의가 김나지움 활동에 포함되어 있었으므로, 그것을 바라보는 유대인들의 충격이 컸으리라는 것은 자명하다. 게다가 김나지움에서 벌어지는 체육활동은 젊은 남성들이 나체로 참여하게 되어 있었다("gymnasium"의 어근은 "벌거벗은"이란 뜻의 그리스어 *gymnos*와 연결된다). 나체 활동은 유대인의 비위를 상하게 했지만, 「마카베오2서」는 나체 활동을 문제로 지적하지는 않는다.

본문에서 우리는 상류층 젊은이들 다수가 "그리스식 모자"를 썼다는 기록을 접한다. 여기서 저자가 그런 일에 충격을 받는다는 것이 어처구니없어 보일지 모르지만, 문화적 상징체계는 그만치 중요하다. 어느 사회나 마찬가지이지만 전통적 사회일수록 복식의 중요성은 커진다. 얼마 전까지도 세계 곳곳에서 젊은이들이 청바지를 입는 것은 미국의 영향을 받은 것으로 여겨졌다. 구직을 위한 면접장에는 정장을 입는 것이 존경을 표하는 방법이다. 정통파 유대인은 검은 옷, 검은 모자, 턱수염만 봐도 식별할 수 있다. 의복은 메시지를 전한다. 따라서 「마카베오2서」의 저자가 그리스식 모자에 불쾌감을 표하는 것은 사소한 일이 아니다.

저자를 특히 불쾌하게 만드는 것은 제사장들이 헬레니즘화의 물결에 떠밀리는 상황이었다. 예루살렘에 거주하면서 일하는 제사장들은 유대의 상류층에 속했다. 그들은 바깥세상과의 접촉이 잦았고, 외연의 확장으로 제일 큰 유익을 얻을 수 있는 부류의 사람들이었다. 젊은 제사장들은 헬레니즘화를 기꺼이 받아들였고 김나지움에서 열리는 그리스 운동 시합에도 가담했다.

본문은 「마카베오2서」의 중심 주제로 마무리된다. "하느님의 법을 어기고 벌을 받지 않을 수는 없는 일이다. 이것은 다음 시대가 증명해 줄 것이다"(2 Macc 4:17). 저자는 자신의 책 전체의 결론을 미리 여기에 던진 셈이다. 누구든지 하나님께 저항하면 대가를 치르게 될 것이다.

헬레니즘 개혁의 동기들

헬레니즘을 추구하는 자들은 자신들이 조상 대대로 내려온 삶의 방식을 저버린다고 생각하지 않았던 듯하다. 그들은 하나님을 예배하는 일을 그만두지도 않았고, 제사를 중단하거나 성전에서 그리스식 제의를 시행하지도 않았다. 그들은 단지 일부 풍습을 바꾸었을 뿐이었다. 유대교가 늘 새로운 상황에 적응했던 것처럼 말이다. 그들은 자신들이 시대의 변화에 적응하고 있다고 생각했을 것이다. 그들이 보기에는 헬레니즘화로 얻는 정치적·경제적 이익이 일부 구습을 포기하는 데서 오는 부작용보다 더 컸기 때문이다. 「마카베오1서」의 다음 구절은 그런 정서를 대변해준다. "그 무렵, 이스라엘에서는 반역자들이 생겨 많은 사람들을 선동하면서 '주위의 이방인들과 맹약을 맺읍시다. 그들을 멀리하고 지내는 동안 얼마나 많은 재난을 당하였습니까?' 하고 꾀었다"(1 Macc 1:11). 이들을 "법이 없다"(토라가 없다)라고 정죄한 판단에 동의하지 않는 사람도 많이 있었을 것이다. 무엇보다 거론된 이들 스스로가 자신이 무법한 사람이라고 생각하지는 않았을 것이다. 하지만 「마카베오2서」의 입장에서 헬레니즘을 추구하는 자들은 토라의 신성함을 유린하는 자들이었다. 극적 상황을 과거사로 서술하는 저자라면 그런 통찰력을 발휘할 수밖에 없으리라. 저자는 내전 상황과 안티오코스의 박해 그리고 그리스인을 상대로 한 전쟁이 발생할 것을 내다보고 서술한다. 「마카베오2서」 4:16-17은 이 비극적 상황이 토라를 어긴 데 대한 처벌이라고 해석한다.

안티오코스 4세가 예루살렘을 유린하다

야손이 대제사장직을 차지한 지 삼 년이 지나자, 성전 지휘관으로 오니아스 3세 당시에 말썽을 일으켰던 시몬의 형제 메넬라오스가 야손을 따돌리고 대제사장직을 빼앗는다. 자기 꾀에 넘어간 야손은 요단 동쪽 지역으로 몸을 피한다. 한편 안티오코스 4세는 오랜 소원이었던 이집트 정벌에 나선다(2 Macc 5:1). 안티오코스가 살해당했다는 거짓 소문을 들은 야손은 이를 복권의 기회라고 생각하여 유대로 돌아와(2 Macc 5:5) 예루살렘을 공격하고 성전 주위의 요새에 은신한 메넬라오스를 옥죄는 공성에 나선다. 한편 이집트에서는 안티오코스가 셀레우코스 왕조의 오랜 숙적인 로마와 대치한다. 안티오코스의 이집트 정벌은 로마의 이익에 배치되는 행위였으므로 로마는 그의 철수를 명령한다. 로마에 거역할 수 없었던 안티오코스는 병력을 돌리게 되는데, 마침 유대의 반역 소식을 듣고는 예루살렘에 무자비한 공격을 가한다. 그 결과는 참담했다. "이렇게 되어 젊은이와 늙은이의 살육, 여자와 어린이의 학살, 처녀와 젖먹이의 도살이 자행되었다"(2 Macc 5:13). 안티오코스는 성전을 공격하고 성전 보물을 약탈한다(2 Macc 5:15-16). 그는 유대를 굴복시키는 동시에 노획을 통해 군사작전의 비용을 조달하는 일거양득을 거둔다.

하나님은 왜 행동을 취하지 않으셨을까? 헬리오도로스는 성전을 약탈하려다 목숨을 거의 잃을 뻔하지 않았던가? 본문은 안티오코스가 성전을 더럽히고도 무사할 수 있었던 이유를 이렇게 설명한다.

> 이곳 사람들이 죄를 지었기 때문에 주님께서 분노하시어 잠시 동안 그 성전을 돌보아 주시지 않고 있음을 모르고 안티오쿠스는 잔뜩 오만에 부풀어 있었다. 만일 이곳 백성이 많은 죄를 짓지 않았다면 전에 셀류코스 왕의 파견으로 성전 금고를 조사하러 왔던 헬리오도로스와 마찬가지로 안티오쿠스도 성전에 들어가자마자 채찍으로 얻어맞아 그런 방자한 행동은 하지 못하였을 것이다. 그러나 주님께서는 성소를 유지하기 위해 백성을 택하신 것이 아니라 백성의 복리를 위해 성소를 택했던 것이다. 그래서 성소 자체도 백성들에게 닥쳐온 재난을 함께 입었고 후에 그들의 행운도 함께 나누었다. 전능하신 주님께서 노하셨을 때 버림을 받았던 성소가 그 위대하신 주님과 화해하게 되었을 때 다시 그 모든 영광을 되찾았던 것이다(2 Macc 5:17-20).

이런 설명은 선악의 행위에 합당한 보상과 처벌이 따른다는 신명기 전승을 따르고 있다. 하나님께서 이스라엘을 향해 진노하셨을 때 성전은 파괴되고, 하나님께서 이스라엘과 화해하실 때 성전은 재건된다.

안티오코스는 유대에서 철수했지만, 상황은 나아지지 않았다. 왕의 명령을 받은 "야만적인" 관료들이 여전히 백성들을 억압했기 때문이다. 그것도 모자라 안티오코스는 군대를 급파해 백성들을 기습하는 기만전술을 쓰고 예루살렘에 영구적인 주둔 진지를 세웠는데 그 위치가 성전 바로 남쪽의 이른바 "다윗의 성읍"이었다.

> 그리고 그의 군졸들은 강한 성벽을 높이 쌓고 튼튼한 망대를 세워서 다윗의 도시를 재건하여 자기네들의 요새[그리스어: *akra*]로 삼았다. 그리고 죄 많은 이방인들과 유다인 반역자들[그리스어: *andras paranomous*, 이는 "무법자들" 혹은 "법에 반하는 자들"을 뜻함]을 그 요새에 배치하여 기반을 굳혔다. 또 무기와 식량을 저장하고 예루살렘에서 거둔 전리품을 그곳에 쌓아두었다. 이렇게 하여 예루살렘은 크게 위협을 주는 성이 되었다(1 Macc 1:33-35).

예루살렘에 외국인 군대가 주둔한 상황은 유대인들의 적개심을 불렀다. 음식과 각종 물자의 요구도 버거웠지만, 군인들이 들여온 이방신과 종교의 풍습은 토라를 엄수하는 이들의 혐오를 사기에 충분했으며, 그들의 출입은 성전을 더럽히고 있었다(1 Macc 1:36-40). 토라를 엄격히 지키는 유대인들로서는 견디기가 점점 어려워져가는 상황이었다. 이처럼 요새(*akra*)는 향후 이십 년 동안 유대인들을 괴롭히는 가시로 남았다.

종교적 박해

이후 전개된 상황은 믿기 힘든 일들로 점철되었다. 안티오코스 4세는 유대교를 전면 불법화하고 저항하는 자는 엄벌에 처한다고 공포했다. 이스라엘은 이전에도 난국을 겪어왔다. 반복되는 침략을 당한 것은 물론이고 영토와 수도 및 성전을 빼앗겼고 머나먼 타국에서 포로생활을 겪기도 했다. 하지만 토라를 지키지 못하고 자신의 정체성을 완전히 부정당하는 이런 사태는 상상할 수 없었던 일이었다.

안티오코스가 유대교를 짓밟아 없애려고 했던 정확한 이유가 무엇인지는 여전히 논란의 대상이다. 일각에서는 그의 정신질환을, 다른 쪽에서는 헬레니즘화 혹은 왕국 지배권 강화에 대한 그의 욕망을 거론한다. 하지만 우리는 예루살렘의 헬레니즘화는 본디 안티오코스가 아닌 상류층 유대인들이 원해서 시작되었고 상류층 집단 간에 헬레니즘화 정책을 둘러싼 권력 투쟁이 있었다는 사실을 기억해야 한다. 유대의 불안한 정치적 상황에 골머리를 앓던 안티오코스는 늘 들썩거리는 집단 간의 갈등을 없애 얌전하고 충성스러운 속주를 만들고자 했다. 그는 유대 정쟁의 중심에 토라가 있다는 것을 잘 알았기에, 아예 토라 자체를 없애는 것이 유대를 안정시키는 데 도움이 될 것으로 생각했을 수 있다. 유대인 중에서도 헬레니즘화에 찬동하는 측에서는 이를 지지할 것이니 말이다.

안티오코스의 금령이 가져온 참상은 「마카베오2서」 6:1-11과 「마카베오1서」 1:41-64에 묘사된다. 토라 사본들은 소각되고, 토라를 소지한 자는 살해되었으며, 할례가 금지되고, 유대교의 제사와 제의들도 드리지 못하게 되었다. 이방 우상을 섬길 제단들이 세워졌고, 유대인들에게 우상숭배에 참여하도록 강요하거나 유대교가 부정하게 여기는 돼지고기를 강제로 먹게 하기도 했다. 심지어 제우스를 위한 제단을 예루살렘 성전에 세우고 제물을 드리기까지 했으니, 그야말로 이스라엘에 경악스러운 날이 찾아온 것이었다.

「마카베오2서」 6-7장은 토라를 위해 목숨을 바친 순교자들의 이야기를 전한다. 6장은 엘르아잘이라는 노인이 돼지고기를 거부한 대가로 잔인하게 고문당하고 숨진 사건에 대한 기록이다. 7장은 안티오코스의 눈앞에서 벌어진 한 어머니와 일곱 아들의 순교 이야기를 다룬다. 이 아들들은 안티오코스 앞에서도 굴하지 않고 한 사람씩 신앙을 고백하며 죽어간다. 그들은 이스라엘의 수난이 자신들이 저지른 죄악의 대가라고 여긴다. 그럼에도 불구하고 그들은 자신들이 토라에 충성을 바치고 죽으면 하나님께서 새로운 생명을 주시리라고 외친다. 부활의 개념은 이 시점까지 드러난 적이 없다. 사실 히브리 성경은 내세에 대해 별다른 정보를 주지 않는다. 누구든 죽으면 스올로 가기 마련인데, 그곳은 알려진 것이 많지 않은 어둑한 장소다. 죽음 이후에 상벌이 갈리는 천국과 지옥은 훨씬 후대에 친숙해진 개념이다. 그러나 우리는 지금 안티오코스에 맞선 유대인들의 주장 속에서 부활 신앙의 등장을 감지한다. 악인의 형통과 의인의 고난이라는 해묵은 문제 상황에 대한 해답으로서 부활이 등장한 것이다. 죽음을 앞둔 둘째 아들이 안티오코스에게 이렇게 말한다. "이 못된 악마, 너는 우리를 죽여서 이 세상에 살지 못하게 하지만, 이 우주의 왕께서는 당신의 율법을 위해 죽은 우리를 다시 살리셔서 영원한 생명을 누리게 할 것이다"(2 Macc 7:9). 아들들은 하나님께서 안티오코스의 잔악함을 벌주시리라고 믿는다. 세상의 불의에 대한 답을 내세에서 찾는 이런 설명은 시간이 가면서 더 주도적인 위치를 점하게 되는데, 특별히 묵시문학에서 그렇다(아래 4장을 보라).

일곱째 막내아들은 하나님께서 안티오코스를 벌하시리라고 확신하면서 이스라엘에 자비를 베푸시기를 하나님께 구한다. 그는 "우리 민족 전체에게 내리셨던 전능하신 분의 정당한 노여움을 나와 내 형들을 마지막으로 거두어주시기를 하느님께 빌 따름이오"라고 외친다(2 Macc 7:38). 그는 자신과 자기 형제들이 겪는 고초가 하나님의 마음을 움직여 그분이 자비를 베푸실지도 모른다고 생각한다. 온 백성을 위한 한 사람 혹은 소수의 대속적 고난이라는 생각은 제2이사야의 "고난받는 종"의 노래에 처음 등장한다(사 52:13-53:12). 둘의 맥락은 서로 다르지만, 대속적 고난이라는 사상은 매우 유사하다.

엘르아잘, 어머니, 그리고 일곱 아들의 순교 이야기가 워낙 강렬했던 탓인지 이후 이어진 이야기를 다룬 책인 「마카베오4서」는 이 주제에 온전히 집중한다. 이 책은 헬레니즘 상황에서 유대교를 탁월하게 변호한다. 철학자들은 정념(passion)을 통제하기 위해 이성(reason)이 얼마나 중요한지를 종종 논한다. 「마카베오4서」는 순교자들이 고통에 대한 두려움이나 편안함을 향한 욕구 같은 정념에 굴복하지 않고 이성을 따랐음을 보여준다. 여기서 저자는 이성을 하나님의 법과 동일시한다.

「마카베오2서」는 안티오코스 왕이 더 많은 성전을 약탈하려고 페르시아에 출정했다가 끔찍한 병에 걸린 이야기를 전한다. 헬리오도로스가 천사의 공격을 당한 뒤 그랬던 것처럼, 안티오코스도 하나님의 권능을 인정한다. "하느님께 복종하는 것이 옳은 일이다. 죽어야 할 인간이 하늘과 동등하다고 생각하는 것은 당치 않은 일이다"(2 Macc 9:12; 이는 아마도 그의 칭호가 "하나님이 나타나신다"를 뜻하는 에피파네스임을 가리키는 것으로 보인다). 그는 여기서 그치지 않고 자기가 저지른 죄를 씻기 위해 예루살렘을 자유롭게 하고 그 시민들에게 아테네 시민들과 동등한 특권을 제공하겠다고 맹세한다. 그러나 때는 이미 늦어 그는 숨을 거둔다. "이렇게 하여 살인과 신성모독을 일삼던 안티오쿠스는 전에 다른 사람들을 괴롭힌 대가로 극도의 고통을 당하면서 이국의 산골짜기에서 비참한 운명을 지니고 그 생애의 막을 내렸다"(2 Macc 9:28). 저자는 성전의 정화와 재헌정 그리고 유대인들과 셀레우코스 왕조 사이에 발생한 또 다른 충돌에 관해 이야기한 후, 유다 마카비가 셀레우코스의 니카노르 장군을 상대로 거둔 승리로 책을 마무리한다. "니가노르의 운명은 위와 같이 끝났고 그 후로 예루살렘은 히브리인들이 장악하게 되었다. 이제 나도 여기서 이야기를 그치려 한다"(2 Macc 15:37).

「마카베오1서」의 기록에 따른 사건 전개

「마카베오2서」의 주인공은 어떤 의미에서 성전 자체다. 헬리오도로스와 안티오코스가 증언할 수 있었던 것처럼 성전은 완벽하게 자기를 변호할 수 있었다. 따라서 「마카베오2서」는 초자연적 사건들을 특색으로 한다. 반면 「마카베오1서」는 예루살렘을 해방시키고 다스리도록 하나님께서 선택하신 영웅들 곧 마카비 가문의 영웅담에 초점을 맞춘다. 「마카베오1서」 14:27-45에서 백성들과 지도자들이 하스몬 가문의 시몬을 대제사장으로 세울 때, 그들은 단지 하나님의 뜻을 수행한다. 그의 임직은 이 책의 절정이자 요약이다. 「마카베오1서」는 근본적으로 하스몬 왕가의 지배를 정당화하는 역할을 한다.

「마카베오1서」는 기원전 100년경 저술되었다. 알렉산드로스 대왕의 정복으로 시작된 이야기는 열 줄도 지나지 않아 진정한 관심사, 즉 시리아의 안티오코스 4세가 기원전 175년에 등극해 이스라엘에 끼친 영향에 관한 이야기로 넘어간다. 이 책의 대부분은 네 명의 지도자, 즉 마카비 집안의 세 형제(유다, 요나단, 시몬)와 시몬의 아들 요안네스 히르카노스 1세의 이야기로 채워져 있다(마카베오서는 맏아들 유다의 이름을 유다스로 기록하는데, 이는 이 책들이 그리스어로 저술되었고 남자의 이름이 "-아"로 마치는 것은 그리스식 이름으로는 어색했기 때문이었을 것이다). 「마카베오1서」는 본래 히브리어로 기록된 것으로 추정되지만 현재 보존된 것은 그리스어와 라틴어 역본뿐이다. 이 책은 강하게 친하스몬의 관점으로 기록되어 하스몬 왕조가 하나님에 의해 세워졌고 하나님께서 마카비 일가를 선택하셔서 이스라엘을 셀레우코스의 통치로부터 해방시키셨음을 입증하려는 의도를 보인다. 「마카베오1서」는 「마카베오2서」와 달리 초자연적 사건들을 기술하지 않으므로 현대인의 귀에 사실적으로 들린다.

마타티아스가 반란을 시작하다

「마카베오1서」는 안티오코스의 핍박 이야기로 시작한 뒤 곧바로 2장에서 마카비 가문을 소개한다. 예루살렘의 상황이 급박함을 알아챈 그들은 고향인 예루살렘 북쪽으로 32km 떨어진 모데인(Modein)으로 철수한다. 제사장인 아버지 마타티아스와 그의 다섯 아들로 이루어진 이 마카비 가족은 예루살렘과 토라가 더럽혀진 것을 애통해하면서 안티오코스 4세의 사악한 조치에 저항하기로 결의한다. 그러나 모데인에서도 왕의 지시를 피할 수 없었던 그들은 율법을 어기는 부정한 제사를 드리라는 명령을 거부하고 그 명령에 응한 유대인 이웃을 살해하기까지 한다. 마타티아스와 그의 아들들 및 일군의 동조자들은 도피처를 찾아 광야로 떠난다. 다른 경건한 유대인들도 광야로 도망하지만, 안식일에 공격하는 왕의 추적자들에게 저항하지 않고 죽임을 당한다. 그날에 싸움을 벌이는 것은 안식일 계명을 어기는 행위였기 때문이다. 이 소식을 들은 마타티아스와 그의 추종자들은 토라의 안식일 규정을 내려놓고 적과 싸움을 벌이는 것이 합당하다는 해석을 내린다(1 Macc 2:39-41). 토라의 규정을 어기는 것이 그들의 근원적 동기와 어긋나 보였지만, 마카비 일가는 토라를 살리기 위해 토라를 어기는 것이 낫다고 결정했다.

> 마따디아와 그의 동지들은 이교제단을 찾아다니면서 모두 헐어버리고 또 이스라엘 땅에 사는 어린이로서 할례를 받지 않은 아이들을 찾아내어 강제로 할례를 받게 하고 교만한 자들을 쫓아내었다. 그들이 하는 일은 다 잘 되어갔다. 그들은 이방인들과 왕들의 손에서 율법을 구해 내었고 죄인들에게 승리할 기회를 주지 않았다(1 Macc 2:45-48).

할례는 하나님과 이스라엘이 맺은 언약의 표지로서, 유대인에게 독특한 정체성을 부여하는 장치이기도 했다. 헬레니즘의 세상을 맞은 유대인 성년 중에는 수술을 통해 할례의 흔적을 없애려고 시도하는 자들도 있었다(1 Macc 1:15; 고전 7:18을 보라). 특히 나체로 진행되는 그리스식 운동시합에 참여하기를 원하는 자들에게는 이런 시술이 절박하게 필요했다.

마타티아스는 죽기 직전에 백성들에게 연설한다. 그는 청중에게 하나님을 신뢰하고 그 보상을 얻었던 이스라엘의 영웅들을 기억하라고 호소한다. 이스라엘의 과거를 돌아보며 구체적인 논점을 강조하는 이런 방식의 연설은 유대교 문헌에 종종 나타난다(예. 단 9장, 스 9장, 시 105편). 조상 중 하스몬 일가에게 특히 소중한 사람은 비느하스였다. "우리 조상 비느하스는 그의 큰 열성 때문에 영원히 사제직을 차지하라는 약속을 받았다"(1 Macc 2:54). 모세가 아직 살아 있고 이스라엘이 여전히 광야에 있던 시절에 제사장 비느하스는 살루의 아들 시므리라는 이스라엘인을 척살하는데, 이는 시므리가 하나님의 명령을 거역하고 이방 여인과 야합했기 때문이다(민 25:6-15). 비느하스의 결의에 찬 행동은 이방 여인과의 성행위와 우상숭배에 진노하신 하나님께서 내리신 전염병을 멈추게 했다. 하나님은 비느하스의 행동을 칭찬하시며 약속하신다. “내가 그에게 내 평화의 언약을 주리니, 그와 그의 후손에게 영원한 제사장 직분의 언약이라. 그가 그의 하나님을 위하여 질투하여 이스라엘 자손을 속죄하였음이니라”(민 25:12-13). 「마카베오1서」 2:26은 마타티아스가 이교도 우상에게 제사를 드리려던 유대인을 살인한 행위를 비느하스의 행동에 비유한다. “이렇게 해서 마따디아는 전에 비느하스가 살루의 아들 지므리를 찔러 죽였을 때처럼 율법에 대한 열성을 과시하였다.” 하스몬 일가가 대제사장직을 차지하고 훗날 왕위까지 손에 넣은 것은 그들이 보여준 율법에 대한 열심, 심지어 토라를 위해서라면 사람을 죽일 수도 있다는 그 굳은 열심이 없이는 불가능했을 것이다.

유다 마카비가 성전을 재봉헌하다

마타티아스의 사망 후 아버지의 뒤를 이은 유다는 게릴라전을 구사해 저항의 국면을 새롭게 이끌어갔다. 유다는 하나님이 의인들과 함께 전투에 임하여 승리를 거두신다는 거룩한 전쟁의 이념을 적절히 활용했고, 결국 기원전 164년 예루살렘에 입성하여 성내 대부분을 장악했다. 하지만 다윗의 성읍에 세워진 셀레우코스 요새는 함락시키지 못했다.

예루살렘에 입성한 유다가 취한 첫째 조치는 성전을 정화해 다시 봉헌하는 일이었다. 이스라엘과 함께하시는 하나님의 임재를 상징하는 성전이야말로 예루살렘을 거룩한 도시가 되게 하는 본질이었기에, 성전의 재봉헌은 하나님의 권세와 이스라엘을 향한 그의 신실하심을 선포하는 일이었다.

> 유다는 율법에 충실하고 흠이 없는 사제를 뽑아 그들에게 성소를 정화하게 하고 더럽혀진 돌들을 부정한 곳으로 치우게 했다. 그들은 더럽혀진 번제 제단을 어떻게 할까 의논한 끝에 좋은 생각이 떠올랐다. 이방인들에게 더럽혀진 제단이 자기들의 치욕거리로 남지 않도록 헐어버리자는 것이었다. 그래서 그들은 그 제단을 헐어버리고 그 돌들은 예언자가 나타나 그 처리 방법을 지시할 때까지 성전산 적당한 곳에 쌓아두었다. 그다음 그들은 율법대로 자연석을 가져다가 전의 제단과 같은 제단을 새로 쌓았다(1 Macc 4:42-47).

이 단락은 제의와 제사장의 언어를 구사한다. 속되고 외래적인 의례로 더럽혀진 성전 내소는 이제 하나님의 예배처로는 부적절한 곳이 되었으므로 그곳을 정화할 필요가 있었다(이런 정화라는 주제는 2 Macc 10장에서도 강조된다). 제단을 쌓은 돌들이 오염되었으므로 그것들을 교체해야 했지만, 이미 거룩한 목적으로 헌정된 돌들을 그저 던져버릴 수는 없는 일이었다. 용도 폐기된 제단을 두고 고민하던 그들은 장래에 예언자가 전할 하나님의 지시를 기다리기로 했다. 하스몬 왕가 시절에는 예언자가 없었는데, 이는 바빌로니아 포로기 후에 예언이 중단되었다는 믿음을 반영한다. 「마카베오1서」 9:27을 보라. "이렇게 하여 이스라엘은 예언자들이 자취를 감춘 후, 처음 맛보는 무서운 압박을 받게 되었다." 유대인 역사가 요세푸스도 두 세기 후에 똑같은 견해를 표현한다. 그러나 「마카베오1서」에는 미래의 어느 시점에 예언이 재개되리라는 기대도 있다. 훗날 그리스도인들은 예언의 영이 활동하는 것을 마지막 때의 징조로 이해했다(행 2장을 보라).

"유다와 그의 형제들과 이스라엘의 온 회중들은 매년 기슬레우월 이십오일부터 팔 일간 기쁜 마음으로 제단 봉헌 축일을 지키기로 정하였다”(1 Macc 4:59). 여기서 성전을 “봉헌”한다는 뜻의 히브리어가 하누카(*hanukkah*)다. 마카비 가문이 제정한 하누카 절기는 오늘날까지 유대인들에게 소중한 경축일이다. “그 주변 이방인들은 유다인들이 제단을 다시 쌓고 성소를 복구하여 전과 같이 만들어놓았다는 소식을 듣고 몹시 노하였다. 그래서 자기네들과 함께 살고 있던 야곱의 후손들을 멸망시키기로 작정하고 유다인들을 죽이기 시작했다”(1 Macc 5:1-2). 유대인들은 유대 지역은 물론 갈릴리와 사마리아 및 요단 동편까지 흩어져 이방인들과 함께 살고 있었다. 훗날 셀레우코스 제국이 유대교 말살 정책을 펴게 되었을 때 유대인 거주지역의 이방인들은 무엇인가 이득을 기대했을지도 모른다. 그들은 사실 유대인들이 독립 쟁취에 성공하면 그 지역의 이방인들의 미래에는 불확실성의 구름이 드리울까 염려했을 것이다.

셀레우코스 왕조의 권력 투쟁과 마카비

새 제단을 봉헌할 무렵 안티오코스 4세가 사망하면서(1 Macc 6:8-16; 기원전 164년) 셀레우코스 왕좌를 넘보던 경쟁자들은 저마다 하스몬 가문에게 대가를 제시하며 도움을 요청했다. 유대인들은 셀레우코스의 내분을 이용해 이쪽저쪽과 번갈아 거래를 맺었다(1 Macc 6-15장). 안티오코스 4세가 죽었을 때 상속자인 왕자는 겨우 아홉 살이었으므로 안티오코스 치하의 사령관 루시아스가 섭정에 올랐다. 그는 예루살렘 공성을 시도했지만(1 Macc 6:18-54), 안티오코스가 죽기 직전에 필리포스에게 섭정을 맡겼다는 사실과 필리포스가 정부를 장악하려 한다는 것을 알게 되었다(1 Macc 6:14-15). 상황이 급박해지자 루시아스는 유다에게 종교의 자유를 허락하는 화해의 제스처를 보내지만(1 Macc 6:55-59), 예루살렘 방어선을 무너뜨리고, 연이어 필리포스와 대결해 승전을 거둔다.

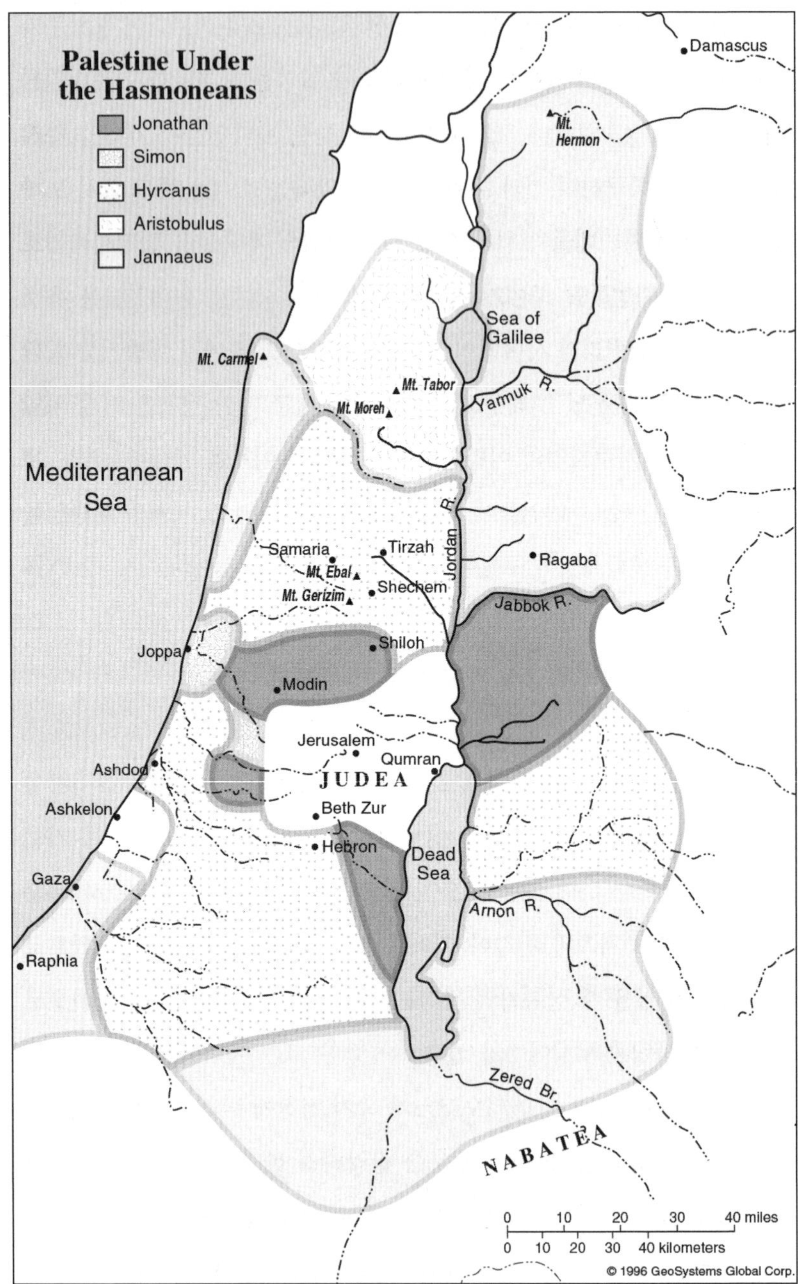

하스몬 왕조 치하의 팔레스타인

왕위를 노리는 새로운 도전자 데메트리오스 1세는 셀레우코스 4세의 아들로, 안티오코스의 어린 아들과 루시아스를 살해했다(1 Macc 7:1-4). 데메트리오스는 유대의 적법한 제사장인 알키무스에게 대제사장직을 맡긴다. 종교적 자유를 되찾고 적법한 대제사장을 세운 유대인들은 이제 전쟁이 끝나고 평화로운 시기가 돌아왔다고 믿었다. 하지만 유다는 그렇게 쉽게 만족하지 않았다. 제사장으로서의 적법성 여부를 떠나 알키무스는 믿음이 가지 않는 셀레우코스 왕조를 여전히 섬겼다. 게다가 유다는 이제 단순히 종교의 자유에 머물지 않고 제대로 된 독립을 원했다. 어쨌든 그는 다시 광야로 나간다(1 Macc 7:23-24). 그는 이제 셀레우코스 왕조만이 아니라 그들과 화친을 맺은 유대인들도 표적으로 삼았다. 알키무스는 왕에게 나아가 유다에게 맞서기 위한 병력 지원을 요청한다(1 Macc 7:25). 그러나 유다는 여세를 몰아 예루살렘을 탈환하고 그에 맞서 출동한 니카노르 장군에게 패배를 안긴다(1 Macc 7:39-50). 그다음에 그는 로마에 사절을 보내 상승일로에 있던 그들과 화친을 맺었으나(1 Macc 8:1-32), 로마는 마카비 가문에 직접 도움을 제공하지 않았다. 유다는 훗날 전장에서 목숨을 잃게 된다(1 Macc 9:18; 기원전 161년).

마카비 가문의 또 다른 형제 요나단이 이제 지휘관이 된다(1 Macc 9:28-31). 데메트리오스는 왕위를 노리는 또 다른 경쟁자 알렉산드로스의 존재를 의식하고 요나단에게 도움을 요청한다. 요나단은 처음에 동의하지만, 곧 생각을 바꾸어 알렉산드로스 편에 붙고 대제사장직을 대가로 받는다(1 Macc 10:15-21; 기원전 152년). 그는 훗날 셀레우코스 왕조를 배신한 결과로 목숨을 잃는다(1 Macc 12:48; 기원전 142년).

하스몬 일가의 지위 상승

요나단이 죽자 요한과 엘르아잘이 이미 전사한 상황에서 마카비 가문의 형제 중 막내인 시몬이 권좌에 오른다(1 Macc 13장). 시몬의 지배하에 유대인들은 마침내 아크라 요새를 탈환한다(1 Macc 13:49-52; 기원전 142년). 예루살렘에 있는 셀레우코스 왕조의 주둔군 기지가 제거됨으로써 유대인들은 이전보다 더 큰 자유를 누릴 수 있었다. 이윽고 유대 지도자들과 백성들은 시몬을 대제사장 겸 국가의 수반으로 추대한다(기원전 140년). 이 선언으로 인해 전쟁과 외교를 총동원해 쟁취한 마카비 가문의 명예가 공식적으로 인정받게 된다.

> 이 나라에 전쟁이 여러 번 있었지만 요아립 가문의 한 사제 마따디아의 아들 시몬과 그 형제들은 성전과 율법을 지키기 위하여 위험을 무릅쓰고 나라의 원수들과 대항하여 이 나라에 큰 영광을 가져다주었다.…
>
> 그 결과 데메드리오 왕은 그를 대사제로 인준하고 자기 친구의 한 사람으로 삼았으며 그에게 최고 영예를 주었다. 왕은 로마인들이 유다인들을 친구, 동맹자, 형제라고 부른 사실과 시몬의 사신들을 후하게 환대했다는 사실을 들은 바 있었던 것이다. 그러므로 유다 국민과 사제는 다음과 같이 결정하였다. 진정한 예언자가 나타날 때까지 우리는 시몬을 영구적인 영도자, 대사제로 삼는다. 시몬은 유다 국민을 다스리는 통치자가 되어 성전을 관리하고 온 국민의 활동을 감독하며 나라와 무기와 요새를 장악할 것이다. 온 국민은 시몬에게 복종하여야 한다. 나라의 모든 문서는 시몬의 이름으로 처결되어야 한다. 시몬은 자색 왕복을 입고 황금장식물로 단장할 권한이 있다(1 Macc 14:29, 38-43).

비록 사독 계열은 아니었지만 하스몬 왕가는 이제 공식적인 대제사장 가문으로 승인되었다. 그들은 다윗 후손이 아니었음에도 실질적인 왕권을 누렸으며(그들은 전통적으로 왕권의 상징색이었던 자주색과 금색을 입었고 계약서에 적어 넣는 연대도 그들의 이름으로 작성되었다), 수십 년 후에는 노골적으로 왕의 호칭을 스스로 택하게 되었다.

하스몬의 통치

시몬은 기원전 134년에 암살당했고, 그의 아들 요안네스 히르카노스 1세가 왕위를 이었다(기원전 134-104년 통치). 비록 왕이라는 명칭은 아직 사용되지 않았지만, 요한의 집권하에 유대인 집단은 점점 더 왕국의 형태를 갖춰나갔다. 그의 아들 아리스토불로스 1세(기원전 104-103년 통치)가 마침내 처음으로 왕의 호칭을 사용했다. 요한을 시작으로 그의 계승자들은 계속해서 영토를 확장하는 데 성공했고, 알렉산드로스 얀나이오스(기원전 103-76년 통치)가 통치하던 시대에는 그들이 지배하는 영토가 다윗과 솔로몬 시대의 통일왕국에 비견할 수 있을 정도까지 확장되었다. 요한이 정복한 곳 중 하나가 사마리아였는데, 이곳은 남쪽의 유대와 북쪽의 갈릴리 즉 과거 북왕국 이스라엘 영토 사이에 낀 지역이었다. 기원전 128년에 히르카노스 1세는 헬레니즘 시대가 시작될 때 사마리아인들이 그리심산에 세웠던 성전을 파괴했다. 이 일로 인해 그는 사마리아의 미움을 산 것은 물론, 사마리아와 예루살렘의 적대적인 관계를 더욱 악화시켰다. 유대 남쪽의 이두매 역시 또 다른 정복지였는데, 요한은 그 지역의 피정복자들에게 할례를 강제하는 하스몬 왕가의 정책을 시행했다. 이처럼 좋지 않은 전조에도 불구하고 유대교는 이두매에 뿌리를 내렸다(이미 유대교가 그곳에 자리를 확보했었을 가능성도 있다). 이후 이두매인들은 유대 정치에서 중요한 역할을 담당하게 되는데, 예를 들면 이두매인이었던 헤롯 대왕이 그 대표적인 경우다.

마카비 가문 지도자들과 하스몬 통치자들(기원전)

165-161년	유다 마카비
161-142년	요나단(처음으로 대제사장의 호칭을 취함)
142-134년	시몬
134-104년	요안네스 히르카노스 1세
104-103년	아리스토불로스 1세(처음으로 왕의 호칭을 취함)
103-76년	알렉산드로스 얀나이오스 왕
76-67년	알렉산드라 살로메 여왕
76-67년	히르카노스 2세(대제사장, 왕은 아님)
67-63년	아리스토불로스 2세(대제사장 겸 왕)
63-40년	히르카노스 2세(대제사장, 왕은 아님)

역사의 아이러니는 성전과 토라를 지키기 위해 헬레니즘화의 지지자들에 맞서 봉기했던 하스몬 일가가 이 시기에는 헬레니즘파가 되었다는 사실이다. 그들이 히브리 이름(유다, 요나단, 시몬, 요한, 얀나이오스, 살로메 등)을 가졌음에도 동시에 그리스식 이름(히르카노스, 알렉산드로스, 알렉산드라, 아리스토불로스, 안티고노스)으로 알려진 것은 의미심장하다. 유대인들은 좋든 싫든 이제 헬레니즘 세계의 일원이 되었다. 유대교는 알렉산드로스 대왕의 정복으로 인해 결정적 변화를 겪게 되었다.

하스몬 왕조는 그리스 용병들을 고용하고 왕궁을 헬레니즘 방식으로 꾸몄다. 백성 중 일부는 그들의 지배에 반감을 품었는데, 이는 어느 정도 하스몬 왕조의 헬레니즘화 정책으로 인해 촉발된 것으로 보인다. 물론 반발의 동기에는 단순한 권력 투쟁과 더불어 왕정체제의 조세부과로 인한 불만도 포함되었다. 사실 하스몬 일가가 스스로 왕 혹은 대제사장으로 칭한 것에 반발한 사람도 많았다. 영토 확장에 열을 올린 폭군 알렉산드로스 얀나이오스의 통치 중에는 끔찍한 내전도 일어났다. 상당수의 인구가 그에게 맞서 셀레우코스 왕가의 개입을 요청하기도 했다(기원전 88년). 하지만 외래 세력인 셀레우코스 왕가의 복귀보다는 유대인들의 지배가 더 나으리라고 판단한 대중은 다시 유대인 왕조를 지지했다. 알렉산드로스는 내전을 종결하고 반란 세력을 무자비하게 탄압했다.

추기: 하시딤

하시딤으로 불리는 집단이 「마카베오1·2서」에 등장한다. 그 이름은 "경건한 자들"이라는 뜻의 히브리어 *hasidim*에서 유래했다. 이는 오늘날의 "하시딕"(Hasidic) 계열 유대인들의 호칭으로 이어진 것으로 보인다. 하시딤의 성격에 대한 학문적 평가는 다양하다. 그들을 서기관 그룹과 연결되는 조직된 집단으로 여기는 학자들은 하시딤이 본래 마카비 왕조와 연대해 무장투쟁을 벌였던 전사들이었는데 후에 셀레우코스 왕가가 제시한 종교적 자유를 보장받는 대가로 투쟁을 중지했다고 해석한다. 그리고 하스몬 왕가의 통치에 반대하던 이 그룹이 둘로 나뉘면서 하나는 바리새파, 다른 하나는 에세네파가 되었다는 것이 이 학설의 요지다. 이런 가설은 바리새파와 에세네파의 기원을 설명한다는 점에서 매력적이나, 그 사실 관계를 확인해줄 사료는 빈약하다.

「마카베오1서」 2:42에 의하면 광야에서 마카비 일가와 함께한 부류로 "용감한 사람들…모두 경건하게 율법을 지키는 사람들"이 있었다. 하시딤은 「마카베오1서」 7:12-14에 다시 등장하는데, 여기서 그들은 셀레우코스 왕가가 보낸 유대인 제사장 알키무스와 기꺼이 평화조약을 맺으려고 한다. 이와 같은 하시딤의 정책은 알키무스의 도착을 무시하고 항쟁을 계속했던 마카비와 다르다. 아마 하시딤은 자신들의 종교를 보장받는 것으로 만족했지만, 마카비는 완전한 독립을 원했던 것 같다. 하시딤이 서기관 그룹과 관련이 있는 것은 분명해 보인다.

하시딤에 관한 마지막 언급은 「마카베오2서」 14:6에 나온다. 알키무스는 데메트리오스 왕에게 이렇게 말한다. "유다 마카비가 이끄는 하시드인이라는 유다인들은 전쟁을 일삼고 폭동을 일으키며 국가의 안녕 질서를 교란하고 있습니다." 만일 「마카베오1·2서」의 저자들이 단일한 그룹을 지칭하기 위해 하시딤이라는 용어를 사용하고 있는 것이라면 이 진술은 「마카베오1서」에 나오는 하시딤의 모습과 상충된다. 하시딤이 유다 마카비의 기대와 달리 알키무스와 평화조약을 맺었기 때문이다(1 Macc 7:13). 유다는 그들의 지도자가 아니었다.

확실한 것은 마카비의 지배하에서 하나님이 주신 유대인의 삶의 방식을 공격하려는 세력에 저항하기 위해 다수 세력의 연합체가 구성되었다는 점이다. 눈앞에 닥친 위협이 제거되자 마카비 연합체는 와해되고 여러 집단이 출현하는데, 그중 일부는 새로 등장한 하스몬 왕조하의 상황 전개에 불만을 품게 된다.

집회서

「집회서」(Sirach)는 기원전 2세기 초에 예루살렘에서 저술된 흥미진진한 책이다. 저자는 부유한 지식층의 서기관으로서 동시대의 종교와 문화에 식견이 깊은 사람이었다. 당시 글을 읽고 쓸 줄 아는 사람은 매우 드물었는데, 서기관들은 다양한 계층에 속했다. 이 장에서는 집회서의 저자인 요슈아 벤 시라(Joshua ben Sira, 히브리어 *ben*은 "아들"이란 뜻)가 헬레니즘 개혁이 본격화하기 직전 예루살렘의 서기관들과 그들의 활동에 대해 기록한 내용에 관심을 기울일 것이다.

「집회서」는 이상적인 서기관을 현인으로 묘사한다. 토라는 지혜의 최정점으로 여겨지며, 모든 지혜의 원천은 신적 영감이다. 그러나 「집회서」는 헬레니즘 세계에 대한 근원적 개방성을 보여준다. 서기관은 외래적 지혜를 무시하지 않으며, 그것이 어디에서 오든지 간에 모든 지식을 환영한다(Sir 39:4). 벤 시라는 대제사장 야손처럼 유대교의 헬레니즘화에 앞장선 유대인들과 그에 저항한 유대인들의 중간에 위치한다. 사실 그가 실명으로 자신의 책을 쓴 것(Sir 50:27) 역시 그 지점을 잘 보여준다. 실명 저술은 헬레니즘의 저자들에게는 흔했지만, 유대인들에게는 매우 드문 일이었기 때문이다.

벤 시라의 손자는 이 책을 이집트로 반입해 그리스어로 번역했으며 서문을 첨부했다. 손자가 기록한 서두는 이렇다.

> 율법서와 예언서와 그 뒤를 이은 후대의 저서들이 우리에게 위대한 가르침을 많이 전해 주었다. 이것으로 보아 이스라엘 민족의 학문과 지혜는 찬양을 받을 만하다. 그런데 책을 읽는 사람은 스스로의 지식을 쌓는 것에 머물

지 말고, 쌓은 지식을 말로나 글로 나타내어 다른 사람들을 돕는 자가 되어야 한다. 나의 조부 요슈아가 바로 그런 분이었다. 그분은 율법서와 예언서와 우리 조상들이 남긴 다른 저서들을 열심히 공부하여 통달한 후, 그 자신도 교훈과 지혜를 담은 책을 저술하기로 하였다. 그 목적은 지혜를 사랑하는 사람들이 자기의 가르침을 아울러 익혀서 율법대로 잘사는 방법을 터득하게 하려는 것이었다. 그러므로 나는 여러분이 이것에 흥미를 가지고 주의 깊게 읽어주기를 바라며, 우리의 노력에도 불구하고 어떤 구절의 번역이 혹 잘못되었으면 널리 양해해 주기를 바란다. 원래 히브리어로 표현된 말을 다른 언어로 번역해 놓으면, 그 뜻이 제대로 드러나지 않는 수가 많다. 이것은 비단 이 책의 경우뿐만이 아니라, 예언서와 그 외의 다른 저서들, 심지어는 율법서마저도 그 번역서와 원서와의 사이에는 큰 차이가 있음을 발견할 것이다. 내가 유에르게테스 왕 삼십팔 년에 이집트에 가서 그 곳에 머무를 때에 고상한 교훈이 담긴 책을 한 권 발견하였다. 그래서 나는 이 책을 번역하는 데 나의 정성과 노력을 바치는 것이 나의 의무라고까지 생각하였다. 그래서 그곳에 머무르는 동안에 나는 나의 온 지식을 기울여 불철주야로 이 책을 완성하여 세상에 내는 일에 몰두하였다. 나는 이 책을 이국 땅에 살면서 학문을 사랑하고 올바른 행실로 율법을 따라서 살려고 하는 사람들을 위해서 펴내는 바이다.

이 서문에 따르면 참된 배움은 하나님의 토라를 연구하는 데 있는데, 벤 시라는 여타의 지혜 문헌이 그렇듯 성경 외의 문헌들로부터도 도움을 얻은 것으로 보인다. 그의 소명은 하나님으로부터 나온 지혜에 대해 연구하고 기록하고 가르치는 것이었다.

「집회서」 38:24-39:11에는 이상적인 서기관에 관한 긴 묘사가 나온다. 벤 시라는 일반 직업들을 가지고 일하면서는 공부를 할 시간이 없다며 "학자가 지혜를 쌓으려면 여가를 가져야 한다. 사람은 하는 일이 적어야 현명해진다"(Sir 38:24, 이 책에서 집회서는 모두 공동번역을 인용함)고 말한다. 농부, 장인, 철공, 도공들은 자신의 생업을 위한 기술을 닦고 일을 잘 해내느라 온 힘을 쏟기 때문이다. 벤 시라는 그들이 사회를 위해 공헌한다고 인정하지만, 그들은 사회 지도층의 자리를 얻지 못한다. 사실 그들 대부분은 문맹자였다.

> 이 사람들은 모두 자기 손재주에 자신을 갖고 있으며,
> 저마다 자기 일의 특기를 지니고 있다.
> 이런 사람들이 없이는 도시를 건설할 수가 없고
> 거주민도 없을 것이고 여행자도 없을 것이다.
> 그러나 그들은 시의회에 불리지도 않으며
> 공중 집회에서 윗자리를 차지하지도 않는다.
> 그들은 재판관 자리에 앉지도 않으며
> 법률을 잘 알지도 못한다.
> 그들의 교양이나 판단력은 출중하지 못하고
> 격언을 만드는 사람들 축에 끼이지도 못하지만,
> 그들 때문에 이 세상은 날로 새롭게 되고 지탱이 된다.
> 그리고 그들은 오직 자기들이 하는 일이 잘되기를 빌 뿐이다(Sir 38:31-34).

연이어 지혜로운 서기관에 대한 대조적인 단락이 나온다.

> 그러나 온 정력과 정신을 기울여
> 지극히 높으신 분의 율법을 연구하는 사람은 다르다.

그들은 옛 성현들의 지혜를 탐구하고
예언을 연구하는 데 자기 시간을 바친다.
그는 유명한 사람들의 말을 보전하고
비유의 깊은 뜻을 파고든다.
그는 격언의 숨은 뜻을 연구하고
난해한 비유를 푸는 데 흥미를 느낀다.
그는 벼슬에 올라 군주들을 섬기고
통치자들 사이에서 중책을 맡는다.
외국을 두루 여행하며
인간 사회의 좋은 것과 나쁜 것을 체험으로 안다.
아침에 일어나면서 마음을 모두어
창조주이신 주님께 생각을 돌리고
지극히 높으신 분께 온 마음을 바친다.
입을 열면 기도요, 자기 죄의 용서를 빈다.
위대하신 주님께서 뜻하신다면
그는 깨우침의 영검을 충만히 받을 것이다.
그때 그는 지혜의 말씀을 두루 전할 것이며
주님께 감사 기도를 올릴 것이다.
그는 공정한 판단력과 올바른 지식을 얻을 것이며
주님의 신비를 명상할 것이다.
그는 배운 지식을 밝히 가르칠 것이며
주님의 계약인 율법을 빛낼 것이다(Sir 39:1-8).

이 구절을 보면 서기관들의 활동에는 신앙적인 동기가 그 중심에 있다. 서기관의 첫째 임무는 "지극히 높으신 분의 율법"을 연구하는 것이다.

"옛 성현들의 지혜"와 "예언"은 성경을 가리키는 것으로 보인다. 서기관들에게는 하나님으로부터 직접 내리는 영감이 필요하다. 그들은 일찍 일어나 기도하고 하나님을 향해 마음을 열어 그분의 영감을 기다려야 한다. 진정한 서기관이라면 "주님의 계약인 율법을 빛낼" 것이다. 헬레니즘의 철학 학파들이 플라톤, 아리스토텔레스, 제논의 가르침을 보존하고 전수했듯이, 격이 높은 서기관은 위인들의 가르침을 보존하고 전수한다. 비유와 잠언은 지혜를 전수하는 통상적 도구이기에 지혜의 스승들은 늘 비유와 잠언을 묵상하곤 했다.

서기관들은 정치에도 참여했다. 그들은 공의회에서 유력한 존재들이었으며, 사람들은 그들의 권고를 들었다(Sir 39:33). 그들은 율법에 정통했으므로 재판관의 기능을 수행했다. 벤 시라는 그들이 "벼슬에 올라 군주들을 섬기고 통치자들 사이에서 중책을 맡는다"라고 묘사한다(Sir 39:4). 서기관들은 지배층의 자문관 역할을 맡았고 일부는 실제로 상류층에 속하기도 했다. 그들은 교육 수준이 높았고 국제 정세에 밝았으며 관료제도와 역사를 이해했다. 외국을 여행하고 그 나라들의 지혜 전승을 공부해 자기 나라에 유익하게 소화하는 것이 이상적인 서기관의 모습이었다. 외국 여행과 외국의 지식에 대한 동경은 헬레니즘 시대의 전형적인 모습이기도 하다.

벤 시라는 대제사장이 이끄는 정부체제에 우호적이었다. 그의 책은 이스라엘의 빛나는(히브리어와 시리아어 사본에는 "경건한") 지도자들을 칭송하는 것으로 마친다(이를 1 Macc 2장에 나오는 마타티아스의 연설과 비교해보라. 그의 연설은 토라에 대한 열정의 모범으로서 이스라엘의 오랜 영웅들을 언급한다). 이 목록의 절정은 대제사장 오니아스의 아들인 시몬을 칭송하는 찬가다. 벤 시라는 성전 수리와 재건, 수원 확보를 위한 우물 공사, 그리고 예루살렘 방어선 보강작업 등 시몬의 업적을 열거한 뒤, 최종적으로 시몬의 제의적 역할이 이스라엘에 얼마나 중요한지를 칭송한다.

> 그가 지성소에서 나타나, 사람들에게 에워싸였을 때
> 그 얼마나 훌륭하였던가!
> 그는 구름 사이에서 빛나는 샛별과 같았고
> 쟁반처럼 둥근 달과 같았다.
> 그는 지극히 높으신 분의 성전을 비추는 태양과 같았고
> 영광의 구름 속에서 빛나는 무지개와 같았으며
> …
> 시몬이 찬란한 제복을 입고 휘황찬란한 패물로 단장하고
> 거룩한 제단으로 올라가서 성소 안을 영광으로 충만하게 했을 때에
> 그 얼마나 장관이었던가!
> …
> 그 후에 시몬은 제단에서 내려와 팔을 들어
> 그곳에 모인 이스라엘 자손들에게
> 큰소리로 주님의 축복을 빌어주었다.
> 이렇듯이 그는 주님의 이름을 부르는 영광을 누렸다.
> 그래서 사람들은 다시 엎드려,
> 지극히 높으신 분의 축복을 받았다(Sir 50:5-7, 11, 20-21).

우리는 이 본문에서 예배를 드리는 참여자가 성전 예배를 어떻게 바라보았는지를 파악할 수 있다. 예배는 예배자들 특히 멀리서 온 순례자들에게 강렬한 인상을 남겼다. 특별히 대제사장의 위엄과 예전의 힘은 참으로 강력했다. 대제사장은 백성을 향한 하나님의 복을 전달하는 존재였기에 이스라엘의 삶에서 중심적 위치를 차지했다. 정치와 종교의 힘은 대제사장

의 존재 안에서 하나로 수렴되었다.

결론

알렉산드로스 대왕의 영토 확장은 세계를 완전히 바꾸어놓았다. 자신들의 정치기구들만이 아니라 신앙과 풍습도 위태롭게 하는 제국주의의 정치적·문화적 힘에 직면하게 된 유대인들은 새로운 상황에 다양한 방식으로 대응했다. 디아스포라에서 유대인들 대다수는 자신들의 정체성을 유지하면서도 헬레니즘 세계의 일원으로 편입되었지만, 예루살렘에서는 그곳을 그리스식 도시로 변모시키려는 세력과 그런 짓은 곧 토라를 범하는 것이라고 믿는 세력 간의 갈등이 점차 고조되었다. 유대교 금지조치를 내려 상황을 돌파하려고 했던 안티오코스는 값비싼 대가를 치르고서야 자신의 판단이 틀렸음을 알게 되었다. 제사장 가문인 하스몬의 지도력 아래 뭉친 유대인들은 수십 년의 투쟁 끝에 종교의 자유와 정치적 독립을 얻어냈다. 그러나 이 새로운 독립상태는 다음 정복자인 로마인들이 진격하기 전까지만 계속될 수 있었다.

참고문헌

Attridge, Harold. "Jewish Historiography." *EJMI* 311-43.

Barclay, John M. G. *Jews in the Mediterranean Diaspora: From Alexander to Trajan (323 BCE - 117 CE)*. Edinburgh: T&T Clark, 1996.

Bartlett, John R. *1 Maccabees.* Sheffield, England: Sheffield Academic Press, 1998.

______. ed. *Jews in the Hellenistic and Roman Cities.* New York: Routledge, 2002.

Betz, Hans Dieter. "Hellenism." *ABD* 3:127-35.

Bickerman, Elias. *From Ezra to the Last of the Maccabees: Foundations of Postbiblical Judaism.* New York: Schocken, 1962.

______. *The God of the Maccabees: Studies on the Meaning and Origin of the Maccabean Revolt.* Leiden: Brill, 1979.

Coggins, Richard J. *Sirach.* Sheffield, England: Sheffield Academic Press, 1998.

Collins, John J. *Between Athens and Jerusalem: Jewish Identity in the Hellenistic Diaspora.* Grand Rapids, Mich.: Eerdmans, 2000.

______. *Jewish Wisdom in the Hellenistic Age.* Louisville: Westminster John Knox, 1997.

Cumont, Franz. *Astrology and Religion among the Greeks and Romans.* New York: Dover, 1960.

Davies, Philip R. "Hasidim in the Maccabean Period." *JSJ* 28 (1977): 127-40.

DeSilva, David A. *4 Maccabees.* Sheffield, England: Sheffield Academic Press, 1998.

Doran, Robert. *Temple Propaganda: The Purpose and Character of 2 Maccabees.* Washington, D.C.: Catholic Biblical Association of America, 1981.

Eddy, Samuel K. *The King is Dead: Studies in the Near Eastern Resistance to Hellenism, 334-31 B.C.* Lincoln: University of Nebraska Press, 1961.

Farmer, W. R. *Maccabees, Zealots, and Josephus: An Inquiry into Jewish Nationalism in the Greco-Roman Period.* New York: Columbia University Press, 1973.

Feldman, Louis. *Jew and Gentile in the Ancient World: Attitudes and Interactions from Alexander to Justinian.* Princeton: Princeton University Press, 1993.

Goldstein, Jonathan. "Jewish Acceptance and Rejection of Hellenism." Pages 64-87 in *Aspects of Judaism in the Graeco-Roman Period.* Vol 2 of *Jewish and Christian Self-Definition.* Edited by E. P. Sanders, A. I. Baumgarten, and Alan Mendelson. Philadelphia: Fortress, 1981.

______. *I Maccabees: A New Translation with Introduction and Commentary.* AB 41. Garden City, N.Y.: Doubleday, 1976.

______. *II Maccabees: A New Translation with Introduction and Commentary.* AB

41A. Garden City, N.Y.: Doubleday, 1983.

Goodman, Martin, ed. *Jews in a Graeco-Roman World.* Oxford: Clarendon Press, 1998.

Green, Peter. *Alexander to Actium: The Hellenistic Age*. London: Thames & Hudson, 1990.

Gruen, Erich S. *Heritage and Hellenism: The Reinvention of Jewish Tradition*. Berkeley: University of California Press, 1998.

Hadas, Moses. *Hellenistic Culture: Fusion and Diffusion*. New York: Norton, 1972.

Harrington, Daniel J. *The Maccabean Revolt: Anatomy of a Biblical Revolution*. Wilmington: Michael Glazier, 1988.

______. "The Wisdom of the Scribe according to Ben Sira." *IFAJ* 181-88.

Hengel, Martin. *Judaism and Hellenism: Studies in Their Encounter in Palestine during the Early Hellenistic Period*. 2 vols. Philadelphia: Fortress, 1974. 『유대교와 헬레니즘』(나남 역간).

Jones, A. H. M. *The Greek City: From Alexander to Justinian*. Oxford: Clarendon Press, 1940.

Kampen, John. *The Hasideans and the Origin of Pharisaism: A Study on First and Second Maccabees*. Atlanta: Scholars Press, 1988.

Lieberman, Saul. *Greek in Jewish Palestine.* New York: Jewish Theological Seminary, 1942.

______. *Hellenism in Jewish Palestine.* New York: Jewish Theological Seminary, 1950.

Martin, Luther H. *Hellenistic Religions: An Introduction.* Oxford: Oxford University Press, 1987.

Meyers, Eric M., and A. Thomas Kraabel. "Archeology, Iconography, and Nonliterary Remains." *EJMI* 175-210.

Peters, F. E. *The Harvest of Hellenism: A History of the Near East from Alexander the Great to the Triumph of Christianity.* New York: Simon & Schuster, 1970.

Rajak, Tessa. "Hasmonean Dynasty." *ABD* 3:67-76.

Sanders, E. P. "The Covenant as a Soteriological Category and the Nature of Salvation in Palestinian and Hellenistic Judaism." Pages 11-44 in *Jews, Greeks, and Christians: Studies in Honor of W. D. Davies*. Edited by R.

Hamerton-Kelly and R. Scroggs. Leiden: Brill, 1976.

Sievers, Joseph. *The Hasmoneans and Their Supporters: From Mattathias to the Death of John Hyrcanus I*. Atlanta: Scholars Press, 1990.

Skehan, P. W., and Alexander DiLella. *The Wisdom of Ben Sira*. AB 39. Garden City, N.Y.: Doubleday, 1987.

Smith, Jonathan Z. "Hellenistic Cults in the Hellenistic Period." *HR* 11 (1971): 236-49.

______. "Hellenistic Religions." Pages 925-27 in vol. 18 of *The Encyclopedia Britannica: Macropedia*. 15th ed. Chicago: University of Chicago Press, 1985.

Stone, Michael. "Hellenism and the Diaspora." *SSV* 87-98.

Tarn, W. W., and G. T. Griffith. *Hellenistic Civilization*. 3d ed. New York: New American Library, 1961.

Tcherikover, Victor. *Hellenistic Civilization and the Jews*. New York: Atheneum, 1977.

제4장

묵시사상

◆일차자료: 다니엘, 「에녹1서」 1-36, 72-108장

이 장에서 우리는 기묘한 세계에 발을 들여놓는다. 지하세계와 천상세계가 망라되고, 이승이 아닌 다른 세상에 속한 짐승들이 등장하며 난해한 환상들로 가득한 이곳은 바로 묵시문학의 세계다. 이 기이한 문헌들 앞에 두 손을 쳐들고 포기하고 싶은 심정이 들지만, 그렇게 하면 우리는 고대 유대교와 기독교 사상에서 빼놓을 수 없는 한 가지 요소를 놓치게 된다. 기원전 3세기에서 기원후 2세기 사이에 기록된 유대교와 기독교 문헌의 상당 부분이 묵시문학이거나 묵시문학적 요소를 지니고 있기 때문이다. 정경에서 두 권 곧 다니엘서와 요한계시록만이 묵시문학으로 분류되지만, 사실 신약성경에는 묵시문학적 사상과 표상(imagery)들이 가득하다. 헬레니즘 시대와 로마 시대의 유대교 문헌 역시 묵시사상의 영향을 강하게 받았다. 예수와 바울 역시 묵시문학적 사상과 표상을 구사했다.

묵시사상은 세계의 현재 상황을 불만스럽게 여기며 하나님이 속히 역사에 개입해 세상을 급진적으로 바꾸어놓기를 기대한다. 이런 성향으로 인해 학자들은 묵시사상을 주류 세력에게 핍박을 받는 부적응자들의 세계관이라고 단정하고 그들을 주류사회로부터 분리되고 그에 저항하는 격리된 공동체로 여겼다. 근래 들어 이런 견해는 새로운 연구들로 인해 수정이 불가피해졌다. 묵시사상이 읽고 쓸 줄 아는 것은 물론이고 전통적 지식에 능통한 상류층의 서기관 계층에게 속한 현상이라는 것이 점차 분

명해졌기 때문이다. 한 사회의 상류 지배층이라고 하더라도 특별히 자신들의 전통과 충돌하는 정치 상황 가운데 있을 때는 현세에 대해 깊은 불만을 품을 수 있다. 힘을 가진 고위층도 자신보다 더 강한 외래 세력의 권세는 못마땅해하는 법이다.

용어

이 장에 쓰인 용어들은 자칫 혼란스러울 수 있기에 정리가 필요하다. 가장 중요한 것을 들자면 (1) 묵시문학(apocalypse)은 특정한 문학 형식 혹은 장르를 가리키고, (2) 묵시사상(apocalypticism)은 묵시문학의 공통된 세계관을 지칭한다. (3) 묵시문학적(apocalyptic)이라는 형용사는 "묵시문학 혹은 묵시사상의 특징을 갖는"이란 뜻으로 쓰인다. 때로 이 형용사는 묵시문학적 세계관과 문학 형식 그리고 그 세계관과 연관된 사회운동을 광범위하게 지칭하는 명사로 사용되기도 한다.

문학 장르: 묵시문학

우리는 문학작품을 대할 때마다 이것이 어떤 종류의 작품인가를 먼저 묻게 된다. 그 질문에 대한 대답이 우리가 그 본문을 대하는 방식을 결정한다. 우리가 역사를 읽는 방식과 소설을 읽는 방식은 다르기 마련이다. 우리는 신문기사와 시를 구별하고 개인적인 서신과 소논문을 각기 다른 방식으로 읽는다. 어떤 글이든 우리는 모종의 기대를 품고 접근하며 그런 기대가 현실과 불일치할 때 우리는 그 글을 이해 불가 혹은 말이 안 되는 글이라고 제쳐놓게 된다.

현대를 사는 우리의 독서경험 속에는 묵시문학을 읽도록 우리를 준비시켜주는 요소가 부족하다. 1979년에 일군의 학자들은 이 장르를 이렇게 정의했다.

> [묵시문학]은 내러티브의 틀을 갖춘 계시적 문학으로서, 그 계시는 이 세상에 속하지 않은 존재를 통해 인간 수신자에게 전달되며 초월적 실재를 드러낸다. 그 실재는 종말론적 구원을 대망한다는 점에서 시간적이고, 현세와 구별되는 초자연적 세계와 관련된다는 점에서 공간적이다(*AI* 5).

묵시문학은 무엇보다도 이야기 곧 내러티브다. 그 이야기 속에서 한 인간이 계시를 받는다. 그 사람은 선견자(seer) 즉 환상을 "보는 자"(see-er)다. 그가 본 내용은 자명하지 않기에 그 뜻을 알기 위해서는 초자연적 존재(주로 천사)에 의한 해석이 필요하다. 이 계시의 시간적 프레임은 미래이며, 시간이 흐르면 악은 처벌받고 선은 보상을 받게 된다. 묵시문학은 대부분 그런 시점을 멀지 않은 미래에 둔다. 계시가 공간적이라는 것은 초자연적인 다른 영역이 있어서 거기서 전개되는 사건과 그곳에서 내린 결정이 지상의 일들을 좌지우지한다는 것을 의미한다. 따라서 그 초자연적 세계의 일들을 이해해야 인간계에서 일어나는 일들의 의미를 진정으로 깨달을 수 있다.

묵시문학이 전달하는 계시에는 일반적으로 접근 불가능한 정보들이 담겨 있다. 여기서 얼마나 많이 성경을 읽고 예리한 지성을 발휘하고 하나님께 기도하는가는 중요하지 않다. 어떤 정보는 오직 직접계시를 통하지 않고는 얻지 못한다. 이는 그 정보를 단지 소수의 사람만이 접근할 수 있는 신비한 것으로 만든다. 하지만 이런 정보는 인간뿐 아니라 천사와 악마까지도 그 앞에 서야 하는 최후 심판의 기준을 이야기하고 역사의 전개과정과 그 의미를 드러내기 때문에 인간에게 매우 중요하다. 올바른 행동은 올바른 지식 위에 세워지므로 묵시문학에는 지혜와 관련된 용어들, 즉 "지혜", "현인", "지식", "이해" 등의 관념이 자주 등장한다. 그러나 묵시문학이 말하는 지혜는 이스라엘의 지혜 전승이 보존한 것과는 그 결이 사뭇 다르다. 지혜 전승의 지혜가 근본적으로 인간 지성이 일상사를 만나 빚어낸, 세상의 작동원리와 인간의 행동기준에 관한 가르침이라면, 묵시문학의 지혜는 직접계시를 통해서만 주어지는 것이기에 종종 "신비"나 "비밀"이라고 칭해지곤 한다. 이처럼 계시를 통해 전달된 지식은 그 내용도 신비롭다. 남들이 가보지 못한 곳을 가고 남들이 보지 못한 것을 보는 선견자조차도 그가 본 내용을 이해하지 못하며, 오직 초자연적 존재가 그 뜻을 설명해주어야 한다. 이처럼 묵시문학에서 하나님은 신비롭고 우리로부터 멀리 계신 존재다.

대부분의 묵시문학은 크게 두 종류, 곧 다른 세계로의 여정을 다룬 것과 역사를 조망하는 것으로 나눠진다. 넓게 이야기하면 첫째 범주에 속하는 것은 우주가 어떻게 작동하는지를 논하기에 "우주론적 추론"(cosmological speculation)이라고 부를 수 있다. 둘째 범주에 속하는 것은 우주에는 큰 관심을 두지 않고 인간 역사를 주로 다룬다. 그렇지만 이 두 종류는 우주가 돌아가는 방식과 인간의 역사에서 일어나는 사건들 사이에 밀접한 관련이 있다는 인식만큼은 공유한다. 따라서 인간의 역사를 이해하려면 우주에 대한 비밀을 알아야 한다.

묵시문학은 대부분 저자가 알려지지 않는다(신약성경의 요한계시록은 예외다). 이것을 설명하는 가명 저술(pseudonymity)이란 단어는 문자적으로는 "가짜 이름"을 의미한다. 보통 묵시문학에 이름이 붙여진 저자는 그것을 쓴 실제 저자가 아니라 오래전 과거의 유력한 인물이다. 헬레니즘 세계는 과거를 중요하게 여겼기에 오래전의 유명한 인물의 이름을 붙이는 것이 그 책의 설득력을 높여주었다. 수백 년 전에 살았던 영웅이 먼 미래의 일을 정확히 예언한다는 것은 매우 인상적인 설정이다. 하지만 대부분의 묵시문학은 사실 사후예언(*ex eventu*) 즉 그 안에 예언된 상황들이 실제 발생한 이후에 저술된 글로 보는 것이 타당하다.

일부 학자들은 장르를 정의할 때 그 기능 역시 명시되어야 한다고 생각한다. 다시 말해 그 작품들이 왜 저술되었는지를 설명해야 한다는 것이다. 아델라 야브로 콜린스(Adela Yarbro Collins)는 묵시문학의 기능을 이렇게 설명한다. [묵시문학은] "현재 지상의 상황들을 미래에 천상에서 일어날 일들에 비추어 설명하고 신적 권위를 통해 청자(독자)의 이해와 행동에 영향을 주려는 의도로 기록되었다"(*Early Christian*, 7). 즉 묵시문학은 사실 현재에 초점을 둔다. 이것은 묵시문학 안에 등장하는 과거와 미래의 강조에 비추어볼 때 다소 놀라운 결론이지만, 우리는 과거와 미래의 서술은 현재에 관한 의견 표명이며 묵시문학의 저자들은 무엇보다도 자신의 시대를 향해 발언했다는 점을 염두에 두어야 한다.

전반적인 유대교와 기독교 문헌에서 그리고 묵시문학 장르가 아닌 문헌에서도 묵시문학적 요소가 발견된다. 묵시사상과 묵시문학이 끼친 영향은 단지 묵시문학을 연구하는 것만으로는 밝힐 수 없다. 예를 들어 오늘날 사해사본(이 책의 5장을 보라)으로 알려진 고대의 문서에는 묵시문학이 없지만, 그 문서들은 묵시문학적 세계관과 방향성을 뚜렷이 보여준다.

묵시문학적 세계관

종말론(eschatology)은 "종말"을 뜻하는 그리스어 *eschaton*에서 유래하는데, 이 종말은 현재 상태의 세상이 맞게 될 마지막을 가리킨다. 종말론은 종말에 대한 가르침을 말한다. 종말론이 묵시사상의 요소로서 얼마나 강조되고 있는지에 대해서는 학자들의 논의가 분분하다. 일각에서는 묵시사상의 핵심은 신비로운 계시에 있으며 일부 묵시문학은 종말론적 성향을 보이지 않음을 지적한다. 하지만 대부분의 묵시문학에는 모종의 종말론이 포함되며 일부 묵시문학에서는 종말론이 중심적 역할을 하는 것이 사실이다. 본서에서는 이런 학계의 정설을 따르기로 한다.

묵시문학적 종말론의 가장 중요한 특징은 죽음의 초월이다. 묵시문학은 인간의 해묵은 고민, 즉 선인이 고난을 당하고 악인이 형통하는 딜레마에 대해 적절한 상벌은 죽음 이후에 있을 것이라고 답한다.

종말론을 강조하는 묵시문학은 종종 아래의 요소들을 포함한다. 물론 각각의 묵시문학이 이런 모든 요소를 전부 보여주는 것은 아니지만 말이다.

묵시문학의 공통요소들

(1) 현재 지상의 상황이 가까운 장래에 종료되리라는 간절한 기대, (2) 우주적 재난으로 실현되는 종말, (3) 역사의 구획화와 결정론(determinism), (4) 천사와 마귀의 활동, (5) 낙원으로 연결되는 새로운 구원, (6) 하나님 나라의 실현, (7) 제왕적 역할을 하는 중재자, (8) "영광"이라는 단어, (9) 이원론, (10) 선과 악 사이에 벌어지는 최후의 대결. (*AI* 12. 1-8번까지는 Koch, 28-33에 제시된 것을 수용함)

종말. 현재 세상은 곧 종말을 맞이한다. 이 세상은 근본적으로 잘못되어 있기에 종말은 그 잘못된 것들을 종료시키고 모든 것이 그렇게 되어야 할 정상적 상태로 만물을 회복시킨다. 이 종말의 구체적인 양상은 각각의 묵시문학 작품에서 다르게 나타난다. 곧 지구가 사라지고 의인이 천국으로 옮겨가거나, 하늘과 땅이 새로워져 하나님의 원래 의도가 실현되거나, 일시적인 메시아 왕국이 수립된 후 급진적인 역사의 종말 상황이 펼쳐지는 등 매우 다양한 방식으로 실현된다.

우주적 재난. 종말에는 전 우주가 참여한다. 별들이 추락하고 해와 달이 어두워지며 산이 녹아내린다. 우주는 인간의 운명과 연결되어 있다. 이런 확신은 묵시사상만의 특징은 아니다. 창세기에 기록된 창조기사에서도 아담과 하와가 하나님께 불순종했을 때 하나님은 두 사람만이 아니라 땅에도 벌을 내리셨다(창 3:17). 묵시문학적 표상들은 히브리 성경 자체에서 유래한다. 예를 들어 요엘의 예언에도 그런 표현이 생생하게 나타난다. "그 앞에서 땅이 진동하며 하늘이 떨며 해와 달이 캄캄하며 별들이 빛을 거두도다"(욜 2:10).

역사의 구획화와 결정론. 많은 묵시문학에서 역사는 몇 개의 구획 혹은 구간으로 나뉘며 그 진행은 하나님이 예정하신 대로 바뀌지 않고 진행된다. 구획의 숫자는 흔히 상징적이어서 일곱, 열, 열둘 등의 구획이 가장 많다. 묵시문학의 실제 저자는 자신이 이런 역사구획의 마지막 단계에 있다고 흔히 상정한다. 결정론은 하나님의 계획은 변경될 수 없다는 주장을 가리킨다. 사람이 회개하면 하나님 곁에서 종말을 마주할 수 있지만, 종말의 도래 자체를 막을 수는 없다.

천사와 마귀. 묵시문학에는 천사와 마귀가 자주 등장한다. 이들은 하나님과 인간 사이 어디쯤을 차지한다. 하나님께서 천사라는 매개자를 필요로 하신다는 말은 그가 인간으로부터 멀리 떨어져 계신다는 의미다. 악은 초자연적 존재 안에 머무르며 인격체의 옷을 입는데, 종종 마귀 하나를 그들의 우두머리로 둔다. 그중 가장 유명한 지도자는 사탄이다. 히브리어로 사탄(*satan*)은 "고소인" 혹은 "대적"을 뜻한다. 사탄에 대한 관념은 시간이 흐르며 변해왔다. 우리는 통상적으로 에덴동산에 있던 뱀을 사탄과 연결한다. 그러나 문제는 창세기는 사탄을 언급조차 하지 않는다는 것이다. 이렇게 둘을 연결하는 것은 훨씬 후대에 일어났다. (히브리어 단어 사탄은 히브리 성경에서 누군가를 대적하는 사람을 가리켜 사용되기도 한다.) 사탄에 관한 오래된 전승은 사탄을 천상 법정의 검사로 상정하는데(슥 3장; 욥 1-2장), 사람을 고소하는 것이 그의 역할이다. 제2성전기 후기로 들어오면서 사탄은 점점 더 악한 존재가 되어 하나님을 대적하는 원수이자 마귀들의 지배자로 묘사된다. 히브리 성경 외의 다른 전승들에서 유래한 바알세불(Beelzebul), 마스테마(Mastema), 쉐미하자(Shemihazah, 혹은 세미야자[Semyaza]), 아자젤(Azazel) 등 사탄과 유사한 존재들이 자리를 잡은 것도 이 무렵의 일이다.

새로운 구원. "구원"은 구원하다(save) 내지 구출하다(rescue)라는 의미에서 비롯된 명사다. 이는 건져내야 할 부정적 상황을 전제하는데, 그리스도인들은 흔히 구원을 죽음 이후에 일어날 사건으로, 아마도 삶 자체로부터, 죄 혹은 지옥으로부터의 해방으로 간주한다. 그러나 헬레니즘 시대 이전에 구원은 지상의 오류를 바로잡는 행위로 이해되었다. 이스라엘의 적군을 뒤집어엎는 것이 구원이요, 예루살렘에 지상 왕국을 수립하는 것이 구원이었다. 기원전 6세기를 배경으로 한 제2이사야의 경우 구원은 구체적으로 바빌로니아의 포로에서 벗어나 예루살렘을 재건하는 것을 의미한다. 그러나 헬레니즘 시대로 접어들면서 구원은 죽음 이후의 사건을 지칭하게 되었다. 묵시문학적 구원은 죽음의 초월, 악인의 처벌과 의인의 보상, 그리고 모든 악한 요소의 제거를 포함한다. 이런 이해가 후기 유대교와 기독교에 끼친 영향은 분명하다. 묵시사상이 대망하는 새로운 세상은 모든 것이 완벽한 상태로 존재하는 "낙원"(paradise)인데, 이 낙원은 70인역에서 에덴동산을 지칭하는 데 사용된 페르시아어의 차용어다. 결국 창조세계는 에덴동산에서 그랬던 것처럼 창조주 하나님의 본래 의도대로 회복된다. 그 결과 종말은 시작과 같아질 것이다.

하나님 나라. "하나님 나라"는 "하나님의 통치"를 뜻한다. 히브리 성경은 종종 하나님을 왕이라고 칭한다(예. 시 145편을 보라). 그러나 창조세계는 인간이든 초자연적 존재든 하나님의 왕 되심을 인정하지 않고 살아간다. 악한 세력이 하나님의 창조세계를 탈취했지만, 하나님의 통치는 적당한 때 온 우주에 걸쳐 회복될 것이다. 하나님의 주권은 묵시문학의 중요한 관심사다.

중재자. "제왕적 기능을 수행하는 중재자"를 가리키는 "메시아"(*mashiah*)는 종종 이스라엘의 왕에게 붙이는 호칭이었다. 그리스도인들은 다윗의 아들, 메시아, 그리고 하나님의 아들이라고 불리던 예수가 바로 이 중재자라고 믿었는데, 예수에게 붙여진 이 호칭들은 모두 다윗의 후손인 왕들에게 합당한 것이었다. 기독교 학자들은 유대교 사상 중 그리스도인의 관심사에 가까운 부분들을 강조한 나머지 유대교 묵시사상이 늘 메시아 사상을 포함했다고 가정했지만, 이것은 사실을 왜곡한 결과다. 메시아가 유대교 묵시문학에 항상 나오지는 않는다.

영광. 모세 오경 중 제사장 문서에서 "영광"은 하나님의 능동적이고 강력한 임재를 뜻한다. 이 단어가 묵시문학에서는 선견자의 접근이 허용된 신적 세계와 하나님께서 이 세상 가운데 강력하게 임하시는 상황을 가리켜 빈번히 사용된다.

이원론. 묵시사상은 우주 전체를 상반되는 두 부분으로 나눈다는 점에서 이원론적이다. 하나님(또는 하나님의 천사) 대 사탄, 천사 대 마귀, 의인 대 악인 등의 대비구조는 궁극적으로 인간 세상을 설명하기 위한 장치다. 이런 용어를 구사하는 집단은 으레 자신들은 의인이지만 자신들을 반대하는 이들(가끔은 나머지 세상 전체)은 악인들이라고 간주한다. 대부분의 묵시문학은 의인들을 하나님의 "택함을 받은 자들" 곧 "선민"으로 여긴다.

최후의 대결. 묵시사상에는 하나님의 주권 문제가 결부되어 있다. 창조세계에 대한 하나님의 통제가 일시적으로 해제될 수 있지만, 하나님은 곧 통제권을 환수하실 것이다. 그러나 악의 세력은 실재이고 하나님의 적들은 강하다. 묵시사상은 하나님의 위대한 권능을 믿지만 하나님께서 적들을 물리치시기 위해서는 그 권능을 사용하셔야 하며 그 과정은 시간이 걸린다고 생각한다. 따라서 일부 묵시문학은 하나님과 그의 대적들 간에 벌어지는 투쟁 중에 인간과 물리적 세계에 큰 환란이 있으리라고 가르친다. 그것을 설명하는 과정에서 "환란"과 유사한 어휘들이 동원되는데, "메시아적 난항"(messianic woes)은 메시아가 오실 때 분란과 격동으로 인해 고통을 당하게 되는 현실을 가리킨다. 최후의 전쟁을 논하지 않아도 종말은 심판과 환란의 때라는 것이 묵시사상의 가르침이다.

유대교 묵시사상의 기원

묵시사상은 유대교의 분파에서 나왔을까? 아니면 광범위한 헬레니즘 세계에서 유래했을까? 이 질문은 그 자체가 지나친 단순화의 산물이다. 여느 종교와 마찬가지로 이스라엘 종교 역시 늘 다른 종교와 교섭해왔고 그 영향을 받아왔다. 그런 교섭의 증거는 성경에 차고 넘친다. 헬레니즘 시대에 여러 문화 간 교류는 한층 가속화되었고, 유대교 묵시문학은 그런 환경에서 역사에 등장했다. 헬레니즘 세계의 여러 문화는 각자가 지닌 토속적 요소와 외래적 요소를 혼합하게 되는데, 묵시사상은 헬레니즘 시대에 유대교 외부에서 나타났지만(Eddy를 보라), 학자들은 유대교 묵시사상이 이스라엘의 지혜 전승과 예언 전승에 뿌리를 두고 있음을 밝혀냈다. 따라서 유대교 묵시사상을 규명하기 위해 아래에서 유대교 전승들을 살펴보고자 한다.

지혜 전승과 마찬가지로 묵시사상 역시 우주의 구조가 인간의 삶과 밀접히 연관된다고 이해한다. 지혜 전승과 묵시사상은 올바른 행동은 올바른 이해를 전제로 한다는 믿음을 공유한다. 그러나 지혜 전승은 그런 이해가 인간의 이성으로 획득될 수 있다고 생각하지만, 묵시사상은 특별계시가 필요하다고 믿는다. 지혜 전승과 묵시사상이 공유하는 우주론적 관심은 예언 전승에서는 발견되지 않는다.

예언과 묵시사상은 둘 다 그들의 메시지가 직접계시를 통해 주어졌다고 말한다. 에스겔과 스가랴와 같은 후기 예언자들의 메시지는 신비로운 비전과 그 해석을 제공한다는 점에서 다소 묵시문학적으로 들린다. 천상으로의 여행은 묵시문학에서 흔한 요소인데, 이믈라의 아들 미가야가 천상회의에 참석한 일과(왕상 22장), 이사야가 하나님의 보좌가 나오는 환상을 본 사건(사 6장)이 이에 해당한다. 예언과 마찬가지로 묵시사상은 하나님께서 인간 역사의 무대에 모습을 막 드러내실 것이라고 생각한다. 예언과 묵시사상은 모두 하나님의 등장이 놀랍고 극적일 것으로 기대한다. 그러나 예언은 묵시사상처럼 우주적 격변을 기대하지도 않고 죽음의 초월을 말하지도 않는다. 예언자들은 하나님의 형벌이나 보상이 이생에서 일어나기를 기대한다. 그리고 그들은 인간의 회개가 심판을 모면할 수 있다고 생각한다. 하지만 묵시사상에 따르면 사람이 무엇을 하든지 간에 종말은 임하기 마련이다.

묵시문학과 묵시사상의 많은 요소는 이스라엘의 종교적·상징적·문학적 유산으로부터 유래한다. 이처럼 친숙한 요소들이 새로운 방식으로 재편되는 현상은 전혀 놀랍지 않다. 개인과 국가들은 새로운 국면을 맞을 때 언제나 자신의 과거를 탐색하기 때문이다. 다만 이스라엘의 묵시문학에서 이전에 볼 수 없었던 새로운 요소 한 가지를 찾는다면, 그것은 죽음의 초월일 것이다.

외래의 영향 가운데서 헬레니즘 시기의 페르시아 문헌들은 유대교 묵시문학과 여러 가지 요소를 공유한다. 역사의 구획화와 이원론적 세계관 외에도 종말론적 전투로 인한 고난, 부활과 심판, 영혼의 승천, 선과 악 양측에 속한 초자연적 세력의 대치 등이 그것이다. 유대교 묵시문학과 페르시아 묵시문학은 헬레니즘 시대의 보편적 경험인 강력한 외세의 지배를 설명하고 해답을 제공하는 기능을 했다(Eddy를 보라). 더 나아가 묵시적 선견자들은 바빌로니아의 현자들과 유사하다(VanderKam; Grayson). 그러나 유대교 묵시문학의 기원을 유대교, 페르시아나 메소포타미아, 아니면 이 둘의 혼합물에서 찾는 것 역시 지나친 단순화로 보인다. 묵시사상은 헬레니즘의 시대정신(*Zeitgeist*) 즉 그 시대의 문화적 기후 전체에서 빚어진 산물로 보아야 할 것이다.

> 묵시문학의 가장 눈에 띄는 특징들은 헬레니즘 시대의 보편적 사상과 일치하는 성경적 전승의 수정에 있다. 즉 가명 저술(pseudepigraphy), 역사의 구획화, 사후예언, 천상계로의 여행, 천상세계에의 관심, 망자의 심판 등이 그것이다. 유대교 묵시문학의 가장 오래된 층에서는 이런 주제들이 매우 독창적인 방식으로 다양하게 엮여 복합적 구조를 이루고 있다. 그 결과는 유대교의 고유함을 간직하면서도 과거의 성경적 전승과 비교할 때 놀랍도록 새로운 창작물이었다(*AI* 28).

따라서 묵시사상은 이스라엘의 종교 자체가 그러하듯이 자생적 열매인 동시에 외부의 영향으로부터 비롯된 결과물이기도 하다.

묵시문학적 담론의 본질

묵시문학은 인간과 짐승의 특성들이 뒤섞인 무시무시한 괴물들, 바닥이 없는 불바다, 경이로운 천상의 신전, 우주적 투쟁 등의 낯선 표상과 사건들로 가득하다. 묵시문학의 언어는 단순 명확하지 않다. 그 결과 묵시문학적 담론은 어떤 형상이 무엇을 가리키는지, 역사 속에서 구체적으로 어떤 정황과 연결되는지 결정하기 어렵게 만든다. 현대의 독자들에게 묵시문학의 이야기는 이해하기 힘들 뿐만 아니라 자신과 연결짓기도 어렵다. 그래서 묵시문학이 고대 유대교와 기독교를 이해하는 데 어떤 도움을 줄 수 있는지도 가늠하기가 어렵다.

묵시문학의 표상들은 그것들이 무엇을 가리키고 있는지를 감추는 성향이 있다. 그러다 보니 일부 학자들은 묵시문학이 일종의 암호화된 메시지, 즉 외부인에게는 내용을 감추면서 내부자들에게 전달할 정보를 담은 글이라고 주장한다. 이런 견해에 따르면 묵시문학적 표상들은 암호를 해독하여 이해 가능한 언어로 풀어주어야 한다. 물론 묵시문학이 스스로 그 내용 중에 환상을 자세히 풀어주곤 하는 것을 보면 묵시문학에 모종의 암호가 포함되어 있다는 주장은 사실로 보인다. 학자들은 각 문서가 다루는 시대 상황을 파악하고, 본문 내의 요소들과 "현실 세계"와의 연관성을 규명하려고 애쓴다. 하지만 그런 연관성을 밝혀낸다고 해서 본래 묵시문학이 적대적 독자로부터의 정보를 차폐하려는 의도를 가졌다는 증거가 되지는 않는다. 예를 들어 통치자들이 불만이 많은 백성 중 하나가 쓴 묵시문학을 손에 넣었다고 한들 그들이 그것에 실제로 기만당하겠는가?

묵시문학의 언어를 이해하는 더 좋은 방법은 따로 있다. 묵시문학은 고대의 전승과 신화들을 매우 상징적인 방식으로 사용한다. 묵시문학의 목적은 단지 정보를 전달하는 데 있지 않다. 묵시문학의 언어는 시(poetry)인 동시에 신화다. 한 편의 시가 서술적 명제들로 환원될 수 없는 것과 마찬가지로 묵시문학은 역사적 정황의 서술로 축소될 수 없다. 묵시문학은 신화적 요소를 담고 있다. 다시 말해 묵시문학의 저자는 신화의 창조자인 셈이다. 고대의 신화와 초자연적 존재들이 등장하는 내러티브는 단순히 환상만을 그리지 않는다. 그것은 심성 깊이 자리한, 우주와 인간 세상에 관한 확신과 통찰 및 감정들을 내러티브로 표현한 것이다. 신화는 인간이 실재에 대해 말할 때 오직 은유를 통해서만 표현할 수 있는 견해와 태도를 내러티브의 은유로 풀어낸 결과물이다.

묵시문학은 보통 신화나 성경의 전승을 직접 인용하는 대신 암시한다. 여러 형태의 연상과 유비 및 공명들이 겹쳐져서 사고와 감정의 내밀한 세계에 호소한다. 묵시문학은 내러티브 형태를 통해 독자들에게 오직 이야기로만 가능한 소통을 도모하며, 독자 혹은 청자들은 그 내러티브 안에서 두려움, 공포, 희망, 흥분을 경험한다. 인간의 죄상이 지배하는 세계에서조차 그들은 선이 악을 이기는 장면, 그들이 속한 집단이 압제자들을 물리치고 승리하는 장면을 떠올릴 수 있다. 묵시문학은 단지 새로운 자료를 제공하는 것이 아니다. 그것은 사건들을 연결하는 패턴, 깊은 문화적 뿌리를 지닌 패턴들을 보여줌으로써 세상을 경험하는 새로운 길을 열어젖힌다.

신화와 마찬가지로 묵시문학은 구체적 인간 정황에 적용 가능한 기본적 패턴을 담고 있다. 선과 악의 대치, 신들 간의 전쟁, 신적 왕위와 주권, 질서를 찾기 위한 혼돈과의 투쟁, 우주의 갱신, 그리고 태고적 우주 질서로의 회귀 등이 묵시문학의 기본 주제들이다. 비록 각각의 묵시문학이 저마다 구체적 정황 속에서 저술되었다고 해도, 그것이 지시하는 대상의 모호성과 그 패턴의 원시적 특성은 그것을 신비롭게 만드는 동시에 다른 많은 유사한 상황에도 적용할 수 있게 한다. 이런 적용의 과정을 통해 독자들은 세상을 바라보는 독특한 방식을 익히고 자신의 세계에서 맞닥뜨리는 사건과 인물들을 보다 큰 우주적 드라마의 일부로 해석하도록 설득당한다. 이를 통해 독자는 자신의 세계를 더듬어 인생의 "지도"를 그려내고, 선인과 악인을 분별하며, 자신의 궁극적 신원과 구원을 확신하게 된다. 백번 양보해 그렇게 하지 못하더라도 최소한 그와 같은 목표에 도달할 방법을 깨닫게 된다.

다수의 묵시문학이 있지만, 본서에서는 「에녹1서」(*1 Enoch*)와 다니엘서를 다룰 것이다. 「에녹1서」는 본래 독립적이었던 짧은 묵시문학을 몇 개 모아놓은 작품이다. 이 장에서 다룬 본문은 기원전 3세기에서 2세기에 지어진 것으로 분석된다. (*Parables of Enoch*[*1 En*. 37-71장]은 7장에서 다룰 것이다.) (원서에서 *1 Enoch*의 번역은 *APOT*에 수록된 Charles의 번역본을 사용하여 저자가 개작했다.)

에녹 문헌: 묵시문학 선집

「에녹1서」는 길고 복잡한 작품으로, 사실 여러 문헌의 선집이다. 이 글을 처음부터 끝까지 통독하려고 하면 혼란스럽고 체하는 느낌이 들 지경이다. 따라서 「에녹1서」 안에서 개별 문서들을 따로 파악한 후에 선집 전체를 일별하는 것이 바람직한 전략일 것이다. 학자들은 대체로 이 책이 본래 서로 관련이 없던 다섯 권을 모아놓은 선집이라고 본다. 그런데 그 다섯 문서 내부에서도 또다시 본래 독자적으로 존재했던 부분들을 식별할 수 있다. 에티오피아 교회가 「에녹1서」를 전수했기에(*Ethiopic Book of Enoch*이라고도 불림) 이 책의 가장 중요한 사본은 에티오피아어로 보존되었다. 에티오피아어 사본이 본래 원본으로 삼았던 그리스어본은 작은 파편들로만 남았고, 쿰란에서는 아람어역 파편들이 다수 발견되었다(다음 5장을 보라).

「에녹1서」에 포함된 독립 문서들

「파수꾼들의 책」 (*Book of the Watchers*)	「에녹1서」 1-36장	기원전 3세기
「에녹의 비유」 (*Similitudes of Enoch*)	「에녹1서」 37-71장	기원후 1세기
「천체의 책」 (*Astronomical Book*)	「에녹1서」 72-82장	기원전 3세기
「꿈의 책」 (*Book of Dreams*)	「에녹1서」 83-90장	기원전 2세기

「에녹 서신」 (*Epistle of Enoch*)	「에녹1서」 91-108장	기원전 2세기

거의 모든 묵시문학이 그렇듯이 「에녹1서」 역시 가명 작품이다. 오래전에 살았던 가공의 저자를 거론하면 그 글에 무게가 실린다. 하지만 왜 하필 에녹일까? 묵시문학 작가들은 자신들의 글을 가장 잘 대변할 선견자들을 주의 깊게 선별했다. 에녹의 어떤 "자격"이 「에녹1서」에 포함된 다수의 묵시문학 작품을 쓴 실제 저자들을 매료시켰을까?

창세기 5장에 의하면 에녹은 인류 제7세대에 속한다. 따라서 에녹은 진정 상고사에 속한 인물이다. 게다가 고대세계에서 7이라는 숫자가 특별하게 여겨졌던 것도 보탬이 되었을 것이다. (요한계시록은 전체 내용이 숫자 7을 따라 구성되어 있다.) 창세기 5:24에는 "에녹이 하나님과 동행하더니 하나님이 그를 데려가시므로 세상에 있지 아니하였더라"라는 수수께끼 같은 묘사가 나온다. 이 절의 모호성은 고대 유대인들의 상상을 촉발했다. 유대교에서 걸음은 곧 행동을 뜻하기에 하나님과의 동행은 에녹의 의로움을 가리킨다. 그리고 "하나님이 그를 데려가시므로 세상에 있지 아니하였더라"라는 말은 에녹이 창세기 5장의 계보에서 명백하게 죽었다는 기록이 없는 유일한 사람이라는 사실과 결합하여 그가 살았을 때 승천한 것으로 해석되었다. 여기서 한발 더 나아가 에녹이 천상으로 올라가 비밀스러운 묵시를 받았다는 전승이 완성됨으로써 에녹은 이상적인 선견자의 위치를 굳히게 되었다.

「파수꾼들의 책」: 「에녹1서」 1-36장

「천체의 책」(아래를 참조하라)과 「파수꾼들의 책」은 기원전 3세기 작품으로 묵시문학 중 가장 오래된 작품들이다. 「파수꾼들의 책」은 묵시문학의 전형적 특징을 잘 보여주고 있으므로 여기서 조금 자세히 분석하고자 한다. "파수꾼"은 하늘을 지키는 초병 역할을 맡은 천사다. 이런 천사와 같은 파수꾼이 다니엘서에도 나타난다(단 4:13, 17, 23). 「파수꾼들의 책」은 도입부(1-5장), 파수꾼과 에녹의 승천에 관한 기사(6-16장), 그리고 에녹의 우주적 여정(17-36장) 이렇게 세 부분으로 구성된다. 이 책을 살펴보면 본래 근원이 다른 여러 문서의 복합체임을 알 수 있다.

1-5장은 「파수꾼들의 책」의 도입부인데, 이것이 「에녹1서」의 시작이기에 자동으로 「에녹1서」 전체의 도입부 구실도 한다. 이 단락의 시작은 이렇다. "악한 불신자들이 제거될 환란의 날에 사는 의로운 선민들을 위해 에녹이 베푼 축복의 말들"(*1 En.* 1:1). 이 표현은 모세가 이스라엘을 향해 베푼 마지막 축복의 말을 닮았다. "하나님의 사람 모세가 죽기 전에 이스라엘 자손을 위하여 축복함이 이러하니라"(신 33:1). 이런 공통점은 여기서 모세와 에녹의 의도적인 비교가 이루어지고 있음을 암시한다. 저자는 에녹의 권위와 신분을 높이기 위해 정경에서 모세가 사용한 어법을 구사하고 있다.

「에녹1서」는 도입부인 1:1부터 종말론적 어조를 분명히 한다. 에녹의 축복은 "환란의 때" 즉 하나님과 그의 대적들 사이에 벌어질 최후의 전쟁이 임박한 시점에 사는 자들을 위해 주어졌다. 그날이 임하면 "악한 불신자들이 지상에서 제거될 것이다." 이는 묵시문학의 전형적 특징인 이원론을 반영한다. 즉 인류는 악인과 의인으로 날카롭게 나뉜다.

이 도입부는 이렇게 진행된다.

> 에녹이 비유를 들어 말하였다. 의로운 자 에녹, 하나님께서 눈을 열어주신 자 에녹은 거룩한 이가 하늘에서 주신 환상을 보았다. 이것은 천사들이 나에게 보여 준 것이며 또 나는 그들로부터 모든 것을 들었으므로 내가 본 것을 쉽게 이해할 수 있었다. 그것은 지금 이 시대에 관계되는 것이 아니라 앞으로 올 먼 앞날에 관계되는 것이다(*1 En.* 1:2, 이 책에서 「에녹1서」의 번역은 외경위경전서의 인용임).

비유(parable)는 비유적 언어 일반을 통칭한다. 에녹은 천사들로부터 자신이 본 환상의 설명을 듣고 "모든 것"을 이해하게 된다. 이 고대의 선견자가 자신이 본 계시는 머나먼 미래를 위한 것임을 깨닫게 된 것이다. 이런 진술의 배후에는 에녹이 태고의 시간을 살았으나 훨씬 후대의 일을 이야기했다는 문학적 창작이 있다. 물론 이 책의 실제 저자는 자신이 살고 있는, 자기가 믿기에 "환란의 시대"인 당대의 일에 관해 이야기하고 있다.

1장의 나머지 부분은 하나님의 현현을 묘사한다.

> 위대하신 성자요, 영원하신 하나님이 그 처소에서 나오신다. 그분은 하늘에서 시내산으로 내리시어 그 많은 천사들을 거느리고 모습을 나타내신다(*1 En.* 1:3-4).

하나님께서 용맹한 전사로 나타나시는 장면은 거룩한 전쟁의 표상을 연상시킨다(신 33:2을 보라). 아무도 하나님께 저항할 수 없다. 거룩함과 위대함은 「에녹1서」 전체를 관통하는 하나님의 속성들이다. 하나님은 인간과 비교할 수 없이 탁월하신 존재다. 「에녹1서」 1:3-4에서는 하나님께서 시내산에 임하신다. 하나님께서 모세에게 토라를 주시기 위해 강림하셨던 바로 그곳에 최후의 심판을 시행하시기 위해 오신다는 것은 매우 적절해 보인다. 하나님의 참된 거처는 "하늘들의 하늘"이고, 땅 위의 거처는 군사적 표상을 차용해 하나님의 "진"이라고 불린다.

산들과 언덕들은 떨고 녹는다. "경건치 않은 자들"에게 파괴가 임하지만, 하나님은 의인들과 화친을 맺으시고 선민들을 보호하시며 그들에게 자비를 내리신다(*1 En.* 1:8). 선인들은 신적 의지에 복종하는 "의인"이고 하나님의 택함을 받은 "선민"이다. 묵시문학에 자주 등장하는 이 두 용어가 「에녹1서」에 가득하다. 하늘의 군대가 하나님을 수행한다. "보라! 그분은 일만 명의 거룩한 무리를 이끌고 오사 세상 모두를 심판하고 불경스러운 자들을 멸하실 것이다"(*1 En.* 1:9; 신 33:2; 단 7:10을 보라). 이 장면에서 하나님의 신적 권세는 절정에 달한다.

2-5장은 하늘과 땅의 질서를 묘사한다. 천지는 하나님의 뜻에 순종하기에 조화롭다.

> 하늘의 전경을 잘 보라. 공중의 빛이 그 길을 바꾸지 않는 모습을, 어느 것이나 각각 정해진 때에 오르고 또 지며 그 길을 벗어나는 일이 없다. 땅을 보고 그 위에서 생기는 일에 대하여 깨달음이 있어라. 아득한 옛날부터 그 완성한 때까지 하나님의 업적은 그 나타남에 있어서 변화하는 것이 없지 않느냐(*1 En.* 2:1-2).

자연의 질서는 하나님의 위대하심과 능력을 드러낸다. 온 우주는 하나님의 뜻을 따른다. 우주는 자연법칙을 따른다는 현대적 관념과 달리 유대교 묵시문학은 초자연적 존재들의 지배를 받는 우주를 상정한다. 고대인들은 하늘에 있는 천체들을 자연이 빚은 물체라기보다는 인격적 존재로 생각했다. 이 구절에서 하늘의 해와 달 그리고 별들은 하나님의 명령에 순종하거나 불순종할 수 있다. 이런 우주관은 「천체의 책」에서 가장 분명히 볼 수 있다. 하지만 이 모든 논의의 끝은 여전히 인간론이다. 우주는 하나님께 복종하지만, 죄인들은 복종하지 않는다(*1 En.* 5:3-4). 인간은 우주와 대조를 이룬다.

결국 심판이 도래한다. 본문은 죄인들을 향한다. "너희 모든 죄인들아, 너희에게는 구원이 없고 저주가 임하리라. 그러나 택함받은 자들에게는 빛과 기쁨과 평강이 있으리니 그들이 땅을 차지하리라"(*1 En.* 5:6-7). 이런 표현은 전 인류를 죄인과 선민으로 가르는 사회적 이원론을 반영한다. 그리고 현실은 당위적 실체와 멀어져 있다. 지금 땅을 차지하고 있는 자들은 의인이 아니다. 그러나 하나님이 오시는 날 모든 것이 변하여 의인이 땅을 차지할 것이다. 이 약속은 "온유한 자가 땅을 차지하리라"라는 시편 37:11을 반영한다. 유대교 묵시문학의 곳곳에서 발견되는 이 약속은 지상 질서의 회복을 내포하고 있다. 예수도 팔복에서 이 약속을 상기시킨다. "온유한 자는 복이 있나니 그들이 땅을 기업으로 받을 것임이요"(마 5:5). 다음 장에서 우리는 쿰란의 종말론적 공동체가 시편 37:11을 자신들에게 적용하는 것을 보게 될 것이다. 그들은 자신들이 땅을 차지하게 될 가난한 자들이라고 이해했다.

이어지는 6-11장은 파수꾼을 다루는 새로운 단락이다. 이 이야기는 파수꾼들의 범죄로 시작한다. 파수꾼들의 이야기는 아마도 창세기 6장의 수수께끼 같은 이야기에서 비롯되었을 것이다.

> 사람이 땅 위에 번성하기 시작할 때에 그들에게서 딸들이 나니 하나님의 아들들이 사람의 딸들의 아름다움을 보고 자기들이 좋아하는 모든 여자를 아내로 삼는지라.…당시에 땅에는 네피림이 있었고 그 후에도 하나님의 아들들이 사람의 딸들에게로 들어와 자식을 낳았으니 그들은 용사라. 고대에 명

성이 있는 사람들이었더라(창 6:1-2, 4).

여기 나오는 "하나님의 아들들"은 천상의 존재들이다. 유일신 관념이 정착한 제2성전기에 이 구절은 천사들에 관한 것으로 해석된다. 그러나 이스라엘은 문화적으로 다신론적인 고대 근동의 신화를 물려받았고, 포로기 이전 이스라엘의 의식에는 유일신 관념이 완전히 정착하지 않았었다. 창세기 6장은 과거 이스라엘의 다신론적 의식을 반영하는 것으로 보인다. 창세기 6:1-4은 인간 여성들에게 매혹되어 성관계를 갖는 천상의 존재들에 관한 이야기다. 그 관계에서 태어난 아이들은 인간보다는 우월하고 신들보다는 열등하다. 「에녹1서」 6-11장은 이 간단한 이야기를 온전한 내러티브로 확대한다. 신과 인간의 성적 결합이라는 모티프는 그리스 신화에도 등장한다. 헤라클레스가 그렇게 해서 태어난 영웅이다.

「에녹1서」 6-11장을 주의 깊게 읽어보면 그 안에 두 개의 이야기가 나란히 진행되고 있음을 알게 된다. 첫 이야기는 이렇게 시작한다.

> 그 무렵 사람의 자손이 계속 번성하여 아주 아름다운 미인의 딸들이 태어났다. 이것을 본 천사들, 즉 하늘의 아들들은 그 여자들에게 미혹되어 "자, 저 사람의 딸들 중에서 각자 아내를 택하여 아들을 낳기로 하자"라고 서로 말하였다(*1 En.* 6:1-2).

이 대목은 명백히 창세기 6장에 근거한다. 이 이야기에서 천사들의 우두머리는 세미야자(Semyaza)라고 불린다. 천사들은 인간 여성들을 아내로 삼자는 계획을 실행해 창세기 6장에서처럼 신과 인간의 중간적 존재를 낳는다. 이 자손들은 사람들과 동물들을 습격하며 지상에 재난을 불러온다.

학자들은 이런 내러티브가 기원전 3세기 유대의 현실을 반영한다고 생각한다. 어쩌면 이 이야기는 자기 자신을 신이라고 부르고 거듭되는 전쟁으로 천지를 쑥대밭으로 만들었던 알렉산드로스 대왕에 대한 알레고리적 기사일지도 모른다(Nickelsburg, "Apocalyptic"을 보라). 유대 땅으로 진격해온 알렉산드로스의 군대는 자신들의 행로에 있는 모든 것을 쓸어버렸다. 그들의 무시무시한 침공을 본 주민들은 그들이 천상의 힘을 사용하고 있다고 믿을 지경이었다. 그 위엄 있는 장수들이 그저 사람일 리가 없었다. 묵시문학 작가들이 그들을 또 다른 세상에서 온 존재로 여긴 것은 전혀 놀랍지 않다.

일부 해석자들은 천사들이 여인들에게 들어가 그들을 더럽혔다고(*1 En*. 7:1) 묘사하는 데 제사장적 언어가 사용된 점에 주목한다. 그런 표현은 10:11에서도 사용되는데 이런 해석에 따르면 천사들은 정결 예법을 준수하지 않은 타락한 제사장들을 가리킨다(Suter를 보라). 15장에 나오는 하나님의 말씀이 이런 해석을 뒷받침해준다. 여기서 파수꾼들을 위해 중보하는 에녹을 향해 하나님은 이렇게 말씀하신다.

> 네게 청하여 보낸 쫓겨난 천사들이 있는 곳에 가서 일러 주어라. "너희가 인간을 대신하여 중재하여야 당연한데 오히려 사람들이 너희들에 대하여 중재를 청하다니 어떻게 된 일이냐? 그리고 어찌하여 지극히 높고 거룩하며 영원한 하늘을 버리고 여자들과 자리를 같이하여 인간의 딸들을 상대로 몸을 더럽혀서 아내로 삼고 지상의 아들들과 똑같은 행동을 하여 거인의 아들을 탄생시켰느냐? 너희는 영적이고 거룩한 자이며 영생하도록 되어 있는 몸임에도 불구하고 여자들을 상대로 하여 몸을 더럽히고 육적인 피에 의하여 자식을 낳고 인간의 피로서 욕정에 불타 인간이 하고 있는 것과 똑같이 혈육을 낳았으나 이것은 마침내 죽어 없어지도록 정해져 있는 것이다.…그

래서 너희에게는 여자를 마련하여 주지 않았던 것이다. 그것은 영적인 자의 처소는 하늘에 있기 때문이다"(*1 En.* 15:2-4, 7).

여기에 성별을 강조하는 제사장의 어투가 보인다. 유유상종이라는 말이 있는 것처럼 천상의 존재와 지상의 존재는 서로 섞이면 안 된다. 그런 불법적 결합은 온갖 악을 낳게 될 것이다. 마찬가지로 제사장들은 스스로 정결을 지켜야만 하나님 앞에 설 자격을 유지할 수 있다.

「에녹1서」 6-11장에서 발견되는 또 하나의 이야기는 아자젤이라는 천사에 관한 것이다. 천사의 우두머리인 아자젤은 공유해서는 안 될 지식을 인간들에게 나눠준다.

> 아사셀은 검과 작은 칼과 방패와 흉배를 만드는 방법을 가르치고 금속과 그 제품과 팔찌와 장식과 안티몬을 바르는 방법과 눈썹을 손질하는 방법과 각종의 돌 중에서도 가장 크고 뛰어난 것과 온갖 물감을 보았다. 그 후 더욱 불경한 일이 행하여지고 사람들은 간음하며 길을 벗어난 그 행위는 완전히 부패하여 버렸다(*1 En.* 8:1-2).

세미야자 전승과 마찬가지로 여기서도 인간의 폭력성은 천사들에게서 유래한다. 금속가공 기술은 전쟁을 불러올 수 있으므로 악하다. 외모를 꾸미는 화장 기술은 간음으로 이끌 수 있으므로 악하다. 이 이야기에는 "현대" 문화를 거부하는 정서가 있는 것으로 보인다. 다시 말해 인류의 기술의 발달이 삶의 개선보다는 죄를 불러들인다는 인식이다. 이런 서술은 오늘날의 문화가 제 갈 길을 잃었다며 묵시적 언어로 정죄하는 이들의 언사와 놀라울 정도로 닮았다. 사실 인간의 지식을 유보하고자 하는 것은 인류의 역사에서 늘 있었고 오늘날도 마찬가지다. 신들이 인간에게 주어서는 안 되는 지식을 소유하고 있다는 생각은 프로메테우스가 인류에게 불을 건네준 일로 처벌을 받았다는 그리스 신화와 같은 전설로도 표현된다. 인간 스스로 얻을 수 있는 지식과 천상의 지식을 구별하는 태도는 묵시문학의 근본적 사고 중 하나다. 파수꾼들이 천상의 지식을 신의 허락 없이 인간에게 건네준 결과는 재난이었다.

세미야자와 아자젤 전승들의 결합은 묵시문학이 어떻게 기록되었는지를 짐작하게 해준다. 별개의 전승들이 결합하면서 각 전승의 강점들을 포용하게 되는데, 이 경우 두 전승은 공통으로 세상의 문제들이 천사들에 의해 시작되었다고 서술한다. 악의 문제에 대한 해답을 이런 방식으로 제시하는 것은 이 세상의 현상을 천사들과 정령들이 거주하는 보이지 않는 세계와 연결하여 설명한다는 점에서 전형적인 묵시문학적 성향을 보여준다. 창세기에서 아담과 하와에 관한 이야기를 보면, 악의 문제는 인간의 잘못 때문에 생겨났다. 이와 달리 파수꾼 이야기는 죄를 천사들의 잘못으로 설명하는데, 아자젤에게 모든 죄를 돌리는 「에녹1서」 10:8이 그 좋은 예다. 하지만 양자는 모두 선하게 창조된 세상이 피조물에 의해 망가졌다고 설명한다.

「에녹1서」 9장에서는 선한 천사들의 우두머리인 미가엘, 우리엘, 라파엘, 그리고 가브리엘이 하나님의 개입을 간청한다. 진노하신 하나님은 타락한 천사들을 최후 심판의 때까지 옥에 가둔다. 반역한 천사들의 자손은 서로를 죽인다. 이 이야기 후에는 지상 세계가 본래의 조화를 회복하고 풍요와 평화가 도래한다는 목가적 묘사가 이어진다(*1 En.* 10:16-11:2). 결국 「파수꾼들의 책」은 하나님의 창조세계를 흔들어놓는 천사와 그들로 인해 교란된 세상을 회복하려는 다른 천사들, 그 결과로 이루어지는 창조세계의 부분적 회복, 그리고 미래에 이루어질 온전한 회복에의 소망 등의 주제로 이루어진 신화를 담고 있다.

12-16장은 에녹의 늠름한 등장을 기술한다. 에녹은 "의로운 서기관"으로 불리는데, 이 호칭에서 "서기관"은 에녹이 행한 일 중에서 글을 쓰는 것이 중요한 역할을 했다는 것을 뜻하며, "의로운"은 그가 하나님께 순종했다는 사실을 표현한다. 에녹은 죄를 범한 파수꾼들이 받을 형벌을 그들에게 통보하라는 지시를 받는다. 에녹이 자기 임무를 수행하자 파수꾼들은 그에게 자신들을 위해 용서를 비는 탄원서를 써서 하나님께 드려달라고 애걸한다. 심성이 따뜻한 에녹은 그들의 부탁대로 하나님께 드릴 탄원서를 준비하지만, 그것을 읽다가 잠이 들고 만다. 에녹은 잠결에 자신이 하늘로 들려 올라가는 환상을 보는데, 여기서 그가 보는 하나님의 천상 궁전은 불꽃 같은 그룹들이 지키는 곳으로, 장엄한 언어로 묘사된다. 그 궁전은 지상의 어떤 것과도 비교할 수 없으며, 불길처럼 뜨겁고 얼음처럼 차가운 곳이다(*1 En*. 14:13).

에녹은 다시 첫 번째 집보다 훨씬 더 큰 두 번째 집을 보는데, 그 광경은 묘사조차 할 수 없다. 연이어 그는 보좌 위에 계신 하나님을 바라본다.

> 내가 물끄러미 바라보고 있을 때 그 가운데에 한층 더 높이 된 좌석이 보이고 그 외관은 서리와 같고 주위에는 태양과 같은 것이 있어 빛을 비추고 있었다. 그리고 또 그룹의 소리도 들렸다. 그 큰 좌석의 밑에서 타오르는 불이 몇 줄기가 흘러나오고 있었으나 그것은 볼 수가 없었다. 위대한 영광을 몸에 지닌 분이 거기에 앉아계셨다. 그 옷은 태양보다도 밝고 빛나며 어떤 눈보다도 희다. 천사들 중 어느 한 사람도 여기에 들어올 수는 없으며 육적인 사람은 누구 한 사람도 명예롭고 성스러운 분의 얼굴을 가까이 뵐 수는 없다. 타오르는 불의 바다가 그분 주위에 있고 큰불이 그분 앞을 가로막고 서 있어 그분에게 접근하는 자는 아무도 없었다. 몇십만 명이나 그분 앞을

에워싸고 있는데 그분은 거룩한 충언을 원하지 않으신다. 그분께 접근하는 성자(천사)들은 밤이나 낮이나 그분에게서 멀어지거나 물러가지도 않는다 (*1 En.* 14:18-23).

의심할 나위 없이 이 장면은 기막힌 경관이다. 에녹은 하나님의 임재를 하늘나라에서 직접 대하게 된 것이다. 이것은 유대교 문헌에 자주 등장하는 하나님의 보좌에 대한 환상 장면이다(왕상 22장; 사 6장; 겔 1장; 슥 3장; 단 7장; *Apoc. Ab.* 18; *1 En.* 60:2; 90:20; *2 Enoch*; *T. Levi* 3-5; 기독교 문서로는 계 4-5장을 보라). 이 환상에서 하나님의 보좌는 가나안의 신 바알의 것과 유사한 수레에 장착된 보좌로 묘사된다. 에스겔 1장의 수레-보좌 역시 유사한 패턴인데, 이런 환상은 하나님의 압도적인 권능과 영광을 묘사하는 장치다. 시내산에 모인 이스라엘인들은 하나님이 강림하신 그 산에 다가가기를 두려워했다. 하나님께 너무 가까이 접근하는 것은 위험천만한 일로 여겨졌기 때문이다(출 19장). 「에녹1서」 14장을 보면 천사도 인간도 하나님 곁에 접근할 수 없으며 심지어 환상에서조차도 직접 볼 수 없다. 따라서 하늘을 방문하고 하나님으로부터 직접 메시지를 받은 에녹은 대단한 권세를 받은 것이다. 하늘에는 하늘의 지배자에게 어울리는 대규모의 호위병력이 등장한다. 이 장면은 「에녹1서」 전체에 권위를 부여하는데, 이는 앞서 언급된 다른 보좌 장면들에도 적용되는 원리다.

하나님은 에녹을 파수꾼들에게 돌려보내 메시지를 전하신다(*1 En.* 15장). 에녹을 통해 하나님은 하늘을 떠나 인간 여인들과 결합한 파수꾼들을 단죄하시고, 그들의 타락한 후손들이 서로 살육을 벌여 땅에 쓰러진 사체들로부터 사악한 영이 퍼져나가리라고 말씀하신다. 그 영들은 지상을 헤집고 다니면서 죄악과 고통을 퍼뜨릴 것이다. 이 장면은 지상에 있는 악한 영들의 존재와 활동을 설명해준다. 하나님은 이 파수꾼들이 인간에게 누설한 비밀은 "무가치한 것들"이라고 선언하신다(*1 En.* 16:3). 이렇게 해서 「에녹1서」의 저자는 다음의 두 측면을 모두 설명한다. 즉 천상의 비밀이 누설되어 재앙을 일으켰다는 것, 그럼에도 가장 깊은 신비는 여전히 감추어져 있다는 것이다.

17-36장은 에녹이 우주를 두루 섭렵하는 여정을 그린다. 그는 천사들의 도움을 입어 접근이 불가능한 곳에 출입하면서 눈에 보이는 모든 일에 관해 설명을 듣는다. 이 장들은 철저한 종말론적 관점을 보여준다. 에녹은 파수꾼들을 처벌하기 위해 마련된 가공할 심연들과 죽은 자들이 대심판을 위해 대기 중인 수용실 그리고 미래에 세워질 완벽한 예루살렘을 관찰하게 된다.

24-25장에서 에녹은 지상의 끝에 우뚝 선, 마지막 때에 하나님께서 강림하실 산을 바라본다. 그 산에는 향내 가득한 나무가 심어져 있다.

> 훌륭한 향기가 나는 이 나무에는 하나님이 모든 자에게 복수를 하시고 그들이 영원히 멸망하는 큰 심판이 있을 때까지 그 나무에 접촉하는 것은 육적인 사람에게는 허락되지 않고 있다. 그 심판이 있는 날에 이 나무는 의인과 겸손한 사람에게 주어질 것이다. 그 열매로부터 선택한 사람들에게 생명이 주어지고 그것은 북쪽에 있는 영원한 임금님이신 주님의 처소와 가까우며 거룩한 장소에 심어질 것이다. 그때 그들은 크게 기뻐하며 성소에서는 미칠 듯이 기뻐하고 뼈의 하나하나에 그 향기를 스며들게 하여 너희 조상들과 같이 장수하며 그들이 살아있는 동안 슬픔과 고통과 어려움과 재난이 그들을 괴롭히는 일이 없다(*1 En.* 25:4-6).

여기 나오는 나무는 생명나무다. 여기서 종말이 시작과 동일하다는 묵시문학의 원칙이 확인된다. 에덴동산에서 아담과 하와는 금지된 선악과를 먹고 추방된다(창 3장). 하나님께서는 그들이 생명나무 열매를 먹고 영생할까 염려하셨다(창 3:22). 「에녹1서」 25:4-6은 바로 그 생명나무가 종말의 때에 택함을 받은 자들에게 허락될 것이라고 말한다. 그 향기는 그들의 뼛속에 스며들 것이고 그들은 "조상들이 누렸던 것과 같은 장수를" 슬픔 없이 이 땅에서 누리게 될 것이다. 생명나무가 태고의 수명을 회복시킨 것은 원죄로 인한 수명 감축이 역전될 것임을 뜻한다. 「에녹1서」 28-36장에서는 에녹의 우주적 여정이 마무리되며 우주에 대한 그의 완전한 지식이 드러난다.

「에녹1서」의 저자는 자신 앞에 놓인 문제들을 직접 명확하게 진술하지 않는다. 이것 역시 묵시문학의 특징이다.

> [묵시문학에서는] 어떤 문제든 신화적 차원으로 옮겨진다. 현실 속 후계자들(Diadochoi)이나 제사장들 대신 파수꾼들의 이야기를 들려줌으로써 「에녹1서」 1-36장은 한 가지 역사 정황에 매이지 않는, 유사한 상황이 생길 때면 언제든지 적용할 수 있는 패러다임으로 승격된다(*AI* 51).

이것은 콜린스가 말한 "묵시문학적 다면성"(apocalyptic multivalence)의 뜻이다. 파수꾼들의 이야기는 다양한 상황에 적용할 수 있는 본보기가 된다. 그 이야기를 통해 지상의 악이 인간을 초월하는 존재들에게 전가된다. 하나님의 섭리가 그 존재들을 다스린다는 메시지는 독자에게 희망을 주고 종국에는 하나님의 심판이 임하리라는 확신을 심어준다. 이렇게 구성된 해석의 프레임은 인간계 너머의 세계가 이 땅의 일을 결정한다는 공간성과, 최후의 심판이 다가오고 있다는 시간성을 확보한다.

「천체의 책」: 「에녹1서」 72-82장

「천체의 책」은 에녹이 우주를 섭렵하는 여정을 기록한 또 다른 책이다. 여기서 에녹을 인도하는 우리엘 천사는(*1 En.* 9:1; 20:2을 보라) 에녹이 보는 것들을 설명해준다. 에녹은 하늘에 올라가 온 우주를 돌아보며 해와 달 그리고 별들의 움직임과 바람이 이는 곳들을 관찰한다. 그가 보는 우주는 엄격한 질서를 유지하고 있다. 우주는 생명 없는 물체들이 물리법칙을 따라 기계적으로 움직이는 세계가 아니다. 에녹의 눈에는 천체와 바람의 움직임을 관장하는 수많은 천사가 보인다. 천사들은 하나님의 계획에 따라 우주를 오차 없이 작동시킨다. 이런 묘사는 「에녹1서」 2-5장에서 우주의 질서가 하나님에 대한 순종을 의미하는 맥락과 일치한다.

「천체의 책」에 나타난 우주에의 관심은 단순한 호기심의 정도를 넘어선다. 저자의 관념은 매우 구체적인데, 이를테면 1년이 364일로 이루어진 달력시스템이 그 예다. 이 달력을 둘러싼 논쟁은 여러 종교에 나타난다. 그리스도인들이라면 성탄절과 부활절을 둘러싼 동방 교회와 로마가톨릭교회 간의 의견 차이를 알고 있으리라. 유대교에서도 달력의 통일은 중요한 논점이었다. 유대 공동체 전체가 참여하는 합당한 예배를 위해서는 공통의 달력이 필요했기 때문이다.

종말론이 본격적으로 등장하는 「에녹1서」 80장에 가면 우주적 질서에 균열이 생긴다. 해와 달의 운행에 이상이 생기고 비가 지연되어 농사를 망친다. 별들의 궤도 이탈은 인간의 죄행과 연결된다. 우주를 올바로 이해하지 못하는 인간들은 별들을 초자연적 존재로 믿고 예배했다. 이 책에서 인간의 죄악이 우주의 무질서를 가져오는지, 아니면 인간이 별들의 잘못된 인도로 인해 죄에 빠지는지는 불명확하다(80:6-7은 별들의 궤도 이탈을 탓하는 것으로 읽을 수 있다). 그러나 이 둘은 서로 연결된다. 심판은

80:8에 나온다. "그들 위에 악이 더해지고, 그들을 멸하기 위해 처벌이 더하여지리라."

81장은 「천체의 책」에 덧붙여진 부록으로 보인다. 이 장에는 천체나 달력의 문제가 나타나지 않는다. 에녹은 "인간의 행동들"이 하늘의 책에 기록되어 있어서 의인은 보상을, 악인은 처벌을 받게 된다는 것을 깨닫는다. 인간의 행동이 하늘의 책에 기록된다는 관념은 고대 근동은 물론 유대교와 기독교의 묵시문학에 공통되는 것이다. 우리는 이 개념을 이후의 지면에서 다시 살펴볼 것이다. 심판 때에 이 책은 의인과 악인 모두에게 증거물로 제시될 것이다.

「주간 묵시록」: 「에녹1서」 93:1-10과 91:12-17

「주간 묵시록」(*Apocalypse of Weeks*)은 그 자체로 하나의 작은 묵시문학이다. 이 부분은 아마도 「에녹1서」와 별도로 존재했을 것으로 보이는데, 현재 「주간 묵시록」은 「에녹 서신」(*1 En.* 91-108장)의 일부다. 현재 위치에서 주간들의 순서는 흐트러져 있다. 첫 일곱 주간은 「에녹1서」 93:1-10에, 마지막 세 주간은 91:12-17에 있어서 묵시 내용을 순서에 맞게 따라가기 위해서는 본문의 순서를 재조합해야 한다. 「에녹 서신」과 그 일부인 「주간 묵시록」은 「희년서」(*Jubilees*)에 그 내용이 언급된 것으로 보아 「희년서」가 저작된 연대인 기원전 160년 이전에 기록되었을 것이다.

「주간 묵시록」의 도입부에서 에녹은 자신의 정보원을 밝힌다. "하늘의 환상을 통해 내게 나타난 바, 그리고 거룩한 천사의 말을 통해 내가 알게 된 것들"(*1 En.* 93:2). 하늘의 책들은 역사의 방향을 미리 알려준다. 「주간 묵시록」에 따르면 역사는 주(week)로 불리는 열 개의 시대로 나뉘는데, 에녹은 그 첫 주에 살면서 아홉 주간을 예언한다. 역사의 구획화는 하나님께서 그것을 통제하신다는 것을 함의한다. 독자들은 자신의 시대를 열 시대 중 어딘가에 맞추어 자기 시대의 경험을 이해하도록 초대받는다. 저자는 이런 종류의 글이 그러하듯이 스스로 역사의 종말에 가까이 있다고 인식하면서 자신의 시대를 선이 최후에 승리하는 열 번째 시대보다 조금 앞선 일곱 번째 주간으로 정의한다.

제7주는 제2성전기와 겹치지만, 저자는 성전의 재건축을 언급하지 않는다. 이것은 의미심장한데, 아마도 저자가 성전 지도층으로부터 멀리 떨어진 처지에 있었음을 가리킬 것이다. 포로기 이후 시대의 예언자들은 당시의 제사장들을 향해 비판의 목소리를 냈다(제3이사야와 말라기를 보라). 마이클 닙(Michael Knibb)은 당시의 유대인들은 자신들이 원했던 방식으로 회복이 이루어지지 않았기 때문에 포로기가 아직 끝나지 않은 것으로 생각했다는 견해를 밝힌다(Wright를 보라).

제7주는 악하다. "그 이후 제7주에 배교한 세대가 일어나 신앙을 버린 온갖 악행을 저지르리라"(*1 En*. 93:9). 배교자는 신앙을 저버리거나 하나님께 불충한 자를 뜻한다. 이 악한 세대에서도 의인의 무리가 일어날 것이다. "그 기간이 마칠 때 택함받은 의인들, 무궁토록 의로운 나무들이 일어나 하나님의 창조세계에 관한 일곱 겹의 가르침을 받으리라"(*1 En*. 93:10). 이들은 전 우주에 관한 특별한 지식을 소유한 자들로, 이 지식이 그들을 다른 사람들과 구별한다. 이들은 하나님이 택하신 "선민"이자 하나님과 올바른 관계에 있는 "의인"들이다.

이 묵시문학은 악이 번성한 세상 가운데 하나님께서 개인이나 무리를 선택하셔서 세상과 구별을 지으신다는 역사이해를 보여준다. 노아는 악한 제2세대에서 구별되었고 엘리야는 제6세대에서 구별되었다. 이 글의 저자가 속한 시기에도 "선민"이 "배교한 세대"로부터 구별된다. 이 선민은 자신들이 하나님의 택함을 받았다는 사실을 알기에 하나님의 신원을 기대한다. 「주간 묵시록」의 나머지 부분은 그런 기대를 충족시킨다. 여기서 우리는 다시 한번 인류 중 소수만이 하나님의 선택을 받는다는 이원론적 역사이해를 발견한다.

아래 표는 「주간 묵시록」에 등장하는 열 주간과 각 기간에 일어나는 중대한 역사적 이정표들을 보여준다.

제1주(93:3)	에녹의 출생, 선한 기간
제2주(93:4)	악의 확산, 노아가 홍수를 피함
제3주(93:5)	아브라함, 선한 기간
제4주(93:6)	모세가 토라를 받음, 선한 기간
제5주(93:7)	성전 건축, 선한 기간
제6주(93:8)	제1성전기와 악의 확산, 엘리야, 제1성전의 파괴
제7주(93:9-14)	배교의 세대, 가르침을 받는 선민의 출현 (제2성전기)
제8주(91:12-13)	의인들이 악인들을 처벌함, 새 성전의 건축, 온 인류가 의로워짐
제9주(91:14)	불신자들의 업적이 소멸함, 세계의 파멸이 임박함
제10주(91:15-17)	대심판, 천지의 소멸과 새 하늘의 출현, 죄 없는 세대의 영속

이 책의 실제 저자가 제7주에 살고 있으므로 그 이후의 세대들을 보면 미래관이 드러난다. "이 일 후로 의로운 세대인 8주가 다가오고, 칼이 주어져 박해자들에게 의로운 심판이 가해지며, 죄인들이 의인의 손에 떨어지리라"(*1 En.* 91:12). 의인들은 자신들을 억압했던 자들에게 보복한다. 이 책은 평화주의와 거리가 있지만, 주의 손에 보복을 완전히 맡기지도 않는다. "이 주간이 마칠 때 그들은 자신의 의로움을 통해 집을 마련하고,

영원한 영광을 지닌 위대한 왕을 위해 집이 지어질 것이다”(*1 En.* 91:13-14). 의인이 자신의 의로움으로 인해 번성하고 성전이 다시금 세워지며 모든 인류가 “의로움의 길”을 추구하는 것이 선민들이 이해하는 하나님의 뜻이다. 제9주와 제10주에는 악한 인간과 천사들의 처벌을 묘사한 뒤 죄로 때 묻지 않은 깨끗한 미래의 모습이 목가적으로 펼쳐진다. 저자는 결국 모든 일이 정상화된 미래를 기대하고 있음이 명백해 보인다.

「꿈의 책」: 「에녹1서」 83-90장

「꿈의 책」은 에녹이 본 두 개의 환상을 자기 아들 므두셀라에게 설명하는 형식으로 쓰였다. 므두셀라는 969세라는 역사상 최장수를 누린 인물로 알려진다. 첫 환상에서 에녹은 대재앙의 환상을 보고, 그 환상이 “세상의 모든 죄악의 비밀”에 관한 것임을 듣는다. 즉 그것은 틀림없이 무저갱에 던져져 처절하게 파괴될 것이다(*1 En.* 83:7). 여기에는 비밀과 우주적 파괴라는 요소가 담겨 있다. 84장에서 에녹은 그 재난 가운데서도 남은 자들이 있기를 기도한다.

그 이후의 나머지 부분은 두 번째 환상의 이야기다. 이 부분은 전체가 긴 알레고리 형태이며 완성된 묵시록을 이룬다. 이 책은 흔히 「동물 묵시록」(*Animal Apocalypse*)이라고 불리는데, 인간을 대표하는 동물들을 통해 역사를 “예측”하기 때문이다(*1 En.* 85-90장). 통상적으로 묵시문학 장르는 역사상의 인물들이 무명으로 등장하므로 독자들이 그 정체를 추측해야 하지만, 이 기묘한 내러티브에서 인물들의 정체를 헤아리기는 어렵지 않다. 「동물 묵시록」의 내러티브가 마카비 가문의 상승에서 정점을 이루며 유다 마카비의 죽음을 언급하지 않는 것으로 보아 저술 연대는 기원전 165년경으로 추측된다. 86장은 천사들이 내려와 인간 여인들과 동침하는 내용이다(*Book of the Watchers*를 보라). 87-88장에는 다른 천사들이 내려와 타락한 파수꾼들을 결박해 무저갱으로 던져넣는 이야기가 등장한다. 내러티브 전반에서 천사들은 인간의 모습을 하고 인간은 동물의 모습으로 나타난다. 예외로 노아와 모세는 인간의 모습을 하고 있는데, 이는 그들이 천사들과 동급으로 취급받고 있음을 시사한다. 의인을 천사와 동등하게 다루는 것은 묵시문학에서 자주 보이는 성향이다.

인류를 위해 하나님의 뜻을 수행하는 인물들은 흰 소로 등장한다. 아담과 그의 아들 셋(*1 En.* 85:8) 그리고 셋의 자손들은 물론이고 노아 역시 흰 소다(*1 En.* 89:1). 노아의 아들 중에서는 이스라엘의 조상인 셈만이 흰 소로 그려진다. 족장 시대에 인간은 타락의 길을 걷는데, 아브라함과 이삭이 흰 소로 나오지만 야곱은 흰 양으로 등장하는 것이 그 증거다. 이 지점에서 이스라엘이 등장하는데, 이스라엘은 양이다. 들짐승(블레셋)이 그들을 덮치자 주께서는 양 사울을 왕으로 기름 부어 세우신다(*1 En.* 89:42-44). 사울이 양들을 거칠게 다루자 하나님께서는 다른 양(다윗)을 불러 그 자리를 대신하게 하시고 그를 통해 양 떼를 구하신다(*1 En.* 89:45-49). 북쪽 지파들은 길을 벗어나 성전을 버린다(*1 En.* 89:51). 이는 물론 남왕국 유다와 북왕국 이스라엘의 분열을 가리키는 것이다. 그 후 북왕국을 향해 예언한 엘리야는 박해를 받고 성경에서와 마찬가지로 하늘로 올라간다(*1 En.* 89:52).

이윽고 나머지 양들(유다 백성)이 "망루"(성전)와 "집"(예루살렘)을 버리는 죄를 범하자 하나님은 그들을 버리고 망루와 집을 다 헐어버리신다. 그 후 하나님은 양 떼를 다스릴 일흔 명의 목자를 세워 네 때를 지나게 하신다(이 네 때는 단 2장과 7장에 나오는 네 왕국을 떠올리게 한다. 아래의 "다니엘서" 내용을 보라). 일흔 명의 목자가 누구인지는 확실치 않다. 인간의 모양을 취한 것으로 보아 그들은 천사들, 아마 나라들을 지키는 수호천사들인 것으로 보인다. 다시 말해 이스라엘은 외국인들의 지배를 받는다. 이것은 저자가 바빌로니아에 의한 예루살렘의 파괴(기원전 587년)로부터 이후 자신의 시대(기원전 165년경)까지를 외세의 지배를 받는 단일한 역사 구간으로 이해하고 있음을 보여준다. 그러나 모든 나라는 천사의 권세하에 있고 천사들은 하나님의 통치하에 있다. 따라서 이스라엘이 외세의 지배를 받아도 여전히 하나님의 통치 아래이므로 하나님의 주권은 침해받지 않는다. 하나님은 일흔 명의 목자들에게 정해진 숫자의 양들을 죽이고 나머지를 보존하도록 명령하신다. 천사들은 하나님의 명령에 순종한다. 이 단락은 동물들이 망루와 집을 불태우고 그 파괴의 현장에서 에녹이 슬퍼하는 장면으로 마친다(*1 En*. 89:66-67). 물론 이것은 기원전 6세기 바빌로니아의 침략과 파괴를 가리킨다.

예루살렘 도성과 성전의 회복은 89:73에 언급되지만, 부정적인 묘사가 동반된다. "그들이 망루 앞에 다시 상을 차렸으나 그 위에 놓인 떡들은 불결하고 더럽혀졌다." 즉 성전에서 제사가 다시 드려졌으나 이전 상태로 복구되지는 않았다는 의미다. 제2성전에 대한 부정적 평가는 「주간 묵시록」에서 발견되는 태도와 일치한다. 물론 후자에서 성전의 재건은 언급조차 되지 않지만 말이다. 제2성전기 내내 이스라엘의 처지를 놓고 불만의 목소리가 그치지 않았다는 것은 자명해 보인다. 에녹은 이 기간에 양들의 눈이 멀고 목자들이 악행을 저질렀다고 꾸짖는다. 그러나 현실이 캄캄하지만은 않았다. 양 떼 중에 눈을 뜬 다른 양들이 나타난 것이다(*1 En*. 90:6). 이 눈뜬 양들은 예루살렘에서 헬레니즘 개혁을 반대한 유대인들을 가리킨다. 이 대목에서 우리는 저자가 처한 실제 상황으로 안내받는다. 마카비 일가와 전쟁의 영웅 유다 마카비가 나타나고 양들에게 검이 주어진 것은(*1 En*. 90:19) 이 묵시문학이 그들의 무력항쟁을 지지함을 보여준다. 이제 양 떼의 적들이 퇴각하고 심판 장면이 나온다. 먼저 일부 파수꾼들과 열국을 수호하는 칠십 명의 천사가 정죄를 받고 연이어 이스라엘의 배교자들이 심판받는다(*1 En.* 90:20-27). 본문은 예루살렘이 "처음보다 더 크고 더 높이" 재건되는 완전한 미래를 묘사한다(*1 En.* 90:29). 양 떼를 억압했던 들짐승들은 이제 이스라엘의 집에 포함되지만, 이스라엘의 지배를 받는다(*1 En.* 90:30). 양 떼는 모두 희어지는데, 이는 그들이 하나님께 받아들여졌음을 의미한다. 그다음에 흰 소가 태어나고(*1 En.* 90:37; 아마도 메시아적 인물로 추정된다), 모두가 흰 소로 변신한다. 드디어 인간이 태초의 상태로 복귀한 것이다(*1 En.* 90:38).

「동물 묵시록」은 헬레니즘 개혁이라는 문제에 대한 묵시문학적 해결책을 제공한다. 첫째, 개혁은 세계 역사의 무대에서 일어난다. 독자들은 자신들의 시대까지의 역사를 조망하면서 하나님이 모든 일을 주관하신다는 것을 확인할 수 있다. 둘째, 초자연적 존재들이 역사 속에서 활동하고 역사를 설명해준다. 셋째, 머지않아 상황이 역전되어 이스라엘의 억압자들이 마카비 가문의 손에 패퇴할 것이다. 그 결과 예루살렘은 완전히 변화되어 그곳에서 하나님의 참된 예배자들은 자기 자리를 되찾을 것이고 이스라엘의 대적들은 벌을 받을 것이다. 넷째, 창조의 영광으로부터 추락한 인류가 결국은 본래의 자리로 회복될 것이다. 마지막으로 「동물 묵시록」은 신명기 역사가의 신학을 공유한다. 이스라엘의 고난은 성전을 신실하게 지키지 못한 죄의 대가다. 제2성전기에 외세의 지배는 이스라엘을 향한 하나님의 심판으로, 하나님의 궁극적 주권을 보여준다. 그러나 인간의 문제는 이스라엘의 죄악보다 좀 더 근원적인 데서 유래한다. 이 묵시록은 잘못된 방향으로 가는 인간에 대한 다소 비관적인 견해를 제시한다. 이는 창세기 1-11장에 기초했을 수 있는 기본적인 견해라고 할 수 있다.

「에녹 서신」: 「에녹1서」 91-108장

「에녹 서신」의 저작 연대는 아마도 마카비 반란 이전인 헬레니즘의 팽창기로 보인다. 이 서신은 동시대의 우상숭배와 사회적 악행을 처벌받아야 할 죄목으로 지적한다. 부의 축적이 자아도취를 낳은 현실에 대한 경고를 들어보라. "부자들이여, 화 있을진저. 너희가 자신의 부를 의지하고 지극히 높으신 이를 기억하지 않았으니 그 부로부터 떠나갈 것이라"(*1 En*. 94:8). 부자들의 재산이 많다 보니 그들은 스스로 만족하다고 여겨 하나님을 잊기 쉽다. 부자들은 의인들을 핍박하기도 한다. "화 있으라. 힘센 자들이여, 의인을 힘으로 찍어 누르니 너희가 부서질 날이 다가오는도다"(*1 En*. 96:8).

「에녹 서신」의 사회적 관심은 다음 구절에 잘 드러난다. "죄악으로 자기 집을 짓는 자에게 화가 있으라. 그들의 기초에서 내동댕이쳐지고, 칼에 맞아 쓰러지리라. 은과 금을 쌓아놓은 자는 심판의 날 느닷없이 멸망하리라"(*1 En*. 94:7). 이 서신은 이어서 떳떳하지 못한 재산으로 마련한 저택에 사는 부자들과 법정에서 뇌물을 받고 재판하는 자들을 공격한다.

> 너희 죄인은 재난이로다. 너희는 부로 인하여 의인과 같이 보이지만 너희 양심은 너희를 죄인으로서 고발한다. 이것이 악의 기념으로서 너희에 대한 비난으로 될 것이다. 좋은 밀을 먹고 샘물이 솟아나는 곳에서 힘(가장 좋은 물)을 마시며 아래층 사람을 힘으로 짓밟는 너희는 재난이로다. 일 년 내내 물을 마시고 있는 너희는 재난이로다(*1 En*. 96:4-6).

죄인들은 "의인과 같아 보인다." 그들은 부와 권력을 가진 사회의 유력자들로서 그 위치로 인해 얼핏 의롭게 보이지만 실상은 불의한 자들이다.

그들은 유복한 처지에서 약자를 착취한다. "샘물마다 물을 끌어다가 마시는" 그들은 타인의 노동에서 이익을 취하지만, 진정으로 생명을 주는 하나님의 샘물에서는 물을 마시지 않는다. 이 본문은 계층화된 사회에서 부유층이 빈곤층에 대해 죄를 저지르는 상황을 묘사한다. 이 고발은 이스라엘 사회에서 일찍이 예언자들이 상류층을 향해 외쳤던 정죄와 유사하게 들린다(예. 사 1-5장; 암 4-6장).

이 서신은 인간의 자유의지와 죄에 대한 책임을 강조한다. "죄는 그저 지상에 던져진 것이 아니라 인간들이 스스로 만들어낸 것이다. 죄를 짓는 자는 저주 아래서 넘어지리라"(*1 En*. 98:4). 자유의지와 숙명 간의 긴장은 고대 문명 어디에서든 존재했다. 유대교와 기독교 문헌도 모두 이 문제와 씨름한다(예. *2 Bar.* 54:15; *4 Ezra* 7:116-18; 롬 9장). 「에녹 서신」은 죄가 인간의 통제 밖에 있다는 관념을 거부한다.

억압으로 고통받는 자들은 자신들이 보상받고 그들을 억압한 자들은 처벌받으리라는 것을 깨닫는다.

> 의인들아, 나는 너희에게 맹세한다. 하늘 위에서는 천사들이 거룩하신 분의 영광 앞에서 너희들의 일을 기억하며 줌으로써 너희의 이름은 위대하신 분의 영광 앞에 기록되고 있다. (의인들아) 희망을 가져라. 지난날은 불행과 고통 속에 살아왔지만 이제부터 너희는 하늘의 빛처럼 빛나고 모든 자들 앞에 모습을 나타내고 하늘의 문은 너희를 위하여 열릴 것이다. 너희의 부르짖음은 심판을 구하는 부르짖음으로 계속하여라. 그것은 반드시 실현된다. 저 관헌들과 너희 것을 빼앗아 간 자에게 협력한 모든 자는 너희에게 고통을 준 만큼의 보답을 받을 것이다. 희망을 갖되 그 희망을 포기하지는 말아라. 너희는 천사들과 같이 큰 기쁨에 젖을 것이다(*1 En*. 104:1-4).

에녹이 고통받는 의인을 위로할 수 있는 것은 그가 내부정보를 가졌기 때문이다. 그는 하늘에서 어떤 일이 벌어지고 있는지, 하늘의 책에 무슨 내용이 기록되는지를 알고 있다. 의인이 받을 상은 부활과 천국 입성이다. "너희는 하늘 천사들의 동반자가 되리라"(*1 En.* 104:6).

하늘에 그런 책 혹은 장부가 있다는 생각은 고대 근동에서 흔한 관념이다. 이는 보이지 않는 세계가 보이는 세계의 일을 결정한다는 묵시문학적 세계관에 잘 맞는다. 이런 책에는 여러 종류가 있다. 하나님이 총애하는 사람들의 명부는 도시의 인명록과 유사하다(예. 출 32:32-33; 시 69:28; 사 4:3). 묵시문학에서 이런 명단은 영생할 자의 명부가 된다(단 12:1; *1 En.* 47:3; 104:1; 108:7; 계 3:5). 그 외에 심판정에서 참조될 행동기록부(예. 시 66:8; 말 3:16; 느 13:14; *Jub.* 30:20; *2 Bar.* 24:1)가 있다. 신구약 정경에 포함된 묵시문학에 등장하는 책들도(단 7:10; 계 20:12) 에녹이 읽은 하늘의 책들과 유사해 보인다(*1 En.* 103:2-3). 또 다른 책으로서 지상에서 벌어질 일들이 미리 기록된 책도 있다(시 139:16; 계 5장). 이것은 물론 하나님께서 미래의 일을 알고 계신다는 통념을 반영한다.

「에녹 서신」의 말미에 있는 아래 구절은 이 서신의 저자와 그의 대적들 간의 다툼이 단지 사회계층의 문제가 아니었음을 보여준다. 그 갈등은 토라의 해석을 둘러싼 이견의 문제로 서기관적 관심사를 반영한 것이었다.

> 마음의 불의를 저지르지 말고 거짓을 말하지 말아라. 진리의 말을 외면하지 말고 거룩하시며 위대하신 분의 말씀을 허위라고 말하지 말아라. 그리고 너희의 우상을 고맙게 여기지 말아라. 너희 거짓과 너희의 불의는 정의에 이르는 것이 아니라 큰 죄에 (이르는 것이다). 그런데 나는 그 비결을 알고 있다. 많은 죄인들이 진리의 말을 멀리하여 길을 잘못 딛고 그릇된 일을 입

에 담고 거짓을 말하여 터무니없는 일을 꾸며내며 자기의 설교에 대하여 책으로 나타낼 것이다. 그러나 그들이 내가 한 말을 그들의 말로 전부 정확히 기록하고 내가 한 말을 바꾸거나 더하거나 덜하지도 않고 내가 먼저 그들에 대하여 말한 것을 전부 정확하게 기록하였을 때(*1 En*. 104:9-11).

이 구절은 헬레니즘 시대에 적응하려고 애쓰며 이를 위해 자신들이 물려받은 오랜 풍습들을 변경할 용의가 있었던 유대 사회의 상류층을 겨냥한 것으로 보인다.

「에녹 서신」은 의인들에게 주어질 책들을 언급한다.

나는 또 다른 비결을 알고 있다. 그것은 즉 의인들과 현자들에게는 책들이 주어져 기쁨과 진리와 풍요한 지혜의 근본이 될 것이다. 그들에게 책들이 주어지고 그들은 그것을 믿으며 그것을 기뻐하고 그것으로 진리의 길을 깨닫는 모든 의인은 보상을 받을 것이다(*1 En*. 104:12-13).

이 책들의 수여는 종말론적 사건으로 그 자체가 하나의 신비다. 그 책들의 목록에 「에녹 서신」이 있으리라는 것은 자명하며, 그 밖의 다른 묵시문학도 포함될 것이다. 그 책들을 믿는 자는 기쁨을 누리고 다가올 재앙을 피하게 될 것이다.

다니엘서

다니엘서는 히브리 성경에 수록된 유일한 묵시문학으로서 후기 유대교와 기독교 작품들에 막대한 영향을 미쳤다(Collins, "Influence"를 보라). 다니엘서는 기원전 167년에 시작된 마카비 항쟁 시기에 쓰였지만, 1-6장에 담긴 이야기는 그 항쟁보다 앞선 시대를 다룬다. 다니엘서는 크게 두 부분, 곧 1-6장과 7-12장으로 나뉜다. 다니엘 1-6장은 3인칭 내러티브로 다니엘이 다른 사람들의 꿈을 해석해주는 내용이지만, 7-12장은 1인칭 화법으로 기록되어 다니엘이 자신의 꿈과 환상을 스스로 해석하는 묵시문학이다. 다니엘 1-6장은 묵시문학과는 별도로 각기 따로 존재했던 이야기들을 모은 선집으로, 본격적 묵시문학(7-12장) 앞에서 적절한 서문의 기능을 수행한다.

1-6장

에녹과 마찬가지로 다니엘도 묵시문학적 선견자로 매우 적절한 인물이다. 다니엘은 에스겔 14:14, 20에서 욥과 노아와 더불어 비할 데 없는 의인으로 언급된다. 다니엘 1-6장은 바빌로니아, 메디아 및 페르시아 왕국에 걸쳐 궁중의 실력자였던 유대인 다니엘에 관한 여러 일화를 전한다. 특별히 그는 꿈을 해석하는 능력을 지닌, 전문적 의미에서의 "현인"으로 불린다. 고대 세계에서 꿈은 신과 인간이 소통하는 중요한 수단이었다.

유대인이 외국 궁중에서 신분 상승을 이룰 수 있었다고 생각하는 것이 현실적일까? 다니엘 말고도 그런 경우가 있었다. 바빌로니아에서 유대인들은 경제적·정치적·사회적으로 성취를 이뤘고, 유다로 귀환한 이들은 페르시아 제국의 지원을 받았다. 그리스가 정복한 이후에도 다수의 유대인은 새 지배자들과 좋은 관계를 유지했다. 유대인들은 대체로 지배자들과 적대적인 관계에 있지 않았다. 하지만 안티오코스의 박해는 많은 유대인이 이방인의 통치를 악한 것으로, 심지어 마귀적인 것으로 여기도록 만들었다. 이런 태도의 변화가 다니엘 7-12장에 나타난다. 그래서 다니엘서에서 1-6장과 7-12장의 두 부분은 이방인의 통치에 대해 사뭇 다른 태도를 보여준다.

다니엘 1장에서 다니엘과 세 친구는 왕궁에서 일하도록 선택받은 후 갈대아(바빌로니아) 지혜 전승을 익히게 된다. 갈대아인들은 천체의 움직임이나 꿈의 해몽 등 자연현상을 해석해 감춰진 지식을 얻거나 미래를 예측하는 등의 신탁행위(divination)에 능통했다. 이런 기술은 "현인"들의 그룹에서 대를 이어 전수되었고, 이제 다니엘과 친구들이 그 전문가 집단의 일원이 된 것이다. 그들이 익숙해져야 할 궁중의 풍습 중에는 유대의 법이 금하는 음식을 먹는 것도 포함되어 있었다. 그들의 감독관은 그들의 식단을 변경해주려고 하지 않았는데, 혹시라도 금욕적 식단으로 인해 그들의 몸에 이상 증후라도 생기면 그 자신이 책임을 질 수 있기 때문이었다. 그러나 이 유대인 청년들은 감독관을 설득해 자신들의 식단을 유지했고, 출세에 성공했다.

> 왕이 말한 대로 그들을 불러들일 기한이 찼으므로 환관장이 그들을 느부갓네살 앞으로 데리고 가니 왕이 그들과 말하여 보매 무리 중에 다니엘과 하나냐와 미사엘과 아사랴와 같은 자가 없으므로 그들을 왕 앞에 서게 하고 왕이 그들에게 모든 일을 묻는 중에 그 지혜와 총명이 온 나라 박수와 술객보다 십 배나 나은 줄을 아니라(단 1:18-20).

하나님의 율법에 충성했더니 성공이 찾아온다. 하나님은 이 유대인 청년들의 신실함을 기뻐하시고 그들에게 탁월한 지혜를 주셔서 인정받게 하신다. 이런 이야기는 안티오코스 4세 치하에서 율법을 버리든지 목숨을 버리든지 선택하도록 강요받던 이들을 격려했을 것이다. 다니엘과 친구들이 성공한 것은 그들 자신의 두뇌나 노력 때문이 아니라 하나님께서 그들에게 지혜를 주셨기 때문이다.

유대인 청년들은 결국 다른 갈대아인들보다도 훨씬 뛰어난 지혜를 갖게 된다. 다니엘 1-6장에 나오는 여러 이야기는 다니엘이 외국 현자들과 맞서는 내용을 담고 있다. 이는 파라오 앞에서 이집트 술사들과 대결하면서 그들보다 뛰어난 능력을 보여준 모세와 아론의 존재를 떠올리게 한다(출 7:8-9:12). 유대인의 지혜와 이스라엘의 하나님의 탁월함은 다니엘 1-6장에서 외국 왕을 포함한 이방인들도 이 탁월함을 알아보고 하나님께 경의를 표하는 장면들로 인해 더욱 돋보인다.

다니엘 2장은 바빌로니아 왕 느부갓네살의 심란한 꿈과 그것을 해석하려는 노력에 관한 이야기다. 느부갓네살은 자기 휘하의 현자들을 불러 자신이 꿈꾼 내용을 알리지 않고 해석만을 요구한다. 이는 그가 자신이 말하지 않아도 현자들이 그 꿈의 내용을 알아낼 능력이 있는지 시험하기를 원했기 때문이다. 현자들은 왕이 꾼 꿈의 내용을 맞히지 못했고, 왕은 그들을 처형하라고 명령한다. 다니엘은 왕을 알현할 수 있도록 요청하고 기도한다. 그의 기도는 응답받아 열매를 맺는다. 한밤의 환상을 통해 다니엘에게 그 신비가 계시된 것이다(단 2:19). 왕 앞에 나아간 다니엘은 자신이 받은 지혜의 기원이 신적인 것임을 시인한다. "왕이 물으신 바 은밀한 것은 지혜자나 술객들이나 박수나 점쟁이가 능히 왕께 보일 수 없으되, 오직 은밀한 것을 나타내실 이는 하늘에 계신 하나님이시라. 그가 느부갓네살 왕에게 후일에 될 일을 알게 하셨나이다"(단 2:27-28).

다니엘은 왕이 꾼 꿈을 그에게 말하고 그 뜻을 해석해준다(단 2:31-45). 그 꿈은 머리는 금, 가슴과 팔은 은, 배와 허벅지는 동, 다리는 철로 만들어졌고 발은 쇠와 흙이 섞인 조상에 관한 것이었다. 그 꿈은 점차 쇠약해지는 네 제국의 계승을 보여주는 것으로, 첫째 금은 느부갓네살의 바빌로니아, 둘째 은은 메디아, 셋째 동은 페르시아, 넷째 쇠와 흙이 섞인 것은 그리스 제국을 각기 가리킨다. 이 네 왕국은 날아온 바위에 부서지는데, 그 바위의 뜻은 2:44에 이렇게 설명된다. "이 여러 왕들의 시대에 하늘의 하나님이 한 나라를 세우시리니, 이것은 영원히 망하지도 아니할 것이요, 그 국권이 다른 백성에게로 돌아가지도 아니할 것이요, 도리어 이 모든 나라를 쳐서 멸망시키고 영원히 설 것이라." 네 왕국의 도식은 헬레니즘의 정치 예언에서 유래한 것이다. 다니엘은 이 왕국들을 다니엘서의 허구적 도식 안에서, 넷째 왕국의 발흥을 코앞에 둔 상태에서 느부갓네살에게 "예언"했다. 사실상 이 기사들은 넷째 왕국의 시대에 쓰인 것이다. 이것이 바로 사후예언의 실례다. 넷째 왕국 이후에는 하나님 나라가 세워질 것이다. 다니엘서에서 이 예언은 하나님께서 셀레우코스 왕국을 폐하고 영원한 왕국, 즉 하나님 나라로 교체하신다는 것을 뜻한다. 느부갓네살 왕이 꾼 꿈은 왕국들의 흥망성쇠를 논하는 정치적 내용을 담았다. 하지만 묵시문학 저자는 정치와 종교는 서로 떼어놓을 수 없으며 역사는 하나님 나라가 지상에 실현되어 이스라엘을 지배하는 나라들을 교체할 때까지 막힘없이 전진하리라고 믿었다.

다니엘의 지혜에 대한 이 이야기의 견해는 다니엘 7-12장에 기록된 신비로운 지식의 수신자로서의 다니엘의 모습과 잘 부합한다. 두 경우에 지혜는 해석이 필요한 신비로운 꿈과 관련된다.

다니엘 3-6장은 앞서 서술된 내용을 더 강화하는 다른 이야기들을 담고 있다. 5장은 벨사살의 잔치 자리에 뜻을 알 수 없는 비문이 벽에 나타나는 장면을 보여준다. 오직 다니엘만이 그 글을 판독할 수 있다("벽에 쓰인 글을 해독한다"라는 문구가 여기서 유래한다). 6장은 다니엘이 사자굴에 갇히는 유명한 이야기다. 이 이야기에서 메디아 왕 다리우스는 다니엘을 사자굴에 던져 넣었다가는 자신도 궁지에 빠지게 될 것을 알고 매우 주저했으며 다니엘이 상처를 입지 않고 살아나자 안도의 한숨을 쉰다. 결국 다리우스는 다니엘을 죽음의 궁지에 몰아넣었던 자들을 처형한다. 계교를 꾸미는 자들이 주인공을 제거하려는 일에 거의 성공했다가 오히려 자신들이 망하는 패턴은 이런 이야기에 흔히 나타나는 구조다(Wills를 보라). 다니엘 1-6장 내내 이방 왕들이 이스라엘의 하나님이 주권자임을 고백한다(단 2:46-47; 3:28-29; 4:34-35, 37; 6:26-27).

다니엘 1-6장은 외세의 지배하에 놓인 유대인들이 직면한 이슈들을 다룬다. 즉 유대교의 지혜와 풍습 그리고 종교가 외국의 것과 비교해 얼마만큼 가치가 있는지, 외래 세력의 지배 앞에서 하나님의 주권은 어떠한지, 죽음의 위협 앞에서 율법을 준수하는 것이 필요한지, 우상숭배에 저항하는 것이 가치가 있는지 등이다. 이런 이슈들은 안티오코스 4세가 유대교를 짓밟으려고 하면서 더 첨예하게 드러나게 되었다. 이런 상황이 다니엘 7-12장에 반영된다. 다니엘 1-6장이 보여주는 주제 즉 하나님이 특별한 선택을 입은 현자 다니엘에게 역사의 신비를 계시하신다는 내용은 다니엘이 7-12장에서 묵시문학적 선견자의 역할을 담당하는 것을 준비한다.

7-12장

다니엘 7장은 다니엘이 꿈에서 깨어나 그 내용을 기록하는 장면으로 시작한다. 그는 자신의 꿈을 이렇게 서술한다. "내가 밤에 환상을 보았는데,

하늘의 네 바람이 큰 바다로 몰려 불더니 큰 짐승 넷이 바다에서 나왔는데 그 모양이 각각 다르더라"(단 7:2-3). 그 짐승들은 기이하고 무서운 생김새를 하고 있어서 다른 세상에서 온 존재들임을 알린다. 이들은 지상의 동물들에 비할 수 없이 두려운 존재들로 초자연적 힘을 대표한다. 그 짐승들이 지상의 제국과 그 지배자들을 가리킨다는 것이 이 환상의 해석이다(단 7:17, 23). 네 마리 짐승의 구도는 다니엘 2장에 나오는 네 왕국 도식과 일치한다. 두 경우 모두 네 번째 짐승, 즉 셀레우코스 왕국에서 정점에 도달한다. "넷째 짐승은 무섭고 놀라우며 또 매우 강하며 또 쇠로 된 큰 이가 있어서 먹고 부서뜨리고 그 나머지를 발로 밟았으며 이 짐승은 전의 모든 짐승과 다르고 또 열 뿔이 있더라"(단 7:7). 이 묵시가 주어진 시점은 곧 역사의 결말이자 최악의 지점으로 이해된다.

고대 근동에서 바다는 주로 혼돈의 세력을 상징한다. 바다는 온당한 질서에 저항하는 신으로, 우주에 질서를 부여한 신에 맞서는 존재다. 주신과 그 동맹세력은 사람이 살 수 있는 세계의 질서를 유지하기 위해 바다와 싸워야 했다(Collins의 *Combat Myth*와 Batto의 글을 보라). 우주적 전투 신화는 무질서를 제압한 질서가 반드시 영속할 것이라는 보장이 없고 주신에게 복종한 혼돈의 세력이 언제든 다시 반기를 들 수 있다는 관념을 보여준다. 이런 신화는 늘 왜 세상이 제대로 돌아가지 못하는지를 설명하는 장치로 작동했다. 특별히 위기의 순간을 맞은 개인이나 집단은 자신들이 처한 역사적 정황을 이런 원초적 신화 패턴을 통해 이해하곤 했다. 그 패턴들은 왜 선이 악을 쉬이 정복하지 못하는지를 설명했겠지만, 결국에는 선이 악을 제압하리라는 확신도 주었을 것이다.

기원전 9세기 신아시리아 제국의 사람 머리에 날개가 달린 황소 조형물. 이와 같은 기이한 모습이 다니엘 7장과 요한계시록에서 묘사된 짐승들의 형상에 영감을 주었을 수 있다.

다니엘 7장은 동시대의 사건들을 고대 신화의 패턴에 맞추어 서술한다. 유대 지역에서 일어난 일들이 우주와 역사 전체를 무대로 한 거시적 투쟁의 결과이기에 7장의 무대는 하늘로 옮겨진다.

내가 보니 왕좌가 놓이고 옛적부터 항상 계신 이가 좌정하셨는데,
그의 옷은 희기가 눈 같고, 그의 머리털은 깨끗한 양의 털 같고,
그의 보좌는 불꽃이요, 그의 바퀴는 타오르는 불이며,
불이 강처럼 흘러 그의 앞에서 나오며, 그를 섬기는 자는 천천이요,
그 앞에서 모셔 선 자는 만만이며, 심판을 베푸는데 책들이 펴 놓였더라
(단 7:9-10).

「에녹1서」 14장에는 그 책에 기록된 계시들에 권위를 부여하는 천상 보좌 장면이 나온다. 다니엘 역시 하늘과 하나님을 본다. 다니엘도 권세 있는 자들과 대화한다. 다니엘의 보좌 장면에서 그는 하늘 보좌에 앉아 계신 하나님을 본다. 그다음에 그는 하나님의 천상 궁전의 일원들을 위해 마련된 "보좌들"을 본다. 뭇 나라들의 행위를 기록한 책이 개봉되고, 그 나라들은 거기 기록된 내용에 따라 심판을 받는다. 천상에서의 심판은 즉시 지상의 일들에 영향을 미친다. 독자들은 무대가 급작스럽게 하늘에서 땅으로 옮겨진 것을 본다. "그때에 내가 작은 뿔이 말하는 큰 목소리로 말미암아 주목하여 보는 사이에 짐승이 죽임을 당하고 그의 시체가 상한 바 되어 타오르는 불에 던져졌으며"(단 7:11). 천상에서 내려지는 결정으로 땅에서 일어나는 일이 정해지며, 중재자는 필요하지 않다. 하나님의 심판이 임할 때 사람이든 초자연적 세력이든 그에게 대적하는 자는 일순간 패망하고 만다. 하늘에서 땅으로의 급작스러운 전환은 이런 논지를 강화한다.

넷째 짐승이 처벌을 받은 후 도래하는 아래 장면은 이후 유대교와 기독교 양측의 묵시문학에 지대한 영향을 주었다.

내가 또 밤 환상 중에 보니 인자 같은 이가 하늘 구름을 타고 와서 옛적부터

항상 계신 이에게 나아가 그 앞으로 인도되매 그에게 권세와 영광과 나라를 주고 모든 백성과 나라들과 다른 언어를 말하는 모든 자들이 그를 섬기게 하였으니, 그의 권세는 소멸되지 아니하는 영원한 권세요, 그의 나라는 멸망하지 아니할 것이니라(단 7:13-14).

그리스도인들은 이 본문의 "인자"는 호칭이며 진정한 인자이신 그분을 가리켜 사용되었다고 단정한다. 그러나 다니엘서 이전의 어떤 문서에서도 다니엘서의 저자가 "인자"(사람의 아들)라는 말을 사용하여 이 용어의 일반적인 의미인 "사람"(예. 겔 2:1, 3, 6, 8 등) 외에 무엇을 의도하고자 했는지에 대한 명확한 단서를 준 적이 없다. 다니엘 7장은 단지 인자 **같은** 이가 구름을 타고 온다고만 말한다. 그러나 다니엘서 안에 있는 단서와 저자의 환경으로부터 유추할 때 이 인물의 정체에 대해 어느 정도 짐작해볼 수 있다.

예를 들어 고대 가나안 신화에 비슷한 내용이 등장한다. 가나안 신들의 아버지 격인 엘(El)은 *abu shanima,* 즉 "세월의 아버지"로 불린다. 이것은 다니엘 7:9에서 유대인의 하나님께 적용된 "옛적부터 항상 계신 이"와 비슷하다. 이스라엘인들이 가나안에 정착할 무렵 가나안 만신전을 지배했던 바알(Baal)은 엘의 아들이었다. 바알은 전통적으로 구름을 타는 자로 묘사된다. 그는 폭풍의 신이다. 바알은 "바다"를 뜻하는 얌(Yam)의 도전을 물리치고 그의 왕권을 확립한다. 바알과 얌 간의 싸움은 위에 언급한 전투 신화의 한 예다. 이는 질서를 유지하고 주신의 권세를 확고히 하는 역할을 한다. 다니엘 7장에 보면 인자 같은 이가 짐승들을 베어버린 후 구름을 타고 옛적부터 항상 계신 이 앞에 나아가 왕국을 받는데, 이 이야기는 가나안 신화의 바알 편과 유사하다. 결국 다니엘서의 저자가 고대 근동 신화를 활용했다는 것은 명백해 보인다.

학자들은 다니엘 7장에서 인자의 역할에 대해 세 가지 이론을 제시한다. 하나는 인자가 메시아적 존재라는 설명이다. 하지만 다니엘서에서 메시아를 지칭한 본문은 사실 9:25-26뿐인데, 이는 그나마 회복기의 대제사장 여호수아와 암살된 대제사장 오니아스 3세에 관한 구절이다. 더구나 다니엘 7장에 나오는 인자 같은 이는 "메시아"라고 불린 일이 없다. 따라서 첫째 이론은 설득력이 없다. 둘째는 인자가 이스라엘 전체를 상징한다는 이론이다. 이런 설명도 가능하지만, 가장 매력적인 제안은 인자를 천사로 보는 견해다.

인자가 단수로 사용된 것을 제외하면 다니엘 7:13-14에서 인자 구절을 사용한 것과 다니엘 10:16의 용법은 아주 유사하다. 10:16에서는 천사 가브리엘이 "인자들과 같은 이"(in the likeness of the sons of men)라고 묘사된다(단 10:5, 18도 보라). 다니엘 10:5에서는 천사를 단순히 사람이라고 부른다. 사실 천사들은 종종 사람으로 묘사되기도 한다. 다니엘서와 동시대에 쓰인 「동물 묵시록」에서 사람은 동물로, 천사는 사람으로 묘사된다. 다니엘서 곳곳에서 천사는 사람의 모습을 하고 있다(단 8:15; 9:21; 10:5, 16, 18; 12:6, 7). 인자는 세상 왕들과 왕국들뿐만 아니라 대양만큼 오래된 혼돈이라는 우주적 세력을 나타내는 짐승들을 물리치고 능력을 물려받는다. "인자 같은 이"는 초인적 능력을 소유한 자로 바다의 힘센 짐승들과 비견되며, 따라서 유대인 공동체 이상의 어떤 것을 대표한다. 이런 묘사가 가장 적절한 존재는 필시 천사일 것이다. 만일 그렇다면, 여기서는 이스라엘의 수호천사인 미가엘(단 10:21; 12:1)이 가장 어울린다.

초자연적 존재들이 지상의 나라들을 대표하면서 그 운명을 결정짓는다는 사상은 이스라엘이 살았던 고대 근동의 맥락에서 유래한다. 신명기 32:8-9을 보라. "지극히 높으신 자가 민족들에게 기업을 주실 때에, 인종을 나누실 때에 이스라엘 자손의 수효대로 백성들의 경계를 정하셨도다. 여호와의 분깃은 자기 백성이라. 야곱은 그가 택하신 기업이로다." 타민족들의 고대 신화는 그 "신들"을 신성한 존재로 다룬다. 신명기는 그들을 신보다는 못한 천상의 존재, 아마도 천사로 여기는 것으로 보인다. 사실 70인역은 신명기 32장에서 "신들"을 "천사들"로 번역했다(창 6:2의 "하나님의 아들들"이 *Book of the Watchers*에서는 천사로 여겨진다). 각 신은 저마다 한 백성에게 배치되고, 각 나라는 저마다 대표 격인 천사를 보유한다. 각 나라의 역사는 초자연적 세계에서 그 대표 천사가 어떤 운명에 처했는지에 달려 있다.

다니엘은 천사에게 환상을 해석해달라고 요청한다. 천사는 이렇게 설명한다. "그 네 큰 짐승은 세상에 일어날 네 왕이라. 지극히 높으신 이의 성도들이 나라를 얻으리니 그 누림이 영원하고 영원하고 영원하리라"(단 7:17-18). 이런 해석은 인자 같은 이를 "거룩한 자들"(아람어: *qaddishin*)과 연결하는데, 왜냐하면 7:14에서는 인자 같은 이가 왕권을 받지만, 7:18에서는 거룩한 자들이 동일한 대접을 받기 때문이다. 히브리 성경에서 "거룩한 자들"(히브리어: *qedoshim*)은 보통 "천사들"을 의미한다. 「에녹1서」의 보좌 장면에서도 같은 용법이 나타난다(*1 En*. 14:22-23). "거룩한 자들"은 다니엘 4:17, 7:21, 22, 25, 27, 8:13, 24에서도 "천사들"을 의미한다. 이렇게 거룩한 자들을 천사들과 동일시하는 것을 염두에 두면 다니엘 7:27의 의미가 좀 더 분명히 드러난다. "나라와 권세와 온 천하 나라들의 위세가 지극히 높으신 이의 거룩한 백성에게 붙인 바 되리니, 그의 나라는 영원한 나라이라. 권세 있는 자들이 다 그를 섬기며 복종하리라"에서 "지극히 높으신 이의 거룩한 백성"은 천사들의 백성 곧 유대인들이다. 다시 말해 천상에서는 인자 같은 존재(미가엘)와 거룩한 자들이 천상의 통치권을 부여받은 것처럼 지상에서는 이스라엘이 지상의 왕권을 받게 된다는 뜻이다. 이런 패턴은 쿰란문서 중 전쟁 두루마리에도 나온다(아래 5장을 보라). 이스라엘의 천사 미가엘이 초자연적 존재들 가운데 통치권을 받고 이스라엘은 지상을 다스린다(1QM 17:7-8).

환상은 계속된다. "내가 본즉 이 뿔이 성도들과 더불어 싸워 그들에게 이겼더니 옛적부터 항상 계신 이가 와서 지극히 높으신 이의 성도들을 위하여 원한을 풀어 주셨고 때가 이르매 성도들이 나라를 얻었더라"(단 7:21-22). 뿔은 힘, 그중에서도 군사력이나 왕권을 나타내는 대표적 상징이다. 이 환상에서 뿔은 넷째 짐승(셀레우코스 왕국)의 머리에 달려 있으므로 그 왕조에 속한 한 사람의 통치자, 즉 안티오코스 4세를 가리킨다. 그는 천사들을 상대로 전쟁을 일으켜 잠시나마 그들을 이기기까지 한다. 유대교를 상대로 한 그의 핍박은 사실상 천국을 겨냥한 것으로 이해된다. "그가 장차 지극히 높으신 이를 말로 대적하며 또 지극히 높으신 이의 성도를 괴롭게 할 것이라. 그가 또 때와 법을 고치고자 할 것이며 성도들은 그의 손에 붙인 바 되어 한 때와 두 때와 반 때를 지내리라"(단 7:25). 때를 고친다는 말은 유대인의 안식일과 신적 기원을 가진 축제일들을 금지할 것이라는 뜻이며, 법을 고친다는 것은 토라를 불법화할 것이라는 뜻이다. 안티오코스의 핍박은 "한 때와 두 때와 반 때"를 지속할 것인데, 한 때를 일 년으로 추정하면 박해의 기간이 삼 년 반이 되리라는 뜻이다. 이것은 실제로 안티오코스의 박해가 시작된 때부터 유다 마카비가 성전을 재봉헌하기까지의 시간과 어느 정도 일치한다.

「에녹1서」와 마찬가지로 다니엘서 역시 실제 일어난 역사적 사건들에 관심을 둔다. 다니엘서는 여러 번에 걸쳐 역사를 개관하는데, 같은 역사적 사건이 여러 환상 안에서 서술되고 해석된다. 이것을 **재정리**(recapitulation)라고 부를 수 있다. 묵시문학에 잘 쓰이는 이 기술 방법은 성경의 묵시문학인 다니엘서와 요한계시록에서 특히 두드러진다. 재정리는 근본 패턴을 강화한다. 예를 들어 다니엘서의 역사 진술들을 보면 이스라엘에 맞서는 제국들의 상승은 결국 그들의 위기로 이어지고, 이 위기는 하나님의 개입을 통해 해결된다. 세부사항은 다양하지만, 그 근본적인 패턴은 동일하다.

다니엘 8장은 메디아 및 페르시아 제국의 시기로부터 안티오코스 4세의 사망까지의 세계사와 관련된 환상과 해석을 담고 있다. 여기에는 저자의 동시대인들이 가장 관심을 둔 주제들이 등장하는데, 페르시아 제국의 위용과 규모, 페르시아군을 대파한 알렉산드로스의 승전, 그의 사후 벌어진 제국의 분할, 그리고 안티오코스의 상승과 유대교 박해 등이 그것이다. 마지막 사건이 가장 집중적으로 조명되는데(단 8:9-14), 이 사건들에 대한 해석은(단 8:23-25) 안티오코스가 유대교를 공격했다는 것을 강조한다. 이런 해석의 끝은 안티오코스가 하나님의 능력 앞에 대패하리라는 약속이다. "그가 사람의 손으로 말미암지 아니하고 깨지리라"(단 8:25).

다니엘 9:2은 이렇게 말한다. "곧 그 통치 원년에 나 다니엘이 책을 통해 여호와께서 말씀으로 선지자 예레미야에게 알려 주신 그 연수를 깨달았나니 곧 예루살렘의 황폐함이 칠십 년 만에 그치리라 하신 것이니라." 이것은 예루살렘의 함락 당시 예레미야가 예견했던 내용, 즉 이스라엘의 폐허가 칠십 년간 지속하리라는 메시지를 가리킨다(렘 25:11-12; 29:10). 그 결과로 다니엘은 오래 기도하게 되는데, 이 기도에서 다니엘은 이스라엘의 고난은 자신들이 모세 언약에 충성하지 못한 데서 비롯되었다고 시인하는 동시에 이스라엘을 향한 하나님의 신실하심을 재확인하고 예루살렘과 그 성전을 구해달라고 탄원한다.

기도를 마치자 천사가 다니엘을 찾아와서 예레미야의 예언은 사실 "일흔 주간"을 가리키므로 70 곱하기 7, 즉 490년을 뜻한다고 설명한다. "네 백성과 네 거룩한 성을 위하여 일흔 이레를 기한으로 정하였나니 허물이 그치며 죄가 끝나며 죄악이 용서되며 영원한 의가 드러나며 환상과 예언이 응하며 또 지극히 거룩한 이가 기름 부음을 받으리라"(단 9:24). 이 설명은 예레미야가 행한 예언의 급진적 재해석이다. "지극히 거룩한 곳"이 기름 부음을 받는 것은 성전의 완벽한 재건을 뜻한다. 만일 이런 사건들이 예레미야가 예언한 지 훨씬 후에도 일어나지 않는다면, 그것은 제2성전이 온전한 회복이 아니라는 것을 뜻한다. 예레미야의 예언은 아직 실현되지 않았다. 제2성전을 못마땅해하는 태도는 「주간 묵시록」과 「동물 묵시록」에서도 드러난다(Knibb을 보라). 다니엘 9:24에서 발견되는 예언의 해석 원리는 제2성전기의 유대 문학 곳곳에서 발견된다. 여기서 고대의 예언은 예언자 자신의 시대를 가리키는 것으로 여겨진다. 설사 그것이 원래 예언의 문자적 의미에서 떠나는 것을 의미할지라도 말이다.

제2성전의 건축은 9:25에 서술된다. "그러므로 너는 깨달아 알지니라. 예루살렘을 중건하라는 영이 날 때부터 기름 부음을 받은 자 곧 왕이 일어나기까지 일곱 이레와 예순두 이레가 지날 것이요. 그 곤란한 동안에 성이 중건되어 광장과 거리가 세워질 것이며." 여기서 기름 부음을 받은 자는 재건기의 대제사장 여호수아다. 예루살렘 중건에는 바빌로니아에 의한 파괴 후 일곱 주간(49년)이 소요될 것이다. 제2성전기 전체를 아우르는 예순두 주간(434년)은 "환란의 시기"로 정리된다. "예순두 이레 후에 기름 부음을 받은 자가 끊어져 없어질 것이며, 장차 한 왕의 백성이 와서 그 성읍과 성소를 무너뜨리려니와, 그의 마지막은 홍수에 휩쓸림 같을 것이며 또 끝까지 전쟁이 있으리니 황폐할 것이 작정되었느니라"(단 9:26). 여기서 "기름 부음을 받은 자"는 기원전 171년에 암살당한 대제사장 오니아스 3세이며 장차 올 왕은 안티오코스 4세다. 이 예언 이후에 성전에 관해 내린 그의 조치들이 설명된다. 다니엘의 관심은 안티오코스 4세 때 발생한 유대교의 위기에 있다.

다니엘 10장은 유대인들이 지상에서 겪는 분쟁이 천상에서 일어난 전쟁의 결과물이라고 설명한다. 한 천사가 다니엘에게 나타나 초자연적 전투에 관해 설명한다.

> 그런데 바사 왕국의 군주가 이십일 일 동안 나를 막았으므로 내가 거기 바사 왕국의 왕들과 함께 머물러 있더니 가장 높은 군주 중 하나인 미가엘이 와서 나를 도와주므로 이제 내가 마지막 날에 네 백성이 당할 일을 네게 깨닫게 하러 왔노라. 이는 이 환상이 오랜 후의 일임이라 하더라.…

> 그가 이르되 "내가 어찌하여 네게 왔는지 네가 아느냐? 이제 내가 돌아가서 바사 군주와 싸우려니와 내가 나간 후에는 헬라의 군주가 이를 것이라. 오직 내가 먼저 진리의 글에 기록된 것으로 네게 보이리라. 나를 도와서 그들을 대항할 자는 너희의 군주 미가엘뿐이니라"(단 10:13-14, 20-21).

왕국의 군주들은 그 나라들을 맡은 천사들이며, 그들의 운명은 그들이 대표하는 나라들의 운명이 된다. 다니엘서라는 작품 안에서 당시의 지배국은 페르시아이고, 가브리엘과 미가엘(이스라엘의 천사)은 페르시아의 천사와 싸우고 있다. 가브리엘과 미가엘은 미래를 알고 있다. 즉 자신들이 페르시아와의 전쟁에서 승리할 것이고 그 후에는 그리스의 천사와 싸우리라는 것을 말이다. 역사는 하나님의 뜻을 따르며, 그의 결정대로 천상에서 그리고 지상에서 진행될 뿐이다.

다니엘 11장은 페르시아 제국에서 안티오코스의 사망에 이르는 역사의 진행을 다시 한번 서술한다. 안티오코스의 이야기가 이 장의 절반 이상을 차지하는데, 그는 "자기 땅에 돌아가서는 맺은 거룩한 언약을 배반하는 자들을 살필" 것이다(단 11:30). 이는 그가 예루살렘을 그리스의 도시로 만들려고 하는 헬레니즘 지지자들에게 경도되리라는 뜻이다. 이런 배교의 길을 따르는 유대인들과 그 길을 거부하는 자들이 대조된다. "그가 또 언약을 배반하고 악행하는 자를 속임수로 타락시킬 것이나, 오직 자기의 하나님을 아는 백성은 강하여 용맹을 떨치리라"(단 11:32).

이어지는 구절들은 다니엘서의 배후에 있는 집단에 대한 단서를 제공한다.

> 백성 중에 지혜로운 자들이 많은 사람을 가르칠 것이나, 그들이 칼날과 불꽃과 사로잡힘과 약탈을 당하여 여러 날 동안 몰락하리라. 그들이 몰락할 때에 도움을 조금 얻을 것이나, 많은 사람들이 속임수로 그들과 결합할 것이며, 또 그들 중 지혜로운 자 몇 사람이 몰락하여 무리 중에서 연단을 받아 정결하게 되며 희게 되어 마지막 때까지 이르게 하리니, 이는 아직 정한 기한이 남았음이라(단 11:33-35).

여기서 "지혜로운 자들"(히브리어: *maskilim*)은 의미상 "지혜롭게 하는 자들" 즉 스승들이다. 지혜란 하나님의 비밀스러운 계획을 이해하는 것을 뜻한다. "지혜로운 자들"은 서로를 가르치는 자들이다. 이들의 언급은 다니엘의 견해를 공유하는 그룹, 즉 동질성을 확보한 사회적 집단의 존재를 가늠하게 한다. 다니엘서라는 책이야말로 이 지혜자 집단이 다른 이들을 교육하는 방편 중 하나였으리라. 토라에 충실한 이들이 옳았음이 드러날 것이다. 그리고 토라를 버린 자들은 그들을 유혹한 안티오코스가 하나님의 손에 사형을 당하는 것을 목격하게 될 것이다. 이런 역사가 진행되는 동안 일부 지혜로운 자들은 박해의 희생양이 되겠지만, 그 희생은 정결 예물과도 같다.

다니엘 11:34에 언급된 "약간의 도움"이 마카비 가문을 가리킨다면 그들에게 조금은 모멸적인 표현이 될 터이다. 다니엘서 어디에도 유대인들에게 셀레우코스 왕가에 맞서 싸우라고 촉구하는 말은 등장하지 않는다. 다니엘서는 단지 토라에 충실하게 살면서 하나님께서 안티오코스를 물리치시기를 기다리라고 권한다. 셀레우코스의 지배와 안티오코스의 박해에 맞선 무장항쟁은 소용이 별로 없을 것이다. 왜냐하면 이 문제는 궁극적으로 인간계가 아닌 다른 영역에서 결정될 것이기 때문이다. 이런 견해는 마카비 가문의 항쟁을 높이 평가한 「동물 묵시록」의 사상과 대조된다.

다니엘 11장은 안티오코스의 지배가 종식될 것을 정확히 "예측"한다(단 11:40-45). 하지만 중요한 것은 저자가 진지한 예측을 할 때 정확성을 확보하지 못한다는 사실이다. 안티오코스가 이스라엘의 영토 안에서 죽으리라는 저자의 예측과 달리, 안티오코스는 기원전 164년에 페르시아에서 사망했다. 학자들은 종종 묵시문학의 저술 연대를 그 문서의 역사적 예측이 더는 맞아떨어지지 않는 시점으로 파악한다. 이는 묵시문학이 그 본문에 기술된 사건 중에서 시기를 추정할 수 있는 마지막 사건과 예측 오류를 범한 미래의 사건 사이의 어느 시점에 기록되었다는 뜻이다. 그렇다면 안티오코스의 박해가 기원전 167년에 시작되었고 그가 기원전 164년에 사망했으므로 다니엘서는 아마도 기원전 165년경에 기록되었을 것이다.

다니엘서의 메시지는 12:1-3에서 정점에 도달한다.

> 그때에 네 민족을 호위하는 큰 군주 미가엘이 일어날 것이요, 또 환난이 있으리니 이는 개국 이래로 그때까지 없던 환난일 것이며, 그때에 네 백성 중 책에 기록된 모든 자가 구원을 받을 것이라. 땅의 티끌 가운데에서 자는 자 중에서 많은 사람이 깨어나 영생을 받는 자도 있겠고 수치를 당하여서 영원

히 부끄러움을 당할 자도 있을 것이며, 지혜 있는 자는 궁창의 빛과 같이 빛날 것이요, 많은 사람을 옳은 데로 돌아오게 한 자는 별과 같이 영원토록 빛나리라(단 12:1-3).

이 마지막 장면은 미가엘이 주도한다. 여타 묵시문학이 따르는 각본과 마찬가지로 다니엘서에서도 최후의 전투는 심한 고통을 동반한다. 미가엘이 등장하면서 천상의 책에 이름이 기록된 이들은 구원을 얻는다. 이들은 하나님과 토라를 신실하게 따른 자들이다. 다니엘 12:2은 히브리 성경 전체에서 유일하게 부활을 명확하게 언급한다(사 26:19과 겔 37장의 언급은 비유적으로 나타난다). 부활이 히브리 성경 내의 유일한 묵시문학인 다니엘서에 단 한 번 언급된 것으로 미루어볼 때 부활 신앙은 묵시문학을 통해 유대인들의 신앙 속에 흡수되었다고 추론할 수 있다. 그러나 다니엘 12장이 보편적 부활을 가르치지는 않는다. 극히 선한 자들과 극히 악한 자들, 다시 말해 순교를 각오할 만큼 박해에 저항한 자들과 정반대로 그 박해의 가해자나 공범들을 가리켜서만 부활이 언급되고 있기 때문이다. 지혜자들은 하늘의 별과 같이 영원토록 빛나게 되는 매우 특별한 보상을 받는다. 묵시문학에서 별은 천사를 가리키는 상징이므로 지혜자들은 천사의 무리에 속하게 될 것이다. 하나님의 선민은 「에녹1서」 104:2과 다른 곳에서도 같은 약속을 받는다.

다니엘 12:4, 9에서 천사는 다니엘에게 그가 전한 말들을 비밀로 간직하고 말씀이 적힌 책을 마지막 때까지 봉함하라고 당부한다. 이것은 기원전 6세기의 사람인 선견자 다니엘의 말이 실제로는 4세기가 지난 후에야 공개된 이유를 잘 설명해주는 문학적 장치다.

결론

묵시사상은 고대 유대교의 세계관에서 새로운 전기를 마련한 중요한 요소다. 묵시사상은 전능하신 이스라엘의 하나님이 왜 이스라엘의 적들과 그들의 신들 앞에서 무기력해 보이는지를 설명하는 한 가지 방식을 제공했다. 세계는 하나님이 창조하신 그 세계가 아니었으며, 인간과 천사들은 하나님께 반역하고 창조의 질서를 흐트러뜨렸다. 그 결과로 현세는 악한 우주적 세력의 지배하에 놓이게 되었다. 그러나 악한 세력은 선한 우주적 세력과의 결정적 전투에서 곧 패배하게 될 것이다. 묵시적 선견자들은 자신들이 초자연적 세계로부터 직접적이고 신비로운 계시를 받았다고 주장했다. 이 계시는 하나님의 진노가 마침내 우주를 파괴할 때 구원을 받게 될 선택된 소수에게 알려졌다. 묵시문학적 종말론은 죽음의 초월을 특징으로 하는데, 이는 이생에서 의인의 고난과 악인의 번영이라는 해묵은 고민에 대한 명확한 해결책이다. 후기 제2성전기 유대교와 초기 기독교는 묵시사상으로부터 그들의 핵심적인 상징과 개념 그리고 문학적 형태를 물려받았다.

참고문헌

이 장은 John J. Collins의 저서, 특히 *The Apocalyptic Imagination*에 많이 의존했다.

Barr, James. "Jewish Apocalyptic in Recent Scholarly Study." *BJRL* 58 (1975): 9-35.

Batto, Bernard F. *Slaying the Dragon: Mythmaking in the Biblical Tradition.* Louisville: Westminster/John Knox, 1992.

Clifford, Richard J. "History and Myth in Daniel 10-11." *BASOR* 220 (1975): 23-26.

Collins, Adela Yarbro. *The Combat Myth in the Book of Revelation.* Missoula, Mont.: Scholars Press, 1976.

______. *Cosmology and Eschatology in Jewish and Christian Apocalypticism.* Leiden: Brill, 1996.

______. "The Influence of Daniel on the New Testament." Pages 90-112 in *Daniel: A Commentary on the Book of Daniel.* By John J. Collins. Minneapolis: Fortress, 1993.

______. ed. *Early Christian Apocalypticism: Genre and Social Setting.* Semeia 36. Decatur, Ga.: Scholars Press, 1986.

Collins, John J. "Apocalypses and Apocalypticism." *ABD* 1:279-88.

______. "Apocalyptic Eschatology as the Transcendence of Death." *CBQ* 36 (1974): 21-43.

______. *The Apocalyptic Imagination: An Introduction to Jewish Apocalyptic Literature.* 2d ed. Grand Rapids: Eerdmans, 1998. 『묵시문학적 상상력』(가톨릭출판사 역간).

______. "The Apocalyptic Technique: Setting and Function in the Book of the Watchers." *CBQ* 44 (1982): 91-111.

______. *The Apocalyptic Vision of the Book of Daniel.* HSM 16. Missoula, Mont.: Scholars Press, 1977.

______. "Cosmos and Salvation: Jewish Wisdom and Apocalyptic in the Hellenistic Age." *HR* 17 (1977): 121-42.

______. *Daniel: A Commentary on the Book of Daniel.* Minneapolis: Fortress, 1993.

______. "Jewish Apocalyptic against Its Ancient Near Eastern Environment." *BASOR* 220 (1975): 27-36.

______. *Seers, Sybils, and Sages in Hellenistic-Roman Judaism.* Leiden: Brill, 1997.

______. ed. *Apocalypse: The Morphology of a Genre.* Semeia 14. Missoula, Mont.: Scholars Press, 1979.

Cook, Stephen L. *Prophecy and Apocalypticism: The Postexilic Social Setting.*

Minneapolis: Fortress, 1995. 『예언과 묵시』(새물결플러스 역간).

Eddy, Samuel K. *The King Is Dead: Studies in the Near Eastern Resistance to Hellenism.* Lincoln: University of Nebraska Press, 1961.

Grayson, A. K. *Babylonian Historical-Literary Texts.* Toronto: University of Toronto Press, 1975.

Hamerton-Kelly, R. G. "The Temple and the Origins of Jewish Apocalyptic." *VT* 20 (1970): 1-15.

Hanson, Paul D. "Apocalypticism." *IDBSup,* 28-34.

______. *The Dawn of Apocalyptic.* Philadelphia: Fortress, 1975.

Hellholm, David, ed. *Apocalypticism in the Mediterranean World and the Near East.* Proceedings of the International Colloquium on Apocalypticism, Uppsala, August 12-17, 1979. Tübingen: Mohr (Siebeck), 1983.

Himmelfarb, Martha. *Ascent to Heaven in Jewish and Christian Apocalypses.* New York: Oxford University Press, 1993.

______. *Tours of Hell: An Apocalyptic Form in Jewish and Christian Literature.* Philadelphia: Fortress, 1983.

Knibb, Michael. A. "The Exile in the Literature of the Intertestamental Period." *HeyJ* 17 (1976): 253-72.

Koch, K. *The Rediscovery of Apocalyptic.* SBT 2/22. Naperville, Ill.: Allenson, 1972.

Kvanvig, Helge S. *Roots of Apocalyptic: The Mesopotamian Background of the Enoch Figure and of the Son of Man.* Neukirchen-Vluyn, Germany: Neukirchener Verlag, 1988.

Lacocque, Andre. *The Book of Daniel.* Atlanta: John Knox, 1979.

Murphy, Frederick J. "Apocalypses and Apocalypticism: The State of the Question." *CurBS* 2 (1994): 147-79.

______. "The Book of Revelation." *CurBS* 2 (1994): 181-225.

______. *Fallen Is Babylon: The Revelation to John.* Harrisburg: Trinity Press International, 1998.

______. "Introduction to Apocalyptic Literature." *NIB* 7:1-16.

Neusner, Jacob. *A History of the Jews in Babylonia.* 5 vols. Leiden: Brill, 1965-1970.

Nickelsburg, George W. E. "Apocalyptic and Myth in *1 Enoch* 6-11." *JBL* 96

(1977): 383-405.

______. *Resurrection, Immortality, and Eternal Life in Intertestamental Judaism.* Cambridge: Harvard University Press, 1972.

______. "Social Aspects of Palestinian Jewish Apocalypticism." *AMWNE* 639-52.

Olson, Daniel C. "Those Who Have Not Defiled Themselves with Women: Revelation 14:4 and the Book of Enoch." *CBQ* 59 (1997): 492-510.

Plöger, O. *Theocracy and Eschatology.* Richmond: John Knox, 1968.

Rad, Gerhard von. "Daniel and Apocalyptic." *OTT* 2:301-15.

Smith, Jonathan Z. "Wisdom and Apocalyptic." Pages 131-56 in *Religious Syncretism in Antiquity.* Edited by B. Pearson. Missoula, Mont.: Scholars Press, 1975.

Rowland, Christopher. *The Open Heaven: A Study of Apocalyptic in Judaism and Christianity.* New York: Crossroad, 1982.

Russell, D. S. *The Method and Message of Jewish Apocalyptic.* Philadelphia: Westminster, 1964.

Stone, Michael. "New Light on the Third Century" and "Enoch and Apocalyptic Origins." *SSV* 27-47.

Suter, David W. "Fallen Angel, Fallen Priest: The Problem of Family Purity in *1 Enoch* 6-16." *HUCA* 50 (1979): 115-35.

VanderKam, James. *Enoch and the Growth of an Apocalyptic Tradition.* CBQMS 16. Washington, D.C.: Catholic Biblical Association, 1984.

Wainwright, Arthur W. *Mysterious Apocalypse: Interpreting the Book of Revelation.* Nashville: Abingdon, 1993.

Wills, Lawrence M. *The Jew in the Court of the Foreign King: Ancient Jewish Court Legends.* Minneapolis: Fortress, 1990.

Wright, N. T. *The New Testament and the People of God.* Minneapolis: Fortress, 1992. 『신약성서와 하나님의 백성』(CH북스 역간).

제5장

쿰란과 사해사본

◆일차자료: *CDSSE* 발췌자료—단락 제목 참조

두루마리의 발견

1947년 어느 날, 베두인 목동 한 사람이 놀라운 고대 사본들을 발견했다. 사해 북서 연안의 거칠고 가파른 절벽들 틈의 동굴들에서 무하마드 아흐메드 엘-하메드라는 목동이 커다란 항아리들을 찾아냈는데, 그 속에는 정체를 알 수 없는 헝겊과 가죽 뭉치가 담겨 있었다. 그 뭉치들을 넘겨받은 전문가들은 그것이 기원전 2세기에서 기원후 1세기에 걸쳐 제작된 고대의 사본이라고 결론짓고 이 문서들을 사해사본(Dead Sea Scrolls)이라고 명명했다. 연이어 인근 동굴들에 대한 수색이 이루어졌고 다수의 사본이 추가로 발견되었다. 고고학자들은 이 사본들이 오래된 유대인 집단의 문서고(library)에서 유래한 것으로서 인근 지역의 폐허인 쿰란(Qumran)과 연관되어 있음을 알아냈다. 이 문서들과 폐허 지역에 대한 관심이 새롭게 일면서 그야말로 도서관을 채울 만한 분량의 연구가 쏟아졌고, 사해사본의 발견은 20세기 고고학이 발견한 최대의 성과라고 일컬어지게 되었다.

사해사본을 둘러싼 논란은 그것이 처음 발견된 순간부터 시작됐지만 1980년대와 90년대 초에 최고조에 달했다. 그 논쟁의 과정은 당사자들이 남긴 다수의 출판물과 TV 다큐멘터리들을 통해 추적할 수 있다(이에 대한 간략한 서술은 Vermes, *CDSSE* 1-10을 보라). 사해사본 관련 뉴스는 종종 주요 언론매체에 오르내렸는데, 최대 쟁점은 그 문서들의 열람권 문제였다. 문서의 발견 후 사십 년 이상의 세월이 흘렀음에도 아직 상당한 분량의 문서들이 출판되지 않았기에, 미공개된 문서의 내용에 대한 추측이 난무했다. 미디어와 개인 저술가들은 종종 미공개된 문서 중에 충격적인 내용, 이를테면 기독교의 근원을 위태롭게 하는 그런 내용이 있어서 사해사본이 고의로 비밀에 부쳐져 있다는 식의 음모론을 보도하곤 했다. 이 문서들이 최초 기독교의 모습을 묘사하고 있으며 그 창시자는 예수 그리스도 아니면 세례 요한이라고 설명하는 책들도 다수 발간되었다. 처음에 문서에 접근하여 연구한 학자들 가운데 여러 사람이 로마 가톨릭 신자였던 탓에, 기독교에 위협을 주는 사해사본의 내용을 은폐하려는 조직적인 노력이 바티칸 교황청에 의해 시도되고 있다는 억측도 있었다.

건실한 학자들은 대부분 이런 추측들을 일축했다. 문서들이 점차로 연구되고 출간되어 분석의 대상이 되면서 그런 황당한 주장들은 아무 근거가 없다는 것이 점점 명확해졌다. 오히려 사해사본을 통해 분명해진 사실은 제2성전기 중간기부터 말기에 걸쳐 활동했던 유대교의 중요한 분파(sect)[1]에 관한 풍성한 일차자료가 그 문서에 담겨 있다는 것이다. 사해사본은 이 시대에 대한 이해와 초기 유대교 및 기독교의 연구를 위한 값진 자료를 제공한다.

다수의 사본이 대중에게 알려지는 데에는 긴 시간이 소요되었는데, 이런 지연에는 여러 변수가 작용했다. 첫째, 극소수의 학자들에게 방대한 사본과 사본 파편들이 맡겨졌다. 이 학자들은 사본 연구와 출판에만 전념할 형편이 되지 못했고 그 결과로 지연이 발생했다. 둘째, 사본 두루마리들의 손상으로 인해 그것을 출판하는 데에는 상당량의 재구성이 필요

1 영어 sect는 종종 정통 기독교의 입장을 떠난 이단 집단을 향한 부정적 어감을 담아 사용되지만, 본서에서는 특정한 동일성을 가진 분파집단이라는 중도적 의미로 사용되었다—역자주.

했다. 이 재구성의 작업 자체가 학문적 창조성이 요구되었기 때문에 일부 학자들은 그들이 만족할 수준으로 작업을 마칠 때까지는 자신들에게 맡겨진 사본들에 관한 정보를 공개하기를 꺼렸다. 셋째, 초기에 사본들을 배당받은 학자들은 종종 자신의 제자들에게 그 작업을 인계함으로써 다른 학자들의 접근을 사실상 차단했다. 지연의 원인이 무엇이었든지 간에 사본을 극소수에게만 공개하는 방침에 대한 반대는 정당한 일이었다. 그 분야의 다른 전문가들은 물론 일반 대중 역시 적절한 시간 내에 사본들의 내용을 알 권리가 있었지만, 많은 경우 그런 공개는 일어나지 않았다. 사본들이 일반 대중에게 공개될 때에야 그 내용에 관해 열린 논의가 이루어질 수 있고, 모든 증거를 충분히 고려해 다양한 해석이 제시될 수 있는 법이다.

그러나 사해사본에 접근하지 못했던 학자와 대중이 문서의 열람권을 얻기 위한 행동들을 취하기 시작하면서 상황이 돌변했다. 이런 변화를 가져온 결정적 분기점은 1991년에 미국 캘리포니아주에 있는 헌팅턴 도서관이 소장하던 사해사본의 사진들을 대중에게 공개한 일이다. 일반 대중이 사해사본의 내용을 알게 되면서 더욱 광범위한 토론이 가능해졌다. 물론 사본들을 둘러싼 모든 의문이 해결되지는 않았지만, 이제 많은 사람이 사본의 내용을 알게 됨으로써 그것을 둘러싼 논쟁의 참여자가 늘어나 좀 더 많은 사람이 사본의 수수께끼를 푸는 일에 참여하게 되었다.

사해사본에 관해서는 크고 작은 논점들이 여전히 존재하며 본서의 지면에서 다룬 내용들도 다른 방식으로 설명될 수 있다. 하지만 이런 일들은 항상 어딘가에서 시작되어야 하는 법이다. 어쨌든 이제 우리는 사해사본과 좀 더 친숙해졌고 그 시대에 관해 보다 잘 알게 되었다는 것이 중요하다. 이 장에 서술한 사해사본의 내용과 그 역사에 대한 해석은 대체로 무난한 주류 입장을 따랐지만, 논쟁의 여지 역시 있다는 것을 지적하고자 한다.

다수의 학자는 사해사본이 에세네파의 문서라고 믿는다. 유대교 분파 중 하나인 에세네파는 요세푸스, 알렉산드리아의 필론, 대 플리니(Pliny the Elder: 기원후 70년 직후의 로마 저술가)의 저술들에 등장한다. 학자들은 오랫동안 에세네파에 관해 궁금해했지만, 사해사본의 발견 이전까지는 위에서 말한 고대의 세 저자가 쓴 기술에 의존할 수밖에 없었다. 이제 사해사본이 에세네파가 어떻게 살았고 무슨 생각을 했는지에 대해 전에는 없었던 통찰을 제공한다. 일부 학자들은 사해사본과 관련된 사람들이 에세네파가 아니라고 주장한다. 물론 사해사본 자체에 "에세네파"라는 말은 등장하지 않는다. 그러나 대다수 학자는 사해사본의 내용에서 재구성된 분파가 필론, 요세푸스, 그리고 대 플리니가 기록한 에세네파의 모습과 매우 유사하다고 파악한다(Vermes, *CDSSE* 47-48; VanderKam, 3장을 보라). 이른바 "에세네파 가설"이 옳든 그르든 간에, 사해사본은 제2성전기 팔레스타인 유대교를 이해하는 데 필요한 자료들을 얻을 수 있는 보고와도 같다.

사해사본에는 다음과 같은 세 종류의 주요 문서가 있다. 즉 (1) 히브리 성경의 사본들, (2) 분파의 구성원들이 쓴 문서들, (3) 분파에 소속된 사람들이 쓴 것이 아니라 외부인에 의한 것으로 정경이 아닌 문서들이다. 이 쿰란 서고는 히브리 성경에서 에스더서를 제외한 모든 책을 포함한다. 에스더서의 누락은 아마도 의도적이지 않은 우발적 상황일 것이다. 사해사본이 발견되기 전에 히브리 성경의 가장 오래된 사본은 중세시대에 만들어진 것이었다. 성경의 원본을 재구성하고 후대의 이본들이 어떻게 생성되었는지를 밝히려고 하는 본문비평가들에게 사해사본의 발견은 큰 도움이 되었다. 이 사본들을 분석해보면 기원후 70년 예루살렘의 파괴에 뒤이어서 히브리 성경이 표준화되기 이전에는 그 본문이 여전히 유동적이었음을 알 수 있다. 다시 말해 모든 유대인이 동의한 단 하나의 표준 사본이라는 것은 존재하지 않았고, 하나의 성경 본문에 대해 다양한 사본이 통용되고 있었다. 정경이 아니고 분파의 성향이 없는 문서들 가운데서는 「에녹1서」의 사본 조각들이 단연 돋보인다. 이 사본 조각들은 「에녹의 비유」(*1 En.* 37-71장)를 제외하고 「에녹1서」의 모든 부분을 다루고 있다.

이 장은 분파의 구성원들이 쓴 글들로 내용을 제한하고 있으며 그나마 상세함과는 거리가 있다. 가장 대표적이며 중요한 문서들의 곳곳을 살펴보고 그로부터 쿰란 종파의 전체적인 모습을 그려볼 것이다.

그중 중요한 문서인 「성전 두루마리」(*Temple Scroll* = 11QT)의 기원은 분명하지 않다. 성전과 제의에 관한 자세한 규례를 기록한 이 책은 사해 사본 중 분량이 가장 긴데, 이 문서를 쿰란 공동체의 구성원들이 기록했는지는 논란이 있다. 그 결론이 무엇이든 「성전 두루마리」가 쿰란 문서고에 있었다는 것은 성전과 제의에 대한 이 집단의 관심을 말해준다. 이 두루마리에 기록된 광범위한 규칙들은 제1성전기 혹은 제2성전기의 규정들과 일치하지 않는다. 결국 이 「성전 두루마리」의 규칙들은 쿰란 종파가 성전을 장악하게 될 미래의 모습을 이상화한 것이라고 보는 것이 가장 타당할 듯하다.

밴더캄(30)이 정리한 아래 표는 쿰란에서 성경의 어느 책이 몇 부나 필사되었는지를 보여준다. 이를 통해 우리는 쿰란 공동체 내에서 비교적 많이 사용된 책을 짐작할 수 있다. 다만 밴더캄이 지적하듯이 히브리 정경이 확정된 것은 쿰란 시대 이후의 일이므로 정경과 외경의 엄격한 구분은 실상을 왜곡할 수 있다.

쿰란에서 발견된 성경 두루마리

(책 순서는 히브리 정경을 따름—역자주)

창세기	15
출애굽기	17
레위기	13
민수기	8
신명기	29
여호수아	2
사사기	3
사무엘상하	4
열왕기상하	3
이사야	21
예레미야	6
에스겔	6
소선지서	8
시편	36
잠언	2
욥기	4
아가	4
룻기	4
예레미야애가	4
전도서	3
에스더	0
다니엘	8
에스라	1
느헤미야	0
역대기상하	1

쿰란 공동체의 역사

사해사본은 근대적 의미에서의 역사에 별 관심을 보이지 않는다. 오늘날 역사학은 자연계의 인과법칙을 찾지만, 이 문서는 성경과 마찬가지로 어떤 역사적 사건에 대해 초자연적인 차원에서 원인을 탐색한다. 근대적 역사기술은 장시간에 걸쳐 거대서사를 펼치는 것에 조심스럽지만, 사해사본의 저자들은 하나님이 이스라엘을, 특별히 쿰란 공동체에 속한 자신들을 어떻게 다루시는가가 역사의 핵심이자 의미라는 굳은 믿음을 보여준다.

물론 근현대 학자들은 쿰란 종파의 견해를 넘어 비평적 학문의 기준에 부합하는 방식으로 정확한 역사를 재구성하려고 애쓴다. 수십 년간 학자들은 고고학적 증거, 문헌 내의 단서들, 그리고 다른 자료들로부터 얻은 그 시대의 정황 등을 고려해 쿰란 공동체의 역사를 정확히 재구성하려고 노력해왔다. 쿰란의 역사와 관련된 한 가지 이론은 이 공동체의 유래를 마카비 가문과 연결하는 것인데, 본서는 이 입장을 따른다. 이것이 오늘날 가장 널리 받아들여지는 이론이다(하지만 우리는 역사의 해석에서 다수 의견이 항상 옳은 것은 아니라는 점을 기억해야 한다).

고고학자 롤랑 드 보(Roland de Vaux)는 쿰란 유적지에 사람이 살았던 정착기가 여러 번 있었다고 생각한다. 기원전 2세기 중반에 해당하는 Ia 시기에는 소규모의 정착이 있었고, 요안네스 히르카노스(기원전 134-104년)의 통치기인 Ib 시기에는 상당한 확장이 이루어졌다. 이 시기는 모종의 대재난으로 급작스럽게 종결되는데, 아마도 기원전 31년의 지진이 그 원인이었을 것이다. 제II기에 이루어진 재정착은 아르켈라오스의 통치 기간(기원전 4년-기원후 6년)이었을 것으로 추정된다. 하지만 이 지역은 유대인들의 대로마 전쟁으로 기원후 68년경 파괴되었고, III기에 들어 로마 군인들이 주둔하게 되었다.

마카비 기원설의 골자는 이렇다. 셀레우코스 왕조를 겨냥한 마카비 가문의 저항을 통해 연합을 이루었던 여러 유대 분파는 하스몬 왕조가 세워지며 각기 흩어지게 된다. 이후에 쿰란에 정착하게 된 사람들은 셀레우코스를 반대하는 연합세력 중에서 친하스몬 계열과 결별한 이들이다. 쿰란 문서는 쿰란에 속한 제사장들이 사독 계열이라는 것을 매우 강조한다. 문서에 명백히 기록되지는 않았지만, 그들은 사독 계열이 아닌 하스몬 사람들이 대제사장의 지위를 차지하는 데 반대했을 것으로 추측된다. 기원전 2세기 말 하스몬 계파가 왕위를 차지했지만, 최소한 일각에서는 이스라엘의 왕위는 다윗 후손에게 속한 것이라고 믿고 있었다. 쿰란 종파의 구성원들이 하스몬 왕조에 반대했을 가능성이 있고, 사해사본 중 일부에는 하스몬 왕조를 대치할 다윗 계열의 메시아를 대망하는 사상이 엿보인다. 하지만 이런 내용이 모두 분명하게 명시되지는 않았다. 비록 쿰란에 있었던 분파가 하스몬 가문이 왕위와 대제사장직을 차지한 것을 꼬집어 반대하지는 않았다고 해도, 이 분파는 하스몬 가문과 생각이 다른 지점이 많았다. 사해사본에는 예루살렘에 있는 제사장 세력과의 계속되는 갈등을 보여주는 증거가 많이 있다.

쿰란 종파가 시작된 초기부터 "의의 교사"라고 불리는 지도자가 부상했다. "교사"를 뜻하는 히브리어 모레(*moreh*)는 기본적으로 "가르침"을 뜻하는 토라(*torah*)와 같은 어근에서 파생된 단어다. 사해사본에서 이 교사는 "사악한 제사장"과 대치점에 서는데, 이 인물에 대해 의의 교사를 따르는 이들이 처음에는 호의적이었지만 그가 예루살렘의 대제사장직을 취하면서부터 적대적으로 변하게 된다. 이런 정황에 들어맞는 사악한 제사장과 동일시할 만한 후보가 있다면 바로 마카비 가문의 두 형제다. 장남 요나단은 셀레우코스 왕에 의해 기원전 152년 대제사장으로 임명받았고, 142년에 그가 죽으면서 동생인 시몬이 그 자리를 이었기 때문이다. 정황상 요나단이 더 가능성이 높다. 요나단이 대제사장직에 오를 때 의의 교사와 그 추종자들은 예루살렘을 떠났으리라고 추측되는데, 이는 고고학이 밝힌 쿰란의 첫 정착 연대에 들어맞는다. 쿰란은 기원후 66년에 시작된 유대인의 반란이 진행 중이던 68년 무렵에 로마인들에 의해 파괴되었다.

쿰란의 제4동굴. 이 동굴에서 상당한 분량의 고대 사본이 발굴되었다.

대 플리니는 에세네파가 "철저한 금욕주의자들로서 정착지에 여성들을 허용하지 않으며, 돈도 소유하지 않고 오직 야자수를 벗 삼아 사는 고독한 무리"라고 묘사한다(*Natural History* 5.15.73). 그는 에세네파의 정착지를 쿰란 근처로 서술한다. 요세푸스와 필론은 모두 에세네파가 독신주의자들로서 여러 마을에 흩어져 살았다고 전한다. 요세푸스는 에세네파 중 일부가 결혼했다는 것을 덧붙인다. 에세네파의 결혼 여부와 거주지 위치에 대한 이런 불일치는 아마 에세네파 내에서도 여러 분파가 있었음을 반영하는 것으로 보인다.

사해사본 가운데 공동체의 근원적 성격과 구조 및 규칙 등을 기록한 쿰란 공동체의 규율집 두 권이 있다. 「공동체 수칙」(*Community Rule*, 보통 1QS로 표시되는데 "1"은 1호 동굴, "Q"는 쿰란을 가리키며, "S"는 "규칙"을 가리키는 히브리어 세레크[*serek*]의 약자다)은 자급자족하는 독신자들의 공동체를 그린다. 「다메섹 문서」(*Damascus Document*, CD)는 분파의 일부 구성원들이 마을에 살면서 결혼하고 사회와의 접촉을 유지했다고 추정한다. 이런 차이점에도 불구하고 두 문서에 그려진 공동체의 모습은 매우 비슷하다. 따라서 우리는 에세네파에 최소한 두 갈래의 흐름이 있었다고 추정할 수 있다. 첫 그룹은 쿰란에 있던 독신주의의 고립주의자들이고, 둘째 그룹은 마을에 거주하고 결혼하여 사회에서 여타 유대인들 가운데 섞여 살아간 무리다. 아마도 진실은 이보다 더 복잡했을 것이다. 쿰란 공동체는 단일한 한 그룹이 아니라 수 세기에 걸쳐 다양한 장소에서 여러 가지 방식으로 일어난 종교운동의 흐름이었다고 보는 것이 종교현상의 일반원리와 사해사본의 내용에서 발견되는 복합성을 고려할 때 더 타당한 결론일 것이다.

사해사본에 반영된 공동체 혹은 공동체들은 그 특징을 다음 여섯 개의 표제로 다룰 수 있다. (1) 제사장주의, (2) 토라중심주의, (3) 분파주의, (4) 특별계시 의존성, (5) 묵시주의, (6) 고도의 조직화.

제사장주의

쿰란 조직의 정상부는 사독 계열 제사장들의 차지였다. 따라서 사해사본에서 성결의 문제를 비롯한 제사장적 관심사가 흔한 것은 놀랍지 않다. 각기 다른 범주에 속한 사람들의 상호관계는 치밀한 관리의 대상이었다. 그들이 예루살렘의 제사에 참여했는지는 학자들 간에 논의가 진행되고 있다. 이 분파의 역사에서 그들이 성전을 자주 찾았던 시기와 그렇지 않았던 시기가 있었을 것이다. 또 그들 가운데서도 이견이 있어 일부는 성전 제사에 참여하고 일부는 거절했을 수도 있다.

그러나 제사장 그룹이 예루살렘 성전과 분리되어서도 존재할 수 있었을까? 쿰란 문서는 제물을 드리지 않아도 속죄가 가능하다고 말한다. 토라를 지키고 기도를 드림으로써 제사의 효과를 대신할 수 있다는 것이다. 이런 이해는 쿰란 종파가 제사제도의 혜택을 박탈당하지 않고 예루살렘과의 연결을 끊는 근거가 되었을 것이다. 쿰란 공동체는 자신들이 곧 하나님이 임재하는 성전이라고 이해했다. 하나님을 섬기는 천사들이 그 공동체 가운데 있다는 주장 역시 이런 믿음을 표현하는 한 방법이었다. 몸을 씻는 제의행위가 쿰란 문서에 언급되었고 쿰란 발굴 현장에 그런 예식을 위한 시설이 있었던 것으로 미루어볼 때 쿰란 공동체는 세정예식을 중요시했다고 판단된다.

토라중심주의

모든 유대교 분파는 토라를 중심에 두었다. 그러나 쿰란 사람들이 토라와 예언서를 해석하는 방식은 다른 유대인들과 차별되었다. 쿰란의 해석법은 아마 의의 교사로부터 비롯되었을 것이다. 쿰란 사람들은 오직 의의 교사와 그 추종자들만이 토라를 해석하기 위한 열쇠를 가졌다고 주장했는데, 왜냐하면 그것은 하나님께서 그들에게 부여하신 것이기 때문이다. 오직 그들만이 토라의 올바른 해석을 알았기에, 그 내용을 진정으로 실현하는 것 역시 그들만의 몫이었다. 쿰란 공동체야말로 진정한 이스라엘이었다.

쿰란 공동체는 자신들이 하나님과 "새 언약"을 맺었다고 믿었다. 이것은 새로운 종교를 시작했다는 뜻이 아니다. 이스라엘이 항상 그랬던 것처럼 쿰란 공동체도 모세의 율법에 기초를 두었다. 그러나 쿰란 사람들에 따르면 이스라엘이 그 언약에 충실하지 못했기에 이제 하나님께서 쿰란 공동체를 진정한 이스라엘로 세우시고 의의 교사와 그의 제자들에게 토라의 참된 해석을 계시하셨다. "새 언약"은 예레미야 31:31에 근거한다. "여호와의 말씀이니라. 보라, 날이 이르리니 내가 이스라엘 집과 유다 집에 새 언약을 맺으리라." 쿰란 공동체는 이 예언이 자신들과 더불어 성취되었다고 믿었다. 이들보다 후대의 그리스도인들은 같은 약속의 실현이 신약성경에서 이루어졌다고 믿었다. 우리는 신약(New Testament)이 그 개념상 새 언약(New Covenant)과 완전히 동일한 것이며 사실 New Testament라는 용어 대신 New Covenant를 쓰는 것이 더 나았으리라는 것을 염두에 두어야 한다. 쿰란 사상에서 언약은 모든 유대인을 품지 않으며 토라에 대한 새로운 이해에 기초해 맺어지는 것이기에, 쿰란 종파의 일원이 되기 위해서는 유대인이라 해도 일종의 회심을 거쳐야 했다.

예루살렘 주류파와 쿰란 종파가 크게 충돌한 할라카 율법 해석의 쟁점 중 하나는 달력의 문제였다(할라카[*Halakah*]는 유대교 율법을 뜻하는 단어다. 이는 "걷다"를 뜻하는 할라크[*halak*]에서 파생된 말로 행동 혹은 실천을 가리킨다). 쿰란 종파는 태양력을 사용한 데 반해 예루살렘은 태음력을 사용했다. 여기서 비롯된 차이는 매우 심각했기에 쿰란 종파와 그 밖의 유대 분파들은 서로를 하나님의 율법을 어긴 자들로 간주했다. (쿰란 종파는 절기들이 해마다 다른 날에 오게 되는 태음력이 하나님의 말씀에 대한 철저한 순종에 장애가 된다고 여겼고, 그 대안으로 모든 절기를 매해 정확히 같은 날에 지킬 수 있는 7일x52주=364일로 구성된 태양력을 채택했다. 문제는 364일을 1년으로 하는 쿰란의 달력시스템은 실제 지구의 공전주기인 365.2425일인 1년과 어긋나는 인위적인 것이기 때문에, 이 달력을 오래 사용해 오차의 누적이 커지면 절기의 계절이 바뀌는 상황이 발생한다는 데 있다. 따라서 일부 학자들은 이념에 치중한 이런 달력시스템이 현실에서 사용되었는지를 회의적으로 보기도 한다—역자주)

분파주의

분파(sect)는 사회학에서 구체적 의미를 지닌 단어다. 분파는 자신이 속한 지배집단의 전통들과 근본적 상징들을 공유하면서도 주류문화 및 종교와 조화를 이루지 못하는 개별성을 유지하는 소수집단을 지칭한다. 종교적 분파는 자신들이 그 종교의 진정한 모습을 구현하고 있으나 여타 그룹은 사악하거나 오류에 빠졌다고 생각한다. 분파들은 명확하게 정의된 사회적 경계선을 갖고 있으며, 종종 극도로 엄격한 정결 규정에 의해 강화된다. 분파 구성원들은 외부인들과의 접촉이 규제되며 내부자들끼리 결혼하는 성향이 있다.

특별계시 의존성

쿰란 공동체의 구성원들만이 하나님의 뜻을 알았다. 하나님의 뜻은 의의 교사와 그 후계자들에게 계시되고 널리 공유되지 않았다. 쿰란 종파가 받았다는 계시는 참된 이스라엘로서의 공동체의 역할과 종말론적 교훈 그리고 토라에 대한 해석 등의 내용을 담고 있다.

묵시주의

사해사본 가운데 쿰란 종파가 저술한 묵시문학은 발견되지 않았지만, 유대교 전통에 속한 다른 묵시문학은 다수 있었다. 그중에서 다니엘서의 사본이 여덟 개, 「에녹1서」의 사본이 열한 개로 가장 많이 유포되었다. 쿰란은 천사와 종말에 대한 관심을 비롯하여 선과 악 사이의 우주적 투쟁이 세상을 지배하고 인간은 선인과 악인으로 양분된다는 이원론적 세계관 등에서 묵시문학과 공통점을 보인다. 그들은 임박한 종말론적 전투를 고대했고 이 전투에서 선의 힘이 악의 세력을 정복하기를 대망했다. 하나님이 전능하시기에 승리는 보장되었으며, 하나님은 그런 역사의 전개를 미리 작정하고 계셨다는 것이 그들의 믿음이었다.

쿰란 종파의 내세관은 분명치 않다. 부활을 암시하는 구절들이 있지만 명확한 언급은 없다. 이미 천사들과 더불어 살고 있다고 믿은 그들에게 부활은 사실 극적인 종말이라고 하기도 어려웠을 것이다. 사해사본에 "영원한 생명"이 언급되기는 했지만, 이는 부활보다는 일종의 불멸이라는 관념으로 보인다. 요세푸스는 에세네파가 육체의 부활을 믿지 않았으나 영혼의 불멸성은 믿었다고 기술한다. 분명한 것은 쿰란 종파에게는 내세에 관한 일들보다 사탄이 패배하고 예루살렘의 불의한 세력이 제거되며 사독 계열의 제사장들에게 마땅한 지위가 다시 주어지는 것이 더 큰 관심사였다는 점이다.

그들은 제사장적 메시아와 제왕적 메시아라는 두 메시아를 기다렸다. 이 메시아들은 초자연적 존재가 아닌 인간이었으며 종말을 가져오는 권능도 갖지 않았다. 그들의 중요성은 하나님께서 지상을 다시 찾으실 때 이스라엘이 본연의 모습을 회복할 것이라는 사실에 있었다. 정상적으로 기능하는 이스라엘에는 마땅히 왕과 제사장이 있어야 했다. 왕과 제사장은 모두 기름 부음을 받았으며 그런 의미에서 둘 다 메시아로 간주되었다. 마찬가지로 다윗과 아론 역시 메시아로 간주되었다. 둘 중에서 제사장적 메시아가 제왕적 메시아보다 더 우월한 존재로 여겨졌다.

쿰란 종파의 성경관은 묵시주의 세계관과 상통한다. 그들은 예언서에 특별한 관심을 기울였고 예언서가 자신들에 관해 예언하고 있다고 생각했다. 더 나아가 그들은 보통 예언과 무관하게 여겨지는 다른 성경도 예언서로 취급했는데, 그 결과로 시편도 자신들과 연관된 사건들을 미리 알려주는 암호화된 메시지를 담고 있다고 믿었다. 쿰란의 성경 해석은 종종 특정한 성경 구절이 어떻게 자신들에 관한 상세한 언급을 담고 있는지를 밝혀내는 작업으로 환치되곤 했다.

묵시주의는 대개 밀교(esotericism)적 성향을 보인다. 의의 교사는 토라와 종말론적 역사의 행로를 올바로 해석하게 하는 독특하고 비밀스러운 계시를 받는 존재였다. 그렇게 받은 계시는 다시 쿰란 종파를 구성하는 신실한 추종자들에게 전수되었다.

고도의 조직화

쿰란 종파는 크게 제사장("사독의 자손"이라고도 불림), 레위인, 평신도의 세 그룹으로 나뉘었다. 제사장들은 올바른 교리와 실천을 책임지는 지도자들이었다. 종파의 중요한 모임에는 반드시 제사장이 배석해야 했다. 최고 위직에 있는 이는 "보호자"(Guardian) 혹은 "스승"(Master)이라고 불렸다. 그는 토라의 올바른 이해에 기초한 삶의 실천을 지도했고, 주요한 모임들을 인도했으며, 회원들이 얼마나 규칙을 준수하는지에 따라 순위를 부여했다. 쿰란 종파는 의의 교사가 사망할 경우 그런 역할을 담당할 사람이 필요했을 것이다. "공동체 위원회"는 회원들 전체의 공식 모임이었다. 「공동체 수칙」에는 열다섯 명으로 구성된 소위원회가 언급되어 있지만, 전체에서 그들의 위치와 역할은 분명하지 않다. 그 외에 공동체의 재무를 담당하는 회계책임자가 있었다.

사해사본에 반영된 쿰란 공동체의 주요 특징

(1) 제사장주의	사독 계열 제사장들이 공동체의 최상층을 구성 / 모든 중대 사안은 제사장들이 결정 / 정결 예법과 속죄 등에 대한 깊은 관심
(2) 토라중심주의	의의 교사를 통해 계시된 참된 토라에 전적으로 복종
(3) 분파주의	자신들이 진정한 이스라엘이라고 믿은 소수집단 / 날카로운 사회적 경계선을 구축
(4) 특별계시 의존성	자신들만이 의의 교사를 통해 토라, 역사, 종말에 관한 하나님의 참된 계시를 이해함
(5) 묵시주의	이원론 / 보이지 않는 세계와 미래에 대한 밀교적 지식 / 강한 종말론적 경향 / 메시아주의 / 천사론
(6) 고도의 조직화	본질상 제사장 집단이라는 자기 정체성에 대한 이해와 토라의 지식과 순종 여부에 근거한 위계질서

다메섹 문서(CD)

쿰란 공동체의 내부 규율을 기록한 「공동체 수칙」과 「다메섹 문서」는 이 분파의 삶에 관해 알려주는 가장 중요한 자료다. 두 문서는 각기 독특한 방식으로 쿰란 종파의 세계관과 조직 구성 및 행동 방식을 짐작할 수 있는 상세한 규칙들을 우리에게 알려준다.

게자 버미스(Geza Vermes)는 「다메섹 문서」를 기원전 100년경에 저술된 것으로 추정한다. 여타 쿰란 문서와 달리 이 문서는 사해사본이 발견되기 이전에 알려져 있었다. 19세기 말 이집트 카이로에 소재한 유대인 회당에서 이 문서의 불완전한 필사본 두 권이 발견되었기 때문이다. 나중에 이 문서와 동일한 여러 조각이 쿰란 동굴 세 곳에서 발견되었다. *CDSSE* 같은 책에 인쇄된 본문은 여러 사본을 기초로 학자들이 재구성한 결과물이다. 버미스는 쿰란에서 발견된 4Q266과 4Q270(이런 표기법에서 266과 같은 숫자는 전체 문서가 아닌 물리적 개체로서의 파편 개체마다 붙여진 식별번호다)을 바탕으로 다메섹 문서의 15-16단(column)을 9단 앞으로 재배치한 것이 본래 순서를 회복하는 것이라고 주장한다. 이 문서의 이름은 본문 안에 다메섹이라는 지명이 언급된 것에서 유래한다. 학자들은 대부분 본문 내의 다메섹은 물리적 지명을 가리키는 것이 아니라 예루살렘에서 격리된 생활을 하던 이 종파의 "귀양살이"를 가리키는 상징적 표현이라고 간주한다.

「다메섹 문서」는 크게 권면과 규율의 두 부분으로 나뉜다. 권면부에는 세계의 역사에 해당하는 설명이 담겨 있고 쿰란 종파의 출현이 역사의 정점이라는 신념이 드러나 있어서 이 종파를 연구하는 데 좋은 출발점이 된다. 주제는 하나님께 복종하면 축복이, 거역하면 저주가 임한다는 것이다. 이 문서에 따르면 하나님이 영원 전부터 이 종파의 형성을 계획하셨다. 아래에서는 *CDSSE*에 수록된 순서를 따라 「다메섹 문서」의 내용을 분석한다.

제1부: 권면으로서의 역사(CD I-VIII)

이 부분은 설교문으로 아마 매년 열리는 언약 갱신 예식에서 낭독되었을 것이다. 쿰란 종파는 우리가 성경으로 받아들이는 신성한 문서에 침잠했던 사람들이었기에 이 글에도 여타 사해사본과 마찬가지로 성경의 언어가 빈번히 쓰인다. 권면의 시작은 히브리어로 리브(*rib*)라고 부르는 법사논쟁 형식으로 시작한다. "의로움을 이해하는 자들은 모두 듣고, 하나님이 행하신 일을 생각하라. 주께서 인생들(육체들)과 논쟁하시고 그를 무시하는 자들을 정죄하시리라." "소송"을 가리키는 리브란 단어는 히브리 성경에 자주 등장하는데 하나님께서 이스라엘 혹은 온 인류를 법적 다툼으로 불러 세우시는 것을 지칭한다. 하나님과 이스라엘이 맺은 언약의 관계는 법률적 함의를 수반한다. 이는 언약의 당사자인 양측이 각기 의무를 지기 때문이다. 하나님은 모든 인간을 굽어보는 주권자이시므로 "모든 육체"를 상대로 재판을 거실 권리를 지니신다. 이 도입부는 임박한 심판을 말함으로써 종말론적 분위기를 설정한다.

설교자는 성전이 파괴되고(기원전 587년) 많은 사람이 생명을 잃은 것은 이스라엘의 죄 때문임을 청중에게 상기시키면서도 하나님은 "조상과의 언약을 기억"하시기에 그루터기와 같은 남은 자를 허락하셨다고 말한다. 하나님이 이스라엘을 처벌하시면서도 "그루터기"를 남겨두신다는 사상은 성경 여러 곳에 등장한다(예. 사 65장; 롬 9장).

이어서 설교자는 근래의 역사로 이야기를 이어간다.

진노의 시대에, 바벨론의 느부갓네살 왕의 손에 그들을 넘기신 지 390년이 지나 그분께서 그들을 찾아오셨고 이스라엘과 아론에게서 한 풀뿌리가 솟아 그의 영토를 상속받아 그 땅의 값진 것들로 부요하게 하셨다. 그들은 자신들의 잘못을 보았고 자신들이 죄인임을 깨달았다. 하지만 20년 동안 그들은 길을 찾아 헤매는 맹인들과 같았다(CD I).

죄를 향한 하나님의 분노를 가리키는 "진노"라는 용어는 묵시문학에도 빈번히 나타난다. 묵시문학에서 진노는 종말론적 사건들을 통해 그 실체를 드러낸다. 「다메섹 문서」가 여기서 원용하고 있는 다니엘서는 쿰란 문헌에 인용된 빈도가 가장 높은 책 중 하나다. 다니엘서도 당대를 가리켜 "진노의 때"(단 8:19; 11:36)라고 부른다. 이는 하나님과 그의 적들 간의 싸움이 종결을 향하고 있다는 의미다. 「다메섹 문서」에 등장하는 헬레니즘 시대의 위기들과 그로 인한 이스라엘의 수난을 생각할 때 이 진노의 때는 바로 헬레니즘 시대를 가리킨다고 보는 것이 타당할 것이다.

바빌로니아의 느부갓네살 왕이 이스라엘을 포로로 삼은 것은 기원전 587년의 일이다. 그로부터 390년이면 기원전 197년으로, 예루살렘에서 헬레니즘 개혁이 시작되기 직전이다. 물론 이런 숫자들이 상징적이긴 하지만, 그 연대가 대략 맞다고 해도 우리가 살펴보는 시대는 기원전 2세기의 어느 시점으로 확정된다. 이는 결국 기원전 587년부터 쿰란 종파의 형성 시점까지의 전체 기간이 포로기였음을 의미할 것이다. 이것은 제2성전과 부속 권력은 이스라엘의 진정한 회복일 수 없다는 것을 함의한다(이에 관해서는 Knibb의 연구를 참조하라). 이런 입장이 「동물 묵시록」과 「주간 묵시록」 그리고 다니엘서에 드러난다는 것은 이미 앞에서 살펴보았다(4장을 보라). 일부 유대인들이 예루살렘의 성전 권력에 대해 불만을 품은 것은 지속적인 현상이었던 것으로 보인다. 「다메섹 문서」는 이런 바탕 위에서 느부갓네살이 성전을 파괴한 이후 4세기가 지난 시점에서야 언약 공동체의 참된 회복이 쿰란 종파를 통해 이루어졌다는 견해를 표출한 것이다.

CD I 결말부에 따르면 초기에 쿰란 종파의 조직은 느슨했고 그들의 목표 역시 분명하지 않았다. "20년 동안 그들은 길을 찾아 헤매는 맹인들과 같았다"는 진술은 아마도 그들이 처음에 마카비 전쟁에서 그리고 뒤이어 마카비 세력이 예루살렘을 장악하는 과정에서 마카비를 지지했던 기간을 가리키는 것으로 보인다. 쿰란 공동체에게 결정적 전기는 그다음에 닥친다. "하나님께서 그들의 행위를 살펴 보시고 그들이 마음을 다해 하나님을 찾으매 그들을 위해 의의 교사를 일으키시어 하나님의 마음을 따라 그들을 인도하게 하셨다"(CD I). 하나님은 의의 교사를 통해 이스라엘이 계속 수난을 겪는 것은 그들이 하나님의 길을 벗어나 "반역자들의 무리"가 되었기 때문임을 알려주신다. 의의 교사에 맞서 "이스라엘에 거짓의 물"이 흘러넘치게 하고 "의로운 행실을 폐지시킨" 자가 일어났는데, 이 악한 지도자는 토라를 비웃는 행실로 인해 "조롱꾼"이라고 불린다(사 28:14, 22, 29:20을 보라). 의의 교사의 대적은 신성한 토라를 공격함으로써 "그의 언약의 저주"(신 27장을 보라)를 불러들이고 이스라엘에 "복수의 칼날"이 임하게 한다. 이 언급은 언약 갱신의 예식에 특히 적절해 보이며, 이 악한 지도자의 모습에 가장 걸맞은 이는 하스몬 계열 사람이었으리라. 「다메섹 문서」의 설교자는 의의 교사의 적수들을 "매끄러운 것을 추구하는 자들"이라고 부른다. 사해사본에 자주 등장하는 이 어구는 이사야서에(사 30:10을 보라) 근거한 말로 아마 바리새인들을 가리키는 것으로 보인다. 어쨌든 쿰란 종파가 우려한 것은 그 무리가 자신들에 비해 지나치게 "쉽고" "느슨한" 방식으로 토라를 해석하는 데 있었다. 물론 우리가 듣는 진술은 철저하게 일방적이다. 왜냐하면 토라의 수호자로서 행동하고 자신들의 역사를 권위의 근거로 제시한 하스몬 사람들이나, 토라의 전문가이자 그것의 엄격한 실천으로 잘 알려진 바리새파 사람들이 쿰란 종파의 이런 비판에 동의했을 리는 없어 보이기 때문이다.

토라는 단지 종교의 문제가 아니라 정치를 비롯해 삶의 모든 국면과 관계된다. 따라서 어느 집단이 기존의 질서에서 우월적 지위를 가진 집단을 공격하는 것은 종교적 문제인 동시에 정치적 위협이기도 했다. 의의 교사의 적수들이 그를 집요하게 공격한 것은 놀랍지 않다. 「다메섹 문서」에서 조롱꾼과 그의 추종자들의 행동을 묘사하는 다음 글에는 멸시의 감정이 묻어 있다. "그들의 행동은 하나님 존전의 오염물이다"(CD II). 이 묘사는 제사장의 언어다. 의의 교사의 대적들은 하나님께서 혐오하시는 대상이다. 그러나 조롱꾼은 아마도 예루살렘에 있는 하나님의 사자들에게 반기를 든 의의 교사야말로 이스라엘의 언약을 위협하는 존재라고 생각했으리라.

권면자는 청중에게 계속해서 말한다. "하나님과의 언약에 들어가는 이여, 들으라. 내가 악한 자의 길에 대해 그대들의 귀를 열어주리라"(CD II). 여기서 "언약"은 쿰란 공동체 자체와 동일시된다. 이 종파에 속하지 않은 이들은, 그들이 설령 유대인이거나 성전에서 예배를 드린다고 해도, 여전히 언약 밖에 있다. 이런 이해는 언약의 개념을 새롭게 정의한다.

설교자는 하나님께 순종하면 그분의 호의를 부르지만 불순종은 그분의 진노를 초래한다는 가르침을 담아 이야기를 풀어나간다. 하나님은 모든 일을 미리 아셨다.

> 〈죄인들〉 중에는 남은 자도 생존자도 있을 수 없다. 왜냐하면 하나님께서는 처음부터 그들을 택하지 않으셨고, 그들이 창조되기 전부터 그들의 행동을 아셨으며, 그 세대들을 미워하셨고, 그들이 멸망할 때까지 자기 얼굴을

> 그 땅으로부터 감추셨기 때문이다. 그리고 그는 그들이 앞으로 살아갈 시대와 모든 세대가 앞으로 살아갈 정확한 기간을 알고 계시기 때문이다. 그는 영원한 세월 전체에 걸쳐서 각각의 시대에 이루어질 일을 알고 계신다. 그리고 그는 그들 모두 중에서 자신을 위하여 유명한 자들 곧 그 땅을 위해 남겨두신 자들을 일으켜 세우셨다. 이는 세상을 그들의 후손으로 가득 채우기 위함이다. 그리고 그는 자신의 기름 부음 받은 자들의 손을 빌려 자신의 거룩한 영을 알게 하셨다. 그리고 그는 (그들에게) 진리를 선포하셨다. 하지만 그는 자기가 미워하는 자들을 옆길로 빗나가게 하셨다(CD II; 꺾쇠괄호는 본문에 대한 내 설명을 가리키고 괄호는 Vermes의 설명을 나타낸다).

이스라엘에게 닥친 불운한 사태는 죄인들이 그 죄의 대가를 이미 치렀음을 의미한다. 하지만 그들은 여전히 죄를 범하고 있으므로 단 한 사람도 남지 않을 때까지 벌을 받을 것이다. 하나님께서는 심지어 그들을 벌하시려고 이스라엘 땅에 등을 돌리셨다. 그분은 이런 사태가 벌어질 것을 미리 아셨기에 언약을 보존하기 위해 "그루터기"를 남기셨다. "하나님께서는 처음부터 〈죄인들〉을 택하지 않으셨고"라는 구절에서 드러나듯이, 이 본문은 예정 교리에 근접하는 내용을 담은 것으로 보인다. 그렇지만 사해사본은 전반적으로 특히 이 문서에서 인간이 자유로운 선택권을 가졌다는 사실을 명확히 인정한다. 자유의지와 예정 사이의 이런 긴장은 사해사본의 다른 곳에도 나타난다.

하나님이 남기신 그루터기는 신적 의지로 "부름을 받은" 선택된 자들이다. 하나님은 특별히 임무를 위해 선발된 이들을 통해 이 선택된 자들에게 진리를 계시하시는데, 그들을 부르는 호칭이 메시아 즉 기름 부음을 받은 자다(CD VI도 보라). 이 메시아들이 누구인지는 불분명한데, 그만큼 "메시아"라는 호칭은 유동적이다. 본문에서 메시아는 복수로 쓰였는데 이전에 존재했던 인물들, 아마도 예언자들을 지칭하는 것으로 보인다. 악인들은 철저히 파멸하겠지만, 땅은 택함을 받은 자들의 "씨"를 통해 다시금 채워질 것이다. 인간의 역사에 관한 하나님의 선견(foreknowledge) 그리고 그분의 신적 의지에 의한 선택이라는 개념은 묵시문학에서 자주 등장하는 주제다.

이어서 설교자는 독자가 "눈을 열어 하나님께서 하신 일들을 보고 이해하도록" 하기 위해 역사를 간단히 정리한다. 그는 행로에서 이탈해 넘어진 영웅들로 시작하는데 그들이 누군지는 언급하지 않는다. 그다음에 그는 "하늘의 파수꾼들"에 대해 이야기하는데, 그들의 이야기는 앞서 살펴본 「에녹1서」의 일부인 「파수꾼들의 책」(*1 En.* 1-36장)에도 등장한다. 「파수꾼들의 책」은 쿰란 문서고의 일부였다. 이 책의 내용을 보면 역사 속에서 하나님께 순종한 자들은 (인간과 천사 모두) 번영을 누리지만, "죄악에 기운 마음과 탐욕의 눈을 따르는" 자들은 벌을 받는다(CD II). 인간의 마음에 깃든 죄성의 문제는 성경 이후 시대 유대교의 여타 문서에서도 다루어졌다(본서 10장의 *4 Ezra*에 관한 논의를 보라). "죄성으로 인해 그 후손들은 멸망했고, 그것 때문에 왕들과 영웅들이 멸망했으며 그 땅이 침노를 당했다"(CD III). 이 죄성이야말로 인류를 늘 타락시키는 범인이다. 영웅들과 파수꾼들 외에도 설교자는 파수꾼들의 후손들, 대홍수 이전의 인류, 노아의 후손들, 족장들이었던 아브라함과 이삭과 야곱(악한 본성을 따르지 않은 이들), 이집트에서의 이스라엘, 불순종한 광야 세대, 그리고 언약의 첫 당사자들(쿰란 종파 이전의 이스라엘) 등을 언급한다.

이처럼 내세울 것 없는 역사의 종결부에 드디어 언약 공동체의 영광스러운 모습이 등장한다.

그러나 하나님의 규례를 굳게 지킨 자들과 그들 중에 남은 자들을 위해 하

> 나님은 이스라엘과 더불어 맺은 언약을 영원토록 세우시고, 그들에게 온 이스라엘이 제대로 지키지 못하여 빗나가게 된 은밀한 것들을 계시하셨다. 그는 자신의 거룩한 안식일들과 자신의 영화로운 절기들, 자신의 의로운 규례들, 자신의 믿을 만한 길들, 자신이 원하는 것들 등을 그들 앞에서 밝히셨다. 인간은 누구나 이 일들을 행할 때라야 비로소 생명을 얻을 수 있다(CD III).

이 남은 자들이 곧 쿰란 공동체다. 하나님께서는 그들에게 이스라엘이 은밀히 범하고 있는 죄악과 실수들을 보여주셨다. 절기들을 정확히 알려주는 제의력(cultic calendar)은 오직 그들에게만 주어진 것이었다. 그들의 생존과 번영은 전적으로 하나님께 의존하고 있었으므로 하나님의 뜻은 "생존을 위해" 반드시 수행되어야 했고, 오직 그들만이 그 일을 해낼 수 있는 위치에 있었다.

본문은 하나님께서 남은 자들을 위해 "고대로부터 지금까지 전혀 지어진 적이 없는" 든든한 집을 보상으로 주셨다고 말한다. 이것은 쿰란 공동체가 곧 성전임을 가리킨다. 성전은 이스라엘과 유대교 문헌에서 곧잘 "집"으로 불리기 때문이다. 공동체는 "아담의 영광" 즉 하나님이 원래 아담에게 주셨으나 아담이 불순종으로 인해 잃어버렸던 그 영광을 되찾았다. 「동물 묵시록」에서 인간은 흰 소로 묘사되는데, 이것은 본연의 인간 됨을 회복하는 것을 가리킨다.

이제 이 문서는 쿰란 공동체의 초기 구성원들에 관해 말한다.

> 하나님께서 속죄하신 첫 번째 사람들은 거룩한 자들이다. 그는 의로운 자를 의롭다고 선언하시며, 악한 자를 악하다고 선언하신다. 그 첫 번째 사람들 이후로 입문한 자들 역시 거룩한 자들로서, 율법에 대한 정확한 해석에 맞

> 추어 행동해야 한다. 첫 번째 사람들은 그 세대가 마칠 때까지 그 율법 안에서 가르침을 받았다. 하나님께서는 첫 번째 사람들의 죄악을 용서하시기 위해 그들과 더불어 세우신 언약에 따라 그들을 속죄하실 것이다. 그러나 그들의 연수에 따라 그 세대가 끝날 때 유다의 집과 연합하는 일은 더 없을 것이요, 도리어 각 사람은 자신의 망대 위에 서게 될 것이다(CD IV).

하나님이 보시는 것을 쿰란 공동체도 본다. 따라서 그들은 누가 참으로 의인이고 누가 진정으로 악인인지를 판별할 줄 안다. 첫 회심자들 이래로 쿰란 종파에 입문한 이들은 종파의 토라 해석을 그대로 따라야 하는 것이 규칙이었다. 현세가 유지되는 동안에는 누구나 회심할 수 있지만, 그 시대의 종결이 임박하면 더는 기회가 주어지지 않는다. 일단 종말론적 전투가 시작되면 더는 되돌릴 수 없는 상황이 될 것이다. 역사는 사전에 결정된 시대들의 연속이라는 이 견해는 묵시문학의 전형적 입장이다.

종말 직전에 "아모스의 아들 이사야를 통해 말씀하신 대로 '땅의 주민아, 두려움과 함정과 올무가 네게 이르렀나니' 벨리알이 이스라엘에 대항해 싸우게 될 것이다"(CD IV). 이사야의 해묵은 예언(사 24:17)이 쿰란 공동체의 현실에 곧바로 적용되는데, 이는 쿰란 공동체가 전형적으로 성경을 해석하는 방식이다. 벨리알은 마귀의 군대를 지휘하는 사령관으로, 현세를 지배하며 이스라엘에 맞서 싸우는 존재다. "공포", "무저갱", "덫" 등은 예루살렘 제사장 그룹이 저지른 죄악들을 가리키는 암호와 같은 암시로 이해된다. 그 죄목에는 "간음", "재물", "성전을 욕보이는 행위"가 포함된다. 물론 이런 죄목들이 문자대로 저질러졌을 수도 있지만, 과장 혹은 왜곡으로 인한 표현일 가능성 역시 배제할 수 없다. 예를 들어 간음은 쿰란 종파가 앞세웠던 결혼 관련 법령들을 위반한 행동을 의미했을 수 있다. 「다메섹 문서」의 설교자는 예루살렘의 죄인들이 간음 중에 발각

됨으로써 두 번 간음을 범했다고 정죄한다. 하나님의 창조 원리에 따르면 인간은 남자와 여자로 이루어졌기에(창 1:27) 첫 아내가 살아 있는 동안 두 번째 아내를 취하는 행위는 "두 번의 간음을 저지른" 것이기 때문이다(CD IV). 설교자는 창세기 본문을 근거로 예루살렘 제사장들이 두 아내를 두는 풍습을 비판한 것으로 보인다. 예수도 마태복음 19:3-9에서 같은 내용을 말씀하셨다. 쿰란 사람들과 예수 모두에게 이혼은 받아들일 수 없는 것인데, 그 이유는 지금 종말이 다가오고 있으며 종말의 때에는 창조의 원래 상태가 회복됨을 믿기 때문이다. 물론 이미 이혼한 사람들은 자신들의 행동에 대해 아무런 죄책감을 느끼지 않았을 것이고 자신들의 행동을 뒷받침해주는 구절을 토라에서 찾아 내밀었을 것이다.

쿰란 종파와 주류 유대인들 사이의 법률적 논쟁은 아래와 같이 요약된다. "그들은 그들의 거룩한 영을 더럽히고 그들의 입을 열어 언약의 하나님께서 주신 율법을 가리켜 '확실하지 않다'고 신성모독적인 발언을 내뱉는다"(CD V). 여기서 "확실하지 않다"라는 표현은 주류 종파들이 쿰란 종파의 해석에 의문을 제기했다는 뜻일 수 있다. 그러나 쿰란 종파는 자신들의 해석이 하나님이 직접 계시하신 것이라고 믿었기 때문에 자신들의 해석을 거부하는 이들에게 격노했다.

이런 정서는 성전과 관련된 아래 지문에 반영되어 있다.

> 성전에 들어가서 그의 제단에 헛된 불을 피워서는 안 된다. 그들은 문을 닫는 자들이 될 것이다. 이는 하나님께서 말씀하신 바와 같다. "너희가 내 제단 위에 헛되이 불사르지 못하게 하기 위하여 너희 중에 성전 문을 닫을 자가 있었으면 좋겠도다"(말 1:10). 그들은 악한 시대에 율법에 대한 정확한 해석에 맞추어 행동해야 하고, 구덩이의 자식들과 결별해야 하며, 약속에 의해서든 서원에 의해서든 자신을 더럽히는 재물을 멀리해야 한다. 또

그들은 성전의 재물을 멀리해야 하고, 자기 백성 중에 가난한 자들의 것을 훔쳐서도 안 되며, 과부들을 토색하거나 고아들을 약탈해서도 안 된다(사 10:2). 그들은 부정한 것과 정한 것을 구별해야 하며, 거룩한 것과 속된 것을 구별해야 한다. 그들은 안식일을 그 정확한 해석에 맞추어 지켜야 하고, 다메섹 땅에서 새 언약의 구성원들이 깨달은 바를 따라 축제들과 금식일을 지켜야 한다. 그들은 거룩한 것들을 그것들에 대한 정확한 가르침에 맞추어 구별해야 한다. 그들은 각자 자기 형제를 자기 자신처럼 사랑해야 하고, 가난한 자와 궁핍한 자 그리고 나그네를 구제해야 한다(CD VI).

예루살렘 성전이 이미 더럽혀졌기 때문에 그곳으로 제물을 보내는 것은 무의미한 일이었다. 하나님은 예언자 말라기를 통해 당신의 제단에 헛되이 불을 피우지 못하도록 금하셨다. 벨리알의 세력이 예루살렘을 지배하는 "악한 세대"에 그들이 해야 할 일은 "새 언약의 구성원들이 깨달은 바를 따라" 토라를 엄격히 준수하는 것이었다. 쿰란 공동체의 제사장적 성격에 걸맞게 정결함과 불결함의 구분은 그들에게 매우 중요했으며(레 10:10을 보라), 오직 쿰란 종파의 구성원들만이 그런 구분을 정확히 수행할 수 있다고 여겨졌다. 「다메섹 문서」는 이런 상황을 잘 묘사한다. "그들은 각자에게 부여된 규정에 따라 모든 정결한 것과 부정한 것을 가늠할 것이며, 아무도 자신의 거룩한 영을 더럽혀서는 안 된다. 그들은 하나님께서 구별하신 자들이기 때문이다"(CD VII). 거룩함이란 하나님께 예속됨 즉 모든 속된 것들로부터 구별됨을 의미한다.

제의에 대한 관심은 윤리적 관심사와도 맞닿아 있다. "그들은 각자 자기 형제를 자기 자신처럼 사랑해야 하고, 가난한 자와 궁핍한 자 그리고 나그네를 구제해야 한다"(CD VI). 다른 제사장 문서들과 마찬가지로 여기서도 서로 사랑하는 것과 사회정의가 강조된다. 제사장들의 관심사가 규칙과 제의에 집중되어 우리가 보기에 종교에 더 중심적인 다른 관심사들을 배제했다고 말하는 것은 지나친 일반화의 오류다. 이 본문은 쿰란 종파의 구성원들이 서로를 어떻게 대해야 하는지를 상세히 설명한다. 그들은 원한을 품지 말아야 하고 서로 마음을 열어야 한다. 그들은 토라의 합당한 해석을 따르지 않는 자들과의 교류를 끊어야 한다. 그런 이들은 "구덩이의 자식들"이라고 불린다. "구덩이"(히브리어: *shahat*)는 "스올"과 동의어로 간주된다(예. 시 16:10). 본래 스올은 인간이 죽으면 가게 되는 미지의 영역으로 생각되었는데, 사후의 삶에 대한 개념이 발전하면서 불의한 자들이 죽어서 가는 곳으로 의미가 굳어졌다. 우리는 앞서 「파수꾼들의 책」에서 죄인들이 영원히 처벌받는 장소들을 살펴보았다.

언약에 속한 구성원들에게 요구되는 분리는 여러 단계로 적용되었다. 그런 통제를 통해 쿰란 종파는 제의의 순수성을 보존했고 자신들 안에 하나님의 임재를 유지할 수 있었다. 자신들을 둘러싼 사회적 경계선을 강화함으로써 그들은 공동체의 정체성을 위협하는 이질적인 사상과 풍습을 차단했다. 그런 정책이 공동체 내부의 질서를 유지한 것도 주목해야 한다. 종파 내에서 규율을 어긴 자들에게 내리는 처벌은 공동체 자체로부터 혹은 공동 활동으로부터의 격리인 경우가 많았다. 집단을 통제하는 이런 방책들은 개방과 관용을 중시하는 오늘날 미국인들의 눈에 거슬린다. 하지만 그 방책들은 적대적 환경에서 소수집단의 행동방침으로서는 납득할 만하며, 집단의 정체성이 흔들리는 위기상황에서는 불가피한 방책으로 볼 수도 있다. 사실 우리는 바빌로니아 유배에서 귀환하는 유대인들 역시 같은 정책을 견지했음을 에스라서에서 확인할 수 있다.

「다메섹 문서」의 다음 단락은 쿰란 외에 다른 지역에 살았던 일부 구성원들이 결혼했음을 보여준다. 이 단락은 "진에 거하며 이 땅의 규칙을 따르는 자들이 결혼하고 아이를 낳는" 경우에 관해 서술한다(CD VII). 그처럼 결혼하는 이들도 여전히 토라를 엄격히 지켜야 한다. 그렇지 않을 경우 남왕국과 북왕국의 분열 이래로 (사 7:17을 따라) 유례가 없던 혹독한 벌을 받을 것이다. 그리고 이어지는 다메섹으로의 유배 이야기는 독자를 어리둥절하게 만든다. 우리는 쿰란 종파의 구성원들이 실제로 시리아의 다메섹에 살았다고 생각해야 할까? 그런 축자적 이해를 지지하는 이들도 있지만, 학자들은 대부분 다메섹에 대한 언급은 상징적 의도를 지닌다고 본다. CD VII에 인용되는 다메섹은 아모스 5:26-27의 내용에 근거를 둔 것으로 보인다. 「다메섹 문서」가 다메섹에 대한 명확한 해석을 제공하지는 않지만, 아모스 5:26-27의 다른 요소들에 상징적인 의미를 부여한다는 점에서 전체적으로 상징적 해석을 취해도 무방할 것이다. 다메섹으로의 유배는 쿰란 종파의 구성원들이 예루살렘을 떠나야 했던 고통스러운 경험을 나타낸다. 연이어 이 문서는 민수기 24:17을 메시아 예언으로 해석해 인용한다. "한 별이 야곱에게서 나오며 한 규가 이스라엘에게서 일어나서." 이것은 토라의 해석자(별)이자 군주(규)인 메시아의 도래를 예감케 한다. 이는 사해사본 곳곳에서 표현되는, 제사장이자 통치자인 메시아에 대한 기대와 일치한다.

쿰란 공동체에 속했다고 해서 자동으로 구원이 주어지는 것은 아니다. 토라의 엄격한 준수는 필수적이었다. 설교자의 다음과 같은 경고를 들어보라.

> 이전 심판에서 생명을 건진 자도 있지만, 배교자들은 칼에 넘겨졌다. 그의 언약에 입문하기는 했으나 그 안에 견고하게 서 있지 못한 자들 모두에게 내려지는 심판은 이러할 것이다. 그들은 벨리알의 손에 의해 파멸의 징벌을 받을 것이다. 이날은 하나님께서 징벌하실 날이다(CD VII-VIII).

심판의 날은 신실치 못한 종파 구성원들에게는 큰 위협이 될 것이다. 언약을 어긴 자들은 벨리알에게 넘겨져 파멸을 맞을 것이다. "이전 심판"은 이스라엘에게 혹독했던 형벌의 기간을 지칭하는데, 쿰란 종파는 이를 모면했다. 이것은 안티오코스 4세가 행한 유대인 박해를 암시하는 것으로 보인다. 이 경험은 헬레니즘 개혁에 동조한 이스라엘 구성원들을 향한 하나님의 심판으로 이해된다. 이런 관념은 이어지는 단락에서 강화되는데, 이 단락은 "그들에게 복수를 행하기 위해 진격해온 그리스의 군주들"을 언급한다.

율법의 요구를 경시하는 자들을 향한 경고의 내용(CD VIII)은 그들이 가졌던 역사의식을 잘 보여준다.

> 다메섹 땅에서 새 언약에 참여하고도 그것을 다시 배반하여 생수의 샘을 떠난 자들은 아무도 공동체의 교사가 소집한 날로부터 아론과 이스라엘의 메시아가 도래하시는 그날까지 백성의 공의회에서 처리되거나 책에 새겨질 수 없다.

여기서 교사의 소집은 그의 죽음을 가리키는데, 본문의 흐름상 과거의 일로 이해된다. 이 문서는 메시아의 시대가 도래할 것을 대망하고 있다. "아론과 이스라엘의 메시아"는 두 메시아를 의미한다. 이는 아론 지파 곧 제사장 계열의 메시아와 이스라엘 계보 즉 군주 또는 왕으로서의 메시아를 말한다. 이런 메시아의 이중 구조는 이스라엘을 제사장 그룹과 평신도 그룹으로 나누는 사해사본의 표준적 이해를 반영한다.

「다메섹 문서」 중 자신들이 겪을 사건들의 일정을 좀 더 구체적으로 묘사한 글은 다음과 같다.

> 공동체의 교사가 소집한 날로부터 거짓의 사람과 함께 변절한 모든 사람의 종말이 이를 때까지 약 40년의 세월이 흐를 것이다(신 2:14). 그리고 이 시대에 하나님의 진노가 이스라엘을 향하여 불타오를 것이다. 이에 대해 그는 이렇게 말씀하셨다. "왕도 없고 지도자도 없고 재판관도 없고 의로 책망할 자도 없을 것이다"(호 3:4). 그러나 야곱의 죄로부터 돌이키는 자들은 하나님의 언약을 지킨 자들이다. 그때 각 사람은 자신의 동료에게 말할 것이요, 자신의 형제와 더불어 의를 행할 것이다. 그 결과 그들의 발걸음은 하나님의 길에 굳게 설 것이다.…이스라엘이 죄를 범하고 성전을 더럽혔던 때에 분리의 집에 속한 모든 구성원은 거룩한 도시를 떠나 하나님을 의지했지만, 작은 문제들에 있어서는 일반 백성의 길로 다시 돌아서고 말았다. 그들은 자신의 영혼을 따라 거룩한 공의회에서 재판을 받을 것이다(CD VIII).

교사의 죽음과 종말론적 심판 사이의 기간은 불과 사십 년이다. 하나님의 진노를 피할 유일한 자들은 언약에 속하여 이스라엘의 나머지 사람들에게 등을 돌린 자들이다. 따라서 이 종파를 "분리의 집"이라고 부른 것은 적절하다. 그들이 "거룩한 도시" 예루살렘을 탈출한 이유는 예루살렘 성전의 기득권층이 의의 교사가 전한 가르침을 따르지 않아 성전을 더럽혔기 때문이다. "거짓의 사람"이 성전을 지배했기에 그에게로 전향한 구성원들은 심판을 맞이할 운명이었다. 그 반대편에는 "이런 가르침들을 굳게 붙들고 율법에 따라 출입하며 의의 교사의 음성을 듣는 자들"이 있었다(CD VIII).

제2부: 공동체의 규칙(CD XV-XVI, IX-XIV)

「다메섹 문서」의 나머지 부분은 공동체 전체를 위한 규칙들을 담고 있다. 법전은 읽기 지루할 수 있지만 그들의 일상생활을 이해하기 위해서는 유용하다. 하나의 사회, 특별히 우리가 연구하는 전통적인 사회의 중요한 신념과 가치들은 법을 통해 구체적으로 실현된다. 그런 의미에서 한 공동체의 법은 액션이 일어나는 현장이다.

우리는 여기서 이 규칙의 일부만을 살펴볼 것이다. 우선 하나님의 이름인 야웨를 수호하기 위한 규정들을 살펴보자. 십계명은 하나님의 이름을 경홀히 여기는 것, 즉 하나님의 이름을 사용하여 거짓 맹세하는 행위를 금한다(출 20:7; 신 5:11). 「다메섹 문서」를 보면 하나님의 이름을 걸고 맹세를 해서는 안 된다(CD XV). (이 점에 대해서는 예수도 마 5:33-37에서 비슷한 금지령을 내렸다.) 그러나 쿰란의 규칙은 그보다 한발 더 나아간다. 거룩한 신명인 야웨뿐 아니라 일반명사인 엘로힘("하나님")과 아도나이("주님") 역시 사용할 수 없으며, 토라를 걸고 맹세하는 것 역시 금지된다. 신전과 같은 신성한 대상에 의지해 맹세하는 풍습은 마태복음에도 나온다. 여기서 예수는 하나님의 보좌인 하늘로도, 하나님의 발등상인 땅으로도, 심지어 자기 머리를 걸고도 맹세하지 말라고 말한다(마 5:33-37). 「다메섹 문서」와 마태복음에 묘사된 예수는 후대 랍비들이 "토라에 울타리를 두른다"고 표현한 일, 즉 토라의 명령을 조금이라도 어기지 않도록 하는 방법을 말하고 있다. 이는 토라의 명령보다 더 엄격한 명령을 세워 지킴으로써 행여라도 본래의 명령을 어길 가능성을 원천 차단하겠다는 의도인 셈이다. 여기서 "더 엄격한 명령"이 바로 토라의 울타리다. 이 울타리를 넘어서지 않으면 그 안에 있는 토라의 본래 명령을 어길 염려가 없기 마련이다. 하나님의 이름으로 거짓 맹세를 하는 것은 "너는 네 하나님 여호와의 이름을 망령되게 부르지 말라"(출 20:7)라는 십계명의 제2계명을 직접 어기는 것이다. 그러나 토라(혹은 하늘, 성전, 자기 머리) 역시 하나님으로부터 나온 것이기에 그것으로 맹세해서도 안 된다. 후자를 잘 지키면 전자를 어길 가능성도 적어질 것이다.

이 종파로의 입문은 토라로 돌아가는 것과 동등한 것으로 이해되었다. "그 사람을 모세가 이스라엘과 맺은 언약의 맹세 즉 마음과 혼을 다해 모세의 율법으로 돌아가는 언약을 따라 종파에 등록하게 하라"(CD XV). 토라의 진정한 지식은 이 종파에만 주어졌으므로, 이 종파에 가입할 후보자들은 그 보호자(Guardian)의 허락을 얻을 때까지는 그 규칙들을 알 수 없었다.

하나님께서는 참된 성전인 쿰란 공동체와 함께하신다. 이 말은 하나님의 천사들이 그곳에 있다는 뜻이기에 정결에 관한 율례들은 엄격히 수행되어야 했다. "정신병자나 광인, 어리석은 자와 바보들, 맹인, 장애인, 귀먹은 이들, 그리고 아이들은 이 공동체에 속할 수 없다. 왜냐하면 거룩의 천사들이 이곳에 있기 때문이다"(4Q266). 히브리 성경에도 성전 출입이 금지된 이들에 관한 비슷한 목록이 있다(예. 신 23:1-6). 사회에서 변방에 속한 이들은 하나님께 온전히 접근할 수 없었다. 이는 사회구조가 제의 규정에도 반영된 결과였다. 오늘날 우리의 감수성으로는 잔인하게 보일 수 있으나, 우리는 쿰란 종파가 토라 특히 신명기에 명시된 규정을 엄격히 지켜서 공동체 가운데 하나님의 임재를 보전하고자 했음을 이해해야 한다. 과학이 발생하기 이전 시대인 고대 사회에서 질병에 관한 이해는 오늘날의 것과는 판이했다.

쿰란 종파는 태양력에 따라 절기들을 지켰다. "이스라엘이 외면하는 그들의 절기들의 정확한 결정에 대해서는 「희년과 주간을 위한 절기 계산의 책」에 엄격하게 명시되어 있다"(CD XVI). 여기에 원용된 책은 쿰란 문서고에 포함된 「희년서」로서 태양력을 지지한다.

관련된 규정 중 일부는 공동체 구성원들 간의 상호관계를 다룬다(CD IX). 구성원들은 이방인의 법을 서로에게 들이댈 수 없었다(참조. 고전 6:1-8). 앙심을 품거나 공동체의 위계질서를 어기고 타인을 무시하는 행위도 금지되었다. 토라를 위반한 일에 대해 보고하는 것도 그 위반자를 존중하고 보호하는 엄격한 절차에 따라 시행되어야 했다. 공동체에 있을 자격이 없다고 판단된 이들은 종파의 다른 구성원에게 불리한 증언을 할 수 없었다.

안식일의 신성함을 지키기 위한 규정들도 상세했다(CD X-XI). 안식일 준수는 포로기 이후 특히 중요하게 여겨졌는데, 주류 유대인들과 여타 유대인 집단들 간에 각자의 특성을 나타내는 쟁점이 되었다. 안식일 문제는 예수와 그의 적수들 간의 논쟁 형식으로 복음서에도 드러난다. 「다메섹 문서」는 안식일에 관해 매우 엄격한 규정들을 제시한다. 안식일의 시작점은 해가 지기 조금 전 시각으로 규정된다. 이는 성경의 안식일 규정을 조금도 어기지 않는 "울타리 세우기"의 실례를 보여주는 것이다. 다시 말해 안식일의 시작을 해가 지는 시각으로 규정한 토라를 엄격히 지키기 위해 그 시간보다 좀 더 이른 시각을 안식일로 규정함으로써 규정의 위반을 피하고자 했다는 것이다. 안식일에는 노동이 엄격하게 금지되었다. 물에 빠진 사람을 구하는 경우에도 사다리나 밧줄과 같은 도구를 쓸 수 없었다(안식일에 생명을 구하는 일에 관한 예수의 가르침에 관해서는 막 3:1-5; 마 12:9-14; 눅 6:6-11을 보라). 사업을 포함해 돈과 관련된 일체의 행위와 음식을 조리하는 일도 금지되었고, 이방인과 접촉해서도 안 되었다(이 단락에는 평상시에 이방인을 상대하는 규정이 포함된다). 안식일에는 웅덩이에 빠진 가축을 꺼내거나 새끼를 낳는 가축을 돕는 조산 행위도 허용되지 않았다. 이 점에서 마태복음 12:9-14에 나오는 예수의 주장은 흥미롭다. 이는 예수의 청중인 갈릴리 회당의 유대인들이 안식일이라 할지라도 웅덩이에 빠진 양을 건져내는 것은 당연하다고 생각했음을 보여주고 있기 때문이다. 쿰란 종파주의자들은 예수 당시 회당의 유대인들보다 더 엄격한 규정을 따르고 있었다.

예루살렘의 순결에 대한 관심은 불결한 사람의 손으로 예루살렘에 희생물을 보내지 못하게 하는 규칙에 나타난다(CD XI). 거룩한 도성에서는 성행위가 금지된 데서도 동일한 관심사를 볼 수 있다(CD XII). 이 규칙들이 쿰란 종파의 구성원들이 희생제물을 드리려고 예루살렘으로 실제로 간다고 가정하는 것인지(이는 CD VI와 모순된다), 아니면 쿰란 종파가 성전을 통제할 때를 기대하면서 단순히 "원칙"을 서술하는 것인지는 불분명하다.

그 외에 「다메섹 문서」는 종파 보호자(Guardian)의 행동수칙을 정한다. 보호자는 공동체 내에서 대단한 권세를 가진 인물임이 분명하다. 그는 공동체 내에서 각 구성원의 신분을 결정하고, 토라의 바른 해석을 제시했으며, 그들의 거래나 이혼 등의 문제에 발언권을 가졌다.

공동체 수칙(1QS)

「공동체 수칙」은 쿰란 종파의 가장 오래된 문서 중 하나다. 「다메섹 문서」와 마찬가지로 이 책도 이 종파의 신념과 구체적인 관습을 엿볼 수 있는 훌륭한 창을 제공한다. 이 문서의 현재 형태는 대략 기원전 100년경에 완성되었지만, 그 내용은 더 오래된 문서들로부터 유래한다. 종파가 존재한 기간 내내 「공동체 수칙」은 이런저런 형태로 늘 그들 가운데 존재했는데, 사본이 열두 개나 보존된 것으로 보아 그 중요성을 알 수 있다. 「다메섹 문서」의 일부 단편들은 심지어 「공동체 수칙」을 인용하기도 한다.

> (공동체 수칙은) 쿰란 공동체의 교사들, 지도자들(Masters)과 보호자들(Guardians)들을 위해 저술된 것으로 추정된다. 그 내용은 제의예식의 발췌본, 진리의 영과 거짓의 영을 다룬 논문 개요, 종파의 입문예식과 공동체 생활, 분파 조직과 훈육, 처벌규칙, 스승과 그 제자들에게 부과된 근본적 종교 의무에 대한 시적 논구, 그리고 공동체가 따를 거룩한 절기들을 포함한다(*CDSSE*, 97).

제의(1QS I-III)

「공동체 수칙」의 첫 세 단(column)은 언약 갱신을 위한 예식의 일부를 포함한다. 2단의 내용에 따르면 그들은 이 예식을 일 년에 한 번 행하고 그 기간에 구성원들의 서열을 정한다. 이 서열은 먼저 제사장, 레위인, 평신도로 구분된 뒤 다시 "그들의 영의 완전함"에 따라 결정된다. 이런 위계질서는 구성원들이 하나님의 뜻에 맞게 생활하며 "진리와 덕스러운 겸손 그리고 인애와 피차를 향한 선의로 이루어지는, 영원히 교제하는 자손들의 공동체"(1QS II)를 유지하기 위한 것이었다.

모든 구성원은 "모세와 그분의 모든 종과 예언자들을 통해"(1QS I) 명하신 대로 하나님 앞에서 선하고 의로운 것을 행하기로 서원했다. 보호자는 종파의 축제와 일일 기도를 위해 계시된 "지정된 시간들"의 중요성을 강조했다. 쿰란 종파의 이원론이 이 제의에 잘 드러나 있는데, 잇달아 나오는 두 영에 관한 설교도 마찬가지다. 인류는 서로 대치하는 두 그룹으로 나뉘는데, 하나는 빛에 속하고 다른 편은 어둠에 속한다. 이는 모두 하나님의 설계에 의한 것이다. 하나님은 각 사람을 이 두 그룹 중 한편에 속하게끔 배치하셨다. 각 사람은 "빛의 자녀들을 모두 사랑하되 하나님의 계획 안에서 그들에게 지정해 주신 몫에 따라 사랑하고, 어둠의 자식들을 미워하되 하나님의 보복 안에서 각자의 죄과에 걸맞게끔 미워하겠다"라고 서원해야 했다. 언약 안으로 들어서는 자는 자신들의 "지식과 권력 그리고 재산"을 동반하여 헌납했다. 그들은 진심으로 자신의 두뇌와 능력 그리고 재산을 서원에 따라 바쳤다.

"공동체 수칙을 받아들이는 자들은 누구나 하나님 앞에서 언약에 입문하여 벨리알이 득세한 기간 동안 공포나 환란으로 인해 그분을 저버리지 않도록 그분의 모든 계명을 순종할 것이다." 이 선언은 하나님의 선민이 벨리알의 통치로 인한 환란의 위험에 직면하고 있다고 가정한다. 이는 공동체 가운데 있다고 해서 구원이 보장되지는 않았다는 뜻이다. 사람은 언제나 배교할 수 있고 유혹과 벨리알의 공격에 노출된다. 사람은 약하기에 늘 위험에 처한다. 잠시 벨리알이 우위에 있어 보이지만 선을 좇는 군대가 결국은 승리하게끔 되어 있다.

이스라엘은 역사적인 사고체계를 갖고 있으며, 중요한 국면을 맞을 때마다 스스로 역사를 반성하곤 한다. 쿰란에서 시행된 언약 갱신의 모습을 보면 이 점이 잘 드러난다. 제사장과 레위인들이 먼저 "구원의 하나님과 그의 신실하심(신실하심을 가리키는 히브리어 에메트[*emet*]는 전형적인 언약 관련 단어다)을 송축"하면 백성은 "아멘, 아멘"으로 화답했다. 연이어 제사장들은 하나님께서 이스라엘을 위해 행하신 놀라운 일들을 낭송하고, 다시 레위인들이 이스라엘의 죄를 나열하면 이스라엘은 자신의 죄를 고백하고 하나님의 자비를 찬양했다(1QS I-II). 레위인들은 "벨리알의 무리" 즉 쿰란 종파에 속하지 않은 자들, 특별히 이스라엘 내에서 자신들을 대적하는 세력을 저주하고(신 27:14-26에서 레위인들이 언약의 저주를 낭송한다), 회중은 다시 "아멘, 아멘"으로 화답했다.

이 제의는 언약에 입문하는 모든 이들의 동기가 순수하다고 전제하지 않는다. 제사장들과 레위인들은 "마음의 완악함"을 지닌 채로 즉 토라에 전적으로 순종하지 않으면서 언약 공동체에 들어오는 자들을 정죄했고, 그런 자들에게는 언약의 저주가 적용될 것이라는 위협을 덧붙였다. 이런 언사는 신명기 29:19-21을 반영하고 있는데, 이 구절에서 모세는 그런 자들을 향해 언약의 저주가 임할 것을 언급했다.

> 그는 마음의 완악함을 고집하는 한, (공동체 입문에 적합한 자로) 인정받지 못할 것이다. 이는 그가 어둠을 빛의 길로 간주하고 있기 때문이다. 그는 완전한 자들의 무리 가운데 속한 자로 여겨지지 않을 것이다. 그는 속죄 행위를 통해 정결하게 되지 못할 것이요, 정결케 하는 물에 의해서도 정화되지 못할 것이다. 그는 바닷물이나 강물에 의해서도 거룩하게 되지 못할 것이요, 세정식에 사용하는 물에 의해서도 정결케 되지 못할 것이다. 그는 한없이 불결한 채로 있을 것이다. 그가 하나님의 규례들을 멸시하는 모든 날 동안 그리고 그가 공동체의 가르침을 거부하는 모든 날 동안(1QS III).

「공동체 수칙」은 그렇게 비난받는 이들도 빛을 모색하고 그 마음이 적법하다고 믿는 바를 실천한다고 인정한다. 그러나 이것으로 그들의 잘못이 덮어지지는 않는다. 쿰란 종파의 규칙에 대한 절대복종 없이는 하나님께 인정받을 수 없다. 이 문서는 진리를 향해 자신의 내면에서부터 온전한 동의를 바치지 않는 자는 정결함을 입을 수 없다는 것을 제사장 종교의 언어를 사용하여 선언한다. 제의적 세척은 마술이 아니며 오직 내면의 회심을 드러내는 외적 표지일 뿐이다. 따라서 내면의 회심이 없다면 그 사람은 여전히 불결한 상태에 머무르게 된다. 결국 이 제의 단락은 제의적 세척이 토라에 순종하겠다는 내면의 결단과 함께 이루어질 때만 속죄가 이루어진다는 선언으로 마무리된다.

강론(1QS III-IV)

「공동체 수칙」은 이제 "모든 인간의 본질"에 관한 강론으로 이어진다. 이 내용은 형식상 종파의 스승(Master)이 전달하게 되어 있다(1QS III). 여기에는 가르칠 내용의 목록까지 적혀 있어 흥미롭다. 그 내용은 "그들이 지닌 영들, 그들의 생애 동안 하는 일들을 식별할 표지들, 그들을 꾸짖기 위한 소환, 그리고 그들이 받을 보상"이다. 이 단락은 창조 이전부터 하나님께서 온 세상의 갈 길을 계획해놓으셨다는 일반적 진술로 이어진 후, 인간은 두 부분으로 구성되어 있다는 더할 나위 없이 명쾌한 설명을 제시한다.

> 하나님께서는 인간이 세계를 다스리게끔 창조하셨고 그가 찾아오실 때까지 항상 동행할 두 영을 배정해주셨으니, 바로 진리의 영과 불의의 영이다. 진리의 영을 지닌 자들은 빛의 샘에서부터 왔지만, 불의의 영을 지닌 자들은 어둠의 샘에서 나왔다. 의의 자손들은 모두 빛의 통치자의 다스림을 받으며 빛의 길로 다닌다. 불의의 자손들은 어둠의 천사에게 다스림을 받고 어둠의 길로 다닌다.

하나님께서는 모든 피조물을 다스리시며 빛의 통치자와 어둠의 천사 역시 예외가 아니다. 하나님께서는 선한 영과 악한 영 양편을 다 지으셨고 각 사람을 둘 중 하나에 맡기셨다. 이런 진술은 개별적 숙명론을 지지하는 듯 보이지만, 연이어 나오는 구절이 어조를 순화시킨다. 이 단락의 진술과 단서들이 보여주는 숙명론과 자유의지 간의 긴장은 유대교 계열이든 아니든 동시대의 작품들에서 두루 발견되는 사조다.

어둠의 천사는 어둠의 자손들을 조종할 뿐 아니라 의의 자녀들을 유혹한다. 이것은 왜 의인도 때때로 넘어지는가를 설명해준다. 어둠의 천사가 권세를 가진 것은 오직 하나님께서 그것을 허락하셨기 때문이다. "이스라엘의 하나님과 그분의 종 진리의 천사가 모든 빛의 자녀를 위로하시리라. 그분이 빛과 어둠의 영을 지으시고 그들의 모든 일과 행동을 정하셨다." 이것은 타협 없는 우주적 이원론은 아니다. 이 문서가 창조세계의 정점에 있는 대등한 두 세력을 인정하지 않을 뿐만 아니라 사실 빛의 세력과 어둠의 세력 양자가 모두 한 하나님께 복속되어 있다고 말하기 때문이다.

다음 단에도 이런 이원론적 경향이 계속된다. 의인과 악인들의 행동 목록이 그 안에 나오는데, 의인이 행한 일 중에는 "공정한 법을 간절히 원한 것"과 "진리의 신비를 충실히 감춘 것"이 언급된다(1QS IV). 후자가 의미하는 것은 종파가 간직한 특별계시의 내용일 것이다. 주께서 찾아오실 때 의인이 누릴 보상은 "치유, 평화로이 누리는 장수, 풍부한 결실, 그리고 온갖 복과 영원한 기쁨으로 가득한 영생, 그치지 않는 빛 가운데 주어지는 영광스러운 왕관과 장엄한 의복"이라고 묘사된다. 악인을 찾아오신 주님이 주시는 것은 "파괴하는 천사들의 손에 겪을 온갖 질병들, 하나님의 진노 아래 영원한 저주, 영원한 고문과 불명예, 그리고 어둠의 불구덩이 속 수치스러운 멸망"이다.

여기서 본문은 놀라운 전환을 보여준다. 본문은 인간이 선한 천사와 악한 천사의 진영들 가운데 있을 뿐 아니라 그 영들이 각 사람의 마음속에서 다투고 있다고 말한다. 사람은 저마다 두 천사의 일부를 마음에 두고 있는데 어느 편이 더 큰지에 따라 그의 성향이 결정된다. "그들의 행동에 대해 길이 주어질 보상은 그들의 마음속에 있는 두 세력 간의 비율로 결정되리라." 이런 묘사는 종파의 외부인들이 회심하는 경우와 내부자들이 이탈하는 경우를 다 염두에 두면서 사회적 이원론을 유지하려는 시도로 보인다. 종말이 임할 때 의인 속에 있는 악한 부분은 정화되고 악은 완전히 파멸할 것이다.

규칙들(1QS V-VI)

규칙에 관한 단락은 회심자에 관한 진술로 시작된다.

> 그들은 불의한 사람들의 모임을 멀리해야 한다. 이는 율법과 재산에 관해 (단합된) 공동체를 이루기 위함이다. 그들은 언약을 수호하는 제사장들인 사독 자손의 권위와 꾸준히 언약 안에 거하고자 애쓰는 공동체의 많은 구성원의 권위를 인정해야 한다. 율법과 재산 및 재판 등에 관한 모든 결정은 그들의 권위에 의해 결정될 것이다(1QS V).

이 구절은 사독 계열 제사장들의 절대적 권위를 재확인한다. 그들은 소유물에 대해 절대적 재량권을 갖는다. 이 본문은 계속해서 언약 공동체의 입문자는 "온 마음과 뜻을 다해, 사독 자손과 제사장들, 언약 보호자들과 하나님의 뜻을 찾는 이들에게 계시된 바를 따라 모세 율법의 전부를 준행할" 의무를 갖는다고 선언한다. 사독 후손에 대한 이런 강조는 다음의 사실을 상기시킨다. 즉 쿰란의 제사장들은 그들 자신이 예루살렘을 책임져야 하는 진정한 사독 계열의 제사장이라고 여겼다.

쿰란 종파에 속한 자들은 쿰란의 규칙을 따르지 않는 자들과 엮이는 것이 금지되었다. 그런 자들은 그분의 언약의 일원이 될 수 없으며 최후의 심판이 그들에게 임하리라는 위협이 주어졌다. 그들은 하나님의 뜻을 추구하지 않았으므로 공동체가 받는 정화의 혜택을 누리지 못하고 공동체의 식사에도 참여할 수 없었다.

이것은 쿰란 공동체의 엄격한 계층구조와 관련이 있다. 신입회원들은 "그가 율법을 이해하고 수행하는 정도에 따라" 최하층의 계급이 부여되었지만, 제사장 그룹은 공동체의 최상층에 위치했으며, 율법 연구를 무엇보다 고귀한 일로 여겼다. 열 명의 회원이 있는 곳마다 그들을 지도하고 빵과 포도주의 첫 열매에 복을 빌어줄 제사장이 있어야 했다. 게다가 그들은 "율법을 밤낮없이 근면하게 공부하여 사람이 자기 이웃에게 가져야 할 바른 행동의 규칙을 밝히는" 자를 공동체 내부에 두어야 했다 (1QS VI). 모든 회중은 종파의 위계질서에 기초한 엄격한 규칙을 준수해야 했다.

종단의 정규회원자격은 조건부 활동의 기회를 거친 후 심사를 통과해야 받을 수 있었다. 아래 규칙들은 요세푸스가 기록한 에세네파 규정을 생각나게 한다. 후보자는 "율법에 대한 그의 이해와 행동"을 놓고 보호자의 시험을 통과해야 했다. 시험을 통과하면 후보자는 종파 규칙에 관한 교육과정에 입문한 후 회중 전체 앞에서 시험을 치렀다. 이 단계가 지나면 그는 회원으로 일 년 동안 지냈지만, 여전히 순수한 공동체 식사에는 참여할 수 없었고 자신의 사유재산도 그대로 보유했다. 만약 회중이 그의 삶을 만족스럽게 받아들이면 그는 식사에 참여하지만, 여전히 "회중의 잔"에는 참여하지 못했다. 이처럼 음식의 사용을 통해 종파에 대한 적응 정도를 테스트한 뒤, 두 번째 해가 되면 후보자의 재산이 종파 관리인에게 전달되고 관리인은 종파의 공동재산과 별도로 후보자의 재산을 기록해주었다. 이후 후보자가 다시 한번 심사를 받아 통과하면 "그는 율법과 공의 그리고 순수한 식사에 관련된 등급에 따라 형제들 가운데 배치되었고 그의 재산은 공동소유로 통합되면서 그 자신의 충고와 판단을 공동체에 내놓을 수 있는 자격이 부여되었다"(1QS VI).

처벌 규정(1QS VI-VII)

이 단락의 일부는 구체적 일탈 행위에 대한 처벌을 규정한다. 그 내용은 공동체 구성원들의 일상과 관련된 것으로, 그들이 순조롭게 일과를 수행하고 서로 평화롭게 지내며 사독 제사장들의 권위에 순종할 수 있게끔 하는 규정들이다.

스승과 제자의 의무(1QS VIII-XI)

토라는 속죄를 위해 요구되는 제의 조항들을 규정하고 있으며 제사장 공동체인 쿰란 구성원들은 이런 요구사항들을 충족시키기 위해 특별히 마음을 쏟았다. 제사장 종교집단인 그들은 예루살렘 성전이 더럽혀졌다고 생각했기에 성전으로부터 분리되어야 했다. 따라서 그들은 속죄를 이루는 핵심적 수단과 분리된 셈이었다. 두루마리의 여덟째 단은 그들이 어떻게 이 딜레마를 해결했는지를 보여준다.

> 공동체 공의회는 열두 명의 남자와 세 명의 제사장으로 구성되어야 하는바, 그들은 율법에 대해 계시된 모든 것에 정통한 자들이요, 진리, 의, 정의, 자비로운 사랑, 겸손 등을 완전하게 지킬 자들이다. 그들은 분명한 목적과 회개하는 영을 가지고 그 땅에서 신실함을 지킬 자들이어야 한다. 이는 정의를 행하고 시련을 이겨냄으로써 죄를 속하기 위함이다. 그들은 진리에 충

실한 태도와 때에 맞는 행동을 통해 모든 사람과 함께 살 자들이어야 한다.

이런 사람들이 이스라엘 안에 있다면 공동체 공의회는 진리 위에 기초하게 될 것이다. 그것은 영원히 존속함과 동시에 이스라엘을 위한 거룩한 집과 아론을 위한 지성소의 기초가 될 것이다. 그들은 재판에 필요한 참된 증인이요, 그 땅을 위해 속죄하고 악인들에게 벌을 내리려는 목적에서 하나님의 선한 뜻에 따라 선택된 자들이다. 그것(공동체)은 검증받은 요새요, 소중한 모퉁잇돌이다. 그것의 기초는 본 자리로부터 움직이거나 흔들리지 않는다(사 28:16). 그것은 지극히 거룩한 처소, 곧 정의의 언약에 관한 영원한 지식을 가진 아론의 처소가 될 것이요, 기쁨의 향기를 제공하는 곳이 될 것이다. 그것은 이스라엘의 완전함과 진리를 위한 집이 될 것이요, 영원한 규례들에 부합하는 언약을 분명하게 세우는 집이 될 것이다. 그리고 그것은 그 땅에 대해 속죄하고 사악함에 대한 심판을 결정하기 위해 적합한 제물이 될 것이다. 그곳에는 더 이상 죄악이 없을 것이다(1QS VIII).

이 단락의 시작부를 보면 율법에 대한 이해가 특출한 전문가 열다섯 명이 구성원 모두의 죄를 속죄한다. 그러나 뒷부분으로 가면 공동체 자체가 성전의 기능을 수행한다. 종파의 구성원들이 율법을 연구하고 준수하며 하나님의 뜻에 순종하다가 고통을 당할 때, 그 땅을 위한 속죄가 이루어지며 하나님께서 그들 가운데 머물러 계시게 된다. 쿰란이 없다면 하나님께서는 완전히 더럽혀진 이스라엘 땅을 떠나셔야 할 것이다. 이 글에 "집"이란 단어가 자주 쓰이는 이유는 성전 자체가 집으로 여겨지기 때문이다. 쿰란 공동체는 이제 진정한 제사장들을 지칭하는 아론이 거주할 수 있는 집(성전)이자 하나님께 속한 성결의 거처다. 제사제도 안에서 성전이 수행했던 역할이 이제는 쿰란 종파의 몫이었으므로 그들은 "향기

나는 제물"의 봉헌, 즉 하늘에 계신 하나님께 기쁨의 향기를 올려드려야 했다.

종파의 구성원 모두가 속죄를 수행한다는 사상은 아래 구절에서 강조된다.

> 그들은 반역의 죄와 불성실함의 죄를 속죄할 것이다. 그들은 번제물의 고기나 희생제물의 기름 없이도 그 땅을 위한 자비〈히브리어: *hesed*〉를 얻을 것이다. 올바르게 드려진 기도는 제단에 바치는 달콤한 의의 향기와 같을 것이요, 완전한 행동은 자발적인 제사처럼 받아들일 만한 것이 될 것이다. 그 때 공동체의 구성원들은 지극히 거룩한 공동체를 이루기 위하여 거룩한 집을 구별할 것이요, 이스라엘 곧 완전하게 행하는 자들을 위한 공동체의 집을 구별할 것이다. 오직 아론의 아들들만이 재판과 재산의 문제에 있어서 권위를 가지고 있으며, 공동체에 속한 다양한 구성원의 지위는 그들이 내린 판단으로 결정될 것이다(1QS IX).

이 단락은 공동체 구성원들이 "그 예언자 그리고 아론과 이스라엘의 메시아들이 오실 때까지는 공동체 구성원들이 처음 받았던 근원적 교훈들을 따른다"라는 선언으로 마무리된다. 이스라엘이 제 모습을 갖추는 마지막 때 그들에게는 왕과 대제사장(둘 다 기름 부음 받은 자 즉 메시아로 지칭된다)이 있을 것인데, 본문은 이제 제3의 인물인 예언자를 소개한다. 신명기 18:15-19에서 모세는 주께서 그와 같은 또 다른 예언자를 보내실 것이라고 약속한다. 쿰란이 기다리던 예언자가 바로 모세가 약속한 그 인물이라는 것은 「메시아 선집」 혹은 「유언들」(4QTest; 아래 설명을 보라)에 잘 나와 있다. 이 책들은 예언자(신 5:28-29; 18:18-19), 왕(민 24:15-17), 그리고 제사장(신 33:8-11)에 관한 성경 구절들을 수집한 것이다.

종파의 구성원들은 오래전에 예언자 이사야가 그들이 광야로 들어갈 것을 예언했다고 믿었다.

> 그들이 이스라엘에서 모든 규정에 따라 공동체의 일원이 되면, 그들은 불의한 자들의 거주지를 떠나 광야로 들어가 그분의 길을 예비해야 한다. 이는 "광야에서…길을 예비하라. 사막에서 우리 하나님의 대로를 평탄하게 하라"(사 40:3) 하신 말씀과 같다. 이 (길)은 주께서 모세에게 명하신 율법을 공부하는 것이다. 이를 통해 그들은 아득한 옛날부터 지금까지 드러나고 그분의 거룩한 영에 의해 예언자들이 계시한 그대로 행할 수 있으리라(1QS VIII).

기원후 1세기의 초기 그리스도인들은 동일한 이사야의 예언을 세례 요한에게 적용했다. 에세네파와 그리스도인들은 저마다 이사야가 자기들을 가리켜 예언했다고 생각했다. 그다음에 두루마리의 VIII-IX단은 처벌 규정을 담은 또 다른 단락으로 이어진다.

「공동체 수칙」의 산문부는 스승에 관한 규정들을 설명하고 마친다. 스승은 하나님의 뜻을 전적으로 받들어 사는 것은 물론 공동체 구성원들도 그처럼 할 수 있도록 도와야 했다. 그는 종파에 속하는 사람들을 교육하고 평가해 순위를 매겨야 했다. 공동체 구성원들을 사랑하고, 그들을 "구덩이에 속한 자들"로부터 분리하며, 하나님의 길을 선택한 자들에게 하나님의 신비를 드러내고 타인에게는 감추는 것이 그의 책임이었다.

이 두루마리는 구약 시편과 흡사한 시로 마무리된다. 시인은 회중의 교사로 보이며, 「감사 찬송」(*Thanksgiving Hymns*, 1QH)에 나타난 여러 주제를 되울린다. 시의 도입부에는 하나님이 지정하신 거룩한 날들과 기도를 위한 시간을 지키겠다는 시인의 선언이 나오는데, 기도를 "입술의 봉헌"

이라고 부르는 등 제사제도의 언어를 사용한다. 예배에서 하나님이 지정하신 규정을 준수하는 것이 하나님의 창조질서를 반영하는 것이라는 설명은 전형적인 제사장적 종교의 특성을 보여준다. 시인은 자신의 죄를 심판하신 하나님을 찬양하면서 그분을 "나의 의로움"이라고 부른다. 인간의 무익함을 통감하는 정서는 두루마리 곳곳에 나오지만, 특히 이 시들에서 두드러진다. 물론 종파에 속한 자들도 무익한 존재들이지만, 하나님께서는 그들을 선택하셔서 그분 앞에 설 수 있는 값진 존재로 만드셨다.

> 나의 경우, 내 정의는 하나님께 속해 있습니다.
> 내 행동의 완전함과 내 마음의 정직함은 그의 손안에 있습니다.
> 그는 그의 의로운 행동들을 통해 내 죄악을 도말하십니다(1QS XI).

이어서 이 시편은 쿰란 종파의 근원적 특성, 즉 그들이 다른 이들에게는 감추어진 하나님의 계시를 소유했다는 데 대해 하나님을 찬양한다. 이런 계시는 하나님의 은혜에서 비롯된 것이다. 그들이 은혜를 입은 것은 자신들의 업적과 무관한 것이므로 그들이 스스로 의롭게 여기는 것은 부적절하다. 시인이 "거룩한 자들"과 "하늘의 아들들" 즉 천사들 가운데 설 수 있는 것은 오직 하나님의 은혜 덕분이다. 시인은 사탄의 권세로부터 구출되어 하나님과 새롭고 합당한 관계에 들어가게 되었다.

메시아의 통치(1QSa)

버미스는 이 문서를 기원전 1세기 중반 무렵의 저작으로 본다. 이 간략한 문서는 공동체가 메시아와 함께하는 마지막 때에 지켜야 할 수칙을 담고 있다. 이 문서를 통해 우리는 쿰란 공동체의 구조와 운영방식이 종말의 때에 완전히 시행될 이상을 좇고 있음을 알게 된다. 물론 엄밀히 말해 이 문서는 메시아의 시대를 위한 것이지만, 쿰란 공동체를 「공동체 수칙」과 「다메섹 문서」에 나타난 것과 본질상 동일한 모습으로 그리고 있다. 이 문서에 따르면 쿰란 공동체의 구성원들은 생애의 각 단계에 따라 공동체에서의 위치가 정해진다. 이 문서는 아론의 후손이라고 일컬어졌던 사독 계열 제사장들의 절대적 권력을 재확인한다. 구성원들은 토라와 더불어, 아마도 「공동체 수칙」을 가리키는 "묵상의 책"에 기록된 가르침들 역시 올바르게 해석하고 준수해야 했으며, 천사들이 그들 가운데 함께 있다는 자의식을 가져야 했다. 그리고 이 글은 종파에 몸담기 위한 자격과 소속원들이 따라야 할 행동원칙들에 관해 철저한 통제가 필요하다고 강조한다. 마지막으로 이 문서는 아론의 메시아와 이스라엘의 메시아가 함께하는 공동체의 만찬을 묘사한다. 이때 제사장적 메시아가 제왕적 메시아보다 우선권을 갖는다. 그 만찬이 공동체의 일상적 정찬과 닮은꼴이라는 것은 의미심장하다. 다시 말해 그들의 공동체는 하나님이 원하시는 이상적인 삶을 이미 살고 있었다. 비록 그 완성은 종말의 시점에 가능하겠지만 말이다.

MIQSAT MA'ASE HA-TORAH(MMT): 율법의 준수(4Q394-399)

이 문서는 사해사본의 공개정책과 관련된 논란의 중심이었다. 다수의 학자는 이 문서가 쿰란 종파의 기원에 관해 특별히 중요한 정보를 제공한다고 생각한다. 이 문서는 쿰란 문서고에서 최소한 여섯 개의 사본이 발견되었다. MMT의 공식판본을 준비한 편집인들은 이 문서가 쿰란 종파의 지도자가 예루살렘의 권력자들에게 보낸 편지라고 추정했다. 본문은 당시의 일반적 관행 대신 본문에 제시된 규정들을 충실히 지키라고 독자의 동의를 요구하는 한편, 제3의 입장(아마도 바리새인의 입장)을 비판한다. 이 문서에 담긴 율법 해석은 다른 사해사본에 상응하는데, 몇몇 경우에는 랍비 문헌이 말하는 바리새파의 해석에 반대하고 사두개파 입장을 지지하는 것으로 보인다.

현재까지 발견된 내용을 보면 이 문서의 도입부는 안식일과 여타 절기들이 언제인지를 규정하는 달력 문제를 다룬다. 이 문서의 저자는 스물두 곳에서 이 문서의 수신자들의 입장과는 다른 법적 해석을 내린다. 이 쟁점들이 오늘날 해석자들의 눈에는 경미한 불일치로 보이지만, 쿰란 구성원들에게는 중대한 문제였다.

전쟁 두루마리(1QM, 1Q33, 4Q491-497, 4Q471)

그 성격상 복합적 문서인 「전쟁 두루마리」는 쿰란 동굴에서 부분적인 사본이 여러 점 발굴되었다. 이 문서에서 가장 오래된 부분들은 아마도 이스라엘이 셀레우코스 왕조를 상대해야 했던 기원전 2세기에 작성되어 훗날 로마 지배기에 들어 상황에 맞게 개정되었을 것이다. 이 문서는 선과 악에 속한 두 세력 간에 발생할 최후의 전쟁을 묘사하는데, 그 전쟁은 우주에서 벌어지는 동시에 지상에서도 일어난다. 땅에서 의인들에 맞서는 주적은 "키팀"(Kittim)이라고 불린다. 본래 "키팀"은 키프로스 내륙의 키티움 주민들을 부르던 이름으로, 훗날 이스라엘을 지배한 그리스 영주들을 부르는 명칭이 되었다가 최종적으로 로마인들을 가리켜 사용되었다. 묵시문학이 대체로 그렇듯이 「전쟁 두루마리」에서도 지상의 사건과 천상의 사건, 자연적인 사건과 초자연적인 사건이 상응한다.

「전쟁 두루마리」와 다니엘서의 비교는 흥미롭다. 다니엘서에서 이스라엘에 맞서는 지상의 대적들의 운명은 하나님의 심판에 의해 판가름이 난다(단 7장). 천상의 결정은 지상의 정치적 현실을 바꾸어놓는다. 게다가 이스라엘의 운명도 천상의 군주 미가엘의 운명에 달려 있다. 미가엘이 다른 나라의 수호천사를 제압하면 지상에서 이스라엘이 그 나라와의 싸움에서 승리를 거둔다. 그러나 다니엘서는 이스라엘이 실제 전쟁을 치를 것이라고 말하지 않는다. 「전쟁 두루마리」에서도 하나님께서 최후 전쟁의 결과를 결정하시지만, 천상과 지상의 일들이 더 복잡하게 얽혀 있다. 영적 존재들과 인간의 세력이 연합해 전투를 치르고, 의인들이 최후의 전쟁에 참여한다. 이런 양상은 「동물 묵시록」에서도 유사하게 나타나는데, 이 묵시록에서 하나님은 마카비 가문 사람들을 사용하여 승리를 거두시고, 그들은 하나님으로부터 초자연적 도움을 받는다. 다니엘서와 마찬가지로 「전쟁 두루마리」는 미가엘의 우주적 승리가 지상에서의 이스라엘의 승리와 연결되어 있음을 보여준다.

「전쟁 두루마리」의 도입부를 보면 이 문서는 "어둠의 자식들 즉 벨리알의 군대에 맞서는 빛의 자녀들의 공격을 위해" 기록되었다. 여기에는 쿰란 종파의 적수들이 나열되는데, 전통적으로 이스라엘의 적국인 에돔, 모압, 블레셋은 물론 키팀과 "언약의 불경건한 자들"이 거명된다. 다시 말해 이 전쟁은 쿰란 종파가 "불경건한" 유대인들을 포함한 여타 모든 이들에 맞서 벌이는 싸움인 셈이다.

전쟁은 "유배당했던 빛의 아들들이 열방의 광야에서 돌아와 예루살렘 광야에 진을 치면서" 시작되고, 전쟁을 마친 후에 그들은 "그곳으로부터 (예루살렘)으로 올라갈" 것이다(1QM I). (본문의 "예루살렘"은 Vermes의 복원에 의한 것인데, 이는 1QM VII을 볼 때 타당성이 있는 해석이다.) 하나님께서 의인들과 함께하시기에 승리는 보장되어 있다. "이때가 하나님의 백성에게는 구원의 시간이자 그와 함께한 모든 이들이 다스리고 벨리알의 무리가 진멸되는 시대가 되리라." 전쟁은 인간 병력은 물론 초자연적 세력에 의해 수행될 것이다.

> 깃딤이 무너지는 날에는 이스라엘의 하나님 앞에서 전쟁과 거친 파멸이 있을 것이다. 왜냐하면 지금은 그가 오래전에 어둠의 자녀들을 멸할 전쟁으로 결정한 날이기 때문이다. 그날에 신들의 회합과 사람들의 모임이 서로를 크게 멸하기 위해 마주할 것이다. 빛의 자녀들과 어둠의 무리는 하나님의 권능을 얻기 위해 서로 싸울 것이다. 재앙의 날에 큰 무리의 소음이 들릴 것이요, 신들과 사람들의 떠들썩한 소리가 들릴 것이다. 그날은 하나님의 구속함을 입은 [온] 백성이 고통을 당하는 날이다. 그들이 이제껏 당한 어떤

고통도 이와 같지는 않을 것이다. 그것은 영원한 구속이 이루어질 때까지 계속될 것이다(1QM I).

인간과 천사들이 이 전쟁의 양측에 포진하고 있다. 이것은 허구가 아닌 진짜 전쟁이며 맹렬한 전투의 결과로 의인들조차 고난을 받게 된다. 마지막 때에 의인들 역시 고난을 받으리라는 사상은 묵시문학적 사고에서 흔히 발견되는 것으로 다니엘서의 마지막 장을 연상시킨다. "그때에 너의 민족을 호위하는 큰 군주 미가엘이 일어날 것이요, 또 환난이 있으리니, 이는 개국 이래로 그때까지 없던 환난일 것이며, 그때에 네 백성 중 책에 기록된 모든 자가 구원을 받을 것이라"(단 12:1).

전쟁은 하나님이 예정하신 대로 진행된다. 첫 단은 전쟁이 일곱 단계로 전개될 것이라고 말한다. 제3단에 가면 의인의 승리가 예고되지만 악인이 승리를 거둔다. 하지만 제7단에서 하나님이 악의 세력을 영원히 궤멸시키신다. 이처럼 「전쟁 두루마리」는 하나님의 개입이 있을 때까지 선과 악이 팽팽히 균형을 이룬다고 보는 이원론적 견해를 드러낸다.

이런 종말론적 전쟁은 인류와 천사들이 공동전선을 이루어 싸우는 거룩한 전쟁이다. 거룩한 전쟁이기 때문에 그 묘사에는 현실적인 요소와 비현실적인 요소들이 섞여 있다. 기도와 희생제물 그리고 제의가 싸움만큼이나 중요하다. 군사적 준비가 정결 규칙들에 의해 결정되며, 부정한 자는 군대 진영 안에 허용되지 않는다. 천사가 함께하므로 진영 안에서는 제의적 정결이 항상 유지되어야 한다. 전쟁에서 누가 진에 머물도록 허용되는가에 관한 규칙들은 신명기 23장 등에 기록된 성전에 관한 규율들과 상당히 비슷하다. 예루살렘과 그 밖의 장소들의 정결에 관한 엄격한 규례들은 CD XII, XV-XVI을 비롯한 여러 본문이 증언한다.

「전쟁 두루마리」 2는 올바른 제사장 집단 즉 쿰란 종파가 다시 성전을 장악하는 날이 오리라고 말한다. 이 문서는 쿰란 공동체를 성전에서 맡은 역할에 따라 분류한다.

> 대제사장과 부관 바로 아래 계급은 수석 제사장들이다. 수석 제사장 열두 사람은 하나님께 매일 드리는 제사를 관할하고, 제사장 반열의 지도자 스물여섯 명이 각자 자신의 역할을 수행해야 한다.…이들은 번제와 향기로운 냄새가 나는 제사들을 드려 하나님을 기쁘시게 하고 그분에게 속한 모든 회중의 죄를 속하며 영광스러운 제단에서 그분 앞에 설 준비를 끊임없이 해야 한다.

이처럼 「전쟁 두루마리」는 정결한 제사장들이 토라가 지시하는 본래 모습 그대로 각종 제사를 드리는 시대를 묘사한다.

1QM X-XII에서 지휘관들은 전쟁을 준비하며 공동체를 격려하는 긴 연설을 한다. 하나님은 전능하신 창조주로 찬양받고 이스라엘은 하나님의 율법을 아는 유일한 백성으로 구별된다. 그들은 "엄위한 분의 음성을 듣고 거룩한 천사들을 보았으며 그들의 귀는 닫히지 않아 심오한 것들을 들었다"(1QM X). 지휘관들은 이스라엘의 적들을 굴복시킨 다윗의 승리를 회상한다. 그들은 전쟁에서의 승리가 이스라엘이 아닌 하나님께 속했다고 말하며 민수기 24:17-19을 인용한다. 그들의 해석에 따르면 이 구절은 메시아를 가리킨다. "한 별이 야곱에게서 나오며 한 규가 이스라엘에게서 일어나서 모압을 이쪽에서 저쪽까지 쳐서 무찌르고 또 셋의 자식들을 다 멸하리로다. 주권자가 야곱에게서 나서 남은 자들을 그 성읍에서 멸절하리로다. 그는 적들을 손에 넣고 이스라엘은 놀라운 일들을 행하리로다"(1QM XI).

이스라엘은 최후의 전쟁에서 하나님이 의인의 편에 서서 벨리알의 무리를 물리치시리라는 것을 "메시아"(아마도 의의 교사를 가리킬 것이다)를 통해 배웠다. "당신은 그들과 함께 하늘에서 싸우시리이다"(1QM XI). 출애굽의 현장에서 파라오와 싸우셨던 하나님께서 마지막 전투에 함께하시고 그분의 천군 역시 전투에 참여할 것이다.

제사장들은 최후의 전쟁에서 전투를 맡지 않는다. 그들은 제물을 드리고 기도하며 말씀을 전한다. 그들은 전투의 현장에서 제의를 이끄는 지도자들이므로 자신들을 더럽힐 수 있는 일들을 피해야 한다. "살육당한 자들이 쓰러지면 제사장들은 멀리서부터 나팔을 불어야 한다. 제사장들은 시체에 접근해서 부정한 피로 자신들을 더럽히지 말고, 허망한 뭇 나라들의 피로 기름 부음 받은 제사장직을 더럽히지 말아야 한다"(1QM IX).

이스라엘의 군주로 불리는 천사장 미가엘은 XVII에 자세히 묘사된다.

> 오늘은 그가 악한 왕국의 통치자를 굴복시키고 낮추기로 작정하신 날이다. 그는 미가엘의 왕국의 천사장의 능력으로 구속된 자들에게 영원한 도움을 주신다.…그는 신들 가운데서 미가엘의 왕국을 일으키시고 모든 육체 가운데서 이스라엘의 왕국을 일으키실 것이다. 높은 곳들에서는 의가 기뻐할 것이요, 그의 진리의 모든 자녀가 영원한 지식으로 인해 즐거워할 것이다(1QM XVII).

천사장 미가엘이 신들(천사들) 가운데서 승리를 얻는 것은 이스라엘이 나라들 가운데 높임을 받는 것에 상응한다. 이것은 미가엘("인자 같은 이"; 단 7:13)이 천상의 통치권을 받고 이스라엘("지존자의 거룩한 백성"; 단 7:27)이 지상의 왕권을 받는 다니엘 7장의 상황과 유사하다.

쿰란 제1동굴에서 발굴된 이 사본은 시온을 향한 찬송으로 마친다. 마지막 때의 대전투는 전능자 하나님의 주권의 중심이자 그의 백성인 이스라엘의 중심점인 예루살렘이 온 세계의 중심으로 자리하는 것으로 마무리된다. 이제 모든 나라가 이스라엘에게 복종하게 될 것이다.

성경 해석

쿰란의 성경 해석은 성경이 쿰란 종파인 자신들을 직접 가리켜 말씀하신다는 원리로 귀속된다. 쿰란 종파는 자신들을 가리키는 암시가 특히 예언서에 풍부하다고 보았는데, 이것은 독자들을 그리스도와 기독교로 인도하는 것이 마치 히브리 성경의 목적인 양 해석하는 그리스도인들의 입장과 정확히 일치한다. 쿰란 문서고는 성경에 대한 주석으로 분류할 수 있는 문서를 다수 포함한다. 이 문서들은 성경 속의 책 한 권에 대해 한 절씩 인용하여 주석해나가는 방식으로 기록되었는데, 각 절은 보통 "그 해석은 이렇다"라는 공식을 따른다. 이런 해석 방법은 히브리어로 "해석"을 뜻하는 페셰르(*pesher*)라고 불린다. 쿰란 종파는 성경의 저자들이 성경 본문의 뜻을 온전히 이해한 것은 아니라고 간주했다. 오직 의의 교사만이 예언의 깊은 의미를 바로 깨달은 사람이라는 주장이 하박국 주석에 등장한다.

> 하나님께서는 하박국에게 마지막 세대에게 일어날 일들을 기록하라고 말씀하셨지만, 그 시대의 완성에 대해서는 아무것도 알려주지 않으셨다. 그는 이렇게 말씀하셨다. "그것을 읽는 자가 달려가면서도 읽을 수 있게

> 하라"(합 2:2). 이 해석은 의의 교사와 관련된다. 하나님은 그에게 그분의 종들인 예언자들의 말에 담긴 모든 비밀을 알게 하셨다(1QpHab VII).

하박국 주석(1QpHab)

이 문서의 제목 표기에서 "p"는 해당 문헌이 페셰르 즉 성경 해석 장르에 속한다는 것을 가리키며, 그다음의 기호는 해석의 대상인 성경책의 약어다. 하박국서 본문을 한 절 한 절 따라가며 종파의 관점에서 설명해 나가는 이 책은 글자체의 연대 감정에 의하면 기원전 30년경 기록된 것으로 추정된다. 하박국의 예언은 기원전 626년에서 587년 사이에 행해졌지만, 쿰란 공동체는 이 예언의 원래 문맥에는 관심을 두지 않는다. 쿰란 종파에게 하박국서의 참된 의미는 예언자 하박국이 아니라 자신들에게 주어진 것이기 때문이다. 이처럼 성경 본문의 각 절에 숨겨진 의미를 해독해나가는 것이 모든 페샤림(*pesharim*, *pesher*의 복수형) 주석의 저술 방식이었다. 이것은 단지 쿰란 종파가 자신들의 필요에 따라 본문을 적용하는 것 이상을 의미했다. 그들은 하나님께서 자신들의 공동체에 닥칠 구체적 사건들을 예언서를 통해 미리 말씀하셨다고 믿었다. 따라서 페샤림은 쿰란 공동체의 역사를 재구성하기 위해 필수적인 자료가 된다.

이 주석은 의의 교사를 적대시하는 예루살렘의 제사장 그룹은 물론 이 교사를 믿지 않는 모든 이스라엘인을 겨냥해 기록되었다.

> [이 말씀의 해석은] 배신자들이나 거짓의 사람과 관련된다. 왜냐하면 그들은 하나님의 입으로부터 비롯된 의의 교사의 [말을 믿지] 않기 때문이다. 그

리고 그것은 새 [언약]의 배신자들과 관련된다. 왜냐하면 그들은 하나님의 언약을 믿지 않고 그분의 거룩한 이름을 [욕되게 하기] 때문이다. 마찬가지로 이 말씀의 해석은 마지막 날들의 배신자들과 관련된다. 그들은 언약을 위반한 자들로서, 마지막 세대에 [발생할] 모든 일을 믿지 않는 자들이다. 하나님은 제사장의 [마음속에서] 그분의 종들인 예언자들의 모든 말을 해석하도록 하셨다. 그분은 예언자들을 통해 그분의 백성과 [그분의 땅]에 일어날 모든 일을 예언하셨다(1QpHab II).

의의 교사는 예루살렘의 제사장 그룹과 유대인 대다수의 반대뿐만 아니라 새 언약에 속한 자기 공동체의 반대도 직면했다. 내적 갈등의 증거는 「감사 찬송」 문헌 내에도 나타난다. 이런 반대의 근본 원인은 단순하다. 쿰란 공동체에게는 의의 교사야말로 예언자들의 말씀을 진정으로 이해한 "제사장"이었지만 대부분의 유대인은 그를 인정하지 않았기 때문이다.

좀 더 후대에 속한 구절들은 의의 교사가 겪은 반대에 대해 추가적인 정보를 제공한다.

"당신께서는 왜 배신자들을 바라보기만 하고 침묵을 지키십니까? 악인이 자기보다 더 의로운 자를 삼키는데도 말입니다"(합 1:13b) 그 해석은 압살롬의 집과 그의 공의회 구성원들과 관련된다. 그들은 의의 교사가 비난받을 때 침묵을 지켰으며, 전체 [회중] 가운데서 율법을 지키지 않는 거짓의 사람에 맞서 싸우는 그를 돕지 않았다(1QpHab V).

여기서 압살롬의 집의 정체는 알려지지 않았다. 압살롬은 자기 아버지인 다윗에게 반역을 저지른 그 압살롬일 수도 있고(삼하 15-19장), 의의 교사와 동시대의 인물이거나, 어쩌면 양쪽을 다 염두에 두었을 수도 있다. 어쨌든 의의 교사와 거짓의 사람(Liar)이라고 불리는 인물 간에 공적인 충돌이 있었고 그 결과로 의의 교사가 지원을 기대하던 집단에게 배척당하는 상황이 일어났는데, 페셰르 주석은 하박국 1:13b이 바로 그 상황을 가리킨다고 해석한다. 거짓의 사람은 당대의 유력 인사로서 토라를 해석하는 데 있어 의의 교사와 반대되는 의견을 가졌다. 그는 다른 곳에서 말하는 악한 제사장(Wicked Priest) 혹은 비난자(Scoffer)와 동일인으로서 하스몬 일가의 사람일 가능성이 있다. 이 충돌 사건은 아마도 의의 교사가 예루살렘에서 사막으로 철수하게 된 계기 중 하나였을 것으로 추정된다.

하박국 주석의 VI단은 하박국 1:14-16이 "깃발 앞에 제사하고 무기를 숭상하는" 키팀(Kittim)을 가리킨다고 해석하는데, 이는 로마인들에 대한 적절한 묘사일 것이다. 요세푸스는 기원후 70년에 로마인들이 예루살렘 성전을 점령한 후 성전 뜰에 깃발을 세우고 그 앞에서 제사를 드렸다고 기록한다(*J.W.* 6.316).

하박국의 언어는 쿰란 종파의 종말론적 사상에 매우 적합하다.

> "비록 더디더라도 그때를 기다려라. 그때는 반드시 올 것이요, 지체되지 않을 것이다"(합 2:3b). 그 해석은 율법을 지키는 진리의 사람들과 관련된다. 그들의 손은 마지막 시대가 연장될 때에도 진리를 섬기는 일을 중단하지 않을 것이다. 왜냐하면 하나님의 모든 시대는 그들을 위해 그의 지혜의 신비를 통해 그가 정하신 대로 제때에 종말에 이를 것이기 때문이다(1QpHab VII).

이 주석은 자신들이 기대한 대로 종말론적 전투가 일어나지 않았을 때 쓰였을 가능성이 있다. 이 주석은 예언의 언어를 사용하여 그런 지연은 이미 성경에 예상된 것이라고 말하며, 하나님의 신비한 계획이 실패 없이 실현되리라는 믿음을 재확인한다.

> [그러나 의인은 그의 믿음으로 말미암아 살리라](합 2:4b) 그 해석은 유다의 집에서 율법을 지키는 모든 이들과 관련된다. 하나님은 그들의 수고로 인해 그리고 의의 교사에 대한 그들의 믿음으로 인해 그들을 심판의 집으로부터 구원하실 것이다(1QpHab VII-VIII).

"유다의 집에서 율법을 지키는 모든 이들"은 당연히 쿰란 종파의 구성원들을 가리킨다. 이 외에도 그들이 겪었던 고난에 관해 언급한 구절은 수 없이 많다. 여기서 의의 교사에 대한 믿음은 구원을 위한 필수조건이다. 사도 바울이 하박국서의 같은 구절을 사용하여 예수 그리스도를 믿는 믿음을 통해 임하는 구원을 설파한 것은 의미심장하다(갈 3:11).

VIII단은 하박국 2:5-8을 아래와 같이 해석한다.

> 그 해석은 악한 제사장과 관련된다. 그는 처음에 자신의 직무를 시작할 때에는 신실한 자로 여겨졌다. 그러나 그는 이스라엘을 다스리면서부터 마음이 교만해져서 하나님을 버리고 부를 유지하기 위해 율법을 배신했다. 그는 강도질을 했으며, 하나님을 거역하는 난폭한 자들의 재물을 끌어모았다. 또 그는 일반 백성의 재물을 취함으로써 추가로 심각한 죄를 저질렀다. 게다가 그는 부정함을 초래하는 온갖 악독한 짓을 행했다(1QpHab VIII).

이 단락은 제사장에게 적용된다. 그는 본래 의의 교사가 속한 집단의 승인을 받은 인물이었지만 권력을 얻은 뒤 정도를 벗어난 사람으로 묘사된다. 이런 묘사에 적합한 인물이라면 하스몬 일가의 사람일 것이다. 이 악한 제사장은 하스몬 가문에서 최초로 대제사장의 직위를 인정받아 기원전 152-142년에 다스린 요나단을 가리킬 것이다. 페셰르가 기록한 악한 제사장의 죄상은 축재와 폭력으로, 통치자들이 흔히 저지르는 죄목들과 통한다. 그와 하수인들은 하나님께 대항하는 반역자들로 불린다. 마지막 절은 제사장 종교의 언어를 사용해 그들을 혐오스럽고 부정하며 오염된 자들로 묘사한다.

이런 정죄는 하박국 2:7-8a을 해석한 아래 구절에서도 반복된다.

> 그 해석은 예루살렘의 마지막 제사장들과 관련된다. 그들은 백성을 약탈함으로써 부를 축적할 것이다. 그러나 마지막 날에는 그들의 부와 그들의 노략물이 깃딤 군대의 수중에 떨어질 것이다(1QpHab IX).

요안네스 히르카노스 1세(기원전 134-104년 통치)와 알렉산드로스 얀나이오스(기원전 103-76년 통치)는 둘 다 유대와 주변 지역을 정복해 이방인들을 다스렸다. "백성을 약탈"하는 행동은 그들의 통치에 어울리는 표현이다. 키팀의 군대는 기원전 63년에 유대를 점령한 로마 군대를 가리킬 것이다.

주석의 다음 부분은 악한 제사장의 죽음이 하박국 2:8b의 성취라고 설명한다.

> 그 해석은 악한 제사장과 관련된다. 의의 교사와 공의회 구성원들을 괴롭히는 그의 악독함으로 인해 하나님께서는 그를 그의 대적들의 손에 넘기셨으며, 그에게 벌을 내리심으로써 그를 부끄럽게 하시고, 하나님께서 선택하신 자들에게 그가 악을 행한 것 때문에 그를 파멸시킴으로써 그의 영혼이 고통을 겪게 하실 것이다(1QpHab IX).

만일 악한 제사장이 요나단이라면, 그의 적들은 기원전 142년에 그를 배신하여 죽인 셀레우코스 정권일 것이다. 하박국 주석은 요나단이 의의 교사와 그 추종자들에게 저지른 죄의 대가로 그런 죽음을 맞은 것으로 해석한다.

XI단은 의의 교사와 악한 제사장의 대결을 하박국 2:15의 성취로 이해한다.

> 그 해석은 악한 제사장이 의의 교사가 머물던 유배장소를 찾아 자신의 악독한 분노로 그를 흔들려고 했던 상황과 관련된다. 속죄일 곧 안식의 때에 악한 제사장이 의의 교사 앞에 나타나 그를 혼란스럽게 만듦으로써 그들에게 안식의 날이었던 축제일에 그들을 넘어지게 하려고 했다.

쿰란 공동체는 태양력을 지켰고 예루살렘은 태음력을 사용했기 때문에, 쿰란에서 지키는 속죄일은 예루살렘 기득권층의 일정과 달랐다. 악한 제사장은 이런 불일치를 빌미로 쿰란 공동체가 가장 취약한 시점에 그들에게 도전했을 가능성이 짙다. 예루살렘의 이런 행동을 쿰란 공동체가 신성모독으로 받아들였다는 것은 그들이 쉼을 위한 축일을 속죄일, 축연일, 안식일 등으로 불렀다는 사실에서도 드러난다. 정확한 사실 관계를 파악하긴 어렵지만, 이런 충돌은 예루살렘 제사장 그룹이 쿰란 종파를 무시 못할 존재로 인지하고 있었음을 알려준다.

예루살렘 기득권층의 죄상을 지적하는 마지막 구절은 하박국 2:17이다. 제사장이 "가난한 자들"(이 문맥에서는 쿰란 종파를 가리킴)에게 위해를 가하려 했으므로 그 역시 동일한 대접을 받게 될 것이다. 본문은 이렇게 이어진다.

> 이는 네가 사람의 피를 흘리면서 땅과 성읍과 거기에 사는 모든 사람에게 폭력을 행했기 때문이다. 그 해석은 이렇다. 여기서 말하는 성읍은 예루살렘을 가리킨다. 그곳에서 악한 제사장은 끔찍한 행위를 저질렀고 하나님의 성전을 더럽혔다. 그 땅에 행해진 폭력은 그가 유다의 성읍들 안에서 가난한 자들의 소유물을 약탈했음을 의미한다(1QpHab XII).

악한 제사장은 예루살렘에 있으면서 성전과 유다를 책임지는 존재였지만, 그의 통치는 성전을 더럽혔다. 자신의 권력을 동원해 "가난한 자들" 곧 쿰란 종파에 위압을 가한 이 사람은 하스몬계 제사장이었음이 분명하다.

시편 주석(1Q16, 4Q171, 4Q173)

이 문서들의 대부분은 시편 37편을 다룬다. 시편 37편은 세상의 불의와 하나님의 공의에 관한 폭넓은 사색을 담고 있다. 이 짧고 파편적인 문헌에는 네 가지 흥미로운 점이 있다. 첫째, 시편 37:18-19은 "광야에서 회개하는 자들"을 가리키는데, 이들은 "구원받은 자들로서 그들과 그 자손들에게 아담의 모든 영광이 속해 있으며 천대에 이르도록 존속할" 것이다(4Q171 III). 여기서 아담의 영광을 언급한 것은 종말이 시작(태초)과 같다고 믿는 묵시문학적 역사관을 반영한다. 아담이 상실한 영광이 쿰란 종파에게 다시 주어질 것이다. 이런 사상은 이 문서들에 여러 번 나타난다. 둘째, 시편 37:21-22의 해석에서 주석자는 다음과 같이 말한다. "이 구절의 해석은 이렇다. 가난한 자들의 회중이 온 세계를 유산으로 물려받게 되리라. 그들이 이스라엘의 높은 산을 [영원히] 차지하고 그의 성전에서 [영원한] 기쁨을 맛보리라"(4Q171 III). 이는 쿰란 종파가 종말의 때에 예루살렘을 지배한다는 말이다. 셋째 논점은 의의 교사에 관한 것이다. 이 문서는 의의 교사를 제사장이라고 명시한다. "이 구절은 제사장 즉 하나님께서 택하셔서 당신 앞에 서게 하신 의의 교사에 관한 말씀이다. 주께서는 그가 당신을 위해 ~의 회중을 일구도록 그를 구별해 세우셨다"(4Q171 III). 마지막 논점은 악한 제사장과 관련된다. 그는 의의 교사를 죽음으로 내몰려고 했던 자다. 성경에서 "가난한 자"는 흔히 죄 없이 불의에 희생당하는 이들을 가리키는데(Pleins의 저술을 보라), 여기서 그들은 대단한 비약 없이도 사해사본을 낳은 "유배된" 공동체에 이 용어를 적용할 수 있었다.

나훔 주석(4QpNah[4Q169])

이 주석서는 몇 가지 점에서 특히 흥미롭다. 우선 나훔 2:11b의 해석은 역사상의 인물들을 등장시킨다. 나훔서는 원래 기원전 663년에서 612년 사이에 기록되었는데, 일찍이 기원전 722년에 북왕국 이스라엘을 파멸시켰던 아시리아 제국에 맞서 저술되었다. 그러나 이 페셰르는 이 예언서의 본문을 하스몬 통치기와 연결한다.

> [그 해석은 그리스의 왕인 데메]트리오스와 관련된다. 그는 손쉬운 해석을 추구하던 자들의 권고에 따라 예루살렘으로 들어가기를 원했다. [그러나 그는 그곳에 들어가지 못했다. 왜냐하면 하나님께서 예루살렘을] 안티오코스

로부터 깃딤의 우두머리들에 이르기까지 이어지던 그리스 왕들의 손에 넘겨주지 않으셨기 때문이다. 그러나 나중에 예루살렘은 그들의 발에 짓밟힐 것이다(4QpNah I).

여기 나오는 안티오코스는 안티오코스 4세 에피파네스(기원전 175-164년 통치)이며, 키팀의 지배자들은 로마인들이다. 데메트리오스는 셀레우코스 계보로 안티오코스와 기원전 63년에 일어난 로마인의 침공 중간에 다스렸던 데메트리오스 3세를 지칭한다. 예루살렘은 안티오코스에게 약탈을 당했지만, 그 이후부터 기원전 63년에 폼페이우스 장군의 진격이 있기까지는 추가적인 점령을 피할 수 있었다.

"본문의 해석은 이렇다. 이 구절은 매끄러운 것을 추구하고 사람을 산 채로 목매다는 자들에게 [복수를 행할] 사나운 젊은 사자에 관한 말씀이다"(4QpNah I). "매끄러운 것을 추구하는 자들"은 종종 바리새인을 가리킨다. 사자는 하스몬 계보의 알렉산드로스 얀나이오스 왕을 가리킨다고 보는 학자가 많다. 요세푸스에 따르면 알렉산드로스 얀나이오스는 그의 대적들이 데메트리오스 3세와 결탁해서 자신을 몰아내려고 했다는 명목으로 팔백 명을 십자가형에 처했다(*Ant.* 13.380-83; *J.W.* 1.96-98). 요세푸스는 다른 곳에서 바리새인들이 얀나이오스에게 강한 반감을 보였다고 기록한다(아래 6장을 보라).

메시아적 석의

사해사본에서 "메시아"는 통상 하나님의 말씀을 전한 과거의 인물들, 주로 예언자들을 가리켜 사용된다(예. CD II, V-VI; 1QM XI). 그러나 우리는 메시아를 이스라엘의 종말론적 지도자를 지칭하는 용어로 사용하는데, 그는 종말을 가져오거나 하나님께서 이스라엘과 세계를 회복시키실 때 함께하는 자다. 쿰란 문서에는 종말론적 메시아가 둘 나타나는데, 하나는 제사장이고 다른 하나는 평신도로, "아론과 이스라엘의 메시아들"이라고 불린다(1QS IX; 1QSa II; CD VII). 둘 중에서 제사장이 더 지배적 위치를 점한다.

메시아 선집(4QTest[4Q175])

앞서 살펴본 문서들 외에도 메시아에 대한 대망을 담은 문서가 여럿 있다. 「메시아 선집」(*Messianic Anthology*) 혹은 「증언집」(*Testimonia*; 「증언」[*testimonium*]은 어떤 논점을 입증하는 글들의 선집이다)은 장래에 도래할 세 사람에 관해 이야기하는 성경 본문을 수집한 글이다. 첫 인물은 모세와 같은 미래의 예언자, 둘째는 제왕적 메시아, 셋째는 제사장적 인물이다. 이런 기대는 앞서 언급된 1QS IX의 경우와 유사하다. 여기서 예언자에 대한 본문은 신명기를 인용하여 묘사한다.

> 내가 그들의 형제 중에서 너와 같은 선지자 하나를 그들을 위하여 일으키고 내 말을 그 입에 두리니, 내가 그에게 명령하는 것을 그가 무리에게 다 말하리라. 누구든지 내 이름으로 전하는 내 말을 듣지 아니하는 자는 내게 벌을

받을 것이요(신 18:18-19).

이 구절은 사도행전 3:17-26에서 예수에게 적용된다. 또 다른 성경 구절은 민수기로부터 인용되는데, 우리는 이 구절이 1QM XI에서 메시아와 관련되어 해석되었음을 앞에서 이미 살펴보았다.

한 별이 야곱에게서 나오며 한 규가 이스라엘에서 일어나서
모압을 이쪽에서 저쪽까지 쳐서 무찌르고 또 셋의 자식들을 다 멸하리로다
(민 24:17).

예언자에 이어 제사장은 레위 지파의 축복(신 33:8-11)을 통해 등장한다. 레위 지파의 제사장들은 하나님께 바친 순종으로 칭송을 얻는다. 그들은 제물을 드리고 토라를 해석할 책임을 부여받는다.

「증언」(*testimonium*)은 여호수아 6:26을 인용하며 마치는데, 본래 여리고의 재건을 금지하는 이 구절이 여기서는 예루살렘의 종교 권력을 비판하는 데 쓰인다.

종말에 관한 미드라쉬(4QFlor[4Q174])

이 문서는 사무엘하와 시편 구절들을 다룬 해석이다. 사무엘하 7장의 유명한 구절, 곧 하나님께서 예루살렘에서 이스라엘과 함께 거하시겠다는 약속은 출애굽기 15:17-18, 즉 성소를 세우신 하나님에 대한 칭송과 만난다. 이 본문에서 그 구절들은 모두 쿰란 공동체의 시작에 관한 것으로 해석되며, 쿰란 공동체는 성전으로 이해된다. "주께서는 사람들에게 그분을 위한 성전을 짓도록 명하셨다. 그곳에서 그들은 율법의 열매를 향기

로운 연기처럼 올려드리게 될 것이다."

그다음에는 사무엘하 7장이 이어지는데, 이는 다윗의 아들이 이스라엘의 왕위에 앉을 것이며 그의 아들이 하나님의 아들이 되고 하나님이 그의 아버지가 되리라는 약속을 상기시킨다. 이 구절은 다음과 같이 해석된다. "그는 다윗의 가지이며 율법의 해석자와 더불어 [종말에] 시온을 [다스리리라]." 이는 두 메시아에 대한 기대를 나타낸다.

이어서 시편 1편, 이사야서, 에스겔서에서 도출된 본문들을 통해 예루살렘의 제사장들을 정죄하는 내용이 이어지는데, 쿰란 종파를 반대하는 사독의 아들들이 명시된다. 따라서 사독 계열의 제사장들이 모두 쿰란 공동체에 속하지는 않았다는 것이 확인된다.

마지막으로 "주와 그의 메시아에 맞서는" 이방인들의 반란을 말하는 시편 2편이 인용된다. 이 구절은 마지막 때에 있을 "이스라엘의 택한 백성"—이들은 "모세의 율법을 온전히 행하는 자들"이라고 불린다—과 그들의 적들 간의 전쟁을 가리키는 것으로 해석된다.

메시아 묵시록(4QMessAp[4Q521])

쿰란이 묵시적 공동체였음에도 불구하고 그들이 직접 쓴 묵시문학의 증거는 그곳에서 발견되지 않았다. 다니엘서와 에녹 문헌들은 그들 가운데서 많이 유통되었는데, 4Q521의 경우에는 그것이 묵시문학인지를 놓고도 학자들 간에 논쟁이 이어지고 있다. 흥미로운 것은 이 짧은 글 안에 "갇힌 자를 풀어주고 눈먼 자를 눈뜨게 하며 [굽은] 자를 곧바로 펴주는 분"이 언급되었다는 점이다. 그는 "상한 자를 고치고, 죽은 자를 되살리며, 가난한 자에게 좋은 소식을 전할 것이다." 이런 내용은 시편 146:7-8과 이사야 61:1을 곧바로 연상시킨다. 본문에서 이런 기적을 행하는 주체가 하나님인지 메시아인지는 분명치 않지만, 메시아의 도래와 이런 표적의 발생을 연결한 것은 신약성경이 예수에 관해 언급한 것과 흥미로운 비교를 이룬다.

감사 찬송(1QH)

버미스의 분류에 따르면 약 스물다섯 편의 시가 이 선집에 속하는데, 이 시들은 구약 시편의 언어와 양식 및 사상을 반영한다. 쿰란 종파가 이런 찬송시들을 공동체의 예배에서 사용했을 가능성은 충분하다. 이 시들은 그 양식의 분류상 개인 감사시에 해당하며, 그중 다수는 의의 교사가 자신이 속했던 무리에게 배신당하고 적수들의 핍박을 받았던 경험을 묘사한다. 버미스의 분류에 의하면 1, 2, 7-11편이 이에 해당한다. 의의 교사가 직접 이 찬송시들을 작시했을 가능성이 있지만, 확실하게 알기는 어렵다.

이 찬송시들에 따르면 하나님은 모든 것을 미리 아시며 만사가 그의 율법에 따라 움직인다. 이 시들은 자주 인간과 하나님을 대조시켜 묘사한다. 아래 시를 쓴 시인은 자신의 이성을 통해서가 아니라 하나님의 자비로운 계시를 통해 사물의 참된 이치를 깨달았다는 서문을 첨부한다.

> 이상의 일들을 나는 당신께서 주신 지식을 통해 알고 있습니다. 왜냐하면 당신께서 내 귀를 열어주셔서 경이로운 신비들을 깨닫게 하셨기 때문입니다. 내가 비록 흙으로 만들어진 피조물이요, 물로 만들어진 존재요, 부끄러움의 원천이요, 부정함의 근원이요, 불법의 그릇이요, 죄로 만들어진 존

> 재요, 지식을 갖지 못한 오류와 부패의 영이요, 당신의 의로운 판단들로 인해 두려움을 느끼는 존재이지만 말입니다. 알려지지 않은 것을 내가 어찌 말할 수 있겠습니까? 말하여지지 않은 것을 내가 어찌 선언할 수 있겠습니까? 모든 것이 당신 앞에서는 끝없이 계속되는 시대와 예정된 순간들의 영원한 순환 속에서 기억의 철필로 새겨져 있습니다. 그것들은 당신 앞에서 숨겨지거나 없어지지 않을 것입니다(1QH IX).

시인은 하나님께서 자신의 죄를 씻어주시고 그를 천사들과 사귀게 해주셨다고 말한다. 그는 하나님께서 허락하신 은밀한 지식의 도움을 입어 진실을 알렸지만, 그로 인해 죄인들에게 핍박을 받는다. "그러나 의로운 선민을 향해 당신은 나를 깃발처럼 높이시고 놀라운 신비를 분별하는 해석자로 세우셨나이다"(1QH X). 토라의 해석을 둘러싼 불일치가 관건이라는 것은 뒤따르는 시행에서 명백해진다. "오류를 범하는 해석자들에게 나는 대적이지만, 진실을 보는 이들에게는 [화평의 사람]입니다." 시인을 반대하고 그에게 계시된 메시지를 대적하는 자들은 하나님의 대적이자 벨리알의 무리로 여겨진다.

버미스는 이 찬송시들의 두 가지 주제가 지식과 구원이라고 파악한다(*CDSSE* 244). 하나님의 뜻을 알고 복종함으로써 시인은 벨리알의 운명으로부터 건져져 천사들의 동류가 된다.

> 주님이시여, 당신께서 내 생명을 지옥으로부터 건져주시고 아바돈의 스올로부터 나를 무한히 높은 곳으로 올려주심으로써, 내가 끝없는 평지 위로 걸을 수 있게 하셨기에 감사를 드립니다. 그리고 나는 당신께서 영원한 공동체를 위해 티끌로부터 만드신 자에게 희망이 있다는 것을 알고 있습니다. 당신께서는 타락한 영을 무수한 반역행위로부터 정결케 하심으로써, 그가

> 거룩한 자들의 무리와 함께 서게 하시고 공동체에 들어가 천국의 아들들의 회중에 들게 하셨습니다(1QH XI).

여기서 "천국의 아들들"은 천사들을 가리킨다. 묵시문학에서 의인은 종종 의로움의 보상으로 천사들과 함께 거하는 특권을 부여받는다. 이 구절은 곧바로 "하지만 흙으로 지음을 받은 나는 과연 어떤 존재란 말인가?"라는 글로 이어진다.

시인은 "매끄러운 것을 추구하는 자들"을 심하게 비난하는데, 이는 그들이 이스라엘을 토라로부터 멀어지게 만들기 때문이다.

> 그러나 그들은 거짓을 도모하는 자들이요, 속임수를 쓰는 자들입니다. 그들은 나를 대적하여 악한 일을 계획했습니다. 당신께서 내 마음속에 새겨 놓으신 율법을 바꾸려고 말입니다. 그들은 당신의 백성에게 거짓된 가르침을 전했습니다. 그들은 목마른 자들에게 지식의 물을 주지 않았으며, 그들이 목마를 때 그들에게 식초를 주어 자기들의 잘못을 느끼게 했습니다. 그 결과 그들은 자기들의 잔치 자리에서 어리석게 행동함으로써 그들이 쳐놓은 그물에 빠져들 것입니다(1QH XII).

매끄러운 것을 추구하는 자들은 교사들(아마도 바리새인들)이며, 그들의 교훈은 토라의 해석 중에서도 절기의 준수 문제와 관련된다. 시인은 그들도 하나님을 추구한다는 것을 인정하지만 "그들은 두 마음을 품고 당신을 찾으며 당신의 진리에 비추어 승인받지 못하나이다"라고 노래한다. 쿰란 종파가 토라에 관해 매우 엄격한 해석을 고수한 것에 비추어볼 때 그자들이 추구한 "매끄러운 것"은 지키기 쉬운 방식의 토라 해석이었을 것이다. 특히 절기의 준수와 관련해 전개된 표준 달력의 문제를 상기해볼 필요가 있다. 쿰란 종파는 대적들을 향해 그들이 진리를 받아들이지 않으며 다른 이들도 받아들이지 못하도록 한다고 비난하는데, 이는 "바리새인들이여, 너희는 천국문을 사람들 앞에서 닫고 너희도 들어가지 않고 들어가려 하는 자도 들어가지 못하게 하는도다"(마 23:13)라는 예수의 꾸짖음과 유사하다. 예수의 꾸짖음과 쿰란 종파의 비난은 제2성전기 후기 유대교를 특징짓는 종파 간의 논쟁을 반영한다.

이 시인의 삶은 아마도 의의 교사가 걸었던 것과 마찬가지로 험난했을 것이다. 그는 이스라엘에서 다른 대적들의 맹비난에 직면했을 뿐만 아니라 그가 속한 종파 구성원 중에서도 그를 배신하는 이들이 있었다(앞에서 제시한 「하박국 주석」을 보라).

> 그러나 나는 [내 경쟁자들의 비방]의 표적이 되었으며, 내 친구들을 향한 분쟁과 논쟁의 원인이 되었고, 내 언약에 참여한 자들에게는 시기와 분노가, 그리고 나의 모든 동료에게는 도전과 불평이 닥쳐왔습니다. 내 음식물을 [먹는 자들조차도] 나를 발로 찼습니다. 내 공의회에 속한 자들 모두가 불의한 혀로 나를 조롱했습니다. 내 [언약]에 속한 자들은 반역하고 나에 대한 불평에 가득 차 있습니다. 그리고 당신께서 내 안에 감추신 신비에 대해 그들은 파멸의 자식들에게 비방하고 다닙니다(1QH XIII).

이 시에서는 시편 41:9의 잔향이 느껴진다. "내가 신뢰하여 내 떡을 나눠 먹던 나의 가까운 친구도 나를 대적하여 그의 발꿈치를 들었나이다." 요한복음 13:18은 가룟 유다가 예수를 배신하는 대목에서 이 구절을 인용한다.

하나님은 벨리알의 권세가 영속하도록 허락하지 않으실 것이다. 마지막 때 큰 전쟁이 일어나고 불의한 자들은 넘어질 것이다(1QH XIV). 의의 교사는 자신이 각 사람의 의로움과 불의함을 판단하는 기준이 될 것이라고 주장한다. "당신께서 심판의 자리에 앉으시고 저를 공격한 자들을 정죄하심으로써, 저를 통해 의인과 악인을 갈라 세우시리이다"(1QH XV).

결론

쿰란 공동체는 분파 즉 동시대의 종교적 문화를 공유하면서도 종교 권력을 확보한 기득권 세력에 맞서는 집단이었다. 쿰란의 사람들은 사해 변방을 찾아 은둔하면서 주의 재림을 대망했다. 그들은 그 땅의 죄를 씻는 대속의 제물을 드리고 종파의 창시자인 의의 교사와 공동체의 운영자들인 사독 계보 제사장들의 성경 해석에 따라 토라에 온전히 순종함으로써 주의 길을 예비했다. 쿰란의 제사장적 성격은 사독 계보의 제사장들이 주도한 계층구조는 물론 속죄와 정결을 강조한 그들의 신학과 제의 제도에 뚜렷이 드러난다. 쿰란 종파의 묵시적 세계관은 임박한 마지막 전투에 대한 기대, 자신들의 종파 창시자에게 비의적 계시가 주어졌다는 믿음, 그리고 명확히 구별된 선과 악의 투쟁이 지상의 영역에서 진행되고 있다는 초자연적 세계에 관한 상세한 믿음 등으로 표현된다. 사해사본의 발견과 해석은 일각의 예언처럼 기독교에 타격을 주지 않았다. 오히려 사해사본을 통해 공개된 풍부한 정보들은 기독교의 이해를 위한 비교연구는 물론 기원전 2세기 중엽부터 기원후 1세기에 이르는 기간의 유대교를 조명하는 풍부한 광맥을 제공했다.

참고문헌

Beall, Todd. *Josephus' Description of the Essenes Illustrated by the Dead Sea Scrolls.* SNTSMS 58. Cambridge: Cambridge University Press, 1988.

Brown, Raymond. "The Messianism of Qumran." *CBQ* 19 (1957): 53-82.

Callaway, Phillip R. *The History of the Qumran Community: An Investigation.* Sheffield, England: Sheffield Academic Press, 1988.

Charlesworth, James H. "The Origin and Subsequent History of the Authors of the Dead Sea Scrolls: Four Transitional Phases among the Qumran Essenes." *RevQ* 10 (1979-1981): 213-33.

Collins, John J. "Patterns of Eschatology at Qumran." Pages 351-75 in *Traditions in Transformation.* Edited by B. Halpern and J. D. Levenson. Winona Lake, Ind.: Eisenbrauns, 1981.

______. "Qumran." *AI.*

______. *The Scepter and The Star: The Messiahs of the Dead Sea Scrolls and Other Ancient Literature.* New York: Doubleday, 1995.

______. "Was the Dead Sea Sect an Apocalyptic Community?" Pages 25-51 in *Archeology and History in the Dead Sea Scrolls: The New York University Conference in Memory of Yigael Yadin.* Edited by L. H. Schiffman. Sheffield, England: JSOT Press, 1990.

Cross, Frank M. *The Ancient Library of Qumran.* Rev. ed. Grand Rapids: Baker, 1980.

Davies, Philip R. *Qumran.* Cities of the Biblical World. Guildford, England: Lutterworth, 1982.

Fitzmyer, Joseph A. *The Dead Sea Scrolls: Major Publications and Tools for Study.* 2d ed. Missoula, Mont.: Scholars Press, 1977.

Garcia Martinez, Florentino. *The Dead Sea Scrolls Translated: The Qumran Texts in English.* Leiden: Brill, 1994.

Garcia Martinez, Florentino, and Eibert Tigchelaar. *The Dead Sea Scrolls Study Edition.* 2 vols. Grand Rapids: Eerdmans, 1999.

Gärtner, Bertil. *The Temple and the Community in Qumran and the New Testament.* Cambridge: Cambridge University Press, 1965.

Hengel, Martin, James H. Charlesworth, and D. Mendels. "The Polemical Character of 'On Kingship' in the *Temple Scroll:* An Attempt at Dating 11QTemple." *JJS* 37 (1986): 28-38.

Knibb, Michael A. "The Exile in the Literature of the Intertestamental Period." *HeyJ* 17 (1976): 253-72.

Murphy-O'Connor, Jerome. "The Essenes and Their History." *RB* 81 (1974): 215-44.

Pleins, J. David. "Poor, Poverty: Old Testament." *ABD* 5:402-14.

Schiffman, Lawrence. *The Halakhah at Qumran.* Leiden: Brill, 1975.

______. "The New Halakhic Letter (4QMMT) and the Origins of the Dead Sea Sect." *BA* 53 (1990): 64-73.

Smith, Morton. "The Dead Sea Sect in Relation to Ancient Judaism." *NTS* 7 (1960-1961): 347-60.

Ulrich, Eugene, and James VanderKam, eds. *The Community of the Renewed Covenant: The Notre Dame Symposium on the Dead Sea Scrolls.* Notre Dame, Ind.: University of Notre Dame, 1994.

VanderKam, James C. *The Dead Sea Scrolls Today.* Grand Rapids: Eerdmans, 1994.

Vaux, Roland de. *Archeology and the Dead Sea Scrolls.* London: Oxford University Press, 1973.

Vermes, Geza. *The Complete Dead Sea Scrolls in English.* New York: Penguin, 1997.

Vermes, Geza, and Martin Goodman, eds. *The Essenes according to the Classical Sources.* Sheffield, England: JSOT Press, 1989.

Wilson, Bryan. *Magic and the Millenium: A Sociological Study of Religious Movements of Protest among Tribal and Third-World Peoples.* London: Heinemann, 1973.

______. *Patterns of Sectarianism: Organization and Ideology in Social and Religious Movements.* London: Heinemann, 1967.

제6장

서기관, 바리새인, 사두개인, 산헤드린

◆**일차자료**: 마태복음, 마가복음, 누가복음, 요한복음, 요세푸스의 저작들

예수의 이야기를 들어본 사람이라면 이 장에서 다룰 서기관, 바리새인, 사두개인이 귀에 친숙할 것이다. 그들은 우리가 오래전부터 알아온 "오랜 친구" 혹은 "오랜 적수"와도 같이 느껴진다. 하지만 우리는 실제로 그들에 대해 무엇을 알고 있는가? 어디서 그들에 관한 정보를 얻는가? 그리고 그 정보는 믿을 만한가?

그리스도인들은 대부분 사복음서에 기록된 예수의 이야기를 통해서만 제2성전기 유대교를 접한다. 하지만 이 복음서들을 탄생시킨 초기 교회는 예수를 메시아로 받아들이지 않은 유대인들을 향해 쓰디쓴 실망감을 느꼈고, 그들의 불신앙을 완고함, 죄, 거짓됨, 그리고 하나님의 뜻에 대한 고의적 반항의 행위로 묘사한다. 사실 복음서가 그리는 예수가 당시 유대인들이 가진 메시아의 "임무 내역"과 너무나 동떨어진 존재였다는 점에서 당대의 유대인들이 그를 메시아로 믿지 않은 것은 그리 놀랍지 않다. 게다가 초기 교회가 점점 비유대화되고 토라의 영향력에서 멀어지면서 유대인들의 회심 가능성은 더욱 희박해졌다. 유대인들에게 하나님의 토라를 거역한다는 것은 상상할 수도 없는 일이었기 때문이다.

초기 교회는 대다수 유대인이 이 문제를 자신들과 달리 바라본다는 사실 자체를 의아하게 생각했다. 그리스도인들은 이에 대응하기 위해 다양한 전략을 구사했는데, 그중 가장 눈에 띄는 방법이 성경으로부터 증거

를 구성하는 것이었다. 그들의 주요 전략 중 또 다른 하나는 예수에 대한 이야기를 쓰면서 유대인과 그 지도자들이 저열한 동기에서 예수에 맞서는 것으로 묘사하는 것이었다. 그 결과 서기관들과 바리새인들은 위선자들로, 제사장들과 장로들은 음흉한 모략가들로 그려졌고, 저잣거리의 유대인들은 조작에 쉽게 넘어가는 무지한 자들이자 악한 지도자들과 마귀들의 도구로 전락했다. 만일 우리가 사복음서에만 의존해 제2성전기 유대교를 파악한다면 틀림없이 매우 흉한 모습이 그려질 것이다.

구 소비에트 연방이 무너지고 냉전 시대가 종식되기 이전의 시기를 상상해보라. 만일 미국사를 가르치는 미국인 교수가 소련 역사학자가 기술한 책을 교과서로 채택하고 그것이 수업에서 사용될 유일한 역사자료라고 선언한다면 어떻겠는가? 설령 성적이 염려되어 항의 없이 침묵을 지키는 학생이라도 그런 수업 방식에 만족할 리는 없을 것이다. 그런 상황에서 전달되는 정보나 관점은 편향적일 수밖에 없을 테니까 말이다. 초기 교회가 예수에 대해 전한 이야기를 읽는 독자도 비슷한 상황에 부닥친다. 따라서 신약 저자들의 편향을 벗어나 예수를 받아들이지 않은 유대인들을 좀 더 공정하게 파악하기 위해서는 다른 자료들을 함께 살펴보아야 한다.

서기관

서기관이라는 직업

서기관은 읽고 쓰는 능력을 바탕으로 한 직업이다. 고대 세계에서 글을 읽고 쓸 줄 아는 사람은 소수였기 때문에 서기관의 기능은 매우 중요했다. 왕궁에서 농부들의 촌락에까지 지위 고하를 막론하고 관료 세계에는 서기관들이 포진하고 있었다. 촌락의 서기관들은 교육 수준이 낮았고 계약서 작성과 같은 단순한 업무만을 수행했지만, 통치자 주위에서 참모 역할을 하는 고위층 서기관들은 공식 문서와 다양한 역사 기록을 담당했다. 최상층 서기관 중에는 귀족 출신도 포함되어 있었을 것으로 추정되지만, 대다수 서기관은 중층 계급의 관료들이었다.

살다리니(Saldarini)는 그의 저서에서 고대 서기관들의 역할은 오늘날의 사회 관념상 "비서"(secretary)로 옮기는 것이 적절하다고 지적한다. 비서직은 사회 모든 계층의 다양한 조직에 두루 존재한다. 초등학교 학급의 비서격인 학급 반장과 국무장관(secretary of state) 간에는 큰 차이가 있다. 미국에서 다양한 위치의 비서직이 같은 당적이나 정치 신념을 공유할 리도 없다. "비서"라는 단어는 그 의미의 폭이 넓으며 직업군으로서의 비서가 수행하는 업무는 어느 정도 고대 세계의 서기관과 상통한다는 점에서 살다리니의 제언은 시사하는 바가 크다.

오늘날 비서들이 사회적·정치적 문제에 관해 단일한 견해를 갖지 않는 것처럼 고대 세계의 서기관들 역시 한 가지 관점을 공유하지는 않았다. 오늘날 전 세계의 비서들을 대표하는 단일한 조직이나 단체가 없는 것과 마찬가지로 고대의 서기관들 역시 균질적이고 단일한 집단으로 존재하지 않았다. 정부 고위층에 올라간 서기관은 소수에 불과했다. 자신들의 기량에 따라 높은 지위가 주어지기도 했지만, 서기관들은 항상 누군가의 지배 아래 있었으며 본질상 지배 계층을 섬기는 위치에 있었다. 고대 세계에는 서기관들을 훈련하는 학교가 있었고, 지위가 높은 서기관들은 글을 읽고 쓰는 수준을 넘어 폭넓은 교육을 받았다. 솔로몬은 이스라엘을 고대 근동의 여타 왕국들과 어깨를 겨누는 수준으로 변모시켰으며 그에 맞춰 서기관 계층을 발전시켰다(앞의 1장을 보라). 이 서기관들이 "현인들"이라는 별칭으로 불린 것은 솔로몬이 "현인"으로 명성을 누린 것과 연결하여 이해해야 할 것이다.

대부분의 유대인 집단에는 서기관들이 있었다. 토라의 해석을 중시한 바리새인들은 서기관들이었고, 토라의 해석을 중심으로 유지되었던 에세네파 역시 서기관들의 도움이 필요했다. 사해사본을 연구하는 학자들은 필체의 분석을 통해 사본을 작성한 서기관들을 개별적으로 식별하기까지 한다. 제사장 지배층은 물론 하스몬 왕조와 헤롯 왕조의 통치자들도 서기관을 고용했다. 묵시문학 역시 서기관들의 저작이나 복사를 통해 전승되었는데, 그중 일부는 예루살렘 권력층에 대해 비판적인 입장을 취하기도 했다.

서기관(Scribes)

히브리어, 그리스어 및 여타 언어에서 서기관이란 단어의 의미는 다양하고 시대에 따라 가변적이었다. 서기관들은 다양한 역할을 소화했다. 이것은 현대 영어에서 "secretary"라는 용어가 타자수에서 정부 고위직에 이르는 다양한 역할에 두루 사용되는 것과 유사하다. 셈족 언어와 그리스어 자료들은 모두 서기관이 중간 계층의 관료임을 보여주는데, 사도행전에서 한 성읍의 평의회장을 가리켜 이 단어를 쓴 것이(행 19:35) 그 예다(Saldarini, "Scribes," 1012).

유대교 저작물들

유대교 저작물에서 서기관들은 자주 토라와 연관된다. 그들은 성스러운 전승을 기록하고 편집하며 보존하고 전달하는 책임이 있었을 뿐만 아니라 그 전승으로부터 성경이 출현하는 데에도 관여했다. 율법을 가르치는 일 역시 서기관들의 업무였다. 이스라엘 역사상 가장 유명한 서기관인 에스라는 기원전 4세기 초에 페르시아로부터 유대 땅으로 토라를 가져왔다. 토라의 교육은 제사장의 임무이기도 했는데 에스라 역시 제사장이었다는 것은 의미심장하다. 이는 에스라가 제사장과 서기관이라는 두 역할이 겹쳐지는 지점에 있었음을 알려준다.

앞서 3장의 결말에서 우리는 「집회서」 38-39장을 사용하여 상류층 서기관의 역할을 이해하는 실마리를 찾았다. 「집회서」는 서기관들이 다른 직업에 눈을 돌려서는 안 된다고 말하는데, 그렇게 되면 그들이 연구할 시간을 확보하지 못하기 때문이다. 서기관이라면 토라와 더불어 고대의 지혜와 예언 및 잠언은 물론 위인들의 어록을 연구하고, 지배 계급 곁에 있으면서 조언을 해주며, 외국을 다니며 그 나라의 지혜를 학습할 뿐만 아니라 하나님의 영감을 구해야 한다.

기원후 200년 무렵부터 출현한 랍비 문헌에서는 서기관들이 종종 단순히 사본 필경사로 나오지만, 그들은 법률 전문가이기도 했다. 법적 문제에 대한 그들의 결정은 권위가 있었으나 성경과 같은 영향력은 지니지 않았다.

기원후 1세기에 활동한 유대인 역사가 요세푸스는 서기관들이 관료 집단의 곳곳에서 일하고 있었다고 증언한다. 요세푸스의 저작물에서 서기관들은 단일한 집단으로 보이지 않는다. 요세푸스는 서기관들을 분명하게 토라와 연결시키지도 않는다. 요세푸스는 그들에게 "성전의 서기관들"이라는 집단명칭을 부여한다(*Ant.* 11.128; 12.142). 로마와의 전쟁에서 (기원후 66-70년) 반군들은 다수의 유력 인사를 처형했는데, 그중에 서기관이 있다. "그 후 명사 마스발루스의 아들인 제사장 아나니야, 산헤드린의 서기관인 엠마오 출신 아리스테우스 외에도 유명인사 15명이 처형되었다"(*J.W.* 5.532). 그 도시에서 가장 유력한 인사들과 함께 이름이 언급된 것으로 보아 서기관 아리스테우스 역시 상류층에 속한 사람이었을 것으로 짐작된다. 비록 그런 지위가 그의 목숨을 앗아가는 비극적 결과를 초래했지만 말이다.

신약성경

신약성경은 고대 유대교의 서기관들을 예수에게 대적한 단일한 그룹으로 다루며(막 12:28-34은 예외다), 유대인 지도자 그룹들 가운데 존재한 차이점들에는 거의 관심을 두지 않는다. 신약성경은 서기관과 관련된 역사적 정보를 일부 포함하고 있지만, 우리는 그 정보들을 비평적으로 다루어야 한다.

복음서는 서기관들을 토라와 관련짓고 정부와도 연관시킨다. 살다리니는 복음서에 나타난 서기관의 역할에 관해 이렇게 기술한다.

> 복음서는 서기관들과 예루살렘 정부 사이의 관계성에 대해 신뢰할 만한 증언을 들려준다. 그들은 제사장들의 조력자로서 법사과정에 관여했고, 유대인의 풍습 및 법을 유지했으며, 산헤드린과 지속적인 협력 관계에 있었던 것으로 보인다. 서기관에 관한 복음서의 전승들은 전쟁 전후에 여러 곳에 산재했던 지역 관료들이 초기 기독교 공동체들을 향해 지녔던 적대감과 아울러 아마도 예수를 향해 품었던 반감을 반영하는 것으로 보인다(*Pharisees*, 268).

바리새인

신약성경은 바리새인들을 매우 나쁘게 묘사하는데, 이것이 오늘날 우리가 "바리새인"에 대해 갖는 부정적 인식의 토대가 되었다. 만일 우리가 누군가를 바리새인이라고 부른다면, 그것은 모욕적인 언사다. "바리새인"은 "위선자"와 실질적인 동의어가 되었는데, 위선자는 신약성경이 묘사하는 바리새인의 모습을 상당히 잘 포착한 단어다. 그러나 역사적 연구는 이런 호칭의 적절성에 관한 판단을 내리지 않는다. 위선의 여부는 사람의 내적 동기에 의해 결정되는데, 2천 년 전에 살았던 사람들의 마음을 판단할 수는 없기 때문이다. 그럼에도 불구하고 동시대 유대인들의 일상생활에서 하나님의 뜻을 실현하겠다는 어렵고 고상한 목표를 품은 수천 명의 종교인 집단이 하나같이 위선자였다고 생각하는 것은 아마도 치우친 판단일 것이다. 제2성전기 유대교와 역사적 예수에 관한 연구가 공정성과 학문적 정확성을 담보하기 위해서는 바리새인들은 모두 위선자였다는 식의 입증되지 않은 과격한 가정들을 먼저 내려놓아야 한다.

우리는 바리새인들이 예수 당시에 갈릴리와 유대 지역에서 가장 두드러진 정치세력이었다는 인상을 받기 쉬우나, 이것 역시 사실과 다르다. 예수가 활동하는 동안 바리새인들은 직접적으로 정치력을 행사하는 세력이 아니었고 그들의 영향력도 제한되어 있었다. 물론 개인적으로 명망과 권세를 지닌 바리새인들이 있었던 것은 사실이지만 말이다. 바리새인들이 자신들의 힘으로 예수를 죽음으로 몰아넣었을 가능성도 대단히 희박하다. 신약성경을 자세히 읽어보면 예수의 생애 마지막에 예루살렘에서 전개된 일련의 사태에서 바리새인들이 행사한 영향력은 대단히 미미함을 알 수 있다.

바리새인들에 관한 세간의 인식을 바로잡아야 하는 이유는 여러 가지가 있다. 첫째, 바리새인들은 제2성전기 유대교의 중요한 구성요소이므로 그 시대를 정확히 이해하려면 오류를 제거해야 한다. 둘째, 현대 그리스도인들이 예수 당시의 유대인들에 관해 가진 편견은 주로 바리새인들에 관한 부정적 인식에 근거한다. 근거가 빈약한 통념을 제거하려면 바리새인들에 대한 재검토가 필요하다. 셋째, 바리새인들에 관한 무지나 편견은 역사적 예수에 관한 이해에도 왜곡을 가져온다. 넷째, 바리새인들은 기원후 70년에 로마가 성전을 파괴한 이후 유대교를 재건하는 데 결정적인 역할을 담당했다. 그들의 노력이 결국 랍비 유대교를 일으켰으므로 오늘날 유대교는 바리새인들에게 많이 빚지고 있다.

바리새인들을 다루는 주요 사료는 요세푸스, 신약성경, 그리고 랍비 문헌이다. 이 셋 중 어느 것도 객관적이지 않다. 요세푸스는 자신이 바리새인이라고 주장하고, 신약성경은 바리새인을 예수의 반대세력으로 그리며, 랍비들은 바리새인들을 자신들의 선조로 여긴다. 이런 이해관계는 이 사료들의 중립성을 의심하게 하므로 우리는 이 사료들을 비평적으로 조사해보아야 할 것이다.

요세푸스

요세푸스는 바리새파, 사두개파, 에세네파에 관해 자주 이야기한다(요세푸스 개인에 관해서는 아래 8장을 참조하라. 에세네파는 앞서 5장에서 논의되었고, 사두개파는 아래 지면의 "사두개파" 항목에서 설명된다). 에세네파는 예루살렘의 정치 및 종교계와 거리를 두었다는 점에서 다른 두 집단과 구별된다. 쿰란 종파주의자들은 여타 이스라엘과 분리되어 지냈고, 자신들의 저작물 외에도 방대한 문서들을 남겼다는 점에서 특별하다. 사두개파나 바리새파의 경우는 그들의 저술로 확실히 인정할 만한 글이 남아 있지 않다.

철학자이자 전통의 해석자로서의 바리새인. 요세푸스는 그 자신을 유대 세계와 비유대 세계의 연결자로 여긴다. 유대인과 유대교에 대해 말하는 대목에서 요세푸스는 헬레니즘에 익숙한 독자들이 이해할 수 있는 용어를 구사한다. 그는 팔레스타인 유대인 사회가 사두개파, 바리새파, 에세네파의 세 집단으로 나뉜다고 설명한다. 그가 사용한 그리스어 하이레시스(*hairesis*)는 종종 "분파 혹은 종파"(sect)로 번역되지만, 그것은 요세푸스의 의도와 들어맞지 않는다. 종교사회학적으로 분파 혹은 종파는 지배적 위치에 있는 종교집단에 의식적으로 반대하는 소수 종교집단을 가리킨다. 하지만 헬레니즘 세계에서 하이레시스는 영향력 있는 헬레니즘 철학 가운데 한 가지를 지칭할 뿐이어서 "학파"(school)로 번역하는 것이 적절하다.

아래 인용문에는 요세푸스가 유대교의 집단들을 헬레니즘에 익숙한 독자들에게 설명하면서, 모종의 철학적 문제들에 대해 어떤 입장을 보였는지에 따라 집단들을 정의하고 있음이 드러난다. 인용문의 출처는 요세푸스의 주작인 『유대전쟁사』(*Jewish War*)와 『유대고대사』(*Jewish Antiquities*)다.

> 바리새파는 유대 종파 중 첫 번째로 생긴 종파로서 율법에 가장 능통하다고 인정된 자들이었다. 바리새파는 만사를 운명과 하나님께 돌렸다. 그들은 운명이 인간의 모든 행동에 관여한다고 주장했음에도 불구하고 선과 악을 행할 수 있는 의지는 주로 인간의 능력에 있음을 인정하였다. 바리새파는 모든 영혼은 썩지 않는다고 주장하였으며 선인의 영혼만이 육체를 떠날 뿐 악

인의 영혼은 영원한 심판을 당하게 된다고 믿었다(*J.W.* 2.162-163).[1]

바리새파는 인간의 모든 행위가 아니라 일부 행위만이 운명(fate)의 작용이며, 일부의 인간 행위는 인간의 능력 안에 있는 것으로서 운명 앞에 무기력하기는 하나 결코 운명에 의해 움직여지는 것이 아니라고 주장하였다. 한편 에센파는 운명이 모든 것을 지배하며 운명이 아닌 것은 인간사에 일어나지 않는다고 단언하였다. 이와는 달리 사두개파는 운명이란 것은 존재하지 않으며 인간사는 결코 운명에 달려 있지 않다고 이야기한다. 따라서 사두개파는 우리의 모든 행위는 우리의 능력 안에 있는 것으로 우리 자신이 선의 원인이 되기도 하고 우둔함으로 인해 악의 원인이 되기도 하는 것이라고 강조한다(*Ant.* 13.172-173).[2]

그들은(바리새인) 이성의 행위를 좇았으며 이성이 유익하다고 규정한 것은 무엇이든지 따랐다. 그들은 이성(理性, reason)의 명령을 실천에 옮기기 위해서 최선을 다 기울여야 한다고 생각했다. 바리새파는 노인들에게 경의를 표하였으며 선조 적부터 내려오는 전통은 감히 바꾸려고 하지 않았다. 그들은 만물이 운명에 의해 움직여진다고 믿으면서도 인간으로부터 옳다고 생각되는 것을 행할 수 있는 자유를 박탈하지는 않았다. 바리새파는 하나님의 뜻을 행하는 것이 하나님을 기쁘시게 하는 것이나 인간의 의지는 악을 행할 수도 있고 선을 행할 수도 있는 것이라고 믿었다. 그들은 또한 영혼에는 불멸의 힘(immortal vigour)이 있어서 몸이 흙 속에 파묻혀도 이 세상에서 선

---

1 플라비우스 요세푸스, 『요세푸스 III: 유대전쟁사: 예루살렘 함락사』, 김지찬 역 (서울: 생명의 말씀사, 2008), 203.

2 플라비우스 요세푸스, 『요세푸스 II: 유대고대사: 고레스원년부터 로마 총독 플로루스까지』, 김지찬 역 (서울: 생명의 말씀사, 2008), 153.

하게 살았는지 악하게 살았는지 여부에 따라 상벌을 받게 되는데, 선하게 살았을 경우에는 소생하여 다시 살 수 있는 능력을 받게 되고 악하게 살았을 경우에는 영원한 감옥에 갇히게 된다고 믿었다. 이런 교리들 때문에 바리새파는 유대인들에게 큰 영향력을 행사할 수가 있었다. 유대인들은 하나님께 제사를 드릴 때나 기도를 할 때나 희생을 드릴 때에는 바리새인들이 시키는 대로 하였다. 바리새파는 삶의 모습에서나 가르침에 있어서 온전한 덕이 있었기 때문에 백성들은 그들을 크게 존경하였다.…

관직을 차지한 [사두개인들은] 바리새인들의 규칙을 마지못해 따랐는데, 이것은 전적으로 그들이 그렇게 하지 않을 경우 야기될 대중의 반발이 두려워서였다(*Ant*. 18.12-15, 17).[3]

이 세 구절에서 공통된 주제는 자유의지에 맞서는 운명인데, 이것은 태고로부터 철학자들과 신학자들을 괴롭혀온 주제이자 오늘날도 우리를 놓아주지 않는 문제다. 개인주의에 익숙한 미국인들은 자기 자신이 운명의 주인이라고, 즉 모두가 자신의 자격에 합당한 만큼 받아 누린다고 생각한다. 그러나 우리는 자기 능력을 넘어서는 요소들을 인정해야 한다. 이 두 관점 간의 긴장은 정치와 공공정책에까지 영향을 미친다. 진보 측과 보수 측이 범죄자의 책임이 어디까지인지에 대해, 즉 범죄를 자신의 자유의지를 행사한 범죄자의 책임으로 볼지 아니면 그가 어쩔 수 없이 범죄를 저지르게 한 사회적 요인들을 고려해야 할지를 놓고 격돌하는 것이 한 가지 예다. 한 사람의 유전자와 그가 받은 양육 중 어느 편이 더 큰 영향을 주는가라는 논쟁 역시 그 파급 효과가 크다.

---

3 앞의 책, 497.

물론 고대인들은 오늘날의 심리학이나 유전학 혹은 법정 이론의 전문가와는 거리가 멀었다. 하지만 그들은 삶의 예리한 관찰자였고, 인간이 통제하는 영역의 내부 및 외부의 요인들이 빚어내는 긴장을 잘 이해했다. 어떤 이들은 운명이 모든 것을 지배한다고 믿었고, 다른 이들은 인간이 자신의 운명을 스스로 만들어가는 자유로운 존재라고 생각했다. 하지만 그때나 지금이나 진실은 양극단 사이 어느 지점에 있게 마련이다. 이런 논쟁은 종종 종교의 옷을 입고 행해졌는데, 헬레니즘 철학자들은 신들이 인간의 역사에 관심이 있는지를 놓고 토론을 벌이곤 했다. 스토아 학파는 하나님의 섭리(인간사에 대한 감독)를 지지했지만, 에피쿠로스 학파는 그것을 부인했다. 요세푸스는 『자서전』(*Life*) 12장에서 바리새인들이 스토아 학파와 유사하다고 기록한다.

『유대고대사』 13장은 유대교의 세 집단에 저마다의 철학적 특성을 부여하는데, 에세네파는 철저한 운명론자의 입장이지만, 사두개파는 운명을 부정하며 바리새파는 그 중간쯤에 위치한다고 설명한다. 그러나 팔레스타인에 거주하는 유대인들이 그런 표현들을 구사하지는 않았다. 요세푸스는 에세네파가 운명을 "만물의 주재"(mistress of all things)로 이해했다고 기록한다. 아마도 그는 쿰란 종파가 유지했던 묵시적 숙명론을 염두에 두었을 것이다. 요세푸스의 글에서 운명을 거부하고 자유의지를 중시한다고 묘사된 사두개파는 흔히 메시아의 도래를 기다리는 소망뿐 아니라 묵시적 기대에 대해서도 부정적이다. 그들에게 있어 인생의 상벌은 각자의 행실에 따른 보상이며 내세가 아닌 현세에서 이루어진다. 바리새인들은 묵시적 세계관과 개인의 운명에 관해 동조적이었고 하나님과 사탄 사이에서 설 자리를 택하는 개인의 자유를 인정했다. 심지어 묵시사상 내에서도, 근원적 숙명론에도 불구하고, 각 개인은 자유롭게 하나님께 대한 순종 여부를 선택할 수 있다. 요세푸스는 내세에 관한 믿음도 언급한다. 바리새인들이 내세를 믿었다는 요세푸스의 묘사는 아마 부활 개념을 염두에 둔 것으로 보인다.

『유대전쟁사』 2권에서 요세푸스는 바리새인들이 "율법의 가장 정확한 해석자들"이라고 칭찬한다. 앞서 언급된 『유대고대사』 18.12에는 바리새인들의 태도가 이렇게 묘사된다. "그들은 그들의 교리에 따라 선한 것으로 인정된 원리들을 따라 산다. 그들은 그러한 계명들을 지키는 것을 가장 중요하게 생각한다." 요세푸스는 앞에 나오는 장에서 "이전 세대들이 전수해준 수칙들 중 모세의 율법에 기록되지 않은 내용들을 바리새인들이 백성에게 전해주었다"라고 기록한다(*Ant.* 13.297). 여기서 논지는 토라의 해석이다. 바리새인들은 광범위한 전승을 체계화했으며 최소한 바리새파 안에서는 그 권위를 숭상했다. 이 전승은 후대 랍비들의 시대에 "구전 토라"(Oral Torah)로 이어졌다. 랍비들은 구전 토라를 시내산에서 모세에게 주어진 계시의 일부이지만 기록되지 않은 채 구전으로만 전수된 것으로 인정했다.

사회적·정치적 세력으로서의 바리새인. 요세푸스가 바리새인을 바라보는 관점이 시간이 흐르며 변해갔는가? 이것은 요세푸스라는 인물을 이해하기 위해서라기보다 그가 바리새인들의 사회적 역할에 관해 서술한 내용을 이해하기 위해 흥미로운 질문이다. 바리새인에 관한 요세푸스의 서술은 『유대전쟁사』(기원후 75년경)와 『유대고대사』(기원후 94년경) 두 곳에 나오는데, 『전쟁사』보다는 『고대사』의 기록이 바리새인들의 정치적 세력을 더 두드러지게 묘사한다. 이런 변화는 과거 랍비 집단의 유력한 구성원이었던 바리새인들이 90년 무렵에는 로마 정부를 위해 일하는 이스라엘 관료집단의 역할을 자임하고 나섰던 상황에 기인한다. 요세푸스는 바리새인들의 이런 시도를 지지했고 로마인들에게 바리새인들이 그런 역할을 담당할 적임자로 보이도록 하는 방식으로 자신의 저술을 조율했을 가능성이 있다. 그렇다면 『전쟁사』와 『고대사』가 불일치할 경우, 최소한 바리새인의 정치세력에 관한 불일치가 노출되는 지점에서는 『전쟁사』가 사실에 더 부합한다고 판단하는 것이 옳을 것이다.

『유대고대사』 18.11-17(앞의 인용문을 보라)에 의하면 바리새인들은 주도적 위치에 있었으며 토라의 해석에서 권위를 누렸다. 그러나 이런 묘사는 주의 깊게 살펴야 한다. 우리가 나중에 살펴보겠지만 이 시점에 유대의 지배 계층은 사두개인들이었는데, 그들이 바리새인들의 성경 해석이 자신들을 구속하도록 허용했을 것 같지는 않다. 요세푸스의 기록에 따르면 유대인들이 반로마 저항운동에 이르는 동안 바리새인들은 거의 아무런 역할을 하지 않았고 전쟁사에 묘사된 항쟁에서도 집단행동을 취하지 않았다.

정치권력과 영향. 요세푸스가 바리새인에 대해 왜곡된 진술을 했다는 것은 합리적 의심이다. 요세푸스는 남편 알렉산드로스 얀나이오스(기원전 103-76년 통치)의 왕위를 계승한 알렉산드라 살로메(기원전 76-67년 통치)에 관해 두 군데 기록을 남겼는데, 그중 더 이른 자료인 『유대전쟁사』 1.107-114에서는 알렉산드로스 얀나이오스가 죽으면서 왕위를 아내에게 물려주었으며, 살로메가 "유대의 국가적 전통을 매우 엄격하게 준수했고 신성한 율법을 어기는 자들에게 직위를 주지 않았다"라고 기록한다(*J.W.* 1.108). 그의 계속되는 진술을 보라.

> 한편 바리새파는 알렉산드라가 나라를 통치하는 것을 적극적으로 도왔다. 바리새파는 다른 이들보다 더 종교적이었을 뿐 아니라 율법을 더 정확히 해석하려고 애쓴 유대 종파 가운데 하나였다. 알렉산드라는 하나님을 열성

적으로 섬기려고 한 경건한 여성이었기 때문에 지나칠 정도로까지 바리새인들의 말에 귀를 기울였다. 이에 바리새파는 교묘한 방법으로 알렉산드라의 총애를 조금씩 얻어내 마침내는 정무를 실제로 집행하는 실력자들로 부상하기에 이르렀다. 그들은 제멋대로 적대 세력을 격하시키고 추방하였으며 기분이 내키는 대로 (백성들을) 감금하기도(bound) 하였고 석방하기도(loosed) 하였다. 한마디로 말하면, 온갖 어려운 일과 비용은 알렉산드라가 맡고 실제 왕권의 행사는 바리새파가 휘두른 것이나 다름이 없었던 것이다. 그러나 알렉산드라는 큰 문제를 해결하는 데는 남다른 수완이 있었다. 게다가 알렉산드라는 군대를 확충하는 데 항상 큰 관심을 보였다. 알렉산드라는 유대인 병사들의 수를 늘리는 한편 많은 용병들을 고용하였다. 이에 유대국은 국내적으로도 막강해졌을 뿐 아니라 국외적으로도 두려운 존재가 되었다. 비록 알렉산드라는 타민족까지 지배하였으나 실상은 바리새인들의 지배를 받았다.

이에 실제적인 지배자로 군림하고 있던 바리새파는 알렉산드로스 왕의 친구요 유명 인사인 디오게네스를 과거에 알렉산드로스 왕을 부추겨 800명을 십자가에 처형하게 했다는 죄목으로 처형하였다. 그들은 또한 디오게네스뿐 아니라 그 당시 알렉산더 왕의 십자가 처형에 동의했던 이들도 처형해야만 마땅하다고 알렉산드라에 강요하다시피 하였다(*J.W.* 1.110-113).[4]

이 기록들에 의하면 알렉산드라의 통치 기간 중 바리새인들은 영향력이 있었음에도 불구하고 관직에 오르지는 않았고 단지 보좌진으로만 일했다. 요세푸스는 알렉산드라가 바리새인들이 원하는 바를 관료들을 통

4 『요세푸스 III: 유대전쟁사』, 37-38.

해 실행해주었으나 실상은 바리새인들이 "진짜" 관료였다고 암시한다. 여기서 요세푸스는 진짜 관료와 외관상 관료를 구분하고 있다. 바리새인들은 율법의 전문가이며 율법을 충족하기 위해 열정을 다했다.

이런 기록은 여러 면에서 바리새인들에 관해 비우호적이다. 바리새인들은 자신들에게 절대복종하는 "미신적인" 여인을 이용하고 권력을 동원해 적들에게 보복을 가하는 자들로 묘사된다. 그들의 보복은 상대를 가리지 않는 것처럼 보인다. 하지만 요세푸스는 군사력을 두 배로 확장하고 인접국들의 인정을 받은 "중대사를 능숙하게 다루는 탁월한 행정가"인 알렉산드라가 어떻게 바리새인들의 계략에 넘어갈 수 있었는지를 설명하지 않는다. 여기서 바리새인들을 적대시하는 요세푸스의 편견이 그의 보도에 개입하고 있는 것으로 보인다.

요세푸스는 앞서 알렉산드라가 백성들의 지지를 받은 진짜 이유를 이렇게 설명한다. "알렉산더는 왕국을 자기 아내 알렉산드라에게 물려주었는데, 그는 자기 아내가 자신처럼 잔혹하지 않고 그가 저지른 죄악에 반대 의사를 명확히 함으로써 백성의 애정을 손에 넣었다는 것을 알고 있었다"(*J.W.* 1.107). 알렉산드라는 바리새인들과의 밀월이 아니라 스스로의 인기를 바탕으로 지지층을 확보했고, 백성들의 미움을 산 남편 알렉산드로스 얀나이오스와는 정반대의 처지에 있었다. 그녀는 단지 율법을 따랐기 때문에 율법의 전문가인 바리새인들의 조언을 구했던 것이다.

요세푸스는 팔백 명의 십자가 처형에 대해 기록하는데, 혹자는 처형당한 이들이 바리새인들이었고, 사해사본 중 「나훔 주석」에 언급된 것과 같은 인물들이라고 생각한다. 이것이 사실이라면, 바리새인들이 알렉산드라에게 그 처형의 배후 세력을 처벌해달라고 요청한 것이 납득할 만하다.

요세푸스의 『유대고대사』 13.399-418도 같은 사건을 언급한다. 기본적인 사실들은 같지만, 『유대고대사』는 알렉산드로스가 임종을 앞두고 바리새인들에게 권력을 주라고 자기 아내에게 충고하는 것으로 기록한다. 알렉산드로스는 이렇게 말한다.

> 예루살렘으로 개선하자마자 바리새인들에게 권력의 일부를 양보하도록 하시오. 그러면 그들이 당신을 칭찬할 것이고 백성들과의 화해를 주선해줄 것이오. 바리새인들은 백성들에게 가장 큰 영향력을 행사하고 있는 자들로서 그들의 호의를 사면 이롭게 될 것이고 그들의 미움을 사면 해를 입게 될 것이오. 그들이 비록 시기심에서 어떤 한 인물을 악평한다 하더라도 일반 백성들은 그들의 말을 절대적으로 신봉한다는 사실을 잊어서는 안 될 것이오. 내가 백성들의 신망을 잃어버린 것도 바리새인들과의 관계가 악화되었기 때문이오(*Ant.* 13.401-402).[5]

요세푸스는 바리새인들이 백성들에게 영향력이 있었다고 서술한다. 사실 알렉산드라가 백성의 지지를 얻기 위해서는 그들의 도움이 필요했다. 바리새인들이 토라의 전문가였다는 것은 언급되지 않는다. 얀나이오스는 자신의 곤경이 전적으로 바리새인들의 지지를 얻지 못한 탓이라고 말한다. 따라서 요세푸스는 후대의 기록에서 바리새인들의 정치적 역할을 더욱 증가시키고 그들의 인기를 강조한다. 하지만 알렉산드라가 대중적 지지를 얻은 진정한 이유는 따로 있다. "여왕은 그녀의 남편인 선왕이 저지른 죄들을 지지하지 않음으로써 대중의 사랑을 받았다."

헤롯 대왕(기원전 37-4년 통치)의 재위 중에 일어난 사건을 보자.

---

5 『요세푸스 II: 유대고대사』, 195-196.

> 스스로 조상 전래의 율법에 대해서는 제일 많이 안다고 자부하며 백성들로 하여금 자기들이 하나님의 총애를 가장 많이 받는다고 믿도록 만든 일단의 유대인들이 있었는데 살로메와 같은 부류의 여인들이 그들의 현혹에 넘어갔기 때문이었다. 이들은 바리새파라고 부르는 사람들로서 왕에게 대항할 수 있는 능력을 가진 자들이었다. 그들은 교활한 종파(cunning sect)였으므로 공공연하게 왕에게 대항할 수 있는 세력까지 확장한 자들이었다. 이에 모든 유대 백성들이 케사르와 헤롯 왕의 정권에 충성할 것을 약속했음에도 불구하고 그 수가 6천 명이나 되자 충성하겠다는 맹세를 거부했다. 이제 헤롯 왕이 그들에게 벌금을 물리자 페로라스의 아내가 그들 대신 벌금을 물어주었다(*Ant.* 17.41-42).[6]

이 구절은 바리새인들이 헤롯의 통치 중 권력을 쥐지 못했다고 전제한다. 헤롯은 단지 그들의 지지를 원했다. 하지만 그들은 헤롯을 반대했으며 헤롯의 궁궐에서 여인들에게 영향을 행사했다.

『유대전쟁사』에서 바리새인들은 알렉산드라 살로메에 관한 구절에서 최초로 언급된다. 『유대고대사』 13.288-298에서 바리새인들은 내러티브의 초반부에 등장하는데, 연대로는 요안네스 히르카노스 1세(기원전 135-104년 통치)가 재위했던 동안이다.

> 힐카누스와 그 아들들이 성공을 거두면서 유대인들의 질시가 고조되었다. 그들에게 각별히 적대적인 그룹이 바리새파였는데 그들은 유대교 학파의 하나로서 대중에게 영향력이 지대하여 왕이나 대제사장을 비난해도 사람들이 그들을 믿어주는 형편이었다. 힐카누스 역시 그들의 추종자였고 그들의

---

6 앞의 책, 438.

사랑을 받았다.

이 본문에서도 요세푸스는 바리새인들이 백성들에게 끼친 영향력을 강조하고 있다.

이야기는 히르카노스가 베푼 만찬으로 옮겨간다. 만찬장에서 엘르아자르가 히르카노스에게 대제사장직을 내려놓고 왕위만 유지하라고 직언한다. 왕의 가까운 친구로서 사두개인인 요나단이 바리새인들은 모두 엘르아자르를 지지하며 왕이 그들에게 엘르아자르가 어떤 벌을 받아야 할지 의견을 물으면 그 사실을 알게 될 것이라고 말한다. 바리새인들은 비교적 가벼운 처벌을 권고했는데, 요세푸스는 이것이 그들의 관습이었다고 촌평한다. 요나단은 히르카노스를 설득해 이것을 엘르아자르의 행동을 인정해준 것으로 받아들이게 한다. "요나단은 그를 끈질기게 설득해 바리새파를 버리고 사두개파에 합류시킨다. 그 결과로 백성들이 따르던 바리새파의 해석을 금지시키고 그것을 고집하는 자들을 처벌했다. 이로 인해 히르카노스와 그 아들들을 향한 백성들의 원성이 드높아졌다." 이 문단의 결론은 이렇다. "결국 히르카노스는 원성을 무마하고 평온한 일상을 누렸으며, 다섯 아들을 남기고 31년간의 통치를 훌륭히 마쳤다"(*Ant.* 13.293-299). 이 결말부는 그가 바리새파의 율법 해석을 따르지 않아 백성들의 혐오를 샀으며, 바리새인들의 지지 없이는 통치가 불가능했다는 앞의 설명과 맞지 않아 보인다. 아마도 요세푸스는 바리새인들의 영향을 과장해서 서술한 듯하다. 요세푸스의 기록에서 바리새인의 세력이나 영향력이 강조될 때마다 전후 이야기와 충돌을 일으키기 때문이다. 어쨌든 여기서 사두개인들이 바리새인들의 정적으로 설정된 것은 주목할 만하다.

요세푸스의 『자서전』은 『유대고대사』보다 후대의 작품으로 아마 기원후 100년경에 완성된 것으로 보인다. 그렇다면 이 글에는 요세푸스의 후기 작품에 드러나는 그의 친바리새적 성향이 반영되었을 가능성이 크다. 실제로 『자서전』 10-12장에서 요세푸스는 자신이 세 학파를 두루 섭렵했다고 주장한다. "나는 고된 훈련과 근면한 수도를 통해 세 과정을 통과했다." 그 후 요세푸스는 광야에서 삼 년간 세례 요한을 연상케 하는 바누스(Bannus)라는 인물에게서 사사했다고 한다. 이는 요세푸스가 16년차에서 19년차가 되는 삼 년간 이 과정을 거쳤다는 것인데, 이것은 불가능한 일이다. 그가 바누스와 삼 년을 보냈다면 다른 세 학파에서 "근면한" 수도생활을 할 수 없었을 것이기 때문이다. 에세네파만 해도 수년에 걸친 입문 기간이 필요했다는 것은 사해사본은 물론 요세푸스 자신의 다른 저작물에도 언급된다. 그렇다면 요세푸스는 왜 이런 과장된 진술을 하는 것일까? 그는 학파들에 관해 내린 자신의 판단을 독자들이 신뢰하도록 만들기 위해 자신의 체험담을 과장한 것으로 보인다. 또 그는 다음과 같이 말한다. "19년차에 이르면서 나는 바리새파의 규율에 따라 살기 시작했다. 이 종파는 그리스인들의 스토아 학파와 닮은 점이 많았다." 요세푸스가 돌연 자신이 바리새인이라고 주장하는 이 내용은 그의 이전 작품에는 나타나지 않는다. 아마도 이것은 로마의 통치에 관한 바리새인들의 입장을 지지하기 위한 진술로 보인다.

요세푸스는 기원후 50년경까지 있었던 바리새인들의 정치적 참여에 관해서는 거의 언급하지 않는다. 로마와의 전쟁이 발발한 기원후 66년을 서술할 때에야 몇몇 바리새인이 등장한다. 요세푸스가 갈릴리 반군의 지휘관으로 임명되자 그의 경쟁자인 기스칼라의 요한(John of Gischala)은 예루살렘에 있던 시몬이라는 사람에게 편지를 보내 요세푸스의 제거를 시도한다.

이 시몬이란 자는 예루살렘 출신으로 명문가의 후손인 데다가, 율법의 해석으로는 비할 데 없는 전문가라 인정받는 바리새파에 속해 있었다. 지성과 판단력이 뛰어난 이 사람은 국가적 난국상도 자신의 천재성을 무기로 쉽게 풀어낼 수 있는 인물이었다. 그런데 요한의 오랜 친구인 이 자가 하필 그 당시 나와 대치하는 입장에 서게 된 것이다. 내 임직을 알게 되자 그는 대제사장 아누스와 가말라스의 아들 예수스 등 자기 무리를 설득해 내 날개를 꺾고 명예로운 자리를 차지하지 못하게 막았다(*Life* 191-193).

바리새인 시몬은 고위직에 있지는 않았으나 힘 있는 자들을 설득하는 능력이 있었다. 토라의 전문가인 그는 실제 권력을 가진 이들, 즉 대제사장들과 그들의 "집단"을 설득해야 했다.

시몬은 요한의 동기 중 하나를 불러 아나누스에게 선물을 보내라 시켰다. 그들의 입장을 바꾸기 위한 전략이었으리라. 그 작전 덕에 아나누스 무리는 나(요세푸스)를 갈릴리에서 추방했고 시몬은 결국 그의 목적을 이루었다(*Life* 195-196).

관직이 없이 바리새파 소속이라는 사실만으로 힘을 발휘할 수 없었던 시몬은 대제사장들과 그들의 주변 세력이 말을 들어주지 않자 뇌물 공세에 나섰다. 따라서 바리새인들은 로마와의 전쟁 기간 중 실제 권력을 쥐지는 않았으나 그들의 지성과 토라에 대한 지식 그리고 부유층 집안이나 친구들을 통해 영향력을 행사할 수 있었다.

결국 일군의 사절이 갈릴리로 파송되어 요세푸스를 지휘관직에서 해임하게 된다.

> 그들은 계층은 다르지만 엇비슷하게 교육받은 자들을 두루 모아 사절단을 꾸리기로 합의했다. 그중 요나단과 아나니아는 신분이 낮았고 바리새파 인물들이었다. 요자르는 바리새인이지만 제사장 가문 출신이었다. 가장 나이가 어린 시몬은 대제사장 후손이었다. 이들은 갈릴리인들에게 접근해 그들이 왜 나에 대해 호의적인지를 확인하라는 지시를 받았다. 내가 예루살렘 토박이여서라고 말하면 자기들도 모두 그렇다고 대답했다. 내가 율법의 전문가이기 때문이라 말하면 자신들도 조상들의 풍습을 잘 알고 있다고 답했다. 내가 제사장 후손이라 나를 선호한다고 말하면 그들은 자기들 중 두 사람이야말로 제사장이라고 대답했다(*Life* 196-198).

바리새인들이 사절단 가운데 다수를 차지했음에도 요세푸스는 바리새인들이 갈릴리인들에게 위압적이었다고 말하지는 않는다. 사절단의 힘은 그들이 예루살렘에서 왔고 율법의 전문가들이며 제사장들이라는 세 가지 사실에 근거했다. 사절단에 포함된 두 제사장 중 한 사람이 바리새인이었지만, 그의 영향력은 그가 바리새인이기 때문이 아니라 단지 율법에 관한 그의 지식이나 제사장 신분 때문이라고 나온다. 요세푸스는 사절단이 다양한 계층을 포함했으며 바리새인 두 사람은 "등급이 낮은" 축에 속했다고 말한다. 아마도 이 표현은 그들이 상류층 중에서 등급이 낮거나, 실세 귀족층을 모시는 가신(retainer) 그룹에 속한다는 뜻일 것이다. 제사장 중 한 명인 바리새인 제사장은 대제사장의 자손인 제사장보다는 신분이 낮았던 것으로 보인다.

요약. 요세푸스는 당시 예루살렘에서 바리새인들이 상당한 존재감을 지녔다고 파악한다. 요안네스 히르카노스와 알렉산드라 살로메, 그리고 헤롯 대왕이 통치하는 동안 바리새인들은 궁중을 드나들었다. 요세푸스의 라이벌인 기스칼라의 요한의 친구인 바리새인 시몬은 예루살렘에서 영향력 있는 인물이었다. 바리새인들은 예루살렘의 실세인 사두개인들의 경쟁자였다.

바리새인들은 이전부터 정치적 영향력을 지녔지만, 헤롯의 등장으로 힘이 약해진다. 헤롯 이후에 일부 바리새인들은 토라에 대한 지식, 부, 가문, 사회적 인맥 혹은 제사장직 등의 수단으로 힘을 유지했다. 그러나 바리새인이라는 것만으로 실제 공직자와 동등할 수는 없었다. 그렇지만 그들은 넓은 의미에서 정치에 늘 참여하고 있었다. 토라는 유대인의 삶을 지배했기에 토라의 전문가들이 내놓는 의견은 공론의 성격을 지녔다.

요세푸스는 바리새인들이 토라에 능통하여 유권 해석을 내리는 이들이었다고 기술한다. 요안네스 히르카노스와 알렉산드라 살로메 아래에서 토라 전문가의 역할을 담당한 바리새인들은 서기관들이었고 귀족층의 가신 그룹에 속했다. 바리새인들은 특정한 입장의 토라 해석으로 결속되어 있었고 사회 전반을 아우르는 안목과 실천방안을 제시했다. 그들은 "자신들의 관심사를 법제화하거나 통제력을 갖는 사회 규범으로 전환하려고 시도한" 현대적 의미에서의 정치적 이익집단이었다(Saldarini, *Pharisees*, 312).

신약성경

비평적 접근. 신약성경이 묘사하는 바리새인의 모습을 종합하면 속 좁은 율법주의자, 교만하고 돈과 명예를 사랑하는 위선자, 사랑의 종교를 설파한 예수를 미워하고 대적하여 그를 죽음으로 몰아넣은 자들 정도를 떠올리는 사람이 많다. 표준 사전들조차도 이런 왜곡된 견해를 반영한다. 일례로 웹스터 사전(*Merriam-Webster's Collegiate Dictionary*, 10th ed.)은 "바리새적"(pharisaical)이란 형용사를 "위선적이고 비판적인 자기-의로 특징지어지는"이라고 정의한다. 이런 정의는 사람들이 실제로 사용하는 용례를 반영한 것으로, 유대인과 유대 사회에 대한 신약성경의 묘사를 편견이 전혀 없는 역사적으로 정확한 사실로 간주하고 축자적으로 이해한 데서 비롯되었다. 신약성경을 이런 방식으로 사용하는 것은 지나치게 단순할 뿐만 아니라 지난 2천여 년의 역사가 보여주듯이 유대교에 대해 파괴적 영향을 미치는 태도다.

바리새인들은 랍비 유대교의 형성에 결정적 영향을 미친 매우 중요한 집단이기에 바리새인들에 대한 희화는 그들의 후예인 유대교에 대한 부정적 평가로 이어진다. 만약 누군가가 그리스도인에게 다가와서 오늘날 그리스도인들은 괜찮은 사람들이지만 사도들은 죄다 위선자들이었다고 말한다면 그 말을 들은 사람은 당연히 불쾌할 것이다. 이것은 누군가가 오늘날 유대인에게 지금 유대인들은 그렇지 않더라도 바리새인들은 위선자들이었다고 말하는 것과 무엇이 다른가? 바리새인들은 살아있는 유대인들이 아니라 단지 "역사 속의 집단"이라고 말하면서 그들에 대해 혹평하는 설교자, 신학자, 성경 연구자들은 자기도 모르게 그들에 대한 고정 관념을 영속화하는 데 기여하는 것이다.

마태의 견해. 예수는 아무런 기록을 남기지 않았으며, 그가 말하고 행한 것은 다른 이들의 보도를 통해서만 알려졌다. 그런 기록 중 가장 중요한 복음서의 저자들은 역사서가 아닌 믿음의 글을 남겼다. 따라서 우리는 복음서의 내용을 역사 속에서 일어난 일 그대로의 정밀한 기록으로 간주할 수 없다. 복음서 안에는 훌륭한 역사가 많이 담겨 있고 학자들은 그런 역사적 사실을 추출하기 위해 학문적 수고를 기울인다. 그러나 그 과정은 주의 깊은 비평적 연구를 통해 이루어져야 한다.

현대 성서학자들은 복음서 저자들이 저마다의 관점을 통해 예수의 이야기를 전했다고 생각한다. 마가의 복음서가 제일 먼저 기록되었고 마태와 누가는 마가의 복음서를 자료로 사용했다고 보는 것이 대다수 학자의 의견이다. 마태와 누가는 마가복음 외에도 예수의 어록집인 Q("자료"를 뜻하는 독일어 *Quelle*의 약자)라고 불리는 자료를 사용한 것으로 보인다. Q는 현존하지 않지만, 마태복음과 누가복음을 비교함으로써 재구성할 수 있다. 마태복음, 마가복음, 누가복음은 상당한 양의 내용을 공유하므로 공관복음(Synoptics)이라고 불리는데, 이는 "같이 바라본다"는 뜻의 그리스어에서 유래한다. 요한복음의 자료는 대체로 공관복음의 자료와는 무관해 보인다.

마태가 마가복음을 어떻게 다시 썼는지를 관찰하면 마태의 관점이 드러난다. 흔히 "편집비평"(redaction criticism)이라고 불리는 방법론을 적용해보면 마태가 바리새인에 대해 특별한 혐오감을 드러내고 있음을 알 수 있다. 그는 종종 자신이 마주한 자료에 없는 "바리새인"이란 단어를 삽입하는 것을 좋아하는데, 마태복음 12:22-36이 그 좋은 예다(참조. 막 3:19-30). 마가의 기록은 예수가 귀신을 내쫓는다는 소문을 듣고 예루살렘으로부터 몇몇 서기관이 찾아와 예수를 비난했다고 보도한다. "예루살렘에서 내려온 서기관들은 '그가 바알세불이 지폈다' 하며 또 '귀신의 왕을 힘입어 귀신을 쫓아낸다' 하니"(막 3:22). 하지만 마태는 예수를 비난한 자들을 서기관들에서 바리새인들로 바꾼다. 마태는 9:34에서 이런 비난을 반복할 때 요점을 좀 더 분명히 한다. "바리새인들은 이르되 '그가 귀신의 왕을 의지하여 귀신을 쫓아낸다' 하더라."

바리새인을 향한 마태의 적대감에 대한 또 다른 예로서 마태복음 15장과 마가복음 7장을 비교해보자. 마가가 그린 예수는 바리새인들이

집착하던 정결 규례를 비판한다. 마태는 동일한 내용에 12-14절을 보탠다.

> 이에 제자들이 나아와 이르되 "바리새인들이 이 말씀을 듣고 걸림이 된 줄 아시나이까?" 예수께서 대답하여 이르시되 "심은 것마다 내 하늘 아버지께서 심으시지 않은 것은 뽑힐 것이니 그냥 두라. 그들은 맹인이 되어 맹인을 인도하는 자로다. 만일 맹인이 맹인을 인도하면 둘이 다 구덩이에 빠지리라" 하시니(마 15:12-14).

마태가 그리는 예수는 바리새인들의 신적 권위를 인정하지 않는다. 이런 묘사는 예수가 바리새인들이 하나님의 뜻을 올바로 해석한다고 인정하는 마태복음 23:3과 모순되는 것으로 보인다. 이것은 마태의 독자들 혹은 공동체가 그 역사 속에서 바리새인들을 향한 태도를 변경했거나, 아니면 마태 공동체가 서기관과 바리새인들의 권위를 존중하면서도 예수의 권위를 강조하려는 의도에서 비롯되었을 수 있다.

마태는 바리새인에 대한 자신의 태도를 일찌감치 독자들에게 드러냈다. 마태가 세례 요한의 사역을 예수의 사역에 대한 보도보다 앞세우는 것은 다른 복음서와 같지만, 그 내용의 세부사항은 차이점이 있다. 마가는 단지 세례 요한이 예수보다 먼저 회개를 외치고 세례를 베풀었다고 보도하지만, 마태와 누가는 세례 요한의 가르침을 좀 더 상세히 보도한다. 두 복음서가 공유하는 절들(마가복음에는 없고 Q에서 유래한 자료)에서 세례 요한은 청중을 향해 "독사의 자식들"이라고 꾸짖는다. 누가복음 3:7에서 세례 요한의 꾸짖음은 "무리"를 향한 것이지만, 마태복음 3:7에서는 그 비난의 대상이 "바리새인들과 사두개인들"이라고 명시된다. 바리새인들에 대한 마태의 적대감을 고려할 때, 누가가 이 부분을 누락했다기보다는 마태가 동일한 기록에 "바리새인들과 사두개인들"이라는 문구를 첨가했을 가능성이 더 크다.

마태가 구사한 편집 양식 중 하나는 예수의 어록 전승들을 묶어 "설교"로 재구성한 것이다. 가장 뚜렷한 예가 바로 산상수훈이다. 마태복음 5-7장에만 나오는 이 본문은 여타 복음서 곳곳에 흩어진 내용과 마태 자신의 고유한 내용이 결합되어 이루어졌다. 마태는 23장에서 "서기관들과 바리새인들"을 한 무리로 취급해 꾸짖는 설교를 들려준다. 사실 서기관은 전문적인 직업군이지만 바리새인들은 그렇지 않다. 서기관의 대다수는 바리새파가 아니었고 바리새인들이 다 서기관일 수도 없었다. 이처럼 역사적 사실에 대한 부정확한 보도를 대할 때 우리는 마태복음 23장을 액면 그대로 읽을 수 없음을 깨닫게 된다. 예수가 정말 서기관과 바리새인들을 향해 이런 정죄를 퍼부었을까? 더욱이 마태가 보도한 예수의 비난은 마가와 누가의 기록과는 다른 무리를 대상으로 한 것처럼 들린다. 물론 누가 역시 바리새인들의 위선과(눅 11:39-41) 공의와 사랑을 무시하고 법률의 세부조항에만 관심을 두는 율법주의와(눅 11:42) 대중의 인기를 얻으려는 공명심을 비판한다(눅 11:43). 그러나 누가는 다른 비판의 일부를 바리새인들을 향한 것이 아닌 율법교사를 향한 것으로 기록한다. 율법교사와 바리새인 역시 동일한 집단이 아니다. 율법교사는 직업군이고 바리새인들은 직업과 무관했다. 누가의 관찰로는 백성들에게 무리한 짐을 지우는 이들, 자신들도 하나님 나라에 들어가지 못하고 남들도 가로막는 이들, 하나님이 보내신 이를 살해한 자들은 율법교사들이지 바리새인들이 아니었다(눅 11:45-52).

마태복음 23장에서 가장 신랄한 비판은 제사장적 관점을 반영한다. "화 있을진저! 외식하는 서기관들과 바리새인들이여, 회칠한 무덤 같으니 겉으로는 아름답게 보이나 그 안에는 죽은 사람의 뼈와 모든 더러운 것이 가득하도다. 이와 같이 너희도 겉으로는 사람에게 옳게 보이되 안으로는 외식과 불법이 가득하도다"(마 23:27-28). 서기관들과 바리새인들은 단지 남의 눈에 잘 보이기 위해 종교 행위를 수행하고 있다. 그들은 자신들이 선포한 대로 실천하지 않으면서 자신들도 질 용의가 없는 무거운 짐을 남들에게 지우고, 믿음과 정의 그리고 자비의 요구는 무시한 채 약자를 착취하며 살아가는 자들이다. 예수의 꾸짖음은 준엄하기 그지없다.

이 장의 비판은 바리새인들이 하나님께서 보내신 자를 살해했다는 지적에서 그 정점에 이른다.

> 그러므로 내가 너희에게 선지자들과 지혜 있는 자들과 서기관들을 보내매 너희가 그중에서 더러는 죽이거나 십자가에 못 박고 그중에서 더러는 너희 회당에서 채찍질하고 이 동네에서 저 동네로 따라다니며 박해하리라. 그러므로 의인 아벨의 피로부터 성전과 제단 사이에서 너희가 죽인 바라갸의 아들 사가랴의 피까지 땅 위에서 흘린 의로운 피가 다 너희에게 돌아가리라(마 23:34-35).

이 구절은 결국 마태 공동체의 경험을 반영하고 있기에, 우리는 이 보도가 바리새인들을 향한 예수의 태도를 정확히 전달한다고 볼 수 없다. 마태는 예수가 **미래에 벌어질** 살인, 즉 예수의 죽음과 기독교 순교자들의 죽음을 앞당겨 말씀하도록 서술하고 있다. 십자가형은 그리스도뿐 아니라 이후의 그리스도인들에게도 부과된 형벌이었고, 채찍과 박해 역시 예수의 추종자들이 겪게 되리라고 예언한 마태복음 10:17-20의 내용과 일치한다. 하나님께서는 일찍이 이스라엘을 위해 "예언자들"과 "서기관들"을 보내셨다. 마태복음에서 이 호칭들은 유대인 지도자들을 가리킨다

(마 10:41; 13:51). 마태는 예수가 모든 의인의 피가 서기관들과 바리새인들 위에 부어지리라고 말씀하는 것으로 기록한다. "의인"은 마태에게 그리스도인을 지칭하는 용어다(마 10:51; 5:20). 마태복음 23장이 바리새인을 향한 예수의 태도를 정확히 기술한다고 볼 수 없는 이유는 원자료들이 마태 자신에 의해 혹은 마태보다 더 일찍이 예수의 전승을 전달한 이들에 의해 이미 초기 교회의 관심사를 반영하도록 고쳐졌기 때문이다.

이처럼 바리새인들을 폄훼하는 기술방식이 마태의 전유물은 아니었다. 누가 역시 바리새인들에 대해 적대적인 언사를 여러 곳에서 쏟아낸다(눅 5:17, 21; 7:36-50; 11:53; 14:3; 16:14; 18:10-14). 요한복음도 마찬가지인데, 바리새인을 예수의 주적으로 표현하는 점에서는 요한이 여타 복음서 저자를 능가한다. 시간이 흐르면서 바리새인들을 향한 교회의 적대감은 더 깊어졌다. 마태와 누가(기원후 85년경 저술)가 마가(기원후 70년경 저술됨)보다 심하고, 더 후대인 요한(종종 90년대로 추정)은 가장 심하다고 볼 수 있다. 왜 이처럼 바리새인들을 향한 감정이 악화일로에 있었는지는 역사적 정황에서 그 답을 찾아야 한다.

야브네. 마사다 요새에서의 치열한 저항으로 막을 내린 유대인들과 로마인들의 전쟁(기원후 66-70년) 중에 요하난 벤 자카이(Johanan ben Zakkai)라는 바리새인이 예루살렘을 탈출한다(시체를 가장해 관 속에 담겨 로마군을 속였다는 이야기가 전해진다). 로마는 그가 야브네 혹은 얌니아라고 알려진 해안 마을로 가서 학교를 세우도록 허가해주었다. 기원후 70년에 예루살렘이 함락되면서 바리새인, 서기관 등 일군의 유대인들이 야브네에 모여 성전과 공식기구가 없어진 유대인 사회를 재건할 방안을 의논하게 된다. 그들은 유대인의 삶의 중심에 토라가 있어야 함을 확인했으며 그 의미를 밝히는 방식으로 바리새인들의 견해와 해석 원리를 표준으로 채택했다.

과거에는 스승에 대한 존경심을 나타내는 호칭이었던 "랍비"가 이제는 토라 해석의 권위자라는 의미를 담게 되었다. 토라 연구는 이제 신앙을 표현하는 가장 숭고한 방법으로 격상되었다. 이처럼 성전의 파괴와 더불어 시작된 재정립의 과정을 통해 유대교는 제2성전기에 비해 더 견고한 통일성을 추구하게 된다.

과거 학자들은 이런 변화를 랍비 유대교로의 급전환으로 이해해 왔다. 그렇게 발생한 랍비 유대교가 급속하게 세계적인 기준이 되었다는 것이다. 하지만 이런 급변은 역사적 사실에 비추어볼 때 가능성이 별로 없다. 이와 같은 이해는 기원후 200년경에 와서야 문서화된 후대의 랍비 문헌들을 무비판적으로 수용한 결과물이며, 더는 정설로 받아들여지지 않는다. 이런 인식의 변화는 제이콥 노이스너(Jacob Neusner)와 그 후학들의 연구에 많이 빚지고 있다. 노이스너 학파의 재구성에 따라 기원후 70년의 성전 파괴로부터 기원후 200년경 편찬된 미쉬나에 이르는 기간의 유대교는 그 역동성을 살려 "형성단계 유대교"(formative Judaism)라고 통칭된다(Neusner, *Formative Judaism*을 보라).

다수의 학자가 야브네에서 일어난 일들에 비추어 마태복음을 해석한다. 마태는 새로 등장하는 랍비 유대교를 자신의 공동체와 경쟁 관계로 파악했다. 마태에게 토라를 해석하는 권위 있는 스승은 오로지 예수 한 분뿐이었다(아래 11장을 보라). 따라서 토라의 해석자를 자처하는 서기관들과 바리새인들은 마태가 그리는 예수에게 좋은 평을 받을 수 없었다. 마태복음 23:6-10을 보라.

> 잔치의 윗자리와 회당의 높은 자리와 시장에서 문안받는 것과 사람에게 랍비라 칭함을 받는 것을 좋아하느니라. 그러나 너희는 랍비라 칭함을 받지 말라. 너희 선생은 하나요, 너희는 다 형제니라. 땅에 있는 자를 아버지라 하

> 지 말라. 너희의 아버지는 한 분이시니 곧 하늘에 계신 이시니라. 또한 지도자라 칭함을 받지 말라. 너희의 지도자는 한 분이시니 곧 그리스도시니라(마 23:6-10).

"랍비"라는 용어는 기원후 70년에 성전이 파괴되기 이전에는 위와 같은 전문적 의미로 사용되지 않았다. 마태의 이 구절은 형성단계 유대교의 지도자들에 대한 공격으로 읽어야 제 뜻을 드러낸다. 이런 공격은 기원후 70년 이후 발생한 상황을 반영한다. 마태는 메시아이자 토라의 교사인 예수 그리스도를 자신의 시대에 유대교를 이끈 지도자들과 대치시키는 필법을 구사했다.

야브네의 유대교 공동체와 마태 공동체는 그 공동체에 속한 성도들의 정체성을 규정했다. 양자 모두 자신들이 토라의 참된 해석을 담지한다고 주장했고 그 결과는 예고된 갈등이었다. 마태의 저술을 촉발한 무대는 역사적 예수와 바리새인들의 대결 구도가 아니라 야브네 공동체와 마태 자신이 속한 공동체 간의 대립이었던 셈이다. 누가복음과 요한복음 역시 이런 양상을 보여주는데, 요한복음의 경우는 바리새인들이 기원후 70년 이전에 갖지 못했던 종교적 권위를 확보하게 된 후대의 상황을 반영하기에 그 대립각이 더 첨예하다.

마가의 견해. 과거 학자들은 마가복음이 마태복음과 누가복음보다 더 오래되었고 덜 다듬어졌으므로 역사적으로 더 정확하리라고 생각했지만, 20세기 초에 이런 견해는 파기되었다. 마가 역시 자신의 신학적 의제를 가진 저자다. 바리새인을 예수의 주적으로 본다는 점에서 마가 역시 역사적으로 정확한 묘사를 하고 있지 않다. 일례로 예수와 그 제자들이 아직 갈릴리에 머물고 있었던 시점을 그리는 마가복음 2장은 이렇게 시작한다. “안식일에 예수께서 밀밭 사이로 지나가실새 그의 제자들이 길을 열며 이삭을 자르니 바리새인들이 예수께 말하되 ‘보시오, 저들이 어찌하여 안식일에 하지 못할 일을 하나이까?’”(막 2:23-24) 예수와 바리새인들이 안식일 준수 문제를 놓고 충돌했을 가능성은 충분하다. 예를 들어 사해사본에 나타나듯(CD XI) 안식일 규정은 제2성전기 유대교에서 매우 중요한 문제였으며 유대인들 간에 상당한 견해 차이가 있었기 때문이다. 그러나 바리새인들과 예수가 갈릴리 들판을 나란히 걸으며 안식일을 논했을 가능성은 희박해 보인다. 그들이 밀밭 사이에 숨어 기다리다가 예수의 흠을 잡아 덮친다는 설정도 비현실적이긴 매한가지다. 마가복음 2장의 내러티브는 이어지는 예수의 어록을 위한 배경으로 창작되었다. 이것은 마가가 전하는 예수의 어록 자체가 진본이라 하더라도 변함없는 사실이다. 초기 그리스도인들의 마음에 바리새인들이 예수의 주적이라고 각인되면서 바리새인들은 내러티브에서 특정한 역할을 맡게 되었는데, 이런 현상은 마가복음 8:15, 12:13-17, 10:2-10을 비롯해 곳곳에서 발견된다.

예수의 생애에서의 바리새인들. 그러나 역사적 실상은 그리 단순하지 않다. 마가복음은 야브네 공동체의 영향력이 강화되기 이전에 저술되었다. 야브네에서 바리새인들의 영향력이 컸다고 해도 그것이 바리새인들에 대한 적대적 태도를 다 설명해주지는 못한다. 결국 애초부터 바리새인에 대한 적대적 태도는 예수의 생애와 어느 정도 관련되어 있다는 것을 부인할 수 없다. 그렇지만 예수가 바리새인과 논쟁하는 데 그의 시간 대부분을 보냈다고 생각할 수는 없다.

공관복음서 어디에도 바리새인들이 예수의 죽음에 적극적으로 간여했다는 증거는 없다. 예수를 로마인에게 넘겨준 주체는 예루살렘의 장로들과 제사장들 그리고 서기관들이었고, 예수를 죽인 것은 로마인들이었다. 요한은 가룟 유다가 "대제사장들과 바리새인들로부터" 사람을 데려와 예수를 체포했다고 기록함으로써 예수의 수난과 바리새인들을 관련짓는다(요 18:3). 그러나 요한조차도 예수의 죽음에 대한 책임은 대제사장에게 있다고 서술한다. 바리새인들을 향한 그리스도인들의 반감에 비춰볼 때, 바리새인들이 예수의 수난과 죽음에 연관되지 않았다는 것은 충격적이다. 만일 그들이 적극적인 역할을 했다면 후대의 그리스도인들이 그것을 무시했을 리가 없다. 우리가 역사적 예수에 관해 탐구할 때 예수가 바리새인들과 논쟁을 벌였던 문제들로 인해 처형당했을 가능성은 거의 없다.

복음서에서 바리새인들이 갖는 존재감에 대해 의심해볼 다른 한 가지는 그들이 미친 영향력의 범위 문제다. 요세푸스는 바리새인들이 예루살렘에 거주했다고 서술한다. 그들은 외부인의 신분으로 갈릴리에 들어간다. 이것은 그들이 예루살렘의 유력자들을 돕는 가신 그룹이었다고 짐작해볼 수 있는 한 가지 이유다. 갈릴리는 헤롯 안티파스의 지배하에 있었고 역사적으로 바리새인들과 헤롯당은 사이가 좋지 않았다. 후대 랍비들이 남긴 기록을 보면 바리새인들은 갈릴리에서의 영향력이 미미했다. 그럼에도 복음서들은 바리새인들을 갈릴리에 주로 등장시킨다. 예수와 바리새인 간의 충돌이 가장 잦았던 곳이 바로 갈릴리다. 갈릴리에 일부 바리새인들이 있었을 수 있으므로 이런 충돌에 역사적 근거가 전혀 없다고 하면 지나친 주장일 것이다. 그러나 갈릴리는 바리새인들이 주로 활동했던 곳은 아니었다. 어쨌든 복음서의 묘사가 문예적으로 다듬어졌기에 역사성에 의문을 남긴다는 것을 부인할 수는 없다.

바리새인들의 행습. 신약성경에 나오는 바리새인들은 토라의 해석과 적용에 깊이 헌신한 이들이다. 바리새인들은 안식일 준수, 식탁 교제, 십일조, 제의의 정결, 그리고 누구와 함께 식사할 수 있는지에 대한 규정 등이 주된 관심사였기에 안식일에 일했다는 이유로 예수와 그 추종자들을 공격했다. 제자들이 안식일에 이삭을 손으로 비빈 것은 바리새인들이 보기에 거룩한 안식일에 노동한 것과 같았기 때문이다(마 12:1-8; 막 2:23-28; 눅 6:1-5). 안식일에 병을 고치는 행위의 정당성을 놓고 예수와 바리새인들 간에 벌어진 논쟁은 공관복음에 두 번(막 3:1-6 및 병행 구절; 눅 13:10-17), 요한복음에 두 번(요 5:2-18; 9:1-14; 참조. 7:21-24) 보도된다. 복음서에 의하면 바리새인들은 안식일의 치료 행위를 허용하지 않는다. 그러나 랍비 문헌은 바리새인들이 적어도 누군가의 생명이 위협받거나 육체노동이 연관되지 않을 때 안식일의 치유 활동을 허용했음을 알려준다.

예수와 바리새인들 간의 또 다른 논점 하나는 식탁 교제, 즉 누구와 식사를 함께할 수 있는가의 문제였다. 마가복음 7:1-23에 따르면(마 15:1-20; 마 23:25-26도 보라) 바리새인들과 "모든 유대인"(이는 미심쩍은 표현이긴 하다)은 자기 손과 잔, 단지, 청동 그릇 등을 일일이 물에 씻고서야 식사를 시작했다. 만일 그와 같은 규정이 엄격히 지켜졌다면 바리새인들은 규정을 따르지 않는 자들과 함께 식사할 수 없었을 것이다. 그밖에 십일조(예수는 바리새인들의 엄격한 규칙에 반대하지 않았다; 마 23:23-24)와 금식(마 9:14-17; 막 2:18-22; 눅 5:33-39) 역시 논쟁거리였다. 마지막으로 거룩한 기물을 두고 맹세하는 행위에 관한 규례는 사복음서 중 마태복음 23:16-22에만 나타난다.

신약에 따르면 바리새인들은 관심사의 범위가 좁았고, 안식일 준수와 정결 규정을 적법하게 지키는 일을 가장 중시했다. 그러나 이런 묘사에 근거해 바리새인들이 정치에 관심이 없었다고 속단해서는 안 된다.

죽음으로부터의 부활. 요세푸스에 따르면 바리새인들은 내세를 믿었다. 이는 신약성경에서도 확인된다. 바울이 유대인 공회인 산헤드린 앞에서 재판받을 때 사도행전의 화자는 다음의 사실을 알려준다. "이는 사두개인은 부활도 없고 천사도 없고 영도 없다 하고 바리새인은 다 있다 함이라"(행 23:8).

긍정적인 언급. 신약성경에도 바리새인들을 긍정적으로 평가하는 구절이 몇 군데 있다. 마태복음 23:3에서 예수는 그들이 토라를 올바로 해석했다고 인정하고, 누가복음 13:31에서는 바리새인들이 예수에게 헤롯을 주의하라고 충고하기도 한다. 사도행전 23장에서 부활에 관한 논쟁이 일었을 때 바리새인들은 사두개인들에게 반기를 들고 바울의 편을 들었다. 사도행전 15:5은 초기 교회에 바리새인들이 있었다고 알려준다. 그중 우리에게 명확히 알려진 인물은 다름 아닌 사도 바울이다(행 23:6; 빌 3:5). 사도행전 5:33-42에 따르면 바리새파 공회원이었던 가말리엘이 공회에 그리스도인 운동을 그냥 놔두라고 건의하는데, 혹시라도 하나님이 하시는 일을 방해해서는 안 된다는 것이 그 이유였다. 가말리엘은 "율법교사"였다. 이 구절은 일부 바리새인들이 지배 계층에 속해 있었음을 증명해준다.

요약. 요세푸스와 마찬가지로 신약성경 역시 바리새인을 율법 전문가로 그린다. 그렇다면 그들 중 일부는 서기관이었을 것이고 그들의 율법 해석은 다른 이들과의 변별요소가 되었을 것이다. 그들도 정치에 관심이 있었지만 실제로 관직을 가진 사람이 있었는지는 신약에 믿을 만한 증거가 없다. 간혹 바리새인들은 권력을 쥔 이들에게 영향력을 행사했으며 바리새인들 중 일부는 유대 사회의 상류층에 속했다. 그러나 바리새인의 다수는 가신 계층에 속했고 십일조, 안식일 준수, 식탁 교제, 그리고 정결에 관심을 두었다. 그들은 이런 이슈들로 인해 아마도 예수와 충돌했을 것이다. 하지만 이 충돌은 후대에 발생한 초기 기독교 운동과 랍비 운동 간의 갈등이 반영되어 실제보다 과장되었다.

랍비 전승들

거룩과 정결, 음식과 십일조. 이 주제와 관련된 랍비 문헌들은 기원후 200년경부터 600년경까지의 기간에 걸쳐 문서화되었다. 저술 연대상 이 랍비 문헌들은 사료로서의 가치에 한계가 있는데, 가장 오래된 것도 로마에 의한 예루살렘의 파멸 이후 한 세기 이상이 지나서야 기록된 것이기 때문이다. 이 자료들은 구전된 내용을 기록한 것으로서 이야기들과 법률적 전승들이 후대로 계승되는 과정에서 차츰 형태가 바뀌었다. 더구나 이 자료들은 그 생성과 보존 및 전승 과정에서 특정한 세계관을 형성하게 된다. 역사를 기록하는 것은 이 자료들의 주된 관심사가 아니었다. 따라서 우리는 랍비 문헌들을 주의 깊게 사용해야 한다.

"바리새인"(Pharisee)이라는 단어 배후에는 페루쉼(*perushim*) 혹은 페리쉰(*perishin*)으로 불리는 개념이 있다. 랍비 문헌에서 이 단어는 "분리된 자" 혹은 "분리주의자"를 의미하며 바리새인 외에도 다양한 개인과 집단에 적용되었다. 노이스너는 기원후 70년 이전에 바리새인이었던 사람들에 대한 전승을 연구했다(*Politics*, 18). 그는 655구절에 담긴 371개의 바리새 전승을 발견해냈다(일부 전승은 다수의 구절에 언급된다). 그중에서 462구절에 담긴 280개의 전승은 힐렐이라는 이름의 바리새인과 그 관련자들, 그리고 당대의 바리새 사상을 대표했던 힐렐 학파와 삼마이 학파에 관한 내용을 담고 있다. 이것은 기원후 70년 이전 바리새파에 관한 전체 전승 자료의 75퍼센트에 해당한다. 힐렐이라는 인물은 랍비들 가운데 확실히 두드러지는 인물이었는데, 그가 바리새 운동을 태동케 하는 데 중대한 역할을 했을 것이다. 그는 바빌로니아에서 유대로 이주해 토라 해석을 주도하는 학파를 이루었다. 이 힐렐 학파의 대표적 경쟁자는 샴마이 학파였다.

노이스너는 "기원후 70년 이전 바리새파와 관련된 700여 개의 단락 대부분은 농산물의 십일조, 헌물, 금기사항과 관련되거나 제의적 정결 규례들 즉 분파적 관심사를 반영한다"라고 서술한다(Neusner, *Politics*, 83). 여기서 "분파적 관심사"란 바리새인들을 다른 유대인들과 구별하는 독특한 요소들을 지칭한다. 바리새인들은 정결 규례들이 과거에는 성전 제사장들에게만 적용되었지만, 이제는 제사장이 아닌 일반인에게도 적용될 수 있다고 믿었는데, 식사에 관한 규례가 그 대표적인 경우였다. 따라서 바리새인들은 가정의 식탁과 성전 제단 간의 유비를 상정했고, 유대인들은 누구나 어떤 의미에서 제사장이라고 생각했다. 백성 전체, 아니면 최소한 바리새적 정결 규례의 추종자들이 곧 하나님이 거하시는 곳이었다. 바리새인들이 성전을 반대하지는 않았지만, 이런 인식을 통해 성전 없는 유대교를 생각했다는 것은 의미심장하다. 바리새인들이 십일조를 강조한 것도 식탁의 정결과 연관성이 있다. 십일조는 주로 농산물에 관련된 것으로, 이스라엘에서 음식물 대부분을 차지했다. 따라서 십일조 규례는 식탁 교제와 밀접하게 연결되었다. 그러나 바리새인들이 실제로 모든 유대인에게 이런 규례들을 엄격히 지키라고 요구했는지, 혹은 그에 따르지 않는 자들을 죄인으로 여겼는지는 분명하지 않다. 바리새인들은 안식일 준수에도 깊은 관심이 있었다.

바리새인들은 자신들이 속한 공동체의 독특함을 자축하는 제의적 식사를 하지 않았다. 그리스도인들의 성만찬이나 쿰란 공동체의 메시아 정찬(messianic meal)과 같은 장치가 바리새인들에게는 없었다. 단지 제례들만이 아니라 집안에서 먹는 매끼 식사가 성화(sanctification)의 문제와 맞닿아 있다는 것이 그들의 인식이었다. 모든 식사가 자기 백성 가운데 거하시는 하나님의 임재를 상기시키는 장치로 작동했다.

페루쉼("분리주의자들")은 원래 외부인들이 바리새파에 부여한 부정적인 이름이었을 수 있지만, 나중에 바리새파가 적절한 호칭으로 격상시켰을 것이다. 거룩은 하나님이 기뻐하시지 않는 모든 일로부터 떠남으로써 하나님이 받으실 만한 존재가 되고 제의에 참여할 수 있는 상태를 말한다. 제사 중심의 종교에서 분리라는 개념은 매우 중요하다. 불결한 것들로부터 자신을 분리시키는 과정에서 바리새인들은 그들 자신이 속한 사회에서 멀어진 분리주의 집단으로 변해갔다. 바리새인들의 토라 해석은 그들을 다른 유대인들과 다르게 만드는 변별력이 되었고, 그들은 그런 율법 준수의 일부만이라도 백성 전체에게 적용되기를 원했다. 다시 말해 그들은 정치적 관심을 가진 이들이었다. 랍비 문헌을 살펴보면 바리새인들과 사두개인들이 앙숙으로 나오는데, 요세푸스가 기록한 요안네스 히르카노스 1세의 연회 이야기를 보아도 그렇다. 랍비 전승에서 그들은 제의적 정결 문제를 놓고 대립했는데, 이런 정결 규정들은 정치적 결과를 가져왔다.

요약. 랍비 문헌은 바리새인들을 식사 교제 집단으로 묘사한다. 식사와 관련된 규정들이야말로 그들을 다른 집단과 구별하는 요소였는데, 바리새인들은 성결을 위한 여러 규정을 통해 자신들 가운데 임재하는 하나님을 높이려고 했다. 이런 삶의 방식은 오늘날 생각하는 협의의 종교에 제한되지 않고 사회적·정치적·경제적으로 다양한 결과를 초래했다.

바리새인들

요세푸스	• 토라의 전문가들 • 토라에 관한 고유한 전승을 지닌 집단 • 내세를 믿고 자유의지와 운명을 동시에 인정함 • 하스몬 치하에서 정치적 영향력을 행사했고, 알렉산드로스 얀나이오스와 헤롯을 반대함 • 헤롯의 통치 이후로 집단으로서의 정치력을 행사하지는 못함 • 대중적 영향력이 컸음 • 사두개인의 경쟁자
신약성경	• 토라의 전문가들 • 토라에 관한 고유한 전승을 지닌 집단 • 안식일 준수, 십일조, 식탁 교제와 관련된 정결 규례에 유별난 관심을 가짐 • 부활, 천사, 영들의 존재를 믿음 • 사두개인의 경쟁자 • 예수를 대적함. 누가복음 일부 구절에 따르면 예수에게 호의적인 바리새인이 있었고 사도행전에 따르면 초기 교회에 바리새인들이 있었음 • 예수를 대적하면서 헤롯의 지지자들과 동맹함 • 자신들이 가르치는 것을 실천하지 않는 위선자들
랍비 문헌	• 식탁 교제 집단 • 십일조와 식탁의 정결 규례를 중시 • 성전의 정결 규례를 자신들의 일상에 맞게 변용하여 적용함 • 안식일 준수를 중요시함

정리

우리는 신약성경의 증거를 살펴봄으로써 일부 서술은 정확하고 일부는 그렇지 않아 보인다는 점을 지적했다.

요세푸스와 신약성경 그리고 랍비 문헌은 각기 다양한 관심사를 지녔기에, 바리새인들에 관해 제각각 다른 측면을 제시했다. 요세푸스는 정치적 활동을, 신약성경은 그들이 예수를 대적한 부분을, 랍비 문헌은 그들의 세계관에 관한 내용을 강조했다. 바리새인들은 하스몬 왕가의 요안네스 히르카노스 1세가 집권했던 시기에 처음 언급된다. 그들이 초기에 손에 넣었던 정치적 영향력은 잠시 쇠퇴의 길을 걷다가 알렉산드라 살로메가 통치할 때 다시 탄력을 얻게 된다. 모든 사료가 토라에 관한 그들의 열성을 증언해주는 것으로 보아, 헬레니즘과 하스몬 왕조의 통치가 가져온 종교 변화의 압력 아래 다시금 토라를 지키는 회복 운동을 일으키고자 했던 것이 바리새인들의 출발점이었던 것으로 판단된다. 그러나 바리새인들도 헬레니즘의 영향에서 벗어날 수는 없었다. 힐렐 학파와 샴마이 학파는 이모저모로 그리스의 철학 학파들과 비슷한 모습을 보였다. 하지만 유대교를 보다 엄격한 토라 해석의 토대 위에 건축하려던 바리새인들의 노력은 정치적 세력화라는 결과를 가져왔다.

헤롯 대왕 때 바리새파의 정치적 영향은 축소되었지만, 헤롯 자신은 바리새인들을 몰아내지 못했거나 그럴 의사가 없었다. 그의 궁정에 있던 여인들조차 바리새인들에게는 동조적 태도를 보였다. 바리새인 중 몇몇은 지배 계층에 속했지만, 기원후 1세기까지도 그들의 정치적 입지는 그다지 탄탄하지 않았다. 로마의 통치로 인해 다른 집단들의 권력 기반이 약해질 즈음 바리새인들은 토라에 대한 전문지식과 그에 근거한 일관된 해석 체계를 바탕으로 유대교의 재건축을 시도하게 되었다.

정결 규정은 유대인과 이방인 사이를 나누는 경계선이었을 뿐만 아니라 유대인 내부에서도 집단 간의 경계선을 초래하는 요인으로 작동했다. 제사장들은 정결함과 불결함을 판단해 선언할 권위를 부여받았기에(레 10:10) 사회를 움직이는 통제력을 행사할 수 있었다. 그러나 기록된 토라에 접근이 용이해지면서 일반인들에게도 소집단들의 필요에 따라 정결 규정을 해석할 기회가 주어지게 되었다. 바리새인들 역시 평신도 신분에도 불구하고 율법 해석의 구전 전승을 축적하면서 그것을 이용해 토라를 재해석하게 되었다. 물려받은 가문의 전통이나 성전에서의 직위 대신 토라에 대한 정교한 지식이 그들에게 권위의 근거가 되었다. 바리새파에 속하지 않은 외인들이 그들의 성경 해석을 충실히 추종했는지는 분명치 않다. 하지만 토라를 해석하고 준수한 바리새인들의 입장이 잘 알려지고 존중받았다는 것은 분명해 보인다. 토라를 해석하고 정결 규례를 일상에 적용함으로써 바리새인들은 성전 파괴 이후 토라 학자들이 유대교의 지배적 위치를 누리게 되는 시기의 토대를 마련하고 있었다. 솔로몬 성전이 파괴된 이후 종교적 상징과 제도들이 특히 중요해졌고, 바리새인들의 노력은 제2성전이 파괴된 이후에도 이스라엘이 생존하는 데 크게 기여했다.

바리새인이 된다는 것은 특정한 직업이 아닌, 유대인으로서의 삶을 영위하는 특정한 방식의 문제였다. 그렇다면 바리새인들이 어떻게 생계를 유지했는지 의문이 든다. 바리새인 중에 제사장들이 있었고 지배층에 속한 자들도 있었지만, 그들은 예외에 속한다. 대부분의 바리새인은 농민이나 직공 등의 하류층보다는 높았으나 지배층보다는 아래에 속했고 다양한 직업을 수행한 것으로 보인다.

> 일부 바리새인들은 지배층에 속했지만, 대부분은 그들 아래에서 관료나 행정직원, 재판관과 교사 등의 직업에 종사했다. 이들은 지배 계급에게 고용되어 일하던 가신(retainer)으로 이해하는 것이 가장 타당해 보인다. 바리새인은 유대인 사회가 어떻게 기능해야 하는지에 대한 대안을 가졌고 그 결과로 일반 대중과 그들의 후견인들에게 영향력을 행사했다. 기회가 왔을 때 그들은 사회를 이끌 권력을 추구했다(Saldarini, *Pharisees*, 284).

바리새인이 서기관, 재판관, 교사, 제사장 등의 직업을 가졌다는 인식은 바리새인들의 집단들에 관한 세 가지 사실로 우리를 이끈다(*Pharisees*, 280). 첫째, 여러 집단이 항상 상호배타적이지는 않으며 겹치는 부분이 있다. 각 개인은 하나 이상의 집단이기도 하다. 바리새인은 사회의 계층으로도 한 계급에 제한되지 않았고, 직업 역시 다양한 선택을 할 수 있었다. 둘째, 사회 내의 집단들은 시간이 흐르며 변화한다. 하스몬 왕가 치하의 바리새인들이 기원후 1세기의 바리새인들과 정확히 같을 가능성은 별로 없다. 게다가 활동하는 장소에 따라 같은 집단의 모습이 달라 보일 수도 있다. 셋째, 집단들은 다양한 기능을 갖는다. 바리새인들은 종교적 회동이면서 정치적 이익집단이기도 했다.

사두개인

사두개인들이 요세푸스와 신약성경 그리고 랍비 문헌에 두루 언급됨에도 불구하고 우리가 그들에 대해 아는 것은 별로 없다. 사두개인들은 주로 바리새인들의 대적으로 등장하는데, 랍비 문헌은 두 학파 간에 정결의례와 안식일 준수 문제로 벌어진 논쟁을 기록한다. 사두개인들에 관해 요세푸스와 신약성경 양자의 서술이 일치하는 분명한 특징이 있다면, 그들은 지배 계층이었고 부활을 믿지 않았다는 두 가지 사실이다. 지배 계층으로서의 사두개파를 분파로 다루는 것은 부적절한데, 왜냐하면 분파는 자신들을 둘러싼 사회 일반과 그 지배자들에 대해 적대적 태도를 지니기 때문이다.

요세푸스

사두개인들은 요안네스 히르카노스 1세를 다루는 본문에서 바리새인들과 더불어 처음 등장한다(*Ant*. 13.288-298). 이 본문에서 사두개인들과 바리새인들은 모두 왕에게 영향력을 행사하고 싶어 하는 정치집단으로 묘사된다. 처음에는 바리새인들이 주도권을 가졌지만, 후에 사두개인들에 의해 세력을 잃고 밀려나게 된다. 제2성전이 멸망하는 시점까지도 양자는 모두 정치적 힘을 추구했다.

요세푸스는 사두개인들에 관해 네 가지를 언급한다. 아래 구절은 사두개인들과 바리새인들의 차이점에 관한 기록이다.

> 바리새파는 모세의 율법에 기록되지 않은 조상 전래의 수많은 규칙들을 백성들에게 부과하여 지키도록 하였다. 바로 이런 이유 때문에 사두개파는 이 규칙들을 인정하지 않았던 것이다. 사두개파는 성문화된 모세 율법은 의무적으로 꼭 지켜야 하나 조상 전래의 유전은 꼭 그럴 필요가 없다고 주장하였다. 사실상 이 유전들 사이에는 수많은 불일치와 논란의 소지가 있었다. 그럼에도 불구하고 바리새파는 대중들의 지지를 획득할 수 있었던 반면에 사두개파는 부자들에게만 영향력을 행사할 수가 있었다(*Ant*. 13.297-298).[7]

사두개인들은 바리새인들의 전통적인 법 해석을 수용하지 않았다. 그들은 기록된 전승 특히 토라에만 권위를 부여했다. 하지만 사두개인들의 토라 해석은 바리새파에 비해 제한적이고 참신한 면이 부족했다. 이런 보수 성향은 지배층 구성원들과 연결된 사두개파의 성격상 이해할 만하다.

---

7 『요세푸스 II: 유대고대사』, 177.

바리새파의 법 해석은 과거 제사장들에게만 해당하던 내용을 일반인에게로 확대시켜 적용했다. 이런 제의의 "민주화"가 바리새인들이 대중의 지지를 확보하는 데 기여했을 수 있다. 물론 바리새인들의 인기에 대한 요세푸스의 기록이 어느 정도 과장되었을 수 있지만, 대부분의 학자들은 부유층이 사두개인들을 지지했다는 요세푸스의 기록에는 동의한다.

요세푸스는 그 밖의 세 군데서 바리새파, 사두개파, 에세네파를 당대의 헬레니즘에 익숙한 독자들에게 이해시키려고 시도한다. 이 세 그룹은 나름의 신조체계를 갖춘 철학 학파들로 그려진다.

> 사두개파는 영혼은 몸과 함께 죽는다고 생각하였다. 그들은 율법이 규정하고 있는 것 외에는 그 어떤 것도 준수하려고 하지 않았다. 그들은 그들이 자주 찾아가는 철학 교사들과 논쟁을 벌이는 것을 일종의 덕으로 간주하였다. 그러나 이들의 교리는 일부에 의해서만 받아들여졌다. 그렇지만 그들 대부분이 고관들이었다(*Ant*. 18.16-17).[8]

바리새인들과 달리 사두개인들은 어떤 특정한 해석들에 공식적 권위를 부여하지 않았고, 아마도 그래서 더 논쟁적이었을 가능성이 있다. 요세푸스가 언급한 영혼의 불멸에 관한 논쟁은 당시 팔레스타인 정황에서는 죽은 자의 부활 문제에 관한 토론이었을 것으로 추정된다. 사두개인들은 그런 이야기가 성문화된 토라에 포함되지 않았다는 이유로 부활 개념을 거부했을 것이다.

> 한편 유대의 두 번째 종파를 형성하였던 사두개파는 운명을 완전히 배제하

8 앞의 책, 498.

였으며 우리가 악을 행하고 아니하고는 하나님과 아무런 연관도 없다고 주장하였다. 선을 행하든지 악을 행하든지 그것은 인간 자신의 선택이라는 것이었다. 선이나 악을 행하는 의지는 개인에 속한 것으로서 인간이 각자 자기가 원하는 대로 행하는 것뿐이라는 것이었다. 사두개파는 영혼의 불멸을 믿지 않았을 뿐 아니라 하데스(Hades)에서의 심판과 형벌을 믿지 않았다. 바리새파는 상호 간에 우의가 있었으며 공공의 복리와 단합을 위해 애를 쓴 반면에 사두개파는 상호 간에 약간의 적대감마저 느끼고 있었으며 같은 파끼리의 대화도 마치 외인을 대하듯 하였다(*J. W.* 2.164-166).[9]

이와는 달리 사두개파는 운명이라는 것은 존재하지 않으며 인간사는 결코 운명에 달려 있지 않다고 이야기한다. 따라서 사두개파는 우리의 모든 행위는 우리의 능력 안에 있는 것으로 우리 자신이 선의 원인이 되기도 하고 우둔함으로 인해 악의 원인이 되기도 하는 것이라고 강조한다(*Ant*. 13.173).[10]

운명에 관한 이런 토론은 묵시적 결정론에 관한 논쟁으로 이해될 수 있다. 사두개파는 묵시사상을 인정하지 않았다. 이는 지배층에 속한 그들의 성향으로 보아 놀랍지 않지만, 과단은 금물이다. 우리는 묵시사상이 서기관 그룹에서 비롯된 현상으로, 부유층이나 식자층 사이에서 발생한 것임을 기억해야 한다. 식민지 사회에서는 지배 계급의 엘리트일지라도 현실에 만족하지 못하고 하나님의 개입과 국면 전환을 기대하는 것이 얼마든지 가능하기 때문이다(S. Cook의 논의를 보라).

사두개파는 귀족 제사장 계층과 친밀했다. 사두개인들이 하나님을

9 『요세푸스 III: 유대전쟁사』, 204.

10 『요세푸스 II: 유대고대사』, 239.

악과 무관하게 만들었다고 한 요세푸스의 주장은 아마 제의적 정결에 관한 제사장적 관심을 반영할 것이다. 그러나 제사장 제도와의 관련성이 모든 사두개인이 제사장이었다는 증거는 될 수 없다. 아마도 사두개파는 세도 있는 제사장들과 부유한 지주층 평신도들이 연합하여 이루어진 집단이었을 것이다.

신약성경

신약성경은 산헤드린에서 재판받는 바울을 묘사하면서 사두개인들과 바리새인들을 대조한다.

> 바울이 그중 일부는 사두개인이요 다른 일부는 바리새인인 줄 알고 공회에서 외쳐 이르되 "여러분 형제들아, 나는 바리새인이요 또 바리새인의 아들이라. 죽은 자의 소망 곧 부활로 말미암아 내가 심문을 받노라." 그 말을 한즉 바리새인과 사두개인 사이에 다툼이 생겨 무리가 나누어지니, 이는 사두개인은 부활도 없고 천사도 없고 영도 없다 하고 바리새인은 다 있다 함이라(행 23:6-8).

천사와 영들에 관한 언급이 토라에는 별로 없는 반면 묵시문학에는 가득하다. 요세푸스는 사두개인들이 부활을 믿지 않는 이유가 토라에 그런 내용이 없기 때문이라고 암시한다. 세상이 영적 존재로 가득하다는 생각을 사두개인들이 거부한 것 역시 같은 전제에 기초했을 것이다. 누가는 이 구절에서 바리새인들과 사두개인들이 산헤드린에서 유력한 위치에 있었다는 것을 보여준다. 예루살렘에 있는 유대인 의회인 산헤드린에 관해서는 아래에 상술할 것이다.

사도행전 4:1과 5:17에 따르면 사두개인들은 대제사장 및 성전 지휘관들과 관련되지만, 그들과 동질적이지는 않다. 이것은 사두개인들이 지배 계층의 지지를 받았다는 요세푸스의 진술과도 일치한다. 마가복음과 누가복음에서 사두개인들은 부활 논쟁과 관련해서만 언급된다(막 12:18; 눅 20:27). 사두개인들은 예수에게 부활에 대한 믿음의 불합리성을 주장했지만, 예수는 그들을 반박했다. 마태는 사두개인들과 바리새인들이 연합해 예수를 대적했다고 서술한다(마 16:1, 6, 11-12). 하지만 이런 동조는 마태복음에만 기록되어 있고 사도행전과 요세푸스 및 랍비 문헌은 두 집단이 경쟁 관계에 있음을 서술하고 있다는 점에서 신빙성이 약하다.

랍비 전승

랍비 문헌은 사두개인들을 바리새인들의 대적으로 그린다. 두 집단은 정결에 관한 규정을 놓고 쟁론했다. 랍비 전승은 사두개인들에 대해 부정적인데, 이는 랍비 운동의 주도권이 바리새인들에게 있었다는 점에서 이해가 된다.

사두개인들

요세푸스	• 지배 계층 • 요안네스 히르카노스 1세하에서 정치력을 행사함 • 바리새인의 경쟁자였지만 바리새인과 달리 대중의 지지를 얻지 못함 • 기록된 토라만을 인정하고 바리새인들의 구전 해석을 거부함 • 내세를 믿지 않음 • 자유의지를 인정하고 운명론을 믿지 않음
신약성경	• 지배 계층으로 대제사장 및 예루살렘 산헤드린과 관련됨 • 바리새인의 경쟁자 • 부활, 천사, 영들을 믿지 않음

랍비 문헌	• 바리새인의 경쟁자 • 정결 규례를 놓고 바리새인들과 논쟁을 벌임

정리

사두개인들은 지배 계층의 일부로서 기원전 2세기 후반부터 기원후 70년 성전이 파괴될 때까지 활동했다. 그들은 대제사장들과 친밀했는데, 요세푸스는 대제사장 아나누스가 사두개인이었다고 말한다(*Ant.* 20.199). 사두개인들은 바리새인들과 경쟁하는 정치적 이익집단이었지만, 이 두 집단은 산헤드린에서는 협치를 유지했다. 로마의 통치하에서 사두개인들은 지배 세력을 받아들이고 독립을 추구하지 않는 전형적인 지배 계층의 입장을 견지했다. 사두개인들은 분파가 아닌 기득권 세력의 일부였다.

산헤드린

예수 이야기에 친숙한 독자들에게 산헤드린은 예수의 반대편에서 이글거리는 적개심을 보여주는 예루살렘의 유대인 지도자들을 떠올리게 한다. 산헤드린은 예수의 죽음에 관여했는가의 여부와 상관없이 제2성전기 후기에 유대 사회에서 중요한 기관이었다. 산헤드린이라는 이름은 "위원회"(council)를 뜻하는 그리스어 시네드리온(*synedrion*)에서 유래했는데, 이는 예루살렘의 귀족들로 구성된 의회였다. 산헤드린은 그리스 시대에 처음으로 역사에 등장한다. 이 의회는 안티오코스 3세(기원전 223-187년)의 서신에 "원로회"(council of elders)를 뜻하는 게루시아(*gerousia*)라고 언급된다(*Ant.* 12.138). 게루시아는 「마카베오1·2서」에도 여러 번 언급된다. 산헤드린이 하스몬 시대에도 존속했다는 증거가 있지만, 그 정확한 기능과 지위는 당대 하스몬 왕조가 취한 태도에 달려 있었을 것이다. 헤롯 대왕은 유대인 귀족집단을 억압했으므로 그의 치하에서(기원전 37-4년) 산헤드린이 가진 독립적인 권위는 미미했을 것으로 추정된다. 이들과 달리 기원후 1세기에 로마 정부는 유대를 통치하기 위해 산헤드린을 이용했다.

요세푸스

요세푸스는 "시네드리온"을 로마 시대의 다양한 집단을 가리켜 사용했는데, 그중 일부는 특정한 상황에 대처하기 위해 조직된 단체였다. 요세푸스의 저술에서 시네드리온은 유대와 로마 공회, 때로는 지배자의 자문단 무리를 지칭하기도 했다. 이것은 동시대의 헬레니즘 문명권에서 흔히 쓰던 용례 즉 정치적·군사적·경제적 조직, 심지어 사적 조직들을 시네드리온이라고 칭하던 습관과 일치한다. 요세푸스는 단 하나의 권위적 의회로서의 산헤드린을 언급하지 않는다. 그러나 살다리니는 요세푸스의 기술들은 산헤드린이 영속적인 시의회에 해당한다는 해석을 지지한다고 생각한다.

> 제사장과 평신도를 아우르는 예루살렘의 지도층 시민들이 영속적인 시의회를 구성했을 가능성은 매우 크다. 이 의회는 유대를 넘어 팔레스타인의 여타 지역에도 영향력을 끼치고 있었다. 요세푸스는 이 집단을 일관성 있게 명시하는 전문용어를 사용하지 않으며 그 구성원들이나 부여된 권력에 대해서도 말하지 않는다. 이는 그런 정황이 역사의 흐름 속에서 유동적이었기

때문일 수 있다. 아마 어느 시대를 막론하고 당대의 유망한 지도자 계층이 그 구성원이었을 것이다. 이 의회는 입법, 사법, 성전, 그리고 민사적 영역을 아우르며 당대의 중요한 사회적 의제 전반을 다루었을 것으로 추정된다 (Saldarini, "Sanhedrin," 976).

신약성경

신약성경에서 시네드리온의 용례는 다양해서 지방 법정이나 의회들을 가리키기도 했다. 하지만 이 용어는 예루살렘에 소재한 최고 의회를 지칭하는 데 가장 자주 사용되었다. 복음서에서 예수의 재판과 관련하여 언급된 산헤드린이 바로 이 최고 의회다. 복음서는 예루살렘의 권력층이 예수를 대적한 사실을 보여주려고 시도하면서 산헤드린이 바로 이 권력층을 대변한다고 암시한다. 마가복음 14장에서는 산헤드린의 회의가 다음과 같이 묘사된다. "그들이 예수를 끌고 대제사장에게로 가니 대제사장들과 장로들과 서기관들이 다 모이더라.…대제사장들과 온 공회[*synedrion*]가 예수를 죽이려고 그를 칠 증거를 찾되 얻지 못하니"(막 14:53, 55). 이 구절에 따르면 산헤드린은 예루살렘에 위치한 매우 중요한 사법기관으로 대제사장의 주재하에 있었다. 이 구절의 "대제사장들"은 예루살렘의 고위 제사장들로서 공적 대제사장을 배출해온 주요 가문들에 속한 제사장 집단이었다. "장로들"은 명망 있는 평신도들이었다. 산헤드린의 구성원에 서기관들이 포함된 것은 놀랍지 않다. 요한복음은 예수에 관한 평결을 내리는 산헤드린에 바리새인들이 포함되었다고 서술한다(요 11:45-53).

사도행전 4장은 성전 경호 장교와 몇몇 사두개인이 베드로와 요한이 성전에서 예수를 전하는 현장에 나타나는 장면을 서술한다. 그들은 체포되어 산헤드린의 재판정에 선다. "이튿날 관리들과 장로들과 서기관들이 예루살렘에 모였는데 대제사장 안나스와 가야바와 요한과 알렉산더와 및 대제사장의 문중이 다 참여하여"(행 4:5-6; 4:15을 보라). 여기서 산헤드린은 관료와 장로, 서기관, 대제사장과 그 가문을 포함하고 있다. 그들은 베드로와 요한이 예수를 전한 행위를 놓고 종교적이고 정치적인 관점에서 판단을 내린다. 사도행전 5:34에서는 바리새인으로서 산헤드린 회원인 율법교사 가말리엘이 그리스도인들을 그냥 내버려두자고 산헤드린을 설득한다. 사도행전 23장에서는 바리새인들과 사두개인들이 나란히 산헤드린에 참석했는데 바울이 부활 문제를 제기하면서 두 집단이 서로 대치하는 양상을 볼 수 있다.

랍비 전승

랍비들은 산헤드린을 가리켜 베트 딘(*bet din*), 즉 "판결의 집"이라는 히브리어 표현을 사용한다. 랍비들은 산헤드린을 복수개념으로 다루는데, 이 기관의 역할은 소송을 판결하고 법을 해석하는 것이었다. 랍비 자료들은 산헤드린이 종교적 학자들로 구성되었다고 서술한다. 요세푸스와 신약성경은 산헤드린이라는 용어를 좀 더 폭넓게 사용하여 법적·정치적 기능을 이 의회에 부여한다. 이에 근거해서 일부 학자들은 정치와 종교를 각기 담당한 두 개의 산헤드린이 있었다고 추정하기도 한다. 하지만 이렇게 정치와 종교 사이를 구분한 것은 매우 의심스럽다. 자료들이 두 개의 영역 중 한쪽을 강조한 것은 자료 자체의 성향과 관심사를 반영하거나 산헤드린이라는 용어가 시대에 따라 변천한 결과다. 산헤드린으로 불린 집단이 각 시대에 맞는 방식으로 변용되었다고 보는 것이 더 정확한 이해일 것이다.

정리

산헤드린의 성격을 재구성할 사료는 드물다. 요세푸스는 산헤드린이라는 용어를 유연하게 사용하고, 신약성경의 증거는 신학적 목적에 따라 기울어진 듯하며, 랍비 자료들은 저술 연대와 내용상 신빙성이 떨어진다. 그러나 이 자료들이 공통으로 보여주는 것은 때로는 사법적 기능을 때로는 대제사장의 자문 역할을 담당한 모종의 의회가 예루살렘에 있었다는 사실이다. 그런 기관의 존재는 로마 제국이 흔히 각 지역의 귀족집단을 통해 식민통치를 했다는 사실과 부합한다.

결론

이 장에서 우리는 제2성전기 말 이스라엘에서 유력한 세 집단을 살펴보았다. 서기관은 다양한 유대 집단과 사회계층에 걸쳐 있는 직업군을 지칭한다. 바리새파와 사두개파는 토라의 해석방식과 유대 사회의 운영에 대한 저마다의 입장이 명료했던 종교적·정치적 이익집단이었다. 이 두 집단은 자주 경쟁자로 묘사된다.

참고문헌

Black, Matthew. "Pharisees." *IDB* 3:774-81.

Blenkinsopp, Joseph. "Interpretation and the Tendency to Sectarianism: An Aspect of Second Temple History." Pages 1–26 in vol. 2 of *Jewish and Christian Self-Definition.* Edited by E. P. Sanders. 3 vols. Philadelphia: Fortress, 1980–1982.

Bowker, John. *Jesus and the Pharisees.* Cambridge: Cambridge University Press, 1973.

Carroll, J. T. "Luke's Portrayal of the Pharisees." *CBQ* 50 (1988): 603–21.

Cook, Michael J. *Mark's Treatment of the Jewish Leaders.* Leiden: Brill, 1978.

Cook, Stephen L. *Prophecy and Apocalypticism: The Postexilic Social Setting.* Minneapolis: Fortress, 1995.

Finkelstein, Louis. *The Pharisees: The Sociological Background of Their Faith.* 3d ed. Philadelphia: Jewish Publication Society, 1966.

Gowan, Donald. "The Sadducees" and "The Pharisees." *BBT* 139–55.

Lightstone, Jack. "Sadducees versus Pharisees: The Tannaitic Sources." Pages 206–17 in vol. 3 of *Christianity, Judaism, and Other Greco-Roman Cults: Studies for Morton Smith at Sixty.* 4 vols. Edited by Jacob Neusner. Leiden: Brill, 1975.

Mantel, Hugo. *Studies in the History of the Sanhedrin.* Cambridge: Harvard University Press, 1961.

Neusner, Jacob. *Formative Judaism: Religious, Historical, and Literary Studies, Third Series. Torah, Pharisees, and Rabbis.* Chico, Calif.: Scholars Press, 1983.

______. *From Politics to Piety: The Emergence of Rabbinic Judaism.* 2d ed. New York: Ktav, 1979.

______. *Rabbinic Literature and the New Testament: What We Cannot Show, We Do Not Know.* Valley Forge, Pa.: Trinity Press International, 1994.

______. *The Rabbinic Traditions about the Pharisees before 70.* 3 vols. Leiden: Brill, 1971.

Overman, J. Andrew. *Matthew's Gospel and Formative Judaism: The Social World of the Matthean Community.* Minneapolis: Fortress, 1990.

Parsons, Talcott. *Politics and Social Structure.* New York: Free Press, 1969.

Porton, Gary G. "Diversity in Postbiblical Judaism." *EJMI* 57–80.

Rivkin, Ellis. *The Hidden Revolution: The Pharisees' Search for the Kingdom Within.* Nashville: Abingdon, 1978.

Saldarini, Anthony J. *Pharisees, Scribes, and Sadducees in Palestinian Society: A Sociological Approach.* Wilmington: Michael Glazier, 1988.

______. "Sanhedrin." *ABD* 5:975–80.

Schürer, Emil. "Torah Scholarship" and "Pharisees and Sadducees." Pages 314–414 in vol. 2 of *The History of the Jewish People in the Age of Jesus Christ (175 B.C.-A.D. 135).* By Emil Schürer. Revised and edited by Geza Vermes, Fargus Millar, and Matthew Black. 3 vols. Edinburgh: T&T Clark, 1973–1987.

Smith, Morton. "Palestinian Judaism in the First Century." Pages 67–81 in *Israel: Its Role in Civilization.* Edited by Moshe Davis. New York: Harper, 1956.

제7장

로마인의 등장

◆ **일차자료**: 「모세의 유언」, 「솔로몬의 시편」, 「에녹1서」 37-71장(「에녹의 비유」라고도 불림), 요세푸스의 저작들

마카비 항쟁 이후 팔레스타인 유대인들은 거의 한 세기에 걸쳐 자치권을 누렸다. 하스몬 가문은 먼저 대제사장의 지위를, 이어서 왕위를 손에 넣었다. 그러나 이스라엘의 독립은 로마인들이 지중해 동쪽을 접수하면서 급작스러운 종식을 맞게 되었다. 이 장은 유대가 독립에서 로마의 피지배로 전락한 과정을 기술한다, 여기서 살펴볼 문서들은 「솔로몬의 시편」, 「모세의 유언」, 그리고 「에녹의 비유」 세 권인데, 이 책들은 그 시대의 유대인들이 변화된 국면에 어떻게 대처했는지를 저마다의 방식으로 그려내고 있다. 마지막으로 회당에 관한 간략한 단락이 첨부되었다.

역사

알렉산드로스 얀나이오스부터 헤롯 대왕까지

하스몬의 마지막 통치자인 알렉산드로스 얀나이오스(기원전 103-76년 통치)는 자신의 권력을 늘리는 데만 관심이 있었던 폭군으로서, 바리새인들을 적으로 여겼다. 그의 통치는 전쟁의 연속이었는데, 그 전쟁들의 일부는 동료 유대인들을 대상으로 삼았다. 그가 죽자 왕비인 알렉산드라 살

로메(기원전 76-67년 통치)가 뒤를 이었는데, 요세푸스는 그녀가 바리새인들과 친분을 맺은 훌륭한 통치자였다고 서술한다(6장을 보라). 여성이기에 대제사장이 될 수 없었던 그녀는 두 아들 히르카노스 2세와 아리스토불로스 2세 가운데 히르카노스를 대제사장에 임명했다. 요세푸스가 히르카노스는 수동적인 반면 아리스토불로스는 야심이 많고 공격적인 것으로 묘사한 것을 볼 때, 알렉산드라는 내심 히르카노스를 자신이 조종하기 쉬운 만만한 상대로 보았는지도 모른다. 이 인사에 불만을 품은 아리스토불로스는 기원전 67년에 모친 알렉산드라가 죽자 히르카노스를 축출하고 기원전 63년까지 통치했다.

바로 이 시점에 로마가 유대 역사의 무대에 등장한다. 로마의 폼페이우스 장군은 지중해 동편에 주둔해 해적들을 몰아내고 아르메니아 왕 미트리다테스를 상대로 군사작전을 벌였다. 하스몬 가의 상속자들인 아리스토불로스와 히르카노스가 자신을 지지해달라고 제각각 폼페이우스의 도움을 청하는 와중에 하스몬 가에 질린 일부 유대인들은 따로 폼페이우스와 접촉해 이참에 하스몬 통치를 끝장내달라고 부탁했다. 로마의 입장에서는 어차피 유대를 조만간 손에 넣어야 할 상황이었지만, 하스몬 왕자들의 내분이 일을 서두를 완벽한 명분과 기회를 제공해준 셈이었다. 일단 두 형제 사이의 조정 역할을 자처한 폼페이우스는 둘 중 아리스토불로스가 다루기 까다로운 상대임을 파악했다. 결국 폼페이우스는 유대를 로마 제국에 편입시키고 시리아 속주하에 두면서 히르카노스에게 지배권을 주는 방식으로 사태를 마무리한다. 이는 속주로 삼은 지역 엘리트들에게 통치를 위임하는 로마의 방침을 따른 것이었는데, 로마는 신생 속주인 시리아를 유대 북편에 두어 지배권을 확보하는 것을 잊지 않았다. 기원전 57년에 시리아의 집정관대행인 가비누스는 히르카노스의 관할 구역을 성전으로 제한하고 귀족들로 구성된 의회의 통제 아래 유대를 다섯 개의 행정구역으로 나눠 로마의 지배체제를 더욱 강고히 했다.

기원전 49년부터 30년에 이르는 이십여 년 동안 로마는 내부 권력 투쟁으로 들끓었다. 율리우스 카이사르는 먼저 폼페이우스, 그다음에 이집트의 프톨레마이오스 13세를 상대로 전쟁을 벌였는데, 히르카노스 2세는 그가 부리던 안티파테르 장군을 끼고 두 전쟁에서 카이사르를 지원했다. 승리를 거둔 카이사르는 히르카노스를 예루살렘에 본거지를 둔 속민왕(ethnarch, "백성의 지도자"란 뜻)으로, 안티파테르를 유대의 총독으로 임명했다(기원전 47년). 이렇게 해서 이두매인인 안티파테르가 유대에서 카이사르의 대리인으로 권력을 쥐게 된 것이다. 유대 남부에 위치한 이두매는 과거 히르카노스 1세에게 정복되었고 그 거주민들에게는 강제 할례가 시행되었다. 일부 유대인들은 유대교로 개종한 이두매인들을 곱지 않은 시선으로 대했다(요세푸스, *Ant.* 14.403을 보라). 율리우스 카이사르는 안티파테르에게 로마 시민권과 조공 면제라는 특권을 주었고, 유대인들에게는 종교의 자유 및 예루살렘 성벽의 재건에 대한 허가와 함께 몰수당했던 토지 일부를 회복시켜주는 정책을 시행했다. 안티파테르는 자신의 관할 지역을 나누어 아들들에게 맡겼는데, 그들 중 가장 유명한 이가 갈릴리를 맡은 헤롯이었다. 그는 갈릴리 지역의 저항세력을 여러 번 굴복시키면서 명성을 얻었다.

기원전 44년에 율리우스 카이사르가 암살되자 벌어진 권력 투쟁에서 안티파테르와 그 아들들은 마르쿠스 안토니우스를 지지했고, 안토니우스는 헤롯과 그의 형제 파사엘을 분봉왕(tetrarch, 그리스어로 "인구 혹은 영토의 4분의 1을 다스리는 자"라는 뜻인데, 후대에는 왕보다 낮고 그 아래의 속민왕[ethnarch]보다 낮은 지배자를 통칭하게 되었다)으로 임명했다. 안티파테르는 기원전 43년에 독살당했다. 당시 로마 제국의 소요는 파르티아인들(로마 제국의 동부에 있던 지배자들)로 하여금 제국의 동쪽 주변부를 침공하도록 부추겼다. 기원전 40년에 파르티아인들은 진군에 나서 예루살렘을 정복한 뒤 하스몬 계열인 안티고노스 마타티아스(아리스토불로스 2세의 아들)를 유대의 왕 겸 대제사장으로 세운다. 같은 해에 로마 원로원은 헤롯을 유대의 왕으로 공표한다. 로마에서 유대로 진격한 헤롯은 삼 년간의 투쟁 끝에 마침내 예루살렘을 탈환한다(기원전 37년). 이처럼 힘겨운 시작에 비해 헤롯은 기원전 4년까지 안정된 통치를 유지하여 역사에서 "헤롯 대왕"이라는 호칭으로 불리게 된다. 물론 이것은 헤롯의 도덕성이 뛰어났다거나 그의 통치가 백성에게 유익을 주었다는 뜻은 아니며 단지 그의 역사적 중요성을 표현할 뿐이다.

헤롯 대왕의 통치(기원전 37-4년)

왕권을 확보한 헤롯의 최우선과제는 권력을 확고히 다지는 일이었다. 이두매인인 헤롯은 유대에 지지세력이 없었고, 유대인 중 상당수는 그를 유대인으로 인정하지 않았다. 게다가 그는 전통적으로 왕이 갖춰야 하는 자격요건도 지니지 못했다. 그는 제사장 가문이 아니니 대제사장이 될 수도 없었고 다윗 가문과도 상관이 없으므로 역사적 왕실계보를 주장할 수도 없었다. 심지어 예루살렘 귀족 출신도 아니었던 헤롯은 자신의 정치적 감각과 부친인 안티파테르가 로마의 권력 투쟁에서 승자 편을 들었던 경력이 권력 기반의 전부였다. 기원전 31년 악티움 전쟁에서 옥타비아누스(훗날 아우구스투스라고 불림)에게 패전한 안토니우스는 기원전 30년에 클레오파트라와 동반자살로 생을 마감했고, 헤롯은 기민하게 옥타비아누스 편에 붙어 자신의 왕위를 보존했다.

하스몬 왕가에 대한 헤롯의 처신은 정당성의 부재와 포악함이라는 헤롯 왕권의 두 특징을 여과 없이 보여준다. 그는 혈통적 정당성을 확보

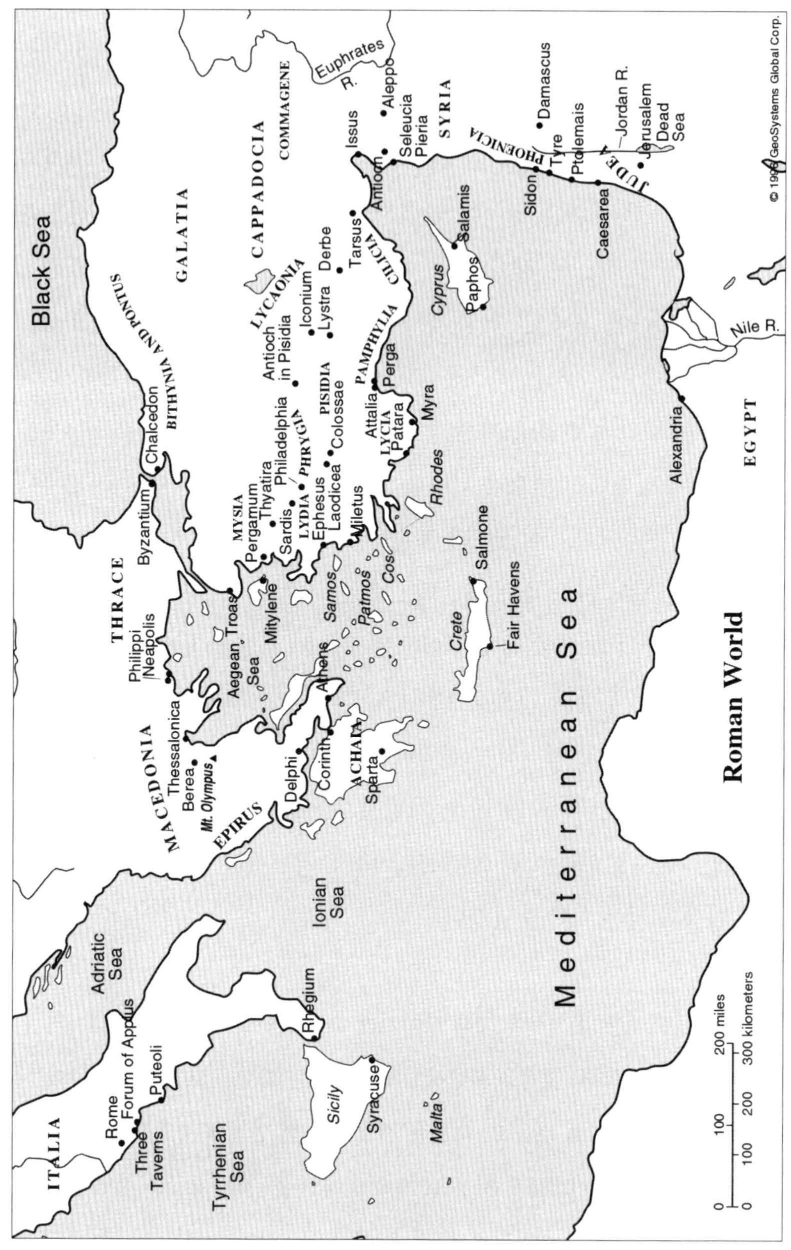
Black Sea
Euphrates R.
COMMAGENE
CAPPADOCIA
GALATIA
BITHYNIA AND PONTUS
Chalcedon
Byzantium
THRACE
Philippi
Neapolis
MACEDONIA
Thessalonica
Berea
Mt. Olympus
EPIRUS
Delphi
Corinth
ACHAIA
Sparta
Athens
Aegean Sea
Troas
Mitylene
MYSIA
Pergamum
Thyatira
Sardis
LYDIA
Philadelphia
PHRYGIA
Ephesus
Laodicea
Colossae
Miletus
Samos
Patmos
Cos
Rhodes
LYCIA
Patara
Myra
Attalia
Perga
PAMPHYLIA
PISIDIA
Antioch in Pisidia
Iconium
Lystra
Derbe
LYCAONIA
Tarsus
CILICIA
Issus
Antioch
Seleucia Pieria
Aleppo
SYRIA
PHOENICIA
Damascus
Sidon
Tyre
Ptolemais
Jordan R.
Jerusalem
Dead Sea
JUDEA
Caesarea
Cyprus
Salamis
Paphos
Nile R.
Alexandria
EGYPT
Crete
Salmone
Fair Havens
Mediterranean Sea
Roman World
Ionian Sea
Adriatic Sea
ITALIA
Rome
Forum of Appius
Three Taverns
Puteoli
Tyrrhenian Sea
Rhegium
Sicily
Syracuse
Malta
0 100 200 miles
0 100 200 300 kilometers
GeoSystems Global Corp.

로마 세계

하기 위해 하스몬 가문과 정략결혼을 감행했지만, 그들의 존재감에 위협을 느끼고 하스몬 일가 중 다수를 제거했다. 한편으로는 하스몬 가문의 영향력을 이용하면서도 그들을 파괴해나가는 모순적 양동작전을 편 것이다. 기원전 37년에 안티고노스 마타티아스를 처형해 하스몬 지지자들의 반감을 산 헤롯은 뒤이어 알렉산드로스 얀나이오스와 알렉산드라 살로메의 딸인 하스몬 가의 공주 마리암네와 결혼하는 행보를 보인다. 그가 바빌로니아 유배민 중 대제사장 가문 출신을 유대로 데려오려고 시도한 것은(기원전 35년), 하스몬 가문에 대한 그의 불신을 짐작하게 해준다. 그는 주위의 반발로 자신의 손아래 처남인 아리스토불로스 3세를 대제사장에 임명하긴 했으나 위협을 느끼고 일 년도 못 되어 여리고에서 익사시킨 뒤, 기어이 디아스포라 출신을 불러와 대제사장으로 세웠다.

헤롯은 통치 기간 내내 자신에게 도전하려고 음모를 꾸민다고 의심이 가는(일부는 정확한 판단이었다) 이들을 꾸준히 처형했다. 그는 자신의 위치에 안심하지 못했던 것으로 보이는데, 위협요소라고 판단되는 사람은 무슨 수를 써서라도 제거하는 잔인하고 무자비한 왕으로 살았다. 헤롯은 기원전 29년에 왕비 마리암네를, 기원전 7년에는 그녀가 낳은 자신의 두 아들 알렉산드로스와 아리스토불로스마저 처형했다. 이에 대해 요세푸스는 다음과 같은 기록을 남긴다.

> 백성들은 헤롯의 처사에 대해 모이기만 하면 불만을 터뜨렸으며 헤롯의 후속 행동에 따라서 불만을 폭발시킬지도 모르는 양상을 보였다. 백성들이 이렇게 불만이 많은 것을 안 헤롯은 각별히 신변 안전에 주의를 기울였으며 소란을 일으킬 기회를 주지 않고 계속 일에만 몰두하도록 몰아붙였다. 헤롯은 시민들이 함께 만나거나, 걷거나, 심지어는 같이 식사를 나누는 것조차 못하게 금지하였으며, 시민들의 일거수일투족을 감시하다가 명령을 어긴

것이 적발되면 무섭게 처벌하였다. 따라서 알게 모르게 힐카니아 성채로 끌려가 죽음을 당한 사람의 수는 적지 않았다. 헤롯은 도시마다 길마다 정탐꾼을 배치하고 만나는 사람들의 동태를 감시하게 했다(*Ant*. 15.365-366).[1]

헤롯은 건축사업으로 명성을 얻었다. 헬레니즘 세계에서 건축물은 곧 정치선전이었다. 거대한 건축사업이 부와 권력 그리고 안정의 상징으로 안성맞춤이었기 때문이다. 고대 세계에서 부의 원천은 근본적으로 농노들의 고역이었는데, 큰 건물들은 일부 백성들에게는 자부심을, 다른 이들에게는 권력자의 존재감과 경제적 억압이라는 현실을 상기시켰다. 헤롯이 벌인 건축사업 중 가장 유명한 것은 바로 예루살렘 성전의 재건이었다. 요세푸스에 따르면 헬레니즘 양식에 따른 방대한 전실(portico)로 사방을 둘러싼 헤롯 성전은 기원전 20년에 시작해 84년이 지난 기원후 64년까지도 미완으로 남은 전무후무한 대사업이었다. 예수 당시 헤롯 성전은 거의 마감이 되었고 예수도 그 전실에서 사람들을 만나 가르침을 전했다. 헤롯에게 이 성전은 자신의 통치를 과시하고 유대인 신민들을 달래는 양수겸장의 한 수였다.

예루살렘에서 헤롯의 건축사업은 유대인들의 호감을 얻기 위한 것이었지만, 그는 이 사업을 통해 로마에의 충성을 과시하려는 다른 목적도 추구했다. 지중해 연안의 스트라토의 탑(Strato's Tower)이라는 고을을 카이사르를 기리는 의미로 카이사레아라고 개명한 것이 그 일례다(카이사르는 본래 로마 귀족 집안의 성이었지만, 율리우스 카이사르가 죽은 후 로마 황제의 명칭 중 하나가 되었다. 이 시점의 카이사르는 과거 율리우스 카이사르의 양자인 옥타비아누스 곧 아우구스투스 황제를 가리킨다). 그 외에도 헤롯은 사마리아를 재건해

1 『요세푸스 II: 유대고대사』, 351.

아우구스투스의 그리스식 이름을 따 세바스테로 개명하기도 했다. 그는 세바스테에 신전을 세워 아우구스투스에게 헌정함으로써 토라의 규정 따위에 매이지 않는 사람임을 과시했다. 그는 자신의 권력을 지키기 위해 여러 요새도 세웠는데, 그 가운데서도 가장 유명한 것은 사해 북서편에 세워진 마사다 성채였다. 가파른 절벽에서 이어지는 높은 언덕 위에 세워진 마사다는 난공불락으로 여겨졌다. 이곳은 결국 로마에 의해 파괴되었지만 남은 폐허조차도 오늘날 관광객들의 경탄을 자아낸다. 로마에 항거한 유대전쟁은 결국 로마의 진압으로 평정되었는데, 기원후 70년에 예루살렘이 초토화됨으로써 사실상 전쟁이 끝났지만, 마사다에 주둔한 유대인 잔류집단은 기원후 73년에 전원이 옥쇄하기까지 그곳에서 삼 년을 버텨내기도 했다.

헤롯 가문

헤롯이 죽자 로마는 그의 영토를 그의 세 아들 아르켈라오스, 헤롯 안티파스, 그리고 필리포스에게 나누어주었다. 아르켈라오스는 기원전 4년부터 기원후 6년까지 예루살렘과 유대 및 몇몇 주변 지역을 다스렸다. 처음에 그가 선왕보다 너그러운 통치자이길 기대했던 사람들은 곧 큰 실망을 맛봐야 했다(마 2:22을 보라). 기원후 6년에 마침내 그의 통치에 가망이 없다고 판단한 로마 정부는 그를 지중해 서부지역으로 추방하고 유대를 시리아의 집정관대행 밑의 계급인 총독에게 맡겨 로마의 직접 통치를 시작한다.

헤롯 가문과 관련된 주요 연대

기원전 47년	헤롯의 아버지 안티파테르가 유대 총독으로 부임함. 헤롯이 갈릴리를 관할함.
기원전 40년	로마 원로원이 헤롯을 왕으로 임명함. 파르티아인들이 유대를 침공해 하스몬 가문 사람을 예루살렘의 대제사장으로 세움.
기원전 37년	헤롯이 왕국의 통치권을 장악함.
기원전 4년	헤롯이 죽고 세 아들이 왕국의 분할 지배를 시작함. 아르켈라오스는 유대를, 헤롯 안티파스는 갈릴리와 페레아를, 필리포스는 갈릴리 이북을 지배함
기원후 6년	로마가 아르켈라오스를 폐위하여 추방함. 로마가 유대 지역을 직접 통치하기 시작함.
기원후 37년	필리포스의 영토가 헤롯 대왕의 손자 아그리파 1세에게 양도됨.
기원후 39년	로마가 헤롯 안티파스를 폐위하여 추방함. 그의 영토와 유대가 아그리파에게로 병합됨.
기원후 44년	아그리파 1세가 사망함.
기원후 48년	아그리파 2세가 갈릴리 이북 좁은 지역의 왕으로 즉위함.

헤롯 안티파스(아래 8장을 보라)는 갈릴리와 페레아(요단 동쪽 지역)를 영토로 받아 기원전 4년부터 기원후 39년까지 통치했다. 예수가 십자가형을 당하기 전에 출두해 만났던 왕이 바로 이 사람이다(눅 23:6-12). 헤롯 안티파스는 사해 동부와 남동부에 걸친 나바티아 왕국의 아레타스 4세의 딸과 정략결혼을 했으나 자신의 처제와 결혼하기 위해 이혼을 감행했다. 복음서는 세례 요한이 이 두 번째 결혼에 항의했다가 참수당했다고 증언한다(막 6:17-18 및 병행 구절을 보라). 헤롯 안티파스는 기원전 4년에 로마의 바루스가 파괴한 갈릴리의 세포리스를 재건했고, 갈릴리의 해안에 당대 황제인 티베리우스의 이름을 딴 신도시 티베리아스를 건설했다. 세포리스와 티베리아스는 1세기 갈릴리의 양대 도시가 되었다. 로마 정부는 기원후 39년에 안티파스를 갈리아(Gaul)로 추방했는데, 이는 아그리파 1세가 그에게 모반의 혐의를 뒤집어씌웠기 때문이라고 알려진다.

필리포스는 갈릴리해의 북부와 동부 지역을 관할했다. 그의 통치는 부침이 심했지만, 그는 카이사레아라는 도시를 건설하고, 헤롯이 세운 카이사레아와 구별하기 위해 그 도시를 카이사레아 필리피(가이사랴 빌립보)로 명명했다(막 8:27을 보라). 필리포스는 기원전 4년부터 기원후 34년까지 통치하다가 로마가 그의 영토를 시리아에 복속시키면서 권력을 잃었다.

아그리파 1세는 헤롯 대왕의 손자이자 아리스토불로스의 아들로, 하스몬 가문의 마리암네가 낳은 헤롯의 두 아들 중 하나다. 그는 한동안 로마에 머물면서 헤롯 집안의 풍습대로 몇몇 로마 귀족과 친분을 맺었다. 로마인들은 자신들이 지배하고 있는 복속국가의 군주 일가가 로마에서 시간을 보내게 하는 관례를 만들었는데, 이런 정책은 불충성을 방지하기 위한 보험과도 같았다. 아그리파 1세가 사귄 로마인들 중에 별명이 칼리굴라인 가이우스가 있었는데, 이 사람은 훗날 로마의 황제가 되어 기원후 37년부터 41년까지 통치한다("칼리굴라"는 "작은 군화"란 뜻으로 그의 아명에 해당한다). 칼리굴라가 황제가 되면서 아그리파 1세는 필리포스에게 속했던 영토와 함께 왕족의 호칭을 하사받는다. 기원후 39년에 아그리파 1세는 유대와 사마리아의 왕권을 공고히 했고, 41년에 칼리굴라가 암살당한 후 클라우디우스를 황제로 세우는 정치협상에서 나름의 영향력을 미쳤다. 새 황제 클라우디우스(기원후 41-54년 통치)는 통치 초기에 아그리파 1세에게 매우 호의적이어서 헤롯 대왕의 영토 중 나머지를 그에게 주었다. 아그리파 1세는 왕권을 유지하다가 기원후 44년에 급사하고 만다(행 12장에 의하면 아그리파 1세는 야고보 사도를 처형하고 베드로를 체포했다. 여기서 그의 돌연사는 신성모독에 따른 처벌로 여겨진다). 짧은 재위 기간임에도 아그리파 1세는 로마의 의심을 살 만한 일들을 저지르는데, 로마의 허락 없이 지역 족장들을 불러들여 회동한 것이 한 예다. 아그리파 1세가 사망할 당시 그의 아들 아그리파 2세는 겨우 열여덟 살이었고 클라우디우스의 자문관들은 그에게 선왕의 영토를 맡기는 데 반대했다. 결국 클라우디우스는 오랫동안 중지되었던 직접 통치를 재소환해 로마인 총독을 세워 유대를 직접 다스리기 시작했다. 아그리파 1세를 마지막으로 유대 전체를 다스리는 유대인 왕의 존재는 역사에서 사라졌다.

아그리파 2세에게는 갈릴리 이북의 조그만 영지들을 다스리는 역할이 주어졌다(기원후 48년). 그는 재위 기간 중 일어난 유대 및 갈릴리 지역에서의 소요사태에도 불구하고 오랫동안 왕위를 지켰다. 헤롯 가문 출신으로 마지막 왕이었던 그는 유대와 갈릴리에 직접 권한을 행사하지 않았으나 영향력이 있었고, 그 결과 해당 지역 내에서 일어나는 몇몇 사건에서 조역을 담당하기도 했다.

솔로몬의 시편

「솔로몬의 시편」은 성경의 시편과 중첩되지 않는 열여덟 수의 시를 모은 책이다. 기원전 1세기 중엽에 쓰인 이 시들은 히브리 원문이 소실되었으나 그리스어와 시리아어는 보존되었다. 「솔로몬의 시편」에는 당시 유대인들이 가졌을 분노와 애절함이 묻어나는데, 이는 하스몬 왕가의 통치와 폼페이우스 장군으로 대표되는 로마의 진입에 대한 그들의 반응이었다. 이 시의 저자들이 누구인지와 유대교의 어느 종파에 속하는지는 판단하기 어렵지만, 바리새파와의 연결점을 찾으려는 시도가 있었다. 「솔로몬의 시편」은 하스몬 왕가의 사회적 죄악들과 폼페이우스가 성전을 더럽힌 일을 비판하는 한편, 다윗 계보의 메시아가 도래해 이스라엘을 개혁하고 이방인들을 몰아내며 백성들이 토라를 지켜 살도록 하리라는 대망을 표현한다. 이 지면에서는 앞 장에서 언급된 사건들과 직접 관련된 시들만을 살펴보고자 한다.

이스르엘(Jezreel)과 갈릴리의 요단 골짜기 사이에 위치한 도시 벧샨(Beth Shean, Scythopolis)의 극장. 이런 구조는 이 지역에서 헬레니즘과 로마 문화의 영향을 보여준다.

「솔로몬의 시편」 2편은 폼페이우스의 예루살렘 정벌을 죄를 지은 그 도시의 거주자 탓으로 돌린다.

> 죄인이 자만으로 가득 차서
> 성벽을 파괴하는 전차로 견고한 성벽을 부수어도
> 당신은 그것을 말리지 않으셨습니다.
> 이방 민족이 당신의 제단에 올라가
> 교만을 부리며 흙 묻은 발로 마구 더럽혔습니다.
> 예루살렘 주민들이 주님의 성소를 모독하며

율법을 거역하고 하나님의 예물을 더럽혔던 것입니다(2:1-3).

여기서 "죄인"은 예루살렘을 함락시키고 성전에 난입해 그곳을 부정하게 만든, 용서할 수 없는 죄를 범한 폼페이우스 장군이다. 그러나 시인은 하나님의 전능하심을 믿기에 예루살렘이 외국인의 손에 함락된 것도 하나님께서 허락하신 일이라고 받아들인다. 그런 상황을 허락하신 이유는 오로지 예루살렘 백성들이 하나님의 진노를 샀기 때문이며, 따라서 로마인의 진군은 이스라엘에 내린 하나님의 징벌일 터였다. 백성의 죄는 "주의 거룩한 것" 즉 성소를 더럽힌 것이다. 시인이 말하는 "예물"은 제사장들이 성전에서 드리는 제물을 말하므로, 이 시는 결국 예루살렘의 제사장과 지배층을 비판하고 있다. 시인은 하나님의 의로운 판단을 찬양한다. "하나님은 의로우신 재판장이라. 사람을 우러러보지 않으신다네"(2:19). 따라서 하나님의 심판은 이방 죄인뿐 아니라 하나님 자신의 백성에게도 내린다.

그러나 시인은 예루살렘이 받은 벌에 대해 불만을 표한다. 의로우신 심판일지라도 고통이 오래되었고, 그 벌의 집행자들 즉 폼페이우스와 로마인들은 하나님께 무례한 자들이므로 그들이 이스라엘을 철저히 파괴하지 못하도록 막아야 한다는 것이다. 하나님의 응답은 신속했다.

그러나 하나님께서는
나에게 곧 그들의 잔악한 모습을 보여주셨습니다.
그들은 지상에서나 해상에서나 극히 보잘것없는 자에게도 날뛰며
이미 먼 옛날에 이집트의 산 위에서 죽음을 당한 사람입니다.
몹시 횡포를 부린 끝에
그의 육체는 풍랑에 휘말려 심하게 문드러졌습니다.

그리고 묻어주는 사람도 없었습니다.

그것은 하나님께서 명예를 박탈하시고 말살하셨기 때문입니다(2:26-27).

폼페이우스는 율리우스 카이사르와 전쟁을 치르다가 이집트에서 기원전 48년에 사망한다. 실제로 그의 시체는 한동안 수습되지 않았는데, 이것은 큰 치욕으로 여겨졌다. 시인은 폼페이우스의 참혹하고 수치스러운 종말을 그가 예루살렘에 행한 행동들에 대한 직접적이고 적절한 처벌로 간주한다. 시인이 보기에 폼페이우스는 제왕들이 특히 범하기 쉬운 죄, 즉 하나님의 주권을 인정하지 않는 죄를 지은 자였다. 앞서 다룬 유대 문헌들에도 동일한 죄를 지은 다른 왕들 즉 안티오코스 4세(2 Macc 9:5-12; 단 7, 8, 11장)와 느부갓네살(단 4:19-37)이 언급된다. 「에녹1서」 62-63장에서는 땅 위의 제후와 군주들이 동일한 죄목으로 심판을 받는다. 시인은 계속하여 폼페이우스에 관해 이야기한다.

그는 자신을 인간으로도 보지 않았고

앞날의 일을 생각하지도 않았습니다.

그는 "나는 땅과 바다의 주인이 될 것이다"라고 말하며

하나님이야말로 위대하시고 그 놀라운 능력 때문에

강대하시다는 것을 인정하지 않았습니다.

주님은 하늘의 왕이시며

모든 왕과 모든 나라를 심판하시는 분이십니다(2:28-30).

폼페이우스가 "위대한 자"로 불렸지만, 실상은 하나님만이 참으로 위대하시다.

3편은 부활을 언급한다. "그러나 하나님을 경외하는 자는 영생을 얻

을 것이다. 그들의 생명은 주님의 영광 가운데에 있고 이제 두 번 다시 죽는 일은 없을 것이다"(3:16).

4편은 토라를 좇는 시늉만 일삼는 동료 유대인들을 꾸짖는다.

속된 인간아, 너는 어찌하여 경건한 사람들의
회중 가운데에 앉아 있으면서
네 마음은 주님으로부터 멀리 떠나
상습적으로 율법을 어기는 자가 되어
이스라엘의 하나님의 노여움을 샀느냐?
그는 만인보다도 더 말이 지나치고
외모를 지나치게 따지며
심한 언사로 죄인들을 재판하는 자다.
그는 열심히 한 것처럼 가장 먼저
죄인에게 손을 댔고,
갖가지 죄와 부절제로 인하여
책망을 벗어날 수 없다(4:1-3).

세상에서 토라를 지킨답시고 재판관을 자처하는 무리가 실상은 죄인들이기에 시인은 그들의 위선에 경멸의 시선을 보낸다. 이 시와 「솔로몬의 시편」 대부분은 그런 자들이 저지르는 죄악을 상세히 언급한다. 그들은 성적으로 방종하고, 법정에서 거짓된 판단을 내리며, 외견상 합법적인 꼼수를 써서 타인의 재산을 강탈하는 자들이다. 이 죄인들은 "가식적으로 법률을 입에 담는" 자들이다(4:10). 이들의 죄목은 토라를 해석하고 남들에게 요구할 수 있는 권위를 가진 상류층의 전유물이다.

「솔로몬의 시편」은 이스라엘에 거하는 죄인들을 멸해달라고 간구하지만, 그 와중에 의로운 자들이 함께 멸망하지 않고 남아 있어야 함을 하나님께 상기시킨다.

> 하나님, 우리를 말할 수 없이 싫어하는 무리가
> 우리를 습격하지 않도록 우리를 떠나 계실 곳을 마련하지 마소서.
> 하나님, 당신께서는 이제까지 그들을 물리쳐 흩어지게 해주셨습니다.
> 그들의 발이 당신의 성소에 있는 자산을 손상시키게 해서는 안 됩니다.
> 당신께서 당신의 뜻대로 우리를 징벌해주소서.
> 그러나 이방 민족들에게만은 넘겨주지 마소서.
> 만일 죽음으로 보내는 것이라면
> 우리 일을 그에게 특히 부탁하여 주시겠지요.
> 당신은 자비가 깊으시므로
> 진노하신 나머지 우리를 섬멸하지는 않으시겠지요.
> 당신의 이름이 우리 가운데에 머물러 있다면
> 우리는 은혜의 하사물을 받고
> 이방 민족이 우리에게 반항하여도
> 힘이 미치지 못할 것입니다.
> 당신이 우리의 방패이시기 때문입니다.
> 우리가 호소하면 당신은 우리가 하는 말을 들어주시기 때문입니다(7:1-7).

여기서 "나라들" 혹은 "민족들"은 이방인을 뜻한다. 이 시는 오래지 않은 과거에 로마인이 예루살렘을 정복하고 성전을 유린한 것을 목격한 사람의 심정을 토로하고 있다. 시인은 하나님께서 이스라엘과 함께 머무셔서 이방인들의 철저한 파괴를 막아달라는 기도를 드린다.

8편은 폼페이우스가 성전을 더럽힌 사건을 애통해한다. 하지만 그것은 하나님의 심판이며 그런 결과는 예루살렘 백성의 행동에 걸맞은 일이라고 고백한다.

> 하나님은 그들의 죄를 백일하에 드러내시고
> 온 땅은 하나님의 공정한 심판을 알게 되었다.
> 그들의 율법 위반은 땅속 깊이 은폐되었으나
> 하나님의 노여움을 촉발하게 하였다.
> 즉 아들은 어미와 아비는 딸과 교접했던 것이다.
> 남자는 저마다 이웃의 아내와 간음하기에 이르렀다.
> 그들은 이런 일로써 맹세하여 서로 동의했던 것이다.
> 그들은 하나님의 성소에서 제멋대로 약탈하였으니,
> 마치 관리하는 상속인도 없는 것 같았다.
> 그들은 온갖 부정을 몰고 들어와 주님의 제단을 짓밟고
> 경혈로써 희생제물을 더럽히고
> 성별된 고기를 무위로 만들었다.
> 그들이 저지른 죄악이 이방인을 능가하지 않은 것은 없었다(8:8-13).

이 시편은 제단을 섬기는 자들 즉 제사장들의 성적 죄악을 정죄하고 있다. 생리혈("경혈")을 언급한 것은 제사장들이 여성의 월경 중 성교를 금하는 율법 조항을 지키지 않았다는 것을 암시한다. 제사장들의 죄목 중에는 근친결혼을 금지한 규정을 넘는 불법적 결혼도 있었다. 이런 비난은 현실보다 과장되었을 수 있지만, 당대 지배층이 이 시인의 결혼 규정을 어기고 있었다는 점만은 명확하다. 그들이 "성전을 약탈했다"는 것은 예루살렘의 엘리트 그룹이 성전 제사를 통해 부당한 이익을 취하고 있었음을 보여준다.

아래의 시편은 하나님이 폼페이우스 장군을 들어 유대인 죄인들을 처벌했다고 말한다.

하나님은 땅끝에서 나아와 힘 있게 치는 자를 데려오셔서
예루살렘과 그 지방에 대한 싸움에 결말을 지었다.
땅의 수장들은 그를 환호로써 맞이하여
그에게 이렇게 말하였다.
"당신이 연 길이야말로 절실하게 바라던 것입니다.
　어서 마음 편하게 들어오시오."
그가 도래함으로 인하여 그들은 험한 길을 평탄하게 가고
예루살렘에 이르기까지 여러 도시의 문을 열면서
그 성벽의 최후를 장식하였다.
그는 아비가 아들 집에 들어가듯 수월하게 입성하여
지극히 안정된 발판을 구축하였다.
그는 예루살렘의 요새와 성벽을 장악하였다.
이것은 그들이 방황하고 있을 때
하나님께서 그를 착실히 인도하셨기 때문이다.
그는 그들의 수장들과 모든 계략을 꾸민 자를 없애버리고
예루살렘에 사는 주민의 피를 더러운 물을 버리듯 흘려보냈다.
그는 그들이 부정한 관계로 얻은
아들딸들을 사로잡아 데리고 갔다.
그들도 아비들과 똑같이 자신들의 불결에 어울리게 행동하며
예루살렘과 하나님의 이름을 위해
정결하게 했던 모든 것을 더럽혔다(8:15-22).

폼페이우스는 "땅끝에서 나아와 힘 있게 치는" 자로 묘사된다. 팔레스타인 유대인들에게 로마의 진군은 지구의 종말로 보였을 것이고, 폼페이우스의 위용은 그 자체로 전설이었다. 이 구절들은 우리가 앞서 살폈던 사건들을 반영한다. 요세푸스는 이스라엘 지배층이 폼페이우스를 끌어들였다고 진술한다(*Ant.* 14.58-59). 아리스토불로스는 처음에 폼페이우스가 자신에게 유리한 결정을 내려주길 기대하며 선물을 헌정하고 요새들을 내어주었다. 그러나 폼페이우스가 자신들의 편이 되어 정치적 난관을 타개해주리라 생각하고 예루살렘 성문을 열어준 결과는 참혹했다. 입성한 로마군과 아리스토불로스 간의 긴장이 고조되다가 유혈사태로 번지고 성전이 더럽혀지고 말았다.

17편과 18편은 다윗 계보의 메시아를 기다리는 대망을 표현한다. 17편은 이스라엘이 하나님께 소망을 둔다는 외침으로 시작한다(17:3). 여기서 구원은 하나님의 율법을 어기는 이스라엘 내부 및 외부의 폭압자로부터의 해방을 의미한다. 이 시들을 남긴 이들은 우주의 전능자 하나님께 충성을 다했건만 악인이 세상을 지배하고 자신들은 무력하게 폭압에 시달리는 현실을 이해해보고자 씨름했다. 그들이 찾은 답은 하나님의 섭리를 한층 더 강력히 주장하는 것이었다. "우리 하나님의 나라는 심판을 받는 여러 민족 위에 영원히 있습니다"(17:4). 로마가 전능해 보이지만, 실제로는 하나님 나라가 궁극의 권력이다.

이어지는 구절은 아마 하스몬 왕가를 지칭하는 듯하다.

> 주님, 당신은 다윗을 이스라엘의 왕으로 택하시어
> 그의 왕국은 당신 앞에서 절대 끊어지지 않을 것이라며
> 그에게 자손에 대한 일을 길이 맹세하셨습니다.
> 그런데 우리들의 죄를 구실로 죄인들은 우리를 향하여 일어서서

우리에게 덤벼들어 우리를 밀어내고
당신이 약속하지 않으신 것을
우리에게서 힘으로 약탈하여
당신의 존귀한 이름을 숭배하지 않았습니다.
그들은 자기들의 높은 지위에도 만족하지 못하고
화려하게 스스로 왕관을 쓰고
거만한 책략으로 다윗의 왕좌를 폐하였습니다(17:4-6).

하스몬 일가는 스스로 왕위를 취하긴 했지만, 다윗의 후손을 자칭할 수는 없었다. 그들은 자신들의 영광을 위해 정당성이 없는 왕가를 세움으로써 다윗의 왕좌를 훼손했다. 이 시는 하스몬 왕가의 압정에 대항하면서 하나님께서 다윗에게 주신 약속, 즉 다윗의 자손이 영원히 이스라엘의 보좌에 앉으리라는 언약을 상기시킨다(삼하 7장).

이 시는 "불의한 통치자들을 분쇄하고", "예루살렘을 짓밟는 열방들로부터 구원할" 다윗의 후손인 왕을 찾는다(17:24-25). 더욱이 그는 "죄인들을 그 유업으로부터 끌어낸다"(17:26). 여기서 죄인들은 이방인이 아닌 유대인들이다. 이어지는 절은 메시아와 이상적 이스라엘에 관한 성경의 전승을 빌려 다윗의 후손인 메시아를 묘사한다.

그는 거룩한 백성을 모아 그들을 정의로 이끌며
그의 주 하나님에 의해 성별된 백성의 여러 부족을 심판할 것이다.
또 그는 불의가 더 이상 그들 가운데에 머무는 것을 허락하지 않고
악을 아는 자는 일체 그들과 함께 살지 않을 것이다.
그는 그들이 모두 하나님의 자손이라는 것을 알기 때문이다(17:26-27).

왕의 주된 임무는 자신이 토라를 지키고 이스라엘도 동일하게 순종하도록 이끄는 것이다. "하나님의 자손"은 하나님의 자녀답게 행동하는, 즉 온전히 순종하는 이들을 가리킨다. 히브리 성경은 이스라엘 전체 혹은 개개인을 하나님의 아들 혹은 아들들이라고 부른다(삼하 7:14; 사 1:2; 호 11:1; 시 2:7; Wis 2:13을 보라). 특별히 「솔로몬의 지혜」 2장은 주목할 만한데, 그 본문에 따르면 의인은 그의 의로움으로 인해 하나님의 아들로 인정된다. 이와 비슷한 논리는 바울 서신에도 나오는데, 그리스도인들만이 하나님의 참된 자녀가 되는 이유는 예수 그리스도 안에 있는 그들만이 하나님과의 올바른 관계 안으로 들어가고 의로워지기 때문이다(갈 3:26; 4:4-7; 롬 8:12-17; 요 1:12-13도 보라).

이어서 다음 구절은 미래의 회복을 위한 모형으로서 과거를 돌아본다.

> 또 그는 그들을 지상의 부족에 따라 조를 나눌 것이다.
> 거류자나 이방인은 그들이 있는 곳에 이제 머무를 수 없을 것이다.
> 그는 자신의 의로움의 지혜로써 백성과 여러 민족을 심판할 것이다(17:28-29).

이스라엘의 황금기였던 다윗의 시대가 회복되며, 열두 지파가 다시금 본래 지정된 영토에서 살게 될 것이다. 이스라엘이 처음 약속의 땅에 들어갔을 때 여호수아가 지파 간에 영토를 분배해주었듯이, 다윗의 후손인 메시아도 같은 일을 행할 것이다. 이상적 이스라엘에는 이방인이 섞이지 않으리라는 사상이 여기에 등장하는데, 이는 요시야의 개혁(신명기)과 포로기 이후의 회복(에스라와 느헤미야)에서 보여준 것과 궤를 같이한다. 이스라엘은 이방인의 영향이 없는 순수함을 유지하겠지만, 다윗의 후손인 왕은 이방을 포함한 온 세상을 "자신의 의로움의 지혜로써" 다스릴 것이다.

아래 구절들은 회복된 예루살렘의 영광스러운 모습을 그려 보여준다. 그곳은 하나님이 보내신 메시아의 보좌이자 순결해진 공동체의 고향이다.

> 그는 이방 민족들을 그의 멍에 밑에 두고 그를 섬기게 할 것이다.
> 그는 온 땅에서 볼 수 있는 곳에서 주님을 찬양할 것이다.
> 그는 예루살렘을 정화하여 예전처럼 그곳을 거룩하게 만들 것이다.
> 이방 민족들은 그의 영광을 보려고 땅끝에서부터 찾아올 것이다.
> 그들은 흩어진 예루살렘의 아들들을 선물로 데려와서
> 하나님께서 영화롭게 하신 주님의 영광을 볼 것이다.
> 그는 하나님의 지시를 받아 그들을 다스리는 공의로운 왕이 될 것이다.
> 그가 다스리는 동안 그들 중에 불의는 없을 것이다.
> 만인이 다 거룩하며 그들의 왕은 주님의 기름 부음 받은 자이기 때문이다.
> 그는 말과 기수와 활에 자신의 신뢰를 두지 않고
> 자신을 위하여 금과 은을 모아 전쟁을 준비하지 않으며
> 싸우는 날에 무리로부터 신뢰를 얻지도 않을 것이다.
> 주님 자신이 그의 왕이시고,
> 그의 희망은 하나님을 통해 힘을 얻는 것이다(17:30-34).

이 메시아의 권세는 무력이 아닌 하나님을 향한 순종에서부터 나온다. 시인은 거룩한 전쟁의 전승에서 유래한 용어를 사용하여 전쟁의 승리가 마병과 활이 아닌 하나님에 대한 헌신에 달렸다고 선언한다. 그런 점에서 이 메시아는 하나님의 주권을 인정하고 그를 대망하기보다 자신의 힘과

부에 의지하는 폼페이우스와 하스몬 일가의 반대 지점에 서 있다. 예루살렘은 거룩한 도시이기에 침공 불가능하다는 믿음과, 왕의 의로움이 백성의 의로움을 보장한다는 믿음이 여기에 표현된다. 이 시에는 시온 이데올로기의 다른 요소들도 드러난다. 하나님이 역사에 개입하실 때 포로민들은 돌아오고 열방은 참되신 하나님을 알아보며 그분께서 이스라엘과 예루살렘을 선택하셨음을 인정하게 될 것이다. 예루살렘은 "거룩하지 않은 적들의 부정"으로부터 건짐을 받을 것이다(17:45).

다윗의 후손인 메시아는 "죄가 없으며"(17:41) "거룩한 영 안에서 능력이 있다"(17:42). 히브리 성경에서 "영"은 하나님의 임재와 활동을 가리킨다. 이 시는 메시아가 성령을 지니셨고 따라서 이해력과 능력 및 의로움을 소유하셨음을 알린다(17:42). 그는 하나님의 양 떼의 "목자"가 되신다. 그의 말씀은 이스라엘을 인도할 것이다. "그의 말씀은 거룩한 자들의 말과 같아서 성화된 백성들 가운데 거하리라"(17:49). 여기서 "거룩한 자들"은 천사들을 지칭한다.

18편은 백성들이 이 메시아를 위해 준비하고 있다고 말한다.

> 당신은 비로소 태어난 외아들처럼 우리를 징벌하시고
> 순종하는 영혼을 무지의 어리석음으로부터 돌이키게 하십니다.
> 하나님께 기도하오니 자비와 축복의 날에 대비하여
> 당신의 기름 부음 받은 자를 데리고 올 선택의 날을 위해
> 이스라엘을 정결하게 하소서(18:4-5).

의인들의 고난은 그들만이 하나님의 자손이요 장자임을 입증해준다. 하나님께서 그들을 돌보시기에, 그들이 정화의 과정을 거친 것은 그들이 참자녀답게 사는 법을 가르치시기 위한 것이었다. 메시아가 올 때 그는

징계를 계속함으로써 이스라엘 공동체가 순수함을 유지하도록 만드실 것이다. 이스라엘은 "하나님을 경외하는, 주의 기름 부음 받은 자의 징벌하는 채찍 밑에서" 살게 될 것이다(18:8).

「솔로몬의 시편」에 나타난 메시아에 대한 묘사

다윗의 아들

이스라엘의 왕

하나님을 왕으로 모신 분

하나님의 양 떼의 목자

무죄하고 토라에 순종하는 이

재물이나 무력이 아닌 하나님을 신뢰하는 자

이방인들을 물리치고 지배하는 이

예루살렘을 정결케 하여 포로들이 돌아오게 하시는 분

이스라엘이 토라를 지키게 하여 그들을 "하나님의 자녀들"로 만드시는 분

이스라엘의 지파들을 심판하는 이

열두 지파에 각각 지정된 땅을 주시는 분

「솔로몬의 시편」은 기원전 1세기의 일부 유대인들이 하스몬 왕가의 통치와 로마인들의 도래를 어떻게 이해했는지를 보여준다. 그들은 자신들이 하나님의 백성이라고 여겼지만, 그들의 제사장들과 통치자들이 토라를 저버렸다고 생각했다. 그들은 동료 유대인들 가운데 있는 악인들이 로마인들의 손에 고통당하는 것은 정당한 심판이라고 받아들이면서도 거룩한 도성과 성전이 폼페이우스에게 짓밟혔다는 사실에 애통해했다. 이 유대인들은 자신들이 물려받은 성스러운 전통에서 위로를 얻었다. 또 다윗에게 주신 하나님의 약속과, 세계를 하나님과 예루살렘을 중심으로 이해

하는 시온 전승에서 희망을 찾았다. 그들에게 다윗의 자손 메시아의 도래는 이스라엘에 주신 신성한 약속의 성취이자 유대인과 이방인을 막론하고 그들을 박해하는 자들의 멸망을 뜻했다. 그들은 이스라엘이 다윗 당시의 영광을 회복하는 날을 꿈꾸며 기다렸다.

모세의 유언

「모세의 유언」은 「모세 승천기」(*Assumption of Moses*)라고 불리기도 하는데, 현재 보존된 본문에 모세가 승천한다는 내용은 없으며 그 제목이 말해주는 것처럼 유언이다. 유언 장르는 중요한 인물이 죽기 전에 남기는 마지막 메시지 형태로, 주인공이 임종에 앞서 자식들 혹은 후계자를 불러 전하는 내용이다. 「모세의 유언」은 기원전 2세기 안티오코스 4세가 유대교를 박해하던 시기에 처음 쓰였고, 헤롯의 통치기에 내용을 더해 다시 만들어졌다. 본문 6-7장은 후대 상황에 맞도록 기존의 문서에 삽입된 것으로 보인다. 기존 전승의 개작과 재적용은 고대 유대교와 기독교에서 널리 사용되던 저술방식이지만, 「모세의 유언」의 경우 결과물은 혼란스럽다. 6-7장이 헤롯 대왕의 시대(기원전 37-4년)와 로마 집정관대행 바루스의 전쟁(기원전 4년)을 거쳐 헤롯의 아들들이 통치한 시기로 이어지는데, 기원전 2세기에 있었던 안티오코스의 박해와 관련된 명확한 언급은 8장에 가서야 나타난다. 이 유언의 편집자가 장들을 연대순으로 배열하지 않은 이유에 대해서는 아래에서 살펴보기로 하겠다.

「모세의 유언」의 무대는 신명기 34장에 기록된 모세의 임종 장면이다. 죽음을 앞둔 모세는 여호수아를 후계자로 임명한다. 이 유언에서 모세는 여호수아에게 세계가 이스라엘을 위해 창조되었지만 이방인에게는 이 사실이 알려지지 않았다고 말한다. 그래서 이방인들은 이스라엘을 험히 다루고 스스로 하나님의 벌을 자초할 것이다. 모세는 여호수아에게 몇 권의 책, 아마도 모세 오경을 "주의 강림과 회개의 날, 곧 만물의 마지막이 임하고 주께서 그들을 찾아오시는 날까지"(1:18) 소중히 간직하라고 명한다. 이어서 모세는 역사의 행로를 예언한다. 물론 이런 예언은 실제로 모세의 것이 아니라 이 책을 쓴 이들의 시대, 즉 기원전 2세기와 기원후 1세기의 관점에서 나온 것이다. 이런 사후예언은 전형적인 묵시문학의 형태를 따른 것이다. 「모세의 유언」은 장르상 묵시문학은 아니지만, 묵시문학적 요소들을 포함하고 있다. 이 본문의 내용은 신명기적 관점, 즉 고난은 죄에 대한 벌이며, 토라에 순종하면 성공이 임한다는 응보의 사상을 드러낸다. 본문이 가리키는 역사적 정황은 확실치 않은데, 이는 「모세의 유언」이 묵시문학적 성향을 따라 두루뭉술하게 서술하기 때문이다. 따라서 비교적 분명한 몇몇 경우를 제외하고는 아래에 서술된 역사적 정황의 식별은 필자의 해석 작업을 반영하고 있음을 말해둔다.

2장은 약속의 땅으로의 입성과 성전 건축 그리고 북쪽 열 지파의 이탈을 서술한다. 이 북쪽 지파들은 예루살렘을 떠나고 우상을 섬긴 죄로 인해 책망을 받으며, 남쪽 두 지파(유다와 베냐민)는 "거룩한 지파"로 불린다. 3장에서는 예루살렘의 함락과 바빌로니아 유배가 묘사된다. 놀랍게도 남쪽 지파들의 유배는 북쪽 지파들의 죄에 책임이 있다(3:5).

4장에서는 아마도 다니엘로 추정되는 익명의 인물이 이스라엘 백성을 위해 하나님께 기도하고 응답을 얻는다(단 9장을 보라). 페르시아 황제 고레스가 일어나 이스라엘 백성이 유다로 귀환해 예루살렘을 재건하는 것을 허락한다. 본문은 "두 지파가 조상들의 주님께 제물을 드리지 못함을 슬퍼하고 애통해하면서 자신들에게 맡겨진 신앙의 길로 계속 걸어가리라"(4:8)라고 서술한다. 유배에서 돌아온 귀환민들이 제2성전을 세우고 성전 제의를 되살린 역사적 상황에 비추어볼 때 이 내용은 제2성전을 폄하하는 관점에서 서술된 것으로 보인다(*Damascus Document*; *1 En*. 89:73; Knibb, "Exile"을 보라).

「모세의 유언」에 나오는 역사

2장	• 약속의 땅으로의 입성 • 사사시대, 왕정시대 • 솔로몬 성전의 건축 • 이스라엘과 유다로의 왕국 분열 • 북왕국의 우상숭배
3장	• 느부갓네살의 성전 파괴 • 바빌로니아 유배(북왕국의 책임)
4장	• 이스라엘을 위한 다윗의 기도 • 고레스가 이스라엘을 불쌍히 여김 • 이스라엘이 예루살렘을 재건하지만, 제물을 드리지 못함
5장	• 진리의 문제를 놓고 공동체가 내분을 일으킴 • 이스라엘이 성전을 더럽히고 우상을 숭배함 • 이스라엘이 부정한 제물로 제단을 더럽힘(헬레니즘 개혁?)
6장	• 하스몬 가문이 등장하여 왕위와 제사장직을 차지함 • 하스몬 가문이 지성소에서 악행을 저지름 • 헤롯 대왕의 등장과 삼십사 년간의 통치 • 헤롯이 하스몬 가문을 처벌함 • 헤롯의 아들들이 통치자로 임명됨 • 바루스의 전쟁
7장	• 불경건한 쾌락주의자들의 지배와 빈민 학대
8장	• 유대교에 대한 박해—본래 안티오코스 4세 당시를 지칭함
9장	• 노인 탁소(Taxo)와 그의 일곱 아들의 순교

10장	• 하나님 나라의 도래 • 사탄의 패배 • 하나님이 보좌를 떠나 강림하심으로 묵시적 징조와 우주적 변란이 일어남 • 이스라엘이 압제자들을 정복하고 하늘로 올라가 지상에서 적들이 받는 처벌을 내려다봄

5장은 헬레니즘 개혁의 상황을 그리는 것으로 보인다. 본문은 유대인들이 진리의 문제로 내분을 겪을 것을 예언한다(5:2). 그들은 자신들의 죄로 인해 "그들의 죄를 공유하는 왕들의 손에 의해"(5:1) 처벌받을 것이다. 여기서 "왕들"은 셀레우코스 왕조를 가리킬 것이다. 안티오코스 4세에게서 잘 나타났듯이 그들은 박해와 그에 이은 전쟁들을 통해 하나님이 내리는 징계의 도구로 사용된 헬레니즘 개혁의 당사자들이었다. 저자는 예루살렘과 제단의 유린 사태를 제사장적 언어로 이렇게 묘사한다.

> 그들은 의로움에서 돌아서서 부정함으로 나아가며, 더러움으로 그들의 예배처를 부정하게 하고, 낯선 신들을 음란함으로 좇을 것이다. 그들은 하나님의 진리를 떠나고, 그들 중 몇몇은 주께 드리는 제물의 문제로 거룩한 제단을 오염시킬 것이다. 그들은 제사장이 아니라 노예요, 노예의 자손이다(5:3-4).

"제사장이 아니라 노예요, 노예의 자손"이라고 지칭되는, 즉 자신들이 드리는 제물로 제단을 더럽히는 이 인물들이 역사 속 누구를 가리키는지는 명확하지 않다. 이는 야손이 폐위시킨 오니아스 3세 이후의 제사장들을 멸시하는 조로 칭한 것일 수 있다. 아니면 그 야손을 다시 밀어낸 자, 즉 "왕명을 받들고 돌아왔지만 대사제직을 맡을 만한 위인이 아니었고 잔인한 폭군의 기질과 야수같이 포악한 성격을 지닌 자"(2 Macc 4:25)로 묘사되는 메넬라오스일 수도 있다.

「모세의 유언」 5:3-4은 하스몬 일가를 가리킬 수도 있다. 물론 본문은 그들이 "제사장이 아니라"고 하지만, 이는 가문의 문제가 아니라 제사장직을 수행할 자격 여부에 관한 서술일 수 있기 때문이다. 그러나 6장은 본문에서 하스몬 가문을 처음 소개하는 것으로 보인다.

> 그들은 스스로 지극히 높으신 하나님의 제사장이라고 칭할 것이다. 그들은 정녕 지성소에서 죄악을 행할 것이며, 제사장의 계보에 들지 않은 오만한 왕이 그들의 뒤를 이을 터인데, 그는 대담하고 수치를 모르는 자로 앞선 자들에게 합당한 벌을 가할 것이다. 그가 그들의 우두머리들을 칼날로 베고 비밀스러운 장소에서 그들을 파괴하여 아무도 시신을 찾지 못하게 할 것이다. 그의 칼날은 늙은이와 젊은이를 가리지 않으며, 아무도 남겨두지 않을 것이다. 그때 그를 두려워하는 마음이 그들의 땅에서 그들의 속을 상하게 할 것이다. 그는 이집트인들이 그들을 처형했던 것처럼 34년에 걸쳐 그들을 벌줄 것이다. 그가 자손을 낳으니 그들이 그를 이어 다스리나 그 기한은 짧으리라. 그들의 자리에 두령들과 서쪽의 강력한 왕이 일어나 그들을 정복하면, 그가 그들을 사로잡아 성전을 불로 태우고 영지를 돌며 사람들을 십자가에 매달 것이다.

하스몬 가문은 왕과 제사장을 겸직했다. 「모세의 유언」의 저자에 따르면 그들의 이런 행위는 성전을 모독하는 짓이었다. 본문은 연이어서 헤롯이 행한 통치의 끔찍함과 그 후에 일어난 바루스 전쟁의 공포를 생생한 언어로 묘사한다. 하스몬 가문은 고사하고 제사장 출신도 아닌 헤롯이 자신에게 저항한 하스몬 일가를 비롯한 귀족들을 무자비하게 다룬 행위조차도 그들의 죄에 대한 형벌로 그려진다. 헤롯이 행한 삼십사 년간(기원전 37-4년)의 통치는 그야말로 폭정 자체였고, "서방의 막강한 왕"으로 지칭되는 바루스는 직급상 로마 속주인 시리아의 집정관대행에 불과했음에도 헤롯이 사망한 후에 일어난 소요를 잔혹하게 진압했다.

7장은 당대의 이스라엘 지도자들, 즉 헤롯의 사망과 바루스의 전쟁을 겪은 시대의 귀족층을 비난하는 내용이다. 이들은 향락과 사치에 젖고 가난한 이들을 박대한 것으로 그려진다. 8장은 안티오코스 4세 시절과 비슷한 양태의 박해를 묘사한다. 9장에서는 탁소라는 이름의 한 레위인과 그의 일곱 아들이 등장한다. 탁소는 토라를 범하느니 차라리 광야의 동굴로 가서 죽자고 백성들에게 권한다. "우리가 그렇게 죽으면, 우리의 피가 주님 앞에서 신원을 받을 것이오"(9:7). 탁소의 이야기는 안티오코스 4세의 박해 동안 안식일을 범하느니 차라리 광야에서 살해당하는 편을 택했던 유대인들의 이야기와 매우 흡사하다(1 Macc 2:29-38).

10장은 이 책의 절정이다. 하나님께서 오셔서 창조세계를 손에 넣으신다. 순교의 내용이 여기에 서술되지는 않았지만, 이 본문은 하나님의 강림이 순교자들의 죽음에 대한 응답이라는 함의를 내포할 수도 있다. 사탄의 지배를 받아왔던 창조세계가 이제 하나님의 주권 아래에 있음을 다시 주장한다는 점에서 하나님의 행동은 묵시문학적 관념으로 설명된다. 하나님께서 전쟁에 나가시는 장면에서는 거룩한 전쟁의 주제들이 소환된다.

> 그의 나라가 창조세계에 널리 드러나리니,
> 사탄은 다시 보이지 않으리라.
> 그와 더불어 비애는 사라지고,
> 천사의 빈손이 채워지리라.

두령으로 세움받은 이,
그가 그 원수들에게 복수를 행하리니
하늘에 계신 이가 그의 왕좌에서 일어나며
그의 거룩한 처소에서 앞장서 나가리라.
그 아들들의 일로 의분과 진노를 품으시니
대지는 떨고 그 좌소는 흔들리리라.
높은 산들이 낮아지고
언덕은 떨며 무너지리라.
해의 빛줄기("뿔")가 부서져 어둠으로 변하고
달은 빛을 잃고 핏빛으로 변하리라.
별들의 궤적은 흔들리고
바다는 심연 속으로 물러가리라.
샘들이 더 이상 물을 내지 않고
강물은 말라 없어지리라.
지극히 높으신 이가 일어서시니 홀로 영원하신 하나님이라.
그가 나타나 이방인들을 벌하시리라.
주께서 이방인들의 우상들을 부수시니
이스라엘이여! 그대는 행복하리라.
그대는 독수리 목과 날개에 올라타고
이방인들은 종말을 맞이하리니
주께서 그대를 높이 올리시고
별들 가득한 천계로 이끄시리라.
그들의 거처가 있던 곳에서
그대는 높은 곳에서 내려다보며
그대의 원수들이 게헨나에 빠진 것을 보리라.

그대는 그들을 알아보고 기뻐하고 감사하며

그대의 창조주를 고백하리라(10:1-10).

하나님은 그의 "아들들" 즉 이스라엘이 받는 수모에 분개하신다. 하나님께서 전쟁에 출정하시자 전 우주가 반응한다. 해와 달은 빛을 잃고, 별들은 제 궤적에서 벗어나며, 땅은 초토화된다. 우주적 재난의 장면은 묵시문학의 통상적 구성요소인데, 그런 표상들이 히브리 성경에서 비롯되었다. 요엘서를 보라.

그 앞에서 땅이 진동하며 하늘이 떨며

해와 달이 캄캄하며 별들이 빛을 거두도다.

여호와께서 그의 군대 앞에서 소리를 지르시고,

그의 진영은 심히 크고 그의 명령을 행하는 자는 강하니(욜 2:10-11).

「모세의 유언」 10장에서 바다가 무저갱으로 물러가는 장면은 다니엘 7장에서처럼 바다를 하나님의 적수로 상정하는 고대 근동의 신화에서 차용한 것이다. 하나님께 맞서는 모든 세력은 철저히 파괴된다.

여기서 저자는 모든 인류가 유대인과 이방인으로 양분된다고 여긴다. 이처럼 명확한 이원론 역시 묵시문학적 세계관의 전형적인 자취다. 하나님의 자녀인 유대인들이 사악한 이방인들에게 공격을 당한다. 하나님의 개입은 이방인의 패퇴와 그 후손들의 지옥행을 보장하는 반면, 이스라엘은 하늘로 올라가 별들과 함께 거하게 된다(고대인들은 별들을 신적 존재로 간주했는데 이스라엘의 경우에는 천사로 여겼다). 천사들(혹은 별들)과 함께 있다거나 그와 같아진다는 표현은 이 문서에서 하나님이 내리시는 상을 가리킨다. 이스라엘은 하늘 좌소에서 아래를 굽어보고 적수들이 처벌받는 광경을 보며 자신들이 옳다고 인정받았다는 사실에 즐거워한다.

본문의 현재 형태는 모세의 죽음이 임박하자 여호수아가 낙심하는 장면으로 마친다. 모세는 하나님께서 역사를 주관하신다는 말로 여호수아를 북돋운다. 12장에서 모세는 자신이 말한 "예언들"이 증명해주듯이 하나님께서 모든 역사를 예견하신다고 말한다.

일곱 아들을 둔 노인 탁소의 일화는 안티오코스 4세가 행한 유대교 박해를 배경으로 한 「마카베오2서」 6장과 7장의 이야기에서 나타나는 요소들을 결합한다. 「마카베오2서」 6장에서는 엘르아자르라는 노인이 돼지고기를 거부한 죄로 잔인하게 살해당한다. 「마카베오2서」 7장에서는 어머니와 일곱 아들이 토라를 지키기 위해 차례차례 고문을 당하여 죽어간다. 막내아들은 그들의 고통이 이스라엘의 해방을 불러오길 바라는 소망을 이렇게 표현한다. "우리 민족 전체에게 내리셨던 전능하신 분의 정당한 노여움을 나와 내 형들을 마지막으로 거두어주시기를 하느님께 빌 따름이오"(2 Macc 7:38). 「모세의 유언」과 「마카베오2서」는 이스라엘의 수난이 그들이 범한 죄에 대한 정당한 처벌이라고 시인한다. 그리고 두 책은 순교자들의 죽음이 이스라엘의 고난에 종지부를 찍게 하고 그 원수들에게 벌을 가져오리라는 믿음을 보여준다는 점에서 일치한다. 「마카베오2서」는 하스몬 왕가의 수립과 독립으로 결말을 맺고, 「모세의 유언」은 묵시문학 특유의 우주적 재난으로 마무리된다. 죽음 이후의 보상과 처벌을 기대한다는 점에서도 두 책은 공통점이 있다.

만일 「모세의 유언」이 안티오코스 4세 당시의 위기상황에 대응해 저술된 책이라면, 「모세의 유언」 9장과 「마카베오2서」 8장은 같은 상황을 다루고 있는 셈이다. 후대의 저자가 오래된 이야기를 자신의 시대 상황에 맞추어 다시 쓰는 것은 고대 유대교와 기독교에 널리 퍼져 있던 관행이다. 하지만 「모세의 유언」의 후대 편집자가 왜 헤롯과 그의 아들들 그리고 바루스 전쟁과 관련된 6-7장의 내용을 안티오코스 4세의 유대인 박해에 관한 8-9장의 내용보다 **앞에** 배치했는지는 설명이 필요한 문제다.

물론 6-7장의 배치가 단순히 실수이며 내용상 8-9장 이후로 가야 한다는 주장도 가능하다. 그러나 우리는 본문 2-10장이 역사적 정황과 인물들을 파악할 수 있는 충분한 정보를 제공하지 않는다는 것을 기억해야 한다. 8장에 나열된 사건들과 안티오코스 시대에 벌어진 사건들 사이에는 분명 유사성이 존재하지만, 그 둘을 동일시하도록 지지해줄 명확한 본문상의 증거는 충분하지 않다. 따라서 현재 본문의 형태에 근거해서는 8장을 안티오코스 시대와 직접 연결하지 않는 것이 안전해 보인다. 후대 편집자가 6-7장을 8-9장 앞에 배치한 이유는 그 장들이 이스라엘 역사를 결말로 이끌 마지막 시대에 일어날 일들을 완벽하게 묘사해준다고 판단했기 때문이다. 다시 말해 편집자는 헤롯과 그의 아들들 그리고 바루스의 시대에 일어난 비극적 사건들에 연이어 과거 안티오코스 시대에 있었던 것과 유사한 유대교 박해가 올 것으로 예상하면서, 그 박해는 다시 하나님의 개입과 이스라엘의 영광의 복원, 그리고 이스라엘의 적수들에 대한 처벌로 이어지리라는 기대를 서술하고 있다. 결국 하스몬 왕조, 헤롯, 그의 아들들, 바루스에 관한 장들은 안티오코스 4세 당시의 위기에 관한 전승을 재해석한 결과물로 본서에 자리하고 있는 셈이다.

에녹의 비유(*1 En.* 37-71장)

「에녹의 비유」는 묵시문학으로, 다른 묵시문학과 마찬가지로 분명한 역사적 프레임이 없는 글이다. 하지만 여기서 이것을 다루는 이유는 이 글이 우리가 조사하려는 시대에 기록되었을 가능성이 큰 또 하나의 묵시문학으로서, 로마 치하에서 이스라엘이 겪은 사건들에 대한 반응을 보여주고 기독교 신앙 및 후대의 유대교 전승과 유사한 구원자를 언급하기 때문이다.

많은 학자가 「에녹의 비유」의 저술 연대를 기원후 1세기로 추정하지만 확정적이지는 않다. 이 글은 「에녹1서」의 일부로 전수되었는데, 「에녹1서」의 여타 부분과 마찬가지로 과거에는 독자적인 문헌으로 존재했었다. 흥미롭게도 이 글은 「에녹1서」 가운데 쿰란에서 사본으로 발견되지 않은 유일한 부분이다. 「에녹의 비유」의 원본은 아마 아람어로 작성된 것으로 추정되지만, 현재는 오직 에티오피아어 역본으로만 남아 있다. 이 글의 제목이 "비유"로 알려진 것은 본문에 "비유"라는 단락이 세 번 나오고(38, 45, 58장), 전체 구성이 이 비유 단락들을 서론(37장)과 두 개의 결론(70, 71장)이 둘러싸고 있는 형태로 되어 있기 때문이다. "비유"라고 번역되는 원래 단어는 "우화"로도 번역할 수 있는데, 이는 고대 이스라엘에서 직설적이지 않은 문학적 표현법을 두루 가리키는 넓은 의미로 사용되었다. 이런 언어 구사는 다양한 대상 간의 유사성을 표현하기 좋은 기법이다. 「에녹1서」의 문맥에서 "비유"는 예언서의 분위기를 반영하는 계시적 담론을 나타낸다.

「에녹의 비유」는 묵시문학에서 그렇듯이 선인과 악인의 운명에 관심을 집중한다. 선인은 "의롭고" "선택된" 자이며 "거룩한" 사람이다. 이들은 에녹으로부터 받은 비밀스러운 지혜를 가졌다. 에녹은 천국에 올라가 하나님과 그분의 대리인을 만나는데, 후자는 "인자의 얼굴을 가진 분", "의로운 자", "택함을 받은 자", "메시아" 등의 호칭으로도 불린다. 이 천국의 "인자"는 마지막 때에 선인과 악인을 심판한다. 에녹은 천국 외에도 우주 곳곳을 둘러보는데, 이 경험을 통해 악인에게 내릴 처벌과 선인에게 주어질 보상의 내용을 직접 살펴보게 된다. 에녹은 하나님의 직접계시를 통해서만 얻을 수 있는 이 지식을 택함을 받은 사람들에게 전수한다. 이 비밀스러운 지식을 받고 인자에게 소망을 두는 자는 결국 구원을 얻는다.

지상의 의인과 천상의 인자 간에는 각별한 친밀함이 있는데, 이런 관계는 그들이 공유하는 "의로운 자"와 "택함을 받은 자"라는 호칭에 암시된다(Collins의 "Heavenly Representative"를 보라). 인자와 의인의 관계는 마치 다니엘 7장에 나오는 인자와 이스라엘, 혹은 다니엘 10장이나 쿰란 문서 「전쟁 두루마리」가 묘사하는 천사장 미가엘과 이스라엘의 관계와 유사하다. 즉 인자는 지상의 인간들을 돌보는 천상의 후견인이다. 천상에서 인자가 겪는 일은 땅에서 의인이 경험하는 일에 상응하는데, 감추어졌던 인자의 영광이 심판의 때에야 온전히 드러나듯이 지상의 의인도 땅에서는 억압을 경험하나 만물이 환히 드러나는 종말의 때에는 인자의 영광을 공유하게 될 것이다.

에녹은 자신의 지식에 관해 이렇게 주장한다. "나는 사색하고 또 영원한 생명을 돌보아 주실 것을 허락하여 주신 영혼의 주님께서 찬성해 주신 바에 따라서 받은 지혜 외에는 이 이전에 주님의 손으로부터 주신 일은 없었다"(*1 En*. 37:4). "영혼의 주님"이라는 호칭은 「에녹의 비유」 곳곳에 자주 등장하는데, 이는 선악을 망라하는 다수의 영이 우주에서 활동하고 있으며 하나님께서 그들을 모두 다스리신다는 세계관을 전제하는 표현이다.

첫 비유는 선인의 보상과 악인의 징벌에 관한 것으로, "의인의 교단이 출현하여 죄인들이 그 죄로 인하여 심판받고 땅의 표면에서 추방당할 때"라는 제목이 붙어 있다(*1 En*. 38:1). 이것은 의인이 아직 인정받지 못했음을 암시한다. 종말의 때에 "권력 있는 왕들은 멸망하고 의인과 성인들의 손에 넘겨질 것이다"(*1 En*. 38:4). 이 선언은 예수의 팔복 중 "온유한 자는 복이 있나니 그들이 땅을 기업으로 받을 것임이요"라는 말씀을 연상시킨다(마 5:5; 참조. 시 37:11; *1 En.* 5:6-7). 의인의 적수는 지상의 왕과 권력자들이다. 심판은 통치자들의 몰락을 초래할 것이다. 이런 주제는 묵시문학에 자주 등장한다.

그때 에녹은 "질투와 분노의 책 그리고 혼란과 소란의 책"을 받는다(*1 En.* 39:2). 그 책들의 내용은 「에녹의 비유」에 계시된 것과 겹친다. 에녹의 메시지는 계속된다.

> 그때 구름과 돌풍이 나를 지상에서 끌어올려
> 하늘 끝에 앉혀 놓았다.
> 거기서 나는 다른 환상으로 의인들의 처소와
> 성인들이 안주한 땅을 보았다.
> 그들의 처소는 천사들과 함께 있고
> 그들이 안주한 땅은 성자들과 함께 있었으며
> 그들은 인간의 아들들을 위하여 중재하고 간절히 원하며 기도하고 있다.
> 그들 앞에서 정의는 흐르는 물과 같고
> 자비는 지상에 내리는 이슬과 같아서
> 그들의 세계는 이와 같은 상황이 영원히 지속된다.
> 그때 나의 눈은 정의와 신앙으로 선택된 백성들이 있는 곳을 보았다.
> 그들의 시대에는 정의가 행하여질 것이다.
> 그분 앞에 있는 의인과 택함을 받은 백성이 무수히 많아서
> 영원히 헤아릴 수도 없다.
> 나는 영적인 주님의 날개 밑에서 그들의 처소를 보았다.
> 그분 앞에 있는 의인과 택함을 받은 백성들은 모두가 불빛처럼 빛나며
> 그 입은 찬미로 가득하고

그 입술은 영혼의 주님의 이름을 찬양하며
정의는 주님 앞에서 잠시라도 사라지는 일이 없다(*1 En*. 39:3-7).

에녹은 천상으로의 여정을 계속하는데, 그곳에서 천사들을 보고 사망한 의인들은 물론 하나님과 그 곁에 계신 "택함을 받은 자"를 만난다. 이 환상은 여전히 지상에서 억압받는 의인들에게 위로를 준다. 그들은 그들보다 앞서 걸어간, 아마도 순교했을 믿음의 선진들이 천사들 곁에 있으며 자신들을 위해 중보기도를 드리는 것을 보았기 때문이다. 택함을 받은 자의 때가 오면, 하나님의 의로움이 승리를 거두고, 의인들은 영광 가운데 거할 것이다.

하나님은 어떤 분이신가? "그분 앞에는 종말이라는 것이 없으며 세계를 창조하시기 전부터 세계라는 것이 어떤 것인가를 알고 계셨다. 그리고 대대로 어떻게 변하여 가고 있는지도 알고 계신다"(*1 En*. 39:11). 에녹은 "잠자지 않는 자들"(아마도 천사들)이 찬양하는 소리를 듣는다. "영혼의 주님은 거룩하시고 또 거룩한 분으로서 영혼을 지상에 충만하게 하신다"(*1 En*. 39:12). 이 장면은 예언자 이사야가 성전에서 본 환상을 떠올리게 한다. 그 환상 가운데서 하나님은 보좌에 앉아 계시고 천사들은 노래한다. "서로 불러 이르되 '거룩하다, 거룩하다, 거룩하다, 만군의 여호와여! 그의 영광이 온 땅에 충만하도다' 하더라"(사 6:3; 계 4장도 보라). 「에녹의 비유」의 세계관은 이사야가 사용한 "만군의 주"(만군은 천사들의 군대를 가리킨다) 대신 "영혼의 주"라는 표현을 쓴 것과 하나님의 거룩한 영광 대신에 하나님의 영들이 세상에 가득하다는 표현을 쓴 데서 나타난다. 묵시문학의 세계관이 그렇듯이 여기서도 세계는 영으로 가득 차 있고, 하나님께서 그들을 다스리신다.

에녹의 진술은 계속된다. "나는 영혼의 주님 측근에 (잠자지 않고) 서 있는 자와는 다른 네 천사를 보았다. 그 이름을 나를 따라온 천사가 가르쳐 주었고 또 모든 비밀을 밝혀 주었기 때문에 알 수가 있었다"(*1 En.* 40:2). 여기서 에녹이 본 하나님 곁에 있는 네 천사는 에스겔 1:4-14을 연상시킨다(계 4장도 보라). 첫째 천사는 하나님을 찬양하고, 둘째 천사는 "택함을 받은 자와 선민들"을 축복한다. 셋째 천사는 땅에 거하는 이들을 위해 기도한다. 마지막 천사는 "사탄들을 떨쳐내고 그들이 영혼의 주 앞에 나와 땅에 거하는 이들을 참소하지 못하도록 막는다." 마지막 표현은 현대인들에게는 괴상하게 들릴지 모른다. 하나님이 그 적수들로부터 보호받아야 한단 말인가, 심지어 하늘에서? 이 구절에 따르면 그래 보인다. 그러면 이 "사탄들"은 도대체 누구인가? 오늘날 "사탄"(satan)은 고유명사로 쓰이지만, 히브리 성경에서 사탄은 관사가 붙은 하사탄(*hasatan*) 형태로 쓰이며, "그 사탄"(the satan)은 단지 "참소자" 혹은 "적수"를 가리키는 일반명사다. 우리는 앞서 2장에서 이 단어가 인간이 아닌 천사에게 적용될 때는 천국 법정에서 하나님 앞에 서서 대제사장의 죄를 고발하는 검사를 가리킨다고 설명했다(슥 3장; 욥 1-2장). 수 세기가 지나 이스라엘이 천사와 악마가 활개를 치는 우주관을 수용하면서 고소자 "하사탄"은 마귀들의 우두머리인 사탄을 가리키게 되었다. 그러나 「에녹1서」 40장에서는 "그 사탄"이 복수로 쓰이고, 하나님의 천사들이 지상에 거하는 의인들을 고소하려는 자들(satans)을 막아선다. 「에녹1서」 40장에 따르면 사탄들은 천국에서 환영받지 못한다. 유대인 전승이 발전해감에 따라 한때는 천사 무리의 일원이었던 검사 사탄이 하나님을 대적하는 마귀들의 무리로 의미의 변용을 겪게 되었다.

「에녹1서」 41장에서는 자연이 자신의 과제를 충실히 실행하겠노라고 맹세하고 하나님께 순종하는 존재로 그려진다. 이것은 하나님의 길을 따르지 않는 죄인들과 자연을 간접적으로 대조시키는 결과를 가져온다.

우리는 앞서 「파수꾼들의 책」에서 이런 대조가 매우 명시적임을 살펴보았다(*1 En.* 2-5장). 이어지는 장은 묵시적 지혜는 오직 선민에게만 허락되었다고 설명한다. 이 장은 여인으로 의인화된 지혜에게 바치는 찬가다.

> 지혜는 살 곳을 찾지 못하였으나
> 후에 하늘에 그 처소가 생겼다.
> 지혜는 인간의 아들들 사이에 살려고 찾아 왔으나
> 처소를 찾지 못하여
> 자기 장소로 되돌아가
> 천사들 사이에 처소를 정하였다.
> 포역[불의]이 그 창고에서 나와 권세를 누리고 있었다.
> 그것(지혜)은 자기가 구하지 않은 것을 발견하였다.
> 포역은 그들(인간)의 가운데에
> 사막에 내리는 비처럼
> 또 메마른 토지에 내리는 이슬과 같이
> 정착하였다(*1 En*. 42:1-3).

지혜는 이제 땅이 아니라 하늘에 있다. 지혜를 얻으려면 천상으로의 여행을 해야 한다. 다른 길은 없다. 이것은 묵시사상의 특징이다. 에녹은 천상으로의 여행을 통해 지상에 있는 자들에게 지혜를 주는 유일한 공급자가 된다. 「에녹의 비유」에 기록된 그의 증언을 수용하는 자는 지혜를 갖고, 그것을 거부하는 자는 어둠 속에 살게 된다(이런 지혜관은 후에 요한복음에 영향을 미치게 된다. 요한복음에 따르면 하나님과의 교류는 하늘에서 오신 단 한 분 즉 인자를 통해서만 가능하다[예. 요 1:18; 3:11-15, 31-35]). 지상에서는 지혜를 찾을 수 없다. 게다가 인간은 지혜의 대적인 불의를 환영하는 존재다. 지혜의 화신과 그 적수가 각각 여성으로 등장해 사람을 자기편으로 끌어들이려고 하는 의인화의 화법은 지혜 전승에서 유래한다(잠 8-9장). 인간이 불의를 수용하고 지혜를 거부했다는 사실은 세상의 현재 상태를 설명해준다.

「에녹1서」 42장의 지혜 찬송은 「집회서」에 나오는 찬송과 날카롭게 대조된다. 「집회서」에서는 의인화된 지혜가 창조세계를 두루 다니며 각 나라를 방문하지만, 지상의 어떤 나라에서도 머물 곳을 찾지 못한다. 「에녹1서」 42장을 따르자면 우리는 그녀가 하늘로 돌아가리라고 기대하겠지만, 「집회서」에서 그녀는 이스라엘 땅에 머물라는 하나님의 음성을 듣는다. "온 누리의 창조주께서 나에게 명을 내리시고 나의 창조주께서 내가 살 곳을 정해 주시며, '너는 야곱의 땅에 네 집을 정하고 이스라엘에서 네 유산을 받아라' 하고 말씀하셨다"(Sir 24:8). 지혜는 이렇게 연설한다.

> 그분이 계신 거룩한 장막 안에서 나는 그분을 섬겼다.
> 이렇게 해서 나는 시온에 살게 되었다.
> 주님은 사랑하시는 이 도읍에 나의 안식처를 마련하셨고,
> 예루살렘을 다스리는 권한을 주셨다.
> 주님께서 고르시어 차지하시고,
> 영광스럽게 만드신 그 백성 안에 나는 뿌리를 내렸다.…
> 이 모든 것은 지극히 높으신 하느님의 계약의 글월이며,
> 우리 야곱 가문의 유산으로 모세가 제정해 준 율법이다.
> 주님 안에서 끝까지 강하여라.
> 주님을 의지하면 주님께서 힘을 주시리라.
> 전능하신 주님은 오직 하느님뿐이며,

그분 홀로 구세주이시다.

율법은 비손 강물처럼,

추수 때의 티그리스강처럼 지혜를 넘치게 하며

유프라테스강물처럼,

추수 때의 요르단강처럼 깨달음을 넘치게 하고,

나일강처럼,

포도철의 기혼강처럼 교훈을 넘치게 한다(Sir 24:10-12, 23-27).

「집회서」는 토라가 모든 지혜의 원천이며 모든 이에게 개방되어 있다고 가르친다. 토라는 지혜와 이해로 가득하며 그것을 받아들이는 자를 가득 채워준다. 「집회서」 24장과 「에녹1서」 42장의 차이는 지식 성향의 지혜와 묵시문학 성향의 지혜의 차이에 상응한다. 지식 성향의 지혜에서 지혜의 원천은 인간 세계 및 자연 세계에서 일어나는 사건들에 대한 인간 이성의 활동에서 나온다. 아니면 좀 더 분명하게 종교적 관점에서 볼 때는 토라 연구를 통해 나온다. 이에 반해 묵시문학 성향의 지혜는 직접계시를 통해 특권계층에게만 주어진다. 지혜 전승과 묵시사상 양자가 다 지혜의 언어를 구사하지만, 실제 지칭하는 대상은 일치하지 않는다.

「에녹1서」 45장은 두 번째 비유를 소개한다. 주제는 여전히 심판인데, 죄인들은 "영혼의 주님의 이름을 부정하였기 때문에"(*1 En.* 45:2), 천국에도 지상에도 속하지 못한다. 택함을 받은 자는 그들을 이렇게 정죄한다.

그날 나의 택함을 받은 자가 영광의 자리에 앉아

그들의 행실을 선별한다.

그들이 휴식할 곳은 무수하다.

그들의 영혼은 내가 택한 자와
나의 거룩한 영광의 이름에 구원을 찾는 자들을 보면 진실하게 될 것이다.
그날 나는 내가 선택한 자를 그들 사이에 앉히고
하늘을 변하여 영원한 축복과 빛으로 할 것이다.
나는 또 메마른 대지를 변하여 축복하고
거기에 나의 택함을 받은 백성을 살게 한다.
그러나 죄와 과오를 범한 자에게는 그 위를 걷도록 허락하지 않는다(*1 En*. 45:3-5).

여기서 하나님의 이름을 신뢰하는 지상의 선민은 마지막 때 심판주가 되실 하늘의 택함을 받은 자와 연결된다. 죄인들은 변화된 새 하늘과 새 땅에 들어가지 못할 것이다.

46장은 택함을 받은 자 곧 인자의 기원과 기능을 이해하는 데 중요한 단서를 제공한다.

거기에 나는 고령의 머리[날들의 두령, Head of Days]를 가진
사람을 보았다.
그 머리는 양털과 같이 희고
또 한 사람은 인간과 같은 얼굴을 가진 사람으로서 그를 따르고 있었는데
그 사람의 얼굴은 거룩한 천사들과 같이 온유한 자비에 넘쳐흐르고 있었다.
나와 동행하며 모든 비밀을 보여준 천사에게
나는 그 인간의 아들에 대하여 물었다.
"그는 누구이며 어디서 온 사람입니까?
또 왜 고령의 머리와 함께 걷고 있는 것입니까?"
그는 내게 이렇게 말하였다.

> "그는 인간의 아들이며 정의를 가지고 있고
> 또 정의가 그에게 머물고 있다.
> 그리고 모든 비밀 창고가 그에 의해서 열어지는데
> 그것은 영혼의 주님께서 그를 택하셨기 때문이다.
> 또 그의 몫은 정의로 인하여 영혼의 주님 앞에 있고 다른 모든 것을 능가한다"(*1 En.* 46:1-3).

이 본문은 다니엘 7장에 의지한다. "날들의 두령"(Head of Days)은 곧 하나님이시며, 이는 다니엘 7:9의 "옛적부터 항상 계신 이"(Ancient of Days)에 상응한다. 「에녹1서」에서 하나님의 머리털은 흰 양털과 같다고 묘사되며, 다니엘서에서 하나님은 "그의 옷은 희기가 눈 같고 그의 머리털은 깨끗한 양의 털 같고"라고 묘사된다. 하나님의 외모는 아득한 나이와 지혜 그리고 존엄을 나타낸다. 두 본문이 모두 "인자"와 같은 이가 하나님 앞에 선 것을 알려준다. 다니엘 7장에서 인자 같은 이는 이스라엘을 지키는 수호천사다. 「에녹의 비유」에서 인자는 천사에 비유되는데, 땅에서 선민들을 보호하는 하늘의 수호천사다.

「에녹1서」 46장과 다니엘 7장의 유사점은 선견자가 다니엘 7장을 그 자신의 시대에 일어난 의인에 대한 박해를 이해하는 열쇠로 이해했음을 알려준다. 하늘에서 의인을 대리하는 이는 하나님의 임재에서 감추어지고 박해자들에게는 알려지지 않는다. 오직 종말의 날이 오면 그분께서 의인들을 신원하기 위해 등장하실 것이다. 이 인자는 의로움의 전형이다. 하나님께서 그를 "선택"하셨으므로 그는 "택함을 받은 자"다. 그는 온갖 은밀한 지혜를 알고 있으며 지상의 권력자들이 비참한 종말을 맞고 땅의 의인들이 영광을 얻으리라는 사실을 드러낼 수 있다. 그는 완벽한 묵시적 선견자의 특징인 지혜, 의, 선택받음을 망라하는 존재다. 이런 일련의 내용이 71장에서 깜짝 놀랄 만한 방식으로 전개된다. 의인들이 이렇게 감추어진 지혜를 이해할 수 있는 이유는 에녹이 그들에게 계시해주었기 때문이다.

이 구절의 나머지 부분은 죄인들을 권력층과 동일시한다.

> 네가 본 이 인간의 아들은
> 왕자와 권력가들과 힘 있는 자들을 그 자리에서 끌어내고
> 힘 있는 자들의 고삐를 풀어주고
> 죄인들의 이를 가루로 만들 것이다.
> 그리고 왕들을 그 자리와 그 영토에서 추방시킬 것이다.
> 그들은 그분을 찬양하지도 경배하지도 않고
> 허리를 낮추어 자기들의 영토를 누가 주었는지에 대해서
> 생각해 보지도 않았기 때문이다.
> 그분은 세력 있는 자들의 얼굴을 피하시고
> 그들은 치욕을 면치 못할 것이며
> 암흑이 그들의 처소가 되고
> 구더기가 그의 잠자리가 되며,
> 영혼의 주님을 예배하지 않았던
> 그들에게는 병상에서 일어날 가망성이 없다.
> 이것은 지상을 걷고 거기에서 생활하는 위치에 맞게
> 하늘의 별을 심판하고
> 지극히 높으신 분에 대하여 저지르는 욕된 행위는 어느 것이나 포학하며
> 그 행위는 무자비함을 나타내고 부를 힘으로 의지하며
> 자기 손으로 만든 우상에게 믿음을 두고
> 영혼의 주님의 이름을 부정하기에 주저하지 않기 때문이다.

그들은 그에게로 모여 영혼의 주님을 찬미하는
성도들의 집에서 추방될 것이다(*1 En*. 46:4-8).

권력자들은 「에녹의 비유」를 쓴 집단을 박해한다. 게다가 그들은 자신들의 힘이 영혼의 주님에게서 나온 것임을 인정하지 않는다. 그들은 자신들의 부귀와 힘을 의지하고 스스로 우상들을 만들어낸다. 그들의 이런 행동은 별들(천사들)과 하나님에 대한 모독이다(단 8, 11장을 보라).

"그때 의인들의 기도와 의인의 피가 지상에서 심령의 주님께 상달되었다"(*1 En*. 47:1). 이윽고 하늘에서 거룩한 자들이 "의인들이 흘린 피를 위한 탄원"을 올린다. 의인들의 공동체에 속한 이들은 실제로 희생의 피를 흘렸는데, 이제 그들의 피가 보복을 요구하며 주께 호소한다. 그리고 심판의 장면이 등장한다.

그때 나는 고령의 머리가 그 영광의 자리에 앉는 것을 보았다.
이어서 살아있는 자들의 글이 그분 앞에 펴지고
하늘 위에 있으며 그분을 에워싼 모든 권세가 그분 앞에 서 있었다.
정의의 수가 돌아와
의인들의 기도가 받아들여지고
의인들의 피가 영혼의 주님 앞에 속죄됨으로써
의인들의 마음은 기쁨으로 넘쳤다(*1 En*. 47:3-4).

이 장면은 다니엘 7장의 심판 장면을 떠올리게 한다. 거기서 옛적부터 항상 계신 이가 하늘 궁정에 자신의 보좌를 세우고 "책들"을 열어놓는다. 다니엘서에서 이 책들은 인간의 행동을 적은 천상의 기록부인데, 이제 동일한 책이 「에녹의 비유」에도 등장한 것으로 보인다. 이 책들은 최후 심판의 자리에서 낭독될 터인데, 이는 고대 근동과 묵시사상에서 흔한 관념이다.「에녹1서」 47장에서 또 하나의 흔한 묵시사상을 찾는다면 일정한 수의 의인이 순교해야 종말이 임한다는 관념이다. 이 구절에서 그 숫자가 찼다고 거룩한 이들이 기뻐하는 것을 볼 수 있다.

인자는 이어지는 장에서 다시 등장한다.

> 나는 그곳에서 품어도 품어도
> 바닥이 나지 않는 정의의 샘을 보았다.
> 또 그 주위에 지혜의 샘이 몇 개 있어
> 목마른 자는 모두 지혜의 샘물을 마심으로써
> 지혜가 충족되고
> 의인들과 성자들과 택함을 받은 자들과 처소를 함께하고 있었다.
> 그때 그 인간의 아들이
> 영혼의 주님에게로 불리어지고
> 그의 이름은 고령의 머리 앞에 있다(*1 En*. 48:1-2).

에녹은 여전히 천상에 있다. 지혜는 지상에서 접근할 수도 없지만, 하늘에는 풍성히 존재한다. 지혜와 의로움은 매우 밀접히 연관되는데, 의로움은 하나님과의 올바른 관계에서 나온다는 점에서 세상을 제대로 아는 현명한 이들만이 이룰 수 있다. 이 장면에서 하늘에 있는 인자의 정체가 드러난다. 다음 구절은 이 인자가 해와 달이 창조되기 전에 주님 앞에서 이름을 받았다고 말한다. 하나님께서 이 모든 일을 미리, 심지어 창조 이전에 계획하셨다.

> 이로 인해 세계가 창조되기 이전부터

> 그는 택함을 받고 그 (영혼의 주님) 앞에 숨겨져
> 영원히 그분 앞에 머무를 것이다.
> 이 포학한 세상이 싫어 주님의 이름으로 행하여지는 모든 일과
> 그 길을 증오한 의인들의 분깃을 지켜 주신
> 영혼의 주님의 지혜가 성인들과 의인들에게 그의 모습을 나타내셨다.
> 그 이름에 의하여 그들은 구원받는 것이며
> 그는 그들의 생명을 앗아간 자에게 보복하여 주는 것이다(*1 En*. 48:6-7).

지상에서 의인들의 공동체는 진정으로 세상에서 고립된 무리다. 그들만이 인자에 대해, 그의 심판의 도래에 대해 알고 있다. 그들은 이 세상을 거부하고 영혼의 주님을 믿는 이들이다. 그들만이 구원을 받을 것이다.

이 장의 다음 부분은 죄인들의 운명에 관해 이야기한다.

> 그때 지금 메마른 대지를 다스리는 땅의 왕들과 세력 있는 자들은
> 그의 업적 때문에 얼굴을 들지 못할 것이다.
> 그것은 환난과 고난의 그날에 생명을 구할 수가 없기 때문이다.
> 나의 택함을 받은 백성들 앞에 그들은 내던져질 것이다.
> 그들은 불 속에 던져진 마른 잎처럼 의인들 앞에서 불타 없어질 것이며
> 불 속에 내던져진 납처럼 성인들의 안전에서 가라앉아
> 흔적도 없이 사라져 버린다.
> 그들이 고난을 겪는 날에 지상에는 휴식이 찾아올 것이다.
> 그들은 그 앞에 쓰러진 채 일어서지도 못할 것이며
> 손을 내밀어 고난의 함정에서 아우성치는 그들을 구원해 줄 사람도 없다.
> 영혼의 주님과 그 기름을 붓는 자(메시아)를 부정하였기 때문이다.
> 주님의 이름으로 찬양받으소서(*1 En*. 48:8-10).

죄인들은 지상의 세력가들 즉 왕과 대지주들이다. 현세에서 그들이 가진 힘은 종말의 때에는 아무 가치가 없을 것이다. 그들은 의인들에게 넘겨져 처벌을 받을 것이다. 공동체를 대적해온 자들은 주님의 이름과 주님의 메시아의 이름을 부인했다. 여기서 메시아는 택함을 받은 자 그리고 인자와 동일한 존재다. 「에녹1서」 49장은 그 택함을 받은 자에게 헌정하는 찬가인데, 그에게는 "은밀한 일들"을 판단할 수 있도록 주어진 모든 지혜와 통찰, 그리고 능력과 이해가 머물고 있다.

50장과 51장은 의인들의 운명에 대한 기쁨 가득한 찬가다. 의인들은 죽음에서 일어나 영광을 입게 된다. 의인들은 그들을 긍휼하게 여기시는, 영혼의 주님의 이름을 의지해 구원받는다. 택함을 받은 자는 다시금 "의인들과 성자들을 선택한다"(*1 En*. 51:2). 이것은 하나님께서 말씀하신 대로 능동적인 심판의 행위다. "그때 택함을 받은 자 메시아는 그 자리에 앉아 그의 입을 통하여 모든 지혜의 깊은 뜻을 말할 것이다. 영혼의 주님이 그에게 지혜를 주시고 영예를 주신 것이다"(*1 En*. 51:3). 실로 그 택함을 받은 자는 하나님의 권위를 지닌다.

에녹은 이제 회오리바람에 불려 우주의 서편 끝으로 움직여가고 그곳에서 철, 동, 은, 금, 유연한 금속, 그리고 납으로 이루어진 산들을 살펴보게 된다. 그 산들은 메시아가 오실 때 그 앞에 녹아내림으로써 그의 권세를 입증한다. 택함을 받은 자가 오는 그날에는 "황금이나 은을 가지고도 구원받지 못하며 구원해줄 수도 피하지도 못할 것이다. 전쟁에 사용할 흉배로 쓸 쇠도 없으며 놋쇠와 주석도 그 구실을 하지 못하여 돌아보는 인도 없고 구리도 아무런 쓸모가 없다"(*1 En*. 52:7-8). 현세에서 권세를 누리는 이들이 그때에는 무력해질 것이다.

53장에서 에녹은 악인이 던져지는 심판의 골짜기를 바라본다. "나는 징벌의 천사가 가서 사탄을 고문하는 기구를 준비하고 있는 것을 보았다"(*1 En*. 53:3). 악인들은 곧 "지상의 왕자와 권력자들"(*1 En*. 53:5)이며, 그 죄인들이 멸망할 때 "의인으로서 택함을 받은 분이 나타나 그의 회중이 드러나게 할 것이다"(*1 En*. 53:6). 이어지는 장에서 에녹은 인간을 유혹해 넘어뜨린 악한 천사들에게 벌을 내리기 위해 불길에 휩싸인 골짜기가 준비되는 것을 본다. 둘째 비유는 이스라엘이 포로에서 돌아오는 환상을 에녹이 보는 것으로 막을 내린다.

58장은 마지막 비유를 소개한다. 의인들에게는 영광과 영생 그리고 평화가 주어질 것이다. 이어지는 장들은 에녹이 우주의 비밀을 발견하는 이야기로, 종말론적 심판이 중요한 주제다. 60:2은 보좌에 앉으신 심판주 하나님을 묘사한다. 62장과 63장은 인자가 세상의 왕들과 권력자들을 심판하는 장면이다. 힘 있는 자들은 하나님을 모를 뿐 아니라 「에녹의 비유」 배후의 공동체가 거룩하고 의로운 선민 공동체라는 사실도 이해하지 못한다. 마찬가지로 인자는 심판 때까지 감추어져 있으며 오직 택함을 받은 자들에게만 자신을 드러낸다. 심판의 날에 그는 심판의 주재로서 만민 앞에 나타날 것이다. 종말의 때에 의인들은 인자와 함께 영원히 있게 된다. "영혼의 주님은 그들의 통치자와 계시며 그들은 사람의 아들과 함께 살고 영원히 함께 침식(寢食)할 것이다"(*1 En*. 62:14).

한때 권력을 누리던 죄인들은 이제 방향을 바꾸어 하나님을 예배할 기회를 애원한다. 그들은 이렇게 고백한다. "우리의 희망은 우리 왕국의 지팡이와 우리의 영광에 있는 것으로 알고 그분 앞에서 믿지도 않았고 영혼의 주님의 이름으로 칭예하지도 않았으며 주님의 위대하신 모든 업적을 찬양하지 않았기 때문이다"(*1 En*. 63:7). 그러나 때는 이미 너무 늦었고, 이들에게 회개의 기회는 주어지지 않는다. 그들은 절규한다. "우리 영혼은 부정한 재물로 그득하지만, 그것이 우리가 지옥불에 떨어지는 것을 막아주지 못하는구나!"(*1 En*. 63:10)

「에녹의 비유」는 종결부가 둘인데, 아마도 70장이 본래의 종결부이고 71장은 후에 첨부된 것으로 추정된다. 70장은 이렇게 시작된다.

> 이후에 그[에녹]의 이름은 마른 대지 위에 사는 자들 중에서 인간의 아들과 영혼의 주님 곁으로 살아 있는 그대로 들어올려졌다. 그는 영혼의 마차로 들어올려졌으며 그 이름은 그들(지상의 주민) 사이에서 사라졌다(*1 En.* 70:1).

이 구절은 히브리 성경의 에녹이 누렸던, 하나님이 그를 데려가셨다는 신비로운 종결을 상기시킨다(창 5:24). 여기에 불병거를 타고 승천한 엘리야 사건이 암시되었을 수도 있다(왕하 2:11). 에녹의 신비로운 종말은 그의 전설적인 의로움과 결합하여 그를 에녹 전승에 꼭 맞는 주인공으로 만들었다.

71장은 에녹의 하늘 환상을 다시 진술하는 훨씬 더 긴 종결부인데, 그중 에녹과 천사 간의 대화가 특별히 흥미롭다. "천사가 나에게로 와서 인사하며 소리 내어 말하였다. '너는 의를 위해 태어난 사람의 아들이다'"(*1 En.* 71:14). 에녹을 인자와 동일시한 것은 놀랍다. 이런 동일시를 받아들이기 힘들었던 R. H. 찰스(R. H. Charles)는 본문에 문제가 있다고 판단하고 자신의 번역에서 "그대(You)는 인자다"를 "이 사람(This)은 인자다"로 바꾸기까지 했다(*APOT* 237). 이 문제를 놓고 그리스도인들이 다니엘 7장의 인자를 예수와 동일시한 것에 대응해 유대인들이 에녹을 대항마로 내세웠다는 해석도 있지만, 다른 이들은 유대인들이 굳이 그리스도인들의 그런 해석 방식을 모방했을 까닭이 없다고 여긴다.

에녹과 인자를 동일시한 이유가 무엇이었든지 간에 「에녹의 비유」는 여러모로 기독교와 놀라운 유사성을 보여준다. 「에녹의 비유」는 토라에 반대하지는 않지만 그렇다고 관심을 보이지도 않는다. 이 책에 의하면 이 세상을 거부하고 하나님이 만물을 통치하시는 숨겨진 세계를 믿어야 구원을 얻을 수 있다. 하나님은 인자라고 불리는 대리인을 통해 일하시는데, 택함을 받은 자, 의로운 자, 메시아라고 불리는 이 인자야말로 이 책의 초점이다. 「에녹의 비유」에 나타난 메시아는 초자연적인 인물로서 오직 후대의 유대교 문헌에서만 볼 수 있는 존재다. 이런 점에서 이 책은 초기 기독교가 예수를 이해한 방식을 상기시킨다. 그리스도인들에게 예수는 그를 믿어야 구원을 얻을 수 있는 초자연적 존재였고, 「에녹1서」 인자에게 붙여진 호칭들, 즉 메시아, 의로운 자, 택함을 받은 자 등은 기독교 전승에서 모두 예수에게 적용되었기 때문이다.

「에녹의 비유」의 중요성은 이 책이 초기 기독교가 예수를 인자로 부르게 된 원천적 이유를 제공했는지에 대한 판단과 맞물려 있다. 그러나 「에녹의 비유」와 기독교 간의 유사성이 있다고 해서 한쪽이 다른 쪽을 의존했음을 증명해주는 것은 아니다. 아무튼 이런 상황에서 한쪽 방향의 직접적 의존성을 캐는 것은 편협한 접근법이다. 콜린스는 문학적 의존성 대신 좀 더 생산적인 논의방식을 제시한다. "이 시기에 유대교의 구원자 관념은 다채로웠지만, 「에녹의 비유」야말로 신약성경의 기독론적 호칭의 발전 양상 배후에서 작동했던 사유양식을 보여준다"(*AI* 193).

「에녹의 비유」는 자신의 시대 상황에서 저자가 씨름한 문제들에 대한 묵시문학적 해답을 제시한다. 저자가 보기에 부와 권력을 쥔 자들은 교만하고 억압적이며 하나님 대신 자신의 손에 있는 자원들을 신뢰하는 자들이었기에, 부유한 권력자들은 벌을 받고 의인은 상을 받는 사후의 심판 장면이 그가 제시한 해답이었다. 여기에 나타나는 또 다른 묵시문학적 성향은 에녹이 하나님의 비밀을 알게 되는 경로가 천상세계와 보통 사람은 접근할 수 없는 우주의 다른 곳으로의 여행을 통해서라는 점이다.

다시 말해 하나님의 주도와 직접계시에 의해서만 참된 지혜를 얻을 수 있다는 관념이 「에녹의 비유」가 지닌 종말론적 성격이다.

추기: 회당

"회당"(synagogue)이란 말은 "모임" 또는 "회중"을 의미하는 그리스어 *synagōgē*에서 유래했다. 회당은 토라를 읽고 해석하며 가르치고 기도하는 모임이었으므로 우선은 건물이 아니라 사람들의 모임을 뜻했지만, 이 단어의 의미가 확장되어 나중에는 건물까지 지칭하게 되었다.

신약성경, 요세푸스, 필론, 그리고 랍비 문헌 등이 모두 기원후 1세기에 회당이 있었음을 보여준다. 하지만 이 회당들이 정확히 언제 어떤 경위로 시작되었는지는 알려지지 않는다. 기원후 1세기에 회당이 광범위하게 퍼진 것으로 보아 그 역사가 이미 상당했을 것이기에, 많은 학자는 바빌로니아에 유배된 유대인들이 성지와 성전의 상실을 상쇄하는 방안으로 회당의 전신이 되는 제도를 고안했을 것으로 추정한다. 이 설명은 매우 논리적이지만, 직접적 증거는 여전히 찾을 수 없다. 기원전 3세기에 이집트에는 유대인들이 "기도처"(그리스어: *proseuchai*)라고 불렸던 장소가 있었다. 이 단어가 요세푸스와 사도행전에 등장하지만, 이 기도처와 후대의 회당 간의 관련성은 분명치 않다. 고고학 역시 큰 도움이 되지 않는데, 이는 기원후 1세기 이전의 것으로 판정된 건물 중 명백히 회당이라고 알려진 것이 없기 때문이다. 물론 가정에서의 회동 혹은 다른 종류의 건물에서의 모임은 있었을 것이다. 그러나 현재로서는 1세기 이전에 회당이 존재했을 가능성은 충분하나 증거가 불충분하다고 결론지을 수밖에 없다.

요세푸스는 안식일에 행해지던 회당의 교육적 기능을 강조한다.

> 모세는 율법을 위해 가장 필요하고도 탁월한 교육방법을 마련했으니, 이는 그들이 이 율법을 한두 번 혹은 몇 번 듣고 마는 것이 아니라 매주 자신의 생업을 버려두고 모여 율법을 귀 기울여 듣고 그것에 관해 정확하고 상세한 지식을 얻게 하려는 조치였다(*Ag. Ap.* 2.175).

토라를 매주 낭송하고 해석하는 일이 중요했다는 것은 요세푸스의 관찰뿐 아니라 필론(*Moses* 2.216)과 신약성경에서도 확인된다. 유대인의 삶에서 토라가 갖는 중요성 때문에 회당이라는 제도 역시 유대인에게서 떼어놓을 수 없었다. 성전이 파괴된 상황에서 토라와 회당은 한층 더 중요해졌다.

테오도토스 비문

1913년에 예루살렘 내 오펠산(Mount Ophel: 북쪽으로는 성전 언덕, 남쪽으로는 다윗성에 걸치는 예루살렘 남동편 계곡의 일부)에서 비문 하나가 발견되었다. 큰 건물이 무너진 폐허에서 나온 이 비문의 연대는 기원후 1세기로 추정되며(이 연대에 대한 반론은 Kee의 글을 참조하라), 그 내용은 아래와 같다.

"베테누스의 아들 테오도토스, 제사장이자 조부와 부친을 이어 3대째 섬기는 *archisynagogos.* 토라를 낭송하고 그 계명을 연구하기 위한 회당의 건축에 부쳐—아울러 그의 선조들과 장로들 그리고 시몬파가 세운, 국외에서 온 길손들을 위한 객실과 식수대를 갖춘 호텔을 기념함"(Meyers의 번역, 252).

*archisynagogos*는 회당장을 가리킨다. 이 비문은 기원후 1세기에 이미 예루살렘에 회당이 존재했다는 증거물일 가능성이 있다. 그 내용은 토라 낭송과 교육의 현장으로서의 회당 모임을 보도한 요세푸스 및 누가의 기록과 일치하며, 회당이 유대인 여행객을 위한 환대의 장소이기도 했음을 알려준다.

예수가 나사렛 회당에 들어간 사건을 보도한 누가복음 4장은 당시 회당에서 어떤 일이 진행되었는지를 짐작하게 해준다. "예수께서 그 자라나신 곳 나사렛에 이르사 안식일에 늘 하시던 대로 회당에 들어가사 성경을 읽으려고 서시매 선지자 이사야의 글을 드리거늘 책을 펴서 이렇게 기록된 데를 찾으시니"(눅 4:16-17). 성경 구절을 낭독한 후의 예수의 행동은 다음과 같이 묘사된다. "책을 덮어 그 맡은 자에게 주시고 앉으시니 회당에 있는 자들이 다 주목하여 보더라"(눅 4:20). 그다음에 예수는 그 구절의 의미를 해석해준다. 누가의 묘사는 후대 랍비 문헌에 기록된 회당 예배의 패턴, 즉 기도, 토라와 예언서 구절의 낭독과 해설, 설교, 그리고 축사로 구성된 형태와 일치한다(*m. Meg.* 4:3). 팔레스타인과 디아스포라를 막론하고 당시 유대인들 사이에서 히브리어는 이미 일반적으로 소통되는 언어가 아니었기에 히브리어를 읽거나 그것을 해설해줄 수 있는 인물은 소수에 불과했다.

사도행전은 바울 일행이 소아시아의 안디옥에 도착하는 장면을 이렇게 서술한다. "그들은 버가에서 더 나아가 비시디아 안디옥에 이르러 안식일에 회당에 들어가 앉으니라. 율법과 선지자의 글을 읽은 후에 회당장들이 사람을 보내어 물어 이르되 '형제들아, 만일 백성을 권할 말이 있거든 말하라' 하니"(행 13:14-15). 이 구절에도 토라의 낭독과 해설이 묘사되어 있다. 여기서 "회당장"이란 호칭의 뜻은 다소 모호하지만, 아마도 그 지역의 유대인 공동체의 유력한 식자층들이 맡은 직책이었을 것이다.

결론

하스몬 가문이 이끈 유대의 독립왕국은 로마의 등장, 구체적으로 폼페이우스 장군과 그가 지휘한 군대에 의해 때 이른 종말을 맞았다. 로마는 이미 오랫동안 지중해 동편에 영향력을 행사했었고, 결국 셀레우코스 왕국은 그 힘에 눌려 축소되었다. 셀레우코스 왕국에 맞서 싸운 마카비들은 로마를 동맹세력으로 믿었다(1 Macc 8:17-32). 로마의 동방 진출을 원활하게 하고자 해적 진압에 나섰던 폼페이우스 장군은 하스몬 일가가 개입을 요청하자 그에 응답하는 김에 유대를 접수해버린다. 이것은 사실 오랫동안 진행된 과정의 자연스러운 결론이었다.

기원전 40년에 즉위한 헤롯 대왕은 폭압적 정치를 펼쳤다. 기원전 4년에 그가 죽으면서 왕국은 그의 아들들(아르켈라오스, 헤롯 안티파스, 필리포스)에게 분배되었다. 십 년 후 로마는 아르켈라오스를 축출하고 총독을 통해 유대를 직접 통치했다.

이 장에서 살펴본 세 문서는 이런 사태에 대한 서로 다른 반응을 보여준다. 「솔로몬의 시편」은 폼페이우스가 성전을 더럽힌 일을 한탄한다. 아울러 이 본문은 그런 사태의 책임이 하스몬 왕가와 그 지지자들인 예루살렘 상류층의 행태에 있다고 비난하면서, 다윗 후손의 메시아가 도래해 이스라엘을 정화하고 하나님께 온전히 순종하게 만들리라는 대망을 표현한다. 「모세의 유언」은 하스몬 왕가와 헤롯을 평가절하하고, 우주적 교란과 함께 하나님께서 전사(warrior)로 강림하셔서 우상숭배를 쓸어버리고 그분께 신실한 무리를 별처럼 높이시리라고 기대한다. 「에녹의 비유」는 지배층의 권력 남용을 비판하고 그들이 자신들에게 힘을 주신 하나님을 인정하지 않는다고 비난하면서, 인자, 택함을 받은 자, 의로운 자, 그리고 메시아라고 불리는 이를 기다린다. 그분이 와서 만민을 심판하고 권세자들을 벌하고 고난받는 의인들을 높이실 것을 말이다.

참고문헌

Avi-Yonah, Michael, and Zvi Baras, eds. *The Herodian Period.* Vol. 7 of *The World History of the Jewish People.* New Brunswick, N.J.: Rutgers University Press, 1975.

Binder, Donald D. *Into the Temple Courts: The Place of the Synagogues in the Second Temple Period.* Atlanta: Society of Biblical Literature, 1999.

Collins, John J. "The Heavenly Representative: The 'Son of Man' in the *Similitudes of Enoch*." *IFAJ* 111-33.

______. "The *Similitudes of Enoch*." *AI* 177-93.

Garnsey, Peter, and Richard Saller. *The Roman Empire: Economy, Society, and Culture.* Berkeley: University of California Press, 1987.

Goodman, Martin. *The Ruling Class of Judaea: The Origins of the Jewish Revolt against Rome, A.D. 66-70.* Cambridge: Cambridge University Press, 1987.

Grant, Michael. *The Jews in the Roman World.* New York: Scribner's, 1973.

Greenhalgh, P. A. L. *Pompey: The Republican Prince.* Columbia: University of Missouri, 1981.

______. *Pompey, the Roman Alexander*. Columbia: University of Missouri, 1980.

Kee, Howard Clark, and Lynn H. Cohick, eds. *Evolution of the Synagogue: Problems and Progress*. Harrisburg, Pa.: Trinity Press International, 1999.

Knibb, Michael A. "The Date of the Parables of Enoch: A Critical Review." *NTS* 25 (1978-1979): 345-59.

______. "The Exile in the Intertestamental Period." *HeyJ* 17 (1976): 253-72.

Leaney, A. R. C. *The Jewish and Christian World, 200 BC to AD 200*. Cambridge: Cambridge University Press, 1984.

Meyers, Eric M. "Synagogue." *ABD* 6:251.

Nickelsburg, George W. E. "The Books of Enoch in Recent Research." *RelSRev* 7 (1981): 210-17.

______. "The Romans and the House of Herod." Pages 195-230 in *Jewish Literature between the Bible and the Mishnah: A Historical and Literary Introduction*. Philadelphia: Fortress, 1981.

______. ed. *Studies on the Testament of Moses*. Cambridge, Mass.: Society of Biblical Literature, 1973.

Saldarini, Anthony J. *Pharisees, Scribes, and Sadducees in Palestinian Society: A Sociological Approach*. Wilmington: Michael Glazier, 1988.

Sandmel, Samuel. *Herod: Portrait of a Tyrant*. Philadelphia: Lippincott, 1967.

Schalit, Abraham. "Herod and His Successors." Pages 36-46 in *Jesus in His Time*. Edited by Hans Jürgen Schultz. Philadelphia: Fortress, 1971.

Seager, Robin. *Pompey: A Political Biography*. Berkeley: University of California, 1979.

Sherwin-White, A. N. *Roman Society and Roman Law in the New Testament*. Oxford: Clarendon Press, 1963.

Smallwood, E. Mary. *The Jews under Roman Rule—from Pompey to Diocletian: A Study in Political Relations*. Leiden: Brill, 1981.

Stern, M. "The Reign of Herod and the Herodian Dynasty." Pages 216-307 in vol. 1 of *The Jewish People in the First Century*. Edited by S. Safrai and M. Stern. 2 vols. CRINT. Assen: Van Gorcum, 1974-1976.

Suter, D. W. *Tradition and Composition in the Parables of Enoch*. SBLDS 47. Missoula, Mont.: Scholars Press, 1979.

______. "Weighed in the Balance: The *Similitudes of Enoch* in Recent Discussion." *RelSRev* 7 (1981): 217-21.

제8장

로마의 통치

◆**일차자료**: 요세푸스의 「유대전쟁사」와 「유대고대사」 18-20장

하스몬 치하에서 잠시나마 누린 이스라엘의 독립 상태는 기원전 63년에 급작스러운 종국을 맞이한다. 한동안 꾸준히 동진을 계속해온 로마 제국이 마침내 유대를 집어삼킨 것이다. 그 후 130년간 유대와 로마의 관계는 기복이 있었지만 전혀 편안하지 않았다. 마침내 기원후 66년 팔레스타인 유대인들은 로마에 대항해 전면적인 항거를 시작한다. 이 장은 로마 치하에서 이스라엘 땅에 살던 유대인들의 역사를 추적한다. 헤롯 대왕의 죽음으로부터 시작해 반로마 항쟁의 개시에 이르는 이 기간은 예루살렘 및 그 성전의 상실과 랍비 유대교의 형성으로 이어지는 사건들 바로 직전의 시기로서 특별한 중요성을 지닌다. 게다가 이 기간은 예수의 사역과 기독교의 출발을 품는 기간이기 때문에 그리스도인들에게도 그 중요성이 크다.

준비를 위한 자료들

요세푸스

기원후 1세기에 유대와 로마에서 살았던 요세푸스의 저작들은 이 기간의 유대와 갈릴리 역사에 대해 우리가 가진 주된 자료다. 불행하게도 그가 말하는 내용을 대조하고 확인해볼 다른 자료들은 우리 손에 없다. 요세푸스에게 편견이 없다고 말할 수는 없으니 우리는 그가 어떤 편견들을 가졌는지를 이해하기 위해 최선을 다해야 한다. 그는 예루살렘의 제사장 계열인 귀족 집안에서 기원후 37년에 태어나 기원후 100년경에 사망했다. 그는 자신의 모계가 하스몬 집안이라고 주장한다. 그는 로마인들과 친했는데, 스물여섯 살의 나이에 로마 법정에 출두해 동료 제사장들이 받는 재판의 변호인 역할을 한 경력도 있다. 그곳에서 그는 네로의 아내 포파에아와 친분을 쌓기까지 한다. 그가 유대로 돌아왔을 때 유대인들은 로마에 항거할 거사 준비를 마친 상태였다. 요세푸스 자신의 주장에 따르면 그는 거사를 중지시키려고 했지만 여의치 않음을 알고 마음을 바꾸어 반군에 지원했다. 이는 상황을 보아 기회가 오면 반란을 멈추게 하려는 의도에서였다. 그는 대체로 자신의 출신 배경인 예루살렘 귀족층의 관점을 지니고 있다고 평가된다.

요세푸스는 예루살렘에서 자신과 비슷한 계층의 인물들로 구성된 저항군 정부에 의해 갈릴리 지휘관으로 파송되었다. 요세푸스에게 기스칼라의 요한이라는 경쟁자가 있는 갈릴리는 통제하기가 쉽지 않은 곳이었다. 하지만 로마군이 갈릴리를 재탈환했을 때 요세푸스는 현장 지휘관이었다. 요세푸스는 체포되었지만, 로마 지휘관인 베스파시아누스에게 조만간 황제가 되리라는 예언을 해주고 그의 마음을 사 목숨을 건졌다.

요세푸스가 이방인 장군인 베스파시아누스에게 건네준 예언이 유대인 메시아에 관한 성경의 예언이었다는 것은 아이러니하다. 놀랍게도 기원후 69년에 베스파시아누스는 정말로 로마 황제가 되었다. 요세푸스는 쇠사슬에서 풀려났고, 베스파시아누스의 아들로서 유대 사령관직을 물려받은 티투스의 통역 겸 안내인으로 일하게 되었다. 전쟁이 끝난 후 요세푸스는 로마로 가서 베스파시아누스의 가족인 플라비우스 가문의 후원을 받아 로마에 그의 석상까지 세워지는 행운을 누렸고, 그로 인해 라틴어 이름 플라비우스 요세푸스를 얻게 되었다.

요세푸스의 저작물 네 편은 지금까지 보존되어 있다. 『유대전쟁사』는 디아스포라 유대인들에게 전쟁을 설명해주기 위해 기원후 70년대 후반에 기록되었다. 이 책에서 요세푸스는 자기 동족들에게 로마의 옹호자 역할을 담당하는데, 최소한 당분간은 로마가 이스라엘을 다스리는 것이 하나님의 뜻이라고 역설한다. 그는 이스라엘에서 저항을 시작한 경솔한 자들을 탓하면서 그들이 신의 뜻에 반해 일을 벌인 결과로 예루살렘과 성전이 더럽혀지고 불필요한 피를 쏟게 되었다고 그들을 맹비난한다. 이후 90년대에 요세푸스가 쓴 『유대고대사』는 창조부터 유대 반란까지의 역사를 재서술한 책이다. 이 책은 『유대전쟁사』와 겹치는 부분이 있어서 같은 사건에 대한 그의 서술이 어떻게 달라졌는지를 비교할 수 있게 해준다. 『유대고대사』가 유대교를 비유대인 독자에게 이해시키기 위한 노력이었다면, 요세푸스의 『자서전』은 자신의 행적을 정당화하고 특히 갈릴리 반군 지휘관 당시의 정적들을 비난하는 데 집중한다. 마지막으로 그의 『아피온 반박문』(*Against Apion*)은 아피온이라는 이집트인의 독설에 맞서 유대교를 옹호하는 작품이다.

사마리아인들

우리 귀에 "사마리아인"이 친숙하다면 아마도 선한 사마리아인에 대한 예수의 가르침 때문일 것이다. 그 이야기에 따르면 예루살렘 근교에서 강도를 만나 죽어가던 한 유대인을 보고 제사장과 레위인은 그냥 지나쳤지만 한 사마리아인이 발길을 멈추고 그를 도와준다. 이 이야기를 어려운 처지에 놓인 이웃을 도와야 한다는 교훈담으로 읽는다면 우리는 중요한 논점을 놓치는 것이다. 예수 당시 유대인들과 사마리아인들은 날카로운 적대 관계에 있었고, 예수는 사마리아인을 바라보는 유대인의 관점을 바꾸려고 했다. 사마리아인들은 기원후 1세기 유대인의 역사에서 중요한 역할을 하므로 그들에 관해서는 좀 더 자세히 알 필요가 있다.

사마리아인들은 유대와 갈릴리 사이의 지역을 영토로 삼았으며, 고대 북왕국 이스라엘의 수도였던 사마리아를 중심으로 살았다. 기원전 722년에 아시리아가 북왕국을 정복하고 그 주민 다수를 포로로 끌고 갔다. 아래 본문은 이후 발생한 일에 대해 남왕국 유다의 관점에서 서술하고 있다.

> 앗수르 왕이 바벨론과 구다와 아와와 하맛과 스발와임에서 사람을 옮겨다가 이스라엘 자손을 대신하여 사마리아 여러 성읍에 두매 그들이 사마리아를 차지하고 그 여러 성읍에 거주하니라. 그들이 처음으로 거기 거주할 때에 여호와를 경외하지 아니하므로 여호와께서 사자들을 그들 가운데에 보내시매 몇 사람을 죽인지라. 그러므로 어떤 사람이 앗수르 왕에게 말하여 이르되 "왕께서 사마리아 여러 성읍에 옮겨 거주하게 하신 민족들이 그 땅 신의 법을 알지 못하므로 그들의 신이 사자들을 그들 가운데에 보내매 그들을 죽였사오니 이는 그들이 그 땅 신의 법을 알지 못함이니이다" 하니라. 앗

수르 왕이 명령하여 이르되 "너희는 그곳에서 사로잡아 온 제사장 한 사람을 그곳으로 데려가되 그가 그곳에 가서 거주하며 그 땅 신의 법을 무리에게 가르치게 하라" 하니 이에 사마리아에서 사로잡혀 간 제사장 중 한 사람이 와서 벧엘에 살며 백성에게 어떻게 여호와 경외할지를 가르쳤더라(왕하 17:24-28).

이 본문은 사마리아인들이 자기들만의 토라 판본을 가졌고 이스라엘의 하나님을 예배한다고 주장하지만 실은 이스라엘에 속할 수 없다고 밝힌다. 그러나 우리는 이 설명이 남왕국 유다 공동체의 관점에서 기술되었다는 점을 기억해야 한다. 사마리아인들의 견해는 그와 달라서 자신들이 북이스라엘의 적법한 후손이라고 자부하고 있었다. 그러나 유다 사람들은 전통적으로 사마리아인들을 멸시했다. 열왕기하의 기록은 왜 하나님께서 사마리아인들이 선민이 아님에도 그들을 그 땅에 살도록 허락하셨는지를 설명한다. 사마리아로 이주한 민족들은 하나님을 예배하면서도 자신들이 원래 믿던 신들도 여전히 섬겼다는 것이다. 결론적으로 이 구절은 사마리아인들을 우상숭배자로 규정한 뒤, 정죄의 글로 결론짓는다. "이 여러 민족이 여호와를 경외하고 또 그 아로새긴 우상을 섬기니 그들의 자자손손이 그들의 조상들이 행하던 대로 그들도 오늘까지 행하니라"(왕하 17:41).

에스라서와 느헤미야서 역시 사마리아에 적대적이다. 에스라 4장에서 사마리아인들은 성전을 재건하는 사업에 참여하게 해달라고 요청한다. "스룹바벨과 족장들에게 나아와 이르되 '우리도 너희와 함께 건축하게 하라. 우리도 너희 같이 너희 하나님을 찾노라. 앗수르 왕 에살핫돈이 우리를 이리로 오게 한 날부터 우리가 하나님께 제사를 드리노라' 하니"(스 4:2). 유배에서 돌아온 귀환자들이 사마리아인들의 제안을 물리치자 그들은 성전 재건 사업을 방해하기 시작한다. 이 구절을 보면 사마리아인들은 자신들이 유대인들과 동일한 하나님을 섬기고 있다고 생각했으나 유대인들은 사마리아인들을 자신들과 동일한 종교의 일원으로 받아들이지 않았음을 알 수 있다. 우리는 이런 본문을 의심을 품고 대해야 한다. 에스라서와 느헤미야서는 바빌로니아의 유대 공동체 내지 귀환한 포로들의 관점을 반영하는데, 이런 견해는 애초에 유배지로 끌려가지 않았던 유다인들(Judahites) 혹은 더 이른 시점에 이미 귀환했던 이들의 생각과 부딪힐 때가 있었다. 하지만 사마리아와 유다의 관계가, 적어도 이 초기 단계에서, 항상 부정적이었다고 생각할 수는 없다. 이는 느헤미야가 유다로 두 번째 귀국했을 때 대제사장의 손자가 사마리아 귀족의 딸과 혼인했음을 알게 되었다는 사실로 미루어 알 수 있다(느 13:28).

알렉산드로스 대왕이 도착했을 때 사마리아인들은 처음에 그를 지지했지만, 오래지 않아 그에게 저항하기 시작했다. 알렉산드로스의 반응은 신속하고 압도적이었다. 사마리아 성이 철저히 파괴되면서(기원전 331년), 옛 성읍인 세겜이 새로운 수도 구실을 하게 되었고, 세겜 성내에 있는 그리심산에 성전이 세워졌다. 얼마간의 시간이 흘러 요안네스 히르카노스 1세가 이 지역을 정벌하고 사마리아 성전을 파괴했다(기원전 128년). 이 충격은 사마리아인들의 기억에 생생히 새겨졌는데, 후에 그는 세겜도 파괴한다(기원전 107년).

요한복음은 유대인들과 사마리아인들 간에 합당한 예배처를 놓고 의견 차이가 있었음을 인지하고 있다. 어느 날 예수가 그리심산 가까이에 있는 마을에서 한 여인을 만나 물을 달라고 청한다. 여인은 이렇게 대답한다. "당신은 유대인으로서 어찌하여 사마리아 여자인 나에게 물을 달라 하나이까?"(요 4:9) 요한의 설명이 이어진다. "이는 유대인이 사마리아인과 상종하지 아니함이러라"(요 4:9). 오래지 않아 여인은 예수가 예언자임을 알아보고 이렇게 말한다. “우리 조상들은 이 산에서 예배하였는데 당신들의 말은 예배할 곳이 예루살렘에 있다 하더이다”(요 4:20).

예수가 예루살렘으로 향하는 마지막 노정을 누가복음은 이렇게 묘사한다.

> 사자들을 앞서 보내시매 그들이 가서 예수를 위하여 준비하려고 사마리아인의 한 마을에 들어갔더니 예수께서 예루살렘을 향하여 가시기 때문에 그들이 받아들이지 아니하는지라. 제자 야고보와 요한이 이를 보고 이르되 “주여, 우리가 불을 명하여 하늘로부터 내려 저들을 멸하라 하기를 원하시나이까?” 예수께서 돌아보시며 꾸짖으시고 함께 다른 마을로 가시니라(눅 9:52-56).

사마리아인들이 예루살렘으로 가는 유대인 순례자 예수를 박대한 것은 이해할 만하다. 당시 갈릴리인 순례자들은 사마리아 영토를 피해 예루살렘으로 가곤 했다. 제자들이 하늘에서 불을 내려 사마리아에 떨구자고 한 것은 예언자 엘리야가 행했던 기적을 상기시킨다. 엘리야는 북왕국 이스라엘의 왕 아합과 왕비 이세벨에게 맞섰던 것으로 유명한데, 이스라엘의 수도가 바로 사마리아였다.

예루살렘을 향한 사마리아의 적대감은 총독 코포니우스 시대에(기원후 6-8년) 일어난 사건에서도 드러난다.

> 유대인들이 유월절(Passover)이라고 부르는 무교절에 제사장들은 밤 열두 시가 지나면 바로 성전 문을 여는 것이 일종의 관습이었다. 그런데 성전 문이 처음 열리자마자 몇몇 사마리아인들이 몰래 예루살렘에 잠입하여 죽은

사람의 시체들[사람의 뼈들]을 성전 회랑에 던져 놓고 도망을 쳤다.[1]

사람의 뼈는 제의적으로 부정하기에 성전을 오염시킬 물건이었다. 여기서 사마리아인들의 행동은 예루살렘 제의와 유대인들을 향한 그들의 적개심을 분명하게 보여준다.

사마리아인들은 유일신론자들로서 자신들이 모세 언약 안에 있다고 믿었고, 성경에 관해서는 사두개파와 마찬가지로 모세 오경만을 신성하고 권위 있는 경전으로 받아들이는 보수적 입장을 견지했다. 사마리아 오경이 유대 오경과 다른 점 중 하나는 예루살렘에 있는 시온산이 아니라 사마리아에 있는 그리심산이 하나님이 정하신 거룩한 산이라는 서술이다. 사마리아인들은 죽은 자의 부활을 인정하지 않는 점에서 사두개파와 일치했고, 종교 제도상 제사장에게 지배적인 역할을 부여했다. 그들은 마지막 때에 "회복자" 곧 타헤브(Taheb)라고 불리는, 모세와 같은 예언자가 재림할 것으로 기대했다. 이 희망은 신명기 18장에 근거한다. 종말론적 존재로서 "모세와 같은 예언자"에 대한 기대는 사해사본(4QTest)은 물론 사도행전 3장에서 베드로가 예수를 묘사하는 내용에서도 발견된다.

유대인과 사마리아인이 서로를 적으로 생각한 것은 놀랍지 않다. 양측은 모두 같은 하나님을 예배한다고 주장하면서도 상대방의 예배를 배척했다. 공통점이 많은 종교집단이야말로 서로 최악의 적이 되곤 하는데, 이는 서로가 동일한 상징의 주도권을 놓고 싸우기 때문이다. 기독교와 유대교 사이에서도 마찬가지로 기나긴 세월 동안 갈등이 이어졌다. 우리의 연구는 유대인과 사마리아인의 충돌에 대한 다른 예들을 살펴볼 것

1 『요세푸스 II: 유대고대사』, 500-501.

이다. 사마리아인들은 오늘날까지도 소규모 공동체로서 명맥을 이어오고 있다.

농노와 장인들

기원후 1세기의 농노들과 장인들은 저술을 남기지 않았다. 사실 그들 대부분은 문맹자였다. 따라서 그들 편에서 본 역사는 종종 증거 불충분으로 무시되었다. 하지만 우리는 요세푸스의 글과 농노 사회 전반에 관한 지식을 대조함으로써 1세기 유대인 농노들의 활동과 태도에 관해 조금이나마 배울 수 있다.

농노들은 생존의 필요로 규정되는 제한적인 삶을 살았다. 재화는 희귀했고 생산과 소비는 주로 가족 단위로 이루어졌다. 지역 촌락과 장터가 이 농노들이 평생 다녀본 장소의 전부였다. 유대와 갈릴리에서는 예루살렘으로의 순례가 종종 있었겠지만, 그런 여행조차도 손쉽게 자주 이루어졌다고 가정할 수는 없다. 대체로 농노들은 매우 좁은 지역에서 태어나 성장하여 살다가 생을 마감했고, 바깥세상에 관해 아는 것은 적었다. 그나마 그들의 제한된 지식은 세금 징수원이나 침략군 병사들과의 접촉에서 얻은 것이 태반이었다. 농노들은 사회적·종교적으로 보수 성향에 기울어 있었다.

농노들은 종종 경제적 압박에 시달렸다. 농업은 고대 제국들의 기반이었기에, 결국 전쟁과 왕실의 유지를 위한 비용 및 궁정과 종교기관들을 지탱하는 것은 농노들의 몫이었다. 유대인 농노들은 자기 가족을 먹이고 성전 시설을 유지하며 지방 귀족들을 지탱하는 것은 물론, 지배권을 가진 제국에도 세금을 냈다. 그런 상시적 압박 아래에서 기근은 치명적이었다. 흉작이 이어지면 그들은 집과 땅을 빼앗기고 일용직에 나섰다(느 5장을 보라). 복음서를 읽다 보면 농노가 일용직을 구하는 이야기(마 20:1-16)와 소작농이 부재지주를 위해 일하는 장면을(막 12:1-9) 만나게 된다.

장인들은 도자기나 석재 조각 또는 의복 제작 등의 기량을 갖춘 직업인들이었다. 현대 미국에서 장인은 경제적으로 대체로 중산층에 속하지만, 고대 세계에서 그들의 위치는 하층민에 가까웠다. 그들은 대개 마을과 도시 지역에 살았는데, 도시 지역에서 일하는 장인은 상류층과 가까이 살면서 시위나 폭동을 통해 지배 계층에게 직접적 압력을 행사할 수 있다는 가능성 때문에 농노보다 정치적 영향력은 더 컸을 것이다.

강도들

강도들(그리스어: *lēstais*)은 1세기 유대 사회의 중요한 구성원이었다. 요세푸스는 그들이 저열한 동기에서 움직이는 강탈자들이라며 강도라는 명칭을 경멸조로 사용한다. 하지만 그는 유대 귀족 출신으로서 말하고 있으며, 귀족들은 로마와의 충돌에서 잃을 것이 가장 많은 사람들이었다. 그동안의 연구는 강도들이 단순한 범죄자들이 아니라는 사실과 함께 그들의 사회적·정치적 측면을 밝혀냈다. 그들은 강도 행위를 통해 생계를 유지하면서 종종 농노들의 지지를 받았다. 농노들이 거듭되는 착취로 빈곤에 몰리고 정부가 무능할 때면 강도들의 활동이 활발해지기 마련이었다. 농노들의 처지에서는 흉작이나 억압, 세금, 정부의 닦달이 심해지면 토지를 버리고 무법지대의 삶으로 옮기는 것밖에 다른 방법이 없었다. 이 지점은 정치적 항거의 전 단계, 즉 억압에 저항하지만 아직은 분명한 이념이나 목표 혹은 전략이 부재한 단계에 해당한다. 강도들은 정치적·경제적 시스템을 빠져나왔으나 그 시스템 자체에 저항하지는 않았다. 그들의 정치적 행동은 생존을 위한 것이었고, 때때로 구체적 악행을 바로잡고자 애쓴 경우에도 정치권력 자체를 전복하는 데 목표를 두지는 않았다. 그러나 이따금 사태가 극단으로 치닫고 강도 무리가 많아지면 상황이 달라졌는데, 광범위한 강도 행위가 본격적인 정치적 항거로 이어지기도 했다.

이런 강도로서 영어권 독자들에게 가장 잘 알려진 인물이 바로 로빈 후드다. 지배자가 폭압과 탐욕으로 가득 차고 농노들은 무력하던 시대에 로빈 후드는 거칠게나마 정의를 시행했다. "부자에게서 빼앗아 빈민에게 주는" 로빈 후드와 그 일당을 통해 부의 재분배가 이루어지고 농노들은 지배층의 폭압에서 보호받을 수 있었다. 물론 이런 서술은 실체를 낭만화한 면이 있지만, 강도 행위가 가질 수 있는 잠재적 의미를 보여준다.

기원후 1세기에 이스라엘의 환경은 여러 면에서 강도들의 활동이 활발해질 조건을 갖추고 있었다. 농노들의 상황은 열악했고 헤롯 치하에서 권력층과 성전 및 로마 제국을 지탱하기 위한 세금의 압박감은 무거웠다. 헤롯 가문의 통치자들과 그 뒤를 이은 로마 관료들은 종종 포악과 무능력을 동시에 보여주었다. 복잡한 정치 상황이 가뭄과 같은 자연재해와 만나면 자칫 폭발 직전의 상황이 올 수도 있었다. 그리고 백성들의 삶에 의미와 자존감을 주는 마지막 장치인 종교적 상징과 제도가 짓밟히는 순간 상황은 폭력으로 이어질 수 있었다.

갈릴리를 통치하는 동안 헤롯 대왕은 현지에서 가장 악명을 떨친 강도의 수장 헤제키야를 체포해 처형했다. 그 처형을 두고 갈릴리 관료가 예루살렘까지 내려가 산헤드린에 항의한 것을 보면 헤제키야는 범상한 강도가 아니었다. 헤롯이 헤제키야를 처형한 것은 단순한 법 집행이 아니라 억압에 맞선 저항세력을 꺾는 행동이었다. 헤제키야에게 보여준 지지는 강도들이 농노만이 아닌 다른 사회계층의 지지와 존중도 받을 수 있었다는 것을 알려준다.

"열심당"

오랫동안 학자들은 기원후 1세기의 로마에 대한 유대인 저항운동이 조직적이고 연속적인 활동이었으며 로마 세력의 축출이 그 저항의 목표였다고 생각해왔다. 요세푸스는 바리새파, 사두개파, 에세네파에 이어 갈릴리인 유다가 기원후 6년에 "넷째 종파"를 창시했다고 기술한다. 이 종파의 목표는 자유였고, 그들은 하나님 외에는 그 누구도 이스라엘을 지배할 수 없다고 믿었기에 외국 세력의 지배는 수용할 수 없었다. 학자들은 요세푸스가 "열심당"(Zealots)이라고 부른 이 무리가 호전적인 집단으로서 66-67년에 예루살렘에서 활동했다고 생각해왔다(10장을 보라). 그들의 이론에 따르면 기원후 6년에 시작된 이 집단은 목적을 이루기 위해 폭력을 정당화했고 결국 그 결과로 기원후 66년에 대로마 항거가 일어났다는 것이다.

이런 "열심당 이론"을 지지하는 증거는 빈약하고 애매하며 반론의 여지가 많다. 오랫동안 이 이론은 1세기 유대교가 율법주의적 위선자들(바리새파) 아니면 폭력적 혁명주의자들(열심당)에 의해 주도되었다고 묘사하는 그리스도인들의 편향된 시각을 뒷받침했다. 예수는 그 어느 편도 아니며 그들보다 우월했다. 예수는 반율법주의자이자 평화주의자로 묘사되곤 했다. 앞의 6장에서 우리는 바리새인들에 대한 편견에 대해 다루었다. 만일 열심당 이론도 오류로 판정된다면 그리스도인들이 만든 예수 시대의 정형화된 유대교의 이미지 역시 붕괴되어야 할 것이다.

폭력의 나선

리처드 호슬리(Richard Horsley)는 1세기 이스라엘에서 식민주의 권력이 피지배민과 상호작용하는 과정을 분석하고자 흥미로운 도구를 사용하는데, 이는 "폭력의 나선"(spiral of violence)이라고 불린다(Horsley, *Spiral*을 참조하라). 피지배민에게 가해지는 불의가 심해지면 저항이 시작된다. 최초의 저항은 대개 비폭력적이고 단지 부당한 일을 없애기 위해 사용된다. 저항을 마주한 지배층은 당연히 억압으로 반응하고, 다시 내몰린 피지배민은 항거로 진행하게 된다. 이런 진행을 다음의 4단계 나선으로 정리할 수 있다. (1) 부당행위, (2) 저항, (3) 억압, (4) 항거. 물론 각 단계가 깔끔하게 분리되지는 않으며 늘 위의 순서를 따라 직선적으로 진행되지도 않는다. 하지만 이런 도식은 갈등의 진행과 심화 과정을 이해하는 데 도움을 준다. 이런 나선을 놓고 관찰자와 참여자가 구사하는 언어를 분석해 보면 발생하는 현상에 대한 해석의 코드를 읽어낼 수 있다. 예를 들어 누군가를 살해하는 행위를 항거 참여자가 저질렀을 경우에는 그것이 "테러"라고 불리지만, 권력을 점유한 자들이 행했을 때에는 "적절한 실력 행사"라고 불릴 수 있다. "폭력"이란 용어 자체가 보통 부정적 인식을 동반하기에, 기록자는 자신이 반대하는 편의 행위를 묘사할 때는 이 용어를 사용하지만, 자신이 동조하는 편의 행동을 묘사할 때는 "실력"이라는 단어를 사용할 수 있다는 것이다. 다시 말해 이는 기록자가 구사하는 단어 자체가 이미 그가 내세우는 주장의 일부분이란 뜻이다. 이런 구분을 염두에 두는 것이 반로마 세력에 대한 요세푸스의 판단을 평가하는 데 도움을 줄 것이다.

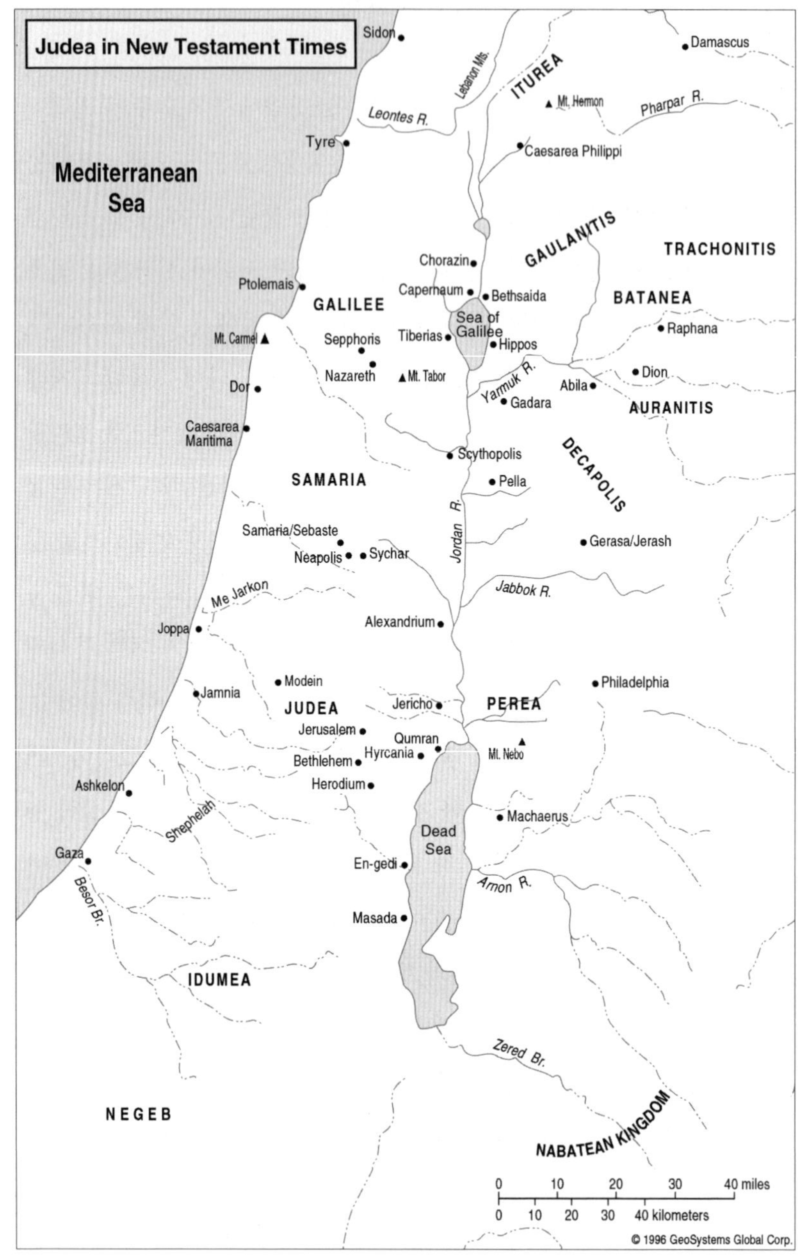
Judea in New Testament Times
Mediterranean Sea
Sidon
Damascus
Lebanon Mts.
ITUREA
Mt. Hermon
Pharpar R.
Leontes R.
Tyre
Caesarea Philippi
GAULANITIS
TRACHONITIS
Chorazin
Ptolemais
GALILEE
Capernaum
Bethsaida
BATANEA
Sea of Galilee
Raphana
Mt. Carmel
Sepphoris
Tiberias
Hippos
Nazareth
Mt. Tabor
Yarmuk R.
Dion
Dor
Abila
Gadara
AURANITIS
Caesarea Maritima
DECAPOLIS
Scythopolis
SAMARIA
Pella
Jordan R.
Samaria/Sebaste
Gerasa/Jerash
Neapolis
Sychar
Jabbok R.
Me Jarkon
Alexandrium
Joppa
Modein
Philadelphia
Jamnia
JUDEA
Jericho
PEREA
Jerusalem
Qumran
Mt. Nebo
Bethlehem
Hyrcania
Herodium
Ashkelon
Machaerus
Shephelah
Dead Sea
Gaza
En-gedi
Arnon R.
Besor Br.
Masada
IDUMEA
Zered Br.
NEGEB
NABATEAN KINGDOM
0 10 20 30 40 miles
0 10 20 30 40 kilometers
© 1996 GeoSystems Global Corp.

신약 시대의 유대

기원후 1세기 유대 및 갈릴리 유대인들의 역사

독수리 사건

기원전 4년에 헤롯 대왕은 중병을 앓았다. 수많은 사람이 그의 죽음을 바라고 있었는데, 그래야만 형편이 좋아지리라는 기대 때문이었다. 그때 아래와 같은 사건이 일어났다.

> 여러 가지 불행으로 고통을 당하고 있는 헤롯에게 백성들의 반란까지 겹치게 되자 헤롯은 정말 죽고 싶은 심정이었다. 예루살렘시에는 율법에 정통하다는 평을 받는 학식 있는 두 사람이 있었다. 이들은 율법에 정통하다는 평을 받고 있었기에 백성들의 존경을 한 몸에 받고 있었다. 그들은 세폴리스의 아들 유다스와 마르갈루스의 아들 마티아스였다. 이들이 율법을 가르칠 때는 젊은이들이 구름 떼같이 몰려들었다. 매일같이 젊은 청년들이 인산인해를 이루고 모여들었다. 유다스와 마티아스는 헤롯 왕이 중병이 들었다는 소식을 듣자 그들을 찾아온 젊은이들에게 이같이 말했다. "우리가 율법에 어긋나게 세운 상들을 철거하고 하나님을 올바로 섬길 수 있는 절호의 기회가 우리에게 찾아왔소. 성전 안에 상이나 얼굴 모습이나 어떤 동물의 형상이라도 세우는 것은 율법에 어긋나는 일이오. 그런데 헤롯 왕은 성전의 대문 위에 금독수리 상을 세워 놓았소. 이것을 때려 부수도록 하시오. 그 때문에 위험을 당한다면 위험을 당합시다. 율법을 수호하다가 죽는 것은 영광스러운 일이기 때문이오. 영혼은 결코 죽지 않을 것이오. 따라서 율법을 수호하다가 죽는 자에게는 영원한 행복이 기다리고 있는 것이오. 영혼을 올바로 사랑할 만큼 지혜롭지 못한 미련한 자들과 비열한 자들은 의롭게 죽기보다는 병으로 죽는 것을 더 좋아하는 법이오."

유다스와 마티아스가 청년들에게 이같이 말하고 있을 때 헤롯 왕이 죽었다는 소문이 퍼지기 시작하였다. 이 소문에 젊은 청년들은 대담하게 일을 벌이기 시작했다. 그들은 한낮에 성전에 많은 사람들이 있었음에도 불구하고 두꺼운 줄로 금독수리 상을 성전 꼭대기부터 끌어내린 후 도끼로 그 상을 박살내 버렸다. 이 소식은 성전을 지키는 헤롯 왕의 군대 지휘관의 귀에 들리게 되었다. 그는 많은 병사들을 이끌고 달려 나와서 약 40명의 청년을 체포하여 헤롯 왕에게 끌고 갔다. 헤롯은 그들에게 금독수리 상을 끌어내려 박살을 낸 것이 사실이냐고 물었다. 그러자 그들은 그것이 사실이라고 대답했다. 이에 헤롯이 누구의 명령으로 그런 짓을 했느냐고 묻자, 그들은 율법의 명령으로 그런 것이라고 대답했다. 헤롯은 처형당하게 될 텐데 그래도 기쁘냐고 되물었다. 그러자 그들은 죽은 후에 더 큰 행복을 누릴 것이기 때문에 죽으면서도 기뻐할 수 있다고 대꾸했다(*J. W.* 1.648-653)[2]

그 청년들과 스승들은 모두 산 채로 화형을 당했다.

헤롯의 업적 중 가장 유명한 것은 예루살렘 성전의 재건축이다. 그는 이 사업을 통해 자신이 통치하는 백성들의 지지를 끌어내고 싶었던 것 같으나, 성전에 로마 제국의 상징인 황금 독수리를 배치함으로써 유대인들의 정서에 반하는 행동을 저질렀다. 십계명은 그런 형상을 금한다(출 20:4-6; 신 5:8-10). 헤롯의 죽음이 임박하기까지 아무도 그 독수리를 제거하려고 하지 않았다는 것은 반대파를 통제하는 헤롯의 능력이 탁월했음을 보여준다.

마침내 그 독수리를 제거하기로 결정한 것은 토라를 엄격히 지키기로 유명했던 두 사람의 스승이었다. 그들은 폭력을 동원해 기존 권력을

---

2 『요세푸스 III: 유대전쟁사』, 166-168.

뒤엎으려고 하는 그런 혁명가와는 거리가 멀었다. 그들은 정치제도를 개혁하거나 스스로 권력을 쥐려는 의지를 전혀 보이지 않았다. 역사에 드러난 한 그들은 단지 토라를 어기고 성전을 더럽히는 행위를 종식시키길 원했을 뿐이었다. 그들은 자신들의 제자 중 사십 명을 설득해 그 작업을 진행했다. 어떤 안전장치도 무장도 하지 않았다. 제자들은 자신들의 목숨이 위험한 줄 뻔히 알면서도 성전에 사람들이 들어찬 백주에 독수리를 제거했다. 그들은 아마도 자신들의 행동을 최대한 드러내는 것이 사람들의 지지를 확보하는 것이라고 생각했을 것이다.

헤롯 앞에 선 반항아들의 행동은 유대교와 후대의 기독교 문헌의 순교자 재판의 양식을 따르고 있다(예. 2 Macc 7장). 이런 재판에서 지배자는 희생자들을 심문하고 처벌의 위협과 보상의 유혹을 제시한다. 희생자들은 하나님에 대한 충성을 굳게 지키고 무자비하게 살해된다. 그들은 종종 순교하기에 앞서 재판정에서 연설을 남긴다. 독수리 사건과 「마카베오 2서」 7장에 나오는 사건들의 공통점 하나는 희생자들이 죽음 이후의 신원에 대한 소망을 표현한다는 점이다.

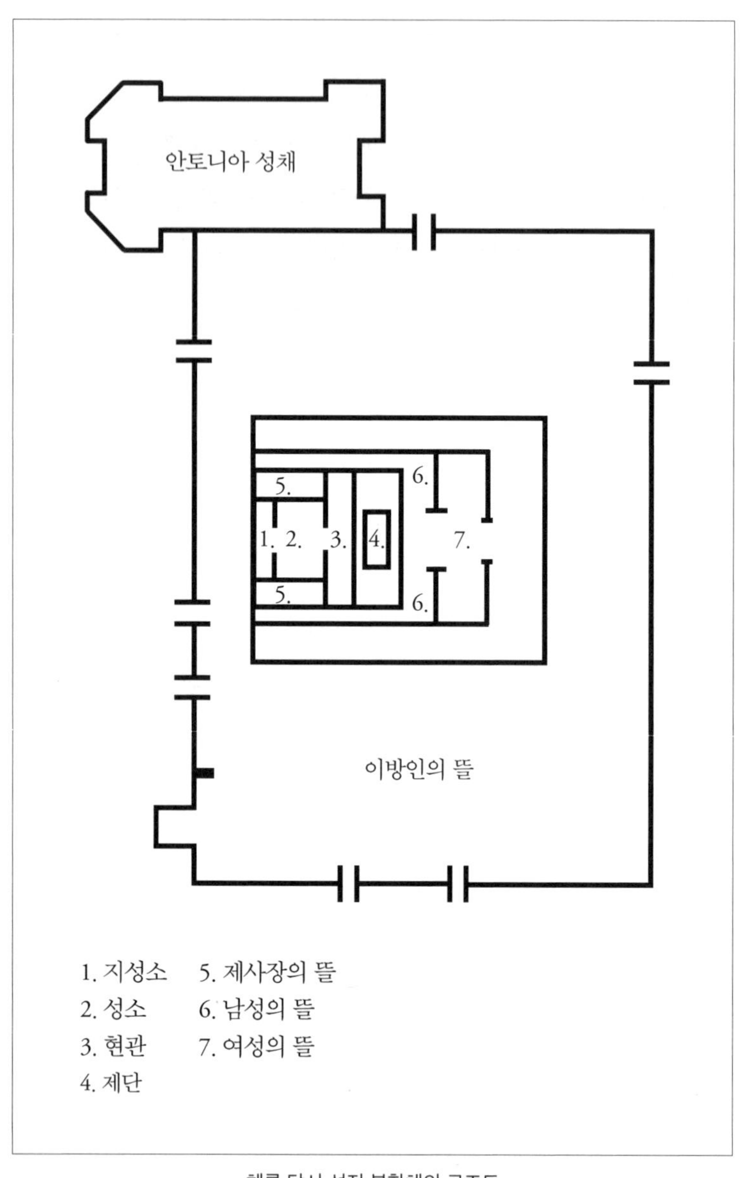

헤롯 당시 성전 복합체의 구조도.
로마군은 성전 내 활동을 감시하기 위해 안토니아 성채를 사용했다.

중요한 연대들(기원전 4년-기원후 66년)

기원전 4년	• 독수리 사건 • 헤롯 대왕 사망 • 헤제키야, 시몬, 아트롱게스의 반란 • 바루스의 전쟁
기원후 6년	• 로마가 아르켈라오스를 폐위시키고 유대를 직접 통치함 • 갈릴리인 유다와 바리새인 사독이 이끈 세금 반대 반란
기원후 26-36년	• 본디오 빌라도 총독의 유대 통치 • 예수와 세례 요한을 비롯한 종말론적 예언자들이 활동함
기원후 37-41년	• 로마 황제 가이우스(칼리굴라)의 통치
기원후 37-44년	• 아그리파 1세의 통치
기원후 41-54년	• 로마 황제 클라우디우스의 통치
기원후 44년	• 아그리파 1세 사망, 유대, 사마리아, 갈릴리가 로마 총독 치하로 흡수됨
기원후 44-46년	• 유대 총독 파두스(Fadus)의 통치 • 그는 종말론적 예언자인 튜다스(Theudas)를 체포하여 죽임
기원후 46-48년	• 유대인이자 알렉산드리아의 필론의 조카인 티베리우스 율리우스 알렉산데르가 총독으로 다스림. • 그는 갈릴리인 유다의 두 아들을 십자가형에 처함
기원후 48-52년	• 총독 쿠마누스의 통치 • 그는 유대인들의 정서를 거슬러 총독직에서 쫓겨남 • 강도 떼가 극성을 부림
기원후 52-60년	• 총독 펠릭스의 통치 • 강도 떼, 시카리, 종말론적 예언자들(예. "이집트인")이 활동함 • 제사장 분파들과 사제 계급 간의 갈등
기원후 54-68년	• 로마 황제 네로의 통치
기원후 60-62년	• 총독 페스투스(베스도)의 통치 • 강도 떼가 활동함. 페스투스는 그들을 제압하는 데 어느 정도 성공을 거둠
기원후 62-64년	• 총독 알비누스의 통치 • 그가 유대에 도착하기 전, 대제사장 아나누스가 예수의 동생 야고보를 처형함 • 알비누스는 강도 떼로부터 뇌물을 받고 과중한 세금을 부과함
기원후 64-66년	• 총독 플로루스의 통치 • 요세푸스는 수많은 학대에 대해 그를 비난함 • 플로루스는 성전 기금을 몰수함

기원전 4년에 일어난 소요

기원전 4년에 헤롯이 죽자 아우구스투스 카이사르는 헤롯 대왕의 왕국을 그의 세 아들에게 분배하는데, 헤롯 안티파스는 갈릴리와 페레아를, 필리포스는 헤롯의 영지 북부를, 아르켈라오스는 유대를 물려받았다. 처음에 유대 주민들은 아르켈라오스가 부왕 헤롯에 비해 조금은 더 정의로운 통치를 하지 않을까 기대했다. 아르켈라오스는 세금을 감면하고 헤롯의 정치범 일부를 석방해달라는 백성들의 청원에 귀를 기울이는 듯했다. 그러나 그 후에 백성들은 대담하게도 헤롯이 임명했던 대제사장을 폐위시키고 "율법과 제의적 정결함의 기준에서 좀 더 적합한 이를 골라 대제사장으로 세워달라고"(*Ant.* 17.207) 요청했다. 게다가 일부 사람들은 더 나아가 독수리상을 제거한 이들을 처형한 자들을 처벌해달라고 청원하기에 이르렀다. 이는 민감한 사안으로 아르켈라오스의 심기를 건드리는 일이었다. 왜냐하면 그것은 헤롯과 로마의 지배에 항거한 자들을 진압한 관리들과 지배층 인사들을 처벌하라는 요구였기 때문이다.

요세푸스는 이런 요청을 한 유대인들이 "혁신을 원해서"(*Ant.* 17.206) 그런 행동을 했다고 기록한다. 그는 자신의 독자들이 혁신을 부정적으로 여길 것으로 추정한다. 오랜 풍습이 사람들을 짓누르는 전통사회는 매사를 정적으로 이해하고 변화를 부정적으로 생각하기 마련이다. 그런 사회는 예를 들어 진보를 미덕으로 여기는 오늘날의 미국과 같은 현대사회와 큰 대조를 보인다. 이 사건의 쟁점은 그것만이 아니다. 어떤 일을 놓고 그것이 혁신인지 아닌지를 판단하는 것은 평가하는 주체의 인식 프레임에 따라 달라지기 마련이다. 요세푸스는 항거 세력의 요청이 기존 질서에 도전하는 것이고 따라서 혁신이라고 이해한 것이다. 이에 반해 항거 세력은 아마도 헤롯의 귀족정치야말로 원하지 않은 혁신이며 토라를 범하는 일이라고 여겼을 것이다.

아르켈라오스의 등극 후 오래지 않아 유월절이 다가왔다. 축제 기간에는 엄청난 수의 순례자들이 예루살렘으로 모여들어 관리들의 신경을 팽팽하게 만들었다. 유월절의 위험은 도시가 사람들로 가득 찬다는 사실뿐만 아니라 이스라엘이 이집트의 압제에서 해방된 사건을 기념하는 것이 유월절 전통이라는 사실에 있었다. 골치 아픈 일이 생길까 걱정한 아르켈라오스는 성전에 군인들을 증원 배치했다. 군중 가운데 몇몇이 그들에게 돌을 던졌고, 아르켈라오스는 기병단을 보내어 많은 수의 유대인을 학살했다. 겁에 질린 사람들은 집으로 돌아갔다.

아르켈라오스는 곧바로 배를 타고 로마로 가 아우구스투스를 접견하고 자신에게 왕의 칭호를 내려달라고 요청했다. 헤롯 일가의 다른 분파들도 로마로 향했다. 요세푸스가 기록하기를, 그들은 친척 아르켈라오스를 반대할 수도 없었지만 그를 혐오했기에 딱히 지지하지도 않았다. 요세푸스는 나중에 그의 내러티브에서 헤롯 일가 중 일각에서는 아르켈라오스를 지지했음을 인정한다. 그 뒤를 이은 또 다른 유대인 사절단에 대해서는 그들이 아르켈라오스를 반대했다는 것만이 알려져 있다(*Ant.* 17.299-316). 이 사절단은 헤롯의 학정을 아우구스투스에게 보고했다. 이 사람들이 불평한 내용으로 보아 그들은 유대 사회에서 귀족 내지 부유층에 속했을 것이다. 무엇보다도 그들은 헤롯이 귀족들을 죽이고 그들의 영지를 압수했으며 유대의 가족제도를 무시하며 결혼 규율과 성도덕을 무너뜨리고 있다고 불평했다. 이 사절단은 자신들이 처음에 아르켈라오스를 지도자로 환영한 것은 그가 선왕의 길을 따르지 않으리라고 기대했기 때문이었는데 성전 참배객들을 학살한 사태로 인해 그 희망이 사라졌다고 호소했다. 그들은 토라를 지킬 수 있게만 해달라면서 아우구스투스에게 유대를 시리아 지방에 합병시켜달라고 요청했다. 이는 그들에게 로마에 대한 적대적인 의사가 전혀 없음을 표시한 것이었다.

이 유대인 사절단은 유대의 귀족과 가신 계급 상당수의 의견을 대변한 것으로 보인다. 과거 헤롯 치하에서 시달렸던 그들은 억압 없이 자신들의 풍습을 지키게만 해준다면 로마에 복종하면서 평화롭게 살 준비가 되어 있었다. 그러나 아우구스투스가 아르켈라오스의 왕위를 유지하게 함으로써 그들의 기대는 좌절되었다. 하지만 그들의 시도는 예루살렘 상류층 간에 다양한 의견이 있었음을 보여준다. 헤롯파와 하스몬 일가의 갈등 외에도 또 다른 분열이 있었고, 심지어 헤롯 일가 내부에도 분파들이 존재했다는 것은 앞서 살펴보았듯이 제2성전기의 유대 사회가 피하지 못한 숙명적 상황이었던 셈이다.

아르켈라오스가 로마로 떠났을 때 이스라엘은 폭발했다(*Ant.* 17.250-298). 로마인 사비누스가 유대를 맡았는데, 요세푸스는 이 상황을 가리켜 "혁신을 지극히 사랑하는"(*Ant.* 17.251) 유대인들에 의해 긴장이 최고조에 달했다고 묘사한다. 사비누스는 군대를 동원해 유대인들을 괴롭혔고 마침내 유대인들의 봉기가 일어났다. 요세푸스는 사비누스의 동기가 탐욕에 있었다고 말함으로써 적대행위의 책임을 유대인과 로마 관료 양측에 묻고 있지만, 현대의 독자는 요세푸스가 암시한 책임의 상대적 비중을 짐작할 수 있다. 유대인들이 원한 "혁신"은 실상 정의에 대한 갈망이었다. 게다가 요세푸스의 친로마 성향을 고려한다면, 우리는 이 대목에서 그가 로마 관원들이 백성의 분노를 촉발했다고 비난한 내용을 상당한 무게를 두고 읽어야 한다. 요세푸스의 내러티브에서는 불의, 저항, 억압, 항쟁이라는 궤적이 쉽게 감지된다. 심지어 요세푸스조차도 오랜 시간이 지나고 수없이 많은 불의가 누적된 후에야 유대인들의 저항이 일어났다고 인정하는 것은 특기할 만하다.

유월절에서부터 오십 일이 되는 오순절(칠칠절)에도 큰 인파가 예루살렘에 모여들었다. 요세푸스는 유대인들이 명절을 지내기 위해서뿐만 아니라 사비누스를 공격하기 위해 모였다고 서술한다. 로마 군인들과 유대인들 간에 충돌이 일어나고 다수의 사상자가 발생한 뒤 유대 전역에서 유대인과 이방인 간의 전투가 시작되었다.

요세푸스는 몇몇 반란자의 이야기를 기록으로 남겼는데, 첫째는 강도 헤제키야의 아들인 유다 벤 헤제키야다.

> 헤롯이 체포하는 데 무척 힘이 들었던 강도단의 두목으로서 힘이 장사인 에스키아스[헤제키야라는 이름의 그리스어 형태]라는 인물이 있었는데 그에게 유다스라는 아들이 하나 있었다. 유다스는 수많은 사악한 자들을 갈릴리의 세포리스에 집결시킨 후 [그곳의] 왕궁을 습격하여 보관하여 있던 무기를 탈취한 후 부하들을 무장시키고 왕궁의 재물을 약탈하였다. 유다스는 닥치는 대로 사람을 잡아 죽이고 찔러 죽였으므로 모든 이들에게 두려운 존재가 되었다. 유다스가 이런 행위를 서슴지 않은 것은 스스로 자신을 높여 왕이 되고 싶은 야망이 있었기 때문이었다. 유다스는 전쟁에서 뛰어난 솜씨를 발휘하여 영웅이 되는 방식으로 왕위를 넘본 게 아니라 폭력과 공포로 백성들 위에 군림하는 방식으로 왕이 되려고 한 것이었다(*Ant*. 17.271-272).[3]

유다 벤 헤제키야는 갈릴리에서 헤롯의 강력한 적수였다. 지배층을 향한 저항이 유다 벤 헤제키야에게까지 이어졌다. 요세푸스는 이 유다가 권력욕에 사로잡혀 왕족의 지위를 탐했다고 비난한다. 유대인의 왕은 기름 부음 받은 자, 즉 메시아이므로 이런 기록은 유다가 메시아가 되고 싶은 염

3 『요세푸스 II: 유대고대사』, 478.

원을 가졌음을 뜻한다.

다음 인물은 시몬이다.

> 이 외에 헤롯 왕의 종이었다는 사실만 빼면 훤칠한 신장에 건장한 체격으로 흠잡을 데가 전혀 없는 시몬이라는 인물이 있었다. 그는 동료들보다 월등했기 때문에 중요한 직책을 많이 맡고 있었다. 시몬은 나라 형편이 무질서한 틈을 타서 자고(自高)하여 스스로 왕관을 머리에 쓰고 왕이라 자칭할 정도로 교만해졌다. 몇몇 백성들이 그를 지지하자 그는 자기가 누구보다도 왕이 될 자격이 있는 사람으로 착각하여 스스로 왕이라고 선포하였다. 시몬은 여리고에 있는 왕궁에 불을 지르고 불타고 남은 것을 약탈하였다. 그는 또한 곳곳에 있는 왕의 저택들에도 불을 지르고 부하들을 시켜 남은 것을 약탈하게 했다. 만일 그를 즉시 저지하는 세력이 없었더라면 시몬은 더 큰일을 저지르고 말았을 것이다. 이와 같이 유대 전국은 무서운 폭동과 소란으로 잠시도 평안할 날이 없었다. 왜냐하면 백성들을 통제할 왕이 없었기 때문이었다. 게다가 반란을 진압하러 온 외국 병사들이 반란을 진압하기는커녕 오히려 사태를 악화시켰기 때문이었다. 그들은 자기들의 탐욕을 채우는 데 급급했을 뿐 아니라 백성들에게 온갖 피해를 주었기 때문이었다(*Ant.* 17.273-277).[4]

시몬은 요단강 근처에서 활약했다. 제 손으로 왕관을 쓰고 왕권을 선언한 지라 그 역시 메시아적 심리를 지녔다. 헤롯 군단의 일원으로서 그는 지배층의 종으로 섬기다가 권력을 쥘 기회를 포착했다. 요세푸스는 시몬의 체력과 체구 그리고 용모를 강조한다. 요세푸스는 시몬의 이야기를 왕의

---

4 앞의 책, 478-479.

부재로 인한 질서 유지의 곤란함과 "외국인들"의 야만적인 억압의 이야기로 마무리한다.

요세푸스는 이어서 아트롱게스의 역사를 이야기한다.

> 또한 혈통으로 보나 재산으로 보나 특기할 만한 것이 없기에 아무도 알아주지 않는 무명의 목동에 불과한 아트롱게스는 키가 크고 남보다 손의 힘이 세다는 이유로 자고하여 스스로 왕의 행세를 했다. 아트롱게스는 목숨을 잃는 한이 있더라도 남들에게 못된 짓을 하여 악명을 떨치는 것도 한 번 해볼 만한 일이라는 생각을 갖고 있는 인물이었다. 그에게는 키가 큰 데다가 손 힘이 남다른 네 명의 형제가 있었다. 이에 아트롱게스는 형제들이 힘을 합치면 못할 것이 없다는 생각을 갖게 되었고 마침내는 왕국까지 손아귀에 넣을 수 있을 것이라는 생각을 하게 되었다. 이들을 따르는 추종자들이 많았기 때문에 그들은 각기 일단의 사병(私兵)을 거느렸을 뿐 아니라 지휘관까지 둘 정도로 그 세력이 컸다. 그들은 전쟁을 하게 되면 아트롱게스에게 모두 복종했으며 아트롱게스를 위해 힘껏 싸웠다. 아트롱게스는 스스로 왕관을 쓰고 왕임을 자처했으며 의회를 조직하여 미래 일을 의논하곤 하였으나 모든 일을 자기 뜻대로 행하였다. 아트롱게스는 오랫동안 세력을 잡고 활개를 쳤으나 아무도 그를 막지 못했다. 아트롱게스는 형제들과 함께 로마 병사뿐 아니라 왕의 병사들을 수없이 살해하는 전과를 올렸으며 이들을 몹시 미워하였다. 아트롱게스가 왕의 병사들을 공격한 것은 그들이, 헤롯이 왕으로 있을 때 헤롯을 믿고 자기들 멋대로 굴었기 때문인 반면에 로마 병사들을 공격한 것은 최근에 로마 병사들에게서 피해를 보았기 때문이었다(*Ant.* 17.278-281).[5]

5 같은 책, 479-480.

아트롱게스는 귀족 출신도 아니고 재산가도 아닌 목자 출신이었다. 요세푸스는 시몬의 기록에서처럼 이 사람의 체구와 힘을 강조한다. 아트롱게스의 활동 범위는 유대였는데, 요세푸스에 따르면 그는 저열한 동기에서 움직인 사람이었다. 외관상 민주적으로 보이는 운영방식에도 불구하고 그는 자신이 전권을 쥐어야 했다. 그는 어찌어찌 장시간에 걸쳐 활동을 유지했다. 비록 요세푸스가 아트롱게스의 행동 동기를 "방종"이란 단어를 써서 비난하긴 하지만, 그는 아트롱게스가 로마와 헤롯 군대가 저지른 악행 때문에 그들을 공격했음을 인정한다.

요세푸스는 이 단락의 결론을 소요의 본질에 대한 일반화로 마무리한다.

> 이제 유대 땅은 온통 강도들로 들끓게 되었다. 강도 떼들은 저마다 두목을 왕으로 세우고 백성들에게 온갖 못된 짓을 다 하였다. 이 강도 떼들은 어느 정도 로마군에게도 타격을 주었으나 주로 동족들에게 많은 피해를 입혔다. 이들의 강도짓은 오랜 기간 동안 백성들을 괴롭혔다(*Ant.* 17. 285).[6]

이 강도 떼들이 서로 모종의 협력 관계에 있었다는 증거는 없다. 따라서 이들이 하나의 조직된 운동을 일으켰다고 말할 수는 없다. 요세푸스는 대로마 항쟁들을 유대인 중 극소수 무리의 저열한 동기에서 비롯된 음모라고 폄하하는 성향이 있다. 따라서 그가 유다, 시몬, 그리고 아트롱게스 3자 간에 혹은 다른 "강도 패거리들"과 접촉이 있었다고 말하지 않는다는 것은 의미가 있다. 강도단 우두머리들은 저마다 왕을 자처했는데, 이는 로마와 헤롯 일가의 지배를 전복하겠다는 호기의 표현이었다. 이에 대

---

6 같은 책, 480-481.

해 요세푸스는 누구든 왕(유대의 용어로는 메시아)을 자처할 수 있었다는 촌평을 달았다.

요세푸스는 세 명의 반군 지도자가 유다 변방에 끼친 손해가 로마인들이 한 것보다도 컸다고 지적한다. 로마인들만 하층민들을 부당하게 대한 것은 아니다. 사실 유대에 거주하던 로마인은 그리 많지 않았다. 다른 지역에서와 마찬가지로 로마는 지역 귀족들을 대리인으로 내세워 제국을 다스렸고, 그 대리인들은 평민들은 물론 일부 귀족층에 대해서도 억압적이었다. 저항군이 헤롯의 군대를 공격한 것은 이 군대가 손쉬운 표적이어서만이 아니라 그들이 토착 엘리트인 동시에 로마의 권력을 업었다는 복합성 때문이기도 했다. 위에서 살폈듯 유대 상류층은 균질하지 않았다. 반군이 우선 공격한 대상은 헤롯 치하에서 유대 사회의 여타 구성원들—농노, 실권한 귀족, 낙심한 서기관, 바리새파 등—을 희생시켜가며 이익을 취해온 자들이었다.

시리아의 집정관대행인 바루스가 저항세력을 몰살하기 위해 갈릴리와 유대로 출정하자 세포리스는 잿더미가 되고 주민들은 노예로 끌려갔다. 반군세력이 강했던 여타 지역도 비슷한 운명을 맞았다. 바루스가 예루살렘에 도착하자 주민들은 화급히 탄원을 올렸다. 그들은 자신들이 반란을 원했던 것이 아니라 오순절에 모여든 순례자들이 소요를 일으켰다고 변명했다. 바루스는 직접적인 책임이 없는 주민들에게 관용을 베풀었지만, 여타 지역에서는 반군 소탕 작전을 이어갔다. 반란 참여자들에 대한 처벌은 혹심했다. 요세푸스는 바루스가 반군 이천 명을 십자가형에 처했다고 주장한다. 십자가형은 로마 제국이 정치범과 노예 및 악질 범죄자들에게만 가했던 끔찍한 처형법이었다. 이 형벌은 죄인을 처벌할 뿐 아니라 대중에게 보내는 시각적 경고이기도 했다.

유다, 시몬, 아트롱게스는 제각각 왕위에 오르려 했다고 전해진다.

우리는 이스라엘의 왕은 다윗 자손이어야 한다고 생각하지만, 하스몬 일가도 왕이 되었고 헤롯 역시 왕위를 취했던 것을 기억해야 한다. 호슬리는 당시 유대에도 대중적 왕위신수설, 즉 왕가의 혈통이 아니라 백성의 유익을 위해 하나님이 직접 내려주시는 왕권의 정통성을 믿는 관념이 살아 있었다고 제언한다. 외적의 위험이 닥치거나 내부적으로 군주의 폭정이 있을 때 하나님께서는 왕을 세워 백성을 구출하시곤 했다. 성경에서 이런 예증으로 다윗과 사울을 찾을 수 있다. 왕의 지위는 절대적이지 않았다. 왕은 하나님의 율법 아래 있으면서 백성의 지지를 받았다. 왕권은 억압적인 계층사회의 산물이 아니라 하나님의 백성으로서 이스라엘의 각 개인에게 주어진 존엄성을 보존하는 장치였다. 왕권은 기존 구조를 뒤엎는 혁명적 방식으로 주어지기도 했다. 그런 변혁의 주인공들은 종종 군사적 능력이나 신체적 매력으로 인해 칭송을 받았다. 사울은 키가 훤칠한 미남이었고(삼상 9:2), 다윗 역시 총명한 미남이었다(삼상 16:12). 사울이 하나님의 뜻을 어기고 불의한 통치를 해도 다윗은 "하나님께서 기름 부으신 자"에게 자신의 손을 대지 않겠노라고 말한다. 그러나 사울이 죽자 다윗은 사울의 남은 세력이 위협을 가하지 못하게 조치하고 권력을 장악한다. 하나님이 직접 세우신 왕이 기존 왕권을 전복한 뒤 나중에 백성들의 인정을 받게 된 것이다.

여로보암 역시 이런 대중적 왕권의 실례다(왕상 12장). 다윗의 아들 솔로몬이 죽은 후 하나님께서는 여로보암을 세워 북쪽 지파들을 폭압적인 예루살렘 왕권으로부터 독립시키고 북왕국 이스라엘을 세우게 하신다. 이후 북왕국의 아합과 그의 아내 이세벨이 우상을 숭배해 하나님의 진노를 샀고, 하나님은 예후를 일으키셔서 항쟁 끝에 정권교체를 이루신다(왕하 9-10장).

대중적 왕권: 세 명의 반군 지도자

유다(갈릴리)	• 왕위를 추구함 • 왕궁을 습격해 무기를 탈취함 • 상류층을 약탈함
시몬(페레아)	• 스스로 왕관을 쓰고 추종자들의 갈채를 받음 • 미남, 거구, 대단한 장사 • 여리고 왕궁을 습격하고 약탈함 • 왕의 별궁들을 방화하고 약탈함
아트롱게스(유대)	• 스스로 왕관을 쓰고 자문단을 구성함 • 목자 출신 • 장신에 장사임 • 형제가 많았음 • 로마인들을 습격함

이스라엘의 전통적이고 대중적인 왕권 관념은 요세푸스의 기록에서도 눈에 띈다. 거구에 장사인 시몬이 헤롯의 왕궁을 습격한다. 다윗과 마찬가지로 그 역시 미남이다. 아트롱게스 역시 다윗처럼 목자 출신인데 훤칠하고 힘이 세다. 다윗 이야기(삼상 16-17장)에서처럼 아트롱게스의 내러티브에도 형제들이 등장한다. 아트롱게스는 비교적 민주적인 지도자였고 로마와 헤롯 왕조의 불의에 맞서 싸웠다. 아트롱게스를 따르는 자들은 그를 하나님이 보내신 해방자로 보았음이 틀림없다.

요세푸스는 아르켈라오스의 십 년 통치를 폭정이라고 비난한다. 기원후 6년에 유대와 사마리아의 유력 인사들은 마침내 아우구스투스에게 진정을 올린다. 아우구스투스는 이 진정을 받아들여 아르켈라오스를 갈리아(Gaul)로 유배를 보낸다.

갈릴리인 유다의 조세 저항(기원후 6년)

아르켈라오스를 폐위시킨 후 아우구스투스는 유대에 헤롯 계열의 왕을 다시 세우는 대신 시리아의 집정관대행 밑에 로마인 총독을 두어 유대를 관리하도록 조치했다. 로마 영토와 속주를 다스리는 관료는 프라이펙투스(praefectus), 프로쿠라토르(procurator), 프로콘술(proconsul) 등으로 구별되는데, 황제가 직접 관할하는 지방이나 상대적으로 덜 중요한 속주를 다스리는 관료들(프라이펙투스, 프로쿠라토르)은 대체로 기사 계층(equestrian class)의 신분이었다(아래를 보라). 반면 프로콘술은 좀 더 중요한 속주에 파견되었고 로마의 원로원 계층(senatorial class) 신분이었다.[7] 당시 유대 속주의 지휘부가 있었던 카이사레아에서 발견된 비문 조각에 따르면 기원후 26년에서 36년까지 유대를 다스렸던 본디오 빌라도의 관직명은 총독이었다.

총독은 소규모 병력을 직접 지휘했지만, 대규모 소요가 일어나는 경우는 시리아 집정관대행의 도움에 의존해야 했다. 총독 관저는 유대인과 이방인이 섞여 살던 해안 도시 카이사레아에 있었는데, 이곳은 과거에 헤롯 대왕이 세워 아우구스투스 카이사르의 이름을 붙여준 도시였다. 총독은 유대인의 명절에는 문제가 생길 가능성 때문에 예루살렘으로 이동하여 안토니아(마르쿠스 안토니우스의 이름을 붙인 곳) 요새를 점령하고 성전을 감독했다. 약 2백 명으로 구성된 주둔군이 안토니아에 배치되었다.

총독의 주요 임무는 속주의 평온을 유지하고 세금을 걷는 것이었지

---

7 우리말로는 세 관직명 모두 "속주 총독"으로 옮기는 것이 일반적이나, 본문에서 각 지방 관료들 간의 위계상의 차이를 설명하는 부분의 이해를 돕기 위해 praefectus, procurator는 "총독"으로, proconsul은 "집정관대행"으로 옮겼다.

만 원칙적으로는 관할 속주에서 일어나는 일들의 전반적인 관리에 대한 책임을 졌다. 그는 로마 사회의 기사 계층에 속했다. 밀라(Millar)와 버튼(Burton)은 기사 계층을 다음과 같이 설명한다. "기사(*equites*)는 황제 치하에서 원로원 계층 바로 아래 위치한 2급 귀족층으로서 로마군의 장교직을 담당했고, 아우구스투스 당시 소규모로 시작해 팽창해나간 관료체제 내에서 다양한 민간직책을 차지했다"(551). 기사 계층의 자격은 자유민으로 출생한 로마 시민이어야 했고, 지위에 어울리도록 최소한의 수입이 있어야 했다. 총독들은 자신의 권세를 이용해 이익을 얻을 수 있었지만 관할 지역의 평화를 유지하기 위해 로마 중앙정부 앞에 책임을 져야 했다. 이런 구조는 총독들의 지나친 폭정을 막는 구실을 했는데, 부당행위가 지나치게 심할 경우 백성들의 소요가 일 수 있었기 때문이다. 그러나 이런 위험을 인지하면서도 총독이 유대인들의 심기를 건드려 사태를 악화시키는 경우가 이따금 발생했다.

유대의 일상에서 유대인 귀족체제는 여전히 중요한 역할을 담당했다. 이제는 헤롯 왕조가 존재하지 않았으므로 대제사장이 총독 아래에서 유대인의 대표자 역할을 했다. 새 체제에서 대제사장의 권력과 지위는 이전보다 높아졌고, 산헤드린 역시 헤롯 당시보다 더 큰 힘을 갖게 되었다. 헤롯은 자신의 입맛대로 대제사장을 갈아치우는 체제를 만들었었는데, 로마인들이 그것을 존속시켰으므로 대제사장의 지위는 이제 총독의 결정권 아래 있게 되었다.

기원후 6년에 아우구스투스는 세원 확보를 위해 퀴리니우스를 시리아에 보내 인구조사를 했다. 이때 유대는 상당한 정도로 시리아 속주의 지배하에 들어가 있었으므로 퀴리니우스는 유대의 새 총독 코포니우스와 동행해 인구조사 관련 업무를 처리하게 했다. 처음에 유대인들은 인구조사에 저항했지만 보에투스의 아들인 대제사장 요아자르의 설득으로 진정되었다. 그러나 매사가 계획대로 진행되지는 않았다(아래의 인용문 외에 *Ant*. 20.102; *J. W*. 2.433; 7.253도 보라).

> 유대인들은 처음에는 세금 부과의 소식을 듣고 악의로 받아들였으나 보에투스의 아들 대제사장 요아사르의 설득에 넘어가 더 이상 반대하지 않고 그대로 받아들이기로 했다. 그들은 요아사르의 말에 완전히 설득당해 아무런 이의도 달지 않고 그들의 재산 상태를 보고하였다. 그러나 가말라시에는 유다스라는 골란인이 살고 있었다. 유다스는 바리새인 사둑과 함께 백성들에게 반역을 일으킬 것을 선동하였다. 유다스는 이같이 유대인들에게 말하였다. "이런 세금의 부과는 노예가 되는 것과 다를 바가 없습니다. 그러므로 우리 모두의 자유를 지키도록 합시다." 유다스와 사둑은 그들이 마치 백성들의 행복과 재산을 지켜줄 수 있을 뿐 아니라 명예와 영광도 함께 누릴 수 있도록 할 능력이 있는 것처럼 백성들을 선동했다. 그들은 백성들이 스스로 자신들의 유익을 위해서 협력하지 않는다면 하나님께서도 결코 도우시지 않을 것이라고 주장했다. 그러나 백성들이 힘을 합쳐 큰일을 이루려고 할 때는 하나님께서 틀림없이 도와주실 것이라고 했다. 이에 유대인들은 그들의 말을 기쁨으로 받아들였으며, 이런 대담한 반역의 시도는 점차 무르익기 시작했다. 그리하여 이들로 인해 온갖 불행이 불어 닥쳤으며 유대국은 이들의 교리로 인해 크게 오염되기에 이르렀다. 전쟁이 꼬리를 물고 일어나게 되었고 그로 인해 우리와 고통을 나누던 사랑하는 친구들을 잃지 않을 수 없었다. 게다가 많은 유대 유력 인사들은 강도를 당하고 살해되는 등 온갖 수모를 다 겪었다. 이들은 공공의 복지를 위해서 그랬다고 주장했으나 실상은 자신들의 이득을 위해서였다. 그들은 자신들의 유익을 위해서 반역을 일으켰기에 인명을 살상하는 일을 서슴지 않았으며 적뿐 아니라 어떤 때는 동족까지도 마구 살해하였다. 그들의 광기는 극에 달해 반대파는 한 명도 살

려 두어서는 안 된다고까지 생각하기에 이르렀다. 도시의 약탈과 파괴가 쉴 사이 없이 자행되었으며 기근까지 겹쳐서 도저히 희망이라고는 눈에 보이지 않았다. 마침내 유대인들의 반역은 적에 의해 하나님의 성전까지도 불에 탈 정도로 심각한 상태에 도달했다. 그 결과 조상 전래의 유대 율법은 변경되었으며 모든 것은 파멸로만 치닫고 말았다. 우리 유대인 가운데 제4의 철학적 종파를 탄생시키고 많은 추종자들을 거느리게 된 유다스와 사둑은 유대인들이 전에는 알지도 못했던 철학 체계를 도입하여 유대국을 온통 무서운 폭동으로 가득 차게 만들었으며 장차 큰 불행을 자초할 기틀을 다져 놓았다(*Ant.* 18.3-10).[8]

유대 철학의 4번째 종파의 창시자(創始者)는 갈릴리인 유다스였다. 이 종파는 다른 모든 면에서는 바리새파와 같았으나 자유(自由)에 대한 신념과 불가분의 관계를 맺고 있었다는 점만이 달랐다. 이들은 하나님만이 그들의 지배자요 주인이라고 주장했다(*Ant.* 18.23).[9]

아켈라오가 다스리던 지역은 로마의 속주(province)로 편입되게 되었고 로마의 기사단 단원인 코포니우스가 케사르로부터 사람을 마음대로 살리고 죽일 수 있는 권력을 부여받고 총독으로 파견되었다. 유다스라는 갈릴리인이 유대인을 선동해 반란을 일으키게 한 때가 바로 코포니우스가 총독으로 있을 때였다. 유다스는 아래와 같이 동족을 선동하였다. "로마인들에게 세금을 바치는 굴욕을 당하고, 언젠가 죽을 로마인을 하나님처럼 섬긴다는 것은 비겁한 자들이나 하는 짓이오." 그는 특정한 유대 종파의 선생이었고 다

---

8 『요세푸스 II: 유대고대사』, 495-497.

9 앞의 책, 499.

른 종파의 지도자들과는 조금도 같은 데가 없었다(*J. W.* 2.117-118).[10]

이 장의 앞부분에서 살펴보았듯이, 한때 학자들은 유대인들의 대로마 항쟁이 지속적이고 조직적인 폭력저항이었다고 생각했고, 그와 관련된 열심당(Zealots)이 갈릴리인 유다가 시작한 바로 그 조직이라고 여겼다. 하지만 유다가 이끈 "분파"(sect)에 관한 요세푸스의 기록은 그런 이론을 지지해주지 않는다. 요세푸스는 유다가 바리새파, 에세네파, 사두개파에 이은 소위 유대교 철학의 넷째 학파를 창시했다고 설명한다. 『유대고대사』 18.9와 18.25에서 요세푸스는 이 집단이 기원후 66년의 유대 저항운동으로 이어지는 소요 사태에 책임이 있다고 서술한다. 사실 『유대고대사』 18장은 이 집단이 곳곳에 "침투"해서 백성들 가운데 소요를 일으키고 훗날 발생할 재난의 씨앗을 뿌린 것으로 그리고 있다. 요세푸스는 기원후 1세기에 일어난 다수의 사건을 나열하면서 군중 내 분란, 암살, 심지어 기근까지도 이 "넷째 철학"과 관련짓는다.

로마 전쟁에서 열심당으로 불린 유대인 집단의 활약이 돋보였던 나머지, 몇몇 학자는 이들에 대해 과거 유다가 이끌던 집단이 수십 년의 은둔기를 지나 재활약한 것으로 주장하기도 했다. 1세기 초 로마의 압박이 심했기에 그들은 기원후 60년대까지 수면 아래에 있었지만, 로마의 통치에 대한 저항과 유대인 부역자들의 암살을 계속해나가며 그들의 국가주의적 이상을 실현할 기회를 찾고 있었다는 것이다.

위에 서술한 이론은 심각한 약점이 있다. 요세푸스는 90년대에 쓴 『유대고대사』에서 1세기에 있었던 모든 소요의 원인을 넷째 종파에게 돌린다. 하지만 그보다 앞서 저술한 『유대전쟁사』 2권에서 요세푸스는

10 『요세푸스 III: 유대전쟁사』, 196.

유다의 무리에게 책임이 있다고 말하지 않는다. 사실 유다의 집단은 『유대전쟁사』에서 앞서 인용한 구절 단 한 곳에 언급될 뿐인데, 이는 전쟁사를 쓴 목적이 그 전쟁의 원인을 밝히는 데 있었던 점을 고려하면 의아한 일이다. 유다의 집단이 정말로 대로마 항쟁의 배후세력이었다면 요세푸스의 입장에서 기원후 6년 이후 그들의 활동에 대해 침묵을 지킬 이유가 없기 때문이다. 더구나 요세푸스는 단 한 번도 유다의 집단을 열심당이라고 칭하지 않는다. 유다의 집단과 열심당이 둘 다 로마의 통치로부터의 해방을 추구한 것은 사실이지만, 그렇다고 해서 두 집단이 같다고 결론지을 수는 없다. 요세푸스가 『유대고대사』에서 유다의 집단이 행한 일들을 열거한 본문들에는 1세기에 일어난 분쟁과 저항 활동 대부분이 언급되어 있다. 유다의 집단이 1세기 내내 정비된 조직으로 존재했을 가능성 자체가 낮지만, 설사 그랬다고 하더라도 요세푸스가 열거한 모든 일을 해냈을 가능성은 더 낮을 뿐 아니라 그들이 저항 활동을 벌인 유일한 집단이었을 리도 없다.

요세푸스는 『유대고대사』에서 유다의 집단을 백성 중 소수집단이라고 부르면서도 그들에게 모든 사태의 책임을 돌리고 있는데, 이는 유대인 전체를 반로마 항쟁에 나선 문제 집단으로 보이게 하지 않겠다는 의도에서 나온 것이다. 요세푸스는 유다의 집단이 지닌 철학을 유대교와는 판이한 "혁신적"인 것으로 묘사하는데, 여기서도 그의 진술은 일관성이 없다. 『유대고대사』 18장에서 요세푸스는 넷째 종파가 자유를 강조하는 점 외에는 바리새파와 비슷하다고 말하지만, 『유대전쟁사』 2권에서는 넷째 종파가 나머지 모든 종파와 다르다고 서술했기 때문이다. 즉 요세푸스는 『유대전쟁사』에서 유대인들의 항쟁은 애초부터 대다수 유대인의 의지를 반영하지 않는 소수 집단의 행동이라고 진술하다가, 후대의 저작에는 그 논지를 누락하고 있는 셈이다. 요세푸스가 구사하는 언어를 세밀히 분석해보면 그가 유다의 집단이 그 모든 일을 수행했다고 주장하지는 않음을 확인할 수 있다. 그는 단지 그 사태들에 관해 유다의 집단이 모종의 책임이 있다고만 말할 뿐이다. 요세푸스의 논점은 유다의 집단이 자유의 문제를 쟁점화함으로써 차후에 벌어진 역사의 소용돌이를 불러왔다는 것이지, 그들이 1세기 내내 조직적으로 혁명 활동을 수행했다는 것은 아니다.

유다는 전면전 형태의 항쟁을 시작한 것이 아니라 조세 저항의 취지로 행동에 나선 것으로 그려진다. 그가 무기를 썼다는 언급은 어디에도 없다. 그는 단순히 인구조사와 세금 납부에 협조하기를 거부하고 동족에게 자신과 같은 노선을 취해달라고 요청했을 뿐이다. 유다는 로마인들이 억압적으로 나올 것을 알았고 동족들에게 하나님이 그들과 함께하실 터이니 이 명분을 위해 피를 흘려달라고 간청했다. 이는 하나님께서 그들의 행동을 사용하여 유대의 독립을 회복할 기회로 삼으실 수도 있으리라는 기대였다.

하나님이 이스라엘의 유일한 주인이시라는 믿음은 유대인들의 의식에서 전혀 새롭지 않았다. 그러나 이스라엘은 외세의 지배하에 수백 년을 살아왔고, 그 과정에서 하나님을 향한 헌신과 제국에의 복종을 병행하는 법을 터득했다. 하나님과 로마를 동시에 섬길 수 없다는 유다의 주장은 유대인들에게 곤혹스러운 것이었다. 유대인들은 이미 70년간 로마에 세금을 바쳐왔는데, 유다가 새삼스럽게 세금을 내는 것은 노예가 되는 것과 같다고 주장하게 된 배경은 무엇일까? 아마도 가장 그럴듯한 답은 그 시기에 로마인들이 유대를 직접 통치하기 시작한 데서 찾아야 할 것이다. 로마의 직접 통치는 그들에게 저항을 불러일으켰고 조세 목적의 인구조사가 시행됨으로써 로마의 지배라는 현실이 새삼 고통으로 다가왔을 것이다. 인구조사는 모종의 지배행위이기에, 유대인 전통에서 하나님의 백성의 인구조사는 하나님의 지시에 의해서만 하는 법이었다. 사무엘하 24장을 보면 다윗이 하나님의 지시 없이 인구조사를 실시했다가 하나님이 이스라엘에 전염병을 내려 7만 명이 죽는 사태가 일어난다.

요세푸스는 유다를 따라 광범위한 저항운동이 있었다는 증거를 제공해주지 않는다. 종국에는 대제사장이 로마에 협력하도록 백성들을 설득했는데, 어쩌면 그들은 십 년 전에 있었던 바루스의 진압을 기억하고 저항을 포기했을 수도 있을 것이다. 요세푸스는 로마의 반응이 어떠했는지, 유다와 그 추종 세력에게 어떤 처분이 내려졌는지에 대한 세부사항에 대해 아무것도 말하지 않는다. 유다의 저항은 대규모 반란이 아니었고 아마도 폭력을 수반하지 않았던 것 같다.

본디오 빌라도(기원후 26-36년)

요세푸스는 기원후 6년부터 26년까지 이십 년간 본디오 빌라도가 유대 총독으로 부임한 것 외에는 별다른 소란을 언급하지 않는다. 유다가 이끈 조세 저항운동 이후 유대는 비교적 평화로운 시기를 보내고 있었고 심각한 사태의 조짐은 보이지 않았다. 요세푸스는 그 이십 년간 로마 총독 중 누군가가 유대인을 자극하는 행동을 했다고 혹평하지 않는다. 하지만 본디오 빌라도의 부임은 그 모든 평형을 깨뜨려버렸다. 빌라도 치하에서 유대인들은 여러 번의 저항운동을 일으켰는데, 그 첫 번째 사건은 그의 부임 직후에 일어났다.

> 한편 티베리우스 황제에 의해 유대 총독으로 파견된 빌라도는 밤에 케사르의 형상이 그려진 군기를 예루살렘으로 들여보냈다. 이에 날이 밝자 유대인들 가운데서 무서운 소란이 벌어지게 되었다. 케사르의 형상이 새겨진 군기를 본 유대인들은 그들의 율법이 로마인들의 발에 짓밟힌 것을 목도하고 경

악을 금치 못하였다. 유대 율법에 따르면 어떤 형상도 예루살렘으로 들여올 수 없도록 금지하고 있기 때문이었다. 예루살렘 시민들은 단지 분개하는 것만으로 그치지 않았으며 수많은 사람들이 가이사랴의 빌라도에게 부리나케 몰려갔다. 그들은 빌라도에게 조상 전래의 율법을 범하지 않도록 군기를 예루살렘 밖으로 내보내 줄 것을 간청하였다. 그러나 빌라도는 그들의 요구를 들어주지 않았다. 이에 그들은 맨땅에 엎드려 간청을 하며 5일 밤낮을 미동도 하지 않았다.

제6일째 되는 날 빌라도는 대답을 해주겠다면서 유대인들을 시장으로 소집하고 자신은 재판석에 앉았다. 빌라도는 유대인들이 모이자 미리 계획한 대로 병사들에게 신호를 보냈다. 이에 병사들이 칼을 들고 유대인을 에워쌌다. 병사들은 자그마치 3중으로 유대인을 에워싸고 에워쌌다. 빌라도는 유대인들에게 케사르의 형상을 받아들이지 않는 자들은 모두 죽여 버릴 것이라고 위협하면서 병사들에게 칼을 뽑으라고 지시하였다. 그러자 유대인들은 누가 신호라도 보낸 듯이 일제히 엎드려 목을 길게 빼고는 조상 전래의 율법이 짓밟히는 것을 보느니 차라리 일찍 죽는 편이 낫겠다고 외치면서 빨리 죽여 달라고 고함을 질러댔다. 이에 빌라도는 유대인의 광신적인 열정에 질겁하고 즉시 군기를 예루살렘 밖으로 끌어내라고 지시하였다(*J. W.* 2.169-174).[11]

헤롯의 황금 독수리 사건으로부터 삼십 년이 지난 후에 빌라도가 다시금 우상으로 유대인의 금도를 범했다. 황제의 형상이 새겨진 군기를 로마 군인들이 받든 것은 우상을 섬기는 행위로 해석되었다. 아우구스투스와 후

11 『요세푸스 III: 유대전쟁사』, 205.

임 황제들은 로마 제국에 대한 충성의 표시로 동방에서 황제 숭배를 허용했는데, 이는 칼리굴라(기원후 37-41년 통치)와 네로(기원후 54-68년 통치) 시대에 한층 극성스럽게 시행되었다. 유대인들은 대체로 황제 숭배를 강요당하지 않았지만, 황제의 형상을 예루살렘으로 반입한 것은 그들에게 특히 경악스러운 일이었다.

유대인들이 형상을 금한다는 것을 알고 있었던 빌라도는 밤에 황제의 형상을 예루살렘으로 반입했다. 아침이 되자 우상의 존재가 드러났고, 이 소식은 예루살렘 밖의 지방으로 재빨리 퍼져나갔다. 빌라도의 관저가 있던 카이사레아에 큰 무리가 몰려간 것은 사태의 심각성을 반증한다. 생업을 버리고 예루살렘에서 카이사레아까지 먼 길을 걸어가는 수고를 마다하지 않았을 만큼 백성들의 불만은 컸다. 빌라도는 군중을 위협하려는 생각을 품었다. 그는 즉위 초기부터 체면을 구기고 싶지 않았다. 일찌감치 백성들에게 만만하게 보인다면 훗날 더 골치 아픈 일이 벌어질 수도 있을 테니 말이다. 빌라도는 항의하는 군중을 경기장으로 불러들이고 군인들을 보내 칼을 뽑게 했다. 그의 정체가 드러나는 순간이었다. 뒤이어 일어난 백성들의 반응은 빌라도를 경악하게 만들었다. 겁을 먹고 포기할 줄 알았던 백성들이 토라를 어기느니 목숨을 내놓겠다고 결기를 보인 것이다. 빌라도는 결국 손을 들고 말았다.

이 사태는 기원후 26년 즈음에 유대인들의 분위기에 대해 중대한 사실을 알려준다. 앞뒤 가리지 않고 흥분한 무질서한 폭도는 거기 없었다. 이스라엘은 로마의 불의 앞에서 비폭력적인 저항을 택했다. 이런 비폭력은 무심함과는 거리가 먼 것으로, 그들은 토라를 위해서라면 죽기를 두려워하지 않았다. 로마의 통치를 엎어버리는 것이 그들의 목표는 아니었다. 하지만 그들이 예루살렘을 더럽히는 것은 허락하지 않겠다는 결기를 보이자 로마도 그들을 탄압하지 않았다. 빌라도조차도 그들에게 손을 대 사태를 악화시키는 것은 큰 실수임을 간파했을 것이다.

유대인 철학자 알렉산드리아의 필론 역시 비슷한 이야기를 전한다(*Embassy* 38.299-305). 필론에 따르면 빌라도는 예루살렘의 헤롯 궁에 황금 방패를 세워 티베리우스 황제에게 헌정했다. 예루살렘에 거주하는 유대인들은 자신들의 신성한 전통에 어긋나는 이 물건을 치워달라고 요청했으나 빌라도는 거절했다. 유대인 지도자들은 티베리우스 황제에게 직접 탄원했고 황제는 방패를 제거하라는 지시를 내렸다.

빌라도는 그의 통치 후기에 다시 유대인들을 자극했다.

> 이후 빌라도는 고르반이라고 부르는 거룩한 돈을 4백 퍼얼롱 떨어진 곳에서 물을 끌어들이는 도수관 공사 비용으로 지출함으로써 새로운 소란을 또다시 야기하였다. 이에 유대인들은 또다시 격분하였다. 빌라도가 예루살렘에 오게 되자 유대인들은 그에게 몰려가 아우성을 쳤다. 한편 빌라도는 유대인들이 소란을 일으키고 있다는 정보를 미리 듣고 병사들을 민간인 복장을 입혀 유대인 군중 속에 투입하기로 하고, 신호를 보내면 칼을 사용하지 말고 몽둥이로 유대인들을 내리치도록 지시하였다. 유대인들이 모여들어 아우성을 치자 빌라도는 미리 짠 대로 신호를 보냈다. 이에 로마 병사들은 몽둥이로 유대인들을 마구 후려치기 시작하였다. 따라서 많은 유대인들이 몽둥이에 맞아 죽었으며 쓰러져서 발에 밟혀 죽은 이들의 수도 적지 않았다. 이에 유대인들은 너무 놀라 모두 입을 다물지 않을 수 없었다(*J. W.* 2.175-177; 참조. *Ant.* 18.60-62).[12]

여기서 빌라도는 성전 기금을 자금 조달의 수단으로 사용한다. 수로 건설

12 『요세푸스 III: 유대전쟁사』, 206.

은 공익사업이기 때문에 이 사건은 빌라도가 온당한 행정조치를 취한 것으로 볼 수도 있다. 그러나 그는 성전에 보관된 자금을 유용함으로써 유대인의 공분을 샀다. 이에 비하면 『유대고대사』의 기록은 빌라도에게 좀 더 너그럽다. 『고대사』에서는 빌라도의 조치가 군중이 빌라도에게 먼저 무례한 행동을 해서 나온 것이었고 그에 대응하는 과정에서 군인들의 진압 정도가 빌라도의 지시보다 더 과격해졌다고 말한다. 요세푸스가 자신의 글을 읽을 로마인들을 의식하여 로마 총독에 관해 좀 더 우호적으로 기록했는지도 모른다. 『유대전쟁사』는 빌라도가 사태가 어떻게 흘러갈지를 알고 그의 결정에 반대하는 유대인들에게 일벌백계를 보이려고 했다고 기록한다. 그의 작전은 성공했다.

빌라도와 관련하여 요세푸스가 전하는 또 하나의 일화는 이렇다.

> 한편 소동을 일으키기는 사마리아인들도 마찬가지였다. 거짓말하는 것을 예사로 생각할 뿐 아니라 군중들을 기쁘게 하기 위해서는 어떤 거짓말을 해도 좋다고 생각한 어떤 한 사람 때문에 사마리아인들은 소동을 일으키게 되었다. 그는 사마리아인들이 가장 성스럽게 여기는 그리심산에 오면 모세가 숨겨 놓은 거룩한 기명들을 보여주겠다면서 사마리아인들에게 그리심산으로 오라고 했다. 이에 사마리아인들은 이 자의 말을 믿고 무장을 하고 그리심산으로 출발했다. 그들은 티라타바 마을에서 다른 사마리아인들과 합세하여 그리심산으로 올라가려고 하였다. 그러나 빌라도는 많은 기병과 보병을 보내 길을 장악하고 사마리아인들이 그리심산으로 올라가는 것을 방해하였다. 병사들은 사마리아인들이 티라타바 마을에 있을 때 공격하였다. 이에 일부 사마리아인들은 죽음을 당했으며 일부는 도망을 쳤고 나머지 많은 이들이 생포되기에 이르렀다. 빌라도는 생포된 사람 중에 유력 인사를 살해하도록 명령하는 한편 도망친 사람 가운데 세력이 있는 자도 체포하여 처형

하라고 지시하였다.

> 소동이 가라앉자 사마리아 의회는 집정관이었던 현 수리아 총독 비텔리우스에게 사신을 보내 무고한 인명을 살상한 죄로 빌라도를 고소하였다. "저희들이 티라타바 마을로 간 것은 로마에 반역을 일으키기 위해서가 아니라 빌라도의 횡포를 피하기 위해서였습니다." 이에 비텔리우스는 친구인 마르켈루스를 보내 유대의 문제를 보살피도록 하는 한편 황제 앞에서 유대인들의 고소에 대해 자신을 변호하도록 하라고 빌라도에게 명령하였다. 그러자 10년간 유대를 다스려오던 빌라도는 비텔리우스의 명령에 순종하여 서둘러 로마로 떠났다. 감히 그의 명령을 어길 수가 없었기 때문이었다(*Ant.* 18.85-89).[13]

사마리아인들은 신명기 18:15-19에 근거해 장차 올 종말론적 인물은 모세와 같은 예언자로서 사마리아 왕국을 회복시키리라고 믿었다(*Messianic Anthology*[4QTest]; 행 3장도 보라). 이 구절에서 사마리아인들을 이끄는 지도자는 자신이 바로 그 예언자라고 믿었을 가능성이 크다. 모세가 숨긴 거룩한 기명들을 찾아내는 것은 종말론적 시대의 도래를 알리는 사건이 될 것이었다. 빌라도는 백성들이 종말에 대해 열광하는 것은 정치 질서에 해를 끼친다고 믿었으므로 이런 움직임에 무자비하게 반응했다. 비텔리우스는 사마리아인들이 빌라도를 고소한 내용에 신빙성이 있다고 판단한 것으로 보인다. 시리아의 집정관대행이면서 빌라도의 상관이었던 비텔리우스는 빌라도를 로마로 보내 티베리우스 황제 앞에 서게 만든다. 이렇게 해서 빌라도의 통치는 기원후 36년에 그 자신의 광포

13 『요세푸스 II: 유대고대사』, 511-512.

함 탓에 막을 내리게 된다. 그러나 빌라도가 재위한 십 년의 기간은 속주 총독으로는 매우 긴 편이었다. 티베리우스 황제는 지역 관료들의 전횡을 어느 정도 막을 수 있는 제도인 순환 근무를 챙기지 않았다고 비판을 받았다. 십 년의 기간은 관료들이 온갖 악행을 저지르기에 충분한 시간이었다.

빌라도를 발령시킨 후 비텔리우스는 예루살렘을 방문했다. 마침 유월절 기간이었으므로 예루살렘은 순례자로 가득했는데, 그들은 비텔리우스를 환영했고 비텔리우스도 그에 화답해 농산물 판매에 면세 특혜를 주고 대제사장의 예복을 제사장이 관리하게끔 회복시켰다. 예복의 관리는 상징적 가치가 컸다. 헤롯은 제사장들의 예복을 압수해 축제일에만 사용하도록 허락했었다. 헤롯은 거룩한 율법의 규정대로 정해진 절기에 입는 제사장의 예복을 자신의 보관 아래 둠으로써 대제사장의 활동과 성전 제의를 자신의 손에 넣었는데, 그렇게 해서라도 긴장감이 고조되는 종교 축일 동안 예루살렘의 상황통제권을 확보하려고 했던 것이다. 비텔리우스 이전까지의 총독들은 헤롯의 정책을 그대로 채택했다. 예루살렘을 떠나기 전 비텔리우스는 빌라도의 친구이며 기원후 18년 이래로 대제사장직을 지켜왔던 가야바를 자리에서 내몰았다.

필론에 따르면 빌라도는 "뇌물 증여, 모독, 강탈, 공분과 손상 행위, 재판 없는 처형, 끊임없는 잔혹 행위들"이 황제의 눈에 띄지 않기를 바랐다(*Embassy* 38.302). 필론과 요세푸스의 기록대로라면 유대인들이 빌라도에게 비폭력적 저항만을 했다는 것은 참으로 놀랍다. 하지만 실제로는 무장 항거가 일어났을 가능성이 크다. 복음서의 기록을 보면 예수 당시에 무력적인 저항이 있었다고 추론할 수 있다. "민란을 꾸미고 그 민란 중에 살인하고 체포된 자 중에 바라바라 하는 자가 있는지라"(막 15:7). 더욱이 예수도 십자가에 달릴 때 두 "강도" 사이에 달렸다. "강도 둘을 예수와 함께 십자가에 못 박으니 하나는 그의 우편에 하나는 좌편에 있더라"(막 15:27). 여기서 "강도"라고 번역된 그리스어 *lēstai*는 요세푸스가 정치적 항거자들을 가리켜 쓴 바로 그 단어다. 이런 추론 가능성에도 불구하고 빌라도 치하에서 광범위한 무장 항거가 있었다는 다른 증거는 찾을 수 없다.

카이사레아 마리티마 근처의 로마 송수로. 헤롯 대왕은 로마의 양식으로 카이사레아를 재건하고 로마 황제의 이름을 붙임으로써 로마에 대한 자신의 충성을 보여주었다.

세례 요한

그리스도인들에게 소중한 두 인물, 즉 세례 요한과 예수 그리스도는 빌라도의 통치 기간 중 공적 사역을 시작했다. 아래에 밝히겠지만, 그리스도인들은 예수에 관한 요세푸스의 기록을 대폭 수정했다. 이와 대조적으로 세례 요한에 관한 요세푸스의 기록은 기독교적 가필의 흔적이 없다. 요세푸스는 요한과 예수를 관련짓지 않는다. 요세푸스의 기록에서 요한은 나바티아의 아레타스 왕의 딸과 정략결혼을 한 헤롯 안티파스의 이야기에 등장한다. 나바티아인들은 사해 동쪽과 남동쪽을 둘러싼 영토에 살던 아랍 인종이다. 헤롯은 그 결혼에 곧 싫증을 내고 관심을 자신의 이복동생의 아내인 헤로디아에게 돌렸다. 이로 인해 헤롯과 아레타스의 관계는 악화되었고, 연이은 국경분쟁 끝에 마침내 전쟁으로 치달아 헤롯이 패전을 겪게 된다.

복음서는 세례 요한이 이복형제의 아내를 취한 헤롯을 비난했다가 목이 달아난 사건을 기록한다(막 6:17-29과 병행 구절). 그러나 요세푸스의 기록에 의하면 요한이 헤롯을 비난한 것은 결혼 문제가 아니었다.

> 한편 일부 유대인들은 헤롯의 군대의 패배는 하나님의 심판으로서 헤롯이 세례 주는 자라고 부르는 요한을 살해한 죄에 대한 하나님의 정당한 형벌이라고 생각하였다. 요한은 의로운 인물이었다. 그는 유대인들에게 서로 의를 행하고 살 것과 하나님 앞에서 경건하게 살 것을 강조하면서, 그렇게 하고 와서 세례를 받으라고 주장하였다. 의를 행하지도 않은 채 그저 죄(만)를 씻기(용서받기) 위해서 세례를 받는 것은 아니라는 것이었다. 이미 의로 인해 영혼은 완전히 정결케 되었음을 믿고 이제는 몸을 정결케 하기 위해서 세례를 받는다고 생각하는 사람만이 (물로) 세례를 받을 수 있다는 태도였다. 요한의 말을 듣고 감동한 사람들이 구름 떼처럼 요한에게 몰려들자, (군중들은 요한이 하는 말은 무엇이나 들을 정도로) 요한의 영향력이 커진 것을 본 분봉왕 헤롯은 혹시 요한이 기고만장하여 반역을 일으키지나 않을까 심히 걱정하기에 이르렀고, 마침내 요한을 처형하여 후환을 없애는 것이 상책이라고 생각하기에 이르렀다. 잘못하면 시기를 놓쳐서 나중에 후회해도 소용없을 것이라는 생각이 분봉왕 헤롯의 마음을 사로잡았던 것이다

(*Ant*. 18.116-118).[14]

헤롯이 요한을 위협으로 여긴 데는 세 가지 이유가 있다. 첫째, 요한의 토라 해석이 헤롯의 이해와 충돌했다. 요세푸스의 묘사는 요한을 백성들에게 피차 정의를 실천하라고 가르치는 자로서 그린다. 이는 요한을 그리는 복음서의 묘사와 닮았다. 복음서에서 요한은 토라가 가르치는 대로 곧 하나님이 요구하시는 대로 살아야 한다고 외치면서 이스라엘의 왕들을 서슴없이 비판한 성경의 예언자들처럼 헤롯 왕을 꾸짖는다. 둘째, 요한을 따르는 무리의 존재감이 헤롯이 신경을 쓸 만큼 커졌다. 셋째, 요한의 설교는 도덕만이 아니라 종말론적 성향도 지니고 있었다. 요세푸스는 요한의 메시지가 지닌 종말론적 성격을 명확히 부각시키지 않지만, 복음서에서는 그와 같은 성격이 명확히 나타난다. 요한이 베푼 세례는 하나님께서 인간의 역사에 개입하시는 사건을 위해 사람을 준비시키는 것이었다. 세례의 종말론적 의미는 쿰란에서도 중요해서, 1QS 3단에 보면 세례는 사람의 마음의 상태에 달려 있음이 명확하다. 이 구절은 요세푸스가 요한의 세례에 관해 묘사한 것과도 일치한다. 물론 요한의 세례와 쿰란의 세례 간에는 차이점이 있다. 예를 들어 요한의 세례가 일생에 단 한 번 받는 것이었던 데 반해 쿰란은 속죄를 위해 반복되는 세례를 염두에 두고 있었다. 요한을 에세네파의 일원으로 보고 쿰란 공동체와 연결하려는 시도는 성공하지 못했다.

복음서가 요한의 말을 가감 없이 보존했는지는 확인할 수 없지만, 아래 구절들은 요한의 어조를 반영하고 있는 것으로 보인다.

---

14 『요세푸스 II: 유대고대사』, 517-518.

요한이 많은 바리새인들과 사두개인들이 세례 베푸는 데로 오는 것을 보고 이르되 "독사의 자식들아! 누가 너희를 가르쳐 임박한 진노를 피하라 하더냐? 그러므로 회개에 합당한 열매를 맺고 속으로 아브라함이 우리 조상이라고 생각하지 말라. 내가 너희에게 이르노니 하나님이 능히 이 돌들로도 아브라함의 자손이 되게 하시리라. 이미 도끼가 나무뿌리에 놓였으니 좋은 열매를 맺지 아니하는 나무마다 찍혀 불에 던져지리라.

나는 너희로 회개하게 하기 위하여 물로 세례를 베풀거니와 내 뒤에 오시는 이는 나보다 능력이 많으시니 나는 그의 신을 들기도 감당하지 못하겠노라. 그는 성령과 불로 너희에게 세례를 베푸실 것이요, 손에 키를 들고 자기의 타작마당을 정하게 하사 알곡은 모아 곳간에 들이고 쭉정이는 꺼지지 않는 불에 태우시리라"(마 3:7-12).

요한은 다가오는 진노에 대비해 세례를 받으라고 백성들을 강권했다. 여기서 "진노"는 묵시문학에서 죄에 대한 하나님의 분노를 가리키는 특수용어다. 이 진노는 악을 소멸시키는 데서 명확히 드러날 것이다. 요한은 그야말로 "지옥불을 외치는" 묵시론적 설교자였다. 많은 사람이 요한의 메시지에 매료되었지만, 그의 운동이 갖는 정치적 잠재력을 알아본 헤롯으로 인해 그는 목숨을 잃고 말았다. 요한은 무장봉기를 꿈꾼 적이 없지만, 하나님께서 머지않아 오셔서 세상을 바꾸시리라고 믿었다. 그의 메시지는 기득권층에 도전을 안겼고 헤롯은 그 사실을 알아보았다.

칼리굴라와 아그리파 1세(기원후 37-44년)

칼리굴라(가이우스) 황제는 기원후 37년부터 41년까지 로마를 다스렸는데, 그의 통치 중에 이집트의 알렉산드리아에서 유대인과 이방인 간의 분쟁이 일어났다. 알렉산드리아에 살던 유대인들의 한 가지 요청은 알렉산드리아 도시에서 완전한 시민권을 보장받는 것이었다. 이방인들은 유대인들이 칼리굴라 황제의 조상에 절하기를 원하지 않는 것은 황제에 대한 불충이라고 고발했다. 갈등이 깊어 폭력사태가 전개되면서 기원후 38년에는 유대인들에 대한 학살로 이어졌다. 필론은 로마에 사절을 보내 유대인에 대한 정당한 대우를 허락받아 참담한 상황을 완화해보려고 애썼지만 실패했다. 「가이우스에게 보낸 사절단」(*Embassy to Gaius*)에서 필론은 칼리굴라가 유대인 사절단과 유대교를 향해 보여준 모욕적 태도에 대해 기록한다.

이후 칼리굴라는 유대인 신민들을 그들이 믿는 유일신 신앙을 빌미로 공격하기로 마음먹는다. 그는 시리아의 집정관대행인 페트로니우스에게 예루살렘으로 행군하여 자신의 조상을 성전 안에 세우라는 명령을 내린다. 칼리굴라는 자신의 신성을 진지하게 주장했는데, 그와 같이 성전을 더럽히는 것은 안티오코스 4세가 제우스 상을 세웠던 악몽 이래로 전례가 없는 일이었다. 황제의 명을 받든 페트로니우스는 자신의 군대를 갈릴리 서쪽 해안 도시인 프톨레마이스로 진격시켰다. 수많은 유대인이 모여들어 이 황망한 계획을 수행하지 말라고 간청했다. 페트로니우스가 유대인들에게 자신도 선택권이 없는 일이라고 말하자 유대인들은 이렇게 답했다. "우리가 만일 율법을 지키기 위해 불행을 겪어야 한다면 아무 말 없이 그 불행을 감수할 것입니다. 율법을 지키기 위해 위험을 무릅쓰는 사람에게는 구원의 희망이 있기 때문입니다. 우리가 하나님 때문에 고통을 겪는다면 하나님께서는 분명히 우리 편이 되어주실 것이고 우리가 고통을 잘 참고 견디도록 도와주실 것입니다"(*Ant.* 18.267).[15] 페트로니우스는 유대인들이 물러서지 않으리라는 것을 직감하고 갈릴리해 연안의 티베리아스로 물러갔다. 또 다른 군중이 모여들었다. 페트로니우스는 그들에게 이 일을 놓고 전쟁을 벌일 참이냐고 물었다.

> 이에 유대인들은 "케사르께 대항하여 전쟁하겠다는 뜻은 결코 아닙니다. 단지 율법이 훼파되는 것을 보기 전에 죽겠다는 뜻입니다"라고 대답했다. 유대인들은 이같이 말하고는 땅바닥에 엎드려 목을 길게 빼고 어서 죽여 달라고 아우성을 쳤다. 유대인들은 이러기를 무려 40일이나 계속했다. 그러는 동안 땅을 경작하고 씨를 뿌릴 기회를 놓치고 말았다. 유대인들의 결심은 이같이 확고부동하였으며 케사르의 상이 성전에 서는 것을 보느니 차라리 죽음을 택하겠다고 굳은 결의를 보였다(*Ant.* 18.271-272).[16]

항의하러 모인 군중은 무기를 소지하지 않았고 싸울 의사도 없었다. 씨를 뿌릴 기회를 놓쳤다는 언급으로 볼 때 그들은 대체로 농노들이었을 것이다. 그들이 자신의 밭을 버리고 농노 파업에 나선 것은 자신들과 지주들 그리고 로마 제국에 큰 대가를 요구하는 행위였다.

사태를 파악한 현지인 귀족들이 중재에 나섰다. 칼리굴라 황제에게 백성의 결연함을 알려달라고 페트로니우스에게 부탁한 것이다. 그들이 내세운 주장 중 일부는 경제 논리였다. "땅에 씨를 뿌리지 않았으니 그 대신 강도 떼를 수확하게 될 것을 알려 주시오. 정해진 세금을 채울 길이

---

15 『요세푸스 II: 유대고대사』, 544.

16 앞의 책, 544-545.

없을 테니 말입니다"(*Ant.* 18.274). 이런 주장은 농노들이 수확은 없는데 세금만 내야 하는 궁지에 몰리면 강도로 변할 수 있다는 전제에서 나온 것이다. 농노들의 파업으로 수확이 없게 되리라는 주장의 설득력을 인정한 페트로니우스는 칼리굴라에게 의견을 제청했다. 그 시점에 헤롯 대왕의 손자인 아그리파 1세는 로마에 있으면서 칼리굴라와 친분을 맺고 있었다. 그는 칼리굴라를 설득해 명령을 취소하게 했다. 그럼에도 불구하고 유대인들을 대표하는 페트로니우스의 청원을 접수한 칼리굴라는 격분해서 페트로니우스에게 자결하라고 명령을 내린다. 다행히도 페트로니우스가 그 명령을 실행하기 전에 칼리굴라 자신이 암살을 당했다. 필론과 요세푸스는 둘 다 페트로니우스에 대해서는 긍정적 평가를 내린다.

칼리굴라의 조상과 관련된 사건은 유대인들이 평화롭게 살기 위해 로마의 지배를 받아들일 용의가 있었지만, 성전과 토라를 건드리는 것은 참지 못했음을 보여준다. 사태의 진전을 보면 경제 요소가 중요하다는 것과 경제가 종교 및 정치와 얼마나 긴밀히 연관되는지를 확인할 수 있다. 마지막으로 헤롯 가문 특히 이 경우에는 아그리파 1세와 로마인들의 유착 관계도 눈여겨볼 점이다.

기원후 37년에 칼리굴라는 헤롯의 아들 필리포스의(기원후 34년 사망) 영토를 아그리파 1세에게 넘겨준다. 아그리파 왕국의 영토는 향후 몇 년간 확장을 거듭하는데, 요세푸스는 아그리파의 통치 기간에 대해서는 소요의 기록을 아무것도 남기지 않았다. 이는 아마도 아그리파가 유대인들에게 온정적이었기 때문일 것이다. 이와 대조적으로 이방인들은 그의 통치를 즐거워하지 않았던 것 같다. 카이사레아와 세바스테 두 도시에서는 기원후 44년에 아그리파가 죽자 축하하는 행사를 열었다고 한다(*Ant.* 19.356-357). 아그리파의 사인은 자연사였는데, 로마는 그의 영토를 로마인 총독에게 넘겼다. 이는 유대로서는 과거 상태로의 복귀였지만, 갈릴리

지역은 처음으로 로마의 직접 통치를 경험하게 된 것이었다.

기원전 4년부터 기원후 44년 사이에 유대인들이 로마에 대항해 지속적이고 조직적인 저항을 펼쳤다는 증거는 없다. 오히려 갈릴리인 유다의 조세 저항 사건을 제외하면 모든 증거가 당시 유대인들이 로마의 통치를 잘 받아들였음을 나타낸다. 그렇다고 해서 유대인들이 하나님의 율법을 정면으로 어길 정도로 로마에 굴종하지는 않았다. 그런 결정적 사안에 대해 유대인들은 일단 평화적 저항에 나섰다(물론 예수와 함께 십자가에 달린 강도들, 그리고 바라바의 경우와 같이 폭력적 수단에 대한 암시도 나타난다). 세례 요한처럼 하나님의 임박한 개입을 기대했던 예언자들은 그날을 준비한다는 명분으로 무력에 의존하는 것을 권하지 않았다. 종말의 일은 하나님께서 손수 이루실 것이기 때문이었다. 요세푸스의 기록은 당시의 유대인들이 "국수주의적"이었으며 로마와의 전쟁도 불사했다는 항간의 견해와는 날카롭게 대조된다. 그런 견해는 원수를 사랑하라고 가르친 평화의 예수를 돋보이게 하는 편리한 장치는 되겠지만, 엄밀한 조사로 뒷받침되지 않는 허상에 불과하다.

파두스와 티베리우스 율리우스 알렉산데르(기원후 44-48년)

파두스는 기원후 44년부터 46년까지 총독을 지낸 사람으로서 제사장의 예복에 관한 통제권을 되찾으려고 했지만, 황제는 파두스가 원한 통제권을 대제사장 임명권과 묶어 칼키스의 헤롯에게 주었다. 이 헤롯은 헤롯 가문의 일원으로 갈릴리 북편의 조그만 영지인 칼키스를 다스리고 있었다. 파두스의 업적 중 하나는 톨로마에우스라는 강도를 체포한 것인데, 톨로마에우스는 이두매와 아랍 영토에서 출몰하던 강도지만 행동 동기를 비롯해 구체적인 것이 알려지지 않는다. 파두스의 재임 기간 중 일어난 특기할 만한 사건은 이것이다.

> 파두스가 유대 총독으로 있을 때 튜다스라는 한 마법사가 수많은 군중들을 미혹하고 있었다. 튜다스는 자신이 선지자라고 무리들을 속이면서 명령 한 마디로 요단강을 갈라 걸어서 강을 건너게 해 줄 테니 모두 요단강으로 모이라고 떠들고 다녔다. 이에 무리들이 그의 말에 현혹되어 요단강으로 모여들었다. 그러나 파두스는 유대인들이 튜다스의 대범한 시도를 이용할지도 모른다는 생각에서 기병대를 보내 그들을 공격하여 많은 이들을 살해하는 한편 많은 이들을 생포하였다. 로마 병사들은 튜다스도 생포한 후 목을 베고 그 머리를 예루살렘으로 가지고 왔다(*Ant*. 20.97-98).[17]

여기서 마법사로 번역된 그리스어 *goēs*는 경멸의 느낌이 실린 단어로 "협잡꾼" 혹은 "흉내쟁이"의 뉘앙스를 갖고 있다. 요세푸스는 기적이나 해방 그리고 하나님의 개입 등의 허황된 것을 약속해 백성들을 오도한 사람들에게 이 호칭을 붙인다. 튜다스의 행적을 보면 그가 자신이 참예언자라고 믿었던 것은 의심할 여지가 없다. 그는 무력 저항을 옹호하지 않았고 하나님의 기적적인 개입을 의지했다. 하나님을 향한 그의 신앙에는 놀라운 점이 있었다. 그는 이스라엘의 전승을 잘 알았고 이스라엘 백성이 이집트로부터 해방됐을 때 하나님께서 홍해를 가르셨다는 것을 기억했다. 여호수아가 백성들을 인도하여 요단강을 건너 약속의 땅으로 들어갈 때 하나님은 요단강 물을 막아 그들의 발로 건너가게 하셨다. 과거에 일어난 신적 역사는 현재와 미래의 신적 역사의 본이었기에, 튜다스는 하나님께서 여호수아 시대에 이스라엘을 찾아와 약속의 땅을 주셨던

---

17 『요세푸스 II: 유대고대사』, 637.

것처럼 자신의 시대에도 동일한 일을 하시리라고 믿었다. 파두스는 튜다스가 하는 행동의 함의를 알아챘고, 신속하게 그리고 무자비하게 행동을 취했다.

그를 이은 후임 총독은 티베리우스 율리우스 알렉산데르였다(기원후 46-48년 재임). 알렉산드리아 출신의 유대인이었던 티베리우스는 알렉산드리아의 필론의 조카로, 유대교를 버리고 철저한 헬레니즘화를 택했다.

> 어쨌든 파두스와 알렉산더 두 총독의 재임 기간에 유대는 무서운 기근을 당했으며 이때 우리가 살펴본 대로 헬레나 왕후가 거액의 돈을 들여 애굽에서 곡식을 사다 가난한 자들에게 나누어 주었던 것이다. 그런데 이때 갈릴리의 유다스의 아들들이 처형되는 사건이 발생했다. 우리가 전권(全卷)에서 살펴본 대로 키레니우스가 유대의 재산을 조사하라는 명을 내렸을 때 유대인들을 선동해 폭동을 일으킨 바로 그 유다스의 아들들이 처형당한 것이었다. 알렉산더 총독은 유다스의 아들들인 야메스와 시몬을 십자가에 달아 처형시켰다(*Ant*. 20.101-102).[18]

요세푸스는 티베리우스 율리우스 알렉산데르의 재임 기간 중 있었던 두 가지 중대한 사건을 설명한다. 아디아베네 왕국 출신인 헬레나 왕비는 유대교로 개종한 사람이었다. 우리는 유대교가 선교하는 종교라고 생각하지 않는 경향이 있지만, 그 당시에 유대교 선교사들이 활동했다는 증거가 있다(이에 관한 논란에 대해서는 McKnight의 글을 보라). 필론이나 요세푸스 같은 고대 유대인 작가들의 주장에 따르면, 유대교를 멸시하는 사람도 많았으나 유대교의 유일신 사상과 높은 도덕적 이상 그리고 공동체

---

18 앞의 책, 637-638.

적 가치 등을 이유로 유대교에 매료된 사람들도 있었다. 마침 그 당시는 기근으로 인해 유대 사회 특히 농노들에게 가해지는 압박이 심해지고 있었다. 요세푸스가 둘째 사건으로 보도한, 야고보와 시몬을 십자가형에 처한 조치 역시 그런 압박과 관련이 있을 수 있다. 기근이 들면 강도가 성행했다. 정치범에게 내리는 형벌인 십자가형이 적용된 것을 보면 야고보와 시몬은 반로마 투쟁이나 최소한 지배층에 맞서는 일에 연루되었을 가능성이 있다. 갈릴리인 유다의 가문도 반로마 항쟁에 연관되었던 것으로 보인다.

쿠마누스(기원후 48-52년)

칼키스 왕 헤롯이 죽자 클라우디우스 황제는 아그립바의 아들 아그립바 2세를 숙부인 헤롯의 분봉국의 왕으로 임명하였으며 나머지 로마 속주의 총독으로는 알렉산더의 뒤를 이어 쿠마누스를 임명하였다. 그런데 바로 이 쿠마누스 치하에서 큰 소란이 일어나게 되었으며 유대인의 멸망이 시작되기에 이르렀다. 그 내막은 아래와 같다. 무교절이 되자 수많은 유대인이 예루살렘으로 모여들게 되었다. 절기 때가 되면 항상 병사들이 무장을 하고 무리들을 감시하는 것이 통례였다. 무리들이 모이다 보면 반란을 일으키기가 쉬웠기 때문이었다. 그 당시도 예외는 아니어서 1개 로마분대가 성전 회랑 위에 배치되어 있었다. 그런데 한 병사가 옷을 내리더니 볼썽사납게 쭈그리고 앉아 궁둥이를 유대인들 쪽으로 돌리고 그런 자세에서 흔히 나올 법한 소리를 내뱉었다. 이에 온 무리들이 분개하여 그 병사를 처벌해야만 한다고 쿠마누스에게 강력히 요구하였다. 특히 성급한 젊은이들과 천성적으로 소란을 일으키기를 좋아하는 이들은 돌을 집어 들고 병사들을 향해 던졌다. 이에 쿠마누스는 온 백성이 반역을 일으킬까 두려워 더 많은 무장 병사들을 파견하였다. 따라서 많은 병사들이 성전의 회랑으로 몰려들었다. 더 많은 병사들이 증파되는 것을 본 유대인들은 크게 놀라 성전으로부터 예루살렘 시내로 도망을 치기 시작하였다. 그들은 서로 먼저 빠져나가려고 하다가 그만 큰 혼란에 빠지게 되었다. 이에 서로 넘어지고 밟히는 바람에 무려 만 명이나 되는 많은 사람들이 목숨을 잃었다. 이로 인해 절기가 오히려 전국이 슬픔에 빠지는 계기가 되고 말았으며 각 가정은 희생된 가족과 친척을 위해 애도하였다(*J. W.* 2.223-227).[19]

관원들에게 축제일은 본래 위험한 때인 법이지만, 유월절(무교절과 함께 진행되는)은 특별히 소란스러운 축제였다. 유대교의 가장 성스러운 공간인 성전에서 일 년 중 가장 성스러운 날에 외국의 압제에서 이스라엘이 해방된 사건을 기념하는 행사가 열리는 터이니 말이다. 그날 모여든 순례자들은 그들에게 가장 성스러운 일들을 모독한 이방 군인으로 인해 피지배자들인 자신들의 처지를 고통스럽게 확인해야 했다. 백성들의 분노에 쿠마누스는 무력으로 응대했고, 그 결과는 재난이었다. 그러나 여기서도 요세푸스는 이 적대적인 상황의 책임을 군중에게 돌린다.

쿠마누스의 재위 기간에 다른 문제들도 발생했다.

유대에 이런 비극이 있고 나서 또다시 새로운 비극이 뒤따랐다. 이번에는 강도들 때문에 비극이 생겼다. 그것은 다름이 아니라 케사르의 종인 스테픈이라는 자가 벧호른 공로에서 비품들을 운반하다가 강도들의 습격을 받아 약탈을 당하는 사건이 발생한 것이었다. 이에 쿠마누스는 그 인근 마을에 병사를 보내 주민들을 잡아오게 하였다. 왜 강도들을 추격해서 체포하지 않

19 『요세푸스 III: 유대전쟁사』, 215-216.

았느냐는 트집이었다. 그런데 병사들이 이들을 체포해 오는 과정에서 한 병사가 유대의 거룩한 율법서를 보고는 갈기갈기 찢어서 불어 던져 넣은 사건이 발생하게 되었다. 이에 유대인들은 마치 유대 전국이 불에 탄 것처럼 격분하기 시작하였다. 따라서 마침내 유대 종교의 열정에 불타는 많은 유대인들이 떼를 지어 가이사랴의 쿠마누스에게 몰려가서 하나님과 율법을 경멸한 그 병사를 처벌해야 한다고 강력히 요구하였다. 절대로 그냥 내버려 두어서는 안 된다고 항의한 것이었다. 이에 쿠마누스는 적절한 조치를 취하지 않고서는 유대인들이 물러설 기미가 보이지 않자 그 병사를 체포하여 유대인들에게 넘겨주고 알아서 처형하라고 허락하였다. 유대인들은 마침내 그 병사를 처형하고 각기 제 갈 길로 갔다(*J. W.* 2.228-231).[20]

카이사르의 종이 운반하던 짐을 공격한 것은 강도들의 짓이었다. 그들의 공격에 정치적 동기가 있었는지는 알려지지 않았지만, 오래전의 기근 혹은 쿠마누스 치하에서 일어난 성전 소요의 경우처럼 로마인들의 압박 때문에 그들이 강도가 되었을 가능성도 충분하다. 어쨌든 쿠마누스는 마을 주민들이 강도 떼와 연루되어 있다고 의심했다. 강도들은 종종 주민들의 호의에 기대 생존을 이어가곤 했으니, 그의 의심이 진실에 가까웠을지도 모르겠다. 토라 두루마리를 모독한 것을 보면 쿠마누스의 부하가 백성들에게 품은 멸시와 적대감을 짐작할 수 있다. 쿠마누스는 몹쓸 짓을 저지른 군인을 처형하라는 압박을 받았고, 그를 내어주어 대가를 치르게 함으로써 유대인들의 분노를 가라앉혔다.

쿠마누스 치하에서 그다음 사고는 사마리아인들과 관계된 것이었다(*J. W.* 2.232-246). 절기를 지키려고 예루살렘으로 가던 갈릴리 사람 하

20 앞의 책, 216.

나가 사마리아를 지나던 중 살해되었다(눅 9:52-55을 참조하라). 쿠마누스가 조치를 취하지 않자 유대인 군중의 지지를 업은 강도 무리가 스스로 정의를 실현하겠다고 나섰다. 이 사건은 정부가 내팽개친 불의한 상황을 강도가 개입해 해결한 하나의 실례다. 쿠마누스는 유대인들과 사마리아인들 간에 전쟁이 벌어지지 않도록 사태에 개입해 강도들을 다수 살해했다. 유대 귀족들은 백성들에게 집으로 돌아가라고 종용했다. 대부분은 복종했지만, 일부 강도들은 저항을 계속했다. 사태가 악화되자 사마리아와 유대의 명망 있는 인사들이 시리아의 집정관대행을 찾았고, 유대인 대표들은 쿠마누스의 무책임을 집정관대행에게 알렸다. 이 일에서만큼은 유대 귀족들이 평민의 편에 확실히 섰다. 집정관대행은 카이사레아를 찾아 쿠마누스가 구금한 자들을 정치범으로 규정해 십자가형에 처한 뒤 쿠마누스와 또 다른 로마 관료를 유대 및 사마리아 귀족 몇 사람과 함께 로마로 보내 청문회에 세웠다. 황제는 아그리파 1세의 아들 아그리파 2세를 배석시켜 상황을 보고받았다. 아그리파 2세는 기원후 48년에 사망한 칼키스의 헤롯의 뒤를 이어 칼키스 왕국의 맹주가 된 사람이다. 그는 유대를 직접 다스리지는 않았으나 유대인 혈통으로 인해 어느 정도의 영향력을 행사했고, 제사장의 예복과 관련된 결정권 및 대제사장의 임명권을 물려받았기에 일정한 법적 권위도 지니고 있었다.

청문 절차를 마친 클라우디우스 황제는 쿠마누스를 파면하고 다른 로마 관료도 처벌함으로써 로마 정부의 책임을 인정한 뒤, 소요와 관련된 사마리아인 중 세 명을 처형했다. 클라우디우스는 유대인 측의 반응을 폭동으로 간주하지 않았다. 유대인들에게 혁명의 의도가 없다고 판단한 것이다. 이는 시리아의 집정관대행이 카이사레아에서 예루살렘을 직접 방문했을 때 백성들이 "평화롭게 무교절을 지키고" 있음을 확인하고(*J. W.* 2.244) 안디옥으로 귀환한 것과 맥락을 같이한다.

펠릭스(기원후 52-60년)

펠릭스는 기원후 52년부터 60년까지 유대, 사마리아, 갈릴리, 페레아 지역의 총독을 지낸 인물이다. 그는 해방된 노예로서 심지어 기수 계층도 아니었기에, 그런 그가 총독직에 앉은 것은 매우 이례적인 일이었다. 펠릭스 정부의 부패한 정치는 이미 악화일로에 있던 유대의 상황을 한층 더 고통스럽게 만들었다.

펠릭스는 먼저 강도들의 문제에 손을 댔다.

> 벨릭스는 20년 동안이나 유대를 휩쓸며 약탈을 일삼던 강도 두목인 엘르아살과 부하들을 생포하여 로마로 압송하였다. 벨릭스가 체포한 자들과 처벌한 자들과 십자가에 처형한 자들의 수는 너무 많아 셀 수 없을 정도로 엄청났다(*J. W.* 2.253).[21]

엘르아자르가 이십 년 동안 처벌받지 않고 활동할 수 있었던 것은 농노들이 강도들을 지지하지 않고는 불가능한 일이었다.

펠릭스가 총독으로서 시행한 폭압 정치는 유대인 저항운동의 새로운 국면을 불러왔다.

> 이들을 완전히 제거하고 나자 이제는 대낮에 도시 한가운데서 살인을 자행하는 시카리라고 부르는 강도들이 예루살렘에 나타나게 되었다. 이들은 주로 절기 때 단검을 품고 군중 속에 숨어 있다가 적을 살해하고는 모르는 체하였다. 그들은 오히려 누가 그런 짓을 했느냐고 군중들과 함께 펄펄 뛰

---

21 같은 책, 221.

었다. 이런 식으로 해서 사람들의 신뢰를 얻었기 때문에 이들은 발각되지 않고 적들을 살해할 수 있었다. 이들의 손에 처음으로 희생된 사람은 대제사장 요나단이었으며 그 후로 매일같이 많은 사람들이 목숨을 잃었다. 이에 죽음 자체보다는 언제 살해될지도 모른다는 불안감이 오히려 많은 사람들을 심하게 괴롭혔다. 따라서 모든 사람들은 전쟁 중의 병사들처럼 항상 죽음을 각오하였으며 혹시 적들이 가까이 접근하지 않나 해서 먼 데까지 경계를 게을리하지 않았다. 심지어는 친구들이 접근해도 의심의 눈초리를 늦추지 않을 정도였다. 그러나 이같이 의심의 고삐를 늦추지 않고 경계를 게을리하지 않았음에도 불구하고 많은 이들이 살해당하였다. 왜냐하면 시카리들의 행동이 워낙 민첩하고 술수가 뛰어났기 때문이었다(*J. W.* 2.254-257).[22]

시카리라는 이름은 그들이 사용한 무기인 단검이라는 뜻의 라틴어 *sica*에서 유래한다. 요세푸스는 그들을 가리켜 "신종 강도"란 호칭을 쓰지만, 시카리는 사실 다른 강도들과 확연히 다른 점이 있었다. 강도들은 한적한 지방에서 출몰한 반면, 시카리는 도시에서 활동했다. 강도들은 습격이 주목적이지 싸움이 강요되지 않으면 살인을 저지르지 않았지만, 시카리는 애초부터 목표 인물의 암살과 테러 활동을 목적으로 했다. 강도들은 농노들에게뿐만 아니라 그들을 체포하려고 애쓰는 관원들에게도 잘 알려져 있었지만, 시카리는 철저히 정체를 감추고 활동했다.

시카리의 전략을 판단해보건대 그들은 특별한 정치적 계획을 지니고 있었다. 그들의 목표는 로마인들이 아니라 로마인들과 결탁한 유대인 상류층이었다. 대제사장이 그들의 첫 번째 희생자였다. 이 암살은 유대

22 같은 책, 221.

귀족들 사이에서 공포감을 불러일으켰고, 지배층 인사들 사이에서는 서로에 대한 불신이 자라게 되었다. 예루살렘의 사회구조는 무너지기 시작했고 백성에 대한 귀족들의 지지력은 약해졌다. 시카리의 정치적 계획은 특정한 잘못을 바로잡는 것을 넘어서 예루살렘의 지배구조를 와해시키는 것으로 확대되었다. 그들은 정치적 인식과 조직 및 목표에 있어서 시골의 강도들보다 훨씬 앞서 있었다.

후대의 총독 알비누스(기원후 62-64년 통치)는 시카리 몇 사람을 체포하는 데 성공했다. 시카리들은 이 사태를 맞아 새로운 전술을 개발해 낸다.

> 한편 명절 전날 밤에 시카리들은 예루살렘시 안으로 침투하여 대제사장 아나니아스의 아들인 서기관 엘르아살을 결박하여 끌고 갔다. 그 후 그들은 아나니아스에게 사람을 보내어 체포되어 수감된 10명의 동료들을 석방하도록 알비누스를 설득시켜 주면 엘르아살을 돌려보내 주겠다고 제의하였다. 이에 아나니아스는 어쩔 수 없이 알비누스에게 죄수들의 석방을 요청하지 않을 수 없었다. 그리하여 결국은 죄수들을 석방시켜 주겠다는 허락을 받아낼 수가 있었다. 그러나 이것은 더욱 큰 불행을 초래하는 결과만을 빚고 말았다. 강도들이 계속해서 아나니아스의 종들을 납치하여 동료들을 석방시키기 전까지 돌려보내지 않는 수법을 사용했기 때문이었다. 게다가 이런 방법으로 예전의 세력을 확보한 강도들은 점차 대담해지기 시작하더니 유대 전국을 크게 괴롭히게 되었다(*Ant*. 20.208-210).[23]

시카리들은 전략을 수립하고 그것을 실행할 능력을 갖춘 유능한 조직

23 『요세푸스 II: 유대고대사』, 655.

이었다. 제사장 귀족층은 시카리와 로마인 사이에 끼인 존재가 되고 말았다.

펠릭스의 임기 동안 분란은 거세졌다. "이 강도들로 인해 예루살렘은 온갖 악과 불의로 가득 차게 되었다. 게다가 사기꾼들과 협잡꾼들은 자기들이 직접 이적과 표적을 행할 터이니 광야로 나가자고 백성들을 현혹하기 시작했다. 하나님의 섭리로 이적이 나타난다는 것이었다. 그러나 이들의 속임수에 속아 넘어간 사람들은 어리석은 행동을 한 데 대한 대가를 치르지 않을 수 없었다. 왜냐하면 벨릭스가 이들을 광야에서 끌고 와 처벌을 가했기 때문이었다"(*Ant.* 20.160-161). 요세푸스는 더 나아가 시카리의 행동을 묘사하며 그들을 "도적 떼"라고 칭한다. 그는 펠릭스가 시카리들을 매수해 자신의 골칫거리였던 대제사장 요나단을 살해했다고 비난한다. 요나단이 펠릭스에게 좀 더 공정하게 정치하라고 늘 요구해 성가시게 했다는 것이다. 이런 비난은 흔히 상상하는 것보다 대제사장의 역할이 미묘했음을 보여준다. 대제사장들은 흔히 착취와 억압 같은 로마의 미심쩍은 행태에 장단을 맞추는 부역자들로 묘사되지만, 이 구절에서는 그들이 개인적으로 로마인 앞에 떳떳이 할 말을 하고 백성들의 처지를 개선하고자 노력한 흔적을 찾을 수 있다. 로마 정부가 대제사장을 살해할 계획을 세운다는 시나리오를 요세푸스가 상상만 했다고 치더라도, 우리는 로마 관료들과 유대인 귀족들 간의 관계가 늘 평탄하지는 않았으며 유대 귀족들도 백성의 최대 이익을 위해 행동을 취하기도 했음을 짐작할 수 있다. 덧붙이자면 이 구절은 로마인들이 백성들의 소요를 자신들에게 유리한 방식으로 이용할 줄 알았음을 보여준다.

요세푸스는 저항세력이 예루살렘 내에서, 심지어 성전 경내에서 피를 흘림으로써 신성모독의 죄를 지었고 그로 인해 하나님이 진노하셔서 그들과 그들이 추구하던 명분을 외면하셨다고 서술한다. 이 구절은 요세푸스의 전형적 태도를 보여주는데, 소수 백성 가운데 폭력이 늘어난 것을 두고 전체 인구가 모두 그들에게 속아 넘어갔다고 과장하고 있다.

사태가 악화되면서 시카리와 예언자들 그리고 강도들이 모두 행동에 나섰다.

> 더욱이 바로 이때 자칭 선지자라고 하는 자가 애굽에서 예루살렘에 나타났다. 그는 아래와 같은 말로 백성들을 현혹했다. "나를 따라 감람산—예루살렘 맞은편에 있는 산으로 약 5퍼얼롱 가량 떨어져 있음—으로 갑시다. 감람산에서 나의 명령 한마디로 예루살렘 성벽이 무너지는 모습을 여러분에게 보여주겠소. 성벽이 무너진 다음에는 무너진 성벽 사이로 여러분들이 예루살렘에 들어갈 수 있는 통로를 만들어 주겠소." 한편 벨릭스는 이런 사실을 알고 수많은 보병과 기병을 동원하여 그 애굽인과 추종자들을 공격하도록 명령했다. 이에 병사들은 400명을 살해하고 200명을 생포하였다. 그러나 애굽인 사기꾼은 용케 도망을 치더니 다시는 그 모습을 드러내지 않았다. 한편 강도들은 다시 로마에 반역을 일으키자고 백성들을 선동하기 시작했다. 로마에 더 이상 복종할 필요가 없다는 것이었다. 강도들은 자기들의 말을 듣지 않는 사람이 단 한 사람이라도 있을 경우에는 그 마을 전체를 약탈하고 방화하였다(*Ant*. 20.167-172).[24]

여기서 자칭 예언자(이집트인, 종말론적 예언자)임을 주장했던 사람에 대한 구체적인 사례는 그런 예언자들이 과거에 하나님께서 그렇게 하셨듯이 현실에 개입하셔서 이스라엘을 구원하시리라는 기대를 품고 있었음을 보여준다. 이는 여호수아 때에 그런 일이 있었던 것처럼 요단강이 갈라

24 앞의 책, 649-650.

지리라고 예언했던 예언자 튜다스의 경우와도 일치한다. 이 이집트인 예언자 역시 여호수아의 때를 기억하고 여리고 성벽이 무너졌듯이(수 6장) 예루살렘 성벽이 무너지리라고 예언했다. 이 예언자는 이집트에서 온 유대인일 터인데, 요세푸스는 그를 중심으로 모여든 무리가 무기를 지녔거나 군사조직을 만들었다고 언급하지 않는다. 그들은 하나님께서 가까운 장래에 당신의 백성을 해방시키실 것에 대한 전조로서의 표적을 보기 위해 모였다. 그러나 로마 정부는 이런 종교적 주장이 지니는 정치적 함의를 알아보았다.

이 구절은 정복자들과 저항세력 사이에서 농노들이 처했던 곤혹스러운 처지를 드러낸다. 강도들이 저항세력에 합류하지 않는 유대인 농노들에게 해악을 끼칠 수도 있었지만, 만일 농노들이 합류한다면 로마인과 부역자들이라는 또 다른 위협에 자신을 맡기는 셈이었기 때문이다. 이런 상황이 역사 속에서 헤아릴 수 없이 반복되어온 딜레마임은 두말할 필요가 없으리라.

이집트인 예언자는 예루살렘 내의 로마군 주둔 병력을 패퇴시키는 것을 목표로 삼았다. "그는 이 추종자들을 거느리고 광야를 돌아 감람산에 오른 후에 거기서부터 무력으로 예루살렘 안으로 쳐들어가려고 하였다. 이렇게 해서 로마군 수비대와 유대인들을 정복할 수 있다면 추종자들의 도움을 얻어 예루살렘을 통치할 생각까지 했다"(*J. W.* 2.262).[25] 펠릭스는 이집트인의 예언이 실현되는지 확인할 마음의 여유가 없었다. 그는 즉시 혹독한 진압에 나섰다. 그러나 그의 조치는 유대인들의 반항심을 누그러뜨리기는커녕 오히려 불을 붙이는 결과를 가져왔다.

---

25 『요세푸스 III: 유대전쟁사』, 222.

이들을 진압하고 나자 이제는 또 다른 이들이 소란을 일으키기 시작했다. 마치 몸에 병이 들어 이곳저곳에서 연달아 증세가 나타나는 것과 흡사하였다. 일단의 사기꾼들과 강도들이 한데 모여 유대인들에게 반역을 일으킬 것을 선동했기 때문이었다. 그들은 이같이 유대인들을 충동질하였다. "로마 정부에 복종하는 놈들을 모조리 죽여 버리고 자유를 쟁취합시다. 자발적으로 노예가 되기를 택한 사람은 죽어 마땅합니다." 이에 그들은 여러 대로 나뉘어 각지에 흩어져서 매복하고 있다가 세력가들의 집을 약탈하였으며 마을을 습격해 인명을 살상하고 방화하였다. 결국 이들의 미친 짓으로 인해 온 유대는 폐허 일보 전까지 갔으며 날마다 불타는 연기는 더욱 심하게 하늘로 치솟았으며 마침내 전면 전쟁으로 치닫게 되었다(*J. W.* 2.264-265).[26]

50년대 내내 로마의 통치에 맞선 저항은 날로 확산되고 더욱 조직화되었다. 이제 폭력은 로마인들에게보다 동족 유대인들에게로 향했다. 식민지 상황에서 부역자들은 손쉬운 표적이 되곤 한다. 그들을 공격하는 것은 지역 귀족층의 부역이 필요한 제국에 충격을 줄 수 있었다. 부유층은 그들이 특별히 노리는 표적이었다.

부유한 귀족층의 제사장들은 유대 사회의 유일한 제사장들이 아니었다. 유대교에서 제사장은 세습직이었지만 제사장 가문들 가운데서도 가장 명문가만이 지배 계층에 속했다. 펠릭스 통치 말기에 예루살렘에서는 제사장들이 서로 맞부딪치는 사태가 벌어졌다.

아그립바 왕이 파비의 아들 이스마엘을 대제사장으로 임명한 것이 바로 이때였다. 이에 대제사장들과 예루살렘의 유력 인사들 사이에 충돌이 일어

---

26 앞의 책, 222.

났다. 이들은 각기 반역을 좋아하는 무리들을 규합하여 두목 노릇을 했다. 이들은 서로 비난과 욕설을 퍼붓는 한편 투석전을 벌였다. 그러나 아무도 이들을 책망할 사람이 없었다. 말하자면 예루살렘시는 무정부 상태처럼 되어 혼란이 극에 달했다. 게다가 대제사장들은 종들을 타작마당에 보내어 제사장들이 차지해야 할 십분의 일을 강탈할 정도로 추악한 짓을 서슴지 않았다. 따라서 가난한 제사장들이 굶어 죽었다는 풍문까지 떠돌 정도였다. 이것을 볼 때 그 당시 예루살렘의 혼란과 부패가 어느 정도였는가를 쉽게 짐작할 수가 있다(*Ant*. 20.179-181).[27]

계층 간 갈등이 제사장들을 갈라놓았다. 가난한 제사장들은 지배층 제사장들보다 도시 노동자와 더 비슷한 처지였다. 예루살렘의 불안정과 무질서는 그곳에 살지 않는 펠릭스의 관심 밖에 있었다.

제사장 집단 내부의 신분 갈등에 덧붙여서 제사장 분파 간의 갈등도 문제였다. 분파들은 권력과 자원을 놓고 다투었는데, 사실 그들 간의 이념이나 인종 혹은 사회계층의 차이는 무시할 만한 것이었다. 각 분파는 주도권을 원했고(Hanson과 Oakman의 저서를 보라), 분파주의는 이 시기의 팔레스타인 유대인 사회에서 한껏 무르익어 있었다.

27 『요세푸스 II: 유대고대사』, 651.

유대 저항운동(기원전 4년—기원후 66년)

독수리 사건	• 기원전 4년
조세 저항	• 갈릴리인 유다와 바리새인 사독(기원전 4년)
메시아 성향의 저항	• 유다 벤 헤제키야(기원전 4년) • 시몬(기원전 4년) • 아트롱게스(기원전 4년) • 갈릴리인 므나헴 벤 유다(기원후 66년경; 10장을 보라) • 시몬 바르 기오라(기원후 68-70년; 10장을 보라) • 바르 코크바(기원후 132-135년; 10장을 보라)
종말론적 예언자	• 세례 요한(기원후 30년경) • 나사렛 예수(기원후 30년경) • 사마리아 예언자(기원후 30년대) • 튜다스(기원후 45년경) • "이집트인" 예언자(기원후 56년경) • 예수 벤 하나니아(아나니아스)(기원후 62-69년; 10장을 보라)
강도	• 헤제키야(기원전 47-38년경) • 엘르아자르(기원후 30년대-50년대; 펠릭스에게 체포됨) • 톨로마에우스(기원후 40년대 초; 파두스에게 체포됨)
농노 파업	• 성전에 자신의 조상을 세우려는 칼리굴라의 계획에 농노들이 저항함(기원후 41년)

펠릭스는 카이사레아에 살았는데, 그곳 역시 온 나라를 흔드는 분란으로부터 자유롭지 못했다. 카이사레아 내부의 분란은 예루살렘의 경우와 결이 달랐다. 예루살렘에서의 분쟁이 유대인과 유대인 간의 충돌이었다면, 카이사레아에서는 유대인과 이방인이 격돌했다. 카이사레아는 워낙 다민족 환경에 있었고 각 집단이 각종 권리와 특권들을 놓고 주도권 경쟁을 벌이고 있었다. 난세가 되니 각 집단 간의 충돌이 격화되었다. 마침내 펠릭스는 군대를 보내 다수의 유대인을 살해하거나 투옥하고 가옥을 약탈한 뒤, 카이사레아에 거주하는 유대인과 이방인 가운데 대표단을 선별해 로마로 보내서 네로 황제 앞에서 논쟁을 벌이도록 했다. 유대인 파견

단은 이 기회를 이용해 펠릭스의 실정을 고발했지만, 네로는 그들이 만족할 만한 아무런 조치도 취하지 않았다.

페스투스(기원후 60-62년)와 알비누스(기원후 62-64년)

기원후 60년에 펠릭스를 뒤를 이은 페스투스는 62년까지 그 자리를 지켰다. 그는 교외 지역의 강도들을 진압하는 일에 공을 들였고, 요세푸스에 의하면 어느 정도 성공을 거두었다. 페스투스가 임직 중 사망하자 네로는 알비누스를 보내 그 자리를 채웠다. 그 사이 아그리파 2세는 직전 대제사장인 아나누스의 아들 아나누스를 대제사장으로 임명했다.

> 그런데 아들 아나누스는 성격이 대담하였으나 몹시 무례하였다. 게다가 그는 다른 유대인들보다 범인을 가혹하게 다루는 사두개파의 일원이었다. 아나누스는 우리가 위에서 살펴본 바와 같이 대담하고 무례한 성격의 소유자였기 때문에 페스투스가 죽고 알비누스 신임 총독이 도착하지 않은 틈을 이용하여 (권력을 휘두르기로) 결심했다. 이에 아나누스는 산헤드린 공회의 의원들을 소집하고 그리스도라고 부르는 예수의 동생과 그의 동료 몇 명을 율법을 범한 죄로 고소한 후 돌로 쳐 죽이도록 넘겨주었다. 그러나 율법을 어기는 것을 싫어하고 성품이 의로웠던 예루살렘 시민들은 아나누스가 저지른 짓이 매우 못마땅해 보였다. 이에 그들은 아그립바 왕에게 사람을 보내 아나누스의 행동이 정당하지 못함을 알리는 한편 다시는 그런 일을 하지 못하도록 지시해 줄 것을 요구하였다. 또한 그들 중 일부는 알렉산드리아를 떠나 유대로 오는 도중에 있었던 알비누스를 찾아가 아나누스가 그의 허락 없이 산헤드린 공회를 소집하는 등의 위법을 저질렀다고 일러주었다. 이에 알비누스는 그들의 말을 듣고 몹시 화가 나서 아나누스에게 그가 저지른 잘

> 못을 따끔하게 문책할 것이라는 내용의 서신을 보냈다. 그러자 아그립바 왕은 아나누스를 대제사장직에서 해임시키고 담네우스의 아들 예수를 후임 대제사장으로 임명하였다(*Ant*. 20.199-203).[28]

아나누스의 행동은 예루살렘 귀족들의 일치된 지지를 얻지 못했다. 사실 그들은 아나누스의 오만함과 법적 절차를 무시하는 태도에 분노하고 있었으므로 아그리파와 알비누스 양쪽에 반의를 표했다. 아나누스는 야고보를 비롯한 지도자들을 법으로 다스리려다가 도리어 자신의 몰락을 재촉하고 만다(예수의 형제 야고보에 관한 신약성경의 기록은 막 6:3; 마 13:55; 갈 1:19; 2:9, 12; 행 15장을 보라).

알비누스 치하에서 제사장 집단 중 상류층과 하위층 간의 골은 계속 깊어졌다(*Ant*. 20.206-207). 귀족들 간의 권력 투쟁이 길거리 싸움처럼 저열해졌다(*Ant*. 20.213-214). 예루살렘의 형편은 날로 악화되었다. 알비누스의 통치에 관한 요세푸스의 평은 신랄하다.

> 베스도의 뒤를 이은 알비누스는 베스도처럼 본무에 충실하지 않았다. 그는 오히려 비행을 일삼기를 좋아했다. 인간의 악행 중에 그가 저지르지 않은 악행이 없을 정도로 많은 비행을 저질렀다. 알비누스는 모든 백성의 재산을 탈취하고 강탈하는 한편 유대인들에게 무거운 세금을 부과하였다. 그는 이것으로도 부족한 듯 강도짓을 한 죄로 감옥에 수감된 자들을 그들의 친척들에게서 돈을 받고 석방하였다. 각 도시의 의회가 유죄 판결을 내린 죄수이건, 전 총독들이 수감한 죄수이건 간에 돈을 내면 누구든지 풀어 주었다. 이에 그에게 돈을 내지 못한 자들을 제외하고는 단 한 명의 악인도 감옥 안에

28 앞의 책, 654.

남아 있지 않게 되었다. 이로 인해 예루살렘에서는 무서운 강포가 횡행하게 되었다. 강도들의 두목급이 되는 자들은 알비누스에게 뇌물을 주고 강도 짓을 눈감아 달라고 부탁하여 모른 체해주겠다는 언질까지 받아냈다(*J. W.* 2.272-274).[29]

알비누스의 이런 행태로 인해 "감옥은 죄수가 없이 텅 비었고 길거리는 강도 떼로 들끓었다"(*Ant.* 20.215). 만일 요세푸스의 비난이 정당하다면, 로마 제국 관료들의 개인적 야심과 욕망에 상관들이 제동을 거는 지경에 이르렀으며 알비누스의 부패한 정치가 유대를 전쟁으로 한 발 더 내몰았음을 알 수 있다.

플로루스(기원후 64-66년)

기원후 64년에 알비누스의 뒤를 이은 것은 게시우스 플로루스였는데, 그의 지배하에 유대인들이 마침내 반란을 일으키게 된다. "우리가 로마와 전쟁을 벌이도록 내몬 것은 플로루스이다. 우리는 조금씩 말라죽느니 장렬히 죽기를 원했던 것이다"(*Ant.* 20.257). 일찍이 헤롯 대왕이 시작했던 성전의 재건축 공사가 플로루스의 통치 초기에 마무리되면서 요세푸스의 추산으로 18,000명의 노동자가 일감을 잃고 사회불안이 가중되자, 아그리파 2세는 예루살렘 길에 흰 박석을 까는 작업을 승인한다. 이는 실업자들을 고용하는 동시에 성전 비축금을 로마인에게 빼앗기지 않기 위한 고육책이었다. 하지만 이 작업이 완성되기 전에 도시 예루살렘은 철저히 파괴되었다.

---

29 『요세푸스 III: 유대전쟁사』, 224.

요세푸스는 플로루스가 강도들과 손을 잡았다고 힐난한다. 그는 강도들이 플로루스에게 뇌물을 바치는 대가로 제재 없이 설치고 다녔기에 결과적으로 개인과 마을 그리고 도시들을 노략질한 것은 플로루스라고 맹비난한다. 유대인들은 시리아의 집정관대행에게 항의했지만 원하는 결과를 얻지 못했다(*J. W.* 2.280-283). 요세푸스는 심지어 플로루스가 자신의 범죄를 덮기 위해 고의로 유대인의 반란을 교사했다고까지 말한다.

플로루스의 임기 동안 네로 황제는 카이사레아의 이방인들과 유대인들 간의 쟁점을 심사해 이방인들의 손을 들어주었다. 이 결정은 이미 긴장감이 팽팽하던 두 집단 사이를 한층 악화시켰다. 몇몇 이방인이 회당 가까이에서 유대인을 자극하기 위해 제물을 드리자 유대인들은 플로루스에게 호소했고 플로루스는 그들에게 모멸감을 주었다. 일찍이 빌라도가 그랬듯 성전의 재무처로부터 돈을 인출하겠다는(아마도 로마에 조공을 바치기 위해서였을 것이다) 플로루스의 결심이 알려지자 유대인들은 반발했다. 한 반대시위에서는 "가난한" 플로루스를 위해서라며 조롱 섞인 모금을 하기도 했다. 이에 플로루스는 예루살렘으로 병력을 출동시켜 마중 나온 일부 유대인들을 기마 부대의 말발굽으로 흩어버렸다. 그리고 그의 군대는 예루살렘을 다니며 약탈을 저지르고 시민들에게 채찍을 휘두르는가 하면 심지어 몇몇을 십자가에 처형시키는 야만적인 행위를 저질렀다. 도시의 군중은 플로루스와 전쟁을 치를 각오가 되어 있었지만, 명망 있는 지도자들이 사람들을 진정시켰고 지배층의 제사장들은 백성들의 감정을 가라앉히기 위해 특별히 애쓰기도 했다. 이런 노력에도 불구하고 플로루스는 카이사레아에 주둔하던 로마군 일부를 예루살렘으로 보내고는 마중 나간 시민들을 공격하도록 했다. 마침내 유대인들은 저항을 개시했고 플로루스와 그 추종자들이 성전과 그곳에 인접한 안토니아 요새에 접근하지 못하도록 막아냈다. 결국 플로루스는 예루살렘에서 쫓겨났고, 그의 군대는 예루살렘의 제사장 수하로 접수되었다.

사태가 커지자 이번에는 아그리파 2세가 예루살렘을 찾았다. 그가 백성들이 평화를 유지하도록 설득하면서 유대인들에게 세금 징수권을 준 것까지는 좋았지만, 예루살렘에 새 총독이 올 때까지는 플로루스에게 다시 복종하라고 권고하자 백성들이 일어나 그를 예루살렘에서 쫓아버렸다. 아그리파 2세는 자신의 영토로 돌아갔고 저항군은 마사다 요새를 점령했다. 성전의 수장이자 과거의 대제사장인 아나니아스의 후손인 엘르아자르는 제사장들을 설득해 로마와 황제에게 매일 바치던 성전 제사를 폐지하도록 했다. 제사의 종식은 독립선언과도 같았다.

결론

이스라엘은 헤롯 대왕 치하에서 심한 억압을 경험했다. 그가 죽자 유대, 페레아, 갈릴리 지역에서 저항세력이 일어나 백성들의 지지를 받았다. 이들은 이스라엘의 오랜 전통인 대중적 왕권에서 이념적 근거를 찾았다. 그러나 저항운동은 당시 시리아의 집정관대행인 바루스에게 짓밟혔고 유대인들은 향후 십 년 동안 아르켈라오스 밑에서 시달려야 했다. 결국 로마가 아르켈라오스의 실패를 시인하고 유대를 직접 통치하기 시작했다.

로마의 직접 통치로의 전환은 갈릴리인 유다가 주도한 세금 항쟁으로 이어졌다. 이후 십 년간 절대다수는 로마 정복자들과 평화롭게 지내려고 애썼지만, 로마인들 즉 빌라도와 쿠마누스 그리고 특별히 칼리굴라가 위기를 초래했고 유대인들은 그때마다 비폭력 저항으로 대응했다. 빌라도와 쿠마누스가 로마로 소환되어 실정에 대한 책망을 들어야 했던 것을 보면 로마 황제가 속주에 파견된 관료들의 행동에 무관심하지는 않았음을 알 수 있다. 그러나 대체로 총독들은 거의 자율적으로 속주들을 다스리는 것이 현실이었다.

로마인들의 폭정에 맞서 유대인들은 총독에게, 때로 그보다 상위에 있던 시리아의 집정관대행에게, 심지어 황제에게도 항의를 표시했고, 칼리굴라의 법령으로 인한 위기가 닥쳤을 때는 사실상의 농노 총파업을 시행했다. 세례 요한, 사마리아인 예언자, 튜다스, 이집트 유대인, 그리고 어쩌면 나사렛 예수까지도 망라하는 일군의 종말론적 예언자들이 일어나 귀족정치를 비판하고 신적 개입에 의한 해방을 예언했다. 기원후 40년대 중반에 닥친 대기근은 농노들과 지주들에게 경제적 압박을 가했는데, 이는 강도들의 증가로 이어졌을 것이다. 시카리 운동은 정치의식을 갖춘 조직적 저항운동으로, 그 지역의 귀족들에게 공포를 안겨주었다. 펠릭스, 페스투스, 알비누스, 플로루스로 이어지는 로마 통치의 부패와 무능은 사태를 파국으로 몰아갔다. 마침내 플로루스의 폭압적 통치로 인해 백성들의 분노가 폭발하고 말았다.

기원후 1세기의 굵직한 사건들을 살펴보면 불의, 항의, 억압, 항쟁이라는 사중 패턴을 감지할 수 있다. 불의가 악화되면서 평화롭던 항의가 폭력을 수반하며 격해지고, 항의가 거세지면 억압도 격해졌다. 마침내 플로루스 치하에서 억압이 극에 달했을 때, 백성들은 로마 통치를 전적으로 부인하고 본격적 항쟁에 들어서게 되었다.

참고문헌

Anderson, Robert T. "Samaritans." *ABD* 5:940-47.

Applebaum, S. "Judea as a Roman Province: The Countryside as a Political and Economic Factor." *ANRW* 2.8:355-96.

Attridge, Harold. "Jewish Historiography." *EJMI* 311-43.

Bowman, John. *The Samaritan Problem: Studies in the Relationships of Samaritanism, Judaism, and Early Christianity.* Pittsburgh: Pickwick, 1975.

Farmer, W. R. *Maccabees, Zealots, and Josephus: An Inquiry into Jewish Nationalism in the Greco-Roman Period.* New York: Columbia University Press, 1973.

Feldman, Louis H. "Josephus." *ABD* 3:981-98.

Feldman, Louis H., and Gohei Hata, eds. *Josephus, Judaism, and Christianity.* Detroit: Wayne State University Press, 1987.

Goodman, Martin. *The Roman World, 44 BC-AD 180.* New York: Routledge, 1997.

______. ed. *Jews in a Graeco-Roman World.* New York: Oxford University Press, 1998.

Grant, Michael. *The Jews in the Roman World.* New York: Scribner's, 1973.

Hanson, K. C., and Douglas Oakman. *Palestine in the Time of Jesus: Social Structures and Social Conflicts.* Minneapolis: Fortress, 1998.

Hengel, Martin. *The Zealots: Investigations into the Jewish Freedom Movement in the Period from Herod I until 70 A.D.* Edinburgh: T&T Clark, 1989.

Hjelm, Ingrid. *The Samaritans and Early Judaism: A Literary Analysis.* Sheffield: Sheffield Academic Press, 2000.

Hobsbawm, E. J. *Bandits.* Rev. ed. New York: Pantheon, 1981.

______. *Primitive Rebels.* New York: Norton, 1965.

______. "Social Banditry." Pages 142-57 in *Rural Protest: Peasant Movements and Social Change.* Edited by H. A. Landsberger. New York: Macmillan, 1974.

Horsley, Richard A. *Jesus and the Spiral of Violence: Popular Jewish Resistance in Roman Palestine.* San Francisco: Harper & Row, 1987.

Horsley, Richard A., and John S. Hanson. *Bandits, Prophets, and Messiahs: Popular*

Movements at the Time of Jesus. Minneapolis: Winston, 1985.

Jeremias, Joachim. *Jerusalem in the Time of Jesus.* Philadelphia: Fortress, 1969. 『예수 시대의 예루살렘』(한국신학연구소 역간).

Mason, Steve. *Josephus and the New Testament.* Peabody, Mass.: Hendrickson, 1992. 『요세푸스와 신약성서』(대한기독교서회 역간).

McKnight, Scot. *A Light among the Gentiles: Jewish Missionary Activity in the Second Temple Period.* Minneapolis: Fortress, 1991.

Millar, Fergus. *The Emperor in the Roman World, 31 BC-AD 337.* Ithaca, N.Y.: Cornell University Press, 1977.

Millar, Fergus, and Graham Burton. "Equites." Pages 550-52 in the *Oxford Classical Dictionary.* 3d ed. New York: Oxford, 1996.

Purvis, James D. "The Samaritans and Judaism." *EJMI* 81-98.

Rajak, Tessa. *Josephus: The Historian and His Society.* Philadelphia: Fortress, 1983.

Rhoads, David M. *Israel in Revolution: A Political History Based on the Writings of Josephus.* Philadelphia: Fortress, 1976.

Safrai, S., and M. Stern, eds. *The Jewish People in the First Century.* 2 vols. CRINT. Assen: Van Gorcum, 1974-1976.

Saldarini, Anthony J. "Reconstructions of Rabbinic Judaism." *EJMI* 437-77.

Schürer, Emil. *The History of the Jewish People in the Age of Jesus Christ (175 B.C.-A.D. 135).* Revised and edited by Geza Vermes, Fergus Millar, and Matthew Black. 3 vols. Edinburgh: T&T Clark, 1973-1987.

Sherwin-White, A. N. *Roman Society and Roman Law in the New Testament.* Oxford: Clarendon Press, 1963.

Smallwood, E. Mary. "High Priests and Politics in Roman Palestine." *JTS* 13 (1962): 17-37.

______. *The Jews under Roman Rule from Pompey to Diocletian: A Study in Political Relations.* Leiden: Brill, 1981.

Smith, Morton. "Zealots and Sicarii, Their Origins and Relation." *HTR* 64 (1971): 1-19.

제9장

유대인 예수

◆ **일차자료**: 마태복음, 마가복음, 누가복음, 요한복음

예수

예수는 그리스도인이 아니었다. 그는 유대인이었다. 그는 혈통으로뿐만 아니라 종교적으로도 유대인이었으며 자기 민족의 성스러운 전통에 깊이 경도된 사람이었다. 예수가 동시대의 다른 유대인들과 빚었던 갈등은 "예수 대 유대교"의 구도로 이루어지지 않았다. 그 갈등은 제2성전기 유대교 내에서 한 유대인이 동시대인들과 때로 의견이 일치하고 때로 불일치하는 상호작용으로 이해되어야 한다. 우리는 그런 갈등이 예수를 동시대 유대인들과 구분하는 차이점이라기보다 오히려 그를 유대인답게 하는 양자 간의 유사성이라는 사실을 유념해야 한다. 제2성전기 유대교는 그 신조와 행습에서 매우 다양한 형태를 지녔다. 유대교 전체를 망라하는 단 하나의 정통 유대교 혹은 그런 종교를 강제할 수 있는 어떤 중앙집권적 권력기관은 존재하지 않았다. 따라서 예수는 당시 1세기 세계에 속한 전형적 유대인이었고, 우리가 연구해온 제사장 종교, 묵시사상, 서기관, 바리새인, 사두개인, 로마 정복자들 등등의 내용은 모두 그 세계의 일부였다. 만일 예수가 우리 눈에 어느 정도 기이하게 보인다면 그 이유는 그가 속한 세계가 우리의 세계와 판이했기 때문일 것이다. 그 간격을 메꾸기 위해 우리는 그의 세계로 들어가 그것을 이해하려고 애써야 한다.

역사적 예수라는 논제는 엄청난 학문적 호기심을 유발한다(Powell의 책을 보라). 이 장은 해당 주제에 관한 온전한 연구가 아니라, 예수의 유대

인 됨(Jewishness)에 초점을 맞추고 그가 자신의 환경에 어떻게 어울리는지를 조사할 것이다. 우리의 관심은 예수의 **인성**(humanity)에 있다. 우리는 예수의 신성에 관한 기독교 신앙과 같은, 그 자체로서 신학적인 질문을 제기하지 않을 것이다. 아래의 내용은 신학이라기보다는 역사학의 시험과제와도 같다.

역사적 예수에 대한 기독교적인 설명들은 흔히 그의 유대인 됨을 평가절하해왔다. 예수의 독특함이 대신 강조되었고 그 결과로 예수는 조국도 모국어도 전통적 종교도 없는 보편적 인간으로만 알려지게 되었다. 이런 경향은 다름 아닌 신약성경에서부터 시작된다. 일례로 요한복음은 예수를 자신에게 적대적인 "유대인들"과 더불어 혹은 그들에 대항해 말하는 이로 그린다. 예수가 무엇을 말하면 "유대인들"이 대답하는 식이다. 이것은 매우 이상한 대화법이다. 미국인 교수가 미국 대학에서 강의하는 광경을 상상해보자. 수강생 가운데는 외국인이 없는데 수업을 마친 후 이 교수가 동료 교수에게 "내가 이 주제를 언급했더니 미국인들이 격하게 반응하더군"이라고 말했다면, 그 동료는 의아해하며 수강생 중에 외국 유학생들이 있느냐고 질문할 것이다. 그렇지 않다면 미국인들을 구체적으로 언급하는 것은 이해가 되지 않는다.

마찬가지로 예수가 "유대인들"과 말을 나누는 장면을 요한이 그릴 때 거기에는 유대인들만 있었다. 예수는 유대인이다. 그의 제자들도 유대인이고 그의 청중도 유대인이다. 그럼에도 요한의 언어는 예수를 그 유대인 군중으로부터 분리한다. 예수만이 하나님을 안다. 요한은 이런 기법을 구사해 특정한 신학적 논점을 부각하지만, 그 대가로 역사를 왜곡해 보여준다. 다른 복음서들은 요한과 같은 방식으로 예수를 유대인에게서 분리하지 않는다. 공관복음서는 제2성전기 유대교 내에서 예수의 위치를 좀 더 현실감 있게 보여주긴 하지만, 각자의 신학적 사안으로 인해 역사적 그림을 왜곡하는 경향이 있다. 이 책은 예수가 속한 맥락 내에서 그에 관한 좀 더 적절한 그림을 제시하는 것을 목표로 한다.

역사적 예수

역사적 예수는 기원후 1세기에 갈릴리와 유대에서 걷고 말했던 한 사람이다. 약간 단순화해서 말하면 역사적이란 말뜻은 실제로 일어났다는 것이고 목격자들의 눈에 그렇게 보였던 일들을 가리킨다. 물론 자료는 부족하고 그 사건과 우리 간의 거리는 멀다 보니, 2천 년 전에 무슨 일이 실제로 일어났는지를 밝히는 것은 어렵기 마련이다. 게다가 무슨 일이 실제로 일어났다는 것 자체는 듣기보다 복잡한 개념인데, 이는 관찰 행위 자체가 해석과 관점을 포함하고 있기 때문이다. 과거의 재구성은 상당 부분 그 사람의 세계관에 의존한다. 그러나 이런 해석학의 문제들은 제쳐놓더라도, 우리는 역사의 재구성 중에도 좀 더 만족스러운 것과 그렇지 못한 것이 있다는 데는 대략 동의할 수 있다.

존 마이어(John Meier)는 그의 책에서 한 가지 가설적 상황을 제시한다(*Marginal Jew,* 1.1-3). 1세기 종교운동에 식견이 있는 역사가 네 사람이 모여 역사적 예수 연구를 함께한다고 가정해보자. 그중 하나는 가톨릭 신자, 한 사람은 개신교인, 또 한 사람은 유대교인, 그리고 네 번째 사람은 불가지론자라고 치자. 그들은 역사학자로서 과제에 접근하고 역사적 증거물들을 평가한다. 그들이 어디까지 동의할 수 있을까? 그리스도인이 신앙에만 기초해서는 유대교인 혹은 불가지론자를 설득할 수 없으리라는 것은 분명하다. 신앙이 아닌 분명한 증거물과 설득력 있는 논증만이 그들 간에 동의의 근거가 될 것이다. 이런 그림에다 좀 더 다양한 철학적 입장, 예를 들어 포스트모던, 구조주의 학자들을 넣는다면 상황은 더더욱 복잡해질 것이다.

신앙의 그리스도와 진짜 예수

신앙의 그리스도는 기독교 예배의 대상이다. 이 신앙의 그리스도에 관한 많은 주장은 역사적 연구 방법으로 입증도 부인도 할 수 없는, 사실상 신앙과 신학의 문제다(예. 그의 신성 혹은 속죄의 능력 등; 부활 사건은 더 특별한 문제를 제기하는데 여기서는 다루지 않는다). 여기서 우리의 관심사는 신앙의 그리스도가 아니라 역사적 예수다.

"진짜"(real) 예수는 규정하기 힘든 개념이다. 진짜 예수에 관해 알고자 하는 욕구에는 상식적 국면이 있지만, 의미를 확대해 예수라는 존재에 대한 모든 것을 알고자 한다면 그것은 실행 불가능한 과제가 될 것이다. 2천 년 전에 살았던 누군가는 고사하고 우리의 친구나 심지어 우리 자신의 "실체"에 대해서는 얼마나 잘 알 수 있을까? 도대체 "진짜 나"란 무엇을 말하는 것일까? 만일 우리가 예수는 살아 계시고 신자들은 그와 개인적 관계를 맺고 있으며 이분이야말로 진짜 예수라고 말한다면, 우리는 "신앙의 그리스도"에 관해 말하고 있다. 따라서 통틀어 말한다면 우리는 "진짜 예수"와 같은 식의 용어를 피하는 것이 최선이다.

역사적 예수 탐구

역사적 예수에 대한 연구는 계몽주의와 근대의 역사적 연구 방법론의 등장과 더불어 시작되었다. 계몽주의는 18세기에 꽃을 피웠지만, 그 씨앗이 뿌려진 것은 더 이전으로 소급된다. 계몽주의는 이성의 힘을 중시하는 사상이다. 지식은 세심한 관찰에서 얻은 증거와 경험에 이성을 적용함으로써 확보되며, 인간은 교회나 여타 권위가 부여하는 전통적 견해를 비판 없이 수용해 자신의 견해로 삼아서는 안 된다는 것이 계몽주의의 생각이다. 이런 계몽주의 철학을 교회에 대한 위협으로 간주하는 이가 많았는데, 학자들이 비평적 방법을 적용해 과거를 분석하기 시작하면서 머지않아 예수를 포함한 종교적 신념의 대상들에도 동일한 방법론이 적용되리라는 것은 당연했다.

계몽주의라는 뿌리에 충실하게, 역사적 예수에 대한 연구는 역사의 예수를 신앙의 그리스도로부터 분리해야 한다는 확신으로 움직였다. 역사적 질문에 대한 특정한 대답을 요구하는 교회의 교리로부터 자유로울 때라야 비로소 예수에 대한 참된 역사적 연구를 수행할 수 있다는 것이 학자들의 생각이었다. 이런 생각은 신약성경을 액면 그대로 받아들여 신학적·역사적 진리, 심지어 과학적 진리로 여기던 교회 구성원들과 갈등을 일으켰다. 이후 수 세기에 걸쳐 기독교의 주요 교회들은 비평적 역사 연구의 필요성과 유익을 인정하게 되었다. 하지만 보수적이고 근본주의적인 교회들은 성경을 축자적으로 이해하면서 여전히 비평적 연구를 부적절하거나 심지어 해악을 끼치는 것으로 간주하든지 아니면 기독교의 교리가 참되다는 것을 "과학적으로" 입증하려고 비평적 연구의 결과를 사용한다.

이 단락의 제목은 알베르트 슈바이처가 1906년에 독일어로, 1910년에 영어로 각각 출간한 『역사적 예수 탐구』(*The Quest of the Historical Jesus*)라는 책에서 기원한다. 이 책에서 슈바이처는 역사적 예수를 재구성하려고 시도한 19세기의 연구들을 상술하고, 그 연구의 결과가 객관적 역사이기보다는 연구자들의 의제에 맞추어진—그것이 신학이든 이성주의든 그 밖의 무엇이 되었든 간에—예수상에 더 가깝다는 것을 입증했다. 가장 대표적인 의제는 진보적 개신교의 것으로, 예수의 모습 중 19세기 유럽의 관점에서 낯선 부분은 평가절하하는 대신 "하나님의 아버지 되심과 인간의 형제 됨"으로 알려진 "보편성"에 초점을 맞춘 접근이었다. 그들의 손에서 예수는 "신화적" 특성이나 그와 동시대 인간과 닮은 점들을 탈색시킨 윤리적 설교자가 되었다. 그의 유대인 됨은 너무 개별적이라고 여겨진 나머지 보편성이 없는 것으로 경시되었다. 예를 들어 예수가 자신을 메시아로서 간주했다는 사실을 수용하더라도, 그의 메시아관은 동시대인들의 것과는 급진적으로 다른 것으로 해석되었다. 예컨대 예수 시대의 유대인들은 "국가주의적"이었지만 예수는 "영적"이었고, 그들의 생각은 이 세상 것들에 휘둘렸지만 예수는 영원의 시각으로 사고했다는 식이었다. 기적은 이성주의에 근거해서 해명되었는데, 즉 기적적인 사건들은 고대의 사람들이 과학적 지식이 없었기 때문에 자연적인 현상을 초자연적 현상으로 받아들인 것일 뿐이라고 설명되었다.

슈바이처 이후 학자들은 역사적 예수 탐구 작업을 포기했다. 이는 (자료들이 신뢰할 만한 사료를 포함하지 않았으므로) 방법론적으로 불가능하고, (종교적 신앙은 역사적 연구에서 도출할 수 없으므로) 신학적으로 불필요하다는 판단에서였다. 20세기의 가장 영향력 있는 신약학자로 불리는 루돌프 불트만(Rudolph Bultmann)이 이런 견해를 가졌고, 교의학의 거장 칼 바르트(Karl Barth) 역시 불트만을 지지했다. 그러나 1953년에 불트만의 제자 에른스트 케제만(Ernst Käsemann)은 이 연구가 가능하고도 필요하다고 주장하면서 역사적 예수 연구의 새로운 불씨를 지폈다. 그가 이끈 "새 탐구"(new quest)는 자료의 진정성 판단을 위한 비평적 기준을 제시하고 역사적 예수에게 속한 자료와 초기 교회 그리고 복음서·저자들의 것을 구별하는 새로운 분석 방식을 갖추고 있었다.

새 탐구는 우리가 가진 자료의 한계성을 인지하면서, 이를테면 복음서 내러티브의 연대기적 배열 자체가 복음서 저자들의 작업이었기에 온전한 "예수전"을 구성하는 것은 불가능함을 시인한다. 그럼에도 불구하고 새 탐구 지지자들은 예수에 관한 역사적 연구가 가능하다고 믿으며, 예수가 기독교 신앙의 중심에 있는 한 그런 연구는 신학적으로도 꼭 필요하다고 주장한다.

새 탐구는 현재도 진행 중이다. 심지어 일부 학자들은 제3의 탐구를 논하지만, 학자마다 설명이 다른 상황이다. 이 연구들은 각기 다른 방법론을 채택하고 다양한 결론을 제시한다. 제2성전기 유대교에 대한 새로운 인식이 그중 하나인데, 이런 새로운 방식은 유대교에 관한 기독교의 전통적 편견에 도전하고 제2성전기 유대교의 다양성과 풍부함을 인정하는 한편 모든 증거물을 다루는 연구법, 즉 증거의 편린들을 사전에 준비된 개념으로 재단하지 않고 저마다의 고유한 가치를 부여하는 방식을 채택한다. 제3의 탐구는 비교 방법론 즉 문화인류학이나 사회학의 방법론을 사용한다. 고대 유대교 역시 종교 일반이 공유하는 광범위한 실체의 구체적 예이므로 타 종교 및 문화와의 비교연구는 유익한 결과를 낳는다.

역사가는 복음서 안에 얽혀 있는 역사적 요소와 비역사적 요소들을 분리해내고, "사실들"을 이해 가능한 역사의 틀로 재구성해내야 한다. 이것은 일부 학자들이 불가능하다고 말하는 매우 어려운 작업이다. 이것을 아예 포기할 경우 우리는 역사적 예수에 대해 각자가 가진 특유의 이미지로부터 영향을 받은 암묵적 편견을 버리지 못하게 될 것이다. 이는 신자든 불신자든 간에 마찬가지로 적용된다. 우리가 비평적이고 역사적인 질문을 던지지 않는다면 우리는 우리가 가진 예수상이 역사적으로 정확하다고 간주하게 될 것이고, 다른 이들의 "그릇된" 견해에 대항해 우리 자신의 견해를 고집할 것이며, 우리의 논의는 역사적 판단과 신학적 판단의 구분 없이 신학과 교리의 영역으로 미끄러져 들어갈 것이다. 결국 우리는 자신의 견해가 역사적으로뿐만 아니라 교리적으로도 옳다고 가정하게 될 것이고, 그 결과 우리의 견해를 변호하는 것을 기독교 신앙의 변증과 동일시하게 될 것이다.

역사적 예수 연구에 관해서는 명확하고 결정적인 답이 눈앞에 보이지 않더라도, 질문을 던지고 대답을 찾는 과정 자체가 역사적 예수를 둘러싼 우리의 암묵적 견해를 노출시키고 그 역사성을 재고하게 만드는 기능을 수행한다. 물론 정경의 복음서들은 신앙의 표현으로서 교회의 근원적 문서로 남을 것이다. 그럼에도 불구하고 예수를 역사적 인물로 진지하게 받아들임으로써 신자들은 예수의 메시지와 의미에 대한 통찰력을 얻을 수 있다. 많은 신학자들이 역사적 예수 연구의 통찰력을 통해 자신들의 기독론이 근본적으로 변화되고 자극되는 경험을 한다.

자료

신약성경에서 가장 초기의 문서는 바울의 편지들이다. 바울은 역사적 예수에 대해 약간의 정보를 제공하긴 하지만, 그의 관심은 예수의 생애에 대한 세부사항보다는 예수의 죽음과 부활에 집중되어 있다. 바울에게 예수의 죽음과 부활은 새 창조를 시작하고 사탄의 권세에서 해방된 새 인류를 만들어내는 종말론적 사건이다. 어쨌든 예수의 생애에 관한 역사적 자료가 빈약하긴 해도 바울 서신은 열두 사도의 존재나 이혼 금지와 같은 예수의 사역의 일부 측면을 확인시켜준다.

역사적 예수에 관해 가장 유용한 자료는 정경의 사복음서 즉 마태복음, 마가복음, 누가복음, 요한복음이다. 그중 첫 세 권은 공관복음서(Synoptic Gospels)라고 불리는데, 이는 그들 간에 공유하는 내용이 방대해서 "함께 본다"라는 뜻의 그리스어 *synopsis*에서 유래한 것이다. 이 복음서들이 편견 없는 글이라고 할 수는 없다. 복음서 저자들의 보도는 선별적이다. 그들은 현대적 의미에서의 "객관적 역사"를 제시하려고 하지 않았고, 기독교 신앙을 장려하고 뒷받침하기 위한 신앙의 표현으로 복음서를 집필했다. 각 저자는 예수에 관한 이야기를 저마다의 방식으로 해석해 들려준다(복음서 저자는 evangelist라고 불리는데, 이는 "복음"을 뜻하는 그리스어 *euangelion*에서 유래했다). 복음서에는 역사적 자료가 많이 들어 있지만, 복음서 자체를 역사라고 부를 수는 없다. 복음서는 내러티브 형태의 설교라고 부르는 것이 좀 더 정확하다. 현대의 설교자가 성경 이야기를 빌려 자신의 논점을 제시하는 경우, 이야기의 빈틈을 채우고 세부사항을 각색하며 난제들을 해결할 것이다. 사복음서 역시 비슷한 과정을 겪었다. 복음서 저자들은 주어진 자료들을 가감하고 윤색해서 각자의 관점으로 예수를 제시했다.

마가복음은 최초의 복음서다(기원후 70년경). 마가가 사용한 구전자료와 문서자료는 더 이상 남아 있지 않다. 이 자료들은 예수 사후 사십여 년간 교회의 필요에 의해 만들어진 것으로, 본래의 사료들을 선별하고 적용해 다듬은 결과물이었다. 마태복음과 누가복음은 기원후 80년대 중반 무렵의 저술로서 마가복음을 대폭 인용하는 동시에 주로 예수의 어록으로 구성된 Q라는 문서자료를 덧붙이고 있다(6장을 보라). Q는 보존되지 않았지만, 마태복음과 누가복음을 비교함으로써 상당 부분 재구성이 가능하다. 마태복음과 누가복음이 Q를 사용하고 있으므로, Q가 이 복음서들보다 이전에 작성된 자료임은 분명하다. 마태와 누가는 Q 외에 다양한 자료에서 수집한 자신의 독특한 내용을 담고 있는데, 마태만의 고유 자료를 M, 누가만의 고유 자료를 L이라고 부른다. 이런 명칭들을 사용한다고 해서 M이나 L이 마가복음이나 Q와 같이 연속적으로 정리된 문서자료였다는 의미는 아니다. 마태와 누가는 자신들의 자료를 취합하고 각자의 개념과 관심사에 근거해 복음서를 저술했다.

요한복음은 아마 공관복음과 별도로 저술된 것으로 보이지만 이 점도 논란의 여지는 있다. 요한복음과 공관복음 사이에 흥미로운 병행이 있지만, 문학적 의존성이 뚜렷하지는 않다. 요한 역시 현재 보존되지 않은 자료들을 사용했지만, 그 자료들의 범위와 성격에 대한 학자들 간의 합의는 이루어지지 않았다. 요한복음이 그리는 예수와 공관복음의 예수는 서로 차이점이 너무 커서 양립하기 어렵다. 예를 들면 공관복음에서 예수는 주로 하나님 나라에 대해 설교하지만 자기 자신에 대해서는 거의 말하지 않는다. 이에 반해 요한복음의 예수는 거의 전적으로 자신에 관해서만 말한다. 요한복음에서 예수는 자신을 가리켜 다양한 호칭을 사용하면서도 하나님 나라는 하나의 이야기에서 단 두 번 언급할 뿐이다(요 3:3, 5). 공관복음에는 예수가 귀신을 쫓는 장면이 두드러지지만, 요한복음에는 전혀 없다. 공관복음에서 예수가 즐겨 쓰는 교육방식은 비유인데, 요한복음은 공관복음 스타일의 비유를 수록하지 않았다. 공관복음은 예수의 가르침을 주로 짤막한 어록 혹은 어록집의 형태로 보존한 반면, 요한복음의 예수는 길고 연속적인 담론으로 말한다. 비교할 만한 점은 이 외에도 많다. 학자들은 대부분 공관복음의 예수가 역사적 예수에 가깝고, 요한복음은 요한 공동체가 신학적 목적에 맞춰 발전시킨 것이라고 해석한다. 물론 이것은 요한복음에서 역사적 사실을 추출할 수 없다는 뜻이 아니다. 하지만 아무래도 역사적 실체 규명은 공관복음을 중심으로 하고 요한복음이 보조적 역할을 해야 한다는 뜻이다.

신약성경을 제외하면 예수와 관련한 동시대 자료는 보존된 것이 거의 없다. 초기 기독교의 정경 외 복음서들은 2세기 혹은 그 이후에 초기 기독교가 예수에 대해 가졌던 관념들을 보여준다. 후에 다루겠지만 요세푸스가 예수에 관해 말한 한 문단의 내용은 복음서의 기록과 대체로 일치한다. 로마인들의 자료 가운데 예수를 간략히 언급한 것이 있지만 우리가 이미 아는 것에 실질적으로 보탬이 될 만한 것은 없다. 랍비 문헌 중 일부 내용은 예수에 관해 말한 것일 수 있으나, 연대가 훨씬 후대의 것으로 사료의 가치는 없다.

진정성의 기준

학자들은 예수의 특정한 행동이나 어록이 역사적 근거가 있는 본연의 것인지 감별하는 기준을 제시했다. 학자들은 저마다 다른 방식으로 기준들을 설명하고 사용하는데, 여기서는 페린(Perrin)과 마이어의 기준을 주로 채택해 통합된 리스트를 만들었다.

상이성(dissimilarity). 1세기 유대교와 초기 기독교의 전형적 강조점과는 차이를 보이는 행동과 어록은 그 진정성(예수 자신으로부터 유래함)을 인정받는다. 다시 말해 1세기 당시의 유대인 혹은 초기 그리스도인이 생각하고 말했을 만한 것과 다른 내용을 예수 자신의 것으로 인정한다는 뜻이다. 이런 기준의 문제점은 예수가 동시대 유대인답게 말하고 행동한 것들과 예수를 교회와 연결해주는 내용을 배제하게 된다는 데 있다. 게다가 1세기 유대교와 초기 교회에 대해 알려진 지식은 여전히 단편적이어서 무엇이 그 전승에 속하지 않은 독창적인 것인지를 판단하기 어렵다. 라이트(N. T. Wright)는 "유사성과 상이성의 2중 기준"이라는 개념을 제시한다. 제2성전기 유대교 맥락 내에서 유의미한 것 중 후대의 기독교로 수렴해가는 성향을 보이는 것들이 진정한 혹은 역사적인 것으로 판명된다. 바꾸어 말하면 그것은 1세기 유대교 내에서 이해할 수 있지만, 반드시 전형적인 것은 아니며 기독교에서 나타난 발전을 설명해준다.

당혹감(embarrassment). 복음서의 내용 중 초기 교회가 만들어냈을 리 없는 것들, 교회를 당혹스럽게 했을 내용은 진정성을 인정할 수 있다. 이 기준은 전체 목록 중 설득력이 가장 높은 편에 속한다.

복수 증언(multiple attestation). 각기 독립된 자료 여러 곳에 기록된 내용이다. 마가복음, Q, M, L, 바울 서신, 요한 등은 서로 독립적이라고 인정받는 개별 자료들이며, 「도마복음」이나 「베드로복음」도 그 유용성에 대한 논란은 있지만 자료로 인정받는다. 마이어는 형태의 복수성(multiplicity of form) 역시 주요하다고 부연한다. 예를 들면 기적 설화에서뿐만 아니라 예수의 어록 형태로도 등장하는 기적이 더 신빙성을 인정받는다. 자료의 복수성과 형태의 복수성이 겹치면 금상첨화일 것이다. 비유, 어록, 설화 등으로 나타나고 마가, Q, 요한에 두루 기록된 내용이라면 매우 강력하게 진정한 예수의 어록 혹은 행동으로 인정받을 것이다.

정합성(coherence). 일단 앞의 기준들에 의해 예수 자료의 핵심이 결정되면, 그만큼 엄격한 기준을 통과하지는 못하지만 앞서 선택된 내용을 핵심으로 하여 일관성 있게 묶을 수 있는 다른 내용을 포함할 수 있다.

언어 및 환경의 맥락(linguistic and environmental context). 이 기준은 1세기 갈릴리와 유대 환경에 걸맞지 않은 내용을 배제하는 데 사용된다.

거부와 처형(rejection and execution). 예수는 예루살렘 권력층에게 거부당했고 로마에 의해 처형되었다. 따라서 그의 삶과 사역을 정치적으로 무해한 모습으로 재구성한다면 진실 테스트를 통과하기에 부적절할 것이다.

결과(result). 역사적 예수에 관한 논의는 예수 운동이 결국 기독교로 진화했다는 사실을 설명할 수 있어야 한다.

진정성 판단의 기준

상이성	현재 우리에게 알려진 1세기 유대교 및 초기 교회의 모습과 다른가?
당혹감	교회에 당혹감을 주기 때문에 교회가 보존하려고 하지 않을 내용인가?
복수 증언	하나 이상의 출처에 나타나는가? 한 가지 이상의 문학적 형태로 기록되었는가?
정합성	엄격한 기준을 통과한 핵심자료들과 내용상 부합하는가?
언어 및 환경의 맥락	예수가 사역한 시대와 장소에 들어맞는가?
거부와 처형	예수가 동시대인들에게 거부되고 처형된 이유를 설명하는 데 기여하는가?
결과	예수 사후 발생한 현상들, 즉 교회가 시작되고 성장한 과정 등을 설명하는 데 도움을 주는가?

우리가 이런 기준들을 두루 사용한다고 해도 역사적 예수의 재구성은 저마다 다른 결과물을 내놓을 수 있다. 재구성의 방법론은 아마도 미니멀리스트(minimalist) 접근과 맥시멀리스트(maximalist) 접근 사이에 위치할 것이다. 미니멀리스트는 예수와 관련하여 역사적 진정성을 주장하는 측이 입증 의무를 져야 한다고 믿는다. 맥시멀리스트는 진정성을 의심할 만한 증거가 제시되지 않는 한 예수와 관련된 전승들은 믿을 만하다고 여긴다. 공정하게 말하자면 어느 편에 서든 자신의 입장을 증명하려고 애써야 하리라. 즉 누구든 자기주장을 내세우려면 거증 책임을 져야 한다는 말이다. 접근법의 또 다른 기본적 차이점은 개별 전승을 판단하는 것으로 시작하고 천천히 자료를 누적하여 그 위에 가설을 형성할 것인지, 아니면 반대로 우선 일반적인 가설을 세운 뒤에 예수 전승의 편린들이 그에 부

합하는지를 판단할 것인지의 여부와 관련된다.

복음서에서 예수의 호칭에 관한 연구는 한때 인기가 있었으나 지금은 그렇지 않다. 그 이유는 아래에서 자세히 설명될 것이다. 많은 연구가 예수의 가르침에 집중되었는데, 예수가 실제로 했던 말에다 나중에 추가로 붙여진 것을 제거하고 그다음에 그것을 아람어로 다시 옮김으로써 그의 말의 정확한 형태를 찾으려고 시도했다. 이제 대부분의 학자는 기껏해야 예수가 말한 "종류"(sort of thing)에 도달할 수 있을 뿐이라고 생각한다.

예수에 관한 "사실들"

E. P. 샌더스(E. P. Sanders)는 1985년에 출간한 『예수와 유대교』(*Jesus and Judaism*)를 통해 예수를 유대교의 회복 종말론(restoration eschatology)의 맥락에서 활동한 예언자적 인물로 보아야 한다고 주장했다. 그에 따르면 예수는 하나님께서 가까운 장래에 결정적으로 역사에 개입하시고 이스라엘을 세계 속에 온당한 위치로 회복시키실 것이라고 기대했던 예언자였다. 곧 하나님께서 만물을 마땅한 상태로 회복시키실 때 이스라엘은 하나님의 선민으로서 마땅히 있어야 할 자리를 되찾고 성전은 재건되어 이방인을 포함한 온 세상 사람들이 하나님을 예배하는 중심지가 될 것이다. 본서는 샌더스의 이런 분석을 기본으로 하고, 최근 앨리슨(Allison)이 샌더스의 원작을 다듬고 증보해서 내놓은 결과를 참조하고자 한다. 천년왕국 운동(millenarian movement)에 대한 분석에서 얻은 통찰력을 적용하여 예수를 예언자로서 설명하고 그를 따르는 공동체의 관점에서 해명한 앨리슨의 연구는 설득력과 통찰력을 갖추고 있다.

예수의 가르침을 재구성하기는 쉽지 않기에, 샌더스는 그가 생각하는 예수에 관한 확고한 "사실들"을 연구의 시작점으로 먼저 제시했고, 1993년의 연구서 『역사적 인물 예수』(*The Historical Figure of Jesus*)에서 이 사실들을 약간 개정한 목록을 다시 제시했다. 아래에 제시한 목록은 그의 두 목록을 통합한 것으로 관련 논의에서 상세히 살펴볼 항목들의 총체다.

샌더스가 제시한 "실제로 반박 불가능한 사실들"

- 예수는 기원전 4년경 헤롯 대왕의 사망 무렵에 태어났다.
- 그는 유년기와 청소년기를 갈릴리의 소읍 나사렛에서 보냈다.
- 그는 세례 요한에게 세례를 받았다.
- 그는 설교하고 치유하는 갈릴리인이었다.
- 그는 열두 명의 제자를 불러 세웠다.
- 그는 소읍과 마을 및 갈릴리 들판에서 가르쳤다(도시에서는 하지 않은 것으로 보인다).
- 그는 이스라엘 내에서만 활동했다.
- 그는 "하나님 나라"를 설교했다.
- 그는 약 30세에 유월절을 지키러 예루살렘으로 갔다.
- 그는 성전과 관련된 논쟁을 벌였고, 성전 영역에서 소요를 일으켰다.
- 그는 제자들과 마지막 식사를 나눴다.
- 그는 유대 관료들, 특별히 대제사장에게 체포되어 심문을 받았다.
- 그는 로마 총독 본디오 빌라도의 명령으로 예루살렘 외곽에서 로마 당국에 의해 십자가에 처형당했다.

- 그의 제자들은 처음에 도주했다.
- 제자들은 예수가 죽은 이후에 그를 (어떤 의미에서든) 보았다.
- 그 결과로 제자들은 예수가 돌아와 하나님 나라를 세우리라고 믿었다.
- 그들은 그의 재림을 기다리는 공동체를 이루었고, 다른 이들이 그를 하나님의 메시아로 믿도록 설득하기 위해 노력했다.
- 적어도 일부 유대인들이 이 새로운 운동의 어떤 측면을 핍박했고(갈 1:13, 23; 빌 3:6), 이런 핍박이 최소한 바울의 사역 말기까지 지속된 것으로 보인다(고후 11:24; 갈 5:11; 6:12; 참조. 마 23:34; 10:17).

세례 요한에게 세례를 받다

앞서 8장에서는 세례 요한을 1세기 예언운동의 맥락에서 살펴보았다. 헤롯 안티파스가 요한을 처형한 이유는 요한이 전한 메시지의 대중적 흡인력과 종말론적이고 저항적인 그의 어조 때문이었다. 세례 요한의 묵시적 메시지는 마태복음 3:7-12에 요약되어 있다. 그는 종말이 곧 도래할 것이며 그때가 되면 하나님의 진노가 죄인들에게 쏟아지리라고 외쳤다. 그는 회개를 촉구하고 그의 메시지를 받아들인 이들에게 세례를 주었다. 요한은 참된 회개를 동반하는 세례가 그들을 하나님의 진노로부터 지켜주리라고 믿었다. 요한의 메시지는 현시대에 대한 불만을 표출했으므로 이스라엘 지도자들과 로마인들에게 잠재적인 위협요소로 여겨졌다. 요한은 여느 예언자들처럼 자신이 하나님을 대리하여 말하고 있다고 믿었고, 그런 태도로 인해 종교적인 권력층의 마음을 살 수 없었다.

예수는 요한에게 세례를 받음으로써 사역을 시작했다. 이 사실은 초기 그리스도인들을 당혹스럽게 했는데, 왜냐하면 그것이 세례를 받는 예수가 죄인으로서의 자의식을 나타내는 것으로 보였고, 요한이 예수보다 우월한 존재임을 함의하는 것으로 보였기 때문이다. 마태복음에만 등장하는 아래 이야기는 두 번째 논점을 부각시킨다.

> 이때에 예수께서 갈릴리로부터 요단강에 이르러 요한에게 세례를 받으려 하시니 요한이 말려 이르되 "내가 당신에게서 세례를 받아야 할 터인데 당신이 내게로 오시나이까?" 예수께서 대답하여 이르시되 "이제 허락하라. 우리가 이와 같이 하여 모든 의를 이루는 것이 합당하니라" 하시니 이에 요한이 허락하는지라(마 3:13-15).

여기서 요한은 예수에게 세례를 준다는 것이 어떤 함의를 갖는지를 이해하고 있다. 큰 자가 작은 자에게 세례를 주는 법이다. 예수는 자신이 요한에게 복종하는 것은 일시적인 일이고 하나님의 계획에 합하는 일이라고 대답한다. 중요한 것은 이와 같은 설명이 필요했다는 바로 그 사실이다. 누가복음은 예수가 요한에게 세례를 받은 것에 대한 직접적인 묘사를 피한다. 요한복음은 세례 이야기 자체를 삭제함으로써 논쟁 자체를 원천적으로 회피한다.

요한복음에서 예루살렘의 권력자들이 요한에게 접근해 세례를 주는 이유를 대라고 요구하자 그는 이렇게 반응한다. "요한이 드러내어 말하고 숨기지 아니하니 드러내어 하는 말이 '나는 그리스도가 아니라' 한대"(요 1:20). 여기서 요한이 강경하게 부인한다는 것은 일각에서 요한을 메시아로 여겼음을 시사한다. 아래의 구절들을 통해서도 예수와 요한 간의 경쟁적 관계를 짐작해볼 수 있다.

> 그들이 요한에게 가서 이르되 "랍비여, 선생님과 함께 요단강 저편에 있던

이 곧 선생님이 증언하시던 이가 세례를 베풀매 사람이 다 그에게로 가더이다." 요한이 대답하여 이르되 "만일 하늘에서 주신 바 아니면 사람이 아무것도 받을 수 없느니라. 내가 말한 바 나는 그리스도가 아니요, 그의 앞에 보내심을 받은 자라고 한 것을 증언할 자는 너희니라"(요 3:26-28).

예수께서 제자를 삼고 세례를 베푸시는 것이 요한보다 많다 하는 말을 바리새인들이 들은 줄을 주께서 아신지라(예수께서 친히 세례를 베푸신 것이 아니요, 제자들이 베푼 것이라)(요 4:1-2).

이 구절들은 요한이 사역을 멈춘 후에야 예수가 사역을 시작한 것으로 서술하는 공관복음서의 기록과 상치된다. 요한복음에서는 예수와 요한이 동시에 각자의 사역을 수행한다. 사복음서는 세례 요한을 그저 예수에 앞서 길을 준비하는 사람으로 묘사하므로, 제4복음서가 동시적 사역을 창작했다기보다는 공관복음이 양자 간의 깔끔한 사역 계승이라는 구도로 도식화했을 가능성이 더 크다. 요한복음에 따르면 세례 요한의 제자들은 예수가 독자적 사역을 벌이자 당혹스러워했고, 그가 자신들의 스승보다 더 성공하는 것을 힘들어했다. 예수가 직접 사람들에게 세례를 주었는지에 관한 혼란은 요한과 예수의 관계를 둘러싼 당혹감에서 비롯된 것으로 보인다. 초기 그리스도인들은 예수가 세례 요한의 모방자라는 인상을 불식시키길 원했을 것이다. 따라서 요한복음 3:26과 4:1은 예수가 세례를 베풀었다고 말하지만, 4:2은 그것을 부인하는 모양새가 된 것이다.

세례 요한은 자기 뒤에 자기보다 더 강한 이가 오시리라고 말한다. 그가 말한 이가 과연 예수였을까? 마태와 누가에 따르면(따라서 Q에 의하면) 예수의 사역이 한창이던 시점에 세례 요한이 자기 제자들을 보내 예수에게 질문한다. "오실 그이가 당신이오니이까? 우리가 다른 이를 기다리오리이까?"(마 11:3; 눅 7:19을 보라) 만일 요한이 예수를 메시아로 알았다면 그리스도인들 가운데 이 이야기가 돌았다는 것은 의아한 일이었을 것이다. 세례를 주는 장면에서도 요한은 예수가 자기가 섬기려고 준비해왔던 바로 그분이라고 명확히 말하지 않는다. 그런 명백한 서술은 요한복음 1:36에서 나타나지만, 공관복음에는 나타나지 않는다는 점에서 의문의 여지를 남긴다. 그처럼 중요한 기억을 공관복음이 덮어놓을 이유가 있는가?

여러 증거를 종합해볼 때 예수는 어느 시점에 세례 요한의 메시지를 듣고 확신을 얻은 뒤 세례를 받고 요한의 제자들 진영에 합류했을 것이다. 이런 행동이 자신의 죄인 됨에 대한 예수의 의식을 반드시 함의하는 것은 아니다. 이것은 죄인 된 인간의 무리에 자신도 속한다는 것을 인정하는 표시였을 것이다. 앞서 1장에서 보았듯 개별성보다는 공동체성에 강조점이 있다. 이후 예수는 자신의 길을 갔고 아마도 세례 요한의 제자들 가운데 일부를 자신의 제자로 받아들였을 것이다(요 1장을 보라). 예수가 세례 요한과 결별한 이유에 대한 단서를 제공하는 예수의 어록이 있다. "요한이 와서 먹지도 않고 마시지도 아니하매 그들이 말하기를 '귀신이 들렸다' 하더니 인자는 와서 먹고 마시매 말하기를 '보라, 먹기를 탐하고 포도주를 즐기는 사람이요, 세리와 죄인의 친구로다' 하니 지혜는 그 행한 일로 인하여 옳다 함을 얻느니라"(마 11:18-19; 눅 7:33-34을 보라). 초기 교회가 예수에게 이런 혐의를 제기했을 리는 없으므로 이 어록은 예수 자신의 것으로 판단된다. 이런 맹비난에는 예수 자신의 행동과 연결된 일정한 근거가 있었으리라. 복음서에는 예수가 식사하는 장면에 대한 묘사가 유달리 많다. 그가 수난을 당하기 전에 행한 최후의 행동 역시 제자들과 식사하고 포도주를 마시는 것이었다. 예수는 하나님 나라를 잔치에 비유했다(마 22:1-14; 눅 14:15-24). 세례 요한은 금욕주의자였지만 예수는 아니었다.

예수의 사역에 드러난 느낌은 요한의 것과 결을 달리한다. 요한의 메시지는 어둡고, 임박한 진노에 대한 경고로 가득 차 있으며, 먹고 마시는 일을 부정적으로 대한다. 반대로 예수는 마치 하나님 나라가 이미 임한 듯이 행동했다. 예수는 자신과 제자들이 금식하지 않는 이유를 설명하면서(막 2:18-20) 금식은 하나님 나라가 임박했을 때에나 적합하다고 답한다. 게다가 예수는 기적을 행했으나 요한은 행하지 않았다. 기적은 하나님 나라의 현존을 가리키는 표지였다. 요한이 예수가 "오실 그분"인지를 궁금해하자 예수는 요한의 제자들에게 이렇게 답했다. "너희가 가서 듣고 보는 것을 요한에게 알리되 '맹인이 보며 못 걷는 사람이 걸으며 나병환자가 깨끗함을 받으며 못 듣는 자가 들으며 죽은 자가 살아나며 가난한 자에게 복음이 전파된다' 하라. 누구든지 나로 말미암아 실족하지 아니하는 자는 복이 있도다"(마 11:4-6). 예수는 자신이 행하는 기적이 하나님 나라가 자신을 통해 땅에 임하는 표지라고 이해하면서도, 요한이 자신으로 인해 상처를 받을 가능성을 염두에 두고 있다.

예수는 요한을 떠난 후에도 그에 대해 상당한 존경심을 유지했다. 예를 들어 그는 다음과 같이 말한다. "내가 진실로 너희에게 말하노니 여자가 낳은 자 중에 세례 요한보다 큰 이가 일어남이 없도다. 그러나 천국에서는 극히 작은 자라도 그보다 크니라"(마 11:11). 이 어록은 요한에 대한 존경심을 표현하지만, 어떤 의미에서는 하나님의 계획이 요한으로부터 옮겨갔다는 사실도 전한다.

티베리아스 근처로 갈릴리 바다 서쪽에 있는 현대 마을인 아르벨(Arbel)의 전망. 예수에 대한 복음서 이야기들은 대부분 이 호수에서 혹은 근처에서 일어난다.

오늘날 일부 학자들은 예수의 메시지와 행동이 지니는 종말론적 요소들을 폄하하거나 재해석하거나 부인하는 태도를 보인다(Crossan, Borg). 그러나 다른 편에서는 다수의 석학이 여전히 전통적 입장 즉 예수는 종말론적 예언자였다는 견해를 유지한다(앞에서 언급한 Sanders를 보라). 최근에는 앨리슨이 예수가 천년왕국 예언자였다는 주장을 상세하고 설득력 있게 제시했다. 즉 예수는 하나님께서 가까운 장래에 매우 구체적으로 역사에 개입하시고 그 결과로 사회 내의 인간관계들이 변혁되고 우주적 역사가 일어날 것이라고 믿었다는 것이다. 앨리슨은 만일 세례 요한이 종말론적 예언자였고 초기 교회가 임박한 종말을 예감하고 있었다면 세례 요한과 교회를 잇는 연결자로서 예수 역시 종말론적 시각을 지니고 있었을 것이라고 주장한다. 앨리슨은 예수 어록 전승을 살펴보고 상당수 어록이 자신의 일반 가설에 잘 부합한다고 설명한다.

설교하고 치유하는 갈릴리인

마태와 누가는 모두 예수가 헤롯 대왕(기원전 4년에 사망)의 통치 말기에 태어났다고 서술한다(마 2:1; 눅 1:5). 누가복음 2:1-2은 예수가 퀴리니우스가 시행한 인구조사 기간에 태어났다는 정보를 추가한다(기원후 6년; 앞의 8장을 보라). 그러나 누가의 기록은 혼란을 초래한다. 왜냐하면 실제 인구조사는 헤롯이 사망한 지 십 년 후에 시행되었기 때문이다. 마태와 누가가 각기 인용하는 이른 연대가 더 신뢰할 만하다. 예수는 갈릴리와 사마리아를 나누는 골짜기 바로 북쪽 고지대의 갈릴리 마을인 나사렛에서 출생했다. 나사렛은 히브리 성경에도 요세푸스의 저작에도 달리 언급되지 않은 소읍인 만큼 누군가가 이런 정보를 날조해낼 이유는 없을 것이다. 나사렛은 헬레니즘 도시인 세포리스에서 남동쪽으로 약 5킬로미터 떨어진 거리에 있었으며, 헤롯 안티파스(기원전 4년-기원후 39년 통치) 치하에서 갈릴리의 행정 중심지였다. 복음서는 예수가 세포리스에 출입했다고 말하지 않는다. 그는 갈릴리의 작은 마을들에서 삶의 대부분을 보냈는데, 그가 목수로 일했다는 복음서 전승이 정확하다면, 그는 촌락의 직공으로 하류층에 속한 사람이었다. 그의 모어는 아람어였지만, 어떤 이들은 그가 적어도 약간의 그리스어와 히브리어 지식을 갖고 있었을 것이라고 주장한다.

예수가 생존한 당시에 갈릴리의 지배자는 헤롯 안티파스였고, 유대는 로마가 직접 관할하는 구역이었다. 예루살렘 성전 권력이 갈릴리에 어느 정도의 영향력을 행사했는지는 분명치 않지만, 헤롯이 허용하는 범위 내에서만 가능했을 것이다. 공관복음은 예수의 사역이 대부분 갈릴리에서 행해졌고, 그의 생애 마지막에서야 그가 예루살렘을 방문한 것으로 그린다. 하지만 요한복음은 예수가 적어도 세 번 예루살렘을 다녀왔다고 서술한다. 예수가 활발히 사역한 곳은 갈릴리였으므로, 그가 접촉한 "서기관들"은 갈릴리 촌락의 서기관들 혹은 헤롯의 관료들이었을 것이다. 그 지역에도 바리새인들이 있었을 수 있지만, 그들의 존재감은 미약했을 것이다. 예수는 예루살렘에 가서야 성전 제사장들과 서기관들 그리고 예루살렘 지도층인 장로들을 직접 상대할 수 있었다.

예수의 동시대인들이 그를 치유자와 축귀자로 보았다는 것은 의심할 여지가 없다. 예수의 적수들조차도 그의 능력을 인정했다. 문제는 그가 치유와 축귀를 행할 수 있느냐의 여부가 아니라 어떻게 그런 능력을 행할 수 있는가였다. 아래 구절이 그런 논쟁을 보여준다.

> 예루살렘에서 내려온 서기관들은 "그가 바알세불이 지폈다" 하며 또 "귀신의 왕을 힘입어 귀신을 쫓아낸다" 하니 예수께서 그들을 불러다가 비유로 말씀하시되 "사탄이 어찌 사탄을 쫓아낼 수 있느냐? 또 만일 나라가 스스로 분쟁하면 그 나라가 설 수 없고, 만일 집이 스스로 분쟁하면 그 집이 설 수 없고, 만일 사탄이 자기를 거슬러 일어나 분쟁하면 설 수 없고 망하느니라. 사람이 먼저 강한 자를 결박하지 않고는 그 강한 자의 집에 들어가 세간을 강탈하지 못하리니 결박한 후에야 그 집을 강탈하리라"(막 3:22-27).

바알세불은 사탄으로 알려진 마귀 두목의 이름이다. 그리스도인들이 예수를 사탄의 협력자로 몰았을 리는 없기에, 그런 혐의는 "당혹감의 기준"에 근거해 진정성 있는 원자료라고 판단된다. 즉 예수를 공격한 자들은 그가 특별한 능력을 지녔다고 믿었지만, 사탄과의 협력이 그 힘의 원천이라고 생각했다. 예수의 대답은 그의 축귀 능력에 대한 그 자신의 해석을 보여준다. 즉 그의 축귀는 사탄을 결박하고 그 집을 강탈하는 것과 같다는 것이다. 이런 설명은 묵시적 전통 안에서 이해해야 한다. 세상은 사탄의 지배 아래 있지만, 하나님께서 곧 개입하셔서 사탄을 물리치고 세상을 다시 손에 넣으실 것이다. 예수는 자신의 축귀가 하나님의 개입을 촉발한다고 주장했다.

마가에 따르면 예수의 활동을 부정적으로 해석한 것은 예루살렘의 서기관들만이 아니었다. 마가는 "예수의 친족들이 듣고 그를 붙들러 나오니 이는 '그가 미쳤다' 함일러라"(막 3:21)라고 보도한다. 이 구절 역시 당혹감의 기준에 비추어 진정성 있는 기록으로 판단되는데, 예수의 가족은 그가 미쳤다고 생각했거나 최소한 그런 비난을 받는 데 대해 수치심을 느꼈다.

예수가 수행한 이적들에 내재하는 종말론적 요소는 그를 당대의 여타 인물들과 구별한다. 버미스는 예수를 유대교 성자 두 사람과 비교한다(*Jesus the Jew*, 69-80). 원 그리는 사람 호니(Honi the Circle-Drawer)는 기원전 1세기에 살았던 인물로, 요세푸스와 랍비 문헌에 기도로 가뭄을 그치게 했다고 기록된다. 랍비 전승은 그가 하나님께 한 행동을 아들이 자기 아버지에게 할 법한 일에 비유한다. 또 다른 성자 하니나 벤 도사(Hanina ben Dosa)는 나사렛 북쪽으로 16킬로미터 떨어진 갈릴리 촌마을 출신이었다. 예수처럼 하니나도 멀리 떨어져 있는 환자를 고칠 수 있었고, 자연을 통제하고 귀신을 쫓아냈다고 한다. 그는 제의문제에 거의 관심이 없는 대신 도덕적 문제들에 집중했다. 이 성자들과 예수 간의 유사성은 명백한데, 하니나 벤 도사의 경우가 특히 그렇다. 하지만 이 성자들은 아무도 종말론적 메시지를 전하지 않았다.

열두 제자

예수가 열두 제자를 세운 것은 복음서와 바울 서신에 기록되어 있다(고전 15:5, 기원후 54년경). 여기서는 각 개인이 아닌 열둘이라는 숫자가 중요하다. 신약성경에 나오는 열두 제자의 명단들은 서로 정확히 일치하지 않을 뿐 아니라 대다수 제자의 신상에 대해서도 알려진 것이 거의 없다. 만일 초기 교회가 열두 사도라는 개념을 만들어냈다면 그 명단에 예수를 배신한 가룟 유다를 넣지는 않았을 것이므로 이 사안에 당혹감의 기준을 적용할 수 있다.

열둘이라는 숫자의 배경으로는 이스라엘 열두 지파의 존재가 가장 유력해 보이는데, 예수 자신이 이런 해석을 뒷받침해준다. "예수께서 이르시되 '내가 진실로 너희에게 이르노니 세상이 새롭게 되어 인자가 자기 영광의 보좌에 앉을 때에 나를 따르는 너희도 열두 보좌에 앉아 이스라엘 열두 지파를 심판하리라'"(마 19:28). 여기 하반절의 진정성은 유다가 포함된 것으로 설명된다. 배신자 유다에게 열두 보좌 중 한 자리를 약속하는 어록을 교회가 지어냈을 리가 없다는 것이 당혹감 기준에 들어맞는다.

여기서 말하는 "심판"이 무엇을 뜻하는지는 의문이 남지만, 열두 보좌와 인자의 보좌가 연결되었다는 점에서 종말론적 심판이 그 배경일 것이다. 마태복음 25:31-46과 「에녹1서」 62:5-8이 증언하듯이 인자는 최후의 심판에서 보좌에 앉을 것이다. 또 다른 가능성은 이 본문의 "심판"이 내용상 "지배"를 뜻하며 왕정 시대 이전 이스라엘을 다스린 사사들을 가리킬 수 있다는 것이다(Horsley, 203-7). 만일 그렇다면, 예수는 회복된 이스라엘이 좀 더 평등한 사회이기를 기대했을 수 있다. 어느 편의 설명이 옳든지 간에 예수가 열두 지파에 대한 개념을 지녔다는 것은 그가 이스라엘의 회복을 기대했음을 시사한다.

이스라엘로 제한된 예수의 사역

예수는 이방인과 이렇다 할 만남을 갖지 않았다. 복음서는 교회의 이방인 선교를 선호하지만, 그것과 반대되는 성격의 사건도 기록으로 보존했다. 예수는 열두 제자를 선교여행에 내보내면서 이렇게 말했다. "이방인의 길로도 가지 말고 사마리아인의 고을에도 들어가지 말고 오히려 이스라엘 집의 잃어버린 양에게로 가라"(마 10:5-6; 이 점에 대해서는 마 10:23도 보라). 이 어록의 진정성에 대한 의심이 제기되었지만, 그 내용은 예수가 이방인에게 다가가는 일에 그다지 관심을 보이지 않았다는 복음서의 전반적 서술과 일치한다.

복음서는 예수와 이방인 간의 심도 있는 대화를 딱 두 군데에서 기록한다. 첫째는 예수가 이방 여인의 딸을 고쳐준 사건이다.

> 예수께서 거기서 나가사 두로와 시돈 지방으로 들어가시니 가나안 여자 하나가 그 지경에서 나와서 소리 질러 이르되 "주 다윗의 자손이여, 나를 불쌍히 여기소서. 내 딸이 흉악하게 귀신 들렸나이다" 하되 예수는 한 말씀도 대답하지 아니하시니 제자들이 와서 청하여 말하되 "그 여자가 우리 뒤에서 소리를 지르오니 그를 보내소서." 예수께서 대답하여 이르시되 "나는 이스라엘 집의 잃어버린 양 외에는 다른 데로 보내심을 받지 아니하였노라" 하시니 여자가 와서 예수께 절하며 이르되 "주여, 저를 도우소서." 대답하여 이르시되 "자녀의 떡을 취하여 개들에게 던짐이 마땅하지 아니하니라." 여자가 이르되 "주여, 옳소이다마는 개들도 제 주인의 상에서 떨어지는 부스러기를 먹나이다" 하니 이에 예수께서 대답하여 이르시되 "여자여, 네 믿

음이 크도다! 네 소원대로 되리라" 하시니 그때로부터 그의 딸이 나으니라 (마 15:21-28; 막 7:24-30을 보라).

이방 여인과 상관하기를 꺼리는 예수의 태도는 충격적이다. 예수가 그녀의 믿음을 시험했다는 해명은 전적으로 추측성의 존평일 뿐 본문 자체에 근거하지 않았다. 유대인과 이방인의 대조를 "자녀들"과 "개들"에 빗댄 것은 놀랄 만큼 가혹하다. 예수는 치유를 접촉 없이 원거리에서 수행한다.

예수가 이방인을 치유한 보도가 하나 더 있는데, 역시 원거리에서 치유한 백부장의 종 이야기다(마 8:5-13; 눅 7:1-10; Q에서 유래). 여기서도 예수는 이방인에게 다가가지 않았고, 로마인 백부장이 그에게 접근했다. 누가의 보도에서는 그나마 이방인이 유대인들의 소개를 통해, 즉 백부장이 유대인을 사랑하고 그들을 위해 회당을 지어줬다는 추천의 말이 전해진 뒤 예수께 나아온다. 두 보도에 공통되는 것은 이스라엘 밖에도 그런 믿음의 소유자가 있다는 사실에 놀라는 예수의 반응이다.

이 두 이야기가 진정성 있는 것이라면 예수는 자신의 사명을 오직 이스라엘만을 위한 것으로 간주했다고 판단된다. 만일 이 보도가 후대의 가필이라면 우리는 예수가 이방인과 교류한 구체적인 이야기를 알 수 없게 된다. 이방인 선교에의 관심과 초기 교회를 찾은 이방인들의 숫자를 고려할 때, 복음서에 이방인 선교를 뒷받침하는 이야기가 이것밖에 없다는 것은 주목할 만한 일이다.

예수가 자신의 사후에 있을 이방인 선교를 예견했는지를 논의할 수는 있으나, 증거가 빈약하다. 사도행전과 바울 서신이 교회에 이방인을 받아들이는 일에 대한 열띤 논쟁을 기록한 것은 예수 자신이 이 문제에 확답을 주지 않았음을 의미한다. 예수로서는 유대인의 하나님을 예배하기 위해 이방인들이 나아오는 현상을 이스라엘의 종말론적인 회복으로 이해했을 수도 있다. 그런 기대는 유대인의 통상적 신념, 특별히 시온이 모든 열방이 예배드리는 장소가 될 것을 기대하는 사상과 정확히 일치한다(예. 사 2, 60, 65장; 슥 14장; 계 22장도 보라). 이런 사상은 하나님의 선민이요 참된 예배자로서 이스라엘의 중심성을 보존하는 일종의 보편주의라고 할 수 있다. 하지만 이스라엘은 이방인들이 하나님을 예배하려고 나아온다면, 그것이 토라의 종말이 될 것이라고 기대하지는 않았다. 오히려 만일 이방인들이 이스라엘로 들어온다면 그들도 유대인들처럼 토라에 복종할 것이 기대되었다. 이것은 사도행전에서 바울의 대적들과 예루살렘 교회의 강경파들이 내세운 입장이었다. 이방인 개종자들(회심자들)은 예수 시대가 되기 훨씬 전부터 있었고, 그들이 토라를 지키는 것은 당연한 일로 기대되었다.

예수와 성전

사복음서는 모두 예수가 성전에서 소란을 일으킨 사건을 기록하는데, 그 사건이 결국 예수를 죽음으로 이끌었다.

> 그들이 예루살렘에 들어가니라. 예수께서 성전에 들어가사 성전 안에서 매매하는 자들을 내쫓으시며 돈 바꾸는 자들의 상과 비둘기 파는 자들의 의자를 둘러 엎으시며 아무나 물건을 가지고 성전 안으로 지나다님을 허락하지 아니하시고 이에 가르쳐 이르시되 "기록된 바 '내 집은 만민이 기도하는 집이라 칭함을 받으리라'고 하지 아니하였느냐? 너희는 강도의 소굴을 만들었도다" 하시매 대제사장들과 서기관들이 듣고 예수를 어떻게 죽일까 하고 꾀하니, 이는 무리가 다 그의 교훈을 놀랍게 여기므로 그를 두려워함일러라

(막 11:15-18).

다음날 대제사장과 서기관 그리고 장로들은 예수를 대면하고 그가 무슨 권위로 그런 일을 했는지 해명을 요구한다(막 11:27-33). 예수는 자신의 사역을 세례 요한의 사역과 연결지어 대답한다(막 11:30).

성전은 거대한 건축물로서 유월절에는 방문객으로 발 디딜 틈이 없었다. 주요 절기가 되면 성전은 철저한 감시 아래 놓였다. 게다가 절기 때면 로마 총독이 군인들을 대동하고 예루살렘을 찾았다. 이 기간에 성전 활동을 실질적으로 중단시키려고 했다면 예수는 소규모 병력이 필요했을 것이다. 만일 예수가 성전 예배를 심각하게 방해했다면, 여타 절기에 벌어진 다른 소란들에 대해 로마가 취한 대응들이 충분히 보여주듯이 그는 즉시 체포되었을 것이다.

공관복음서는 예수가 성전에서 한 행동을 상업 활동을 제거한 것에 대한 상징으로 해석한다. 그러나 성전에서 모든 상업 활동을 금지한다면 성전세를 내거나 헌금을 드리거나 제물을 바치는 일을 어렵게 만들어 결국 성전 자체를 마비시킬 것이었다. 환전상들이 거기 있었던 이유는 토라가 사람이나 동물의 형상을 금기시하기 때문에 성전에 헌금을 드리기 위해서는 그런 형상이 새겨진 화폐를 토라 규정에 맞는 돈으로 바꾸어야 했기 때문이다. 게다가 성전을 찾는 순례자들에게는 제의상 문제가 없는 정결한 짐승을 예루살렘에서 구입하는 것이 자기 집으로부터 가축을 끌고 먼 거리를 오는 것보다 훨씬 실용적이었다. 따라서 성전 사건에 대한 공관복음의 해석이 과연 정당한지는 의문이며(그러나 Evans, Chilton을 보라), 예수가 제사제도 자체에 반대했다는 증거도 없다. 예수는 원칙상 성전에 반대하지 않았다. 예수는 성전에서 가르쳤고, 성전을 유대교의 중심으로 생각한 듯하며, 성전을 자기 아버지의 집이라고 불렀다.

예수의 행동을 이해하는 열쇠는 아마도 상을 뒤엎은 사건에 있을 것이다(Sanders 1장을 보라). 그것은 상징적 행동이었다. 이스라엘의 예언자들은 대중이 보도록 상징적인 행동을 시연했다. 예루살렘의 함락이 임박했다는 것을 알리기 위해 예레미야가 항아리를 깬 사건이 그 실례다(렘 19장). 샌더스는 『예수와 유대교』에서 예수가 상을 엎은 행동이 예루살렘 성전의 함락이 다가온다는 것을 상징적으로 보여주는 메시지였다고 주장한다. 회복된 이스라엘의 새 성전을 위한 길을 내주기 위해 기존의 성전은 무너져야 한다는 것이다. 다른 견해로 예수는 성전과 성전의 권력이 대표하는 사회구조에 저항했다는 의견도 있다. 이 견해에 따르면 성전은 무너지고 재건되지 않아야 하는데, 왜냐하면 당시 성전은 하나님께서 원하시는 평등한 사회의 장애물이었기 때문이다(Horsley). 그러나 예수의 상징적 행동을 우리가 어떻게 해석하든지 간에 당시 성전 권력은 예수의 행동을 좋게 보지 않았다. 예루살렘의 지도자들이 예수를 빌라도에게 넘겨준 것은 그들이 분명히 예수를 위협적 존재로 여겼음을 의미한다.

예수가 성전의 멸망을 예언했다는 증거는 방대하다. 마가복음 13:2에서 예수는 제자들에게 이렇게 말한다. "예수께서 이르시되 '네가 이 큰 건물들을 보느냐? 돌 하나도 돌 위에 남지 않고 다 무너뜨려지리라' 하시니라." 예수의 재판에서 마가는 "거짓 증인들"이 말한 증언을 기록한다. "우리가 그의 말을 들으니 '손으로 지은 이 성전을 내가 헐고 손으로 짓지 아니한 다른 성전을 사흘 동안에 지으리라' 하더라"(막 14:58). 마태복음에서 "거짓 증인들"은 이렇게 말한다. "이 사람의 말이 '내가 하나님의 성전을 헐고 사흘 동안에 지을 수 있다' 하더라"(마 26:61). 누가는 재판 장면에서 이런 고소 대목을 생략하지만, 누가복음에 이은 2권에 해당하는 사도행전에서는 스데반의 선포를 이렇게 기록한다. "그의 말에 이 나사렛 예수가 이 곳[성전]을 헐고 또 모세가 우리에게 전하여 준 규례를 고치겠다 함을 우리가 들었노라 하거늘"(행 6:14). 십자가 앞에 모여든 군중은 예수가 다음과 같이 말했다고 주장한다. "지나가는 자들은 자기 머리를 흔들며 예수를 모욕하여 이르되 '아하, 성전을 헐고 사흘에 짓는다는 자여'"(막 15:29; 마 27:40을 보라). 요한 역시 비슷한 내용을 보도한다. "예수께서 대답하여 이르시되 '너희가 이 성전을 헐라. 내가 사흘 동안에 일으키리라'"(요 2:19). 성전과 관련된 발언이 이처럼 여러 자료에 기록된 것으로 보아(복수 증언의 원칙을 기억하라) 예수가 성전의 멸망이라는 취지의 말을 한 것은 사실로 보인다. 후대의 교회가 성전 멸망에 관한 예수의 말을 "거짓 증인들"의 입에 담은 데서 증언의 진정성 여부에 관한 "당혹감의 원리"도 적용할 수 있을 것이다.

성전에 대항한 예수의 예언적 선포와 관련하여 중요한 선례가 있다. 예수보다 수백 년 전에 예레미야가 비슷한 방식으로 성전에 도전했다. 성전에서의 예수의 행동에 대한 복음서의 기록은 예레미야 7장을 상기시킨다(앞의 1장을 보라). 하나님의 명령을 받아 성전에 간 예레미야는 이스라엘인들에게 그들이 의롭게 행하지 않고 사회정의를 추구하지 않으면 성전이 그들을 보호해줄 수 없다고 경고한다. 하나님이 예레미야를 통해 말씀하신 경고는 이러했다. "내 이름으로 일컬음을 받는 이 집이 너희 눈에는 도둑의 소굴로 보이느냐? 보라, 나 곧 내가 그것을 보았노라. 여호와의 말씀이니라"(렘 7:11). 예레미야 26장에도 같은 사건이 보도되는데, 여기서 예루살렘 제사장들과 예언자들은 백성들과 지도자들에게 예레미야를 어떻게 처치해야 할지를 조언한다. "제사장들과 선지자들이 고관들과 모든 백성에게 말하여 이르되 '이 사람은 죽는 것이 합당하니 너희 귀로 들음 같이 이 성에 관하여 예언하였음이라'"(렘 26:11). 예레미야는 탈출하여 죽음을 면하지만, 그의 동시대인으로서 예루살렘을 대적하는 메시지를 선포했던 스마야의 아들 우리야는 처형을 당했다.

예수가 자신을 예레미야 전승의 연장선에 놓고 예레미야의 경우를 의식하고 있었는지, 아니면 양자 간의 유사성을 알아보고 연결한 것이 초기 교회의 안목이었는지는 말하기 어렵다. 당연히 예수는 성경을 잘 알았고 자기 자신을 예언자로 여겼다. 그가 성전을 정죄하면서 예레미야를 떠올리지 않기는 어려웠을 것이다. 비록 예수가 예레미야를 공개적으로 언급한 것은 아니라고 해도, 그는 성전을 향한 자신의 비판이 예레미야나 이사야(사 58장을 보라) 혹은 에스겔(겔 8-11장을 보라) 같은 초기 예언자들의 음성을 되울리고 있다는 점을 분명히 의식했다고 보는 것이 합리적 추정일 것이다.

예수는 예레미야와 마찬가지로 성전 권력을 비판했다. 예레미야가 바라본 성전 권력층은 도둑질, 살인, 간음, 거짓 증언, 우상숭배와 같이 십계명에 드는 가장 근원적인 계명들을 어기고 있었다. 그들은 사회정의에 대해서는 눈을 감았다. "너희가 만일 길과 행위를 참으로 바르게 하여 이웃들 사이에 정의를 행하며 이방인과 고아와 과부를 압제하지 아니하며 무죄한 자의 피를 이곳에서 흘리지 아니하며 다른 신들 뒤를 따라 화를 자초하지 아니하면 내가 너희를 이곳에 살게 하리니 곧 너희 조상에게 영원무궁토록 준 땅에니라"(렘 7:5-7). 복음서에도 유사한 기록이 있다. 예수가 성전의 멸망을 예견하는 마가복음 13장의 묵시문학적 담론에 앞서 나오는 과부의 헌금에 관한 이야기가 그것이다. 한 과부가 헌금을 드린다. 보잘것없는 소액이지만 예수가 그녀의 "생명"이라고 부를 만큼 그녀에게는 소중한 돈이다. 반면에 부자들은 훨씬 더 큰 금액을 드린다. 이 본문이 남들에게 보이기 위한 선행이 아닌 참된 자기희생을 강조한다고 종종 해석되기도 하지만, 이 문맥에서 파악되는 예수의 진의는 달라 보인다. 과부의 이야기 직전에 예수는 서기관들을 이렇게 힐난한다. "그들은 과부의 가산을 삼키며 외식으로 길게 기도하는 자니 그 받는 판결이 더욱 중하리라 하시니라"(막 12:40). 그리고 이 과부 이야기 바로 뒤에 성전의 멸망에 관한 예언이 이어진다. 마가가 자료를 배열한 방식은 독자에게 가난한 이들의 돈을 즐겨 앗아간 종교 권력인 서기관들의 행태와 성전 파괴의 연관성을 생각하도록 요구한다. 이런 해석은 사회정의를 중심에 둔 다수의 다른 복음서 구절들과도 부합한다.

유월절 기간 중 예루살렘 밖에서 로마 당국에 의해 십자가형을 당함

예수는 유월절 기간 중 예루살렘 성벽 밖에서 십자가형을 당했다. 유월절은 로마인, 유대 지배층과 가신그룹들, 예루살렘 상주인구, 그리고 유대와 갈릴리는 물론 디아스포라에서 찾아온 순례자들을 한곳에 불러들였다. 대규모의 군중이 해방의 축일과 혼합되어 긴장감이 고조되었다. 예수는 추종자의 숫자가 상당했으므로 이미 당국의 주목을 받고 있었지만, 더구나 명절 기간에는 특별히 관심을 받을 수밖에 없었다.

유월절 절기 중 어느 시점에 유대 관료들이 예수를 체포했다. 그 후 이십사 시간 동안 정확히 어떤 상황이 전개되었는지는 불확실하지만, 크게 세 가지 설명이 가능하다. (1) 대제사장이 주재하는 산헤드린 앞에서 야간 심문이 진행되었다. 이것이 마태와 마가의 기술이다(하지만 야간 심문은 유대교 법에 어긋나는 일이었다). (2) 누가의 기술에 의하면 이른 아침에 산헤드린 집회가 열렸다. (3) 체포된 날 밤에 대제사장과 일부 고관들 앞에서 비공식 심문이 있었다. 이것은 요한과 누가의 기술이다. 이 세 가지 가능성 중 어느 것이 정확하든지 간에, 심지어 셋 모두가 부정확하더라도, 예루살렘 권력층이 예수를 위험요소로 여겨 제거하기로 정한 것은 분명해 보인다. 제사장 권력층은 자신들을 통해 유대를 통치하는 로마에 대해서도 우려했는데, 로마는 질서에 위협으로 여겨지는 것은 가차 없이 탄압하곤 했기 때문이다.

예수에게 지워진 죄목이 무엇이었는지도 논의의 대상이다. 복음서는 예수의 죽음이 그가 메시아이자 하나님의 아들이라고 자칭한 결과라고 서술한다. 훗날 교회가 예수에게 신성을 부여했을 때, 재판 당시의 죄목은 예수가 자신의 신성을 주장한 데 따른 신성모독으로 굳어졌고 그 결과로 처형당한 것으로 해석되었다. 그러나 복음서 자체가 "하나님의 아들"을 이런 방식으로 이해시키려고 의도했는지는 명확하지 않다. 이 시점 이전의 유대교 전승에서 하나님의 아들이라는 호칭은 신성을 의미하지 않았다(아래 "예수의 호칭들" 단락을 보라).

무엇이 예수의 죽음을 초래했는지를 알기 위해서는 두 가지 사실을 확실히 해두어야 한다. (1) 그는 로마 권력에 의해 십자가형을 당했다. (2) 로마인들이 십자가에 붙인 죄목은 "유대인의 왕"이었다. 십자가형은 정치범과 흉악범 그리고 노예들에게만 가해지는 형벌이었다. 예수는 흉악범도 노예도 아니었지만, 십자가에 붙여진 "유대인의 왕"이란 죄목은 그를 정치범으로 다루게 했다. 학자들은 십자가에 붙여진 그 표지의 진정성을 인정한다. 늘 그렇게 하지는 않았겠지만, 로마인들은 사형수의 죄목을 이런 식으로 붙이는 경우가 있었다. 더구나 초기 교회에서 "유대인의 왕"이란 호칭은 중요하지 않았으므로 복음서에 기록된 죄목을 그들이 지어냈을 가능성 역시 낮아 보인다. 어쩌면 그 죄목은 예수가 메시아를 사칭했다고 비난받은 내용을 빌라도 총독이 자기 방식으로 반영한 것일 수도 있다. 예수가 자신을 메시아라고 명백하게 말한 적이 있는지는 분명하지 않다. 하지만 그가 자신이 하나님으로부터 온 권세를 가졌다고 말한 것은 사실이다. 예수는 그 권세에 의지해 성전 권력자들에게 심판이 임할 것을 선언했다. 게다가 예수는 정치적 함의를 지닌 행동들을 보여주었다. 따라서 예수가 스스로 메시아라고 주장했는가의 여부와 상관없이, 그는 유대 및 로마 권력자들의 눈에 사형시켜야 할 만큼 위험스러운 존재였다. 성전을 향한 그의 공격은 메시아적 행보의 일부로, 즉 제사장 권력층과 그 배후의 로마 권력에 대한 공격을 상징하는 것으로 여겨졌다.

예수 운동의 형성

예수 운동이 그의 처형 후에도 지속되고 성장했다는 사실은 그의 생존 시에 그 운동이 어떤 상태에 있었는지를 시사해준다. 예수는 오래 지속되는 운동을 원했을 것이기에, 자신이 죽은 후에도 계속될 수 있는 운동의 토대를 놓았을 것이다. 이는 예수가 유대교와 다른 새 종교를 시작하려고 했다는 뜻이 아니다. 그의 의도는 이스라엘이 하나님과 온당한 관계를 되찾고 정당한 위치로 복귀하는 데 있었다. 그리고 열두 제자는 회복된 이스라엘의 핵심이 되어야 했다.

샌더스는 1993년 저서에서 예수의 제자들에 관해 이렇게 진술한다. "그들은 예수의 죽음 이후에 그를 보았고(어떤 의미로 보았는지는 불분명하지만), 그 결과로 그가 돌아와 왕국의 기초를 놓으리라고 믿었다. 그들은 예수의 재림을 기다리고 그를 하나님이 보내신 메시아로 믿는 신앙으로 사람들을 초대하는 공동체를 세웠다." 부활의 역사성 논의는 대단히 어려운 작업이다. 다수의 역사가는 부활 문제를 다루는 것은 애초에 역사적 예수에 관한 연구에서 배제되어야 한다고 믿는다. 한 인간의 생애는 출생에서 시작해 사망과 더불어 종결되기 마련 아닌가. 사실 부활이 실제로 일어났다고 하더라도 그것은 역사의 범위는 물론 역사적 연구의 영역을 넘어서는 일일 것이다. 그러나 초기 그리스도인들이 되살아난 예수를 본 것으로 믿게끔 하는 어떤 현상을 경험했다는 것에는 역사가들도 동의하지 않을 수 없다. 이는 역사 속의 모든 증거가 그렇게 이끌 뿐 아니라, 무엇인가 사태를 전환시키는 경험을 하지 않고서는 지도자가 고통스럽고 치욕적인 처형을 당하고 제자들이 도주했음에도 불구하고 예수 운동이 살아남을 수 있었던 이유를 설명할 길이 없어서다.

유대인들이 예수 운동을 박해함

유대인들이 그리스도인들을 사자 밥으로 던져주었다고 상상하는 것은 상황을 오해하는 것이다. 유대인들은 그리스도인들을 향해 전면적 박해를 가할 수 있는 권한이 없었다. 하지만 디아스포라와 본토를 막론하고 유대인 공동체는 자신들의 내부 문제를 다룰 수 있는 얼마간의 자치권이 보장되었다. 비그리스도인 유대인들은 그들 가운데 있는 그리스도인 유대인들에게 적대적으로 행동했을 것이고, 그리스도인들의 존재는 지역의 권력으로부터 불편한 관심을 받을 수도 있는 갈등을 초래할 수 있었다. 바울은 자신이 회심하기 전에 기독교를 박해했었다고 서술하는데, 이는 유대인 공동체로부터 기독교를 몰아내려고 했다는 의미일 것이다.

기원후 70년 이후 양자 간의 갈등이 증폭되었다. 바리새파와 서기관들에 의해 유대교가 재정립되자 그리스도인들 일각에서는 점차 자신들이 비그리스도인 유대인들과 양립 불가능한 존재라는 인식이 강화되었던 것이다(Dunn, *Partings*를 보라). 양측은 같은 성경과 전승을 자신의 것으로 주장했다. 유대인들이 보기에 그리스도인들은 유대교의 성경과 전승을 유대교에 반하는 방식으로 오용하고 있었고, 그리스도인들의 눈에 유대교는 이미 오신 메시아 예수를 알아보지 못하고 역사의 흐름에서 낙오된 것으로 보였다.

예수의 가르침

하나님 나라

이 단락은 페린과 둘링의 업적(412-25)에 주로 의존하고 있다. 하나님 나라의 도래는 예수의 설교에서 중심을 차지했다. 사실 "하나님 나라"라는 정확한 문구는 성경과 유대교 문헌에 자주 나오지 않지만, 하나님을 왕으로 여기는 사상은 널리 퍼져 있었다. 이스라엘은 하나님을 왕(히브리어: *melek*)이라고 불렀고, 그분이 다스리신다고(히브리어: *malak*) 표현했으며, 때로는 하나님 나라를 지상의 이스라엘과 동일시하기도 했다(대상 28:5). 하나님의 통치라는 개념은 지역에 매이지 않았으며 이스라엘을 넘어 온 세상에 미치는 하나님의 강력한 행위 전반을 가리키는 데 사용되었다. 아래 구절은 이런 개념을 잘 보여준다.

> 그들이 주의 나라의 영광을 말하며
> 주의 업적을 일러서
> 주의 업적과 주의 나라의 위엄 있는 영광을
> 인생들에게 알게 하리이다.
> 주의 나라는 영원한 나라이니
> 주의 통치는 대대에 이르리이다(시 145:11-13).

이스라엘은 제2성전기의 대부분을 외국의 지배 아래 있었다. 그런 상황에서 하나님이 세계를 통치한다고 믿는 것은 쉬운 일이 아니었다. 일각에서는 하나님의 통치가 회복되기를 기대했다. 예수의 아래 어록들은 하나님의 통치가 다시금 시작되기를 바라는 기대라는 맥락에서 읽어야 한다.

바리새인들이 "하나님의 나라가 어느 때에 임하나이까?" 묻거늘 예수께서 대답하여 이르시되 "하나님의 나라는 볼 수 있게 임하는 것이 아니요, 또 여기 있다 저기 있다고도 못하리니, 하나님의 나라는 너희 안에 있느니라"(눅 17:20-21).

세례 요한의 때부터 지금까지 천국은 침노를 당하나니 침노하는 자는 빼앗느니라(마 11:12).

그러나 내가 만일 하나님의 손을 힘입어 귀신을 쫓아낸다면 하나님의 나라가 이미 너희에게 임하였느니라(눅 11:20).

하나님 나라가 "너희 안에" 있다는 말씀은 예수가 하나님 나라를 사람의 마음속에만 존재하는 일종의 내적 확신으로 생각했다는 뜻이 아니다(일부 역본은 "너희 가운데"[among you]를 "너희 속에"[within you]로 읽는다. 그리스어의 번역으로는 양쪽이 다 가능하다). 예수의 진의는 하나님의 개입이 인간의 예측을 허용하지 않는 방식으로 급작스레 임하리라는 데 있다. 아울러 하나님의 도래가 있을 날짜를 특정하려는 시도를 말리려는 의도도 읽힌다. 표적을 추구하는 것을 거부하는 예수의 태도는 다음 구절에서도 명확히 보인다. "예수께서 마음속으로 깊이 탄식하시며 이르시되 '어찌하여 이 세대가 표적을 구하느냐? 내가 진실로 너희에게 이르노니 이 세대에 표적을 주지 아니하리라' 하시고"(막 8:12). 초기 그리스도인들은 표적을 거부하는 예수의 태도를 마뜩잖게 여겼다. 마태와 누가는 예언자 요나의 경우처럼 예수 자신이 곧 표적이라는 논지로 마가의 본문을 변용시켰으며(마 12:38-42; 16:4; 눅 11:29-32), 마태는 한 발 더 나가 예수의 부활이 곧 표적이라고 말했다.

둘째 어록은 세례 요한에게 닥쳤던, 그리고 하나님 나라를 추구하는 자가 당하게 될 끔찍한 운명을 가리키는 듯하다. 하나님과 사탄 사이에 전쟁이 진행 중인 이상 사상자가 나오기 마련이다.

셋째 어록이 등장하는 누가복음 문맥은 예수가 귀신을 쫓아냈다는 이유로 바알세불이 들렸다고 모함받는 마가복음 3장의 상황과 유사하다. "하나님의 손(가락)"은 출애굽기 8:19을 암시하는데, 그 구절에서 모세를 통해 임한 열 재앙을 경험한 이집트인들은 "이것은 하나님의 손이 하신 일이다"라고 인정했다. 예수의 어록은 하나님께서 모세를 통해 일하셨던 것처럼 자신을 통해 일하고 계신다는 것을 암시한다. 출애굽기에서 하나님의 대적은 파라오였다. 예수의 사역에서 대적은 사탄이다. 이런 대비는 묵시적 맥락에서 그 의미가 잘 드러난다.

지금껏 왕성하게 논의되는 유명한 질문은 예수가 하나님 나라를 현재적으로 이해하는가(아마도 그의 행위와 말씀에서), 아니면 미래적으로 이해하는가, 아니면 현재와 미래가 혼합된 것으로 이해하는가다. 근래 들어 이에 관해 가장 철저한 검증은 마이어의 『주변부 유대인』(*A Marginal Jew*)에 실려 있다. 아마도 현재로서 최선의 답은 예수가 하나님께서 역사에 결정적으로 개입하실 것을 확고히 믿었고 자신의 사역을 그 일을 준비하는 작업으로 여겼다고 보는 것이다. 이런 설명은 흔히 "개시된 종말론"(inaugurated eschatology)이라고 불린다. 어느 경우이든 하나님 나라가 현재와 미래에 걸쳐 연결되어 있다는 것은 유대교 내에 근거가 있는 사상이다(Theissen, 251-52을 보라).

예수에게 하나님 나라가 무엇이었는지에 대해 우리는 아직도 극히 좁은 영역의 표면만을 보았다. 아래 서술하는 내용은 하나님 나라에 관한 그의 가르침을 정리하는 데 도움을 준다. 하나님 나라는 예수의 사역에서 그야말로 중심을 차지하는 것이어서, 성전을 향한 공격을 포함하여 그의 사역의 다른 측면들도 모두 하나님 나라와 연결된다.

비유

이 단락에서 비유(parable)는 선한 사마리아인(눅 10:30-35), 탕자(눅 15:11-32), 씨 뿌리는 농부(막 4:3-8)와 같은 종류의 짧은 이야기를 가리킨다. 랍비들도 비슷한 이야기들을 들어 제자들을 교훈했으며, 예수 이전의 이스라엘의 지혜 전승 역시 비유를 사용했다. 이 이야기에도 동일성과 상이성의 두 원리가 동시에 작동한다. 비유의 귀재로서 예수는 다른 유대인 지혜 스승과 닮았다. 하지만 그는 비유를 통해 하나님 나라의 도래를 선포함으로써 듣는 이들을 충격에 빠트린다. 청중의 세계관을 변화시켜 하나님의 눈으로 세상을 보게 함으로써 하나님 나라의 도래를 앞당기는 것이 비유의 기능 가운데 하나다. 그런 실례 중 하나로 선한 사마리아인의 비유를 보라.

> 예수께서 대답하여 이르시되 "어떤 사람이 예루살렘에서 여리고로 내려가다가 강도를 만나매 강도들이 그 옷을 벗기고 때려 거의 죽은 것을 버리고 갔더라. 마침 한 제사장이 그 길로 내려가다가 그를 보고 피하여 지나가고, 또 이와 같이 한 레위인도 그곳에 이르러 그를 보고 피하여 지나가되, 어떤 사마리아 사람은 여행하는 중 거기 이르러 그를 보고 불쌍히 여겨 가까이 가서 기름과 포도주를 그 상처에 붓고 싸매고 자기 짐승에 태워 주막으로 데리고 가서 돌보아 주니라. 그 이튿날 그가 주막 주인에게 데나리온 둘을 내어주며 이르되 '이 사람을 돌보아 주라. 비용이 더 들면 내가 돌아올 때에 갚으리라' 하였으니"(눅 10:30-35).

예수는 유대인으로서 유대인들에게 이야기를 건네고 있다. 이 비유는 레위인과 제사장을 "나쁜 사람들"로 설정한다는 점에서 반성직자적 성향을 보인다. 이는 복음서 전반에서 예수에 대한 자료들이 보여주는 성전 권력에 대한 비판적 태도와 일치한다. 예수의 비유에서 제사장과 레위인이 강도당한 이를 돕지 않은 이유는 그 사람이 이미 죽은 것으로 보였고, 따라서 시체를 만짐으로 인해 성전 예배에서 배제되는 위험을 감수할 이유가 없다고 판단했기 때문일 수도 있다. 하지만 사람의 필요를 채워주는 것을 다른 어떤 의무보다 중요하게 여기는 것이 예수의 가르침이 지닌 한 가지 특징이다.

만일 예수의 비유가 어느 경건한 유대인 평신도가 결국 부상을 당한 이를 도와주는 것으로 마쳤더라면 비유가 갖는 반성직자 정서가 더 뚜렷해지고 그로 인해 대중의 정서에도 더 호소할 수 있었을 것이다. 하지만 사마리아인이 등장하며 유대인 청중은 충격을 받게 된다. 앞서 8장에서 보았듯이 사마리아인과 유대인 간의 적대감은 감출 수 있는 수준이 아니었다. 사마리아인을 선하다고 한 것만도 불쾌감을 자아냈겠지만, 사마리아인의 선행을 여느 유대인이 아닌 종교 지도자들과 대비시킨 것은 청중을 경악시켰을 것이 분명하다. 여기서 논점은 인간의 관점은 하나님의 관점이 아니라는 것이다. 비유의 세계에 들어가고 그것을 수용한다는 것은 곧 자신의 전제들을 버리는 것을 의미한다(Crossan, *In Parables*; Scott를 보라).

포도원 일꾼의 비유(마 20:1-15)를 보자. 포도원 주인이 일꾼들을 하루 중 여러 번에 걸쳐 채용한다. 하루가 끝나자 주인은 일꾼이 종일 일했든 한 시간을 일했든 구별 않고 같은 임금을 지급한다. 이 비유를 들은 청중은 종일 일하고도 훨씬 뒤에 와서 조금밖에 일하지 않은 이와 같은 급료를 받아 들고 불평하는 그 사람과 자신을 동일시한다. 이렇게 불공평한 일이 있을 수 있는가? 여기서 논지는 인간의 공평함은 하나님의 정의와 같지 않다는 것이다. 하나님의 너그러우심은 인간이 세운 규범의 울타리에 가둘 수 없는 법이다. 만일 종교 시스템이 인간을 하나님께 나아가게 하는 대신 사회와 종교의 지배세력을 수종드는 도구가 되어버린다면, 하나님은 차라리 그 시스템 전체를 무시해버리는 편을 택하신다. 물론 이런 가르침은 예수가 부유하고 권세 있는 자들 가운데서 지지를 얻지 못하게 했을 것이다.

부자와 나사로의 비유 역시 우리의 선입견에 도전하는 또 다른 예다(눅 16:19-31). 부자는 사치스러운 삶을 살다가 죽어서 지옥에 간다. 가난한 나사로는 부자의 집 문 앞에서 고통을 당했지만 죽은 후 천국에 간다. 이는 운명의 역전이다. 이 비유는 빈부의 차이가 극심한 사회를 향한 하나님의 심판을 표현한다. 역전이라는 주제는 묵시사상의 전형적인 특징이며, 사회정의에의 관심은 이스라엘의 예언자들과 예수의 특징이다. 이 비유는 부유함이 하나님의 축복이라는 관념을 정면으로 공격한다.

앞서 살펴본 포도원 일꾼 비유는 하나님의 관대함과 더불어 하나님의 용서를 조명해준다. 이 주제를 잘 집약한 것이 탕자 비유다(눅 15:11-32). 한 아들이 멀쩡히 살아 있는 아버지에게 유산 지분을 요구한다. 그러고는 외국에 가서 그 재산을 탕진해버린다. 극빈자 신세가 된 아들은 집으로 돌아와 자기를 종으로 다루어달라고 호소한다. 아버지는 기쁨으로 아들을 맞이하고, 종으로 대하라는 아들의 청을 무시하고 그의 귀가를 축하하는 잔치를 연다. 이 비유는 용서가 무엇인지를 생생하게 그려낸다. 그러나 비유는 여기서 멈추지 않는다. 돌아온 아들이 연회장에 있을 때, 집에 남아 아들의 의무를 다해온 다른 아들은 밖에 있다. 그는 아버지의 관대함을 받아들이지 못한다. 의무에 충실했던 아들은 아버지의 잔치에 참여하지 못하고, 무책임했던 아들은 잔치에 참여하는 역설적인 상황이 벌어진 것이다. 충실한 아들의 태도는 마태가 그려 보이는 포도원 일꾼들과 같다. 이 아들은 아버지의 너그러움을 못마땅해한다.

누가복음 15장에서 탕자 비유보다 앞에 배치된 두 비유 역시 비슷한 주제를 공유한다. 선한 목자는 잃어버린 양을 찾아 나서고 그것을 찾으면 기뻐한다. 여인은 잃어버린 동전을 애써 찾다가 그것을 발견하면 기뻐한다. 이 비유들에 대한 예수의 해석을 누가는 이렇게 제시한다. "이와 같이 죄인 한 사람이 회개하면 하늘에서는 회개할 것 없는 의인 아흔아홉으로 말미암아 기뻐하는 것보다 더하리라"(눅 15:7). 누가복음 15장이 이렇게 시작했음을 기억하자. "바리새인과 서기관들이 수군거려 이르되 '이 사람이 죄인을 영접하고 음식을 같이 먹는다' 하더라"(눅 15:2). 따라서 복음서 저자는 잃어버린 양, 잃어버린 동전, 그리고 탕자, 이 세 비유를 예수와 죄인들의 관계, 그리고 예수와 종교 기득권과의 갈등이라는 문맥에서 읽도록 독자들을 초대하고 있다. 이 문맥은 예수의 사역 정신에 잘 부합한다. 예수가 종교 엘리트 집단이 죄인으로 여기며 관계 맺기를 거부했던 이들과 기꺼이 사귐을 가졌다는 것은 복음서 전승에 확고히 기록되어 있다. 예수가 선포한 하나님 나라의 메시지는 그를 통해 사람들에게 다가오신 하나님의 용서를 강조한다.

운명의 역전이라는 주제는 혼인잔치 손님의 비유에도 나타난다(눅 14:7-11). 이 비유는 초대받을 가능성이 없었던 이들이 참석하고, 원래 초대받았던 이들은 참석하지 못하는 상황을 그린다. 메시아의 잔치에 참석한 이들의 면면은 놀라움을 주는데, 상식적으로 그런 잔치에 올 만하지 않은 사람들이 올 것이기 때문이다. 우리가 당연히 초대받으리라고 생각한 사람들은 그곳에 없을 것이고, 그곳에 있을 리 없다고 생각한 자들은 자리를 잡을 것이다.

짧은 어록들: 과격한 요구와 종말론적 역전

예수 본연의 어록들은 짧고 기억하기 좋은 형태로 보존 전승되었다. 그중 일부는 전승 과정에서 가필이 이루어졌고, 어떤 어록은 내러티브로 제시되었다.

예를 들어 다음 구절을 보라. "제자 중에 또 한 사람이 이르되 '주여, 내가 먼저 가서 내 아버지를 장사하게 허락하옵소서.' 예수께서 이르시되 '죽은 자들이 그들의 죽은 자들을 장사하게 하고 너는 나를 따르라' 하시니라"(마 8:21-22). 여기서 "죽은 자들이 그들의 죽은 자들을 장사하게 하라"가 본래 예수가 말한 어록으로 보인다. 그것은 제2성전기의 도덕률에도 맞지 않고 초기 교회의 공식적 가르침에도 들어 있지 않기 때문이다. 예수는 부모를 공경해야 한다는 십계명의 명령과 부딪히는 요구를 하고 있다. 자신을 따르려면 그 외의 모든 다른 의무, 가장 신성한 의무조차도 우선권을 가질 수 없다는 것이다. 이런 요구는 예수의 순회설교가 위치했던 사회적 맥락에 비추어 이해할 수 있다.

예수를 영접한다는 것은 사고방식의 전환을 요구한다. 아래 교훈을 보라. "나는 너희에게 이르노니 악한 자를 대적하지 말라. 누구든지 네 오른편 뺨을 치거든 왼편도 돌려대며 또 너를 고발하여 속옷을 가지고자 하는 자에게 겉옷까지도 가지게 하며 또 누구든지 너로 억지로 오 리를 가게 하거든 그 사람과 십 리를 동행하라"(마 5:39-41). 예수의 의도는 이 명령이 말하는 문자적 내용 그대로일까? 그는 정말 로마 점령군이 유대인들을 떠밀어 억지로 일하게 하고 그들이 가진 것을 빼앗을 때 이렇게 하라고 가르친 것일까? 그는 평화주의자였나? 최소한 그는 세상을 바라보는 눈을 바꾸라고 요구하고 있다. 그렇게 해야 개인의 삶도 사회 전체도 근원적으로 변할 수 있으니까 말이다.

예수의 가르침에서 중요한 주제는 다음 구절에서 보듯이 종말론적 역전이다.

> 누구든지 자기 목숨을 구원하고자 하면 잃을 것이요, 누구든지 나와 복음을 위하여 자기 목숨을 잃으면 구원하리라(막 8:35).

> 예수께서 둘러 보시고 제자들에게 이르시되 "재물이 있는 자는 하나님의 나라에 들어가기가 심히 어렵도다" 하시니…"낙타가 바늘귀로 나가는 것이 부자가 하나님의 나라에 들어가는 것보다 쉬우니라" 하시니(막 10:23, 25).

> 그러나 먼저 된 자로서 나중 되고 나중 된 자로서 먼저 될 자가 많으니라(막 10:31).

> 무릇 자기를 높이는 자는 낮아지고 자기를 낮추는 자는 높아지리라(눅 14:11).

위의 어록 중 첫째 구절은 하나님 나라와 세상 나라의 대비, 그리고 하나님 나라의 강력한 요구에 관한 가르침이다. 둘째 어록에서는 경제적 요소가 도입된다. 이 문맥에서 종말론적 역전의 구체적 의미는 부자 중 극소수만이 구원을 받으리라는 데 있다. 셋째 구절은 종말의 때에 모든 것이 뒤집힌다는 일반적 교훈이다. 넷째 어록은 이 세상의 이치를 따라 성공하려는 자는 오히려 낮아지게 되리라는 교훈이다.

예수의 선포는 개인과 사회의 변신을 요구하나, 변화는 고된 일이다. 변화의 어려움은 아래 어록에 잘 드러난다.

예수께서 이르시되 "손에 쟁기를 잡고 뒤를 돌아보는 자는 하나님의 나라에 합당하지 아니하니라" 하시니라(눅 9:62).

좁은 문으로 들어가라. 멸망으로 인도하는 문은 크고 그 길이 넓어 그리로 들어가는 자가 많고, 생명으로 인도하는 문은 좁고 길이 협착하여 찾는 자가 적음이라(마 7:13-14).

내가 진실로 너희에게 이르노니 누구든지 하나님의 나라를 어린아이와 같이 받들지 않는 자는 결단코 그곳에 들어가지 못하리라(막 10:15).

나는 너희에게 이르노니 너희 원수를 사랑하며 너희를 박해하는 자를 위하여 기도하라. 이같이 한즉 하늘에 계신 너희 아버지의 아들이 되리니, 이는 하나님이 그 해를 악인과 선인에게 비추시며 비를 의로운 자와 불의한 자에게 내려주심이라. 너희가 너희를 사랑하는 자를 사랑하면 무슨 상이 있으리요? 세리도 이같이 아니하느냐? 또 너희가 너희 형제에게만 문안하면 남보다 더하는 것이 무엇이냐? 이방인들도 이같이 아니하느냐? 그러므로 하늘에 계신 너희 아버지의 온전하심과 같이 너희도 온전하라(마 5:44-48).

위의 어록들 각각의 정확한 의미는 그 문맥에 따라 다르겠으나, 네 구절을 함께 읽으면 하나님 나라가 사람의 태도에 심오한 변화를 요구하며 사회를 향해 강력한 도전을 던진다는 것이 다시 한번 명확히 드러난다. 어린아이와 같아야 하나님 나라에 들어갈 수 있다는 말씀은 성인들이 갖게 마련인 고정 관념을 버려야 함을 가리킨다. 고대사회에서 어린아이는 사회적으로 대접받지 못했기에, 이 문맥은 사회의 낮은 이들만이 하나님 나라를 향해 마음을 연다는 뜻일 수도 있다. 하나님 나라가 전혀 새로운 삶의 방식을 요구한다는 말씀은 뒤돌아보면 안 된다는 누가복음 9:62과 도 연관된다. 하나님 나라에 들어가는 어려움은 좁은 문을 통과하는 어려움에 비견된다(*4 Ezra* 7:3-9에도 같은 사상과 이미지가 등장한다).

마태복음 5:44-48은 해석에서 문맥의 중요성을 다시금 보여준다. 원수를 사랑하라는 예수의 명령은 무엇을 뜻하는가? 이 말씀은 앞의 마태복음 5:39-41과 비슷하다. "원수들"은 우리와 사이가 나쁜 사람을 통칭하는가? 로마인 아니면 예루살렘 권력자들 같은 정치적 적수인가, 아니면 그저 개인적인 적들인가? 예수는 농노들 간의 다툼에 관해 말했는가? 그가 말하는 "사랑"은 평화주의인가? 전쟁에서 적과 마주치는 상황에서도 그를 사랑하는 것이 가능한가?

주의 기도

주의 기도는 유대교적인 동시에 종말론적이다. 주의 기도는 누가복음에는 짧게, 마태복음에는 긴 형태로 나오는데, 누가의 것이 원형에 좀 더 가깝다. 이 기도문은 오늘날까지도 유대인들이 낭송하는 카디쉬(Kaddish) 기도문을 닮았다. 페린은 오래된 형태의 카디쉬를 이렇게 소개한다.

> 그분의 위대한 이름이 그의 뜻대로 창조하신 이 세상에서 높임 받고 거룩히 여겨지기를! 그대가 사는 날 동안 그리고 온 이스라엘이 사는 날 동안 주께서 그의 나라를 세우시기를! 더 속히, 가까운 날에 그리 하시기를!(*Jesus and the Language*, 28)

예수의 기도문은 이 카디쉬의 변형으로 볼 수 있다.

> 아버지여, 이름이 거룩히 여김을 받으시오며 나라가 임하시오며 우리에게 날마다 일용할 양식을 주시옵고 우리가 우리에게 죄 지은 모든 사람을 용서하오니 우리 죄도 사하여 주시옵고 우리를 시험에 들게 하지 마시옵소서 (눅 11:2-4).

그리스도인들은 주의 기도의 긴 형태인 마태복음 6:9-13에 좀 더 친숙하겠지만, 누가의 것이 예수의 입에서 발화된 기도에 더 가까울 것이다. "거룩히 여김"은 거룩하게 만든다는 뜻이다. 카디쉬와 주의 기도에 공통되는 것은 하나님의 이름이 세상에서 거룩히 여겨지기를 바라는 기대감이다. 에스겔 36장과 39장에 따르면 하나님의 이름을 거룩히 한다는 것은 하나님을 하나님으로 인정하는 것을 의미한다. 거룩함은 하나님의 신성에서 빠뜨릴 수 없는 요소이기 때문이다. 하나님께서 영광 중에 왕으로 임하셔서 백성들의 인정을 받으실 때, 하나님의 이름이 그들 가운데서 거룩히 여김을 받으실 것이다. 카디쉬와 주의 기도는 둘 다 하나님 나라의 도래를 위해 기도한다. 그리고 두 기도는 모두 이런 간구를 거룩함의 언어로 표현한다.

예수는 일상의 필요를 위해서도 기도하는데, 이것은 생존을 위해 씨름하는 농노들에게 절실한 일이었다. 연이어 죄의 용서를 위한 간구는 다른 사람을 어떻게 대하는지와 맞물려 있다. 용서하지 않는 종의 비유(마 18:23-35) 역시 동일한 교훈을 전한다. 용서를 부채의 탕감과 연결지은 것은 의미심장한데, 이 비유를 문자적으로 해석한다면 예수는 채무자들의 부채 탕감을 지지한다는 것을 표명한 셈이다(Hollenbach, "Liberating"을 보라). 마지막 요청은 "시험"(temptation)에 대한 것이다. 종말론적 문맥에서 이 단어는 마지막 때의 곤고함과 배교를 함의한다. 주의 기도는 매일의 생존과 관련된 유대교 배경의 확고한 토대와 종말론적 맥락 안에 위치하며, 사람들이 경제적인 문제에서 서로를 어떻게 대해야 하는지도 다룬다.

팔복

흔히 팔복이라고 통칭하는 본문에서 "복"(beatitude)이란 단어는 "복되다" 혹은 "행복하다"를 뜻하는 라틴어 *beatus*에서 유래했다. 이 내용은 복음서에서 마태복음 5:3-12과 누가복음 6:20-23의 두 버전으로 보존되었는데, 마태는 아홉 개의 복을, 누가는 네 개의 복과 네 개의 화를 기록한다. 팔복 본문에는 종말론적 역전의 주제가 드러난다(이 점은 누가의 화 본문에서도 마찬가지다). 마태의 버전은 누가의 버전에 비해 종말론적인 엄격함이 순화되어 있다. 따라서 누가의 것이 원래의 형태에 더 가깝다.

> 예수께서 눈을 들어 제자들을 보시고 이르시되
> "너희 가난한 자는 복이 있나니 하나님의 나라가 너희 것임이요.
> 지금 주린 자는 복이 있나니 너희가 배부름을 얻을 것임이요.
> 지금 우는 자는 복이 있나니 너희가 웃을 것임이요.
> 인자로 말미암아 사람들이 너희를 미워하며 멀리하고 욕하고
> 너희 이름을 악하다 하여 버릴 때에는 너희에게 복이 있도다.
> 그날에 기뻐하고 뛰놀라. 하늘에서 너희 상이 큼이라.
> 그들의 조상들이 선지자들에게 이와 같이 하였느니라"(눅 6:20-23).

누가는 이 복에 덧붙여 사회의 부유한 자들을 향해 역전의 주제를 전한다.

그러나 화 있을진저! 너희 부요한 자여,
너희는 너희의 위로를 이미 받았도다.
화 있을진저! 너희 지금 배부른 자여,
너희는 주리리로다.
화 있을진저! 너희 지금 웃는 자여,
너희가 애통하며 울리로다.
모든 사람이 너희를 칭찬하면 화가 있도다.
그들의 조상들이 거짓 선지자들에게 이와 같이 하였느니라(눅 6:24-26).

하나님의 정의가 요구하는 종말론적 역전은 부와 음식 그리고 인간관계를 망라하는 구체적 영역을 다룬다. 예수가 말하는 미래는 하나님 나라가 온전히 임하는 종말의 시점이다. 그때에는 사회 내적인 역전이 일어나 먼저 된 자가 나중 되고, 나중 된 자가 먼저 되는 역사가 일어날 것이다.

예수와 토라

절대다수의 유대인들은 토라를 존중했지만, 그 해석과 적용에서는 여러 분파가 존재했다. 교회가 유대교와 분리되었고 할례나 음식 규례와 같은 율법 조항의 적용을 받지 않는다는 사실 때문에 그리스도인들은 예수가 토라를 폐지했거나 무력화했다고 여기는 성향이 있다. 그러나 역사적 증거들을 면밀하게 살펴보면 그런 추론은 잘못된 것이다.

초기 그리스도인들 가운데 일부는 유대인이든 이방인이든 그리스도인은 모두 토라에 순종해야 한다고 여겼고 다른 이들은 정반대의 생각을 가졌다. 만일 예수가 이미 이에 관한 결정을 내렸었다면 이처럼 중대한 문제를 놓고 생겨난 대립각을 설명할 수 없을 것이다. 복음서는 예수가 이스라엘과 토라에 관심이 많았다고 묘사하기 때문에 예수 자신이 토라를 폐지하겠다고 생각했을 것 같지는 않다. 만일 예수가 자신이 토라를 무효화하고 있다고 생각했다면, 그는 분명 그것을 언급하는 것을 적절하게 여겼을 것이다.

마태의 전승에 따르면 예수는 토라에 순종할 것을 명령했다.

> 내가 율법이나 선지자를 폐하러 온 줄로 생각하지 말라. 폐하러 온 것이 아니요 완전하게 하려 함이라. 진실로 너희에게 이르노니 천지가 없어지기 전에는 율법의 일점일획도 결코 없어지지 아니하고 다 이루리라. 그러므로 누구든지 이 계명 중의 지극히 작은 것 하나라도 버리고 또 그같이 사람을 가르치는 자는 천국에서 지극히 작다 일컬음을 받을 것이요, 누구든지 이를 행하며 가르치는 자는 천국에서 크다 일컬음을 받으리라. 내가 너희에게 이르노니 너희 의가 서기관과 바리새인보다 더 낫지 못하면 결코 천국에 들어가지 못하리라(마 5:17-20).

예수는 토라에 철저히 순종하라고 요구한다. 여기서 그는 윤리적인 명령과 제의적인 명령을 구별하거나, 중요한 것은 율법의 정신이라는 식으로 말하지 않는다. 사실 그는 하나님 나라에 사는 자라면 누구나 율법 전체, 지극히 작은 조항까지라도 지켜야 한다고 주장한다.

마태복음 23장에서 예수는 제자들에게 서기관들과 바리새인들에게 복종하라고 가르치는데, 그 이유는 그들이 모세의 권위를 물려받아 토라를 해석할 자격이 있기 때문이다. 십일조로 드리는 향료에 관한 바리새인의 규칙이 종종 바리새적 율법주의의 예증으로 인용되지만(마 23:23), 실은 율법에서 더 중요한 내용을 무시하지 않는 한 그런 규정도 적법하고 복종해야 한다는 것이 예수의 가르침이다.

안식일 준수

마가는 아래 사건을 보도한다.

> 안식일에 예수께서 밀밭 사이로 지나가실새 그의 제자들이 길을 열며 이삭을 자르니 바리새인들이 예수께 말하되 "보시오, 저들이 어찌하여 안식일에 하지 못할 일을 하나이까?" 예수께서 이르시되 "다윗이 자기와 및 함께한 자들이 먹을 것이 없어 시장할 때에 한 일을 읽지 못하였느냐? 그가 아비아달 대제사장 때에 하나님의 전에 들어가서 제사장 외에는 먹어서는 안 되는 진설병을 먹고 함께한 자들에게도 주지 아니하였느냐?" 또 이르시되 "안식일이 사람을 위하여 있는 것이요, 사람이 안식일을 위하여 있는 것이 아니니, 이러므로 인자는 안식일에도 주인이니라"(막 2:23-28).

이 단락은 예수의 어록이나 선언을 담기 위한 내러티브를 만들어 배치한 **선언 이야기**(pronouncement story)다. 예수의 어록을 둘러싼 내러티브는 그 자체만으로는 역사적 가치를 갖지 않는다. 사실 바리새인들이 갈릴리 들판에서 안식일 위반자를 적발하기 위해 기다리고 있다는 설정은 매우 비현실적인데, 안식일 규정을 어긴 용의자가 예수도 아니고 그 제자들이니 더더욱 그렇다. 아마도 이 내러티브를 만든 이는 안식일에 일하는 문제를 예수 당시보다는 초기 교회의 쟁점으로 생각했을 것으로 짐작된다.

이 내러티브에 담긴 어록들은 제자들의 행동이 제기한 문제에 대해 여러 해법을 제시한다. 첫째, 예수는 성경에 근거해 제자들의 행동을 변호한다. 긴박한 정황(굶주림)에서는 안식일 규정을 합법적으로 우회한 선례가 성경에 이미 있다는 것이다. 이어지는 어록은 "그리고 그가 말씀하셨다"라는 새로운 내러티브 도입부에 의해 소개되는데, 이는 두 이야기가 본래는 연결되지 않고 독립적으로 존재했음을 시사한다. 안식일이 인간을 위해 제정되었다는 언급은 종교 제도에 근본적인 파급 효과를 갖는 발언이지만, 토라의 폐지를 뜻하지는 않는다. 랍비 문헌 역시 하나님과 이웃을 사랑하는 것을 토라의 본질로 보았고 사람을 돕기 위한 인도적 행동을 위해서는 안식일 규정을 어길 수 있다고 해석했다. 마지막 어록인 "인자는 안식일에도 주인이니라"는 예수가 안식일 규정을 무시할 수 있는 권한을 가졌다는 뜻일 수도 있지만, 예수가 실제로 토라의 규정을 어겼다는 언급은 본문에 없다. 어쨌든 이 어록은 초기 기독교의 신앙을 진술하는 것으로 보인다. 좀 더 급진적 해석을 하자면 여기서 "인자"는 보다 더 사전적 의미 즉 "인간"을 가리킨다고 보아, 안식일보다 사람이 더 중하고 따라서 안식일의 규정이라는 것은 사람이 정할 따름이라는 방향으로 해석할 수도 있다. 마가의 보도에 따르면 예수에게 안식일 위반의 죄목을 씌울 수는 없다. 마태는 마가보다 한 발 더 나간다. 그는 굶주림의 요소를 전면에 내세우고 법리적 해석을 덧붙임으로써 예수가 이 사건에서 토라를 어기지 않았음을 분명히 한다.

마가복음 3:1-6은 안식일에 일하신 예수의 이야기 한 편을 덧붙인다. 이 이야기는 예수가 안식일에 한 남자의 손을 치유함으로써 율법 조항을 위반한 것이라는 인상을 준다. 하지만 사실상 예수는 치유의 과정에서 노동하지 않았으므로 위반은 일어나지 않았다. 안식일에 치유하는 말을 하는 것은 토라가 금지한 행위목록에 들어 있지 않기 때문이다. 예수는 사람들에게 질문을 던진다. "안식일에 선을 행하는 것과 악을 행하는 것, 생명을 구하는 것과 죽이는 것, 어느 것이 옳으냐?"(막 3:4) 안식일에 생명을 구하는 일이 적법하다는 예수의 입장은 후대의 랍비 문헌에는 바리새파의 성경 해석으로 소개된다. 전체적으로 보아 예수가 안식일 규정을 어겼다는 실질적인 증거는 빈약하다.

음식 규례

음식 규례 즉 어떤 상황에서 어떤 음식을 먹을 수 있는지에 관한 법들은 토라에서 중요하게 다루어진다. 음식에 관한 규례들은 마가복음 7장에 서술된 논쟁에서 처음 등장하는데, 마가복음 7장은 전승 과정에서 광범위하게 재편집된 본문이다.

> 바리새인들과 또 서기관 중 몇이 예루살렘에서 와서 예수께 모여들었다가 그의 제자 중 몇 사람이 부정한 손 곧 씻지 아니한 손으로 떡 먹는 것을 보았더라(바리새인들과 모든 유대인들은 장로들의 전통을 지키어 손을 잘 씻지 않고서는 음식을 먹지 아니하며 또 시장에서 돌아와서도 물을 뿌리지 않고서는 먹지 아니하며 그 외에도 여러 가지를 지키어 오는 것이 있으니 잔과 주발과 놋그릇을 씻음이러라). 이에 바리새인들과 서기관들이 예수께 묻되 "어찌하여 당신의 제자들은 장로들의 전통을 준행하지 아니하고 부정한 손으로 떡을 먹나이까?"(막 7:1-5)

예수의 대적은 바리새인들과 서기관들이다. 이 이야기 역시 모종의 인공성이 느껴지는데, 마가가 유대인들의 풍습을 설명해주는 것으로 보아 독자는 이방인일 것이다. 모든 유대인이 바리새인들의 엄격한 정결 규정을 따랐다고 단언할 수는 없다. 바리새인들과 서기관들이 제시한 질문은 손을 씻는 문제 즉 토라가 직접 다루지 않는, 바리새인들만의 규칙에 대한 것이다. 예수는 이 고발자들에게 이사야 29:13을 인용하면서 그들이 사람의 규칙을 어길까 걱정하느라고 하나님의 뜻을 무시한다고 답한다. 예수는 성전에 제물을 드린다는 명분으로 부모를 핍절하게 만드는 행위를 지적하면서 그들의 전승이 토라를 무력화한다고 말한다. 이어서 예수는 사람의 몸으로 들어가는 것은 아무것도 사람을 더럽게 하지 못한다고 주장한다. 오직 사람에게서 나오는 것만이(악한 생각, 사악함 등) 사람을 더럽힐 수 있기 때문이다. 마가의 결론은 이렇다. "이러므로 모든 음식물을 깨끗하다 하시니라"(막 7:19). 이 마지막 결론은 예수 자신의 말이 아니라 편집자의 말로 진술된다.

마태복음 15장도 같은 이야기를 전하지만 씻지 않은 손에 초점을 맞춘다. 마태는 마가복음 7:19을 생략하는 한편, 음식 규례에 관한 예수의 말씀 역시 언급하지 않는다. 마태의 요약에 의하면 예수는 사람을 더럽히는 내적 조건들을 열거한 뒤 이렇게 말한다. "이런 것들이 사람을 더럽게 하는 것이요, 씻지 않은 손으로 먹는 것은 사람을 더럽게 하지 못하느니라"(마 15:20). 마태의 논의는 훨씬 제한적인 문제, 즉 손을 씻는 문제로 옮겨져서 유대인의 음식 규정을 예수가 폐지했다는 마가의 인식과는 일치하지 않는다.

마태의 보도에 따르면 안식일에 이삭을 비벼 먹은 일과 관련하여 예수는 호세아를 인용한다. "'나는 자비를 원하고 제사를 원하지 아니하노라' 하신 뜻을 너희가 알았더라면 무죄한 자를 정죄하지 아니하였으리라"(마 12:7). 여기 인용된 호세아의 말은 하나님이 제사에 관한 토라의 규정과 다른 방식을 요구하셨다는 뜻이 아니다. 이른바 예언적 과장법(prophetic hyperbole)이라 할 이 수사의 의미는 하나님께서는 자비와 제사 둘 다를 원하신다는 "포용적 반의법"(inclusive antithesis)에 있다. 마태복음 15장에서 예수는 바로 이런 수사를 구사하는 것으로 보인다. 다시 말해 예수는 사람의 내면에서 일어나는 생각들이 사람을 더럽게 한다고 가르치지만, 음식 규정 역시 지켜져야 한다는 입장을 유지한다.

이혼

바울 서신과 복음서는 예수가 이혼을 금지했다는 서술에서 일치한다(마 5:31-32; 19:3-9; 막 10:2-12; 눅 16:18; 고전 7:10-11). 복수 증언의 원칙에 의해 우리는 예수가 이혼을 금했다고 결론지을 수 있다. 다만 그가 부정의 죄 즉 한쪽 배우자의 성적 일탈(예. 마 5:32; 19:9)의 경우를 예외로 인정했느냐의 여부는 결정하기 어렵다. 마가복음 10장과 마태복음 19장에 의하면 예수가 이혼을 금한 것은 성경의 논리를 따른 결과다. 바리새인 몇 사람이 찾아와 왜 모세는 이혼을 허락했느냐고 질문하자 예수는 이렇게 답변한다.

> 예수께서 그들에게 이르시되 "너희 마음이 완악함으로 말미암아 이 명령을 기록하였거니와 창조 때로부터 사람을 남자와 여자로 지으셨으니, 이러므로 사람이 그 부모를 떠나서 그 둘이 한 몸이 될지니라. 이러한즉 이제 둘이 아니요 한 몸이니, 그러므로 하나님이 짝지어 주신 것을 사람이 나누지 못할지니라" 하시더라(막 10:5-9).

여기서 예수는 자신의 권위에 기초해 이혼 문제를 재단하지 않고, 토라에 기초한 법적 해석에 의존하고 있다(그러나 마 5:31-32과 눅 16:18은 성경에 근거한 논증을 생략함으로써 예수 자신의 권위를 강화한다). 모세가 이혼을 허용한 것은 사실이지만, 예수가 이혼을 금한 것이 토라를 부정하는 것은 아니다. 토라 자체보다 엄격한 요구를 함으로써 토라를 부정할 수는 없기 때문이다. 기원전 5세기의 예언자 말라기 역시 이혼을 금하지만, 그의 요구는 제사장만을 상대로 한 것으로 보인다.

「다메섹 문서」의 넷째 칼럼을 보면 이혼에 관한 예수의 가르침과 유사한 점이 드러난다. 거짓말을 늘 "뱉어내는 자"는 "첫 부인이 살아 있는데도 둘째 부인을 얻는 행위로 인해 두 번의 간음행위를 범한 셈이 된다. 반면에 창조의 원리는 '남자와 여자로 창조하시니라'(창 1:27)로 요약된다." 예수와 마찬가지로 이 문서도 창세기 1:27을 전거로 들어 이혼의 제약에 대해 말하고 있는데, 예수와 쿰란 양편이 다 성경의 한 구절을 써서 다른 구절을 해석하고 있다는 점이 의미심장하다.

이혼에 관한 예수의 입장은 회복을 위한 그의 계획, 즉 결국 만물의 마지막은 창세기의 처음 상태로 되돌아가야 한다는 계획의 일부인지도 모른다. 이런 사고체계는 묵시론적 관점에 잘 들어맞으며, 앨리슨이 입증했듯이 천년왕국 운동의 전형적 모습이기도 하다.

죽은 자를 묻는 것

죽은 자들이 죽은 자를 묻게 하라는 예수의 어록(마 8:21-22)이야말로 예수가 토라에 반대한 가장 명백한 예라는 주장이 있다. 그러나 이 어록에서 예수가 강조한 것은 그를 따르는 일의 긴박성이다. 유대교 안에서도 종교전통 가운데 하나가 다른 것에 선행하는 경우는 많다. 일례로 「마카베오1서」 2:39-41을 보면 마카비 지도자들이 안티오코스 4세의 종교박해에 맞서 토라를 지키기 위해 안식일 준수의 의무를 잠정적으로 중지시킨 기록이 있다. 수사적으로는 이 구절에서 예수가 예언적 과장법 혹은 포용적 반의법을 구사해 그를 따르는 자들이 가족의 의무와 제자의 의무를 둘 다 수행하기를 바란 것으로 이해할 수도 있다.

죄인들과 사귐

복음서에 따르면 예수는 죄인들과 잘 어울렸다. 예수의 비유들 가운데 여러 비유—예를 들어 탕자, 잃어버린 양, 잃어버린 동전, 그리고 아마 포도원 일꾼 비유—가 그런 정황을 드러낸다. 예수가 죄인들과 밥을 함께 먹은 것은 경건한 이들을 충격에 빠트렸다. 예수가 이런 식탁 교제를 하나님 나라에서 누릴 메시아 만찬의 전조로 생각했다는 증거는 많다. 메시아 만찬은 이스라엘과 하나님 간의 관계 회복을 상징하는 기쁨의 잔치다(마 8:11; 막 14:25 및 병행 구절들; 마 22:1-14; 눅 14:16-24 등). 예수가 죄인들과 함께 식사한 일에 대해 사람들이 비난하자 그는 이렇게 대답한다. "건강한 자에게는 의사가 쓸 데 없고 병든 자에게라야 쓸 데 있느니라. 나는 의인을 부르러 온 것이 아니요, 죄인을 부르러 왔노라"(막 2:17).

죄와 불결은 분명히 구별되어야 한다(Sanders를 보라). 1세기 유대교를 바리새주의와 동일시해서는 안 되는데, 바리새주의가 늘 공허한 의식주의로 희화되는 형편에서는 더더욱 그렇다. 예수를 참된 종교를 질식시키는 뜻 없는 제의-정결 규칙에 맞서 싸우는 투사로, 그의 대적들은 죄와 불결을 동일하게 여기는 피상적 율법주의자들로 만드는 이런 도식화는 고대 유대교에 대한 왜곡 및 모독이자 사실상 고대 종교 일반에 대한 오해의 산물이다. 이런 오해는 여러 층으로 이루어진다. 첫째, 앞서 1장에서 지적했듯이 모든 종교는 윤리를 포함하여 제의의 규칙과 행동의 규칙을 담고 있기에, 제의를 주의 깊게 지키는 것이 생동감 있는 윤리의식을 배제하지는 않는다(이에 대해 레 19장을 살펴보라). 둘째, 제의적 불결은 죄와 동의어가 될 수 없다. 예를 들어 시체에 접촉하는 것은 범죄가 아니라 제의적 불결을 초래해서 제의 행습에 참여하지 못하게 만들 뿐이다. 셋째, 바리새인들이 그들의 정결 예법을 따르지 않는 (아마도 대다수에 해당하는) 유대인들을 그것 때문에 "죄인"으로 규정하지는 않았다. 마지막으로 바리새인들은 다른 종파들과 확연히 구별되는 특별한 종교 행습을 가진 집단이기에 바리새주의를 유대교와 동일시할 수 없다. 그것은 유대교의 다양한 실현방식 중 하나를 나타낼 뿐이다.

예수는 기꺼이 용서를 베풀었으나 유대교는 용서를 모른다는 오해도 불식되어야 한다. 예수가 가졌던 용서의 태도는 유대교로부터 직접 도출된 것이다. 하나님의 용서는 후에 기독교에서 중요해진 만큼이나 유대교에서도 중요했다. 이후에 일어난 기독교가 그렇듯이 제2성전기 유대교도 하나님의 용서를 얻는 구체적인 방법들을 제시했고, 그 결과 어떤 경우에는 배상행위가, 또 다른 경우에는 제의가 필요했다. 예수의 동시대인들을 불편하게 만든 것 중 하나는 통상적이지 않은 특별한 경로를 통해 하나님의 용서가 주어질 수 있다는 그의 가르침이었다. 예수는 하나님의 사자로서의 자신의 권위에 근거하여, 통상적인 배상과 제의를 요구하지 않고도 사회가 죄인이라고 부르는 이들에게 직접 용서를 베풀었다.

예수가 남긴 다음의 어록은 "종교적인" 이들과 대비되는 "죄인들"이 누구였는지를 명확히 해준다. "내가 진실로 너희에게 이르노니 세리들과 창녀들이 너희보다 먼저 하나님의 나라에 들어가리라. 요한이 의의 도로 너희에게 왔거늘, 너희는 그를 믿지 아니하였으되 세리와 창녀는 믿었으며, 너희는 이것을 보고도 끝내 뉘우쳐 믿지 아니하였도다"(마 21:31-32). 세리들은 행정 구역을 건너는 사람들에게 통행세를 걷는 자들로서 사람들의 미움을 받았다. 이 어록의 진정성은 상이성의 원리에 의해 확보된다. 이 어록의 관점은 1세기 유대교의 것과 판이하며, 초기 교회가 창녀가 하나님 나라에 들어간다는 충격적인 어록을 꾸며냈을 리도 없다.

예수가 제의 제도를 비껴간 것이 토라를 공격한 것인지에 의문을 갖는 것은 정당하다. 토라는 제의의 필요성을 명시하기 때문이다. 그 질문에 대한 답은 제2성전기 유대교의 맥락 안에서 검토되어야 한다. 제의 제도가 중시되긴 했어도 비판조차 할 수 없을 만치 신성시되지는 않았다. 일례로 쿰란 종파는 예루살렘과 완전히 결별하고 토라 준수와 기도 생활이라는 대체적 속죄수단을 창안했지만, 자신들이 토라를 어겼다고 생각하지 않고 오히려 자신들이야말로 토라를 제대로 지킨다고 믿었다. 성전 권력에 대한 비판도 드물지 않았다. 제2성전의 폐지와 더 장엄한 성전을 꿈꾼 유대교 문서도 있다(*1 En.* 90:28-29; Tob 14:4-7). 「모세의 유언」과 「솔로몬의 시편」 역시 성전 권력을 강하게 비판했다. 예수는 불의가 팽배한 사회에서 행해지는 제의의 정당성에 비판을 가한 예언자들보다 더 심하게 성전에 관해 비판적이지는 않았다. 오히려 예수는 이스라엘의 회복이 실현되면 불의와 죄악이 극복되리라고 기대했다는 점에서 그와 동시대의 유대인들 대다수와 일치한다.

거리낌 없이 죄인들에게 사죄를 선언하고 그들을 하나님 나라의 일원으로 대한 예수의 태도가 당시 종교 권력에 도전을 가한 것은 사실이지만, 그런 행동을 통해 예수가 새로운 종교를 창시하거나 유대교를 무너뜨린다는 생각을 품었다고 여겨야 할 이유는 별로 없다.

예수의 호칭들

복음서 전승은 예수를 가리켜 그리스도(메시아), 하나님의 아들, 인자, 다윗의 아들, 예언자, 랍비, 스승, 이스라엘의 왕 등 다양한 호칭을 사용한다. 한때는 이런 호칭들이 예수의 정체성을 이해하는 열쇠라고 생각되기도 했지만 오랜 연구의 결과 그런 가정을 정당화할 근거가 빈약하다는 것이 드러났다. 이 모든 호칭은 하나같이 모호하다. 제2성전기 유대교에서 매우 폭넓게 쓰인 단어가 있는가 하면, 의미를 확정하기에는 사용 빈도가 너무 낮은 단어도 있다.

예수의 호칭과 관련된 또 한 가지 문제는 그 호칭의 기원이 예수에게 있다고 입증하기 어렵다는 점이다. 공관복음서에는 예수가 "내가 메시아다"라거나 "내가 하나님의 아들이다"라고 진술한 기록이 없다. 요한복음에는 그런 진술이 넘쳐나지만, 역설적으로 바로 그 이유로 인해 진정성을 의심받는다. 공관복음의 예수는 하나님 나라를 선포하지만, 요한복음에서는 그 자신이 선포의 내용이 된다. 이것이 바로 초기 기독교 내의 전개상황인 셈이다.

그리스도(메시아)

"메시아"(히브리어: *mashiah*, "기름 부음 받은")라는 용어는 제2성전이 파괴되기 직전까지 이스라엘과 유대 사회에서 유동적으로 사용되었다. 기름을 붓는 것은 사실 누군가에게 기름을 바르는 행동을 의미하는데, 이는 특정한 과업을 위해 하나님이 선택하신 사람이라는 표시였다. 히브리 성경은 기름 부음을 받은 왕, 제사장, 예언자, 심지어 이방의 황제(고레스)에 대한 예를 포함한다. 성경 이후 시대의 유대 문헌 역시 "메시아"라고 정의할 수 있는 다양한 가능성을 제시해준다. 쿰란 종파는 종말론적 예언자와 별도로, 제사장과 왕의 역할을 각기 맡을 두 메시아를 기다렸다. 「에녹의 비유」는 권력자들과 부자들을 심판할 천상의 메시아를 묘사한다. 「레위의 유언」 18장은 왕과 제사장의 기능을 겸임하는 제사장 메시아를, 「유다의 유언」은 제사장과 왕의 기능을 분리해 두 메시아를 묘사한다. 사두개인을 포함한 일부 유대인들은 신적 개입 자체를 믿지 않았고, 다른 이들은 하나님께서 역사에 속히 개입하실 것을 기대했지만, 인간 매개자가 없이 손수 하실 것을 기대했다. 하나님의 행동을 매개하는 기대주들은 때때로 메시아라고 불렸지만 언제나 그렇지는 않았고, 메시아들의 양태 역시 다양해서 그들 중 소수는 초자연적 존재로 여겨졌다. 간단히 말해 메시아에 관한 유일하고 일관된 패턴이란 존재하지 않았다.

그리스도인들은 유대인들이 어떻게 메시아가 예수라는 인간으로 이 땅에 오셨다는 명백한 사실을 놓칠 수 있는지 종종 의아해한다. 그들이 간직했던 메시아에 대한 기대가 예수 안에서 충족되었다는 것은 구체적 예언들이 성취된 것만 보아도 명백할 터인데 말이다. 이런 생각을 지닌 그리스도인들은 1세기 유대인들이 단 한 분의 **그** 메시아(the Messiah)를 고대했다고 확언하기를 좋아한다. 그러나 그들이 생각하는 그런 메시아상은 그리스도인들이 예수의 부활 사건을 목격한 경험에 비추어 후대에 만들어낸 것이며, 당시 유대인들의 관념과는 일치하지 않는다. 사실 그리스도인들의 메시아관은 당대 유대인들의 기대 중 일부, 이를테면 메시아가 다윗 왕조를 예루살렘에서 회복한다든지 아니면 성전이 재건되고 흩어진 디아스포라들이 돌아온다는 관념과는 상충하는 것이었다. 유대인들의 메시아관은 제2성전기 유대교의 복합성을 반영하는 다양한 방식으로 표현되었다. 메시아 관념 혹은 노이스너의 용어로 메시아 신화(messiah myth)를 살펴보면 유대의 역사관과 이스라엘을 대망하는 태도들에 대해 이해할 수 있다(Neusner를 보라). 이 주제에 관한 최근 출판물은 적절하게도 『유대교들과 그들의 메시아들』(*Judaisms and Their Messiahs*, Neusner, Green, and Frerichs)이라는 제목을 붙였다.

로마는 예수의 십자가에 "유대인의 왕"이라는 죄목을 붙였다. 위에서 살펴보았듯이 이런 단죄는 역사적 진정성이 충분하다. 이것은 예수가 스스로 메시아요 왕이라고 주장했는지에 대한 질문을 불러일으킨다. 다수의 학자는 예수가 자신을 가리켜 노골적으로 "메시아"라는 호칭을 사용한 적은 없다고 생각한다. 그렇다면 이 호칭이 초기 교회에서 그렇게 중요했던 이유가 미제로 남는다. 예수가 메시아 호칭을 스스로 취했든 아니든 그가 생존했던 동안에 자칭 메시아들이 존재했던 것은 분명하다. 마가복음은 메시아에 관해 예수의 생각과 제자들의 생각이 달랐음을 분명히 보여준다. 일각에서는 예수의 종말론적 설교에 근거해 그가 현실정치의 행동을 취할 것으로 기대하기도 했다. 그러나 예수가 혁명을 계획했거나 폭력을 사용해 권력을 쥐려고 했다는 증거는 전혀 없다. 그는 이런 의미의 정치적 메시아는 아니었다. 하지만 메시아라는 호칭은 다른 의미로도 사용되었다. 그의 메시지와 사역의 종말론적 성격, 하나님을 대변한다는 그의 주장, 하나님 나라에 관한 설교, 치유와 축귀에서 보여준 그의 초자연적 능력, 그의 행동이 갖는 정치적 중요성 등은 일부 사람들이 그를 메시아로 부르도록 만들기에 충분했다.

예언자

공관복음서에서 예수가 자신을 메시아라고 이야기한 것에 가장 근접한 상황은 누가복음 4:16-21일 것이다. 여기서 예수는 메시아의 예언자적 역할과 과제를 다루는 이사야 61:1-2을 인용한다. "주의 성령이 내게 임하셨으니, 이는 가난한 자에게 복음을 전하게 하시려고 내게 기름을 부으시고 나를 보내사 포로 된 자에게 자유를, 눈먼 자에게 다시 보게 함을 전파하며, 눌린 자를 자유케 하고 주의 은혜의 해를 전파하게 하려 하심이라."

예수는 자신을 예언자라고 지칭했고(막 6:4 및 병행 구절; 눅 4:24; 13:33-35 및 병행 구절; 요 4:44), 하나님의 입이 되어 외치고 이스라엘과 그 제도들을 비판한 점에서 예언자답게 행동했다. 그가 말한 내용 중 많은 부분은 예언자의 가르침과 유사하다. 성전과 관련된 예수의 행동이 예레미야의 것과 흡사하다는 점은 앞에서 언급했다. 초기 교회는 예수에게 예언자라는 호칭을 적용하지 않았는데, 아마도 그 호칭이 예수를 충분히 높인다고 생각하지 않았기 때문일 것이다. 바로 그 이유에서 예수를 예언자로 부르는 전승이 보존되었다면 그 진정성을 인정할 만하다.

다윗의 아들

마가는 "다윗의 아들"이라는 호칭을 꺼리는 듯하다. 예수의 수난과 죽음을 강조하는 마가로서는 메시아의 힘과 영광의 측면이 강조되는 이 호칭이 불편했을 수도 있다. 마가복음에서 이 호칭은 10장과 12장 두 곳에만 나온다. 10장은 눈먼 거지가 예수를 소리쳐 부르고 치유되는 이야기다. 이에 비해 12장의 내용은 조금 혼란스러운데, 메시아가 다윗의 계보에서 나오리라는 예언에 도전장을 내미는 듯한 인상 때문이다.

> 예수께서 성전에서 가르치실새 대답하여 이르시되 "어찌하여 서기관들이 그리스도를 다윗의 자손이라 하느냐? 다윗이 성령에 감동되어 친히 말하되 '주께서 내 주께 이르시되 내가 네 원수를 네 발아래에 둘 때까지 내 우편에 앉았으라 하셨도다' 하였느니라. 다윗이 그리스도를 주라 하였은즉 어찌 그의 자손이 되겠느냐?" 하시니 많은 사람들이 즐겁게 듣더라(막 12:35-37).

이 구절이 메시아가 다윗의 후손임을 부인하는지, 아니면 메시아가 다윗의 자손이지만 다윗보다 크다고 말하는지는 명확하지 않다. 마태와 누가는 예수를 다윗의 자손이라고 부르는 데 좀 더 적극적이다.

예수가 다윗의 자손이라는 사실은 바울 서신에도 기록되어 있는데(롬 1:3), 바울 자신이 이 정보에서 별다른 이야기를 끌어내지 않는 것은 의외다. 예수가 정말로 다윗의 후손이라면 그에게 "메시아"라는 호칭을 적용하는 것이 더 호응을 얻었을 것이다.

하나님의 아들

그리스도인들은 대개 "하나님의 아들"이 예수의 신성을 가리키는 호칭이라고 생각한다. 그리스어 문맥에서 이 표현은 신성을 가리킬 수 있다. 하지만 이방인들은 유대인들보다 더 유연한 신관을 갖고 있었다. 헬레니즘 세계에서 그리스인을 비롯한 이방인들의 우주는 인간들, 신들, 그리고 그 중간의 존재들을 두루 포함하고 있었다. 아버지는 신, 어머니는 인간인 존재들이 태어났고(예. 디오니소스와 헤라클레스), 인간이 신이 될 수도 있었다. 일례로 로마 황제들이 죽으면 원로원의 투표로써 로마 만신전으로 편입되었다. 하지만 유대인들은 철저한 유일신론자들이어서 하나님은 오직 한 분이시고 어떤 인간도 신성을 주장할 수 없었다. 헬레니즘과 로마의 통치자들이 신성을 주장하는 것을 유대인들은 경멸감을 품고 지켜보았다. "하나님의 아들"이라는 호칭은 유대교 배경에서 그리스 배경으로 옮겨가면서 신성의 후광을 입게 되었다. 하지만 유대인이 하나님의 아들이라는 호칭을 이런 방식으로 이해했을 가능성은 거의 없다.

"아들"과 관련된 어록 중 가장 원형에 가까운 것은 마가복음 13:32일 것이다. 종말의 도래에 관해 예수는 이렇게 진술한다. "그러나 그날과 그때는 아무도 모르나니 하늘에 있는 천사들도 아들도 모르고 아버지만 아시느니라"(막 13:32). 이 어록의 진정성은 초기 교회가 예수의 무지를 함축할 수 있는 이런 내용을 만들어냈을 이유가 없다는 데서 미루어볼 수 있다. 여기서 예수가 분명하게 "하나님의 아들"이라는 호칭을 쓰고 있지는 않지만, "아들"(Son)이 그리스어로 절대형 명사인 점에 비추어 "하나님의 아들"이라는 의미를 읽어낼 수 있다.

마가복음 14:36에서 예수가 하나님을 아바(*Abba*)라고 부른 일은 많은 주목을 받아왔다. "아버지"를 가리키는 아람어 "아바"는 후대 문헌에서 호격으로 종종 사용된다. 따라서 이는 직접적 호명의 의미일 수 있다. 초기 그리스도인들은 기도문에 이 호칭을 사용했다(갈 4:6; 롬 8:15). 하나님을 향한 언설로서 아바의 사용은 갈라디아서와 로마서 이전의 유대교 문서에서는 찾아볼 수 없다. 마가복음 14:36은 복음서에서 이 단어가 사용된 유일한 경우인데, 이때 제자들은 잠이 들고 예수는 아버지와 독대하셨다. 따라서 그 독백을 들은 증인이 아무도 없다면, 마가복음 14:36이 본래의 어록일 가능성은 상대적으로 낮다. 그러나 이 표현이 바울 서신의 두 곳에 나온다는 것은 의미심장한데, 이는 초기 기독교에서 하나님에 대한 호칭으로서 이 단어를 사용했지만, 나중에 초기 교회가 그런 관습을 중단했다는 것을 의미한다. 마가복음 14:36에 기록된 특정한 상황은 본래의 것이 아닐지 모르지만, 그 용어의 사용은 초기 교회가 "아바"라는 용어의 사용이 예수에게서 비롯된 것으로 기억하여 보존했음을 보여준다. 하나님을 아버지라고 부르는 일이 예수에게서 비롯되어 초기 교회의 관행이 된 증거는 복음서에 다양한 자료와 문학적 형태로 축적되어 있는데, 주의 기도가 "아버지"(누가복음) 혹은 "우리 아버지"(마태복음)로 시작하는 것이 그 예다. 따라서 예수는 하나님을 부를 때 "아바"라는 용어를 사용했을 것이다. 아람어 "아바"가 "아빠"(Daddy)에 해당하는 친밀함을 나타내는 단어이므로, 이 용어의 사용은 예수가 하나님과 자신의 유일무이한 관계를 느꼈음을 의미한다고 해석되기도 했다. 이것은 매우 매력적인 제언이지만, 그것을 입증할 증거는 충분히 제시되지 않았다.

"하나님의 아들"이란 용어는 다수의 유대교 문헌에 등장한다. 사무엘하 7:14에서 하나님은 다윗에게 솔로몬이 하나님의 아들이 되리라고 말씀하신다. "하나님의 아들"은 아마 유다 왕들의 호칭으로 사용되었을 것이다. 시편 2편은 메시아 왕의 대관식을 배경으로 하는데, 여기서 하나님은 왕을 하나님의 아들로 입양하신다. "내가 여호와의 명령을 전하노라. 여호와께서 내게 이르시되 '너는 내 아들이라 오늘 내가 너를 낳았도다'"(시 2:7). 여기서 "하나님의 아들"이라는 호칭을 이스라엘 왕에게 붙인 것은 고대 세계에서 다른 왕들도 각기 그들이 섬기는 신의 아들로 여겨졌다는 우리의 지식과 일치한다. 이스라엘에서도 그런 용어가 사용되었지만, 그 말이 실제로 왕의 신성을 의미하는 것은 아니다. 마태복음 2:15은 호세아 11:1을 인용한다. "이는 주께서 선지자를 통하여 말씀하신 바 '애굽으로부터 내 아들을 불렀다' 함을 이루려 하심이라"(마 2:15). 예수에게 적용된 이 예언의 본래 문맥에서 호세아는 이스라엘 백성 전체가 부름을 받았음을 선언한다. 이사야 1:2에서는 이스라엘인들이 하나님의 아들들이라고 불린다. 「솔로몬의 지혜」 2:13에서 의인은 자신을 하나님의 아들이라고 칭했다는 이유로 동료들의 미움을 사 죽음의 위험에 처한다. 이 모든 증거는 유대교에서 "하나님의 아들"이라는 호칭은 훗날의 기독교가 취한 신성의 차원을 갖지 않았음을 보여준다. 사도 바울 역시 하나님과 올바른 관계 속에 있는 이에게 이 호칭을 적용하고 있어(예. 갈 4:1-7; 롬 8:14-17, 29) 유대교의 용례와 일치한다. 여기서 우리는 「솔로몬의 시편」(앞의 7장을 보라) 17편에서 메시아의 역할 중 하나가 이스라엘이 토라에 부합하는 삶을 살게 함으로써 그들을 하나님의 아들들이 되게 하는 것이었음을 상기할 필요가 있다. 만일 예수가 자신이 하나님의 아들이라고 생각했다면, 이는 위와 같은 유대교적 의미에서였을 가능성이 크다.

결국 "하나님의 아들"과 "메시아" 호칭 간의 관련성은 시편 2편과 같은 오랜 전통에서 이미 암시되었다가 마가복음 14:61에서 뚜렷이 표명되었다. 이 구절에서 대제사장은 예수를 향해 이렇게 묻는다. "네가 찬송 받을 이의 아들 그리스도냐?"(막 14:61) 예수의 정체성에 관한 베드로의 고백을 마태는 이렇게 옮긴다. "주는 그리스도시요, 살아 계신 하나님의 아들이시니이다"(마 16:16; 막 1:1을 보라). 두 호칭의 상호관련성은 신약성경의 용법이 유대 전통의 범주 내에 머물러 있음을 나타낸다.

인자

예수가 "인자"란 호칭을 사용한 것은 분명하지만, 그것이 늘 그 자신을 가리킨 것인지는 분명치 않다. 복음서 전승에서 인자 어록은 세 가지 범주로 나뉜다. 묵시적 인자 어록은 역사의 종말에 의인을 구하고 악인을 심판하러 오실 분에 대해 말한다(막 8:38; 14:62). 그의 심판은 각 사람이 예수와 어떤 관계를 맺었는가에 달려 있다. 지상의 인자 어록은 죄를 사하고 안식일 규정을 판단하는 지상의 예수가 가진 권세를 다룬다(막 2:10, 28). 그는 세례 요한과 대조적으로 "먹고 마시고"(눅 7:34), 거주할 집이 없으며(눅 9:58), 잃어버린 자를 찾아 구원하시는(눅 19:10) 분이다. 수난의 인자 어록은 예수가 견뎌내야 하는 고통과 그의 부활에 관해 말한다(막 8:31; 9:31; 10:33-34).

학자들은 이 호칭이 제기하는 쟁점에 대해 논의하는데, 근래의 해석들은 예수가 이 호칭을 자신에게 적용했는지 아니면 다른 이를 가리켜 사용했는지에 의문을 제기한다. 그들은 예수가 자신을 가리켰다고 해도 에스겔의 경우처럼(예. 겔 2:1, 3, 6, 8) 단지 "인간"을 가리키는 일반적 의미에서 썼거나, 자기 자신을 특별히 지칭하여 "나"라는 뜻으로 썼을 가능성을 고려한다(Vermes를 보라). 그런 후에 초기 교회가 이 호칭을 다니엘 7장에서처럼 인자 같은 존재라는 뜻으로 재해석했을 가능성이 있다. 그러나 예수 당시 통용되던 아람어에서 "인자"가 "나"라는 뜻으로 사용된 경우는 발견되지 않으며, 설령 그런 예가 있었다 해도 왜 초기 교회가 인자를 예수를 가리키는 중요한 호칭으로 채택했는지를 설명하기는 어렵다.

아마도 초기 교회가 이 호칭을 사용하기 시작한 것은 아닐 것이다. 이 호칭은 예수 당시에 통용되던 메시아 호칭이 아니었기 때문에 이를 초기 교회가 예수에게 적용한 이유는 설명하기 어렵다. 게다가 인자 호칭은 복음서에서는 당사자인 예수만 사용했고, 신약 시대 이후로는 예수를 가리켜 통용되지 않았으며 교회의 신조나 의전 양식 혹은 교리에서도 찾아볼 수 없다. 그러나 인자라는 호칭은 기독교 전승에 깊이 뿌리내렸고 여러 자료에 다양한 형식으로 기록되었다. 그러므로 이 용어의 사용은 예수가 시작한 것으로 보인다.

만일 예수가 이 호칭의 사용을 시작했다면 그가 의도한 기준점은 아마도 묵시적 인자일 것이다. 예수의 죽음과 부활 사건 이후 그리스도인들이 예수에 관해 축적한 성찰들의 결과로 고난의 인자 전승과 지상의 인자 전승이 발전된 것으로 추정된다. 만일 예수가 종말론적 예언자였다면 그는 종말과 심판을 기대했을 것이고, 「에녹의 비유」가 그랬듯 다니엘 7장의 인자 전승에 기초해서 자신의 인자 환상에 도달했을 것이다. 예수는 인자라는 호칭을 3인칭으로 이야기하고 있으므로 자신 외에 자신의 사역을 신원해줄 다른 종말론적 존재를 기대했을 수도 있다(막 8:38을 보라). 하지만 예수가 스스로 예언한 심판에서 자신이 수행할 역할을 남에게 넘겨줄 의도로 말했다고 보기는 어렵다는 다수 의견을 고려하면, 예수는 인자 호칭을 자기 자신에게 적용했다는 결론이 타당해 보인다.

예수에 관한 요세푸스의 진술

요세푸스의 글에 예수에 관해 중요한 구절이 하나 있다. 이 구절은 예수에 관해 오직 그리스도인만이 할 수 있는 주장을 담고 있고 요세푸스는 절대 그리스도인일 리가 없다는 점에서 거슬린다. 따라서 일부 학자들은 이 구절에 대해 요세푸스의 본래 기록이 후대 그리스도인들에 의해 변경되었다고 결론짓고 이 기록의 사료로서의 가치를 부정한다. 그러나 마이어는 이 구절에서 명백히 기독교의 첨가인 부분을 삭제한 나머지는 요세푸스의 것이며, 이는 당대의 비그리스도인들이 예수에 대해 어떤 생각을 가졌을지를 짐작하게 해주는 귀중한 단서를 제공한다고 주장한다(*A Marginal Jew*, 1.56-69). 해당하는 요세푸스의 본문은 아래와 같다(요세푸스, *Ant*. 18.63-64).

> 한편 바로 이때 예수라는 지혜로운 사람—너무나 신기한 일들을 많이 행했기 때문에 인간이라고 볼 수 있을지는 모르겠으나 인간으로 보는 것이 합당하다면—이 있었다. 그는 사람들로 하여금 기쁜 마음으로 진리를 받아들일 수 있게 만드는 선생이었다. 그는 수많은 유대인뿐 아니라 이방인까지도 그의 곁으로 끌어들였다. 그가 바로 그리스도였다. 빌라도가 유대의 유력 인사들의 청에 의해 그를 십자가에 달려 죽게 했으나 그를 처음부터 사랑하던 자들은 그를 버리지 않았다. 왜냐하면 [그가] 하나님의 선지자들이 그에 관

해 예언한 대로 3일 만에 다시 살아나서 그들에게 나타났기 때문이었다. 하나님의 선지자들은 이뿐 아니라 그에 관해서 수많은 놀라운 일들을 예언했었다. 그의 이름을 본떠 그리스도인이라고 불리는 사람들은 오늘날까지도 남아 있다.[1]

마이어는 위 구절 중 명백히 기독교적인 부분을 삭제하고 난 것이 요세푸스의 본래 기록에 가까우리라고 추정한다. 즉 "인간이라고 볼 수 있을지는 모르겠으나", "그가 바로 그리스도였다", "왜냐하면 [그가] 하나님의 선지자들이 그에 관해 예언한 대로 3일 만에 다시 살아나서 그들에게 나타났기 때문이었다", "하나님의 선지자들은 이뿐 아니라 그에 관해서 수많은 놀라운 일들을 예언했었다" 같은 내용이다. 본문을 편집한 결과는 아래와 같다.

한편 바로 이때 예수라는 지혜로운 사람이 있었다. 그는 사람들로 하여금 기쁜 마음으로 진리를 받아들일 수 있게 만드는 선생이었다. 그는 수많은 유대인뿐 아니라 이방인까지도 그의 곁으로 끌어들였다. 빌라도가 유대의 유력 인사들의 청에 의해 그를 십자가에 달려 죽게 했으나 그를 처음부터 사랑하던 자들은 그를 버리지 않았다. 그의 이름을 본떠 그리스도인이라고 불리는 사람들은 오늘날까지도 남아 있다(Meier, *A Marginal Jew*, 1.61).

마이어는 요세푸스 당대에 기적들("신기한 일들")과 가르침은 현인들이 행하는 두 가지 활동이었고, 기독교 전승이 두 가지 모두를 예수에게 적용하고 있음을 지적한다. 빌라도와 유대교 지도자들이 공모해 예수를 죽

1 『요세푸스 II: 유대고대사』, 506-508.

였다는 서술은 복음서의 보도와도 일치하며 역사적으로 개연성이 있어 보인다. 예수 운동이 예수 사후까지 지속되어 결국 "그리스도"의 이름을 딴 집단이 된 사실을 요세푸스가 몰랐다고 볼 이유는 없다.

요세푸스의 증언에는 복음서의 기록을 통해 알려진 사실에 덧붙일 만한 내용은 없다. 그러나 이 기록은 예수와 동시대를 산 비그리스도인 유대인의 태도를 살펴볼 수 있는 흥미로운 기록이며, 예수의 기적과 그의 가르침은 물론 빌라도와 유대인 지도자들이 예수의 처형에 개입한 사실에 대한 독자적 증언을 제공한다.

결론

이 장에서 필자는 역사적 예수에 대한 개연성 있는 서술을 시도했지만, 현재 알려진 지식의 한계로 인해 내용은 불완전하고 일부 논점들은 해결하지 못한 채로 남길 수밖에 없었다. 그럼에도 예수가 제2성전기 말기에 갈릴리와 유대를 오간 실존 인물인 유대인임을 전제하는 것이 중대한 의미를 갖는다. 예수가 유대인임을 부인할 사람은 없지만, 그의 유대인 됨은 종종 무의미하게 취급되곤 했다. 그리스도인들이 그를 동시대 유대인들의 대척점에 세우고 유대교와 유대 사회를 얕보는 태도를 취했기 때문이다. 기원후 1세기 유대 사회의 맥락을 전제하지 않는 역사적 재구성은 예수를 이해하는 데 심각한 문제를 초래한다. 아울러 유대교가 기독교보다 열등하다는 주장을 뒷받침하기 위해 아니면 예수 당시의 유대인들을 부정적으로 다루기 위해 유대교 맥락을 들먹이는 역사서술은 좋은 역사도 좋은 신학도 될 수 없다. 더욱이 예수의 인성을 살필 때 그가 유대인이라는 사실을 고려하지 않는 신학은 그의 인간성에서 가장 추상적인 부분 외의 모든 인간성을 박탈하는 결과를 초래한다.

참고문헌

Allison, D. C., Jr. *Jesus of Nazareth: Millenarian Prophet.* Minneapolis: Fortress, 1998.

Ashton, John. "Abba." *ABD* 1:7-8.

Borg, Marcus J. *Conflict, Holiness, and Politics in the Teachings of Jesus.* Lewiston, N.Y.: Edwin Mellen, 1984.

_______. *Jesus: A New Vision.* San Francisco: Harper & Row, 1988.

Bornkamm, Günther. *Jesus of Nazareth.* London: Hodder & Stoughton, 1960.

Bultmann, Rudolf. *The History of the Synoptic Tradition.* New York: Harper & Row, 1963.

Charlesworth, James H. *Jesus' Jewishness: Exploring the Place of Jesus within Early Judaism.* Philadelphia: Crossroad, 1991.

_______. *Jesus within Judaism: New Light from Exciting Archeological Discoveries.* New York: Doubleday, 1988.

_______. ed. *The Messiah: Developments in Earliest Judaism and Christianity.* Minneapolis: Fortress, 1992.

Chilton, Bruce D. *The Temple of Jesus: His Sacrificial Program within a Cultural History of Sacrifice.* University Park: Pennsylvania State University Press, 1992.

Collins, Adela Yarbro. "The Origins of the Designation of Jesus as 'Son of Man.'" *HTR* 80 (1987): 391-407.

Crossan, J. Dominic. *The Historical Jesus: The Life of a Mediterranean Jewish Peasant.* San Francisco: HarperCollins, 1991. 『역사적 예수: 지중해 지역의 한 유대인 농부의 생애』(한국기독교연구소 역간).

_______. *In Parables: The Challenge of the Historical Jesus.* New York: Harper &

Row, 1973.

______. *Jesus: A Revolutionary Biography.* San Francisco: HarperSanFrancisco, 1994. 『예수: 사회적 혁명가의 전기』(한국기독교연구소 역간).

Crossan, John Dominic, and Jonathan L. Reed. *Excavating Jesus: Beneath the Stones, Behind the Texts.* San Francisco: HarperSanFrancisco, 2001. 『예수의 역사: 고고학과 주석학의 통합』(한국기독교연구소 역간).

Dunn, J. D. G. *The Evidence for Jesus.* Philadelphia: Westminster, 1985.

______. *The Partings of the Ways: Between Christianity and Judaism and Their Significance for the Character of Christianity.* Philadelphia: Trinity Press International, 1991.

Evans, Craig. *Jesus and His Contemporaries: Comparative Studies.* Leiden: Brill, 1995.

______. *Life of Jesus Research: An Annotated Bibliography.* Leiden: Brill, 1989.

Evans, Craig, and Bruce Chilton, eds. *Studying the Historical Jesus: Evaluations of the State of Current Research.* Leiden: Brill, 1994.

Fredriksen, Paula. *Jesus of Nazareth, King of the Jews: A Jewish Life and the Emergence of Christianity.* New York: Knopf, 2000.

Freyne, Sean. *Galilee from Alexander the Great to Hadrian, 325 B.C.E. to 135 C.E.* Wilmington, Del.: Michael Glazier, 1980.

______. *Galilee, Jesus, and the Gospels: Literary Approaches and Historical Investigations.* Philadelphia: Fortress, 1988.

Funk, Robert W. *Honest to Jesus: Jesus for a New Millenium.* San Francisco: HarperSanFrancisco, 1996. 『예수에게 솔직히』(한국기독교연구소 역간).

Funk, Robert W., Roy W. Hoover, and the Jesus Seminar. *The Five Gospels: The Search for the Authentic Words of Jesus.* New York:Macmillan, 1993.

Funk, Robert W., and the Jesus Seminar. *The Acts of Jesus: The Search for the Authentic Deeds of Jesus.* San Francisco: HarperSanFrancisco, 1998.

Gnilka, Joachim. *Jesus of Nazareth: Message and History.* Peabody, Mass. Hendrickson, 1997.

Gowan, Donald E. "The Messiah." Pages 387-95 in *Bridge Between the Testaments: A Reappraisal of Judaism from the Exile to the Birth of Christianity.* Edited by Donald E. Gowan. 3d ed., rev. Allison Park, Pa.: Pickwick, 1986.

Hare, Douglas R. A. *The Son of Man Tradition.* Philadelphia: Fortress, 1990.

Harrington, Daniel J. "The Jewishness of Jesus: Facing Some Problems." *CBQ* 49 (1987): 1-13.

Harvey, A. E. *Jesus and the Constraints of History.* Philadelphia: Westminster, 1982.

Hollenbach, Paul W. "The Conversion of Jesus: From Jesus the Baptizer to Jesus the Healer." *ANRW* 2.25.1:196-219.

______. "Liberating Jesus for Social Involvement." *BTB* 15 (1985): 151-57.

Horsley, Richard A. *Jesus and the Spiral of Violence: Popular Jewish Resistance in Roman Palestine.* San Francisco: Harper & Row, 1987.

Hurtado, Larry W. *One God, One Lord: Early Christian Devotion and Ancient Jewish Monotheism.* Philadelphia: Fortress, 1988.

Jeremias, Joachim. *New Testament Theology: The Proclamation of Jesus.* New York: Scribner, 1971. 『신약신학』(엠마오 역간).

______. *The Parables of Jesus.* Rev. ed. New York: Scribner, 1963. 『예수의 비유』(분도출판사 역간).

Johnson, Luke Timothy. *The Real Jesus.* San Francisco: HarperSanFrancisco, 1995.

Lindars, Barnabas. *Jesus Son of Man: A Fresh Examination of the Son of Man Sayings in the Gospels.* Grand Rapids: Eerdmans, 1983.

Loader, William. *Jesus' Attitude towards the Law: A Study of the Gospels.* Tübingen: Mohr Siebeck, 1997.

Mack, Burton. *A Myth of Innocence: Mark and Christian Origins.* Philadelphia: Fortress, 1988.

Meier, John P. "Jesus." *NJBC* 1316-28.

______. *A Marginal Jew: Rethinking the Historical Jesus.* 3 vols. New York: Doubleday, 1991-2001.

Meyer, Ben. *The Aims of Jesus.* London: SCM, 1979.

Neusner, Jacob. *Messiah in Context: Israel's History and Destiny in Formative Judaism.* Philadelphia: Fortress, 1984.

Neusner, Jacob, William S. Green, and Ernest Frerichs, eds. *Judaisms and Their Messiahs at the Turn of the Christian Era.* Cambridge: Cambridge University Press, 1987.

Oakman, Douglas E. *Jesus and the Economic Questions of His Day.* Lewiston, N.Y.: Edwin Mellen, 1986.

Perrin, Norman. *Jesus and the Language of the Kingdom: Symbol and Metaphor in New Testament Interpretation.* Philadelphia: Fortress, 1976.

_______. *Rediscovering the Teaching of Jesus.* San Francisco: Harper & Row, 1976.

Perrin, Norman, and Dennis Duling. "The Presupposition of the New Testament: Jesus." Chapter 13 in *The New Testament: An Introduction.* New York: Harcourt Brace Jovanovich, 1982. 『새로운 신약성서 개론 상·하』(한국신학연구소 역간).

Powell, Mark Allan. *Jesus as a Figure in History: How Modern Historians View the Man from Galilee.* Louisville: Westminster John Knox, 1998.

Reumann, John. "Jesus and Christology." Pages 501–64 in *The New Testament and Its Modern Interpreters.* Edited by Eldon Jay Epp and George W. MacRae. Philadelphia: Fortress, 1989.

Riches, John. *Jesus and the Transformation of Judaism.* New York: Seabury, 1982.

Rousseau, John J., and Rami Arav. *Jesus and His World.* Minneapolis: Fortress, 1995.

Sanders, E. P. *The Historical Figure of Jesus.* London: Penguin, 1993.

_______. *Jesus and Judaism.* Philadelphia: Fortress, 1985. 『예수와 유대교』(CH북스 역간).

Schweitzer, Albert. *The Quest of the Historical Jesus: A Critical Study of Its Progress from Reimarus to Wrede.* New York: Macmillan, 1968.

Scott, Bernard Brandon. *Hear Then the Parable: A Commentary on the Parables of Jesus.* Philadelphia: Fortress, 1989.

Stegemann, Ekkehard W., and Wolfgang Stegemann. *The Jesus Movement: A Social History of Its First Century.* Minneapolis: Fortress, 1999.

Tatum, W. Barnes. *In Quest of Jesus: A Guidebook.* Nashville: Abingdon, 1999.

Theissen, Gerd, and Annette Mertz. *The Historical Jesus: A Comprehensive Guide.* Minneapolis: Fortress, 1998.

Tödt, Heinz Eduard. *The Son of Man in the Synoptic Tradition.* London: SCM, 1965.

Vermes, Geza. *Jesus and the World of Judaism.* Philadelphia: Fortress, 1984.

_______. *Jesus the Jew: A Historian's Reading of the Gospels.* Philadelphia: Fortress, 1973.

_______. *The Religion of Jesus the Jew.* Minneapolis: Fortress, 1993.

Westerholm, S. *Jesus and Scribal Authority.* Lund: Gleerup, 1978.

Wilcox, M. "Jesus in the Light of His Jewish Environment." *ANRW* 2.25.1:129-95.

Wright, N. T. *Jesus and the Victory of God.* Minneapolis: Fortress, 1996. 『예수와 하나님의 승리』(CH북스 역간).

______. "Jesus Christ." *ABD* 3:773-96.

______. "Jesus, Quest for the Historical." *ABD* 3:796-802.

제10장

이스라엘의 반란

◆ **일차자료**: 「에스라4서」, 「바룩2서」

로마가 이스라엘을 지배하는 일은 결코 쉽지 않았다. 폼페이우스가 이 지역을 장악한 이래로 로마인들은 여러 번에 걸쳐 행정 구역을 재편했지만 어떤 시도도 제대로 성공하지 못했다. 어쩌면 애초부터 너무 많은 이권이 서로 충돌했을 것이다. 모든 제국주의 권력이 그러하듯이 로마인들도 자신들의 잇속을 마음에 두고 있었고, 제2성전기 말기에 들어서는 그들 내부의 권력 다툼이 속주와의 관계를 복잡하게 만들고 있었다. 로마 정치의 불안은 팔레스타인 전선의 안정감을 흔들었고, 여타 식민지와 마찬가지로 팔레스타인 유대인들 역시 여러 경쟁세력으로 분열되어 협력과 대치를 반복하고 있었다.

앞서 8장에서는 1세기 팔레스타인 유대교의 불행한 상황을 이야기했다. 기원후 66년에 로마와 유대 및 갈릴리의 유대인들은 길고 소모적인 전쟁에 들어갔다. 그런 전쟁이 과연 불가피했는지, 그 전쟁이 없었다면 유대교와 기독교의 역사가 어떻게 변했을지를 놓고 왈가왈부할 수 있지만, 유대와 갈릴리를 집어삼킨 이 전쟁이 왜 일어났는지를 이해하는 것은 그리 어렵지 않다. 폼페이우스가 유대 영토에 발을 디딘 그 순간부터 전쟁은 시작되었다고 말할 수 있다. 기원후 70년에 로마군이 예루살렘을 점령하고 과거 6백 년간 유지되어왔던 성전을 파괴함으로써 제2성전기는 비극적 종말을 고하게 되었다.

전쟁의 원인들

전쟁은 단순한 사건이 아니다. 전쟁은 보통 국가나 기관, 사건과 경제적 요인, 그리고 종교적 요소 간의 복잡한 상호작용의 결과물이다. 전쟁의 원인을 밝히고 조직적으로 정리하는 일은 쉽지 않으며, 특별히 전쟁의 결정적 이유를 꼬집어 밝히는 것은 불가능한 경우가 많다. 유대와 로마 간의 전쟁(기원후 66-70년)에 관한 조사가 어려운 것은 그 사건과 오늘날 우리 사이의 시간적 거리 때문은 물론이고 자료의 부족함 때문이다. 우리가 가진 자료의 상당 부분은 요세푸스에게서 유래하는데, 이 자료는 듬성듬성할 뿐 아니라 편견적 시각이 들어 있다. 이런 장애물에도 불구하고 전쟁의 주요한 원인을 아래와 같이 약술하는 것은 가능하다.

로마의 행정적 과오

요세푸스는 로마 관료들의 비행에 대해 상세히 전한다. 요세푸스의 친로마 성향과 그가 플라비우스 가문 황제들의 후견을 받았다는 사실을 고려하면 관료들에 대한 그의 부정적 서술은 신뢰할 만하다고 판단된다. 빌라도와 쿠마누스 정부하의 위기사태에 이어 그들이 소환된 상황으로 보아 로마는 그들의 무능력을 파악하고 있었다.

로마의 억압

폼페이우스 장군의 성전 모독과 더불어 시작된 로마의 통치는 억압과 중과세, 각종 모독행위와 노예화, 반항세력의 십자가 처형을 거쳐 가이우스 칼리굴라가 유대인들에게 황제 숭배를 강요한 것에 이르기까지 끝을 모르는 악화일로에 있었다.

종교로서의 유대교

유대인들은 수 세기 동안 독립과 기름 부음을 받은 유대인 왕이라는 성경의 약속을 제국주의의 지배라는 현실과 조화시키려고 씨름했다. 따라서 유대 종교가 반사적으로 저항을 일으켰다고 할 수는 없다. 오히려 제2성전기 유대교는 페르시아의 지배하에서 진행된 유대 사회의 재편성에서 비롯되었다. 하지만 외국의 압제가 심해졌을 때 거룩한 전승은 백성들에게 위안과 희망을 제공해주었다. 이는 「솔로몬의 시편」이나 「모세의 유언」과 같은 문헌들과 기원후 1세기의 대중적 운동들에서 분명하게 드러난다. 일례로 갈릴리인 유다가 이끈 조세 저항 운동은 유대인은 하나님 외에 다른 지배자를 수용할 수 없다는 관념을 대표했는데, 호슬리와 핸슨은 헤롯 대왕의 죽음 이후 일어난 저항 운동들이 다윗과 사울의 전승에서 예시된 대중적 왕권 관념에서 비롯되었다고 주장한다.

로마는 유대인들이 자신들의 고유한 풍습을 유지하도록 어느 정도의 자치권을 주었지만, 긴장을 피할 수는 없었다. 외래문화의 도입과 영향은 불만을 초래했는데, 빌라도가 예루살렘에 군기를 들여온 사건을 비롯해 헤롯의 황금 독수리, 칼리굴라의 조상, 외국의 결혼 풍습, 성전 기금의 압수 등등 악재가 끊이지 않았다.

계급 간의 긴장

요세푸스는 『유대전쟁사』에서 전쟁의 공포를 열거한다. "그리하여 힘을 가진 자들은 어떻게 하면 백성들을 짓누를까 연구를 거듭한 반면에 백성들은 힘 있는 자들을 어떻게 하면 제거할 수 있을까 고심하였다. 힘 있는 자들은 백성들을 탄압하는 데만 열을 쏟았고 백성들은 자기보다 부한 자들의 재산을 약탈하는 데만 온 신경을 곤두세웠다"(*J. W.* 7.260-261).[1] 식민지 상황에서 지역 귀족층은 로마인과 하층민 사이에 위치했다. 일부 귀족들은 하층민과 노동자들을 억압했으며, 때로 하층민들의 저항이 일곤 했다.

이방인과의 갈등

유대의 비유대인 거주자들은 유대인보다는 로마인들이 통치하기를 선호했고, 그리스 도시들에 사는 이방인들은 기원후 66-70년에 일어난 유대인 항쟁을 지지하지 않았다. 요세푸스는 전쟁이 일어날 때까지의 기간과 전쟁 기간에 유대인과 이방인 사이에 폭력사태가 발생했고 이방인들이 로마인들에게 보조 병력을 지원했다고 말한다. 그러나 요세푸스의 이런 주장은 이 지역에서 이방인과 유대인이 수 세기 동안 평화롭게 공존해왔다는 역사적 사실과 충돌한다. 물론 유대인들의 독립이 가시화되면서 그런 상황이 이방인들의 거부반응을 일으키고 그것이 다시 이방인들에 대한 유대인들의 적대감을 부추겼을 가능성도 있다.

---

1 『요세푸스 III: 유대전쟁사』, 640-641.

지배 계층

상류층이 보여준 분파주의와 전쟁을 향한 엇갈린 태도는 제2성전기 내내 이스라엘을 괴롭힌 분열상과 유사하다. 헤롯의 통치는 유대 귀족사회 내에서 과거에 없었던 갈등요소를 촉발했다. 로마와 헤롯의 지배하에서 귀족집단 전체가 균질한 혜택을 입지 않았음은 물론이다. 불만을 품은 일부 귀족층이 하층민들의 저항 정서에 연대감을 느끼고 공동의 이해관계를 지녔을 수도 있다.

로마인에 대한 항쟁

전쟁의 시작

기원후 66년에 성전 지휘관 엘르아자르와 하급 제사장들은 이방인의 제물을 받지 않겠다고 선언했다.

> 이것이 엄밀한 의미에서 유대와 로마와의 사이에 일어난 전쟁의 시작이었다. 왜냐하면 이를 핑계로 제사장들이 케사르를 위한 제사를 거부했기 때문이었다. 이에 많은 제사장들과 유력 인사들이 제사장들에게 케사르를 위한 제사를 빼놓지 말라고 간청하였다. 권세를 잡은 자들을 위해 제사를 드려온 것은 예부터 내려온 관습이라는 것이었다. 그러나 그들은 그들의 말에 귀를 기울이지 않았다(*J. W.* 2.409-410).[2]

2 앞의 책, 250.

저항세력은 성전에 바리케이드를 치고 대제사장들의 출입을 막았다. 대제사장들과 유력한 바리새인들은 로마와의 충돌을 피하려는 속셈으로 백성들의 지지를 호소했다. 그들은 토라 전문가들을 시켜 이방인들의 제사를 거부하는 것은 율법에 어긋난다고 주장하게 했다. 마침내 그들은 플로루스와 아그리파 2세에게 전령을 보내 군대를 파견하여 반란을 진압해달라고 요청했다. 진압군과 반전 세력이 도시 상부를 장악하고, 도시 하부와 성전은 반군의 점령하에 남았다. 이런 내전 상황에서 귀족층은 양편으로 갈려 힘을 보태고 있었다.

며칠이 지나 시카리가 엘르아자르와 반군 제사장들 세력에 합류했다. 세가 커진 반군은 로마 충성파를 도시 상부로부터 축출하고 예루살렘 대부분을 점령했다. 유일한 예외는 아직 로마군이 지키고 있던 안토니아 요새와 헤롯의 궁이었다. 마침내 반군은 헤롯 궁으로 진격해나갔다.

> 그러는 동안 갈릴리인 유다스(키레니우스 총독 치하 때, 하나님 다음으로 로마인을 섬기는 것이 잘못이라고 유대인을 책망했던 적이 있던 교활한 궤변가인 유다스를 말함)의 아들인 마나헴이 일부 유명 인사들을 거느리고 마사다로 가서 헤롯 왕의 무기고를 열고 부하들뿐 아니라 다른 강도들에게도 무기를 나누어 주었다. 그리고 마나헴은 이들을 경호 병사들로 조직한 후 왕의 행렬처럼 보무도 당당하게 예루살렘으로 돌아와 반역자들의 우두머리가 되었다. 마나헴은 우두머리가 된 후 왕궁을 계속 공성하도록 지시를 내렸다(*J. W.* 2.433-434).[3]

기원후 40년대 중반에 총독 티베리우스 알렉산데르는 갈릴리인 유다의

---

3 같은 책, 254.

두 아들을 이미 십자가형에 처했었다. 유다의 가문에서는 저항이 계속되었던 것으로 보인다. 요세푸스는 갈릴리인 므나헴 벤 유다가 (메시아적) 왕위를 참칭했다고 비난한다. "엘르아살과 그의 추종자들은 이같이 결론을 내리고 성전에 있는 마나헴을 습격하였다. 이때 마나헴은 왕복을 거창하게 차려입고 성대하게 성전에서 제사를 드리고 있었으며 그의 추종자들은 무장을 한 채로 그를 경호하고 있었다"(*J. W.* 4.443-444).[4] 므나헴은 살해되었고 그의 지지자들은 마사다로 퇴각했다. 이때 잔류자들 가운데 시카리들이 있었는데, 그들은 전쟁이 끝날 때까지 마사다를 사수하며 이따금 주변 지역을 습격하곤 했다(*J. W.* 4.398-409). 얼마 후 그들은 안전한 퇴각을 보장한다는 거짓 약속으로 헤롯 궁에 봉쇄된 로마인들을 유인해서 학살해버렸다.

당시 시리아의 집정관대행인 케스티우스 갈루스가 예루살렘으로 진격했지만 신속한 승리를 거두지 못한 채 안디옥으로 철군하며 수많은 사상자를 냈다. 반군이 승리를 거두자 반전을 주장한 진영의 사람들이 예루살렘을 탈출해 로마로 전향했다. 현지에서는 잔류한 귀족층을 중심으로 임시정부를 구성해 유대 군대를 지휘할 장군들을 임명했다. 요세푸스가 이 와중에 갈릴리 지역의 관할권을 얻었다는 사실은 그가 예루살렘의 엘리트 가문들 가운데 어떤 위치를 누렸는지 짐작하게 해준다. 요세푸스는 갈릴리 성벽을 강화하고 전쟁에 대비해 주민들을 훈련하는 작업에 착수했다.

4 같은 책, 256.

갈릴리에서의 요세푸스

갈릴리에서 요세푸스의 행적에 관해서는 두 가지 기록 즉 『유대전쟁사』와 그의 『자서전』이 현존한다. 두 책은 모두 그를 반대하는 이들을 향한 표독한 공격으로 가득하다. 요세푸스의 주적은 갈릴리 사람인 기스칼라의 요한인데, 요한은 요세푸스가 로마 편이라고 의심하며 그를 신뢰하지 않았다(*J. W.* 2.594). 요세푸스의 기록은 요한의 이런 의심이 근거가 있었음을 알려준다. 요세푸스가 자신은 유대인 항쟁이 내키지 않았으며 할 수만 있으면 로마와 화친을 맺으려고 했음을 자인하고 있기 때문이다. 이런 그의 태도는 아마도 예루살렘 지도층의 생각과 상통했던 것으로 보인다. 예루살렘 지도층이 그에게 시킨 임무 중 하나가 갈릴리의 강도들을 무장해제시키는 것이었기 때문이다. 이는 당시의 지배 계층이 강도들을 통제할 능력이 없었음을 나타내는 증거가 된다.

요한은 예루살렘 임시정부에 청원까지 해가며 요세푸스를 몰아내려고 애썼지만 실패했다(*Life* 189-194). 그는 포기하지 않고 자신과 친분이 있으며 바리새파이자 유력 인사인 가말리엘의 아들 시몬에게 이 일을 부탁했다. 스스로 요세푸스를 제거할 힘이 없었던 시몬은 산헤드린에 줄을 대서 목적을 이루려고 했지만, 대제사장 아나누스의 견제로 결국 실패했다. 이 사건에서 추론되는 내용은 이렇다. 우선 예루살렘의 유력자와 친분이 있고 자기 고향인 기스칼라의 유지였던 요한은 유대 지배 계급에 속했다. 둘째, 명망 있는 바리새인 시몬의 뜻이 대제사장 아나누스에 의해 좌절되었다. 셋째, 아나누스는 요세푸스와 요한이라는 두 귀족을 놓고 한쪽을 선택해야 했다. 넷째, 요한이 요세푸스보다 혁명 성향이 더 강했다는 사실에 비춰볼 때 대제사장이 요세푸스의 지위를 보존해준 것은 그가 온건파의 입장을 선호했다는 뜻이 된다. 온건파는 로마와의 전쟁 준비를 지지했지만, 이는 승리를 기대해서가 아니라 협상의 재료로 사용하기 위함이었다.

베스파시아누스의 진격

네로는 베스파시아누스를 지휘관으로 임명했다. 베스파시아누스 휘하에 소집된 대병력은 기원후 67년 봄에 갈릴리 탈환에 나설 준비를 마쳤다. 도시 세포리스가 로마 주둔군을 요청하자 베스파시아누스는 즉시 자기 병력을 파견함으로써 갈릴리 주요 거점도시 중 하나를 피 한 방울 흘리지 않고 접수했다. 로마군의 진격 앞에 요세푸스의 병력은 흩어져 도주했고, 상당수는 세포리스 북쪽의 요타파타 요새로 모여들었다. 로마군은 공성 끝에 요새를 격파하고 거주민 대부분을 죽이거나 포로로 삼았다. 요세푸스는 생포되어 로마군에 넘겨졌다. 바로 이 시점부터 요세푸스는 처음에는 전쟁 포로, 후에는 베스파시아누스의 아들인 티투스 장군의 부역자가 되어 전쟁을 로마의 시각에서 보기 시작했다. 요세푸스가 포로 신분에서 벗어난 것은 그가 베스파시아누스를 향해 장차 황제가 되리라고 한 예언이 기원후 69년에 현실이 되면서였다(*J. W.* 3.399-408). 티투스가 군 통수권을 인계받으며 요세푸스는 그의 통역관 겸 안내인으로 일하기 시작했다.

베스파시아누스가 갈릴리의 여타 지역을 접수하자 기스칼라의 요한과 그의 추종세력은 예루살렘으로 탈출했고, 거기서 대제사장 아나누스 밑에서 예루살렘을 움직이던 귀족층의 내부인사들과 접촉하게 되었다. 그 이후의 전쟁은 대부분 예루살렘에서 진행되었는데, 기원후 67-68년 겨울에 로마군이 진격해왔을 즈음에 예루살렘은 전쟁을 지지하는 세력과 반대하는 세력 간의 내홍이 깊어져 있었다. 지방과 촌락의 유대인들은 로마군의 진격 이전에 도망쳤고 그중 상당수는 예루살렘 안에 들어와 갈등을 증폭시키고 있었다.

열심당

요세푸스가 조직화된 집단으로서의 "열심당"(Zealots)이란 표현을 처음 사용한 것은 기원후 67-68년 겨울에 "강도들"이 예루살렘에 처음 입성한 사건을 기술하면서다(*J. W.* 4.135-161). 그는 유대에서 활동하던 강도들이 한 덩어리로 규합해 예루살렘에 침입했는데, 그들이 바로 열심당이라고 서술한다. 예루살렘에는 강력한 지도자가 없어서 그들의 입성에 저항할 수 없었다. 아마도 과거 로마군의 진격에 앞서 도망쳤던 유대인들이 이 열심당에 합류한 것으로 보인다. 이 사건 이전에 열심당이 존재했다는 증거는 없다.

> 한편 강도들은 앞서 언급한 유력 인사들을 감금한 것으로는 속이 차지 않았다. 그들은 유력 인사들을 오랫동안 감금하는 것이 그들의 신변에 이로울 것이 없다는 생각이 들었다. 유력 인사들은 워낙 세력이 강했으며 그 식구들이 보복을 가할지도 몰랐기 때문이었다. 식구들이 그들의 처사에 불만을 품고 집단으로 반격을 가할 가능성도 없지 않았기 때문이었다. 따라서 그들은 유력 인사들을 살해하기로 결심하였다.…강도들이 이같이 참람한 죄를 저지르고 내세운 명분은 유력 인사들이 예루살렘을 넘기기 위해 로마군과 공모한 반역죄를 저질렀다는 것이다. 국민 전체의 자유를 배신한 그와 같은 반역자는 처형당해야 마땅하다는 논리였다. 강도들은 그들이 마치 예루살렘의 구세주나 은인이 되는 것처럼 이 같은 참람한 죄를 짓는 것 외에도 한

없이 교만해지기 시작했다(*J. W.* 4.143-146).[5]

요세푸스는 열심당의 행동 동기와 명분이 무엇인지를 설명한다. 열심당은 지배자들이 로마와 타협을 시도하고 있다는 (아마도 합리적인) 의심을 품었고, 혹시라도 그 지지층이 그들을 구출하거나 그들의 의견에 흔들려서 반란이 실패로 돌아갈 수 있는 위험을 감수하느니 차라리 그 "반역자들"을 제거하는 편이 낫다고 판단했다.

그 결과 열심당은 제사장들에게 손을 댔다.

> 따라서 강도들은 마침내 대제사장을 자기들 마음대로 임명할 정도로 하늘 높은 줄 모르고 교만해졌다. 강도들은 대제사장을 특정 가문에서 임명하는 전통적인 계승의 규칙을 무시하고 비천한 무명의 인사를 대제사장직에 임명하였다. 이는 강도들이 악한 일을 하는 데 대제사장직을 이용하려는 속셈이 깔린 계략이었다. 정당한 자격 없이 최고의 영예인 대제사장직에 오른 자는 그 영예를 수여한 자들에게 동조하지 않을 수가 없는 것이 현실이기 때문이었다. 강도들은 또한 다양한 계략과 음모로 유력 인사들까지 이간을 붙여 자신들이 원하는 대로 무엇이든지 성취하려고 하였다. 그들이 하는 일을 방해할지도 모르는 유력 인사들을 서로 싸우게 만들어서 만사를 그들 뜻대로 하고자 한 것이었다. 강도들은 마침내 인간들을 향해 악을 행하는데 진력이 나자 하나님을 향해 불손한 죄를 저지르기 시작하더니 더러운 발로 성소를 짓밟았다.

이에 백성들이 강도들에게 대항하기 시작했다. 대제사장 가운데 가장 선

5 같은 책, 387.

임자인 아나누스가 백성들을 움직였기 때문이다. 아나누스는 매우 지혜로운 사람으로서 적들의 음모의 손길만 피했더라면 예루살렘을 구해 냈을지도 모를 인물이었다. 강도들은 하나님의 성전을 자신들을 위한 요새로 삼았다. 즉 백성들의 힘에 밀려 궁지에 몰리게 될 때 피할 피난처로 삼은 것이었다. 이에 성소는 강도들의 소굴과 도피처가 되어 버렸다. 게다가 강도들은 조롱을 일삼았다. 이것은 그들의 행위보다 더 견딜 수 없었다. 그들은 그들의 힘을 시험해 보고 백성들이 어느 정도까지 놀라는가를 알아보기 위해 제사장 가문에서 계승되어 오던 대제사장직을 제비뽑기로 임명하려고 하였다. 강도들은 이 같은 시도가 고대의 전통에 그 뿌리를 두고 있다고 둘러댔다. 즉 고대에는 대제사장직을 제비뽑기로 임명했다는 것이었다. 그러나 강도들의 실제 의도는 그들의 마음에 드는 자를 대제사장직에 임명하려는 것이었다. 따라서 그들의 행동은 정권을 장악하려는 교활한 계략이요, 명백한 율법 위반으로밖에 볼 수 없었다.

강도들은 에니아킴이라고 부르는 제사장 반차를 불러 모으고 제비로 대제사장을 선택하려고 하였다. 그런데 제비뽑기는 공교롭게도 그들이 하는 짓이 악한 것임을 단적으로 보여주는 결과로 나타났다. 제비가 아프타 마을 출신 사무엘의 아들 판니아스에게 떨어졌기 때문이었다. 판니아스는 대제사장직에 어울리지 않는 사람이었음은 물론 대제사장직이 무엇인지조차도 모르는 인물이었다. 판니아스는 그야말로 촌뜨기였다. 그러나 강도들은 판니아스 자신의 의견도 들어보지 않고 그를 대제사장으로 세웠다. 강도들은 마치 무대 위에서 연극을 상연하고 그를 거짓 얼굴로 분장시켜 연기시키는 것 같았다. 강도들은 판니아스에게 대제사장의 의복을 입혔으며 일일이 그에게 할 일을 지시하였다. 이런 소름 끼치는 악행은 강도들에게는 유희요 일종의 오락이었으나, 멀리서 유대의 율법이 조롱당하는 것을 바라다볼 수

밖에 없었던 다른 대제사장들은 대제사장이라는 성직이 완전히 땅에 실추 된 것을 애통해하며 눈물을 흘렸다(*J. W.* 4.147-157).[6]

요세푸스는 대제사장을 제비뽑아 정하기로 한 열심당의 결정을 비판하지만, 하나님의 뜻을 알기 위해 제비를 뽑는 것은 성경의 전례가 있는 일이다. 만일 열심당이 그저 자기들이 통제할 수 있는 사람을 세우려고 했다면 좀 더 만만한 사람을 더 쉽게 임명할 수 있었을 것이다. 그들이 제비를 뽑아 제사장을 세우려고 한 것은 성경에서와 마찬가지로 하나님이 고르시는 사람을 세우려는 의도에서였다. 열심당은 세도가로 공인된 귀족 집안 대신 대제사장을 배출했던 정통 제사장 가문에서 뽑은 후보군을 놓고 제비를 뽑았다. 요세푸스는 열심당이 예루살렘의 엘리트 집안 출신이 아닌 사람을 대제사장으로 세운 것에 충격을 받았다고 고백한다. 하지만 기원후 1세기에 대제사장 계보를 좌지우지한 집안들이 모두 순혈은 아니었는데, 그 이유는 일찌감치 헤롯이 하스몬 집안을 대체하기 위해 디아스포라 중에서 제사장 가문들을 불러들였기 때문이다. 사실 하스몬 집안부터가 전통적인 대제사장 가문은 아니었던 터여서, 열심당의 행동은 자격 미달의 제사장들을 폐하고, 자격을 갖추고 하나님의 직접 선택을 받은 제사장들의 계보를 회복하기 위한 진정성 있는 시도로 보인다. 여기서도 개혁의 본질은 회복임이 드러난다. 열심당은 예루살렘 성전을 사령부로 삼았는데, 그곳이 곧 요새이자 종교 및 정치권력의 심장부였다. 따라서 새롭게 세워진 대제사장이 그곳에 근거를 두고 통치하는 것은 당연했다.

대제사장 아나누스는 열심당에 대한 저항을 이끌다가 제거되고 말

6 같은 책, 387-389.

았다. 제사장 그룹 엘리트들은 이 새로운 질서에 한탄했고, 백성들 가운데 지도층과 대제사장들은 "백성들의 나태함을 신랄하게 비난하면서 열심당을 제거하는 데 앞장서 줄 것을 촉구하였다. 강도들은 마치 그들이 선한 일은 열심히 하며 악한 일은 멀리하고 다른 이들의 본이 되도록 선행에만 힘쓰는 사람들인 것처럼 열심당이라는 이름으로 통하였기 때문이다"(*J. W.* 4.160-161).[7] "열심당"(Zealots)은 그들이 스스로 택한 이름이었는데, 유대교 경전에서 "열심"(zeal)은 주로 토라에 대한 헌신을 가리킨다. 사실 이 동일한 단어는 2세기 전에 마카비 가문을 가리켜 사용되었다. 열심당이란 이름은 그들의 이념을 잘 요약해주었다. 그들은 예루살렘에 모여든 지방민이었으므로 도시와 지방 간의 갈등에서 유래한 반감을 지녔을 것이다. 대제사장 그룹이 시민들을 움직여 열심당을 예루살렘 성전 안에 가둘 수 있었던 것도 그런 적대 감정을 자극했기에 가능했을지도 모른다. 열심당의 일부 세력은 전쟁이 끝날 때까지도 성전 일부 구역을 점령하고 있었다. 요세푸스는 전투 끝에 부상을 당한 열심당원들이 성전 내소로 가서 그들의 피로 성전을 부정하게 했다고 분노를 표현한다. 게다가 요세푸스는 아나누스가 군인들이 적절한 성결례를 마치지 못했기 때문에 그들을 내소에 들여보내지 않았다고 기록하면서도 아나누스가 실은 열심당원의 칼날을 의식했을 가능성을 인정한다.

기스칼라의 요한, 열심당, 이두매인

이 시점에 기스칼라의 요한이 다시 등장한다. 그는 제사장들 편으로 가장했지만, 요세푸스는 그가 사실 열심당 편이었다고 서술한다(*J. W.* 4.209).

---

7 같은 책, 390.

제사장들은 요한을 열심당과의 접촉점으로 선택했지만, 요한은 그 지위를 이용해 제사장들의 계획을 열심당에게 누설하고, 아나누스가 곧 예루살렘을 로마인들에게 내어주려 한다고 일러주면서 이두매인들의 도움을 청하도록 열심당을 설득했다. 이두매인들은 요안네스 히르카노스 1세에 의해 유대로 이주해 들어온 사람들이었다.

아나누스와 예루살렘 주민들이 나서서 성문을 닫아걸고 이두매인들의 입성을 막았지만, 열심당은 이두매인들을 성내로 불러들였고 이두매인들은 다수의 시민을 살해했다.

> 이두매인들은 학살을 자행하다가 말고 일반 백성들을 계속해서 살해하는 것은 무의미하다는 생각이 들자, 그들에게 반대했던 대제사장들을 찾아 나섰다. 그들은 대제사장들을 찾아내어 그 자리에서 죽인 후에 시신을 발로 짓밟았다.…여기서 내가 한 가지 언급하고 지나가고 싶은 것은 아나누스의 죽음이 예루살렘시의 멸망의 시작이 되었다는 점이다. 예루살렘시를 안전하게 보호해 줄 수 있었을지도 모르는 대제사장인 아나누스가 도시 한복판에서 살해를 당한 날로부터 예루살렘시의 함락과 몰락이 시작되었다는 이야기는 결코 과장이 아니다(*J. W.* 4.315-318).[8]

요세푸스의 관점에서는 제사장 귀족의 수장이 살해된 사건이야말로 예루살렘의 진정한 몰락을 의미했다. 그는 하나님께서 열심당이 끼친 오염을 정화하기 위해 성전이 불타도록 두셨다고 말한다.

열심당과 이두매인들은 예루살렘의 지배층을 상대로 유혈 충돌을 일으켰다. 요세푸스는 열심당의 과도한 행동들에 질린 다수의 이두매인

---

8 같은 책, 411.

이 결국 등을 돌렸다고 서술한다. 이두매인 대부분은 열심당원들이 감금한 이들을 해방시키지 못한 채로 예루살렘을 떠났다. 이런 상황에서 기스칼라의 요한은 열심당 내의 지배권을 더 강화하려고 했다. 이로 인해 열심당은 내분을 일으켜 둘로 갈라지고 만다. 외형상으로는 이 두 분당이 분쟁을 일으키지는 않았다. 요세푸스에 따르면 예루살렘 내에 잔류한 이두매인들은 요한의 편을 들었고, 요한의 반대편에 선 이들은 구성원 간의 평등을 추구하는 자들로서 요한의 권력이 커지는 것을 경계했다(*J. W.* 4.393-394). 열심당은 기원후 69년 봄까지 예루살렘의 통제권을 유지했는데, 그동안 로마인들은 유대인들의 내분 사태를 파악한 채 시간을 벌고 있었다.

시몬 바르 기오라

시몬 바르 기오라는 유대와 이두매에서 활동하던 강도 두목으로 유대 동북부의 부유층을 습격하곤 했다. 아나누스는 그를 무장해제시키려고 했으나 그의 노력은 수포로 돌아갔다. "시몬은 산악지방으로 들어갔다. 그는 거기서 노예들에게는 자유를, 자유민에게는 상을 주겠다고 약속하면서 사방에서 사악한 무리들을 긁어모았다"(*J. W.* 4.508).[9] 시몬이 사회개혁을 위한 구체적 생각이 있었는지 아니면 전적으로 실리적 동기에서만 움직였는지는 분명치 않다. 사회에 불만을 품고 한지에서 떠도는 건달들을 모아 권력을 쟁취한 시몬의 모습은 성경의 다윗 왕을 닮았다(삼상 22:1-2). 다윗처럼 시몬도 사람들을 규합하는 법을 알았고 유능한 리더로 명성을 쌓았다. 그의 소문이 퍼져나가며 따르는 무리도 점점 많아졌다. 그들

9 같은 책, 435.

은 시몬에게 "왕께 하듯" 복종했다(*J. W.* 4.510). 이런 보도를 보면 시몬은 앞서 8장에서 묘사한 대중적 인기를 가진 왕과 흡사해 보인다.

로마인들이 이두매와 유대 일부 지역을 재탈환하면서 시몬은 예루살렘을 건드리기 시작했다. 기스칼라의 요한의 통제를 받던 이두매인들은 결국 요한에게 등을 돌렸고, 그와 그의 지지 세력을 성전 구역 밖으로 밀어냈다. 제사장 귀족층 중 잔류세력과 힘을 합한 이두매인들은 시몬을 성내로 불러들였다. 기원후 69년 봄에 시몬은 예루살렘을 자신의 통제하에 넣고 자신의 정적들을 실질적으로 성전 안에 가두어놓았다. 시몬의 통치 기간에는 열심당과의 무력충돌이 잦아 예루살렘 보급로의 상당 부분이 끊겼고, 그에게 반대하는 자는 사형에 처하는 철권통치가 펼쳐졌다.

예루살렘의 함락

기원후 70년 유월절 즈음에 티투스 장군의 부대가 예루살렘 공성에 나섰다. 엘르아자르가 유월절 인파를 위해 성문을 열자 기스칼라의 요한은 무장 병력을 몰래 침투시켜 엘르아자르를 공격해 퇴각시켰다. 권력을 양분한 요한과 시몬은 로마의 진군을 막기 위해 서로 협력 관계를 맺었지만 결국 예루살렘은 로마의 우월한 무력 앞에 무너졌고, 요한과 시몬은 포로로 잡혀 로마로 압송되었다. 로마는 시몬을 총지휘관으로 규정하고 그를 끌고 다니며 승전행진을 벌인 후 처형했고 요한은 종신형에 처했다. 티투스는 예루살렘시와 성전을 불살라버렸다. 로마 군인들은 우상에 해당하는 군기를 황폐해진 성전 터에 세우고 그 앞에 제물을 바쳤다.

유대 전쟁의 주요 연표(연대는 기원후)

66년	• 성전 지휘관 엘르아자르가 로마를 위한 제사 드리기를 거부함 • 갈릴리인 므나헴 벤 유다가 왕위를 주장하고 시카리의 지지를 확보함 • 므나헴이 살해되고 시카리가 마사다를 점령함 • 시리아의 집정관대행인 케스티우스 갈리우스가 유대를 침공한 후 사상자를 많이 내고 후퇴함 • 요세푸스가 갈릴리 사령관으로 임명됨
67년	• 요세푸스가 항복함 • 기스칼라의 요한이 예루살렘으로 감
67-68년 겨울	• 열심당이 예루살렘에 들어가서 장악함
68년 봄	• 예루살렘을 제외한 유대 전역이 로마의 통제에 들어감 • 쿰란이 공격당해 거주지가 파괴됨
69년 봄	• 열심당이 성전 내부에 갇힘 • 시몬 바르 기오라가 예루살렘으로 초대받고 요한은 성전 구역 밖에 갇힘 • 성전과 도시가 반란 세력들에 의해 분할됨
69년 여름	• 베스파시아누스가 황제에 등극함 • 티투스가 유대 주둔군 사령관에 임명됨
70년 여름	• 예루살렘 함락으로 도시와 성전이 파괴됨
73년	• 로마군이 마사다를 함락시킴

거룩한 표적들

예루살렘의 함락을 기술한 요세푸스는 이런 일이 일어나기 이전에 예루살렘의 운명을 보여주는 초자연적인 표적들이 많이 나타났지만, 그것을 해독할 수 있어야 마땅한 자들이 그릇된 희망을 제시하면서 백성들을 오도했다고 설명한다.

> 오순절이라고 부르는 절기에 제사장들이 성무를 집행하기 위해 관례에 따라 밤에 성전 안뜰로 들어가고 있을 때였다. 바로 그때 제사장들은 땅

이 흔들리는 것을 느끼고 큰소리를 들었다. 그리고 큰소리가 난 후에는 "우리가 이곳을 떠나자"라고 말하는 무리들의 목소리 같은 소리를 들었다고 한다(*J. W.* 6.299-300).[10]

"우리가 이곳을 떠나자"라는 말은 에스겔서에서 바빌로니아가 예루살렘과 성전을 파괴하기 전 성전에서 떠나셨던 하나님을 연상케 한다(겔 9-11장). 요세푸스는 하나님이 제2성전을 떠나신 것은 유대인 전체가 아니라 민란을 일으킨 무리, 특히 거룩한 도시를 더럽힌 열심당의 책임이라고 비난한다.

요세푸스는 하나님께서 유대인 반란을 지원하시지 않겠노라고 말씀하시는 또 따른 수단이 있었다고 주장한다.

전쟁이 일어나기 4년 전, 그러니까 예루살렘이 태평성대를 구가하고 있을 때였다. 유대인 평민으로서 농부인 아나누스의 아들 예수라는 인물이 있었다. 그는 매년 성전에서 초막을 치고 하나님께 명절을 지키는 초막절이 다가오자 예루살렘 성전에 와서 느닷없이 아래와 같이 외치기 시작했다. "동쪽에서 들려오는 한 목소리, 예루살렘과 성전을 허는 한 목소리, 신랑과 신부를 넘어뜨리는 한 목소리, 이 온 백성을 심판하는 한 목소리." 예수는 밤낮을 가리지 않고 예루살렘 골목골목을 다니면서 이같이 부르짖었다. 이에 백성의 유력 인사들 몇몇은 예수의 이 같은 외침에 격분하여 그를 붙잡아다가 매우 심하게 매질하였다. 그러나 예수는 변명을 하지도 않고 채찍질하는 자들을 행해서 아무 소리도 하지 않고 오직 그가 전에 외치던 소리만을 계속해서 외쳤다. 이에 유대의 지배자들은—후에 사실임이 드러났

10 같은 책, 584-585.

지만—그가 신적인 분노에 휩싸인 것이 틀림없다는 결론을 내리고 그를 로마 총독에게 끌고 갔다. 그는 로마 총독 앞에서 뼈가 드러나도록 매질을 당했음에도 불구하고 살려 달라고 애원하지도 않았을 뿐 아니라 눈물 한 방울 떨어뜨리지 않았다. 그는 매질을 할 때마다 매번 가장 애처로운 목소리로 "예루살렘에 저주 있으라, 저주 있으라!"라고 대꾸만 할 뿐이었다. 이에 당시 유대 총독이었던 알비누스는 "네가 누구냐? 너는 도대체 어디 출신이냐? 어찌하여 그런 말만 되풀이하는 것이냐?"고 물었다. 그러나 예수는 계속해서 이에 대해 아무런 대꾸도 하지 않고 같은 말만 되풀이했다. 그리하여 알비누스는 마침내 그를 미친 사람으로 인정하고 그냥 석방하였다. 그 후 그는 로마와의 전쟁이 시작되기 전까지 내내 시민들에게 접근하지도 않았으며 그들이 보는 데서는 전에 부르짖던 소리도 외치지 않았다. 그러나 그는 마치 무슨 맹세라도 한 것처럼 "예루살렘에 저주 있으라, 저주 있으라!"라는 말을 하루도 빼놓지 않았다. 그는 매일같이 그를 때리는 자들에게 악한 말을 하지 않았으며 그에게 음식을 주는 자들에게도 감사의 말조차 하지 않았다. 단지 장차 있을 불길한 멸망의 예언만이 그의 유일한 응답이었다. 그의 외침은 명절 때만 되면 더욱 커졌다. 그는 이러기를 무려 7년 5개월 동안이나 계속했다. 그는 예루살렘이 로마군에 의해 포위가 되어 그의 예언이 실제로 성취되는 것을 알고 외치기를 중지할 때까지 지치지도 않고 잠시도 쉬지 않고 계속 저주의 말을 내뱉은 것이었다. 그는 예루살렘이 포위되자 성벽을 돌면서 있는 힘을 다해 "다시 말하노니 예루살렘과 백성과 성전에 저주 있으라, 저주 있으라!"고 외쳤다. 그가 이같이 저주를 선포한 후에 마지막으로 "내게 또한 저주 있으라, 저주 있으라!"고 덧붙이자마자 로마군의 공성 장비에서 날아온 돌에 맞아 그 자리에서 즉사하고 말았다. 그는 마지막 숨을 거두면서도 그가 지금까지 외쳐 오던 저주의 말을 쉬지 않았다(*J.*

W. 6.300-309).[11]

이 기록은 여러 면에서 예수 그리스도에 관한 전승과 유사점을 보인다. 예루살렘의 파괴를 예고하는 메시지, 메시지의 초자연적 기원, 메시지를 전하기 위한 촌락으로부터 도시로의 이동, 일부에 의한 광기의 주장, 유대 관원들, 그리고 이어지는 로마 총독 앞에서의 심문, 채찍질, 비난하는 자 앞에서의 침묵, 유대인의 명절이라는 배경, 신랑과 신부의 표상 등이 그것이다. 물론 주요한 차이점도 있지만 말이다. 이런 유사점은 나사렛 예수가 자기 시대에 속했던 한 인간이었으며 동시대인들과 여러모로 닮았다는 사실을 알려준다.

마사다 요새

마사다는 기원후 73년까지도 로마의 손에 들어가지 않고 버텨냈다. 전쟁 기간 대부분 마사다는 갈릴리인 유다의 자손인 야이르의 아들 엘르아자르의 지휘하에 시카리가 점령하고 있었다. 드높은 언덕과 가파른 벽면 위에 세워진 이 요새는 보급품도 넉넉히 갖추고 있어서 그토록 오래 견뎌낼 수 있었다. 로마의 공성 앞에 결국 무너지기 전 마지막까지 남아 있던 이들은 로마에 항복하는 대신 자결을 택해 자신들의 명예를 지켰다.

11 같은 책, 585-586.

로마 광장에 있는 티투스의 아치형 구조물은 기원후 70년 예루살렘에서 유대인 반역자들에게 거둔 티투스의 승리를 축하하는 행진을 묘사한다. 예루살렘 성전의 일곱 갈래 촛대인 메노라가 분명하게 보인다.

두 항쟁 중간기(기원후 73-135년)

예루살렘과 성전이 함락된 기원후 70년에 제2성전기는 막을 내렸다. 이후 65년간의 상황을 간단히 살펴보면 성전의 파괴 이후 유대교가 걸어간 방향이 모습을 드러낸다. 이 기간에 작성된 사료는 희귀한데 그나마 역사적 정보도 빈약한 형편이다.

전쟁 이후 원로원 의원 신분의 집정관대행이 부임함으로써 이 지역은 시리아 집정관대행의 관할에서 벗어나게 되었다. 이 지역을 기사 신분인 총독에게 위임하는 것보다는 좀 더 직접적인 관리가 필요하다는 것이 로마의 판단이었다. 산헤드린은 해체되었고, 전쟁으로 심각하게 파손된 예루살렘은 이제 로마의 주둔기지가 되어버렸다.

몇십 년이 지나 디아스포라 유대인 일각에서 로마에 대한 항쟁이 시작되었다(기원후 115-117년). 기원후 66-70년에 일어난 본토에서의 항쟁에 디아스포라 유대인의 참여가 없었듯이, 디아스포라의 이번 항쟁에 본토의 유대인들도 도움을 주지 않았다.

하드리아누스의 통치(기원후 117-138년 통치) 후 십오 년이 지난 132년에 유대인들은 다시 항쟁을 일으켰다. 무엇이 이 항쟁을 촉발했는지는 정확히 알려지지 않으며, 전쟁의 경과도 불분명한 점이 많다. 일부 학자들은 하드리아누스가 성전의 재건축을 허락했다가 취소한 것이 이유였다는 이론을 내놓았지만, 역사적 근거는 부족하다. 그 외에는 두 가지 가능성이 제기된다. 첫째, 하드리아누스가 할례를 금하는 칙령을 내린 것이 계기라는 설이다. 이 조치는 유대인들만을 겨냥한 것은 아니었고 로마 제국이 할례를 야만적 풍습으로 간주했기 때문에 발효되었다(이후 하드리아누스를 계승한 안토니누스 피우스는 이 칙령을 철회한다). 둘째, 하드리아누스가 예루살렘을 로마의 주신인 유피테르의 신전을 포함하는 그리스-로마 도시로 변화시키려고 한 것이 유대인들을 격분시켰다는 설이다.

항쟁은 135년까지 계속되었다. 항쟁을 이끈 인물은 시몬 바르 코시바(Simon bar Kosiba)로, 그의 이름에 착안한 별명인 "별의 아들"을 뜻하는 "바르 코크바"(Bar Kokhba)라고 흔히 불렸다. 이 호칭은 아마도 그가 메시아적 인물로 주장 혹은 간주되었음을 의미한다. 민수기 24:17은 야곱으로부터 한 별이 솟아오를 것이라고 언급하는데, 제2성전기에 오면 이 별은 메시아적 의미를 부여받게 된다(쿰란의 *Messianic Anthology*[4QTest]를 보라). 이 시기의 뛰어난 지도자인 랍비 아키바가 바르 코크바를 메시아로 인정했다는 전승이 있다. 바르 코크바가 주조한 동전들에는 성전 위에 별이 새겨져 있어서 성전의 재건이 그의 목표 중 하나였음을 짐작할 수 있다. 사해 문서 역시 전통적 유대교를 복구하는 것이 바르 코크바의 우선적 과제였다는 이해를 지지해준다.

135년에 전쟁이 그치면서 유대인에 대한 보복이 가해졌다. 세부적인 내용은 알려지지 않지만, 할례가 금지된 것은 분명하다. 유대인들로서는 극악하다고밖에 말할 수 없는 이 조치로 다시금 항쟁이 일어날 기미가 보이자, 차기 황제인 안토니누스 피우스는 금지령을 풀게 된다. 하드리아누스는 예루살렘 자리에 새 도시를 세워 아일리아 카피톨리나(Aelia Capitolina)라고 명명했는데, 아일리아는 자신의 가문 이름에서, 카피톨리나는 유피테르 카피톨리누스(Jupiter Capitolinus)의 이름에서 따온 것이다. 유대인들은 성전의 상실을 애도하는 대속죄일 하루를 제외하고는 이 도시에 출입이 금지되었고 위반자는 사형에 처해졌다.

랍비 유대교의 시작

로마를 상대한 항쟁은 이스라엘 내의 유대 사회를 송두리째 바꿔놓았다. 제사장 엘리트는 예루살렘과 성전이 파괴되면서 권력 기반을 상실했고, 쿰란 종파도 68년에 로마의 공격으로 와해되었다. 영토와 권력 및 부를 잃어버리자 유대 귀족층으로 구성된 사두개인들은 역사의 시야에서 사라져갔다. 예루살렘 산헤드린도 이제 존재하지 않았다. 디아스포라로 피신해 몸을 사렸던 시카리 일부가 다시금 소요를 일으키려고 했지만 오래지 않아 제거되었고(*J. W.* 7.409-419; 7.437-440), 열심당을 비롯한 다른 정파들도 무력화되었다.

전쟁 기간 중 저명한 바리새인으로서 반전파에 속했던 요하난 벤 자카이가 예루살렘에서 피신하였다가 로마의 허락을 받아 해안 도시인 야브네(얌니아로도 불림)에 학교를 세웠다. 요하난과 그의 학교는 전쟁을 견더내고 살아남은 바리새인, 서기관, 제사장들을 불러모았다. 야브네를 주도한 것은 바리새인들이었는데, 그들은 전후 유대 사회의 지배권을 손에 넣을 참이었다. 바리새파는 본래부터 정치세력이었고 그들 중 두드러진 이들은 이스라엘을 다스리는 현실정치에 몸을 담고 있었다. 그들은 토라의 진정한 해석자임을 자처했고 그들이 이해한 토라를 이스라엘의 헌법과 법률로 채택할 권리를 주장했다.

바리새파의 세계관은 전후 유대에 희망을 제시했다. 요하난은 성전이 없어도 기도와 금식 및 선행을 통해 속죄를 얻을 수 있다고 가르쳤다. 과거 성전에서 행해지던 제사 관련 규정들은 이제 특별히 음식의 제조와 소비를 포함하는 일상 활동에 관한 규범들로 확대하여 해석되었고, 유대인들은 이를 통해 하나님의 거룩한 선민이라는 자의식을 구체화하는 규범들의 상징체계를 세울 수 있었다. 그것은 영토에 기초하는 국가를 잃은 상태에서 유대인의 정체성을 유지하는 장치이기도 했다. 유대인들은 이제 토라에 근거를 둔, 따라서 신적 권위를 지닌 자신들의 고유한 행습을 통해 스스로 특별한 백성임을 확인했다.

전쟁이 끝난 후 유대의 권력 집단이 된 토라 전문가들은 "랍비"로 불리게 되었다. "랍비"는 문자적으로 "나의 위대한 분"이란 뜻인데 "교사, 스승"을 지칭했다. 성전과 제의가 더는 작동하지 않는 시대임에도 불구하고 랍비들은 성전과 제의와 관련된 토라 본문들에 특별한 관심을 두었다. 이것은 성전의 재건에 대한 여전한 희망에서였을 수도 있지만, 토라는 하나님의 직접계시이므로 상세한 설명이 필요하다는 믿음이 더 중요한 동기였던 것으로 보인다. 토라에 대한 집중적인 관심은 권위 있는 책의 범위를 확정하는 정경화(canonization)를 촉진시켰으며, 히브리 성경의 본문(text)을 표준화하는 작업에 동기를 부여했다.

바리새인들의 구전 전승은 유대교에 새로운 사상 및 해석이 들어올 수 있는 길을 제공했다. 시간이 흐르며 성경 해석의 결과물이 토라의 권위를 입게 되었고, 후대 랍비들은 구전 토라(Oral Torah)의 개념을 만들어냈다. 하나님께서 시내산에서 모세에게 기록된 토라와 함께 구전 토라를 주셨고, 그중 기록된 토라는 히브리 성경으로 고정되었지만, 구전 토라는 랍비들의 계보를 통해 대대로 전수되다가 마침내 미쉬나(기원후 200년경)와 토세프타(미쉬나 직후에 기록), 예루살렘 탈무드(기원후 400년경), 그리고 바빌로니아 탈무드(기원후 600년경)로 정착되었다.

부활에 관한 믿음은 바리새인의 본령에 속하지 않았지만, 바리새파가 부활을 수용한 세계관을 통해 패전한 국민에게 소망을 주는 역할을 할 수 있었다. 다수의 바리새인이 여전히 메시아를 기다렸던 것으로 보이는데, 이런 성향이 유대인들의 현세적 희망에 불을 지펴 로마를 상대로 한 제2의 항쟁의 원천이 되었을 수도 있다. 그러나 거듭된 패전으로 메시아 대망은 조심스레 다뤄질 수밖에 없었다. 제2성전기의 유대교 묵시문학 대부분은 유대인들이 아닌 그리스도인들에 의해 후대에 전해지게 되는데, 이는 묵시적 세계관이 그들에게 그리스도에 대한 신앙의 맥락을 제공해주었기 때문이다. 묵시적 표상과 관념들은 후대 유대교 신비주의에도 깊은 영향을 미쳤다.

랍비 유대교의 발전은 상당한 시간에 걸쳐 일어났으며, 그것이 유대교의 지배적 형태가 되기까지는 더 오랜 세월이 필요했다. 이 모든 과정에 관해서는 랍비 문헌의 전문가들에게 맡기는 것이 좋으리라고 판단된다. 이 분야에서는 제이콥 노이스너와 그의 제자들이 저술한 작품들이 특히 중요하다.

에스라4서

「에스라4서」는 로마가 예루살렘을 파괴한 일에 대한 반응으로 저술된 유대 묵시문학으로, 이런 참사가 초래한 문제들과의 투쟁에 관해 유려하면서도 고뇌에 찬 어조로 그려준다. 「에스라4서」는 「에스드라2서」의 3-14장으로 구성되는데, 「에스드라2서」는 외경에 속하며 1-2장과 15-16장은 유대 묵시문학 내용에 후대 그리스도인들이 첨가한 부분이다.

「에스라4서」는 예루살렘의 파탄과 신적 정의가 양립 가능하다고 주장하는, 흔히 신정론이라고 불리는 견해를 고수한다. 이 책은 아마 기원후 100년경 이스라엘 본토에서 저술된 것으로 보이는데, 로마에 저항한 유대인 항쟁의 결과를 실제 배경으로 하지만, 책 내용의 가상적 배경은 기원전 6세기의 성전 함락과 바빌로니아 유배다. 이는 첫 번째 성전의 파괴를 두 번째 사건의 전형(paradigm)으로 삼은 셈인데, 특정한 사건을 그 사건을 넘는 더 큰 패턴의 실현으로 파악하려는 묵시문학적 특성이 잘 드러난 경우다. 「에스라4서」는 이런 유비를 통해 성전의 파괴로 수심에 싸인 기원후 70년대의 독자들이 자신들의 시대를 거대 역사의 맥락 안에서, 그리고 하나님의 우주적 계획이라는 큰 틀 안에서 이해하게끔 도와준다. 즉 이 책은 예루살렘의 멸망이 초래한 문제들에 대한 해결책을 묵시문학이 어떻게 제시하는지를 잘 보여준다.

「에스라4서」는 일곱 단락으로 구성되는데, 처음의 세 단락은 에스라(주인공 에스라는 토라를 페르시아에서 유다로 가져온 제사장 겸 서기관이다)와 우리엘 천사가 나누는 대화로 진행된다. 이 대화록에서 에스라는 하나님을 향해 쓰디쓴 불만을 토로한다. 단락 4-6은 환상으로 채워져 있다. 단락 4에서 에스라는 하나님의 방법을 받아들이는 일종의 회심을 경험하는데, 이 단락이 「에스라4서」의 핵심이라고 할 수 있다. 에스라가 경험하는 황망에서 희망으로의 이동이야말로 묵시문학의 핵심가치이며 독자들이 같은 변화를 체험하게 하려는 저자의 의도다(Breech를 보라). 그 이후의 환상들은 이스라엘의 현재를 해석하고 미래를 계시한다. 단락 7은 책의 후기(epilogue)인데 하나님께서 에스라에게 직접 말씀하시는 형태로 되어 있다.

「에스라4서」의 구조

단락 1	3:1-5:19	에스라와 우리엘 간의 대화
단락 2	5:20-6:34	에스라와 우리엘 간의 둘째 대화
단락 3	6:35-9:25	에스라와 우리엘 간의 셋째 대화
단락 4	9:26-10:59	후에 시온이 될 여인의 환상
단락 5	10:60-12:51	독수리(로마)와 사자(메시아)
단락 6	13:1-58	인자 같은 이가 간여하는 전투들
단락 7	14:1-48	공적·사적 서적들의 재서술

단락 1(3:1-5:19)

「에스라4서」는 이렇게 시작된다.

> 도성이 함락된 후 삼십 년째에 나 사라디엘 일명 에스라는 바벨론에 있었다. 그리고 침상에 누워 있을 때 나는 마음이 혼란하여 온갖 생각에 빠졌다. 그것은 시온은 황폐해 있는데 비하여 바벨론에 살고 있는 사람들은 날로 번영하고 있는 것을 보았기 때문이다(3:1-2).

다니엘이 그랬듯이(단 7:1) 밤중 침상에서 처음 환상을 받은 에스라는 침상에 누운 채로 시온의 황폐화와 유대 백성의 낙심이라는 문제를 놓고 고민한다(성전은 예루살렘 시온산 위에 세워졌다). 그 황폐함은 로마의 번영과 극적인 대조를 이룬다.

에스라는 시온에 닥친 재난으로 마음이 상해 기도한다. 그의 기도는 창조사건으로 시작해 예루살렘이 바빌로니아에 의해 훼파되는 "현재"까지의 역사를 돌아본다. 그의 역사서술은 비관적이어서 역사의 주역들 대부분이 하나님의 뜻에 거역한다. 이런 실패의 원인은 인간 심성에 자리잡은 악한 성향이다.

> 그러나 당신은 그들의 사악한 마음을 벌하지 않으셨습니다. 그것은 당신의 율법이 그들 가운데에서 열매를 맺을 수 있도록 하기 위해서였습니다. 즉 최초의 인간인 아담이 마음의 무거운 죄를 짊어지고 말았기 때문입니다. 그뿐 아니라 그로부터 태어난 모든 자들도 그와 똑같이 되었습니다. 이렇게 하여 인간의 약함은 영속적으로 되고 율법은 악의 근원과 더불어 사람의 마음에 도사리고 있습니다. 결국 좋은 것은 사라져가고 악한 것만 남은 것입니다(3:20-22).

하나님께서는 인간을 달리 만드실 수도 있었겠지만, 악한 성향을 인간의 마음에 놔두셨다. 따라서 인간은 토라에 순종할 능력을 갖추지 못했고, 결국 죄의 책임은 하나님께 귀속되는 것이다.

이스라엘의 죄성으로 보아 그가 받는 처벌은 납득할 만하나, 에스라의 바빌론(로마) 체험은 하나님의 정의를 의문시하게 만든다. "그리하여 그때 나는 마음속으로 이렇게 생각하였습니다. 바벨론에 사는 사람들은 우리보다 더 나은 일들을 하고 있는 것일까? 그 때문에 시온을 지배한 것일까?"(3:28) 그에 대한 대답은 당연히 "아니오"다. 에스라는 지상에 어떤 나라가 의로운지를 찾아보시라고 하나님께 도전한다. "하지만 당신은 (그들 중에서) 개개인으로서는 당신의 교훈을 지킨 사람을 발견할 것이지만 민족 전체로서는 발견하지 못할 것입니다"(3:36).

에스라의 기도가 마쳐갈 때, 우리엘은 그를 위로하며 그의 질문에 답을 주겠노라고 말한다. 조건은 에스라가 세 가지 문제를 푸는 것이었다. "그러자 천사는 '나에게 불의 무게를 달아 보여라. 또 부는 바람을 달아 보여라. 그리고 또 지나간 날들을 다시 불러들여 보아라' 하고 말하였다"(4:5). 당연히 에스라는 무력감에 빠진다. 우리엘이 다시 말한다. "너는 자신과 함께 자라가는 네 자신의 것마저도 알지 못하면서 어떻게 네 그릇이 지극히 높으신 분의 길을 받아들일 수가 있으랴?…이 부패한 세상에 위협을 받는 자가 어떻게 영원을 이해할 수가 있으랴?"(4:10-11). 에스라는 굴하지 않고 씁쓸히 말한다. "이 세상에 나와서 경건하지 못한 마음으로 고통 속에 살며 그리고 그것이 무엇 때문인가를 이해하지 못할 정도라면 우리들은 오히려 태어나지 않았던 것이 좋았습니다"(4:12). 나무가 바다를 지배할 수 없고 바다는 숲을 정복할 수 없다고 유추하면서 우리엘이 말한다. "육지가 숲에게 주어졌고 바다가 그 파도에게 주어진 것처럼 지상에 사는 사람은 지상의 일 밖에는 이해하지 못하며 하늘 위에 사는 자만이 하늘의 여러 일들을 이해할 수 있는 것이다"(4:21). (이 대목은 예수와 니고데모가 나눈 요 3장의 대화를 떠올리게 한다. 특히 요 3:8-13을 보라.) 에스라가 질문한 내용들은 하나님이 계신 천상에서의 일들을 알기 전에는 제대로 이해할 수 없다. 전형적인 묵시문학의 모습이 여기서 보인다. 우리엘은 인간의 지식과 이성은 하나님의 신비를 파악하기에는 턱없이 부족함을 강조함으로써 국가의 파탄 앞에 유대인들이 느낀 허무와 낙심을 표현하고 그런 상황의 뜻을 알기 위해서는 특별한 계시가 꼭 필요하다는 것을 확인시킨다.

에스라는 그 질문들에 답하기 위해서는 비의적 지식이 필요하다는 것을 시인하기를 꺼린다.

> 그래서 나는 이렇게 대답하였다. "주님, 원하오니 가르쳐주옵소서. 나에게는 어찌하여 이해력이 주어져 있는 것입니까? 즉 내가 묻고 싶었던 것은 하늘의 길에 대해서가 아니라 우리들이 일상생활에서 경험하고 있는 일에 대해서입니다. 어찌하여 이스라엘은 여러 민족의 조롱거리가 되었습니까? 또 어찌하여 당신이 사랑한 백성들이 불경건한 무리의 포로가 되었습니까? 어찌하여 우리 조상들의 율법과 교훈은 무로 돌려지고 말았습니까? 우리들은 이 세상에서 메뚜기 떼처럼 떠나갑니다. 우리의 생명은 이슬처럼 덧없고 주님의 자비를 받을 가치조차 없습니다. 그러나 하나님은 우리들에게 씌워져 있는 당신의 이름을 위하여 무엇을 하시겠습니까? 이러한 것들에 대하여 나는 묻고 싶었던 것입니다"(4:22-25).

묵시적 관점에서는 하나님의 계획을 직접계시를 통해 받는 것만이 지상의 일을 이해하는 첩경이 된다. 이 지점에서 에스라는 그것을 깨닫지 못한다.

나머지 환상은 미래의 일들을 계시해준다. 시간의 종점에서 선인들은 보상을 받고 악인들은 처벌을 받을 것이다. 5장에 등장하는 목록은 전형적인 묵시론적 종말의 표징들로, 우주적 혼돈이 그 한 가지 예다. "그러나 만일 지극히 높으신 분이 너를 길이 살게 하신다면 너는 제삼일 후에 혼란을 볼 것이다. 즉 갑자기 태양이 밤에 빛나고 또 달은 낮에 떠오를 것이다. 물 대신 나무에서 피가 떨어지고 돌은 부르짖으며, 백성은 혼란 속에 빠지고 별의 발걸음도 변할 것이다"(5:4-5). (막 13장은 이와 유사한 우주적 표상들을 예수와 연관시킨다. *T. Mos.* 10장도 보라.)

단락 2(5:20-6:34)

둘째 단락은 이스라엘이 하나님의 선민인데도 불구하고 다른 어떤 나라보다도 비천한 처지가 된 것을 하나님께 호소하는 에스라의 기도로 시작된다. 이어지는 대화에서 천사는 에스라가 하나님의 뜻을 알 수 없다고 말한다. 나머지 단락은 하나님께서 창조 이전부터 세우신 계획을 갖고 계시며 머지않아 세상에 개입하셔서 온 우주를 흔드시리라는 것을 강조한다. 하늘의 책이 심판의 기준이 된다는 주제가 6:20에 다시 언급된다. 이 심판이 있기 전에 전형적인 묵시론적 표적들이 나타날 것이다.

단락 3(6:35-9:25)

셋째 단락은 에스라의 기도로 시작하는데, 그는 엿새 동안의 창조를 회상하면서 모든 피조물이 이스라엘을 위해 창조되었음을 기억해달라고 하나님께 요청한다. 천사는 하나님께서 이스라엘을 위해 세상을 만드신 것은 사실이지만 이스라엘이 세상을 상속하려면 위험을 통과해야 한다고 말한다. 그는 강물이 좁은 길을 지나야 너른 바다에 이르고 좁다란 입구를 통과해야 큰 도시에 들어갈 수 있는 것이라는 유비를 사용한다(참조. 마 7:13-14의 예수 어록). 에스라는 죄인들에게 연민을 표하는데, 이 죄인들은 지상의 인간 대부분이다. 우리엘은 하나님의 판단을 의심하느냐고 에스라를 꾸짖으며 말한다. "그들 앞에 놓인 하나님의 율법이 경멸당하는 것보다 차라리 지금 있는 무리들이 멸망하는 편이 더 낫다!"(7:20)

이윽고 종말의 일정이 그에게 알려진다.

즉, 내 아들 메시야가 그를 따르는 모든 자들과 함께 다시 오는 날 (그때 지상에 살아)남은 자에게는 사백 년간의 기쁨을 가져다줄 것이다. 그리고 이러한 세월이 지난 후 나의 아들 그리스도(기름 부어진 자 즉 메시아)와 호흡하고 있는 모든 인간은 죽을 것이다. 그런 후 세상은 칠 일 동안 시작한 때와 같은 태초의 침묵으로 되돌아가 누구 한 사람 살아나는 자는 없을 것이다. 그리고 칠 일 후 아직 잠에서 깨어나지 않은 세상은 일으켜질 것이며 그리하여 지나가는 세상은 멸망할 것이다(7:28-31).

연이어 부활과 심판, 보상과 처벌의 내용이 나오는데, 메시아는 유한자 즉 인간이다. 그는 시편 2편과 사무엘하 7장에 나온 다윗 후손의 왕과 마찬가지로 하나님의 아들이라고 불린다. 「에스라4서」의 이 구절에는 지상의 메시아가 세워질 것에 대한 기대감과 더불어 지상 세계가 사라지고 새 세상이 그 자리를 대체하리라는 기대가 동시에 나타난다. 메시아 왕국이 사백 년을 지속한 뒤 만물은 사라져 창조 이전의 침묵으로 회귀한다. 그리고 다시 새로운 시작과 새로운 세상이 열린다.

이런 설명은 에스라를 위로하지 못한다. 새 세상을 누릴 자만이 그 소식에 위로받는 법이다. 극소수만이 살아 새 세상을 맞을 것을 생각하며 에스라는 애통해한다. 우리엘은 흔들리지 않는다. "진정 이 때문에 지극히 높으신 분은 세상을 하나가 아니라 둘로 만드신 것이다"(7:50). 에스라는 이 세상에 마음을 두지 말고 미래의 세상만을 바라보아야 한다. 우리엘은 죗값을 치를 죄인들에게 조금도 동정심을 품지 않는다. 에스라는 우리엘이 절대다수의 인간이 죄인이라고 확신하는 모습에 절망하는데, 우리엘은 한발 더 나아가 인간은 예외 없이 악하다고 말한다. "태어난 자는 모두 불의로 더럽혀지고 죄로 충만하며 그리고 그릇된 무거운 짐을 지고 있는 것이다"(7:68). 하나님의 자비를 구하는 에스라에게 우리엘은 이렇게 답한다.

> 지극히 높으신 분은 이 세상을 많은 사람을 위하여 만드셨다. 그러나 오는 세상은 소수자를 위하여 만드신 것이다. 에스라야, 나는 너에게 하나의 비유를 들어 말하겠다. 네가 대지에게 물으면 대지는 대답하기를 "토기를 만드는 흙은 많이 내지만 황금이 되는 먼지는 조금 밖에 내지 못 한다"라고 말할 것이다. 이 세상의 현실도 그와 똑같다. 틀림없이 만들어진 자는 많으나 구원받는 자는 불과 얼마 되지 않을 것이다(8:1-3).

이 구절은 예수의 어록을 떠올리게 한다. "청함을 받은 자는 많되 택함을 입은 자는 적으니라"(마 22:14). 우리엘은 에스라가 의인들의 무리에 속해 있음을 알려준다.

단락 4(9:26-10:59)

이 단락은 에스라가 낙담한 상태에서 천사의 메시지를 받아들이는 전환 국면을 보여준다. 에스라는 이스라엘의 현재 상황을 놓고 기도하다가 아들을 잃고 큰 슬픔에 잠긴 여인을 발견하고 그녀에게 접근한다.

> 여자 중에서도 가장 어리석구나. 너에게는 우리들의 슬픔이나 우리에게 무엇이 일어나고 있는지 보이지가 않느냐? 우리들 모두의 어머니인 시온은 비탄 중에 슬퍼하고 치욕 중에 부끄러움을 당하고 있다. 크게 슬퍼하여라. 만일 네가 하나님의 규정을 의로 인정한다면 너는 때에 이르러 다시 또 자식을 얻어 여자들 중에서 크게 칭찬받을 것이다(10:6-7, 16).

그러나 여인은 슬픔을 접고 위로받는 일을 거부한다. 에스라는 다시 말을 잇는다.

> 그런 말을 하는 것이 아니다. 시온의 불행을 생각하여 내 말을 듣고 예루살렘의 슬픔을 생각하여 자신의 위로로 삼아라. 너도 알고 있는 바와 같이 우리들의 지성소는 어지럽혀졌고 우리들의 제단은 부수어졌으며 우리들의 성전은 파괴되었다. 우리의 거문고는 천대받고 우리의 찬송가는 다물고 우리의 환희는 없어졌으며 우리의 촛대에 등불은 꺼졌다. 우리의 계약의 궤는 빼앗기었고 우리의 거룩한 기물은 더럽혀졌으며 우리에게 씌워진 (하나님의 백성 이스라엘이란) 이름은 모독되었고 우리의 자유인은 모욕을 당하며 우리의 제사는 불에서 죽음을 당하고 우리 레위 사람은 포로의 몸이 되었다. 우리들의 처녀는 더럽혀졌고 우리들의 아내는 폭행을 당하며 우리들의 의인은 끌려갔고 우리들의 유아는 버림을 당하였으며 우리의 젊은이는 노예가 되었고 우리의 강자는 무력하게 만들어졌다. 그리고 무엇보다도 악한 것은 시온의 가치를 (잃은 것이다). 시온은 지금 영광을 빼앗기고 우리를 증오하는 자의 손에 넘어간 것이다(10:20-23).

에스라는 이스라엘의 상실에 대한 설명을 이어가는데, 반란으로 인해 유대인들이 감내해야 했던 파괴를 절절하게 표현한다. 에스라가 가장 염려하는 것은 제의의 상실이다.

여인은 갑자기 "거대한 초석" 위에 놓인 큰 도시로 변한다. 천사 우리엘이 나타나 여인과 도시 환상의 알레고리적 해석을 들려주는데, 여인은 곧 시온이며 예루살렘의 함락을 애도하고 있는 그녀가 도시로 변하는 사건은 예루살렘의 회복을 상징한다는 것이 그 핵심이다.

이 환상과 해석 이후로 에스라는 하나님의 판단에 더는 도전하지 않는다. 그의 경험이 그가 하나님의 길과 화해하도록 만든 것이다. 정확히 어떤 방식으로 이런 변화가 일어났는지는 논쟁의 여지가 있다. 그 여인(즉 시온)의 슬픔을 위로하는 가운데 에스라는 자신의 비애를 새로운 눈으로 보게 되었거나, 아니면 회복된 미래의 도시를 보며 위로를 얻었을 수도 있다. 결과는 그녀에게 건넨 자신의 충고, 즉 하나님의 결정이 옳음을 받아들이라는 바로 그 권고를 에스라 자신이 수용했다는 사실이다. 이제 에스라는 천사가 처음부터 권했던 일, 즉 그의 눈을 미래로 돌려 계시를 받고 전해주는 일을 감당할 수 있게 되었다.

단락 5(10:60-12:51)

이 단락은 환상과 그 해석으로 구성되며, 다니엘서에 나올 듯한 낯선 표상들이 등장한다. 여기서 주인공은 로마를 독수리로 상징한다. 그다음에 사자가 나타나 독수리에게 이렇게 말하기 시작한다.

> 독수리야, 듣거라. 나는 너에게 말하겠다. 지극히 높으신 분이 너에게 이렇게 말씀하신다. 너는 나의 세상의 지배자가 되고 또 나의 때의 종말을 오게 하기 위하여 내가 만든 네 발 가진 짐승 중에서 살아남은 것이 아니냐? 너는 네 번째에 와서 그때까지의 모든 짐승을 타도하였다. 큰 공포를 가지고 이 세상을 지배하여 온 땅에 가혹한 압정을 하고 그렇게도 오랫동안 거짓을 행하며 세상을 살아왔다. 너는 진리를 가지고 세상을 심판하는 일은 결코 하지 않았다. 너는 유화한 자를 괴롭히고 평화스런 자를 다치게 하였다. 그리고 또 진실을 말하는 자를 증오하고 거짓을 말하는 자를 사랑하였으며 열매를 맺는 자의 처소를 파괴하고 너에게 해를 끼치지 않은 사람의 성벽을 낮게 하였다(11:38-42).

로마의 주도권이 부정적으로 서술된다. 로마의 사회적 불의가 이곳 「에스라4서」에서 비로소 상세히 묘사된다. 사자는 로마의 권력도 하나님이 나눠주신 힘 중 하나일 뿐이라고 말하며 하나님의 주권을 인정한다. 로마의 권력은 하나님의 계획대로 역사의 종말을 부른다. 로마의 통치는 네 왕국이라는 큰 그림 안에서 묘사되는데, 이 패턴은 다니엘 2장과 7장, 그리고 다른 헬레니즘 문서들로부터 유래한다. 네 왕국 패턴을 통해 현재의 왕국은 역사적 조망 안으로 들어오는데, 왕국들의 계승이 끝나면 하나님의 해방이 시행된다. 이스라엘뿐 아니라 고대 근동 전반에 깊은 뿌리를 둔 패턴에 호소함으로써 희망의 메시지가 독자들의 의식 속에 공명을 일으킨다. 사자는 독수리에게 지존하신 분께서 세상의 불의를 보고 계시며 머지않아 왕국들을 멸망시키실 것이라고 말한다. 이 환상의 해석에 따르면(12:10-35), 독수리의 머리와 날개는 왕들을 나타내며, 사자는 다윗의 아들 메시아를 가리킨다. 다윗 계보의 메시아는 이스라엘을 억압하던 자들을 심판하는 역할을 한다.

단락 6(13:1-58)

이 단락은 에스라의 꿈을 설명하는 것으로 시작된다.

> 보라. 바다에서 바람이 일고 일면에는 거친 파도를 몰아 일으켰다. 그리고 나는 보았는데 그 바람이 바다의 한가운데에서 사람과 같은 것을 올라오게 하였다. 그리고 나는 그 사람이 하늘의 구름과 함께 날고 있는 것을 보았다. 그가 어떤 얼굴을 향해 응시할 때마다 그 대상이 되는 것은 모두가 무서워 떠는 것이었다. 그의 입에서 소리가 나오자 어디서든지 이 소리를 들은 모든 자들은 마치 불에 닿은 개미가 녹듯이 타올라갔다.

그 후 나는 헤아릴 수 없으리만큼 많은 군중이 하늘의 사방에서 모여 오는 것을 보았다. 그것은 바다에서 올라온 사람을 쓰러뜨리기 위해서였다. 나는 또 그 사람이 자기를 위하여 큰 산을 파내어 그 위에 뛰어오르는 것을 보았다(13:2-7).

이 부분은 다니엘 7장에 의존하는데, 다니엘에 등장하는 표상들 즉 구름과 함께 나오는 인자 같은 이, 바다의 신비와 위세 등이 그 원천이다. 구름과 같이 많은 사람이 사방에서 모여들어 인자 같은 이와 겨루어 싸운다. 그다음에는 그 사람이 불길을 일으켜 적들을 파괴하고 재만 남도록 만든다. 이윽고 그 사람은 산에서 내려와 우호적인 무리를 자기 곁에 불러모은다.

우리엘은 바다에서 나온 그 사람이 하나님의 아들 메시아라고 설명해준다. 하나님은 그를 마지막 때까지 숨겨두신 것이다. 종말이 임하면 메시아는 시온산에 올라 악인들을 심판하고 이스라엘을 해방한다. 악한 자들은 동맹을 맺은 나라들이고, 우호적인 무리는 기원전 721년에 흩어진 후 돌아오지 않은 이스라엘 지파들이다(13:35-40). 하나님의 적들이 최후의 대전쟁을 일으켜 하나님의 군대에 대적한다는 관념은 묵시문학에 흔히 나타나며, 에스겔 38-39장에도 나온다. 이 전쟁의 무대는 시온산이다. 그 사람이 바다에서 나온 이유를 묻자 우리엘은 이렇게 설명한다. "사람이 바다의 깊은 곳에 무엇이 있는가를 탐색할 수 없는 것과 같이 땅에 사는 자는 나의 아들이나 그와 함께 있는 자들을 그날까지 볼 수는 없다"(13:52). 에스라에게만 이 비밀이 전수된 것은 그가 토라에 신실하고 지혜를 사랑했기 때문이다(13:53-56).

단락 7(14:1-48)

이제 하나님이 에스라에게 말씀하신다. "그리고 사흘째 되는 날 나는 떡갈나무 밑에 앉아 있었다. 그러자 관목의 숲속에서 나를 향하여 '에스라야, 에스라야!'라고 부르는 소리가 들려왔다. 나는 '야웨여, 여기 있습니다'라고 대답하고 내 발로 일어섰다. 야웨는 나에게 말씀하셨다. '나의 백성이 이집트에서 노예로 있을 때 나는 관목의 숲에서 자신을 계시하여 모세와 말하였다'"(14:1-3). 여기서 에스라가 모세와 비견되고 있다는 것은 명백하다. 묵시는 이스라엘의 신성한 전승의 기원으로 거슬러 올라가 하나님께서 하시는 일들의 전형(paradigm)을 찾아낸다. 하나님은 모세에 대해 이렇게 설명하신다. "나는 그에게 많은 신기함을 말하고 때의 비밀과 때의 종말을 보였다. 그리고 그에게 이렇게 명령하였다. '이러이러한 말을 널리 알려라. 이러이러한 말은 비밀로 해 두어라.' 그리고 나는 지금 너에게 말한다. '내가 보인 표증과 네가 본 꿈과 네가 들은 해석과 그러한 것을 마음에 접어두어라'"(14:5-8). 따라서 모세 역시 지금 에스라가 받은 종말의 지식과 같은 것을 받았다는 의미다. 모세는 그렇게 받은 계시 중 일부를 기록했고(이것이 토라일 것이다), 비의적 지식은 감추어 두었는데, 그 부분이 묵시문학에 나오는 "비밀스러운" 지식이다.

에스라는 토라 그리고 모세에게 주어진 비의적 계시들이 더 이상 있지 않다고 하나님께 아뢴다. 그것들은 예루살렘이 파괴될 때 사라져버렸다. 에스라가 호소한다. "그러니 만일 내가 당신 앞에 은혜를 얻는다면 나의 안에 성령을 불어넣어 주소서. 그렇게 하시면 나는 이 세상에서 처음부터 일어난 모든 일과 당신의 율법 가운데에 쓰여 있던 일을 기록하겠습니다. 사람들이 당신의 길을 찾을 수 있도록 또 종말의 때에 살기를 바라는 사람들이 살아 있을 수 있도록 하기 위해서입니다"(14:22). 토라는 전 세계의 역사를 담고 있다. 하나님은 에스라의 제안에 동의하여 사람들에게 사십 일간 그를 찾지 말라고 하시고(두말할 나위 없이 이 사십 일은 모세가 시내산에 머물며 토라를 받은 기간과 일치한다), 능숙한 서기관 다섯 명을 모아 하나님 앞에 나아오라고 지시하신다. 하나님께서는 그들에게 공개할 내용(토라)과 감추어둘 내용(비의적 지식)을 불러주실 것이다.

> 그리고 다음 날 나를 부르더니 이렇게 말하였다. "에스라야, 입을 벌리고 내가 먹여 주는 것을 마셔라." 나는 입을 벌렸다. 순간 가득 찬 술잔이 나에게 내밀어졌다. 이것은 물과 같은 것으로 가득 차 있었다. 그러나 그 (물과 같은 것의) 색은 불과 같은 것이었다. 나는 그것을 받아 마셨다. 마시고 나자 나의 마음속에서 지성이 쏟아져 나오고 나의 가슴은 지혜로 충만하였다. 거기에다 나의 영혼은 기억을 유지하고 있었다. 나의 입은 열리어져서 이제 닫히지가 않았다. 지극히 높으신 분은 다섯 사람의 남자에게 지성을 주셨다. 그래서 그들은 그때까지 알지 못했던 문자로 서로 교대하며 내가 말하는 것을 기록하였다. 그리고 사십 일 동안 그대로 계속 앉아 있었다. 그들은 낮에는 쓰고 밤에는 빵을 먹었다. 그러나 나는 낮에도 말하고 밤에도 입을 다물지 않았다. 이렇게 하여 사십 일 동안에 구십사 권의 책이 써졌다. 사십 일이 되었을 때 지극히 높으신 분은 나에게 말씀하셨다. "네가 처음에 쓴 것의 (이십사 권)을 공개하고 적합한 사람에게도 적합하지 않은 사람에게도 읽게 하여라. 그러나 나머지 칠십 권은 네 백성의 현자에게 넘겨주어 보존하여라. 그것은 이들 책 중에는 지성의 흐름과 지혜의 샘과 지식의 강이 있기 때문이다." 그래서 나는 그렇게 하였다(14:38-48).

이렇게 「에스라4서」가 끝난다. 성령의 능력 아래 에스라는 일찍이 모세에게 전해졌으나 예루살렘 함락과 더불어 분실되었던 신성한 계시를 다시금 필사한다. 이렇게 해서 세상에 나온 것이 스물네 권의 히브리 성경이다(오늘날까지 유대인의 전승으로 내려오는 스물네 권 체제의 히브리 성경은 기독교의 구약 서른아홉 권과 배열 방식과 순서가 다르지만, 내용의 총체는 동일하다—역자주). 그 외에 세상에 내어놓지 않은 일흔 권은 출간된 토라보다 더 중요한 것으로, 참된 지식의 원천이라고 여겨진다. 토라는 하나님의 말씀이지만 선견자에게 전수된 비의적 지식 역시 하나님의 직접계시로서 하나님의 계획을 이해할 수 있게 해주는 비밀스러운 지혜라는 점에서 토라를 능가한다. 은밀한 계시를 강조하는 이런 주장은 대단히 놀랍다.

이 책은 예루살렘의 파괴에 대한 묵시문학적 해결책을 제시한다. 에스라는 전후 세대 유대인들이 가졌던 염려와 불만을 대변하는데, 우리엘은 현재의 재난에 마음을 쏟지 말고 감추어졌지만 밝은 미래를 바라보라고 말한다. 다가올 하나님의 도성을 돌아본 에스라는 마침내 하나님의 뜻을 받아들이고, 그 순간부터 묵시적 지식을 달게 받아들인다. 다른 묵시문학과 마찬가지로 「에스라4서」도 역사적이고 우주적인 관점을 동원해 독자들을 위로하고 격려한다. 현세의 일에만 마음을 두는 자는 절망에 이르지만, 천상의 은밀한 지식은 희망과 이해를 낳는 법이다.

바룩2서

「바룩2서」는 예루살렘의 파괴에 대한 반응으로 나온 또 하나의 묵시문학이다. 「에스라4서」와 비슷한 시기에 저술된 이 책의 저자 바룩은 예언자 예레미야의 비서관이었다. 그는 기원전 6세기 예루살렘의 파괴 전부터 당대까지 살았다. 「에스라4서」에서와 마찬가지로 이 책에서도 처음의 파괴가 둘째 파괴를 설명하는 전형으로 사용된다. 「에스라4서」와 「바룩2서」 간에는 수많은 연결점이 있지만, 양자 간의 정확한 관계는 여전히 논쟁거리로 남아 있다.

여기서는 앞서 「에스라4서」를 다룬 것과 같은 방식으로 「바룩2서」를 자세히 분석하는 대신, 예루살렘의 함락과 그에 뒤따르는 이스라엘의 상황을 직접 다룬 핵심 구절들을 검토할 것이다.

「에스라4서」도 그랬듯이, 예루살렘의 상실이라는 사태에 대한 「바룩2서」의 근본적 해답은 묵시문학적이다. 또 다른 세상이 다가와 선인에게는 상을, 악인에게는 벌을 내린다. 예루살렘의 파괴는 이스라엘이 지은 죄에 대한 처벌이지만, 종말을 앞당기는 기능을 수행한다. 「바룩2서」는 독자를 참담함에서 위로로 옮기기 위해 저술되었는데, 바룩이야말로 그런 변화를 체화한 인물이다. 이 책의 첫 단락에서 바룩은 시온의 파괴 앞에 망연자실하지만, 뒤로 가면서 하나님의 뜻을 받아들이고 동료 유대인들을 위로하는 역할을 한다. 「에스라4서」에서처럼 이 책에서도 천사 혹은 하나님이 직접 주인공의 생각에 대답하고 종종 수정을 가한다.

「바룩2서」의 도입부에서 하나님은 예루살렘이 백성의 죄로 인해 곧 함락될 것이라고 바룩에게 일러주신다. 바룩의 반응은 시온 신학의 요약과도 같다.

> 오 나의 주 여호와여, 나는 내 어미의 재난을 보기 위하여 이 세상에 태어났단 말입니까? 아닙니다. 결코 그렇지 않습니다. 나의 여호와여, 외람된 말씀이오나 무엇보다 먼저 내 생명을 거두어 올리신 후 조상들의 곁으로 가서 어미의 파멸을 보게 되는 일이 없도록 하여 주소서. 이것은 나를 몹시 고통스럽게 하는 것입니다. 여호와께 거역할 수도 없고 그렇다고 해서 내 어미의 재난을 보게 된다는 것은 내 영혼에게는 더 없이 견딜 수 없는 고통스러

운 일입니다. 주여, 한 가지만 말씀드리겠습니다. 그런데 이러한 일이 있은 후에 또 어떤 일이 있는 것입니까? 만일 당신께서 당신의 도읍을 멸망시켜 우리의 원수에게 당신의 땅을 넘겨주신다면 어떻게 하여 이스라엘의 이름은 계속 기억에 남을 수 있는 겁니까? 그리고 또 어떻게 하여 우리들은 당신의 영광을 말할 수가 있는 것입니까? 또 당신의 율법에 있는 일을 누구에게 밝혀주는 것입니까? 그리고 또 우주는 그 본성으로 되돌아가고 세계는 태초의 침묵으로 되돌아가는 것입니까? 많은 영혼이 소멸되고 인간의 본성이 또다시 화제로 되는 일은 없겠습니까? 우리들에 대하여 모세에게 말씀하신 적이 있으신 여러 가지 일은 어떻게 된 것입니까?(3:1-9)

바룩이 보기에 예루살렘의 함락은 암울한 전조를 드리웠다. 무엇보다 그것은 이스라엘이 무너지고 하나님의 예배가 멈춘다는 것을 의미했다. 이제 토라에 귀 기울이는 이가 없고 세상이 존재할 근거가 없어지기에 인류는 멸망하고 모세에게 주셨던 약속도 취소되고 말 것이다. 바룩의 이와 같은 과민반응은 세계관으로서의 제사장 종교에서 그리고 이스라엘의 역사에서 예루살렘과 성전이 얼마나 중요했었는지를 잘 보여준다. 성전은 하나님께서 그의 백성과 함께하시는 장소요, 창조주가 창조세계에 존재를 드러내시는 곳이었다. 고대 세계에서 성전과 성전이 세워진 산은 우주적 중요성을 지닌다고 이해되었다(Clifford를 보라).

하나님은 예루살렘의 멸망과 다가오는 유배는 한시적이며 세계가 사라져버리지는 않으리라고 하시고 이어서 이렇게 말씀하신다.

그런데 혹시라도 "나는 손바닥에 너를 새겼다"라고 내가 말한 일이 있는 그 도읍이라고 생각하느냐? 너희들 가운데에 서 있는 이 건물은 내 앞에 그 모습을 나타내고 있는 그것 즉 낙원을 만들기로 작정한 때부터 미리 여기에 예비되어 있던 것은 아니다. 나는 아담이 죄를 짓기 전에 그것을 보여 주었다. 그러나 아담이 규례를 벗어나 그 명을 거역하였을 때 그것을 낙원과 똑같이 그들로부터 빼앗았다. 그 후 나는 그것을 나의 종 아브라함에게 쪼개어진 희생(동물의) 사이로 보여주었다. 그리고 또 모세에게도 내가 시내 산에서 그에게 장막의 모양과 그 가구류 일체를 보여준 기회에 그것을 보였다. 보아라, 그것은 지금 낙원과 똑같이 내가 맡아 가지고 있다(4:2-6).

여기서 하나님은 예루살렘을 향한 당신의 전적인 헌신을 생생히 묘사한 이사야 49:16을 인용하시지만, 바룩은 하나님이 머지않아 시온을 파괴하신다는 말씀을 듣는다. 하나님의 말씀은 시온 신학과 예루살렘의 멸망을 조화시킨다. 처음부터 이사야의 예언은 지상의 시온에 관한 말씀이 아니었다. 하나님의 약속은 천상의 성전에 관한 것으로, 고대 근동의 사상 즉 지상의 신전마다 그에 상응하는 천상의 신전이 있다고 믿는 사상적 토양에서 싹튼 것이었다. 「바룩2서」에서 중요한 것은 천상의 성전이며, 지상의 성전은 일관되게 평가절하된다. 비록 지상에 메시아 왕국이 세워지겠지만(72-74장) 그것은 다음 세상을 위한 전주곡에 불과하다. 51장에는 신실한 자들이 천국으로 가서 별들과 함께 산다는 내용이 나온다.

바룩은 반발하면서 만일 이방인들이 예루살렘을 정복하고 성전을 더럽히면 하나님의 명성이 손상될 것이라고 말한다. 이런 주장이 우리 현대인의 귀에는 이상하게 들릴지 몰라도 하나님의 명성이 이스라엘의 운명으로 인해 손상될 수 있다는 생각은 히브리 성경에 자주 등장한다(예. 출 32:9-14; 민 14:10b-25; 16:19b-24; 겔 36:20-38; Murphy, *Structure*, 72-77을 보라). 하나님께서는 거룩한 신명은 영원하고 그런 일들에 영향받지 않는다고 대답하시고는 성전을 파괴하는 자들에게도 적당한 때에 신성한 처단이 내려지리라고 덧붙여 말씀하신다. 그 사이 하나님은 시온을 파괴하는 것은 이방인들이 아니라고 바룩에게 확인시켜주신다. 원수들이 잘난 체하지 못하도록 천사들이 직접 예루살렘을 파괴하리라는 것이다. "그래서 천사들은 명령한 대로 실행하였는데 성벽의 네 구석을 부수고 성벽이 넘어진 후 성전 안에서 소리가 들려왔다. '원수야, 들어오라. 원수야, 오라. (하나님의) 집을 경호하는 자가 물러갔다'"(8:1-2). 에스겔이 기원전 587년의 성전 함락을 예언하고(겔 9-11장) 요세푸스가 기원후 70년의 성전 멸망에 대해 언급했듯이(*J. W.* 6.299-300), 「바룩2서」도 성전이 멸망하기 전에 하나님께서 이미 그곳을 떠나셨다고 말한다. 하나님께서 떠나시면 성전은 무너진다.

「바룩2서」는 하나님의 심판으로 예루살렘이 파괴된 책임을 백성들, 특별히 제사장들에게 묻는다(10:18). 히브리 성경에도 그렇게 묘사되듯이, 하나님의 진노를 집행하는 사자들(이 경우는 로마인) 역시 멀쩡히 빠져나가지는 못한다. 그들은 이스라엘을 상대로 저지른 악행에 대한 처벌을 받는다(*2 Bar.* 12-14장). 하지만 하나님께서는 이스라엘의 적수들의 패배에 관심을 빼앗기기보다는 토라에 합당하게 순종할 것을 명하신다(Murphy, "Romans"를 보라).

44장에서 바룩은 사람들에게 말한다. 바룩은 우선 자신의 임박한 죽음을 알리고, 율법에 복종하도록 사람들을 권면하면서 시온의 멸망이 불순종의 결과였음을 상기시킨다. 바룩이 행한 연설의 나머지 부분은 현세와 내세의 대비를 다룬다. 타락했고 곧 지나가 버릴 현세는 슬픔으로 가득하다. 내세는 영원하고 소망으로 가득하다. "지금 있는 것은 아무것도 아니다. 그러나 미래야말로 가장 중요하다"(44:8). 사람들은 바룩의 생명이 얼마 남지 않았다는 소식을 듣고 두려워한다. "앞으로 우리들은 어디에서 율법을 구하면 좋겠습니까? 그리고 또 누가 우리에게 생사의 구별을 가르쳐 주는 것입니까?"(46:3) 모세가 신명기 30:15-20에서 말했듯이 토라에 복종하느냐의 여부는 삶과 죽음 간의 선택이다.

> 나는 그들에게 말하였다. "전능하신 분의 옥좌에 거역하는 일은 나로서는 할 수 없다. 그러나 이스라엘에게는 지자와 또 야곱의 집안에서 율법을 통용한 자가 있을 것이다. 그러나 너희들만은 명심하여 율법을 듣고 하나님을 경외하며 지혜와 예지에 뛰어난 사람들을 따르며 너희들의 영혼을 대비하여 그들에게서 떠나지 않도록 하여라. 만일 너희들이 그렇게 한다면 내가 너희들에게 말한 예언은 너희들 위에 실현되어 내가 앞에서 밝힌 고문을 당하는 일도 없을 것이다"(46:4-6).

지혜로운 이들의 중요한 특징은 그들이 토라를 안다는 것이다. 이스라엘에 현인들이 있다는 것이 중요한 이유는 그것이 율법에의 순종을 가능하게 만들기 때문이다.

77장에서 바룩은 사람들에게 토라에 복종하라고 강권한다. 그들은 순종을 약속하지만, 그들이 입은 상실에 관해 다시금 애통해한다.

> 이스라엘의 목자는 멸망하고
> 지난날 발등을 비추어 준 등불은 꺼졌으며
> 우리들이 지난날 마시던 샘의 흐름은 말라 버리고 말았습니다.
> 우리들은 암흑 가운데 남겨졌고
> 나무가 무성하게 자란 숲과
> 메마른 광야 가운데에 남았습니다(77:13-14).

바룩은 이렇게 대답한다.

목자도 등불도 샘도 모두가 율법에서 오는 것이다.
설사 우리가 떠나더라도 율법은 남는다.
그러므로 너희들이 율법을 우러러보고
지혜로 비추어진다면
등불을 잃는 일은 없고
목자는 끊기지 않으며
샘도 마를 리는 없다(77:15-16).

78-86장은 포로로 잡혀간 북쪽 지파들에 보내는 바룩의 편지다. 그는 과거 이스라엘에 의인과 예언자들이 있었다고 회고한다. "그러나 지금, 의인들은 없고 예언자들은 잠을 자며 우리들도 조국을 떠났다. 그리하여 시온은 빼앗기고 우리에게 있는 것이라고는 전능하신 분과 그 율법뿐이다"(85:3). 이 절은 기원후 70년 이후 이스라엘의 사정을 잘 묘사해 준다. 이 편지의 나머지 부분은 하나님께 복종함으로써 그들의 영혼을 가다듬어 이 타락한 세상을 떠나 영광스러운 내세를 상속하라고 권면한다.

「바룩2서」는 죽음 이후에 보상과 책벌이 있을 것을 기대한다. 따라서 현세에서 선인이 고난받고 악인이 형통하는 상황에 대한 해답은 「에스라4서」에서와 마찬가지로 묵시문학적이다. 메시아에 대한 기대 역시 두 책의 공통점인데, 「바룩2서」에서는 메시아가 이스라엘을 핍박한 자들을 궤멸시킨다(29:2; 40장; 72장).

결론

로마인들이 기원후 70년에 예루살렘과 성전을 파괴한 사건은 기원전 6세기의 바빌로니아 유배에나 비견할 수 있는 것으로서 유대인 역사의 분수령이 되었다. 기원후 70년 이전의 유대인들은 자신의 영토와 성전 건물, 그곳에서 제의를 행하는 제사장과 레위인이라는 외적 장치들을 유지하고 있었다. 기원후 70년에 그들은 이 모든 것을 잃었다. 그러나 그들은 준비가 되어 있었다. 70년 이전에 다양한 유대인 집단이 영토와 성전, 그리고 제의 없이도 유대인으로서 살아가는 방법을 고안해냈다. 그들은 토라의 중요성이라는 유대교의 근본 성격에 기초해, 기록된 토라와 그 해석을 중심으로 유대교를 재편하는 데 성공했다. 바리새인들은 그들의 고유한 세계관에 따라 유대교를 재정립하는 데 크게 기여했다. 전쟁 이후의 율법교사들은 랍비라는 호칭으로 불렸는데, 바리새인들의 교훈과 습속으로부터 특별히 영향을 받았다.

예루살렘의 함락 이후 일부 유대인들은 묵시사상으로부터 위안을 얻었다. 전쟁 후 이스라엘의 상황에 대한 묵시문학의 응답은 「에스라4서」와 「바룩2서」, 그리고 본서에서는 분석하지 않았지만 「아브라함의 묵시록」(*Apocalypse of Abraham*) 등의 작품에 나타난다. 이스라엘이 지상에서 국력을 되찾으리라는 믿음은 기원후 70년에서 132년까지도 여전히 유지되고 있었고 그 영향으로 132-135년의 유대 항쟁 역시 가능했던 것으로 보인다. 기원후 135년 이후 랍비들은 대체로 묵시문학적 기대를 제지했고, 유대교는 이제 일상의 삶을 정화하고 외래적이고 종종 적대적인 세상 안에서 유대인의 정체성을 유지하는 일에 더 집중하게 되었다.

참고문헌

Aberbach, M. *The Roman-Jewish War (66-70 A.D.): Its Origins and Consequences.* London: R. Golub, 1966.

Breech, E. "These Fragments I Have Shored against My Ruins: The Form and Function of *4 Ezra.*" *JBL* 92 (1973): 267-74.

Clifford, Richard. *The Cosmic Mountain in Canaan and the Old Testament.* Cambridge: Harvard University Press, 1972.

Cohen, Shaye J. D. *Josephus in Galilee and Rome.* Leiden: Brill: 1979.

______. "The Significance of Yavneh: Pharisees, Rabbis, and the End of Jewish Sectarianism." *HUCA* 55 (1984): 36-41.

Collins, John J. *The Scepter and the Star: The Messiahs of the Dead Sea Scrolls and Other Ancient Literature.* New York: Doubleday, 1995.

Goodman, Martin. *The Ruling Class of Judaea: The Origins of the Jewish Revolt against Rome, A.D. 66-70.* Cambridge: Cambridge University Press, 1987.

Farmer, W. R. *Maccabees, Zealots, and Josephus: An Inquiry into Jewish Nationalism in the Greco-Roman Period.* Westport, Conn.: Greenwood Press, 1973.

Gruenwald, Ithamar. *Apocalyptic and Merkavah Mysticism.* Leiden: Brill, 1980.

Horsley, Richard A., and John S. Hanson. *Bandits, Prophets, and Messiahs: Popular Movements at the Time of Jesus.* Minneapolis: Winston, 1985.

Levine, L. I. "Jewish War (66-73 C.E.)." *ABD* 3:839-45.

Murphy, Frederick J. "*2 Baruch* and the Romans." *JBL* 104 (1985): 663-69.

______. *The Structure and Meaning of Second Baruch.* SBLDS 78. Atlanta: Scholars Press, 1985.

Neusner, Jacob. *First Century Judaism in Crisis: Yohanan ben Zakkai and the Renaissance of Torah.* New York: Ktav, 1982.

______. "The Formation of Rabbinic Judaism: Yavneh (Jamnia) from A.D. 70 to 100." *ANRW* 2.19.2:3-42.

Rhoads, David M. *Israel in Revolution: A Political History Based on the Writings of Josephus.* Philadelphia: Fortress, 1976.

Saldarini, Anthony J. "Reconstructions of Rabbinic Judaism." *EJMI* 437-77.

Sayler, Gwendolyn. *Have the Promises Failed? A Literary Analysis of* 2 Baruch. SBLDS 72. Chico, Calif.: Scholars Press, 1984.

Schürer, Emil. *The History of the Jewish People in the Age of Jesus Christ (175 B.C.-A. D. 135).* Revised and edited by Geza Vermes, Fergus Millar, and Matthew Black. 3 vols. Edinburgh: T&T Clark. 1973-1987.

Stone, Michael E. "The Concept of the Messiah in IV Ezra." Pages 295-312 in *Religions in Antiquity: Essays in Memory of E. R. Goodenough.* Edited by Jacob Neusner. Leiden: Brill, 1968.

______. Fourth Ezra: *A Commentary on the Book of* Fourth Ezra. Minneapolis: Fortress, 1990.

______. "Reactions to Destructions of the Second Temple: Theology, Perception, and Conversion." *JSJ* 12 (1981): 195-204.

Thompson, A. L. *Responsibility for Evil in the Theodicy of* IV Ezra. SBLDS 29. Missoula, Mont.: Scholars Press, 1977.

Yadin, Yigael. *Bar Kochba.* New York: Random House, 1971.

제11장

그리스도에 대한 신약적 이해의 유대교 근원

◆**일차자료**: 마태복음, 누가복음 1-2장, 사도행전, 히브리서, 요한계시록

기독교의 깊은 뿌리가 제2성전기 유대교에 있다는 것은 신약성경의 장마다 드러난다. 예수 당시의 유대교에 관한 우리의 지식이 증가하면서 신약성경은 점점 더 생생히 우리에게 다가온다. 유대교 역사와 집단들, 개념과 상징들, 제도와 전통 등 모든 요소가 기독교의 성경과 직접 연관된다. 이 장에서는 신약성경의 본문 여러 곳을 통해 이 사실을 조명하겠지만 이 목록은 완전하지 않다. 독자들이 본서에서 조사한 본문들을 넘어 제2성전기 유대교에 관해 배운 내용을 통해 신약성경의 이해를 향상시키는 경험을 할 수 있기를 바란다.

마태복음: 토라의 교사인 예수

기원후 85년경 저술된 마태복음은 예수를 궁극의 권위를 지닌 토라 교사로서 오직 이스라엘만을 위한 사명을 지닌 인물로 제시한다. 예수는 자기 제자들에게 토라의 참된 해석을 전수하고, 제자들은 그의 죽음과 부활 이후에 이 해석을 열방에 전파한다. 이 복음서의 저자는 기독교를 새로운 종교로 인지하지 않았던 유대인 그리스도인이었을 것이다. 그가 보기에

기독교는 하나님이 친히 보내신 예수가 가르친 대로 토라를 정확하게 해석하는, 참된 이스라엘이었다.

유아기 내러티브

마태복음 1-2장은 예수의 출생과 유아기를 다룬다. 그 시작은 이렇다. "아브라함과 다윗의 자손 예수 그리스도의 계보라"(마 1:1). 마태는 예수의 권위를 지탱할 두 가지 근거를 제시한다. 즉 예수가 아브라함의 자손인 진정한 유대인이라는 것과 그가 다윗의 계보에 속하므로 다윗 계보의 메시아일 수 있다는 주장이다. 마태복음은 "다윗의 아들(자손)"이라는 호칭에 다른 복음서들보다 더 주의를 기울인다. 여기 "계보"라고 번역된 그리스어 *genesis*는 "시작" 혹은 "근원"을 가리키는데, 마태가 독자들의 관심을 토라의 첫 번째 책인 창세기(Genesis)로 이끌고 있는지도 모른다. 이후에 나오는 예수의 족보는 그가 아브라함의 후손이자 다윗의 후손이라고 불리는 것이 정당함을 보여준다. 족보는 조상들의 연보로, 포로기 이후 유대교가 공동체의 정체성을 확립하는 데 있어 특히 중요하게 여겨졌다(Hanson and Oakman, 26-31을 보라). 에스라서와 느헤미야서에서도 족보의 중요성은 잘 드러난다(창 5, 10, 11장도 보라).

유아기 내러티브의 나머지 부분은 공식인용(formula quotation)을 중심으로 구성된다. 마태가 자주 사용하는 이 공식인용은 히브리 성경을 인용하고 예수가 해당 구절을 성취했다고 말하는 공식화된 인용법이다. 마태에 따르면 히브리 성경의 내용이 예수를 통해 성취된 것은 아래와 같다. 예수는 처녀에게서 태어났고(마 1:22-23), 출생지가 베들레헴이며(마 2:5-6), 이집트로 피신했다(마 2:15). 예수의 출생을 빌미로 헤롯이 유아들을 살해했고(마 2:17-18), 예수의 성장지는 나사렛이다(마 2:23). 핵심은 하나님께서 예수의 사역을 상세히 예언으로 주셨고, 예수의 사역은 참으로 하나님의 사역이라는 것이다. 예수는 이스라엘 역사의 목표다. 이스라엘의 성경을 이런 방식으로 사용한 것은 쿰란 공동체의 성경 해석인 페샤림(pesharim)을 연상시킨다. 그들도 성경의 내용을 자신들의 역사에 관한 예언으로 취급했다.

마태복음 1-2장은 누가의 유아기 내러티브와 여러 면에서 모순된다(Meier, *A Marginal Jew* 1.205-30을 보라). (마가와 요한은 유아기 내러티브를 포함하지 않는다.) 마태에 따르면 예수의 가족은 헤롯 대왕이 아기 예수를 죽일까 두려워 이집트로 피신하지만, 누가복음에서 그들은 예수의 출생 직후 당당히 공개적으로 성전에 들어와 사람들의 시선을 끈다. 누가복음에서 예수의 가족은 나사렛에 거주하며 퀴리니우스의 인구조사(기원후 6년) 때문에 베들레헴에 갔다가 다시 나사렛으로 돌아올 뿐 이집트로 피난을 가지 않지만, 마태는 예수의 가족이 베들레헴에 거주하다가 헤롯에게 쫓겨 이집트로 도주한 것으로 묘사한다. 헤롯의 아들 아르켈라오스가 기원전 4년에 유대의 통치권을 손에 넣자 예수의 가족은 그를 피해 헤롯 안티파스가 지배하는 갈릴리 나사렛으로 이주한다(마 2:22). 예수의 출생지가 베들레헴이고 성장지가 나사렛이라는 점은 일치하지만, 마태와 누가의 서술은 매우 다른 방식으로 진행된다.

마태와 누가 사이의 이런 불일치는 마태와 누가의 신학적 강조점이 다른 데서 어느 정도 원인을 찾을 수 있다. 마태의 내러티브는 공식인용을 중심으로 구성된다. 즉 마태는 실제로 일어난 상황의 묘사보다는 그 사건들 배후의 의미에 더 관심을 둔다(누가에 대해서도 같은 평가가 가능한데, 이 점에 대해서는 아래 "누가의 유아기 내러티브" 단락을 보라). 마태는 예수가 예언자들의 예언을 성취한다는 것을 보여주고 싶어 했는데, 실제 공식인용의 예를 살펴보면 마태가 성경을 다루는 방식을 이해할 수 있다.

예수의 출생에 관해 마태가 이사야를 인용하는 대목을 보라. "이 모든 일이 된 것은 주께서 선지자로 하신 말씀을 이루려 하심이니 이르시되 '보라, 처녀가 잉태하여 아들을 낳을 것이요, 그의 이름은 임마누엘이라 하리라' 하셨으니, 이를 번역한즉 '하나님이 우리와 함께 계시다' 함이라"(마 1:22-23). 이는 기원전 8세기 아하스가 유다의 왕이었을 때 예루살렘에서 활동한 이사야의 예언이다. 당시는 아시리아가 시리아와 이스라엘, 그리고 유다를 위협해오자 시리아와 이스라엘이 아시리아에 맞서 연합세력을 형성하자고 아하스에게 압력을 가하던 상황이었다. 하나님은 아하스에게 이사야를 보내 시리아와 이스라엘이 곧 무너질 터이니 그들에 대해 신경을 쓰지 말라고 명하신다. 이어서 이사야는 이를 확증할 표적을 제시한다.

> 그러므로 주께서 친히 징조를 너희에게 주실 것이라. 보라, 처녀(저자는 이 히브리어 단어를 virgin이 아닌 young woman[젊은 여인]으로 번역해야 한다고 강조하지만, 성 경험의 부재를 명시하는 virgin에 비해 우리말 처녀는 미혼의 젊은 여성으로 함의가 더 넓다고 판단해 개역개정의 "처녀"를 유지함—역자주)가 잉태하여 아들을 낳을 것이요. 그의 이름을 임마누엘이라 하리라. 그가 악을 버리며 선을 택할 줄 알 때가 되면 엉긴 젖과 꿀을 먹을 것이라. 대저 이 아이가 악을 버리며 선을 택할 줄 알기 전에 네가 미워하는 두 왕의 땅이 황폐하게 되리라(사 7:14-16).

여기서 이사야의 예언이 거의 팔백 년이 지나 출생할 예수를 가리킨다는 기독교식 해석은 그리스도인의 의식 속에 깊이 각인되어 있다. 그러나 본문을 자세히 읽어보면 이사야는 먼 장래에 태어날 아이를 염두에 두고 있지 않음을 알 수 있다. 이사야는 국가적 위기가 진행되고 있는 자신의 시대에 한 아기가 곧 태어날 것을 밝힌다. 이 아이가 생각이 영그는 나이가 되기도 전에 이스라엘과 시리아가 멸망하리라는 것이 예언의 핵심이다. "대저 이 아이가 악을 버리며 선을 택할 줄 알기 전에 네가 미워하는 두 왕의 땅이 황폐하게 되리라"(사 7:16). 실제로 이 예언 직후에 두 나라가 망했다.

이사야의 예언에서 "젊은 여인"으로 번역되는 히브리어 단어는 *almah*이고, 성 경험이 없는 여인을 가리키는 보다 세밀한 단어는 *betulah*다. 히브리어 원문상 이사야는 숫처녀를 명시하지 않는다. 히브리 성경의 그리스어 역본에서 *almah*가 그리스어 *parthenos*로 옮겨지면서 그리스어의 느낌인 숫처녀에 주목한 일부 초기 그리스도인들이 이사야서의 그리스어 역본에 기초해 이사야가 예수의 기적적 (동정녀) 탄생을 예언한 것으로 받아들이게 되었다.

이사야는 곧 태어날 그 아이의 이름을 임마누엘이라고 부른다. 이 히브리어는 마태가 바르게 설명했듯이 "하나님이 우리와 함께"를 뜻한다. 이사야는 이 이름이 아이의 본성을 규정한다거나 그의 신성을 입증한다고 말하지 않았다. 그것은 단지 하나님이 유다 편에서 행동을 취하시리라는 뜻을 담은 상징적 이름일 뿐이다. 이스라엘과 유다 역사에서 상징성을 갖는 이름은 흔했는데, 이사야 자신이 자기 아들에게 상징적인 이름을 지어준다(사 8:1-4).

따라서 이사야는 먼 미래가 아닌 기원전 8세기 자신의 시대에 한 아이가 태어날 것을 예언했으며, 인간들 가운데 거하는 신적 존재나 기적적 탄생을 말하지 않았다. 그러나 우리는 역사 속의 이사야가 전한 본래의 메시지가 당시의 본래 청중에게 어떻게 이해되었을지를 탐구하는 역사비평가로서 이런 결론에 도달했음을 기억해야 한다. 마태는 당대의 유대인들만큼이나 역사비평에 관심이 없었다. 그들에게 성경은 매 단어가 영감을 받은 거룩한 책이므로 본래의 맥락에서 분리되어 별개의 해석이 가능했다.

일부 보수적 그리스도인들은 여전히 이런 방식으로 성경을 읽지만, 대다수 주류교단의 교회들은 그렇지 않다. 주류교단의 입장을 따르면 성경은 신적 영감을 받은 책이지만, 문자주의적 해석은 지양해야 한다(예. 교황청 성서위원회 입장문 특히 72-75을 보라). 역사가로서 우리는 이사야가 예수를 의식하며 예언을 말하지 않았다는 사실을 받아들여야 한다. 이 말은 우리가 신자로서 하나님께서 이사야의 예언을 그런 방식으로 사용하셨다고 믿어서는 안 된다는 뜻이 아니다. 하나님은 이사야의 예언을 그의 동시대인을 위한 당신의 음성으로 사용하시는 동시에(이것이 이사야가 의식한 뜻이었다), 마태가 깨달은 바를 통해 후대 그리스도인들에게 다른 의미를 전달하신 것일 수도 있다. 비슷하게 쿰란 공동체의 「하박국 주석」은 하박국이 자신의 예언을 온전히 이해하지 못했다고 설명한다. 쿰란 종파의 이해 속에서는 오직 자신들만이 본래 예언의 참뜻을 깨닫고 있었다.

이사야서가 유대인과 그리스도인 양자에게 거룩한 성경이기에 중요한 논점이 한 가지 더 있다. 그리스도인들은 자신들의 성경 해석이 올바르다면 유대교의 해석은 오류여야 한다는 식으로 생각한다. 다시 말해 유대인들이 이사야 7장의 예수에 대한 예언을 못 알아본다면 그것은 그들의 잘못이다. 하지만 하나님의 행동반경을 제한하는 이런 태도는 기독교 신학에 맞지 않는다. 하나님은 같은 본문을 통해 다양한 신앙 공동체에 각기 다른 메시지를 전하실 수 있다.

쿰란 종파의 구성원들과 마찬가지로 초기 그리스도인들 역시 성경을 사용하여 단지 역사를 평가한 것만은 아니었다. 그들은 성경의 렌즈를 통해 역사를 읽었다. 성경이 역사에 대해 말해주는 것에 대한 그들의 이해가 실제 세상에서 일어나고 있는 사건들을 바라보는 그들의 눈에 안경을 씌워주었다. 마태의 해석이 그의 동시대인인 야브네의 랍비를(오늘날의 유대인은 말할 것도 없고) 설득시켰을 가능성은 쿰란 공동체의 성경 해석이 예루살렘 권력층을 설득할 가능성만큼이나 낮을 것이다.

마태복음 1-2장의 기록을 보면 예수는 모세처럼 보인다. 예수와 이스라엘 사이에도 공통점이 있다. 출애굽기에서 모세가 그랬듯이 마태가 그리는 예수도 무고한 아이들의 학살과 관련된다. 모세와 예수는 둘 다 그 학살을 모면한다. 이스라엘과 마찬가지로 예수도 이집트에 내려가고 나중에 그곳으로부터 하나님의 부름을 받는다. 마태가 인용한 호세아의 예언은 예수를 통해 성취된다. "이스라엘이 어렸을 때에 내가 사랑하여 내 아들을 애굽에서 불러냈거늘"(호 11:1). 본래 이스라엘을 하나님의 아들이라고 칭했던 이 예언이 이제는 예수를 가리킨다. 모세가 이집트로 들어갔다가 떠났듯이 예수도 같은 패턴을 따른다.

토라의 교사

마태는 예수의 어록을 다섯 개의 설교문으로 배열해 제시하는데, 그 첫째가 산상설교다(마 5-7장). 마태복음에서 이 설교는 예수가 전한 메시지의 정수라 할 만하다. 모세는 시내산에서 토라를 받았는데, 예수는 산으로 올라가 모세의 토라에 대한 결정적인 해석을 백성에게 전달한다. 설교에 들어가기 직전 예수는 자신의 사역이 토라의 폐지가 아니라 오히려 토라의 확증이라고 강조한다(마 5:17). 토라는 세상 끝까지 지속될 것이다(마 5:18). 토라는 "지극히 작은 계명"까지라도 남김없이 지켜져야 한다(마 5:19). 서기관과 바리새인들은 자신들이 제시하는 엄격한 해석을 철저히 준수하지 않았다(마 5:20; 23:2-3).

토라의 성취자 예수

> 내가 율법이나 선지자를 폐하러 온 줄로 생각하지 말라. 폐하러 온 것이 아니요, 완전하게 하려 함이라. 진실로 너희에게 이르노니 천지가 없어지기 전에는 율법의 일점일획도 결코 없어지지 아니하고 다 이루리라. 그러므로 누구든지 이 계명 중의 지극히 작은 것 하나라도 버리고 또 그같이 사람을 가르치는 자는 천국에서 지극히 작다 일컬음을 받을 것이요. 누구든지 이를 행하며 가르치는 자는 천국에서 크다 일컬음을 받으리라. 내가 너희에게 이르노니 너희 의가 서기관과 바리새인보다 더 낫지 못하면 결코 천국에 들어가지 못하리라(마 5:17-20).

산상수훈은 여섯 개의 반대정언(antithesis)으로 이어진다. 여기서 예수는 토라를 인용한 후 "너희는 이렇게 들었지만 나는 이렇게 말한다…"는 형식으로 토라의 해석을 제시한다. 반대정언의 여러 곳에서 예수는 쿰란 종파나 바리새인들이 해석한 것과 마찬가지로 토라의 "담장을 치는" 해석을 제시한다. 이것은 토라의 규범을 조금이라도 범하지 않기 위함이다(앞의 5장을 보라). 예를 들면 토라는 살인하지 말라고 하는데, 예수는 분노조차 품지 말라고 말한다(마 5:21-22). 토라는 간음하지 말라고 하지만, 예수는 음욕조차도 품어서는 안 된다고 말한다(마 5:27-28). 예수는 토라를 폐지하는 것이 아니라 지지한다. 하지만 우리는 다음의 사실을 인정해야 한다. 즉 예수가 토라를 해석하는 데 있어 "너희는 [토라가] 이렇게 말하는 것을 들었지만…나[예수]는 너희에게 말하노니…"라는 특별한 형식을 사용하여 해석의 권위를 주장한 것은 당대 유대인들이 받아들이기에는 벅찬 것이었다(Neusner를 보라).

마태복음 6장은 유대교 신앙의 세 가지 핵심 요소, 즉 기도, 자선, 금식을 다룬다. 예수가 제자들에게 가르친 주의 기도는 그 형태와 내용에서 오래된 유대교의 기도문인 카디쉬를 닮았다(앞의 9장을 보라). 산상설교의 마지막 즈음에 예수는 다음과 같은 포괄적 선언을 남긴다. "그러므로 무엇이든지 남에게 대접을 받고자 하는 대로 너희도 남을 대접하라. 이것이 율법이요 선지자니라"(마 7:12). 이 내용은 누가복음 6:31에도 나오는데, 누가복음 본문에는 율법과 예언자에 관한 언급이 빠져 있다. 이 절은 마태의 예수가 자신의 가르침을 토라와 동일한 것으로 여긴다는 관찰에 힘을 실어준다.

예수를 토라의 교사로 보는 마태의 관점은 이 복음서의 여러 세부사항에 영향을 미친다. 예를 들어 무엇이 가장 큰 계명이냐는 질문에 대해 예수가 대답한 사건은 공관복음 세 권에 모두 기록되어 있다(막 12:28-31; 마 22:34-40; 눅 10:25-28). 각 복음서는 예수가 신명기 6:5에서 하나님에 대한 사랑을, 레위기 19:18에서 이웃에 대한 사랑을 가져와 연결했다고 기록하는데, 이 두 구절은 모든 유대인이 소중히 여기는 말씀이었다. 그러나 마태복음만이 유일하게 이 말을 덧붙인다. "이 두 계명이 온 율법과 선지자의 강령이니라"(마 22:40).

앞서 이 책의 9장에서는 예수와 바리새인 및 서기관들 사이의 갈등을 논했다(막 7장; 마 15장). 마가에 따르면 논점은 음식 규례인 코셰르(kosher)인데, 예수는 모든 음식물이 깨끗하다고 말한다(막 7:19). 마태는 이 표현을 생략하고 핵심 논제를 바리새인의 독특한 관습이었던 손을 씻는 문제로 이동시킨다(마 15:20). 마태가 전하는 예수는 음식에 관한 규례를 폐지하지 않았다.

마태는 아마도 예루살렘이 멸망한 후 야브네에서 일어난 사태에 대응하기 위해 자신의 복음서를 기록했을 것이다(앞의 10장을 보라). 마태복음 23장에 서기관과 바리새인을 향한 길고 거친 비판이 나온 이유도 이와 관련될 것이다. 바리새인과 서기관들은 야브네에서 일어난 유대교의 재편성 과정에서 중심적인 역할을 맡았다. 마태가 바리새인을 공격하지만, 그는 바리새인들과 수많은 전제를 공유한다. 마태복음을 보면 예수도 바리새인들의 권위는 인정한다. "서기관들과 바리새인들이 모세의 자리에 앉았으니, 그러므로 무엇이든지 그들이 말하는 바는 행하고 지키되 그들이 하는 행위는 본받지 말라. 그들은 말만 하고 행하지 아니하며"(마 23:2-3).

마태복음의 마지막 장면에서 (배신자 가룟 유다를 제외한) 열한 제자는 갈릴리 언덕에서 예수를 만나고 그의 말씀을 듣는다.

> 예수께서 나아와 말씀하여 이르시되 "하늘과 땅의 모든 권세를 내게 주셨으니, 그러므로 너희는 가서 모든 민족을 제자로 삼아 아버지와 아들과 성령의 이름으로 세례를 베풀고 내가 너희에게 분부한 모든 것을 가르쳐 지키게 하라. 볼지어다! 내가 세상 끝날까지 너희와 항상 함께 있으리라" 하시니라(마 28:18-20).

이 구절에는 토라의 언어가 가득 차 있다. "제자"로 번역된 그리스어는 "가르치다"를 뜻하는 단어에서 파생된 단어로 학생들을 의미한다. 사도들은 모든 나라의 사람들을 배우는 이들로 삼아 예수의 명령을 지키도록 가르쳐야 한다. 이것은 하나님의 계명을 순종하도록 가르치는 일을 가장 소중히 여기는 유대인 전승을 반영한다. 일례로 모세는 이렇게 말한다. "이는 곧 너희의 하나님 여호와께서 너희에게 가르치라고 명하신 명령과 규례와 법도라. 너희가 건너가서 차지할 땅에서 행할 것이니"(신 6:1). 마태의 눈에 예수가 했던 일과 교회가 하는 일은 유대교를 모델로 삼은 것이었다.

예수가 제자들에게 시대의 종말을 상기시키는 대목에는(마 28:20) 마태복음 특유의 종말론적 색채가 덧입혀져 있다. 마태복음에는 종말이 다가오고 있으며 사람들이 예수와 그 제자들의 메시지에 어떻게 반응했는가에 따라 운명이 갈리는 심판이 있으리라는 가르침이 나온다. 신약성경에서 마지막 심판의 자세한 모습이 기록된 것은 단연 마태복음 25장이다. "인자가 자기 영광으로 모든 천사와 함께 올 때에 자기 영광의 보좌에 앉으리니 모든 민족을 그 앞에 모으고 각각 구분하기를 목자가 양과 염소를 구분하는 것 같이 하여"(마 25:31-32). 이 장면은 다니엘 7장의 심판을 연상시키는데, 다니엘서에서는 하나님이 심판자였고 마태복음에서는 "인자 같은 이"가 심판자인 것이 다르다. 「에녹의 비유」도 다니엘의 인자 같은 이 모티프를 가져다가 보좌에 앉아 열국을 심판하는 분으로 변용시킨다(예. *1 En.* 62장). 에스겔 34장에도 하나님이 양과 염소를 구분하는 심판의 장면이 있다. 마태가 유대교 전승에서 영감을 얻은 것은 분명해 보인다.

예수와 이방인들

마태복음 28:18에서 예수는 제자들에게 모든 민족에게 가라고 지시한다. 그러나 예수의 사명도, 그의 생애 동안 제자들의 사명도, 이스라엘로 한정되어 있었다. 제자들에게 사명을 주어 보낼 때 예수는 이렇게 경계한다. "이방인의 길로도 가지 말고 사마리아인의 고을에도 들어가지 말고 오히려 이스라엘 집의 잃어버린 양에게로 가라"(마 10:5). 마태복음 15:21-28의 기록을 보면 예수는 한 이방 여인의 딸을 고쳐주기를 꺼린다. "예수께서 대답하여 이르시되 '나는 이스라엘 집의 잃어버린 양 외에는 다른 데로 보내심을 받지 아니하였노라' 하시니"(마 15:24). 마태는 교회가 나중에 택한 이방인 선교를 염두에 두고 예수가 사는 동안에는 선교의 범위가 오직 이스라엘로 제한되었다가 그의 부활 이후에는 모든 민족으로 확대된 것으로 설명하여 조화를 시도한다.

누가의 유아기 내러티브

누가는 유대인들 대부분이 예수를 메시아로 인정하지 않은 것이 심각한 신학적 문제를 초래한다고 믿었다. 마가와 마태처럼 누가 역시 유대인의 희망이 예수 안에서 성취된 것으로 제시한다. 이런 맥락에서 누가는 유아기 내러티브에서 이 사실을 강조하는 한편, 누가복음의 후속편인 사도행전에서도 하나님이 유대인에게 계속해서 선교사를 보내 그들이 예수를 거절하는 것이 어리석은 일임을 깨닫게 하신다고 서술한다.

누가가 유대교 성경에 조예가 깊다는 사실은 그의 유아기 내러티브에서 가장 극명히 드러나는데, 이 내러티브에서 그의 언어는 히브리 성경의 그리스어 역본을 그대로 반영하고 있다. 누가는 헬레니즘 시대의 역사 서술이 따르던 공식대로 간략한 서문을 배치하고, 곧바로 세례 요한과 예수의 수태고지, 그들의 출생, 그리고 예수의 부모가 아기 예수를 성전에 데려가기 위해 예루살렘으로 여행한 일을 연이어 서술한다.

누가복음은 세례 요한의 아버지인 예루살렘 성전의 제사장 사가랴가 받은 계시와 더불어 시작한다. 천사 가브리엘(유대교 묵시문학을 통해 알려짐)이 사가랴에게 나타나 그의 아들이 "엘리야의 영과 능력"을 받으리라고 말한다. 고대 이스라엘의 예언자 엘리야는 죽지 않고 불병거에 올라 하늘로 승천했다. 말라기서의 종결 부분에는 하나님의 심판이 있기 전 엘리야가 돌아와 이스라엘을 훈계할 것이라는 기대가 담겨 있다. 초기 그리스도인들은 세례 요한을 예수의 강림을 알려주기 위해 돌아온 엘리야로 이해했다(특히 마 11:14; 17:13을 보라).

이어서 가브리엘은 마리아에게 예수의 탄생을 알린다. 그는 예수가 다윗의 후손 메시아임을 강조한다. 하나님께서 일찍이 다윗에게 솔로몬에 관해 말씀하시면서 다윗의 후손이 영원히 왕위를 이으리라고 하셨다. "그는 내 이름을 위하여 집을 건축할 것이요, 나는 그의 나라 왕위를 영원히 견고하게 하리라. 나는 그에게 아버지가 되고 그는 내게 아들이 되리라"(삼하 7:13-14). 하나님의 말씀을 반박하기라도 하듯, 바빌로니아 유배가 시작된 기원전 587년 이래로 예루살렘의 왕좌에 앉은 이가 없었다. 누가는 이 전승을 의식하며 천사가 마리아에게 하는 말을 옮긴다. "그가 큰 자가 되고 지극히 높으신 이의 아들이라 일컬어질 것이요. 주 하나님께서 그 조상 다윗의 왕위를 그에게 주시리니 영원히 야곱의 집을 왕으로 다스리실 것이며 그 나라가 무궁하리라"(눅 1:32-33).

이 내러티브의 주요 인물들은 신실하고 토라를 준수하는 유대인들로서 메시아를 대망하는 이스라엘을 대표한다. 일례로 요한의 부모는 이렇게 소개된다.

> 유대 왕 헤롯 때에 아비야 반열에 제사장 한 사람이 있었으니 이름은 사가랴요, 그의 아내는 아론의 자손이니 이름은 엘리사벳이라. 이 두 사람이 하나님 앞에 의인이니 주의 모든 계명과 규례대로 흠이 없이 행하더라(눅 1:5-6).

예수의 부모 역시 비슷하게 소개된다. 그들은 정해진 때에 맞춰 출생한 지 팔 일이 되는 날 아들에게 할례를 행한다. 훗날 그들은 아기를 성전으로 데려간다.

> 모세의 법대로 정결예식의 날이 차매 아기를 데리고 예루살렘에 올라가니, 이는 주의 율법에 쓴 바 "첫 태에 처음 난 남자마다 주의 거룩한 자라 하리라" 한 대로 아기를 주께 드리고 또 주의 율법에 말씀하신 대로 "산비둘기 한 쌍이나 혹은 어린 집비둘기 둘"로 제사하려 함이더라(눅 2:22-24).

이 구절은 시종일관 유대교적인데, 모세의 율법(Torah)에 대한 순종과 더불어 정결례, 제사, 성결함, 성전, 예루살렘 등을 강조한다.

예루살렘에서는 시므온이 예수 탄생의 의의를 설명한다. "예루살렘에 시므온이라 하는 사람이 있으니 이 사람은 의롭고 경건하여 이스라엘의 위로를 기다리는 자라. 성령이 그 위에 계시더라. 그가 주의 그리스도를 보기 전에는 죽지 아니하리라 하는 성령의 지시를 받았더니"(눅 2:25-26). 이제 무대는 준비되었다. 시므온은 하나님의 영을 받았기에 하나님의 관점에서 사물을 보고 하나님의 뜻을 대변할 수 있는 사람이다. 그는 유대교의 중심인 성전에서 하나님께서 약속하신 메시아를 기다려왔다. 바로 그때 예수의 부모가 등장한다. "마침 부모가 율법의 관례대로 행하고자 하여 그 아기 예수를 데리고 오는지라"(눅 2:27). 시므온은 아기 예수를 품에 안고 하나님을 찬양한 뒤 예수의 오심을 가리켜 "이방을 비추는 빛이요 주의 백성 이스라엘의 영광이니이다"(눅 2:32)라고 찬미한다. 이방인에게 예수가 어떤 존재인지를 노래하기 위해 시므온은 이사야 49:6을 원용한다.

누가의 성전 장면은 시므온의 말을 여예언자 안나가 확증하는 장면으로 마무리된다. "마침 이때에 나아와서 하나님께 감사하고 예루살렘의 속량을 바라는 모든 사람에게 그에 대하여 말하니라"(눅 2:38). 이 유아기 내러티브의 마지막을 장식하는 것은 소년 예수가 성전에 남아 그의 지혜로 율법교사들을 놀라게 한 뒤, 걱정하는 부모에게 이렇게 말하는 대목이다. "어찌하여 나를 찾으셨나이까? 내가 내 아버지 집에 있어야 될 줄을 알지 못하셨나이까?"(눅 2:49)

누가복음 2장에서는 마리아와 사가랴가 찬가를 읊는다. 예수가 이스라엘을 위한 하나님의 약속을 실현하는 분이라고 고백한다는 점에서 두 찬가는 놀랍도록 일치한다. 이 약속들은 영적인 실재만이 아니라 지상의 일들과도 관계되어 죄의 용서와 더불어 적들로부터의 구출도 함께 다룬다. 마리아의 찬가는 힘 있는 자들을 그 권좌에서 끌어내리고 비천한 자들을 일으켜 세우는 역사를 노래한다. 유대교 묵시문학과 예수가 가르친 교훈의 특징인 운명의 역전 주제가 여기서도 등장한다. 마리아의 찬가는 이렇게 마무리된다.

> 그 종 이스라엘을 도우사
> 긍휼히 여기시고 기억하시되
> 우리 조상에게 말씀하신 것과 같이
> 아브라함과 그 자손에게 영원히 하시리로다 하니라(눅 1:54-55).

아브라함의 자손들은 곧 이스라엘이고, 하나님께서 이제 이스라엘을 위해 역사에 개입하신다.

사가랴의 찬가도 유사한 방식으로 예수의 도래가 곧 이스라엘의 구원이라고 해석한다.

> 찬송하리로다. 주 이스라엘의 하나님이여,
> 그 백성을 돌보사 속량하시며,

우리를 위하여 구원의 뿔을
그 종 다윗의 집에 일으키셨으니,
이것은 주께서 예로부터 거룩한 선지자의 입으로 말씀하신 바와 같이
우리 원수에게서와 우리를 미워하는 모든 자의 손에서 구원하시는 일이라.
우리 조상을 긍휼히 여기시며
그 거룩한 언약을 기억하셨으니,
곧 우리 조상 아브라함에게 하신 맹세라.
우리가 원수의 손에서 건지심을 받고
종신토록 주의 앞에서
성결과 의로 두려움이 없이 섬기게 하리라 하셨도다(눅 1:68-75).

사가랴는 세례 요한이 이 위대한 구원을 이스라엘에 선포할 예언자라고 선언한다. 사가랴가 그리는 것은 이스라엘이 그의 대적들로부터 구출되어 다윗의 자손인 통치자 아래에서 하나님을 자유롭게 예배하며 평화롭게 사는 것이다.

누가복음 1-2장은 이처럼 예수가 이스라엘에 주신 하나님의 약속들을 성취하기 위해 토라를 따르는 유대인들 가운데로 오실 것이며 예수의 도래는 곧 예루살렘과 이스라엘의 구원이라는 사실을 매우 분명하게 그리고 시각적으로 설명한다.

사도행전: 기독교적 유대교에서 기독교로

유대인의 불신앙

사도행전은 누가복음 저자가 저술했고, 초기 교회의 역사기술 형태로 예수가 사망한 직후부터(기원후 30년경) 바울이 죄수로서 로마에 도착한 시점까지를(기원후 60년경) 다룬다. 이제껏 다룬 유대교와 기독교 문헌들처럼 사도행전 역시 현대적 의미에서의 역사서로 읽는 것은 현명하지 않을 것이다. 사도행전은 지면마다 저자의 신학으로 채워져 있다. 그러나 이 말은 사도행전이 사료로서 가치가 없다는 뜻은 아니다. 사실 사도행전은 이 시기에 대해 증언하는 몇 안 되는 자료 중 하나이자 유일하게 역사서 형태로 기술된 책이어서 초기 교회를 연구하는 역사가들은 사도행전을 광범위하게 사용한다.

사도행전의 중심에는 신학적 문제가 자리하고 있는데, 그것은 대다수 유대인이 예수의 추종자가 되지 않았다는 사실에서 비롯된다. 누가는 거대한 헬레니즘 세계에서 살았고 그 문화를 예수에게로 전향시키길 원했다. 누가의 문제의식을 느끼려면 다음과 같은 상황을 상상해보는 것이 도움이 된다. 어느 초기 그리스도인이 헬레니즘 문화가 지배하는 로마 제국의 도시의 비유대인 주민들에게 예수에 대한 신앙을 전파하려고 한다. 그 사람은 유대인 예수가 이스라엘의 하나님께서 유대인 성경의 뜻을 성취하기 위해 유대인에게 보내신 유대교의 메시아라고 설명해야 할 것이다. 이것이 누가가 자신의 복음서 1-2장에서 예수를 소개하는 방식이다. 그 말을 들은 이웃은 이렇게 답할 것이다. "음, 흥미로운 이야기네요. 지역 회당에 가서 더 들어보고 싶군요." 그러면 그리스도인은 민망한 표정으로 이렇게 말해야 할 것이다. 사실 지역 회당의 유대인들은 그리스도인 선교사들의 주장을 이미 거절했다고 말이다. 이것은 이어서 긴 해명이 필요한 상황 아닌가. 사실 신약성경 대부분이 이런 식의 설명을 위해 쓰였다.

사도행전은 이 문제에 각별한 관심을 기울인다. 누가는 다수의 유대인이 믿고 있었다는 방향으로 기운다. 사도행전의 기록에 의하면 베드로의 첫 선교적 설교는 유대인으로서 예루살렘에 있는 유대인들에게 전한 것이었는데, 그 결과 삼천 명이 믿고 세례를 받았다(행 2:41). 누가는 당시 상황을 이렇게 보도한다. "하나님의 말씀이 점점 왕성하여 예루살렘에 있는 제자의 수가 더 심히 많아지고(이 시점에 이 사람들은 유대인이다) 허다한 제사장의 무리도 이 도에 복종하니라"(행 6:7). 사도행전 9장은 예수의 처형 직후에 다메섹에는 유대인-그리스도인 공동체가 이미 형성되어 있었다고 전제한다. 사도행전 9:31은 이 교회가 유대와 갈릴리 그리고 사마리아에서 성장하고 있었다고 말한다. 사도행전 14:1은 소아시아의 도시인 이고니온의 유대인들 가운데 다수가 믿었다고 서술하는가 하면, 15장은 예루살렘 교회에서 바리새파 출신 성도들이 영향력을 행사했다고 기록한다. 이런 주장들에 대한 평가는 다양할 수 있겠지만, 다수의 유대인이 예수를 믿어 그리스도인이 되었다는 것이 누가의 서술 방침임은 분명해 보인다. 유대인의 회심을 보도하지 않는 대목에서도 누가는 종종 기독교적 설교에 호의적으로 반응하는 유대인들이 많았다는 말을 덧붙인다. 물론 누가는 대다수 유대인이 예수를 믿지 않고 거부했다는 사실을 잘 알고 있다.

누가는 비록 대다수 유대인이 예수를 거부했어도 하나님께서는 유대인들을 포기하지 않으셨음을 보여주길 원한다. 사도행전은 이방인 제자 없이 시작되었다. 예수가 승천하기 직전에 제자들이 그에게 질문한다. "주께서 이스라엘 나라를 회복하심이 이때니이까?"(행 1:6) 그리스도인 독자라면 이때 예수가 제자들의 생각을 고쳐주고 지상의 유대인 왕국을 재건하는 것은 하나님의 계획과 어긋나는 일임을 깨우쳐주기를 기대했을 것이다. 그러나 그런 일은 일어나지 않았다. 예수는 이렇게 대답한다. "때와 시기는 아버지께서 자기의 권한에 두셨으니 너희가 알 바 아니요"(행 1:7). 예수의 대답은 제자들이 유대인 왕국을 기대하는 것 자체는 잘못이 아니며 단지 그때를 알고자 하는 것이 문제라는 말로 들린다.

사도행전 2장에서 베드로는 유월절 후 오십일이 지나 오순절(칠칠절)을 맞이하여 예루살렘에 모인 유대인들에게 설교한다. 베드로는 청중을 가리켜 "이스라엘 사람들"이라고 부르면서(행 2:22), 예수의 부활은 다윗이 이미 예언한 것이며, 이 예수야말로 유대인이 기다려온 메시아라고 성경을 사용해 논증한다. 얼마 후 베드로는 예루살렘의 유대인들에게 전한 설교에서도(행 3장) 유대인들이 예수를 죽이는 일에 참여한 것은 무지함에서 비롯된 것이며, 예수가 이스라엘의 메시아로서 하늘로부터 다시 돌아오리라고 확언한다.

베드로의 연설—모세와 같은 예언자이자 오실 메시아이신 예수

형제들아, 너희가 알지 못하여서 그리하였으며 너희 관리들도 그리한 줄 아노라. 그러나 하나님이 모든 선지자의 입을 통하여 자기의 그리스도께서 고난받으실 일을 미리 알게 하신 것을 이와 같이 이루셨느니라. 그러므로 너희가 회개하고 돌이켜 너희 죄 없이 함을 받으라. 이같이 하면 새롭게 되는 날이 주 앞으로부터 이를 것이요. 또 주께서 너희를 위하여 예정하신 그리스도 곧 예수를 보내시리니, 하나님이 영원 전부터 거룩한 선지자들의 입을 통하여 말씀하신 바 만물을 회복하실 때까지는 하늘이 마땅히 그를 받아 두리라. 모세가 말하되 "주 하나님이 너희를 위하여 너희 형제 가운데서 나 같

> 은 선지자 하나를 세울 것이니 너희가 무엇이든지 그의 모든 말을 들을 것이라. 누구든지 그 선지자의 말을 듣지 아니하는 자는 백성 중에서 멸망 받으리라" 하였고, 또한 사무엘 때부터 이어 말한 모든 선지자도 이때를 가리켜 말하였느니라. 너희는 선지자들의 자손이요, 또 하나님이 너희 조상과 더불어 세우신 언약의 자손이라. 아브라함에게 이르시기를 "땅 위의 모든 족속이 너의 씨로 말미암아 복을 받으리라" 하셨으니 하나님이 그 종을 세워 복 주시려고 너희에게 먼저 보내사 너희로 하여금 돌이켜 각각 그 악함을 버리게 하셨느니라(행 3:17-26).

여기서 예수는 신명기 18:15에서 모세가 말했던 바로 그 예언자다(*Messianic Anthology*[4Q Test]를 보라). 누가-행전의 나머지 부분에도 자주 나타나듯이, 베드로는 예수를 모든 예언의 성취로서 이해한다. 이스라엘에 주어진 모든 약속이 예수 안에서 성취되어야 하므로 그가 우선 이스라엘에 파송되는 것이 필연적 귀결이다. 이스라엘은 예수를 거부했지만, 하나님께서는 이스라엘에 또 한 번의 기회를 주기로 결심하셨다. 지금도 예수는 하늘에서 유대인들이 믿기를 기다리고 있다. 그들이 믿을 때 하나님께서는 그들을 위해 약속된 메시아 곧 예수를 보내실 것이다.

유대인의 믿음에 대한 이런 주장에도 불구하고, 누가는 유대인 대다수가 그리스도인이 되지 않았다는 사실과 마주해야 한다. 소아시아의 비시디아 안디옥에서 유대인들에게 전한 설교의 말미에 바울은 이렇게 결론짓는다. "하나님의 말씀을 마땅히 먼저 너희에게 전할 것이로되 너희가 그것을 버리고 영생을 얻기에 합당하지 않은 자로 자처하기로 우리가 이방인에게로 향하노라"(행 13:46). 사도행전의 끝에서 바울은 로마의 유대인들에게 전도한다. 일부는 그의 전도에 회심하지만 다른 이들은 거절한다. 그들이 믿지 않는 데 분노하면서 바울은 초기 그리스도인들이 유대인의 불신앙을 설명하기 위해 자주 사용했던 이사야 6:9-10을 인용한다. "너희가 듣기는 들어도 도무지 깨닫지 못하며 보기는 보아도 도무지 알지 못하는도다"(행 28:26). 이 설교의 대단원은 바울의 다음 선언이다. "그런즉 하나님의 이 구원이 이방인에게로 보내어진 줄 알라. 그들은 그것을 들으리라"(행 28:28). 이처럼 누가는 유대인의 불신앙과 이방인 교회의 확산을 함께 묶어 예언의 성취라고 설명한다.

이방인 신자들

누가는 이제 갓 형성되는 그리스도인 공동체 안에 이방인을 맞아들이는 일에 갈등이 있었음을 인정한다. 사실 사도행전 1-9장만을 읽은 독자라면 초기 그리스도인들은 이방인 선교를 생각조차 하지 않았다는 인상을 받을 것이다. 사도행전 8장에 나오는 사마리아에 대한 선교조차도 이런 인상을 바꾸지는 못하는데, 사마리아인들은 모세의 율법을 따르고 야웨 하나님을 섬기는 유일신론자들이었기 때문이다. 초기 그리스도인들은 기독교를 유대교 내부의 한 종파 내지 다른 종파보다 우월한 진정한 유대교로 이해했던 것 같다. 아마도 그들은 종말에 이방인들이 이스라엘의 하나님을 예배하기 위해 오리라고 믿었을지 모르지만, 누가에 따르면 기독교 역사의 초기에는 이방인 선교가 없었다.

사도행전 10장은 이방인 선교가 하나님의 뜻이었다고 설명한다. 유대교를 선망했던 이방인 고넬료는 베드로를 집으로 초대하라는 환상을 본다. 같은 시간에 베드로 역시 환상을 통해 제의적으로 불결한 짐승들을 먹으라는 명령을 듣는다. 환상을 이해할 수 없었던 베드로는 불결한 짐승을 먹어본 일이 없다고 저항한다. 앞서 9장에서 설명했듯이 초기 그리스도인들은 유대교의 음식 규례를 지켰으며, 예수 자신도 그런 규정을 따랐고 제자들에게 그것을 금하지도 않았다. 고넬료가 보낸 사람들이 도착하자 베드로는 환상 속에서 그들과 함께 가라는 명령을 듣는다. 그는 이렇게 대답한다. "유대인으로서 이방인과 교제하며 가까이하는 것이 위법인 줄은 너희도 알거니와 하나님께서 내게 지시하사 아무도 속되다 하거나 깨끗하지 않다 하지 말라 하시기로"(행 10:28). 이제 베드로는 자신의 환상이 음식이 아닌 사람에 관한 것이라고 해석한다.

마침내 베드로가 고넬료와 그의 식구들에게 예수를 전한다. 그는 이제 하나님이 주시는 용서의 메시지가 유대인만을 위한 것이 아님을 깨달았다고 설명한다. 그의 메시지는 이렇게 마무리된다. "그에 대하여 모든 선지자도 증언하되 '그를 믿는 사람들이 다 그의 이름을 힘입어 죄 사함을 받는다' 하였느니라"(행 10:43). 이후 일어난 일을 누가는 기독교의 전환점으로 기록한다.

> 베드로가 이 말을 할 때에 성령이 말씀 듣는 모든 사람에게 내려오시니 베드로와 함께 온 할례 받은 신자들이 이방인들에게도 성령 부어 주심으로 말미암아 놀라니, 이는 방언을 말하며 하나님 높임을 들음이러라. 이에 베드로가 이르되 "이 사람들이 우리와 같이 성령을 받았으니 누가 능히 물로 세례 베풂을 금하리요?" 하고 명하여 "예수 그리스도의 이름으로 세례를 베풀라" 하니라. 그들이 베드로에게 며칠 더 머물기를 청하니라(행 10:44-48).

다시 말해 이방인을 교회에 받아들이기로 결정한 것은 베드로나 다른 그 누구도 아닌 하나님 자신이었다.

그러나 고넬료와 그의 집안에서 일어난 일을 듣고 모든 그리스도인이 기뻐한 것은 아니었다.

유대에 있는 사도들과 형제들이 이방인들도 하나님의 말씀을 받았다 함을 들었더니 베드로가 예루살렘에 올라갔을 때에 할례자들이 비난하여 이르되 "네가 무할례자의 집에 들어가 함께 먹었다" 하니(행 11:1-3).

물론 이 내러티브에서 "할례자"라는 말은 이 시점에서는 중복 표현이다. 그때까지는 **모든** 신자가 할례받은 유대인이었으니 말이다. 베드로는 고넬료의 집에 모인 이들에게 자신이 본 환상을 시작으로 자신이 경험한 모든 것을 이야기한다.

"내가 말을 시작할 때에 성령이 그들에게 임하시기를 처음 우리에게 하신 것과 같이 하는지라. 내가 주의 말씀에 '요한은 물로 세례를 베풀었으나, 너희는 성령으로 세례를 받으리라' 하신 것이 생각났노라. 그런즉 하나님이 우리가 주 예수 그리스도를 믿을 때에 주신 것과 같은 선물을 그들에게도 주셨으니, 내가 누구이기에 하나님을 능히 막겠느냐" 하더라. 그들이 이 말을 듣고 잠잠하여 하나님께 영광을 돌려 이르되, "그러면 하나님께서 이방인에게도 생명 얻는 회개를 주셨도다" 하니라(행 11:15-18).

그러나 교회의 이방인 수용 여부를 둘러싼 전투는 아직 끝난 것이 아니었다. 이방인 선교의 규모가 더 커지고 특별히 바울과 바나바의 사역을 통해 이방인 신자의 수가 늘어가면서, 예루살렘의 그리스도인 중 일부가 긴장을 빚어내고 있었다. 특별히 그들을 불편하게 한 것은 새로 회심한 이방인들이 토라를 지킬 필요가 없다는 점이었다. 어차피 예수 운동은 초기 구성원 전원이 혈통상 유대인이었고 여전히 유대 전통에 깊이 뿌리박고 있었다. 유대인 메시아를 추종하며 자신들의 존재가 곧 유대교 성경에 기록된 이스라엘에 관한 약속의 실현이라고 믿는 집단이 무슨 이유로 갑자기 그 성경이 요구하는 거룩한 율법과 규례들을 폐지한단 말인가? 이것이 초기 교회가 직면했던 가장 중요한 논제 중 하나였고, 바울이 자신의 서신 가운데 특히 세 서신, 즉 로마서, 갈라디아서, 빌립보서에서 씨름한 문제였다.

사도행전 15장은 바울과 바나바를 비롯하여 시리아 안디옥 교회의 신자들이 이방인 신자들에게 토라를 준수하도록 요구하지 않는다는 소식을 접하고 예루살렘 교회의 구성원들이 보인 반응을 이렇게 기록한다.

> 어떤 사람들이 유대로부터 내려와서 형제들을 가르치되 "너희가 모세의 법대로 할례를 받지 아니하면 능히 구원을 받지 못하리라" 하니 바울 및 바나바와 그들 사이에 적지 아니한 다툼과 변론이 일어난지라. 형제들이 이 문제에 대하여 바울과 바나바와 및 그중의 몇 사람을 예루살렘에 있는 사도와 장로들에게 보내기로 작정하니라(행 15:1-2).

바울은 동일한 회동을 갈라디아서 2장에도 기록한다. 안디옥의 대표들이 도착하자 이런 일이 벌어진다. "바리새파 중에 어떤 믿는 사람들이 일어나 말하되 '이방인에게 할례를 행하고 모세의 율법을 지키라 명하는 것이 마땅하다' 하니라"(행 15:5). 토론 끝에 예루살렘 교회의 지도자인 야고보는 이방인들이 교회에 들어오는 것은 예언자 아모스가 이미 예언한 것이며(암 9:11-12), 이방인 신자들에게 요구할 사항은 단지 우상에게 바쳐진 고기를 먹지 말고 성적 부도덕과 피를 먹는 일을 피하라는 것이라고 선포한다.

헬라파와 히브리파

사도행전 6장에서는 "헬라파"와 "히브리파"가 논쟁을 벌인다. 양측은 모두 유대인 그리스도인들로, 이 갈등은 교회 내적인 문제였고 이방인 선교는 아직 시작되지 않은 상황이었다. 헬라파는 디아스포라 출신의 유대인 그리스도인들로 팔레스타인 유대인들보다 좀 더 헬레니즘화가 된 이들이지만, 히브리파는 본토에 남았던 유대인들로서 아람어를 사용하는 이들을 가리킨다고 볼 수 있다(그리스어와 라틴어를 구사하는 저자들은 흔히 히브리어와 아람어를 구별하지 않는다).

교회 내부의 헬라파와 히브리파 간의 갈등은 과부들에게 음식을 나누어주는 일을 놓고 벌어졌다. 헬라파는 자기들 쪽 과부들에게 배식을 소홀히 했다고 히브리파를 공격했다. 이들의 논쟁에 신학적 요소가 있었다는 언급은 전혀 없다. 해결책은 헬라파가 자기편 과부들의 배식문제를 스스로 해결하라는 것이었다. 이를 위해 임명된 일곱 명은 모두 그리스식 이름으로 불렸는데, 그들 가운데 두드러진 이가 스데반이었다. 하지만 소위 자유민(Freedmen, 이들은 노예였다가 해방된 이들로 로마 제국 내에서 특별한 계층을 형성하고 있었다) 집단은 스데반에게 불만을 품고 거짓 증인들을 고용해 그를 고발했다. "사람들을 매수하여 말하게 하되 '이 사람이 모세와 하나님을 모독하는 말을 하는 것을 우리가 들었노라.'…그의 말에 이 나사렛 예수가 이곳을 헐고 또 모세가 우리에게 전하여 준 규례를 고치겠다 함을 우리가 들었노라 하거늘"(행 6:11, 14). 사도행전 7장에서 스데반은 자신들을 해방시키려고 온 모세를 거부했던 이스라엘이 다시 동일하게 해방자로 오신 예수를 거부한다고 꾸짖는다. 연설을 마쳐가던 스데반은 하나님께서는 사람이 손으로 지은 성전에 거하시지 않는다고 말한다. 스데반은 분개한 군중의 손에 들린 돌에 맞아 기독교 역사상 첫 순교자가 된다.

실상 누가는 초기 교회 내에서 벌어졌던 심각한 의견 차이를 순화해 서술하고 있다. 거짓 증인들이 스데반을 성전의 파괴를 바란 사람으로 고발한 것은 복음서에서 예수를 대적하여 일어난 것과 동일한 방식이다. 누가가 예수의 재판에 관한 기록에 이런 죄목을 포함시키지 않았다는 점은 의미심장하다. 예수에게 향했을 죄목들이 스데반의 재판으로 옮겨진 셈이다. 누가는 예수나 스데반이 성전을 이런 식으로 공격하지 않았음을 밝히고 싶어 하지만, 일부 사람들이 그런 비난을 했다는 점은 인정하고 있는 것이다. 스데반을 향한 공격은 거기서 멈추지 않았는데, 그가 모세와 율법 및 유대교 풍속을 비난했다는 죄목이 더해졌다. 거의 동일한 죄목들이 바울은 물론 그와 유사한 생각을 가진 다른 이들에게도 가해졌다. 비록 구체적 상황이 어땠는지는 모르지만, 근본 이슈가 초기 기독교의 유대교적 성격, 그리고 초기 교회가 공동체 내에서 토라의 위치를 규정하는 과정에서 겪은 난항이라는 점은 분명하다. 이런 문제들은 교회에 들어오는 이방인 성도의 숫자가 급증하면서 악화일로를 걷는다. 적어도 바울을 포함한 일부 헬라파 유대인 신자들은(아마도 스데반 역시) 이방인 개종자들은 토라를 지킬 의무가 없다고 생각했다.

이후 상황에 대한 보고는 암울하다. "그날에 예루살렘에 있는 교회에 큰 박해가 있어 사도 외에는 다 유대와 사마리아 모든 땅으로 흩어지니라"(행 8:1). 새로운 종교운동을 향한 박해가 그 지도자들을 피해갔다는 것은 특이한 상황일 것이다. 하지만 이는 아마도 사도들이 유대-기독교 운동의 흐름 내에서 토라의 준수를 계속하려는 히브리파에 속했기 때문일 수 있다. 사실 바울이 토라에 매이지 않는 이방인 선교 사역에 대해 예루살렘 교회 지도자들의 지지가 있었다고 주장하지만, 거기에는 이방인 신자들도 할례를 받고 토라를 온전히 준수해야 한다고 주장하는 보수파 유대인 신자들 역시 있었음을 기억해야 한다(갈 2장). 만일 예루살렘에서 비그리스도인 유대인들이 그곳에 있는 유대인 그리스도인들을 핍박한 것이 사실이라면, 토라에 위협이 될 만한 이들을 골라 선별적으로 공격했을 가능성이 있다.

히브리서: 대제사장 예수

대제사장이자 중보자인 예수

신약성경의 히브리서는 익명의 저자가 쓴 책이다. 히브리서가 펼치는 논증의 모든 단계는 히브리 성경의 해석에 근거한다. 이 책은 예수와 그의 역할을 설명하기 위해 제사장적 개념과 표상을 사용하는데, 가장 중요한 범주가 대제사장과 제사다. 히브리서 저자는 대제사장들이 하나님과 백성 간의 중보자임을 강조한다. 하나님과 회중 사이를 막아서는 모든 장애물, 특히 죄와 부정을 제거하는 것이 그들의 기능이며, 그들은 그 목표를 위해 제사를 드린다. 히브리서는 인간이자 하나님의 아들인 예수를 완벽한 중보자로 여긴다. 더욱이 예수가 행한 사역이 유효한 이유는 그가 제사장인 동시에 희생제물이라는 데 있다.

히브리서 1-3장은 예수가 예언자와 천사 그리고 모세보다 더 위대하다는 선언으로 시작한다.

> 옛적에 선지자들을 통하여 여러 부분과 여러 모양으로 우리 조상들에게 말씀하신 하나님이 이 모든 날 마지막에는 아들을 통하여 우리에게 말씀하셨으니, 이 아들을 만유의 상속자로 세우시고 또 그로 말미암아 모든 세계를

지으셨느니라. 이는 하나님의 영광의 광채시요, 그 본체의 형상이시라. 그의 능력의 말씀으로 만물을 붙드시며 죄를 정결하게 하는 일을 하시고 높은 곳에 계신 지극히 크신 이의 우편에 앉으셨느니라. 그가 천사보다 훨씬 뛰어남은 그들보다 더욱 아름다운 이름을 기업으로 얻으심이니(히 1:1-4).

이 본문이 말하는 예수는 잠언 8-9장, 「집회서」 24장, 「에녹1서」 42장, 「솔로몬의 지혜」 7장 등에 언급된 대로 지혜의 의인화를 생각나게 한다. 헬레니즘 시대 유대교의 지혜 전승에 따르면 지혜는 거의 여신과도 같은 존재다. 지혜가 의인화된 존재가 곧 지혜여인인데, 그는 창조의 현장에 있었고, 하나님은 그를 통해 세계를 창조하셨다. 「솔로몬의 지혜」 7장에서 지혜는 하나님을 완벽하게 대변하며 우주를 하나로 묶는 존재이기도 하다. 히브리서는 이런 관념들을 동원해 예수를 설명한다. 예수는 단순히 사람이 아니다. 그를 통해 만물이 창조되었고, 그는 하나님의 온전한 형상이다.

히브리서 1:4은 예수가 행한 사역의 요체를 정결례 즉 제사장의 예식이라고 설명한다. 히브리서 4장의 말미에 예수가 대제사장이 되신다는 점이 자세히 다뤄지기 시작한다. 히브리서 저자는 예수를 온전히 인간인 동시에 인간 이상의 존재로 이해한다. 따라서 두 세계에 한 발씩 딛고 있는 예수는 완벽한 중보자요 이상적인 제사장이다. 예수는 인간으로서 모든 고통을 겪었기에 하나님 앞에서 인간을 대표한다. 동시에 그는 하나님의 영광을 반영하고 하나님이라는 존재의 고유한 특성을 그대로 지녔으므로 인간 앞에서 하나님을 대표한다. 히브리서의 두 구절이 예수를 하나님이 택하신 대제사장이라고 지칭한다. 첫째는 메시아 예언의 문맥에서 나온다. "또한 이와 같이 그리스도께서 대제사장 되심도 스스로 영광을 취하심이 아니요, 오직 말씀하신 이가 그에게 이르시되 '너는 내

아들이니 내가 오늘 너를 낳았다' 하셨고"(히 5:5; 시 2:7을 인용). 둘째 구절은 그가 레위 계보를 초월한 제사장이라고 설명한다. "또한 이와 같이 다른 데서 말씀하시되 '네가 영원히 멜기세덱의 반차를 따르는 제사장이라' 하셨으니"(히 5:6; 시 110:4을 인용). 이 구절은 예수가 유다 지파의 자손이라는 사실을 우회하도록 돕는다.

예수와 멜기세덱

히브리서 7장은 멜기세덱의 제사장직에 대한 관념을 통해 레위 지파 출신이 아닌 예수가 어떻게 제사장이 될 수 있을까라는 근원적 질문에 대한 해결책을 제시한다. 저자는 아브라함도 권위를 인정했던 제사장 멜기세덱을 살펴보고 예수가 멜기세덱과 같은 제사장이라고 결론짓는다. 창세기 14:17-20에 등장하는 신비로운 인물 멜기세덱은 히브리 성경에서 오직 시편 110:4에서만 한 번 더 나타난다.

히브리서 저자에게 멜기세덱은 예수의 **모형**(type)이다. 즉 멜기세덱은 예수를 미리 보여준 그림자다. 살렘(아마도 예루살렘) 왕 멜기세덱은 전투를 치르고 돌아오는 아브라함에게 빵과 포도주를 제공했다(창 14:18). 멜기세덱은 "지극히 높으신 하나님의 제사장"이라고 불리는데, 아브라함은 그에게 후대에 이스라엘이 예루살렘의 제사장에게 드리듯이 전리품의 십일조를 드렸다. 창세기에는 멜기세덱의 부모에 대해서도, 그의 죽음에 대해서도 전혀 언급이 없다. 히브리서는 이로부터 그는 부모도 없고 죽지도 않는 존재라고 결론짓는다. "아버지도 없고 어머니도 없고 족보도 없고 시작한 날도 없고 생명의 끝도 없어 하나님의 아들과 닮아서 항상 제사장으로 있느니라"(히 7:3). 아브라함이 멜기세덱에게 십일조를 드렸으므로 그는 아브라함보다 우월하고, 아브라함이 십일조를 드릴 때 레위는 "아브라함의 허리에 있었으므로" 멜기세덱은 당연히 레위나 그의 후손인 제사장 지파보다 우월한 존재다. 이런 해석은 오늘날 독자들에게 그다지 설득력이 있지 않겠지만, 헬레니즘과 로마 시대의 유대인과 이방인 독자들에게 친숙했던 알레고리적 해석에는 잘 들어맞는다.

히브리서는 여기서 예수를 논증에 불러들인다.

> 레위 계통의 제사 직분으로 말미암아 온전함을 얻을 수 있었으면 (백성이 그 아래에서 율법을 받았으니) 어찌하여 아론의 반차를 따르지 않고 멜기세덱의 반차를 따르는 다른 한 제사장을 세울 필요가 있느냐? 제사 직분이 바꾸어졌은즉 율법도 반드시 바꾸어지리니, 이것은 한 사람도 제단 일을 받들지 않는 다른 지파에 속한 자를 가리켜 말한 것이라. 우리 주께서는 유다로부터 나신 것이 분명하도다. 이 지파에는 모세가 제사장들에 관하여 말한 것이 하나도 없고(히 7:11-14).

레위 지파에 속하지 않은 이 곧 예수가 제사장직에 오르게 된 것은 레위 지파의 제사장직으로는 충분치 않기 때문이다. 왜냐하면 하나님은 불필요한 일을 하시지 않을 테니 말이다. 저자의 논증은 계속되는데, 제사장직과 율법은 서로 뗄 수 없는 사이이므로 예수의 취임으로 입증된 제사장직의 변화는 곧 율법의 변화를 의미한다. 히브리서의 관점에서 기독교는 토라를 뒤로한 셈이며, 이런 주장은 히브리서 저자를 유대교의 경계선 밖에 위치하게 한다. 저자는 계속해서 주장한다. "전에 있던 계명은 연약하고 무익하므로 폐하고 (율법은 아무것도 온전하게 못할지라) 이에 더 좋은 소망이 생기니 이것으로 우리가 하나님께 가까이 가느니라"(히 7:18-19).

예수가 시작도 끝도 없는 영속적인 존재라는 것은 곧 그의 제사장직의 우월함을 의미한다.

> 그러므로 자기를 힘입어 하나님께 나아가는 자들을 온전히 구원하실 수 있으니, 이는 그가 항상 살아 계셔서 그들을 위하여 간구하심이라. 이러한 대제사장은 우리에게 합당하니 거룩하고 악이 없고 더러움이 없고 죄인에게서 떠나 계시고 하늘보다 높이 되신 이라. 그는 저 대제사장들이 먼저 자기 죄를 위하고 다음에 백성의 죄를 위하여 날마다 제사 드리는 것과 같이 할 필요가 없으니, 이는 그가 단번에 자기를 드려 이루셨음이라. 율법은 약점을 가진 사람들을 제사장으로 세웠거니와 율법 후에 하신 맹세의 말씀은 영원히 온전하게 되신 아들을 세우셨느니라(히 7:25-28).

이곳에서도 히브리서 특유의 방식으로 헬레니즘 철학의 개념과 성경의 개념 및 표상들이 섞여 있다(MacRae를 보라). 여기서 "온전함"으로 번역된 그리스어는 헬레니즘 철학과 종교에서 잘 쓰이는 단어로서 헬레니즘의 밀교에서 그들의 수호신과 특별한 관계에 있는 입문자를 가리켰다. 히브리서 9장에서 지상의 성전은 현시대를 위해 있지만, 예수가 지나간 장막은 "손으로 짓지 아니한 것 곧 이 창조에 속하지 아니한 더 크고 온전한 장막"(히 9:11)이다. 다시 말해 "온전한" 것은 하늘의 성전으로 현재 땅에 있는 성전과 대비되는 개념이다. 이 하늘 성전에 들어가기 위해서는 온전해야 한다. 히브리서의 눈에 "온전함"은 제의적 맥락에서 "순전함" 혹은 "성결함"과 일맥상통한다. 사실 히브리서 7장에서 예수는 양방향의 언어들을 통해 묘사된다. 예수는 대제사장으로서 "우리에게 합당하니 거룩하고 악이 없고 더러움이 없고 죄인에게서 떠나 계시고 하늘보다 높이 되신…영원히 온전하게 되신 분"이다(히 7:26, 28).

예수의 희생제사

히브리서 8장은 하늘 성전과 지상 성전을 대조하면서 헬레니즘 철학과 종교에 친숙한 용어를 사용해 실체와 그림자, 실상과 허상으로 표현한다. 저자의 주장은 다음 문장으로 요약될 수 있다. "지금 우리가 하는 말의 요점은 이러한 대제사장이 우리에게 있다는 것이라. 그는 하늘에서 지극히 크신 이의 보좌 우편에 앉으셨으니 성소와 참장막에서 섬기는 이시라. 이 장막은 주께서 세우신 것이요 사람이 세운 것이 아니니라"(히 8:1-2). 그는 잇달아 지상 성전을 "하늘에 있는 것의 모형과 그림자"(히 8:5)라고 부른다. 여기서 "그림자"란 단어는 플라톤이 『공화국』에서 사용한 동굴의 우화를 연상시킨다. 대부분의 인간은 동굴 입구로부터 안쪽을 향해 사슬로 묶인 처지다. 그들 눈에 보이는 것은 동굴 밖에 있는 실체가 동굴 벽에 비치는 그림자뿐이다. 플라톤은 감각적 세계는 실제 세계의 그림자에 불과하며 실제 세계는 오직 지성을 통해서만 지각될 수 있다고 믿었다. 이런 개념을 사용하여 히브리서 저자는 히브리 성경이 예수를 가리켜 보여준다고 설명한다. 동시에 히브리서 저자는 이스라엘 제의의 효력을 부정한다. 유대교 제의는 그림자이고, 예수가 실체이기 때문이다.

히브리서 7장은 제사장직과 제의의 변화는 율법의 변화를 뜻한다고 설명했다. 8장은 그런 변화가 곧 옛 언약의 파기를 뜻한다고 주장하면서 예레미야가 이미 예언한 새 언약을 인용한다(렘 31장; 히 8:8-12에 인용됨). 쿰란 공동체는 자신들이 예레미야 31장에 나오는 "새 언약"의 담지자라고 자청했지만, 여전히 모세의 토라에 머물러 있었다. 그들은 "새 언약"이 토라의 종식과 새 종교의 시작을 암시한다고 생각하지 않았다.

히브리서 9장은 예루살렘에 있는 지상 성전을 다루는데 그 정점은 9:6-7이다. "이 모든 것을 이같이 예비하였으니 제사장들이 항상 첫 장막에 들어가 섬기는 예식을 행하고 오직 둘째 장막은 대제사장이 홀로 일 년에 한 번 들어가되 자기와 백성의 허물을 위하여 드리는 피 없이는 아니하나니"(히 9:6-7). 여기서 사용된 것은 성전에 대한 알레고리적 해석이다. 즉 하나님이 계신 성소에 가기 위해서는 먼저 통과해야 하는 바깥쪽 장막이 있는데, 이 장막이 바로 이 세상을 상징한다(히 9:8-10). 그러나 히브리서 9:11-28에는 또 다른 알레고리적 해석이 제시된다. 여기서 성전은 하나님이 계신 하늘이고, 바깥 장막은 현세를 가리킨다. 이 두 번째 해석에서 예수는 하늘 성전에 단번에 들어가신 대제사장이다. 주어진 본문의 문자적 의미보다 비유적 뜻을 중시하는 이런 알레고리적 해석은 헬레니즘 세계에서 흔히 사용되었다.

일 년에 한 번 속죄일에 대제사장이 성소 내부에 들어간다. 그는 짐승의 피로 성전을 정화하고 제사장들과 백성의 죄를 위한 속제를 행한다(레 16장). 예수의 행동이 바로 이 대제사장의 행동과 유사하다. 예수가 하늘 성전에 들어갈 때(지상 성전은 이 하늘 성전의 그림자에 불과하다) 그 역시 피를 가지고 들어가야 한다. 이런 제사장적 원리가 히브리서 9:22에 이렇게 진술된다. "율법을 따라 거의 모든 물건이 피로써 정결하게 되나니 피흘림이 없은즉 사함이 없느니라." 히브리서의 설명은 계속된다.

> 그러므로 하늘에 있는 것들의 모형은 이런 것들로써 정결하게 할 필요가 있었으나, 하늘에 있는 그것들은 이런 것들보다 더 좋은 제물로 할지니라. 그리스도께서는 참 것의 그림자인 손으로 만든 성소에 들어가지 아니하시고 바로 그 하늘에 들어가사 이제 우리를 위하여 하나님 앞에 나타나시고 대제사장이 해마다 다른 것의 피로써 성소에 들어가는 것 같이 자주 자기를 드리려고 아니하실지니, 그리하면 그가 세상을 창조한 때부터 자주 고난을 받았어야 할 것이로되, 이제 자기를 단번에 제물로 드려 죄를 없이 하시려고

> 세상 끝에 나타나셨느니라(히 9:23-26).

여기서 말하는 "성소"는 대제사장만이 일 년에 단 한 번 들어갈 수 있었던 장소로, 성전의 가장 내밀한 지성소를 뜻한다. 예수는 참된 지성소인 하늘 성전에서 하나님께 나아갈 권세를 얻었고 자신을 희생물로 드려 그것을 가능케 했다. 예수는 제사장인 동시에 희생제물이었던 것이다. 레위의 계보를 따른 대제사장이 지성소에 자신만을 위해 들어갈 수 없는 것처럼, 예수도 자신의 유익만을 위해 하늘에 들어가지 않았다. 그의 죽음은 자신뿐만 아니라 모든 그리스도인을 정결케 해서 하나님께 나아갈 수 있게 했다.

> 그러므로 형제들아, 우리가 예수의 피를 힘입어 성소에 들어갈 담력을 얻었나니, 그 길은 우리를 위하여 휘장 가운데로 열어 놓으신 새로운 살 길이요, 휘장은 곧 그의 육체니라. 또 하나님의 집 다스리는 큰 제사장이 계시매 우리가 마음에 뿌림을 받아 악한 양심으로부터 벗어나고 몸은 맑은 물로 씻음을 받았으니 참마음과 온전한 믿음으로 하나님께 나아가자(히 10:19-22).

육체의 것, 하늘의 것

히브리서 전체를 통해 유대교와 기독교 제의의 극명한 차이가 드러난다. 유대교 제의는 육체의 것이고 기독교 제의는 하늘의 것이다. 이런 대조는 플라톤적 우주관, 즉 인간의 감각으로 접근할 수 있는 물질적 세계와 정신으로만 이해할 수 있는 세계의 대비라는 구도를 통해 이해할 수 있다. 히브리서 12장은 문자적인 시내산과, 천상의 예루살렘의 상징인 시온산을 대비시킨다.

> 너희는 만질 수 있고 불이 붙는 산과 침침함과 흑암과 폭풍과 나팔 소리와 말하는 소리가 있는 곳에 이른 것이 아니라. 그 소리를 듣는 자들은 더 말씀하지 아니하시기를 구하였으니, 이는 "짐승이라도 그 산에 들어가면 돌로 침을 당하리라" 하신 명령을 그들이 견디지 못함이라. 그 보이는 바가 이렇듯 무섭기로 모세도 이르되 "내가 심히 두렵고 떨린다" 하였느니라. 그러나 너희가 이른 곳은 시온산과 살아 계신 하나님의 도성인 하늘의 예루살렘과 천만 천사와 하늘에 기록된 장자들의 모임과 교회와 만민의 심판자이신 하나님과 및 온전하게 된 의인의 영들과 새 언약의 중보자이신 예수와 및 아벨의 피보다 더 나은 것을 말하는 뿌린 피니라(히 12:18-24).

화염, 흑암, 그리고 폭풍은 모두 시내산에서 일어난 하나님의 현현, 즉 하나님이 이스라엘에게 토라를 주셨던 현장을 가리킨다. 그 현현의 순간이 공포스럽지만, 그 거룩함은 비유하건대 시온산이라고 불리는 참하늘에서 하나님께 나아가는 것에 비하면 그림자에 불과할 뿐이다. 그리스도인들은 바로 그런 하나님께로의 접근을 그리스도를 통해 이미 누리고 살아간다. 마찬가지로 지상의 예루살렘은 하늘 예루살렘의 그림자일 뿐이다.

히브리서 13장은 이 서신이 전개해온 논리의 귀결로 나아간다. 유대교는 그리스도인들이 그리스도 안에서 얻은 실체의 그림자만을 소유하고 있기에, 그리스도인들은 이제 유대교와 결별해야 한다. 히브리서 13:13은 바로 그런 권면이다. "그런즉 우리도 그의 치욕을 짊어지고 영문 밖으로 그에게 나아가자"(히 13:13). 여기서 "영문" 혹은 "진"은 성경적 용어로 이스라엘을 가리킨다. 이는 이스라엘이 진을 치고 거룩한 전쟁의 준비를 마쳤다는 군사적 함의를 갖는다.

요한계시록: 증인이자 종말론적 전사인 예수

역사적 맥락

묵시적 표상과 상징 및 개념들은 신약성경에 전반적으로 등장하지만, 요한계시록만이 독립된 묵시문학으로 간주된다. 여타 묵시문학과 마찬가지로 요한계시록 역시 선견자(요한)에게 주어진 천상계와 종말에 관한 계시를 담은 책으로, 로마 황제 도미티아누스가 통치하던 동안인 기원후 96년경에 저술된 것으로 추정된다. 과거 학계는 도미티아누스 황제가 자신의 선임자들과는 달리 황제 숭배를 강요하고 거부하는 자 특히 그리스도인들에 대한 박해를 강제했다고 보았다. 그러나 좀 더 근래의 연구(Thompson을 보라)에 의하면 기원후 1세기에는 사실상 그리스도인들에 대한 박해가 거의 없었다. 물론 네로 황제 때의 박해가 유명하지만, 그것은 단지 그리스도인이라는 죄목으로 박해한 것이 아니라 기원후 64년 로마를 초토화했던 대화재가 그리스도인들의 짓이라는 누명을 씌워 벌인 일이었다. 이것은 화재의 원인이 네로 자신에게 있다는 혐의가 제기되는 것을 막기 위함이었던 것으로 보인다. 요한계시록의 내용으로부터 광범위한 박해의 증거를 찾기는 어렵지만, 박해가 곧 다가오리라고 저자가 생각한 것은 사실이다(예. 계 3:10). 이 책은 임박한 박해를 하나님과 사탄의 대결로 해석한다.

요한계시록 1장에 나오는 인자를 묘사한 알브레히트 뒤러(Albrecht Dürer)의 목판화

요한계시록 2-3장은 승귀한 그리스도가 소아시아 서부의 일곱 교회에 보내는 메시지와 더불어 시작한다. 그리스도는 교회들 내부에서 벌어지는 일에 마음이 상했다. 일곱 교회는 로마의 속주 아시아의 주요 도시에 자리 잡은 교회들로, 문화적으로는 로마 헬레니즘에 속해 있었다. 저자는

일부 그리스도인들이 지역 문화에 너무 동화된 것을 우려하면서, 기독교는 그 문화와 공존할 수 없다는 설득에 나선다. 하나님의 주권은 카이사르의 것과 동반자 관계를 맺을 수 없다. 저자는 자신의 의견에 동감하는 이들을 칭찬하고, 반대하는 이들은 심판의 메시지로 협박한다.

마태복음의 저자와 마찬가지로 요한계시록의 저자 역시 기독교를 유대교와 분리된 새로운 종교로 이해하지 않는다. 그가 보기에 기독교야말로 참된 유대교다. 그는 두 번에 걸쳐 소아시아의 비그리스도인 유대 공동체를 공격한다. 요세푸스는 이 공동체들이 그들의 도시에서 나름의 부를 갖고 존경을 받았다고 서술한다. 요한계시록의 저자가 그들에게 불쾌감을 갖는 이유는 그들이 예수를 메시아로 인정하지 않고 로마 제국과의 평화로운 공존을 지지하기 때문이다. 저자는 그들을 꾸짖는다. "내가 네 환난과 궁핍을 알거니와 실상은 네가 부요한 자니라. 자칭 유대인이라 하는 자들의 비방도 알거니와 실상은 유대인이 아니요 사탄의 회당이라"(계 2:9). 또 다른 곳에서 저자는 그들을 가리켜 "자칭 유대인이라 하나 그렇지 아니하고 거짓말 하는 자들"(계 3:9)이라고 비난한다. 저자가 유대인이라는 사실은 히브리 성경에 대한 잦은 암시와 유대교 관념 및 상징의 빈번한 사용에서 드러난다. 저자가 구사하는 그리스어 역시 독특한데, 히브리어의 영향이 많이 감지된다. 저자는 유대인들과 로마인들의 전쟁(기원후 66-73년) 이후 유대 본토에서 소아시아로 이주한 유대인 그리스도인으로 추정된다. 그는 자신을 예언자로 여겼고 소아시아 일곱 교회에서 활동했으며, 보수적이고 묵시적인 유대교식 기독교에 경도된 사람으로서 소아시아 서부 지역에 흔했던 개방적인 헬레니즘의 도시문화를 수용할 여지가 거의 없는 인물이었다. 당시 동부 도시들에서는 황제 숭배를 통해 제국에의 충성심을 표시하고 사회적 입지를 높이는 풍습이 있었는데, 요한계시록의 저자는 이런 일을 특별히 혐오했다. 그의 극단적 견해로 인해 그는 파트모스 바위섬으로 유배를 떠나야 했고 거기서 요한계시록을 저술하게 된 것이다. 주변 문화로부터 철저히 격리된 저자가 쓴 이 책은 비슷하게 고립된 후대의 독자들에게 매우 유용한 것으로 판명되었다.

사탄과 로마 제국

로마 제국에 대한 저자의 적대감을 이해하려면 고대 세계의 종교와 정치는 밀접하게 연관되었다는 사실을 기억해야 한다. 로마 제국도 예외가 아니어서, 제국의 선전 활동과 의전들은 모두 종교적 형태로 표현되었다. 이스라엘과 유대의 전승에는 하나님을 왕 혹은 황제로 여기는 관념이 있었기에 로마의 요구와 하나님의 왕 되심이 상충되게 보이는 것은 놀랍지 않다. 유대교와 기독교가 공히 로마의 우상숭배와 타협하는 길로 나아가고 황제 숭배가 제국 내의 처세 방식이 된 것을 보면서, 요한계시록의 저자는 고대 이스라엘의 예언자가 다신주의 환경에서 타협하는 이스라엘에게 반응했듯이 대처했다.

로마 제국의 거주자들은 제국의 배후에 모종의 초자연적 세력이 있다고 굳게 믿었다. 로마의 막강한 힘을 달리 설명할 길이 없었다. 로마인들은 때때로 세계를 제패한 로마의 힘이 그들의 신들은 물론 심지어 다른 신들에게 보인 자신들의 신심에서 온다고 생각했다. 요세푸스는 로마인들에게 이스라엘을 다스리는 권세를 준 것은 이스라엘의 하나님이라고 생각했다. 다만 그는 이 지배권이 영원하다고는 생각하지 않았다. 바울 역시 로마 제국의 힘 뒤에는 하나님이 계신다고 생각했다(롬 13장).

요한계시록의 저자에게 로마 제국 배후의 초자연적 힘은 악한 것이었다. 로마는 기독교에 적대적이었고 로마 종교의 행습은 하나님과 그리스도만을 예배하는 것과 양립할 수 없었기 때문이다. 요한계시록 12-13장은 로마 제국에게 그 힘과 권세를 준 초자연적이며 악한 세력에 대해 설명한다. 12장에 등장하는 환상에는 아마도 이스라엘을 상징하는 천상의 여인이 등장한다. 그녀는 아기를 가졌는데, 본문에 명확히 설명되지는 않았으나 그녀의 아기는 메시아로 보인다. 간단히 말하면 메시아는 이스라엘에서 나온다. 만일 여인이 메시아의 어머니라면 그녀를 예수의 어머리 마리아로 보는 것이 자연스럽겠지만, 이후 본문이 그녀에 대해 서술하는 내용들은 마리아에게 들어맞지 않는다.

이제 또 한 인물이 출현한다. "보라, 한 큰 붉은 용이 있어 머리가 일곱이요 뿔이 열이라. 그 여러 머리에 일곱 왕관이 있는데 그 꼬리가 하늘의 별 삼분의 일을 끌어다가 땅에 던지더라"(계 12:3-4). 차후에 밝혀지겠지만 이 용은 사탄이다. 여기 묘사된 긴 꼬리와 뿔이 달린 붉은 용의 모습은 이후로 현대에 이르도록 악마의 형상을 나타내는 밑그림이 되었다. 이 용은 하늘의 별들 가운데서 난장판을 벌인다. 여기서 별들은 천상의 존재 즉 천사인데, 용은 그들을 직격으로 노리고 달려든다. 게다가 용은 메시아를 삼키려고 한다.

이런 천상의 전투는 다음 절에서 더욱 생생하게 묘사된다.

> 하늘에 전쟁이 있으니 미가엘과 그의 사자들이 용과 더불어 싸울새 용과 그의 사자들도 싸우나 이기지 못하여 다시 하늘에서 그들이 있을 곳을 얻지 못한지라. 큰 용이 내쫓기니 옛 뱀 곧 마귀라고도 하고 사탄이라고도 하며 온 천하를 꾀는 자라. 그가 땅으로 내쫓기니 그의 사자들도 그와 함께 내쫓기니라(계 12:7-9).

이 구절에서는 아담과 하와를 속이고 그들을 통해 온 세계를 속였던(창

3장) “옛 뱀”이 사탄과 동일시된다. 본래 사탄은 하늘의 천사였다. 욥기 2장과 스가랴 3장에서 그는 하늘 재판정의 기소자다. 후에 그는 마귀들의 두목으로 지목되다가 마침내 유대교와 기독교 전승에서 에덴동산에서 하와를 속였던 뱀과 동일한 존재로 받아들여진다.

「파수꾼들의 책」은 천사들이 하늘에서 내려와 인간 여인들과 성교하는 창세기 6:1-4의 신화적 내용을 발전시킨다(앞의 4장을 보라). 요한계시록 12장은 반역한 천사가 하늘을 떠나는 내용을 담은 별도의 전승에서 유래한 것으로, 이 전승은 그들이 천상계를 떠난 이유를 하나님께 충성하는 천사들과의 전쟁으로 돌린다. 요한계시록 12장의 나머지 부분은 사탄의 패배가 곧 하나님의 승리이자 하나님께 충성한 자들의 승리라고 서술한다. 하늘에서 땅으로 내던져진 용은 이제 땅에 내려와 있는 그 여인을 추격한다. 용이 여인을 향해 입에서 물줄기를 내쏘아 공격하지만, 대지가 입을 열어 용을 삼켜버리고 여인을 보호한다. 여기에는 출애굽 전승의 잔영이 보이는데, 광야와 물의 위협 그리고 물로부터의 구출 등이 나타난다. 요한계시록은 여러 번 출애굽기를 원용한다.

“용이 여자에게 분노하여 돌아가서 그 여자의 남은 자손 곧 하나님의 계명을 지키며 예수의 증거를 가진 자들과 더불어 싸우려고 바다 모래 위에 서 있더라”(계 12:17). 여인이 낳은 다른 자녀들은 신실한 그리스도인들을 가리킨다. 사탄이 그리스도인들에게 분노한 것은 그들에게 다가올 환란을 예고한다. 바다는 다니엘 7장에서와 마찬가지로 하나님을 대적하는 초자연적 힘의 상징이다.

13장은 바다에서 올라오는 이상하고 무서운 짐승을 묘사한다. 이 장면 역시 다니엘 7장을 연상시키는데, 다니엘서에 나온 바다의 네 짐승은 네 왕국을 상징한다. 요한계시록의 짐승은 열 개의 뿔과 일곱 머리를 가졌는데, 다니엘 7장의 짐승들을 합산해보면 머리가 모두 일곱 개, 뿔이 열 개다. 요한계시록의 짐승은 표범과 곰 그리고 사자의 면모를 지녔는데, 이것은 다니엘이 비유한 동물들과 정확히 일치한다. 또 하나의 비교점은 이 짐승과 하늘의 용인데, 그 용 역시 일곱 머리와 열 뿔을 자랑한다. 이것은 용(사탄)과 짐승(로마) 사이를 밀접하게 연결한다. 요한계시록 13장에서 짐승은 로마 제국을 상징한다. "용이 자기의 능력과 보좌와 큰 권세를 그에게 주었더라.…용이 짐승에게 권세를 주므로 용에게 경배하며 짐승에게 경배하여 이르되 '누가 이 짐승과 같으냐? 누가 능히 이와 더불어 싸우리요?' 하더라"(계 13:2, 4). 따라서 로마 제국의 힘은 이렇게 설명된다. 즉 사탄이 로마에 그 권위와 힘을 준 것이다. 황제 숭배 역시 이렇게 설명된다. 즉 로마 제국의 힘에는 우주적 힘이 개입되었다. 그러므로 사람들은 로마와 황제를 숭배하지만 그렇게 함으로써 그들은 사탄에게 충성을 바치고 있는 셈이다.

하나님의 주권

묵시문학에는 하나님의 주권을 옹호하는 내용이 종종 등장한다. 묵시문학 중 많은 작품은 세상이 하나님으로부터 소외되었지만, 하나님께서 곧 그것을 되찾으시리라는 것을 보여주려고 한다. 묵시문학과 히브리 성경 중 묵시문학의 원천이 되는 본문들은 하나님의 보좌 장면을 통해 하나님의 궁극적 권위를 묘사하곤 한다(예. 사 6장; 겔 1장; 단 7장; *1 En.* 14장). 선견자들이 하늘에 계신 하나님을 보는 이런 패턴이 요한계시록에도 나타난다. 종말론적 환상의 시작을 이루는 요한계시록 4-5장의 보좌 장면은 물론 요한계시록의 나머지 부분에도 하나님의 보좌에 대한 언급이 잦은 것을 볼 수 있다. "보좌"는 요한계시록에서 마흔일곱 번 사용되어 가장 자주 쓰인 단어 중 하나인데, 거의 언제나 하나님의 보좌를 지칭한다. 이 보좌는 온 우주를 다스리는 하나님의 주권을 대표한다. 요한계시록에서 로마의 몰락을 부른 사건들, 사탄의 패배, 새 예루살렘의 지상 건립 등은 모두 하나님의 보좌로부터 시작된다. 즉 이런 묘사는 이 모든 사건이 하나님이 하신 일임을 설명하는 방식이다.

묵시론적 예수

하늘에서 사탄이 패배한 것은 마지막 때에 종말론적 전사인 예수의 손에 맞게 될 사탄의 최후 패전의 서곡과도 같은 사건이다. 그러나 예수는 이미 사탄을 굴복시켰는데, 그가 땅에 있는 동안 죽기까지 저항해 사탄의 유혹을 이긴 것이 이미 승리다(계 1:5; 3:21; 5:9-10; 12:10-12). 그는 로마의 우상적 권위에 맞서 하나님의 주권을 보여준 "충성된 증인"이다. 그리스도인 순교자들도 그들의 증언과 죽음으로 사탄을 이기고 천국 성전으로 들어갈 것이 보장된다. 이렇게 해서 순교는 승리가 된다.

위에서 보았듯이 요한계시록 4-5장은 천국 보좌 장면으로서 이 책의 여타 종말론적 계시의 바탕을 이룬다. 요한계시록 4장에서 하나님은 보좌 위에 앉아 그를 경배하는 천사들에 둘러싸여 계신다. 5장의 시작에서 선견자는 하나님의 손에 일곱 봉인이 찍힌 두루마리가 들려 있는 것을 본다. 온 우주에 이 봉인을 뗄 수 있는 이가 아무도 없다는 것을 알게 된 선견자는 눈물을 흘린다. 왜냐하면 그는 그 두루마리에 적힌 마지막 때의 일들은 두루마리가 열릴 때까지 일어날 수 없음을 알기 때문이다. 천상의 책이라는 묵시문학 특유의 주제가 여기 있다. 천상의 책도 여러 종류인데, 요한계시록 5장의 책은 미래의 일들을 기록한 책이다(단 10:21; 시 139:16; *1 En.* 81:1-3; 93:1-3; 103:2; 106:19; 107:1; 108:7에도 비슷한 병행이 발견된다). 이윽고 천사가 나타나 선견자에게 그 봉인을 뗄 분이 있다고 말해준다. 그는 다름 아닌 "유다 지파의 사자, 다윗의 뿌리"이시다(계 5:5; 창 49:9-10; 사 11:10; *4 Ezra* 11:36-12:25을 보라). 이 둘은 다윗의 후손 메시아를 가리키는 호칭들이다. 선견자의 눈에 다음 환상이 보인다. "내가 또 보니 보좌와 네 생물과 장로들 사이에 한 어린양이 서 있는데 일찍이 죽임을 당한 것 같더라. 그에게 일곱 뿔과 일곱 눈이 있으니 이 눈들은 온 땅에 보내심을 받은 하나님의 일곱 영이더라"(계 5:6). 어린양은 그리스도에 대한 묵시문학적 표현인데, 죽임을 당한 어린양은 유월절 양에서 유래한 것으로, 아마도 이사야 53장의 고난받는 종에 대한 암시로 보인다(앞의 3장을 보라). 물론 기독교 전승에서 이사야 53장 구절은 종종 그리스도를 가리키는 것으로 해석되었다.

어린양이 하나님의 손에서 책을 받자 천상의 조수들, 즉 천사들이 노래한다.

> 두루마리를 가지시고
> 그 인봉을 떼기에 합당하시도다.
> 일찍이 죽임을 당하사 각 족속과 방언과 백성과 나라 가운데에서
> 사람들을 피로 사서 하나님께 드리시고
> 그들로 우리 하나님 앞에서 나라와 제사장들을 삼으셨으니
> 그들이 땅에서 왕 노릇 하리로다(계 5:9-10).

예수가 죽으면서 하나님의 종말론적 계획이 실행되기 시작한다. 어린양 예수는 두루마리를 집어 봉인을 하나하나씩 떼어나간다. 하나님의 계획이 본격적으로 작동하고 하나님의 군대와 사탄의 군대 간에 전쟁이 시작된다. 예수의 죽음은 하나님께 충성을 다하는 공동체의 형성으로 이어진다. 하나님께서 시내산에서 이스라엘에게 주신 출애굽기 19:6의 표현

대로 이 공동체는 왕 같고 제사장 같은 무리다. 그리스도인들은 지상에서 로마 제국을 이용한 사탄의 공격에 저항하는 우주적 전선에 참여한다.

요한계시록에서 예수는 "충성된 증인으로 죽은 자들 가운데에서 먼저 나시고 땅의 임금들의 머리가 되신 예수 그리스도"(계 1:5)라고 소개된다. 여기서 예수가 "증인"이라는 것은 박해 가운데 하나님 앞에 드린 그의 증언을 가리키며, "죽은 자들 가운데에서 먼저 나신"은 그의 부활을 가리킨다. 부활은 그의 권위를 입증하며 "먼저 나신"이라는 표현은 이후에도 부활이 있을 것을 알려주는 말이다. 하나님께 신실한 사람들은 모두 결국 일어날 것이다. 부활은 유대 묵시문학에서 자주 나오는 개념이지만, 예수라는 한 인물이 이미 부활했다는 초기 기독교의 주장은 새로운 것이었다. 예수는 모든 의인이 다시 살 것이라는 증거이며 예수 안에서 역사의 완성이 시작되었다.

예수의 권세는 1:5에 묘사된다. 그는 "땅의 임금들의 머리가 되신 예수 그리스도"다. 그리스도인들은 로마 황제를 두려워할 필요가 없다. 그는 겨우 땅의 임금일 뿐이다. 하나님이 지상의 왕들을 다스리신다는 관념은 유대 묵시문학에 자주 나타나는 주제다. 그러나 여기서 새로운 것은 예수가 하나님을 대신해 왕들을 지배한다는 점이다.

선견자 요한은 온전한 영광과 능력을 지니신 그리스도의 환상을 본다.

> 촛대 사이에 인자 같은 이가 발에 끌리는 옷을 입고 가슴에 금띠를 띠고 그의 머리와 털의 희기가 흰 양털 같고 눈 같으며 그의 눈은 불꽃 같고 그의 발은 풀무불에 단련한 빛난 주석 같고 그의 음성은 많은 물소리와 같으며 그의 오른손에 일곱 별이 있고 그의 입에서 좌우에 날선 검이 나오고 그 얼굴은 해가 힘있게 비치는 것 같더라(계 1:13-16).

여기서 예수의 초상은 다니엘서의 두 구절에 기초하며, 히브리 성경의 여러 곳으로부터의 영향을 느끼게 해준다. 첫 번째는 다니엘이 본 보좌 장면이다. 그 시작은 이렇다.

> 내가 보니 왕좌가 놓이고
> 옛적부터 항상 계신 이가 좌정하셨는데
> 그의 옷은 희기가 눈 같고
> 그의 머리털은 깨끗한 양의 털 같고
> 그의 보좌는 불꽃이요
> 그의 바퀴는 타오르는 불이며(단 7:9).

다니엘서의 둘째 구절은 다니엘 10장에서 계시를 전하는 천사와 관련된다.

> 그때에 내가 눈을 들어 바라본즉 한 사람이 세마포 옷을 입었고 허리에는 우바스 순금 띠를 띠었더라. 또 그의 몸은 황옥 같고 그의 얼굴은 번갯빛 같고 그의 눈은 횃불 같고 그의 팔과 발은 빛난 놋과 같고 그의 말소리는 무리의 소리와 같더라(단 10:5-6).

이렇게 묘사된 예수는 자신들이 다름 아닌 사탄을 상대한다고 느꼈을 그리스도인들에게 위로를 주었으리라. 그처럼 그리스도의 초자연적이고 두려운 장엄함이야말로 마귀들의 왕을 대적할 만했다.

요한계시록 19장은 사탄과의 최후 결전에 나서는 예수를 묘사하기 위해 전쟁의 표상들을 동원한다. 이 종말론적 전사가 바로 사탄을 제압한다.

> 또 내가 하늘이 열린 것을 보니, 보라! 백마와 그것을 탄 자가 있으니 그 이름은 충신과 진실이라. 그가 공의로 심판하며 싸우더라. 그 눈은 불꽃 같고 그 머리에는 많은 관들이 있고 또 이름 쓴 것 하나가 있으니 자기밖에 아는 자가 없고 또 그가 피 뿌린 옷을 입었는데 그 이름은 하나님의 말씀이라 칭하더라. 하늘에 있는 군대들이 희고 깨끗한 세마포 옷을 입고 백마를 타고 그를 따르더라. 그의 입에서 예리한 검이 나오니 그것으로 만국을 치겠고 친히 그들을 철장으로 다스리며 또 친히 하나님 곧 전능하신 이의 맹렬한 진노의 포도주 틀을 밟겠고 그 옷과 그 다리에 이름을 쓴 것이 있으니 "만왕의 왕이요 만주의 주라" 하였더라(계 19:11-16).

요한계시록은 「에스라4서」나 「바룩2서」와 거의 같은 시기의 저작물이다. 나중에 말한 두 작품은 모두 지상의 메시아 왕국이 끝난 후 종말론적 소망들이 좀 더 온전히 성취될 것을 그린다. 요한계시록 역시 동일한 패턴을 보여준다. 요한계시록 20:1-6에 보면 사탄이 무저갱에 묶여 있고 순교자들은 그리스도와 함께 천년 동안 지상을 다스린다. 이후 사탄이 풀려나 최후의 결전 끝에 패배한다. 그제야 악의 세력은 남김없이 불연못에 던져져 영원히 고통을 당한다. 사탄이 최후의 처벌을 위해 결박되는 모습은 「파수꾼들의 책」(*1 En.* 10:4-6)과 「에녹의 비유」(*1 En.* 53-54장)의 장면들을 떠올리게 한다. 묵시문학적 관점으로 인해 제1이사야(사 1-39장) 중에서도 구별되어 "이사야 묵시록"이라고 불리는 이사야 24-27장 역시 이런 점에서 공통점을 지닌다. 요한계시록의 불연못은 「에녹1서」의 화염 무저갱과 상응한다.

새 예루살렘

요한계시록 21장은 새 예루살렘이 땅으로 내려오는 장면을 묘사한다. 이 새 성읍에서 신실한 자들은 고통이나 슬픔 없이 살아가며, 하나님의 축복이 그 위에 쏟아진다.

> 성안에서 내가 성전을 보지 못하였으니, 이는 주 하나님 곧 전능하신 이와 및 어린양이 그 성전이심이라. 그 성은 해나 달의 비침이 쓸 데 없으니, 이는 하나님의 영광이 비치고 어린양이 그 등불이 되심이라. 만국이 그 빛 가운데로 다니고 땅의 왕들이 자기 영광을 가지고 그리로 들어가리라. 낮에 성문들을 도무지 닫지 아니하리니, 거기에는 밤이 없음이라. 사람들이 만국의 영광과 존귀를 가지고 그리로 들어가겠고 무엇이든지 속된 것이나 가증한 일 또는 거짓말하는 자는 결코 그리로 들어가지 못하되, 오직 어린양의 생명책에 기록된 자들만 들어가리라(계 21:22-27).

새 예루살렘이야말로 역사의 종착점이다. 하나님의 종말론적 도시를 묘사하는 이 표상은 시온 신학에서 유래하는데, 예를 들면 하나님이 그곳에 임재하신다는 사상과(겔 43:1-5; 48:35을 보라) 뭇 나라들이 이스라엘의 하나님을 예배하기 위해 그곳으로 몰려든다는 묘사가 그것이다(학 2:7; 슥 14:14; Tob 13:11; 14:5-6을 보라). 이 도시의 거룩함을 묘사하는 데는 제사장의 언어가 사용된다. 그곳에 들어가는 자격은 "어린양의 생명책"에 이름이 기록되었는지의 여부로 결정된다. 여기서도 천상의 책이라는 주제가 다시 등장하는데, 이번에는 인간과 천사들에 대한 판결이 담긴 책이다. 여기서 구원받는 것은 어린양을 따르는 자들이다.

새 예루살렘에 성전이 없다는 사실은 놀랍다. 천년 여에 걸친 역사의 대부분 기간에 예루살렘에는 늘 성전이 존재하지 않았던가. 하지만 우리는 제2성전기 유대인들 다수가 예루살렘의 제사장직이 성전을 더럽힌 장본인이라고 생각하고 그를 거부했다는 점도 염두에 두어야 할 것이다. 예수 자신도 성전을 공격하고 그 멸망을 예언했다. 성전의 부재는 그곳에 사는 이들이 이제는 매개자 없이 직접 하나님께 나아갈 수 있다는 것을 의미한다.

결론

예수와 그의 첫 추종자들은 모두 유대인이었다. 역사적 예수를 알기 위해서는 1세기 갈릴리와 유대의 맥락에서 그를 살펴보아야 한다. 이 점은 초기 그리스도인 운동도 마찬가지인데, 이 운동 역시 처음에는 유대인들로 구성되었기 때문이다. 후기 제2성전기 유대교에 대한 이해는 예수가 죽은 이후 출현한 예수에 대한 해석들을 이해하기 위해 꼭 필요한 작업이다. 초기 그리스도인들이 예수를 히브리 성경에 예언된 유대인 메시아로 받아들인 이상, 그들이 예수를 이해한 방식 역시 유대교의 방식이었을 것이다.

기독교가 유대교로부터 분리된 것은 그리스도인들이 유대교의 유일신주의와 상치되는 예수의 신성을 주장하면서부터라는 것이 과거의 정설이었지만, 그간 드러난 사실은 그리 단순하지 않다. 제임스 던(J. D. G. Dunn)은 두 종교의 결별은 단번에 이루어지지 않았고, 그 논점도 한 가지가 아니라고 말한다. 사도행전의 기록에 따르면 초기의 갈등 요인은 예수의 신성 문제가 아닌 토라와 성전에 대한 이해 차이였다. 시간이 흐르면서 기독교는 유대교에서부터 명확히 분리된 별개의 종교가 되었다. 그러나 기독교가 제2성전기 유대교 내부의 분파로서 시작되었다는 것은 엄연한 사실이므로 기독교의 유대교적 뿌리를 기억하는 것은 중요하다. 이 사실을 무시한다면 우리는 기독교와 유대교 양자를 다 오해하게 될 것이다. 시걸(Segal)의 진술대로 유대교와 기독교는 "유대 국가 초기에 태어난 쌍둥이"다(Segal, 181).

참고문헌

Attridge, Harold W. *Hebrews.* Philadelphia: Fortress, 1989.

Bourke, Myles M. "The Epistle to the Hebrews." *NJBC* 920-41.

Caird, G. B. *A Commentary on the Revelation of St. John the Divine.* London: Adam & Charles Black, 1966.

Charles, R. H. *A Critical and Exegetical Commentary on the Revelation of St. John.* 2 vols. New York: Scribner's, 1920.

Collins, Adela Yarbro. "The Apocalypse (Revelation)." *NJBC* 996-1016.

______. *The Combat Myth in the Book of Revelation.*, Missoula, Mont.: Scholars Press, 1976.

______. *Crisis and Catharsis: The Power of the Apocalypse.* Philadelphia: Westminster, 1984.

Davies, W. D. *The Sermon on the Mount.* Cambridge: Cambridge University Press, 1966.

deJonge, Marinus. *Christology in Context: The Earliest Christian Response to Jesus.* Philadelphia: Westminster, 1988.

Dunn, J. D. G. *The Partings of the Ways between Christianity and Judaism and Their Significance for the Character of Christianity.* Philadelphia: Trinity Press International, 1991.

______. *Christology in the Making: A New Testament Inquiry into the Origins of the Doctrine of the Incarnation*. Philadelphia: Westminster, 1980.

Fredriksen, Paula. *From Jesus to Christ: The Origins of the New Testament Images of Jesus*. New Haven: Yale, 1988.

Hanson, K. C., and Douglas E. Oakman. *Palestine in the Time of Jesus: Social Structures and Social Conflicts*. Minneapolis: Fortress: 1998.

Hurtado, Larry W. *One God, One Lord: Early Christian Devotion and Ancient Jewish Monotheism*. Philadelphia: Fortress, 1988.

Jeremias, Joachim. *New Testament Theology*. New York: Scribners, 1971.

Kingsbury, Jack Dean. *Matthew: Structure, Christology, Kingdom*. Philadelphia: Fortress, 1975. 『마태복음서 연구』(CLC 역간).

Levine, Amy-Jill. *The Social and Ethical Dimensions of Matthean Salvation History*. Lewiston: Edwin Mellen, 1988.

MacRae, George. "Heavenly Temple and Eschatology in the Letter to the Hebrews." *Semeia* 12 (1978): 179-99.

Meier, John. *A Marginal Jew: Rethinking the Historical Jesus*. 2 vols. New York: Doubleday, 1991-1994.

______. *The Vision of Matthew*. New York: Paulist, 1979.

Murphy, Frederick J. *Fallen Is Babylon: The Revelation to John*. Harrisburg, Pa.: Trinity Press International, 1998.

Neusner, Jacob. *A Rabbi Talks with Jesus: An Intermillennial, Interfaith Exchange*. New York: Doubleday, 1993.

Overman, J. Andrew. *Church and Community in Crisis*. Harrisburg, Pa.: Trinity Press International, 1996.

______. *Matthew's Gospel and Formative Judaism: The Social World of the Matthean Community*. Minneapolis: Fortress, 1990.

Pontifical Biblical Commission. *The Interpretation of the Bible in the Church*. Boston: St. Paul, 1993.

Saldarini, Anthony. *Matthew's Christian-Jewish Community*. Chicago: University of Chicago Press, 1994.

Segal, Alan E. *Rebecca's Children: Judaism and Christianity in the Roman World*. Cambridge: Harvard University Press, 1986.

Thompson, Leonard L. *The Book of Revelation: Apocalypse and Empire*. New York: Oxford University Press, 1990.

Wilson, Stephen G. *Related Strangers: Jews and Christians, 70-170 C.E.* Minneapolis: Fortress, 1995.

초기 유대교와 예수 운동

제2성전기 유대교와 역사적 예수의 상관관계

1쇄 발행 2020년 3월 20일
2쇄 발행 2025년 4월 15일

지은이 프레더릭 J. 머피
옮긴이 유선명
펴낸이 김요한
펴낸곳 새물결플러스

편 집 왕희광 정인철 노재현 이형일 나유영 노동래
디자인 황진주 김은경
마케팅 박성민
총 무 김명화 이성순
영 상 최정호
아카데미 차상희

홈페이지 www.holywaveplus.com
이메일 hwpbooks@hwpbooks.com
출판등록 2008년 8월 21일 제2008-24호
주 소 (우) 04114 서울시 마포구 신촌로28가길 29
전 화 02) 2652-3161
팩 스 02) 2652-3191

ISBN 979-11-6129-145-1 93230

책값은 뒤표지에 있습니다.